Jugend, Musik und Film

acoustic studies düsseldorf

—

Herausgegeben von
Dirk Matejovski und Kathrin Dreckmann

Band 4

Jugend, Musik und Film

Herausgegeben von
Kathrin Dreckmann, Carsten Heinze, Dagmar Hoffmann
und Dirk Matejovski

d|u|p
düsseldorf university press

ISBN 978-3-11-073525-3
e-ISBN (PDF) 978-3-11-073060-9
e-ISBN (EPUB) 978-3-11-073071-5
ISSN 2702-8658
e-ISSN 2702-8666

Library of Congress Control Number: 2021942111

Bibliografische Information der Deutschen Nationalbibliothek
Die Deutsche Nationalbibliothek verzeichnet diese Publikation in der Deutschen
Nationalbibliografie; detaillierte bibliografische Daten sind im Internet über
http://dnb.dnb.de abrufbar.

Druck und Bindung: CPI books GmbH, Leck
Cover: Silvia Sunderer, Kommunkation & Design, Berlin
Redaktion: Ann-Kathrin Allekotte M.A., Sarah Rüß B.A.
Englisches Lektorat: Don MacDonald
Deutsches Lektorat: Christoph Roolf M.A.

dup.degruyter.com

Inhalt

Vorwort

Der vorliegende Band geht zurück auf die Tagung „Jugend, Musik, Film", die im Herbst 2019 als Verbundprojekt zwischen dem Institut für Medien- und Kulturwissenschaft der Heinrich-Heine-Universität Düsseldorf, des Medienwissenschaftlichen Seminars der Universität Siegen und des Fachbereichs Sozialökonomie der Universität Hamburg, der Sektion Jugendsoziologie in der Deutschen Gesellschaft für Soziologie, der AG Filmsoziologie in der Sektion Medien- und Kommunikationssoziologie sowie des UNERHÖRT! Musikfilmfestivals und Soundwatch-Festivals Berlin in Hamburg stattfand. Auf dieser Tagung beschäftigten sich Kolleg*innen aus den unterschiedlichen Disziplinen mit aktuellen Fragestellungen im Zusammenhang mit Jugend, Musik und Film. Durch die Dokumentation der bei der Tagung entstandenen Vorträge und Diskussionen präsentiert der Band zum einen eine Art Momentaufnahme der aktuellen interdisziplinären Debatte um Jugendkulturen und Szenen, Medialität und Musik, zum anderen werden Perspektivierungen auf zukünftige Arbeits- und Forschungsfelder hin sichtbar. Charakteristisch für die versammelten Beiträge ist, dass einerseits an tradierte Narrative und Methodologien der bisherigen Jugendforschung angedockt wird, andererseits aktuelle Entwicklungen im Zusammenhang einer Neuformatierung digital geprägter Jugendkulturen faktisch und theoretisch in den Blick genommen werden. Insofern ist der vorliegende Sammelband auch der mögliche Auftakt zu weiteren Fallanalysen und ein Angebot zu weiteren Debatten innerhalb einer interdisziplinären Auseinandersetzung im Wechselverhältnis zwischen Jugendkulturen, Szenen, Medialität und Musik.

Ohne die vielfältigen Ergebnisse der Beiträge der dokumentierten Tagung vorwegzunehmen, lässt sich sagen, dass eine Vielzahl von Beteiligten gerade durch die interdisziplinäre Auseinandersetzung eine Schärfung ihres eigenen Blicks auf das wissenschaftliche Objektfeld erfuhr und sich somit auch individuelle Zugänge zu zentralen Komplexen wie Jugendkulturen und Szenen, Musik, (Medien-)Praktiken und (Medien-)Ästhetiken sowie deren Wissensstrukturen eröffneten.

Die Herausgeber*innen danken ausdrücklich Ann-Kathrin Allekotte und Sarah Rüß, die den Band redaktionell betreut sowie den Satz übernommen haben. Gedankt sei Silvia Sunderer, die das wunderbare Design des Bandes zu verantworten hat sowie Christoph Roolf, der das Publikationsprojekt als Lektor betreut hat und Don McDonald für das englischsprachige Lektorat. Der Anton-Betz-Stiftung sei gedankt für die finanzielle Unterstützung des Buchprojektes, das ohne den Zuschuss nicht zu realisieren gewesen wäre und ganz ausdrück-

https://doi.org/10.1515/9783110730609-203

lich gilt unser Dank Anne Sokoll, die von Seiten des Verlages mit Rat und Tat der Produktion zur Seite stand.

Die Herausgeber*innen

Kathrin Dreckmann
Perspektiven

Wer sich aktuell mit der Frage nach den Spannungsfeldern zwischen Jugend, Musik und Film auseinandersetzt, wird feststellen, dass die Demokratisierung und Liberalisierung der Produktions- und Rezeptionsbedingungen des Filmischen heute ganz anders auf Musikfilme, -dokumentationen und -videofilme zugreifen lässt. Dabei haben sich mit den neuen Apparaturen und Dispositiven auch Jugendkulturen ausdifferenziert und diversifiziert, neue materielle und mediale Identitäts- und Fankulturen sind entstanden. Die Digitalisierung der Popmusik hat den Zugriff u. a. auf Social Media verändert. Es haben sich neue medienästhetische Konzepte und daran angelehnt diversifizierte Kulturtechniken gebildet, etwa das Herstellen von eigenen Fan-Videos oder komplexen fanproduzierten Musikvideos und -filmen, die auf YouTube oder Vimeo hochgeladen, sowie Fan-Kanälen, die auf Social Media eröffnet werden. Auch Facebook-Gruppen sind zu nennen, in denen Archivmaterial vergangener Jugendkulturen gesammelt und publiziert wird. Im Zuge dieser Entwicklung ist das Filmische im Spannungsfeld mit Jugendkulturen, deren Identität und Kohärenz durch spezifische Musikvorlieben gekennzeichnet ist, selbst zu einem Hybridbegriff geworden, der unterschiedliche Formen und Gattungen versammelt. Filmische Produktionen aller Art werden nicht mehr nur im Kino oder als Kinofilm im Fernsehen gezeigt, sondern sind Teil eines komplexen digitalen Aneignungs- und Produktionsprozesses geworden.

Vor dem Hintergrund der kulturellen Praxis der Jugend- und Musikkultur, die laut Diedrich Diederichsen seit Beginn der 1990er nicht mehr mit dem Moment der Gegenkultur aufgeladen ist, stellt sich die Frage, wie Jugend als Teil der Popmaschinerie das Filmische selbst verwendet oder auch darin inszeniert wird: Wie lassen sich popkulturelle Erfahrungen heute und in der Vergangenheit filmisch inszenieren? Wie zeigt sich dies in alten und neueren Musikdokumentationen, Spielfilmen oder Musikfilmen? Und sind die dort inszenierten Posen, Gesten und Körper weiterhin im Dialog mit der Jugendkultur oder auch durch sie entstanden? Gibt es die durch Medien vermittelte totale Erfahrung, und wie lässt sie sich beschreiben?

Historisch wie aktuell ließe sich fragen, inwieweit der Film als das Filmische ausgedehnt werden kann und welche Filmtitel oder auch -genres im Zusammenhang mit einer musikinteressierten Jugendkultur genannt werden sollten, um das Feld einer musikinteressierten Jugendkultur im Film abzustecken. Es ließe sich aus einer pop- und rockgeschichtlichen Perspektive bei den unzäh-

https://doi.org/10.1515/9783110730609-001

ligen Musikfilmen seit den 1950er Jahren ansetzen, etwa bei Elvis Presley „Viva Las Vegas" (1964), den Beatles „Help!" (1965) oder Frank Sinatra in „From Here To Eternity" (1953). Diese Tradition setzt sich bis in die 1980er Jahre fort, denn ab den 1980er Jahren waren es Stars wie Madonna in „Vision Quest" (1985) oder „Evita" (1996), David Bowie in „Labyrinth" (1986), später dann Britney Spears in „Crossroads" (2002), Mark Wahlberg in „Boogie Nights" (1997), 50 Cent in „Get Rich or Die Tryin'" (2005), Beyoncé in „Dreamgirls" (2006) und Rihanna in „Ocean's 8" (2018), die in Spiel- und Musikfilmen Neben- oder Hauptrollen übernommen haben. Wenn aktuellere Popstars wie beispielsweise Janelle Monáe in „Moonlight" (2016), Rihanna in „Guava Island" (2019), Jennifer Lopez in „Enough" (2002) oder Ice Cube in „Boyz n the Hood" (1991) zu Schauspieler*innen werden, zeigt sich daran sicher auch die Vermischung der Gattungen Musik, Pop und Film, aber auch zugleich die Bandbreite von Produktions- und Rezeptionsbedingungen zwischen Jugend, Musik und Film.

Auch in jüngster Zeit haben sich neue mediale Konstellationen ausgebildet, die auf keine medienhistorischen Vorläufer zurückschauen können. So wurden gerade die in den vergangenen Jahren unzähligen Biopics über bekannte arrivierte Musikgrößen, zum Beispiel „Love and Mercy" (2014) über die Beach Boys, „Bohemian Rhapsody" (2018) über Freddie Mercury und Queen oder „Rocket Man" (2019) über Elton John produziert. Eine Art nachträgliche mediale Historisierung einer vergangenen Starkultur findet dabei statt. Die Erzählungen über alternde oder verstorbene Stars der vergangenen vierzig Jahre Popgeschichte finden auch heute noch ein Publikum, lassen sich aber vermutlich weniger unproblematisch mit dem Begriff der Jugendkultur zusammenzubringen: Denn erstens haben heutige Jugendkulturen einen anderen Blick auf Popmusik, als dass sie die Stars der 1980er oder 1990er Jahre in einen Zusammenhang mit ihrer bildkulturellen Identität bringen würden. Zweitens sind Jugendkulturen in solchen Produktionen gar nicht oder nur zusammengefasst als Fanbase dargestellt, die ja selbst schon historisch ist. Spielfilme wie „A Star Is Born" (2018) mit Lady Gaga oder „Black Is King" (2020) mit Beyoncé sprechen hingegen sicherlich ein durchaus jüngeres Publikum an. Dennoch schließen solche Produktionen an die Tradition der Musikfilme der 1950er und 1960er Jahre an. Ob es wesentliche Unterschiede zwischen einem mit Elvis Presley oder mit Lady Gaga verfilmten Musikfilm gibt, müsste an anderer Stelle genre- und poptheoretisch untersucht werden.

Deutlich wird an dieser Beispielführung, dass sich das Filmische durchaus auch heute noch zusammen mit Jugendkulturen denken und die Perspektivierungen auf den Zusammenhang von Jugend, Musik und Film unterschiedlich angehen lassen – und dies nicht nur in methodologischer Hinsicht, sondern

allein schon vom Gegenstand her. Besonders radikal zeigt sich im Spannungsfeld zwischen Musik, Pop und Jugend, dass der musikdokumentarische Film in
den vergangenen Jahren einen enormen quantitativen Anstieg erlebt hat.

Jüngst erschienene Musikdokumentationen, z. B. über Billie Eilish „The
World's A Little Blurry" (2021), Taylor Swift „Miss Americana" (2020), und Justin
Bieber „The Next Chapter" (2019) sowie oscargekrönte Filme wie „Homecoming" (2019) über Beyoncé, „Lady Gaga – Five Foot Two" (2017), „Avicii – The
True Story" (2019) „Aretha Franklin: Amazing Grace" (2018) und „Amy" (2015)
über Amy Winehouse sind nur einige Beispiele. Solche Produktionen können in
einem Zusammenhang mit dem „Memory boom" (vgl. Reynolds 2007) der vergangenen Jahre oder aber auch als eine Renaissance der Musikdokumentationen gedeutet werden.

Neben den Produktionen, die zu Lebzeiten der Stars derzeit u. a. auf
Streamingdiensten wie Netflix oder Apple TV gezeigt werden, werden auch
musikdokumentarische Filme mit historisierender Perspektive auf vergangene
Jugendkulturen veröffentlicht. Dazu gehören sicherlich „We Call It Techno"
(2008), „B-Movie: Lust & Sound in West-Berlin 1979–1989" (2015) und „Wenn
der Vorhang fällt" (2017) oder die preisgekrönte Dokumentationsserie „Hip-Hop
Evolution" (2016).

Schon im Jahre 2007 stellte der US-amerikanische Popjournalist Simon
Reynolds fest: „Right now is a great time for rockumentary addicts. This decade
has seen a boom for the genre – definitely in quantity, and arguably in quality
too." (Reynolds 2007) Er verweist auf das BFI-Nachschlagewerk, wonach es in
den 1990er Jahren weitaus weniger Rockumentaries gab. Nur bis 1991 seien mit
David Markeys Film über Grunge und Nick Bloomfields Film über Kurt Cobain
und Courtney Love im Grunge-Bereich Ergänzungen zu Pennebakers „Don't
Look Back" (1967) über Bob Dylan und „Woodstock" (1970) vorgenommen worden (vgl. Reynolds 2007).

In solchen Musikdokumentationen mit historisierender Perspektive auf vergangene Jugendkulturen werden einerseits die Künstler*innen und Gruppen
und andererseits diese „mit der Entstehung und Entwicklung von historischen
Jugendkulturen und Szenen" verknüpft, wobei davon auszugehen ist, „dass für
das Phänomen des Historisierens nicht nur popkulturell immanente, sondern
eine Reihe von gesellschaftlichen und kulturellen Gründen herangezogen werden können" (Heinze 2020, S. 232). Die Gründe liegen vermutlich darin, dass die
Mitglieder dieser Szenen selbst gealtert sind und retrospektiv für eine Verortung
ihrer jugendlichen Identität in der Verflechtung soziokultureller Zusammenhänge sorgen und zudem selbst das Publikum derartiger Musikdokumentationen bilden.

So lässt sich feststellen, dass es einerseits Musikdokumentationen gibt, die von historischen Jugendkulturen ausgehen und in der Regel dann Künstler*innen und Gruppen, die bereits verstorben sind oder sich aufgelöst haben, porträtiert werden. Und andererseits sind zunehmend Produktionen von zeitgenössischen Künstler*innen entstanden, deren Karrierebeginn noch nicht weit zurückliegt oder deren Schaffen aktuell seinen Höhepunkt erreicht hat.

Durch diese Art der Perspektivverschiebung verändert sich offenbar auch der Blick auf „Jugend, Musik und Film" (vgl. Hinz 2009). Von einem Untergang der Jugendkulturen auszugehen, da sie nicht mehr als Gegenkultur beschreibbar sind, kann der Weg jedoch nicht zur vermeintlich logischen Schlussfolgerung führen, melancholisch auf die vergangenen Zeiten zurückzublicken. Vielmehr sollte auf Jugendlichkeit als „ein kaum verhandelbares, musikkulturell schon immer notwendiges, dauerhaftes Inszenierungsmerkmal in der Pop- und Rockmusik" (Heinze 2020, S. 235) neu geblickt werden. Die Neujustierung des Teenagers nach John Savages „Teenage: The Creation Of Youth Culture" in einer medial völlig neu verfassten digitalen Medienkultur lässt das gesellschaftlich relevante Konzept des Teenagers als Träger eines spezifischen und nur für diese Lebensphase gültigen Verständnisses von Kultur, von Jugendkultur, ausgehend von den USA und dann sich über die Länder der westlichen Hemisphäre verbreitend, neu beschreiben.

Popmusik bot immer schon ein Set aus unterschiedlichen kulturellen Reflexionsmöglichkeiten und Handlungsmustern an, d. h. bestimmte Kleidung zu tragen, bestimmte Haltungen und Weltvorstellungen zu leben, bestimmte Fahrzeuge zu fahren und bestimmte Lebensformen zu praktizieren. Für heutige Jugendkulturen lässt sich dies trefflich in besagten neueren Musikdokumentationen oder auch in videographierten Liveshows auf YouTube nachprüfen. Heute wie gestern ist Popkultur eine Identifikations- und Differenzmaschine und lebt von audiovisuellen Repräsentationsmechanismen. Sie ist ohne audiovisuelle Medien nicht zu verstehen. Bei Dieter Baacke heißt es bereits 1993 in seinem Buch „Jugend und Jugendkulturen", dass Medien für die Jugendkultur konstitutiv sind und sie dazu beitragen, „daß die Szenen ein Selbst- und Fremdbild aufbauen", auch wenn beim Verhältnis zu etablierten Medien der Berichterstattung über Jugendkulturen eine „Tendenz der Verzerrung" zu attestieren sei (Baacke, S. 97f.). So wird Jugendkultur immer auch aus der Perspektive der berichterstattenden Medien erzählt, die das Programm einer jeweiligen Jugendkultur selbst nur medial erfahren haben. Das Verhältnis zwischen berichtenden Medien und Jugendkultur wäre selbst eine Untersuchung wert.

In den historisierenden Dokumentationen wird dieses Verhältnis deutlich, wenn Provokationen auf der Bühne im Zusammenspiel mit dem Publikum medial als Eklat inszeniert, der Kleidungsstil der in bestimmten Szenen verorteten Jugendlichen in der Presse thematisiert oder persönliche Eskapaden der Stars mit dem erhobenen Zeigefinger in Szene gesetzt werden. Beispiele lassen sich bei The Who und den Sex Pistols, aber auch bei Madonna, Britney Spears oder Justin Bieber finden. Es macht dabei einen erheblichen Unterschied, ob der Blick von außen auf Jugendkulturen und ihre Stars gerichtet wird oder ob sich Jugendkultur selbst medial erfindet. Ob die „Do It Yourself"-Kultur des Punk und die daraus folgenden professionellen Musikzeitschriften wie *Sounds*, *Spex* u. a. oder das Herstellen von Fan-Foren in Magazinen und später im Internet: Die Arbeit an und mit dem Medium ist schon immer Teil der Jugendkultur gewesen, sodass Popkultur als identitätsstiftendes Zeichenarsenal, das gleichzeitig die Ingangsetzung einer Differenzmaschine umfasst, immer auch Vergemeinschaftungsprozesse in Gang setzt und hält. Diese Vergemeinschaftungskonzepte und Szenezugehörigkeiten, die historisch mit dem Rock 'n' Roller, Mod, Ted und Punk oder dem Techno- und dem Gothic-Freak verknüpft werden, scheinen heute als Figuren der Abgrenzung und Differenz einer vergangenen Gegenkultur der ideologischen Aufladung von Pop zum Opfer gefallen zu sein. Denn wenn Pop als Differenzmaschine, als Abgrenzung sexueller, moralischer, ästhetischer und stilistischer Perspektiven und Handlungsmuster behandelt wird und nur so eine Art Aufladung popkultureller Strategien mit dem Element von Gegenkultur denkbar ist, ist alles, was danach kommt, Mainstream. So argumentiert auch Simon Reynolds, wenn er die Pop- und Rockgeschichte für zu Ende erzählt betrachtet:

> [M]aybe even the ‚music thing' in its entirety – is essentially over; that, if not quite dead, then certainly its best years are well past. And that all that's left in this circumstance is to pore over the past, either to marvel yet again at the mythic exploits of the pantheon giants or to find little nooks and crannies, stuff that aren't totally worn out through repetition. Rock docs do both: some take yet another pass at thrice-told tales like punk rock (Temple's Strummer doc), others fasten on obscure scenes or neglected genres with the aim of saving them from History's wastepaper basket. Today is the era of the archivist, the curator, the documentarian – experts at sifting through the detritus churned up during rock's surge years, that period when people *made* history rather than chronicled it, lived it in real-time rather than watched it long after the fact.
>
> (Reynolds 2007)

Aus diesen Perspektiven lässt sich insgesamt festhalten, dass das Spannungsfeld zwischen Jugend, Musik und Film immer wieder neu bestimmt werden muss. Denn Jugendkulturen sind wandelbar wie die Rezeption und Produktion von Popmusik selbst. Und so verändern sich auch Jugendkulturen, lassen sich anders beschreiben und mit ihnen die Charakteristika der von ihr repräsentierten Medieninhalte und -formen.

Wohl unzweifelhaft ist, dass durch die radikale Demokratisierung und Liberalisierung von Produktions- und Rezeptionsbedingungen durch das Internet sich vor allem in den vergangenen 20 Jahren auch das Filmische diversifiziert hat und Jugendkulturen aufgrund des direkten Zugangs zu digitalen Produktionsmechanismen einen ganz anderen Zugriff auf den Mainstream-Diskurs haben, als dies noch in den 1970er und 1980er Jahren der Fall war. Medienkulturelle Ausdifferenzierungen zwischen Kino, Fernsehen und Internet haben neue Apparaturen der jugendkulturellen Rezeption geschaffen. Wurden unter den Direktiven der „alten" Dispositive Identitätsprozesse der Jugendkulturen vor allem als Programme der Gegenkultur verstanden, unterziehen sie sich heute mehr und mehr einer Logik zwischen digitaler Nischenexistenz und Mainstream-Angebot. Zu überlegen wäre, ob nicht gerade durch Social Media eine differenzierte Jugendkultur entstanden ist, mehr „Nischen" vorhanden sind, die zugleich eine globale Vernetzung erlauben. Gegenbewegungen wie „Fridays-for-Future" oder „BlackLivesMatter", die sich global im Netz organisieren, sind hierfür Beispiele (vgl. Erdmann 2020). Ebenso YouTuber wie Rezo, der mit seinem YouTube-Kanal plötzlich populär wird, weil er aus einer jugendkulturellen Perspektive die Bundesregierung kritisiert und angreift. Es werden auch auf diese Weise mediale Produktionshierarchien durchbrochen, da Algorithmen und Klickzahlen darüber entscheiden können, wer bekannt und wessen Stimme gehört wird und welche nicht. Letztlich müsste über die Informationspolitik der sich basisdemokratisch gebenden Internetplattformen diskutiert werden, wer welche YouTuber, Videos oder Informationen sperrt und inwieweit der Zugang zu den Medien zwar nicht mehr nur von Plattenfirmen, der Film- und Kulturindustrie, sondern auch von den Informationsplattformen gesteuert werden kann.

Aus medienwissenschaftlicher Perspektive ist deshalb zu fragen, ob nicht durch die Nutzung von Social Media digitale Jugendkulturen neue mediale Formate erproben und etablieren und damit arrivierte Filmgattungen und -genres abgelöst werden: Wird die Musikdokumentation durch die Instagram-Story abgelöst, weil sie Einblicke in das Private gibt und Reels, TikTok-Videos oder Instagram-Geschichten das Clipformat neu definieren?

Der Zugriff auf das Filmische hat sich vor dem Hintergrund neuer Distributions- und Rezeptionsformen verändert. Gerade in den vergangenen Jahren hat das Filmische unabhängig von seinen Produktionskontexten eine Ausweitung seiner Genregrenzen erlebt, wenn zum Beispiel Konzeptalben wie Beyoncés „Lemonade" (2016) oder Janelle Monáes „Dirty Computer" (2018) als Filme bezeichnet werden. Bestehend aus Musikvideos, die zu den einzelnen Songs dieser Alben gehören, werden sie mit einer Erzählung verknüpft und zum Film zusammengenäht. Video und Film sind auf diese Weise miteinander verbunden und der Film damit auch als ein Hybridformat ausgewiesen. Historisch gibt es genügend Vorläufermodelle, die die Grenzen des Musikvideogenres sprengen und in ihrer Hybridität eher als Film denn als Video bezeichnet werden. Ein Beispiel wäre die Long-Version von Michael Jacksons „Thriller" (1982) oder David Bowies „Jazzin' For Blue Jean" (1984).

Die Grenzen des Filmischen werden ebenso ausgelotet, wenn andere ins Netz gestellte Bewegtbildnarrative bei Instagram oder TikTok kurze Geschichten erzählen, die ansonsten in Form dokumentarischer Musikfilme epische Künstler*innenbiographien entwerfen. „Who needs music documentaries if we have instastories and tiktok", lautet die provokative Fragestellung in einem Aufsatz der amerikanischen Musikvideoforscherin Carol Vernallis (Vernallis 2021, S. 205). So lassen sich auch bereits Modifikationen im Filmischen ausmachen. Gleichzeitig wird das Genre des Films auch hier genutzt, wenn man an aktuelle Musikdokumentationen oder Spielfilme mit Stars wie Monáe oder Beyoncé denkt. Genau hier kulminiert die Frage nach der Relevanz des Filmischen für eine aktuelle Jugendkultur.

In dem vorliegenden Sammelband werden solcherlei Perspektiven aus verschiedenen Blickrichtungen diskutiert. Der Mitherausgeber des Bandes, Carsten Heinze, positioniert den Zusammenhang von Jugend, Musik und Film als Forschungsfeld. Klaus Farin wird sich mit der Frage auseinandersetzen, was Jugendkultur ist und wie ein pessimistischer Blick auf Jugendkulturen innerhalb der Jugendkulturforschung bewertet werden muss, um Jugendkultur auch als digitale Jugendkultur der Gegenwart ernst zu nehmen. Diedrich Diederichsen fragt, ob die Regisseure des Direct Cinema Popmusik als eine reale Reihenfolge der dokumentierten Ereignisse dargestellt haben. Den performativen Blickwinkel auf den Zusammenhang von Jugend, Film und Musik wird der Medienkulturwissenschaftler und Mitherausgeber dieses Bandes Dirk Matejovski eröffnen und die Medienästhetik ibizenkischer Inszenierungs-strategien einer globalen House- und Technokultur darstellen. In dem anschließenden Beitrag von der Verfasserin geht es um die Frage des Zusammenhangs von Authentizitätseffekten und der Inszenierung von Gefühlen in aktuellen Musikdokumentationen.

Dagmar Hoffmann, ebenfalls Herausgeberin und Soziologin, schreibt über gendertheoretische Perspektiven und bezieht sie auf Körperpraktiken in popkulturellen Tanzfilmen der letzten 40 Jahre.

Intermediale Austauschprozesse zwischen Film, Musik und Jugend untersucht Thomas Wilke am Beispiel von Hip-Hop. Dabei denkt er jugendkulturelle

Narrative aus den Filmen „New Jack City", „Boyz N The Hood" und „Juice – City War" zusammen mit der musikalischen Entwicklung und Stereotypisierung des Hip-Hops. Die Medienwissenschaftlerin Cristina Pileggi wendet sich intermedialen Fragezusammenhängen zu, indem sie untersucht, wie digitale Jugendkulturen selbst zu Produzenten von Medienkultur werden, indem sie eigenständige Medienprodukte wie in der Referenzkultur des Mashups produzieren und online stellen. Maximilian Jablonowski und Johannes Springer analysieren Musikvideos dahingehend, dass sie Referenzen herausarbeiten, die zu klassischen Coming-of-Age-Filmen und Heim-Videos aus Familienarchiven in Bezug stehen, eine strukturelle Ähnlichkeit zum Musikdokumentarfilm aufweisen und so mit zeitgeschichtlichem Material verwoben sind. Der intermediale Zusammenhang von Vinyl-Rezeption und Film wird von der Medien-, Theater- und Filmwissenschaftlerin Karin Fleck herausgearbeitet. Die Erfahrung der Materialität des Vinyls durch audiotaktiles In-Szene-Setzen mittels des Berührens der Platte im Film stellt sie in Zusammenhang mit phänomenologischen Konzepten der Berührung. Der Soziologe Paul Eisewicht spürt der Authentifizierung und den Zugehörigkeitstechniken in den Musikvideos des Rap nach.

Clemens Schwender rekonstruiert Jugendlichkeit im Film „Woodstock". Eine Perspektivierung auf ostdeutsche Jugendgeschichte ermöglicht der Erziehungswissenschaftler Olaf Sanders anhand der Lebensgeschichte von dem bekennenden Sozialisten Gerhard Gundermann, der durch seinen Widerstand gegen das SED-Regime in der DDR, bekannt geworden ist und dessen Werk sich nur schwer in gängige Linien einer Musikgeschichte einordnen lässt. Über Politiken des (Bewegt-)Bildes referiert der Musikwissenschaftler Holger Schulze, wenn er die Politik der Memes im Zusammenhang mit der Wahl Donald Trumps im Jahr 2016 als Emblem-Analyse betreibt und die Verwendung von Memes am Beispiel des Brexit, der Fridays-for-Future-Bewegung und der Corona-Pandemie vollzieht. In dem Beitrag von Ann-Kathrin Allekotte geht es um die Politisierung der Jugendkultur innerhalb und durch die Videoplattform TikTok.

Im Rahmen von historischen Aufarbeitungen und wandelbaren Dispositiven zwischen Internet, Kofferradio, Wochenschau und Fernsehen bewegen sich Beiträge, die unterschiedliche Rezeptionspraktiken von medialen Formaten zwischen Jugendkulturen und Musik herausarbeiten. Sigrun Lehnert analysiert die Darstellung von Musik und Jugend in der Kino-Wochenschau (Ost-West). Hans J. Wulff untersucht die Alltagswelten im deutschen Unterhaltungsfilm der 1950er und 1960er Jahre und vollzieht dies anhand einer Rezeptionsgeschichte der Kofferradios. Carsten Heinze und Dennis Krull wenden sich dem frühen Musikfernsehen der 1960er und 1970er Jahre zu und stellen die Musikshows „Beat Club" und „Bananas" in den Vordergrund ihres Beitrags. Christofer Jost setzt sich in seinem Beitrag mit der Do-It-Yourself-Ästhetik von nicht-professionellen Musiker*innen auf YouTube auseinander und spürt den zunehmenden Professionalisierungstendenzen nach. Moritz Stock wendet sich dabei der Jugendwebserie „DRUCK" zu, in der es um die Darstellung von jugendlichen Gefühlsstrukturen geht.

Über Jukeboxen und Soundsysteme im Film referiert Jens Gerrit Papenburg. Marcus Stieglegger arbeitet Extreme Metal als Passageritus in Coming-of-Age-Filmen heraus. Florian Krauß schildert und analysiert die medialen Aufarbeitungen des Zusammenhangs von Jugend und Populärkultur in der Serie „Deutschland 1983". Den Dokumentarfilm „This Ain't California" (2012), der Jugendkultur einer Generation, die in der DDR aufgewachsen ist, untersucht Anke Steinborn anhand der darin dargestellten Erinnerungs- und Gefühlswelten. Um Alterungsprozesse von Rock- und Popmusiker*innen und der daran geknüpften Szenekulturen geht es in dem Beitrag von Andreas Wagenknecht. Anna Schürmer arbeitet in ihrem Beitrag David Bowie als eine Figur heraus, die das eigene Altern der Jugendkultur thematisiert.

Den Band beschließt ein Praxisgespräch mit der Regisseurin Angela Christlieb, dem Unerhört-Festivalleiter Ralf Schulze und dem Filmemacher Oliver Schwabe sowie einem Talk zwischen Simon Reynolds und Christoph Jacke, die der Frage nachgehen, wie die aktuelle Boom-Phase für Musikdokumentationen und Rockbiographien medienkulturell einzuordnen ist. Zwischen Erinnerung und Vergangenheitskonstruktion wird das Bild der Faszination für Vergangenheit entworfen und eine Zukunft für die Vergangenheit fetischisiert.

Medienverzeichnis

Literatur

Baacke, Dieter. 1999. *Jugend und Jugendkulturen*. Darstellung und Deutung. Weinheim/München: Juventa.
Erdmann, Nicola. 2020. Die E-Girls – Zwischen Gaming und Emanzipation? In *Die Welt*. https://www.welt.de/icon/partnerschaft/article212133409/Generation-Z-Die-E-Girls-Zwischen-Gaming-und-Emanzipation.html. Zugegriffen am 21. April 2021.
Heinze, Carsten. 2020. Filmische Musikdokumentationen von Jugend und Musikkulturen im Kontext von Gedächtnis- und Erinnerungsbildungsprozessen: Pop und Rock im gegenwärtigen dokumentarfilmischen Diskurs. In *Musik – Kultur – Gedächtnis. Theoretische und analytische Annäherungen an ein Forschungsfeld zwischen den Disziplinen*, Hrsg. Christofer Jost und Gerd Sebald, 231–257. Wiesbaden: Springer.
Hinz, Ralf. 2009. *Pop-Diskurse: Zum Stellenwert von Cultural Studies, Pop-Theorie und Jugendforschung*. Bochum: Posth.

Reynolds, Simon. 2007. TOMBSTONE BLUES: The Music Documentary Boom Director's Cut. Sight & Sound. In *Reynolds Retro*. https://reynoldsretro.blogspot.com/2007/12/tomb stone-blues-music-documentary-boom.html. Zugegriffen am 21. April 2021.

Savage, Jon. 2007. *Teenage: The Creation of Youth Culture*. New York: Viking Press.

Vernallis, Carol. 2021. Wer braucht schon Musikdokumentationen, wenn es TikTok und Carpool Karaoke gibt? In *Musikvideo reloaded. Über historische und aktuelle Bewegtbildästhetiken zwischen Pop, Kommerz und Kunst*, Hrsg. Kathrin Dreckmann, 205–222. Berlin/Boston: De Gruyter.

Musikdokumentationen

1991: The Year Punk Broke. Regie: Dave Markey. US: 1992.

A Star Is Born. Regie: Bradley Cooper. USA: 2018.

Amy – The Girl Behind the Name. Regie: Asif Kapadia. GB: 2015.

Aretha Franklin: Amazing Grace. Regie: Alan Elliott. US: 2018.

Avicii – True Stories. Regie: Levan Tsikurishvili. SE: 2017.

Billie Eilish: The World's a Little Blurry. Regie: R. J. Cutler. US: 2021.

Black is King. Regie: Emmanuel Adjei. US: 2020.

B-Movie: Lust & Sound in West-Berlin 1979–1989. Regie: Jörg A. Hoppe und Heiko Lange. DE: 2015.

Bohemian Rhapsody. Regie: Bryan Singer. US: 2018.

Boogie Nights. Regie: Paul Thomas Anderson. US: 1997.

Boyz n the Hood. Regie: John Singleton. US: 1991.

Crossroads. Regie: Tamra Davis. US: 2002.

Das war Kult! Das Beste aus Bananas. WDR/Das Erste/Sony. DE: 2013.

Deutschland. Anna Winger. DE: 2015–2020.

Don't Look Back. Regie: D.A. Pennebaker. US: 1967.

Dreamgirls. Regie: Bill Condon. US: 2006.

Enough. Regie: Michael Apted. US: 2002.

Evita. Regie: Alan Parker. US: 1996.

From Here To Eternity. Regie: Fred Zinnemann. US: 1953.

Get Rich or Die Tryin. Regie: Jim Sheridan. US: 2005.

Guava Island. Regie: Hiro Murai. US: 2019.

Help!. Regie: Richard Lester. GB: 1965.

Hip-Hop Evolution. Regie: Darby Wheeler. US: 2016.

Homecoming. Regie: Ed Burke und Beyoncé Knowles-Carter. US: 2019.

Juice. Regie: Ernest R. Dickerson. US/GB: 1992.

Justin Bieber: Next Chapter. Regie: Michael Ratner. US: 2020.

Kurt & Courtney. Regie: Nick Broomfield. US: 1998.

Labyrinth. Regie: Jim Henson. GB: 1986.

Lady Gaga: Five Foot Two. Regie: Chris Moukarbel. US: 2017.

Love and Mercy. Regie: Bill Pohlad. US: 2014.

My Week with Marilyn. Regie: Simon Curtis. GB: 2011.

Moonlight. Regie: Barry Jenkins. US: 2016.

New Jack City. Regie: Mario van Peebles. US: 1991.

Ocean's 8. Regie: Gary Ross. US: 2018.
Rocket Man. Regie: Dexter Fletcher. US: 2019.
Taylor Swift: Miss Americana. Regie: Lana Wilson. US: 2020.
Vision Quest. Regie: Harold Becke. US: 1985.
Viva Las Vegas. Regie: George Sidney. US: 1964.
We Call It Techno. Regie: Maren Sextro und Holger Wick. DE: 2008.
Wenn der Vorhang fällt. Regie: Michael Münch. DE: 2017.
Woodstock – 3 Days of Peace & Music. Regie: Michael Wadleigh. US: 1970.

Musikfilme

Beyoncé: Lemonade. Regie: Kahlil Joseph. US: 2016.
David Bowies: Jazzin' For Blue Jean. Regie: Julien Temple. US: 1984.
Janelle Monáe. Dirty Computer. Regie: Andrew Donoho, Chuck Lightning. US: 2018.
Michael Jacksons: Thriller. Regie: John Landis. US: 1982.
This Ain't California. Regie: Marten Persiel. DE: 2012.

Teil 1: **Verortungen und Positionen**

Carsten Heinze

Jugend, Musik und Film

Versuch zur Begründung eines Zusammenhangs

Zusammenfassung: Der Artikel gibt einen Überblick über das inter- bzw. transdisziplinäre Forschungsfeld des Zusammenhangs von Jugend, Musik und Film. Es wird versucht, mögliche Beschreibungs- und Deutungsansätze der Soziologie und der Medien- und Kulturwissenschaft miteinander zu verbinden. Über die Jugendsoziologie wird der Bereich der (historischen) Jugendkulturen und -szenen als Vergemeinschaftungsformen, in denen Pop- bzw. Rockmusik sowie der Film eine hervorgehobene Rolle spielen, erörtert und im Anschluss nach den musikfilmischen Repräsentationen von Jugendlichkeit und deren Kulturen gefragt. Ziel des Artikels ist es, nicht nur auf die Bedeutung des Zusammenhangs von Jugend und Pop- bzw. Rockmusik in gesellschafts- und kulturhistorischen Kontexten aufmerksam zu machen, sondern vor allem auch die Frage aufzuwerfen, wie dieser Zusammenhang in filmischen Narrativen dargestellt und vermittelt wird. Schließlich zieht dieser Ansatz die Frage nach der Bedeutung von Jugendlichkeit, Jugendkulturen und -szenen sowie Pop- bzw. Rockmusik als gesellschaftliches Deutungsmuster nach sich, und diskutiert abschließend das Altern des Konzepts Jugend in gegenwärtigen kulturellen Diskursen.

Schlüsselwörter: Jugendkulturen, Jugendszenen, Popmusik, Rockmusik, Musikfilme, Rockumentary, Musikdokumentarfilme, Jugendsoziologie, Jugend und Medien, Jugend und Film, Retrokultur

1 Prolog: Jugendliches Leben und Popkultur in Zeiten der Corona-Pandemie

Der Ausbruch der weltweiten Corona-Pandemie hinterlässt tiefe Spuren in der Popkultur und im daran ausgerichteten Verhalten von Jugendlichen und jungen Erwachsenen. Vor allem in der Live- und Eventkultur, den Bars und Clubs, die durch Schließungen und Absagen von (Groß-)Veranstaltungen stark oder gar völlig eingeschränkt sind, in der Pop- und Rockmusikproduktion sowie in anderen Bereichen des kulturellen Freizeitangebots sind die Folgen und Veränderungen, die sich aus der Pandemie ergeben werden, noch gar nicht abzusehen. So-

https://doi.org/10.1515/9783110730609-002

wohl die Produktions- als auch die Rezeptionsbedingungen von Popkultur und insbesondere von Pop- und Rockmusik haben sich in der Pandemie verändert.

Die Popkultur, der gesamte Pop- und Rockmusikbereich ist betroffen, wenn keine öffentlichen Möglichkeiten bestehen, Musik vor einem größeren Publikum zu präsentieren, Partys zu feiern oder Ähnliches. Virtuelle Livemusik unter Corona-Bedingungen ist etwas anderes als das ungehemmte Sich-Gehen-Lassen, wie es das Konzerterlebnis in Vor-Corona-Zeiten kennzeichnete. Diszipliniert Abstand zu halten auf Konzerten und Partys: schwer vorstellbar.

All dies kann trotz guter Absichten auch nicht das virtuell übertragene Event oder Konzert ersetzen, mit dem einige Clubs sich der Krise entgegenzustemmen versuchen. Ebenso sind jugendliche Gemeinschaftsbildungen über Online-Plattformen nicht dasselbe wie das sozialräumliche Zusammenkommen an realen Orten. So wird gegenwärtig erfahrbar, dass die Welt des Internets kaum Ersatz für das reale Erlebnis eines schweißtreibenden, bierseligen, ohrenbetäubenden und geruchsintensiven Konzertabends, einer Party oder auch nur eines gediegenen Abends in einer Bar bieten kann. Direkte Interaktionen bleiben im Kulturellen für das soziale Gelingen von Pop- und Rockmusik zentral und sind – wie sich gerade jetzt zeigt – nur unvollständig durch digitale Medien substituierbar.

Andererseits gilt aber auch: Der Medienkonsum von Jugendlichen hat seit Beginn der Pandemie allgemein zugenommen (vgl. Calmbach et al. 2020, S. 596 f.). Was in der Corona-Zeit nun zwangsläufig als Surrogat herhalten muss – der medial vermittelte Konzertabend in der Einsamkeit der eigenen vier Wände –, galt in der Vor-Corona-Zeit lediglich als Alternative und Ergänzung, um sich Konzerterlebnisse, seine Bands und Szenen über Filme und bewegte Bilder ins Haus zu holen. Filme, Serien, Musikvideos usw. sind jedoch ein schwacher Trost, bestenfalls eine Ablenkung, wenn die bisherigen Formen des sozialen Zusammenseins eingeschränkt oder verboten sind.

Die durch die Pandemie begründeten Einschränkungen werden jedoch bislang erstaunlicherweise von den Jugendlichen nicht nur akzeptiert, sondern auch weitestgehend eingehalten, folgt man der Sinus-Studie 2020 (vgl. ebd., S. 591 f.). Die dennoch angesetzte Party wird durch ihr Verbot automatisch zu einer Form der Widersetzlichkeit.

Es sind in der momentanen Situation vor allem Jugendliche, an die Appelle seitens der Politik und Öffentlichkeit gerichtet werden, sich in disziplinierter Zurückhaltung zu üben, um die Ausbreitung des Virus zu verlangsamen. Neben der Schließung von Clubs sind größere Treffen oder Partys auch unter freiem Himmel weitgehend untersagt, wovon in erster Linie das Freizeitverhalten Jugendlicher betroffen ist, die gerade diese Möglichkeiten benötigen, um soziale

Kontakte zu pflegen, Dampf abzulassen oder erste amouröse Abenteuer zu suchen. Die Ironie des Schicksals will es, dass nun die jüngere Generation die Älteren durch persönliche Einschränkungen und Maßhaltung schützen soll, wo noch vor kurzer Zeit diese ältere Generation in Teilen bezüglich der Umwelt alles dafür tat, die Forderungen der sozialen Jugendbewegung Fridays-for-Future mit ökonomischen oder anderen Argumenten auszuhebeln und zu relativieren, um weiterhin ungebremst die Ressourcen der Zukunft verkonsumieren zu können. Die Zukunft, so scheint es, liegt nun in der Hand der jungen Generation, die durch ein diszipliniertes Verhalten für die Rettung der Zukunft der Älteren Verantwortung übernehmen soll. Eine bedauerliche Ironie des Schicksals scheint es zudem zu sein, dass ausgerechnet in der tiefen gesellschaftlichen Krise der Corona-Pandemie, die auch eine Umweltkrise darstellt, der Dokumentarfilm „I am Greta" (2020) unter kinowidrigen Bedingungen erscheinen muss.

Die absehbare Zukunft wird durch die Entwicklungen und Verschärfungen der Krise(n) nicht einfacher, sondern komplizierter und durch die zusätzlich entstehenden Kosten für die nachfolgenden Generationen vermutlich konfliktreicher – und teuer. Es stehen mit den Folgekosten der Corona-Pandemie nicht nur die Ressourcen der Umwelt für die Zukunft auf dem Spiel, sondern auch ökonomische, bildungspolitische und eben auch kulturelle. Davon aber wollen viele Jugendliche (noch) nichts wissen (vgl. Calmbach et al. 2020, S. 588 f.).

Es wird sich zeigen, welche Folgen sich für die Popkultur, für das kulturelle Angebot an Jugendliche, für Pop- und Rockmusikkulturen, für Filme und deren Distribution ergeben. Welche Jugendbilder werden in der Zukunft für die Corona-Generation gefunden? Verschärfen sich die realen Konflikte und erwachsen daraus neue (ästhetische) Ausdrucksformen des jugendlichen Protests? Kommt es gar zu neuen Generationskonflikten? Haben die Krisen der Gegenwart Einfluss auf die weitere Entwicklung von Jugendkulturen, Szenen, ihren kulturellen Ausdrucksformen wie Musik, Film und Bewegtbild? Diese Krise wird die Veränderungen der Popkultur, der Pop- und Rockmusik, die schon durch die Digitalisierung erheblich waren, vermutlich noch einmal beschleunigen und in eine ungewisse Richtung lenken. Möglicherweise trifft dies auch für zukünftige kulturelle Einstellungen und Verhaltensformen Jugendlicher zu.

2 Der Zusammenhang von Jugend, Musik und Film: Ein erster Überblick

Jugend, Musik und Film stehen in einem engen, wenn auch in dieser Aneinanderreihung bisher nur selten systematisch beachteten Zusammenhang. Während in der populären Musikkulturforschung historisch zentrale Verbreitungsmedien wie Radio, Schallplatte oder das Musikvideo sowie deren Nutzung durch Jugendliche thematisiert und auf ihre Bedeutung für Ausbreitung und Erfolg populärer Musik eingegangen wird, spielt der Film in seiner ganzen Bandbreite als kulturelle Vermittlungsform von Jugend- und Musikkulturen und im Rahmen der Popkulturforschung ebenso wie in der Jugendforschung nur eine nachgeordnete, selten in den Mittelpunkt gerückte Rolle. Dabei scheinen Filme sowie bewegte Bilder und das Filmische auf der einen und Jugend- und Musikkulturen bzw. Szenen auf der anderen Seite empirisch nicht voneinander zu trennen zu sein, da Jugend und Musik im Bild zu sich selbst kommen. Filme und bewegte Bilder sind die audiovisuellen Transmissionsriemen, über die sich Jugendlichkeit als kollektiver Habitus und körperliche Verhaltensform sowie Musik als ihr klanglicher Ausdruck verbreiten, in der Verschmelzung von Sound, Bild und Bewegung Lebensgefühle sinnlich kreieren, gleichzeitig diese aber auch reflexiv präsentieren und erklären. Pop- und Rockmusik sowie Jugend sind ohne Bilder schlichtweg nicht vorstellbar.

In der sozial- und kulturwissenschaftlichen Forschung wird das bedeutungserzeugende und distinktive Element des Sichtbaren und des Sounds verschiedener Jugendkulturen empirisch untersucht. Auf Filme wird dabei kursorisch verwiesen, sie werden bei der Aufarbeitung verschiedener Jugend- und Musikkulturen als wichtige Quelle genannt, jedoch selten eingehender oder in einem größeren Umfang in ihrem kulturellen Eigenwert untersucht. In noch geringerem Ausmaß werden sie in ihren differenzierten Formen, Narrativen und inhaltlichen Bezugsrahmen wahrgenommen.

Jugend, Musik und Film stellen jeweils für sich wichtige Fluchtlinien der Popkultur- und Popmusikforschung dar, ihr innerer Zusammenhang dagegen ist ein Forschungsdesiderat. So ist, um nur ein Beispiel zu nennen, Diedrich Diederichsens umfangreiches Werk „Über Popmusik" (Diederichsen 2014) voll von Verweisen auf Visualität und Audiovisualität sowie die Bedeutung des Sichtbaren für die Popmusik im Allgemeinen; empirisch bleibt dies aber eine Leerstelle im Verweisungszusammenhang. Was aber ist das Spezifische dieses Zusammenhangs?

Aus dem Zusammenspiel von Jugend, Musik und Film ergeben sich zahlreiche inter- bzw. transdisziplinäre Querverweise, die kein neues Forschungsfeld einhegen, jedoch den Blick zur Frage nach den filmischen Repräsentationen und Bedeutungskonstruktionen verschieben, in denen sich Jugend- und Musikkulturen der Gegenwart vermitteln. So erzählt beispielsweise Oliver Schwabes chronologisch verfahrener Dokumentarfilm „My Generation: Der Sound der Revolte erzählt in 15 Songs" (2006) die enge Verbindung von Sounds, Songs und der Entwicklung (protestierender) Jugend in Deutschland in der zweiten Hälfte des 20. Jahrhunderts. Wenn sich in Filme, wie Markus Schroer (vgl. Schroer 2008, S. 7) meint, der soziale Wandel im Längsschnitt-Vergleich sichtbar einschreibt und beobachten lässt, dann offenbart sich dieser Wandel umso mehr im Rahmen von Jugend- und Musikkulturen, die ab der zweiten Hälfte des 20. Jahrhunderts gesellschaftliche Transformationsprozesse mitgeprägt haben. Dann erweisen sich Filme und bewegte Bilder als mediale Vorlagen für soziokulturelle Nachahmungen, auf denen gesellschaftliche Veränderungsdynamiken beruhen.

Über Filme werden vergemeinschaftende Sinn- und Bedeutungsstrukturen von Jugendkulturen und Szenen performativ organisiert und individuelle wie gruppentypische Identitäten konstruiert. Der Film gehört sowohl aus einer historischen Perspektive wie auch in der Gegenwart zur kulturellen Alltagspraxis Jugendlicher. So wird das Filmische auf verschiedene Art und Weise rezipiert, angeeignet und letztlich auch zur Selbstinszenierung im Zeichen digitaler Kulturen genutzt.

Filme und bewegte Bilder liefern aber nicht nur Repräsentationen von Jugendlichkeit und Musik, sie sind als eine Praxisform in den spezifischen kulturellen Konsum Jugendlicher als soziale Gruppe eingebunden. Dabei spielt Musik, insbesondere Pop- und Rockmusik, im Leben und Sozialisationsprozess Jugendlicher eine ebenso wichtige Rolle wie der Film (vgl. Heyer et al. 2013, S. 4). Songs, Sounds und Klänge sind für Jugendliche allgegenwärtig, sie untermalen oder schaffen Stimmungen und Atmosphären zu jeder Tages- und Nachtzeit, prägen soziale Erfahrungen und Wahrnehmungen und modulieren ihren Gefühlshaushalt.

Auch wenn sich die Praxisformen des Musikkonsums sowie der Produktion und Distribution von Musik im Zuge der Digitalisierung stark verändert haben, gehört sie zum Prozess des Aufwachsens schlicht und einfach dazu. Über Musik lassen sich nicht nur Gefühle ausdrücken, sondern Haltungen zur Welt. In sie fließen soziale Erfahrungen ein. Sie ist mehr als der bloße Sound. Zu Musik wird getanzt, sie wird auf Konzerten und Festivals oder in kleinem Kreis konsumiert, sie wird aber auch individuell in den eigenen vier Wänden gehört.

Heutzutage sind sowohl die Möglichkeiten, Musik zu hören als auch zu machen, aufgrund ihrer Digitalisierung nahezu unbegrenzt, erlaubt der leichte Zugriff auf sämtliche Stile und Epochen durch Plattformen wie Spotify oder Apple Music doch, ständig Altes und Neues zu entdecken.

Aber erst in der Kombination von Film und Musik, von Bewegtbildern und Sound lassen sich kulturelle Vorbilder schaffen, die Jugendkultur in einem umfassenden Sinn inspirieren. So ist Pop- und Rockmusik ein elementarer Bestandteil (nicht nur, aber insbesondere) von Jugendfilmen. Zu jeder musikalischen Praktik, vom Plattendrehen/Scratchen an den Turntables bis zur virtuosen Bearbeitung der E-Gitarre als Pose, gibt es eine Vielzahl entsprechender filmischer (Vor-)Bilder. Um Stimmungen von Jugendlichen und deren Lebensgefühle sinnlich zu erfassen, zu vermitteln und zu verstärken, wird sich der Musik bedient.

Jugendfilme sind häufig in bestimmten Musikszenen angesiedelt, diese bilden den jugendkulturellen Hintergrund, in denen sich die Geschichten entfalten. Musikfilme wiederum greifen thematisch auf Jugendkulturen und Szenen, aber auch auf besondere Produktionsbedingungen, Distributionsformen und Aneignungsprozesse sowie biographische Bedeutungszuschreibungen zurück, um beide miteinander zu verbinden. Darüber hinaus kann im Film über die musikalische Sozialisation und deren identitätsbildenden Effekte reflektiert werden.

Die Entwicklung und Verbreitung von Musikkulturen und -szenen, von Bands und Musiker*innen, die in Jugendkulturen entstanden oder aus diesen hervorgegangen sind, sind wiederum selbst Gegenstand von Filmen, in denen diese entweder in ihrer Entstehung begleitet oder retrospektiv-biographisch erzählt und historisiert werden. Zu beinahe jeder Musikkultur – Punk, Techno, Hip-Hop, Metal usw. – und ihrer ausdifferenzierten Subgenres gibt es fiktionale und dokumentarische Filme, die diese begleiten, ausleuchten, beobachten, erklären, interpretieren und in Erzählmuster integrieren. Ein großer Teil der gegenwärtigen Musikdokumentarfilme beruht dagegen auf Rückblicken in die eigene Geschichte, die eng mit Jugendkulturen und Szenen verbunden ist und zum Mythos der Pop- und Rockkulturen zurückführt (vgl. Heinze 2020, S. 231 ff.).

Im Folgenden sollen die einzelnen Dimensionen – Jugend(kultur) und Szenen, (Pop- und Rock-)Musik als jugendliches Phänomen sowie (Jugend- und Musik-)Filme und bewegte Bilder – genauer eingekreist und abgegrenzt werden. Aussichtsreich erscheint, aus einem jeweils geschärften Blickwinkel auf die zwei anderen Dimensionen der Reihung zu schauen, um aus der jeweiligen Perspektive Konturen für den Zusammenhang von Jugend, Musik und Film und ihre Interdependenzen gewinnen zu können.

3 Jugend und Jugendkulturen/-szenen

Jugend und Jugendkulturen[1] stehen in einem engen Verhältnis zueinander. Laut Dieter Baacke sind es die „jugendkulturellen Jugendlichen", die die „Jugendge-

---

1 Jugendkultur und Szene sind Begriffe, die häufig synonym verwendet werden. Die soziologischen Vertreter*innen des Szene-Begriffs setzen sich jedoch von dem Jugendkultur-Begriff ab

stalt einer Epoche oder eines Zeitraums" maßgeblich prägen, sodass ein Zugang zur Jugend über ihren kulturellen Ausdruck zu suchen ist: „[E]s sind die Jugendkulturen, von denen der neuzeitliche Begriff von Jugend seinen Ausgang genommen hat." (Baacke 2007, S. 227) Von der äußeren Erscheinung bis zu Inhalt und Form des Kulturkonsums sind es Jugendkulturen und Szenen, die wichtige ästhetische Impulse für Identitätsbildungs- und Subjektivierungsprozesse Jugendlicher geben und deren Einstellungen und Werthaltungen prägen. Musik und Filme sind darin wichtige Elemente der Kulturvermittlung und Kulturaneignung. Die szenespezifischen Stilbildungen, in denen Einstellungen und Werthaltungen kommuniziert werden, erfolgen über Arrangements von medialen und materialen Ausdrucksformen (vgl. Böder et al. 2019, S. 5; dazu auch zentral Richard und Krüger 2010 sowie Bucher und Pohl 1986). Es ist zu berücksichtigen, dass die aktiv trendsetzenden Jugendlichen eine zahlenmäßige Minderheit darstellen, die der Mehrheit hinsichtlich des Kultur- und Medienkonsums die Maßstäbe vorleben – „den Mainstream prägende Minderheiten" (Farin 2010, S. 3) –, was in einer anderen, kritischeren Variante vor dem Hintergrund ökonomischer Vereinnahmungs- und Kontrollstrategien alternativer Kulturen schon in den 1990er Jahren von Tom Holert und Mark Terkissidis (vgl. Holert und Terkissidis 1996, S. 5 ff.) formuliert worden ist.

Jugend, deren Verlauf sich mittlerweile bis in das dritte Lebensjahrzehnt ausdehnt, ist eine gesellschaftlich institutionalisierte und sozial konventionalisierte Lebensphase, in deren Ablauf körperliche und psychische Reifungsprozesse durchlaufen werden, die am individuellen Identitätsbildungs- und Subjektivierungsprozess wesentlich beteiligt sind. Die komplexen Prozesse der Sozialisation wirken zum einen als Rahmenbedingungen in die innere Reali-

---

(vgl. Eisewicht und Wustmann 2020, S. 178 ff.). Als Szene werden lose Netzwerke bezeichnet, die auf technischen Voraussetzungen und sozialen Wandlungsprozessen zu offeneren, fluideren „Gesellungsformen" beruhen und damit flexibler und austauschbarer sind, weshalb die Szenen auch stetig wachsen und sich ausdifferenzieren (vgl. Hitzler und Niederbacher 2010, S. 15 ff.). Szenen bieten individualisierte, juvenile Erlebniswelten, die man konsumieren, aber auch schnell wieder verlassen kann. Dagegen rekurriert der Jugendkultur-Begriff auf relativ festgefügte, strukturierte kulturelle Praktiken Jugendlicher, die aus Sicht der frühen britischen Cultural Studies als Ausdrucksformen und kulturelle Verarbeitungsformen sozialer Ungleichheit verstanden wurden (zum historischen Wandel des Jugendkulturbegriffs siehe auch Ferchhoff 2007, S. 27 ff.). Größere Jugendkulturen bilden allerdings häufig die Matrix für nachfolgende Szeneentwicklungen, denn viele Szenen beziehen sich auf frühere, große und historische Jugendkulturen, etwa der Metal, Hip-Hop oder Punk. Sie sind die Referenz, auf die sich nachfolgende Szeneentwicklungen beziehen. Dies lässt sich am Beispiel des musikdokumentarischen Films verdeutlichen, der diese jugendkulturellen Genealogien und Kontinuitäten zu erhellen versucht.

tät der Subjekte hinein, die in Wechselwirkungen mit der äußeren Realität steht (vgl. Tillmann 2010, S. 14 ff.). Die äußere Realität, die sozialen, kulturellen und materialen Umwelten, mit denen sich Heranwachsende im Sozialisationsprozess auseinanderzusetzen haben, die sie aber gleichzeitig aktiv mitgestalten, bestimmen die Möglichkeitsräume der Identitäts- und Subjektbildung. Es sind vor allem die „exogenen" Faktoren, die das Aufwachsen in gesellschaftlichen Kontexten bedingen: „Endogene Erklärungen aus Zusammenhängen mit körperlichen Reifungsprozessen der Jugendphase haben daher im Vergleich zu gesellschaftlich-historischen eine geringe Wahrscheinlichkeit" (Mitterauer 1986, S. 18). Über Jugendkulturen werden Probleme des Aufwachsens ausgehandelt und bewältigt.

Die exogenen Faktoren, die historisch-gesellschaftlichen Bedingungskontexte, haben sich im Prozess des Übergangs von der Moderne zur Postmoderne gewandelt. Daraus entstehen nach Helmut Fend (vgl. Fend 1988, S. 73) vor allem für die jugendlichen Gegenkulturen hinsichtlich ihrer eigenen Lebensvorstellungen Spannungen, die sich in kulturellen und sozialen Konflikten niederschlagen können. Während die Moderne noch im Zeichen einer rationalen Lebensführung (Max Weber) und Selbstkontrolle stand, die auf langfristigen Lebensplanungen, starken Erziehungsinstitutionen und Professionalisierung der Leistungskultur beruhte, ist die Postmoderne von einer „Feier der Oberfläche", der „Entdifferenzierung der Generationen" und einer „Lifestyle"-Orientierung geprägt (Helsper 1991, S. 11), die traditionelle Ordnungen verworfen haben. Damit einhergehend hat Werner Helsper gefragt, eine Reihe bis in die Gegenwart reichender exogener Entwicklungen vorwegnehmend, inwieweit sich die Intensivierung des individualisierten Erlebens und Lebensgefühls (dazu zentral auch Garcia 2020), die Medialisierung als Immaterialisierung der Lebenswelt sowie die Ästhetisierung möglicherweise gar als Sinnverlust auf Jugendliche auswirken (vgl. Helsper 1991, S. 24 f.).

Jugendliche und Jugendkulturen reagieren auf gesellschaftliche Rahmenbedingungen mit ihren eigenen Verhaltensformen und Stilbildungen oder treiben diese mit voran. So beschreibt Baacke (vgl. Baacke 2007, S. 18 ff.) den Übergang von frühen Protestbewegungen über die Action-Szenen zur neuen Unübersichtlichkeit der Jugendkulturen und Szenen, die sich gegenwärtig in kaum mehr zu überblickende Sub-Szenen ausdifferenziert haben und beschleunigten Veränderungsdynamiken unterworfen sind. Jürgen Zinnecker (vgl. Zinnecker 1997, S. 460 ff.) verweist auf die verschiedenen sozialen Felder, in denen Jugendliche und Jugendlichkeit in der zweiten Hälfte des 20. Jahrhunderts Veränderungen ausgelöst haben, und zeigt auf, dass Jugendgeschichte eine Geschichte „jäher Metamorphosen", eine „Zeit der Kompression" ist:

> Jugend wurde in wenigen Jahren transformiert – von einer Kriegs- zu einer Friedensjugend; von einer arbeitenden zu einer scholarisierten Adoleszenz; von einem Hort erotisch-sexueller Askese und Sublimierung zur hedonistischen Avantgarde der europäischen Konsumgesellschaft.
>
> (Ebd., S. 495)

Jugend und Jugendkulturen sind elementar mit der Entwicklung moderner und dem Übergang zu postmodernen Gesellschaften verbunden, wodurch sich Überschneidungen und Bezugsfelder zu anderen Geschichtsperspektiven ergeben:

> Jugend umschließt immer Aspekte der Sozial-, Politik- und Kulturgeschichte, sie ist nicht bloß Folge sozialökonomischer Prozesse, auch nicht nur Objekt und Subjekt politischen Handelns und ebenso wenig allein eine Geisteshaltung und kulturelle Lebensform. Erst in den Wechselwirkungen erschließt sich die Gesamtheit der Geschichte der Jugend.
>
> (Speitkamp 1998, S. 12)

Bereits Helmut Schelsky wies darauf hin, dass die „leiblichen, seelischen und geistigen Zustände" der Jugend „sozial mitbestimmt" seien (Schelsky 1975, S. 13). Schaut man auf die gesellschaftspolitischen, in sich sehr unterschiedlichen Rahmenbedingungen des 20. Jahrhunderts, so sind es mit Blick auf Deutschland das aus dem 19. Jahrhundert hinüberragende Kaiserreich, der Erste Weltkrieg, die Weimarer Republik, der Nationalsozialismus und der Zweite Weltkrieg, die BRD und DDR sowie das wiedervereinigte Deutschland, die die zeithistorischen – politischen, sozialen und kulturellen – Erfahrungsräume des Aufwachsens bilden.[2] Manchen Historiker*innen gilt aufgrund der historischen Bedeutung dieser sozialen Gruppe das 20. Jahrhundert deshalb auch als „Jahrhundert der Jugend" (Mrozek 2017, S. 200). Vor allem in der ersten Hälfte des 20. Jahrhunderts, stellenweise aber auch in der zweiten Hälfte wurde Jugend zum Mythos stilisiert und als eine Utopie der Erneuerung entworfen (vgl. Koebner et al. 1985). Spuren dieses Mythos lassen sich auch in Filmen, dokumentarischen sowie fiktionalen, entdecken.

Die britischen Cultural Studies haben am Beispiel der Rocker, Skinheads, Mods und Hippies früh gezeigt, wie Jugendliche schichtspezifisch über ihre

---

2 In einer umfassenden Textsammlung autobiographischer Textdokumente hat der Historiker Fred Grimm (vgl. Grimm 2010) diese persönlichen und kollektiven Erlebniswelten Jugendlicher zwischen 1900 und 2010 gesammelt und als private Geschichte veröffentlicht. Auf Grundlage dieser Textsammlung entstand die TV-Produktion „Junges Deutschland: 100 Jahre Lebensgefühl" (2014), die Auszüge aus dieser Sammlung unter Berücksichtigung historischer filmischer Ästhetik inszeniert und „re-enacted".

Kulturen die sozialökonomischen Verhältnisse ihrer Herkunftsfamilien sowie die gesellschaftlichen Ungleichheiten produktiv verarbeiten (vgl. Hebdige 1979; Honneth und Clarke 1979; Willis 1981). Zwar hat sich die marxistische Kulturauffassung eines engen Zusammenhangs zwischen sozialer Herkunft und Zugehörigkeit zu Jugendkulturen relativiert, jedoch werden nach wie vor zentrale gesellschaftliche Konfliktbereiche in Jugendkulturen verarbeitet (siehe Archiv der Jugendkulturen 2017). Rassismus, Sexismus, Antifaschismus, Antisemitismus sind gesellschaftliche Themen, die aufgegriffen, verhandelt und kritisiert werden. Andererseits werden Demokratie, Emanzipation und die (ethnisch) offene und liberale Gesellschaft von rechts durch einen Teil der rechtsextremen Skinheads, der Autonomen Nationalisten, Hooligans, den Identitären und anderen angegriffen. Schließlich wehren sich migrantische Jugendkulturen, vor allem über den Hip-Hop als Ausdrucksform, gegen Ausgrenzung und Diskriminierung. Die Diskurse von Gesellschaften (zerr-)spiegeln sich in den jeweiligen Jugendkulturen und verraten darüber etwas über deren Einstellungen und Haltungen zu sozialen, politischen und kulturellen Fragen der jeweiligen Gegenwart.

Jugend „macht" und gestaltet in diesem Sinne aktiv ihre eigene(n) Geschichte(n) und ist nicht nur Objekt äußerer gesellschaftlicher Bedingungsfaktoren, wie John R. Gillis (vgl. Gillis 1980) in seiner historischen Studie nachgezeichnet hat. Mehr noch: Teile der Jugend werden als gesellschaftliche Avantgarde und Motor des sozialen Wandels aufgefasst. Von den Gegenkulturen der Hippies über die Punks und Technoiden bis zur heutigen, digital vernetzten Generation der „Däumlinge" (vgl. Serres 2013) oder der sozialen Jugendbewegung Fridays-for-Future (vgl. Haunss und Sommer 2020) werden gesellschaftliche Erneuerungsprozesse wesentlich durch Jugendliche und ihre Kulturen getragen (dazu auch Zinnecker 1997, S. 460 ff.). Klaus Hurrelmann und Erik Albrecht (vgl. Hurrelmann und Albrecht 2014) sprechen von den „heimlichen Revolutionären" der Generation Y, die still und leise, dafür umso effektiver den sozialen Wandel im Alltag vorantreiben und zurzeit einen verlängerten Ausdruck in der protestierenden „Generation Greta" erleben (Hurrelmann und Albrecht 2020). Eine spezifische, kulturell geprägte Ästhetik, die ihren Ausdruck in Film oder Musik findet, hat diese jüngste Generation als soziale Bewegung (nicht als Jugendkultur) allerdings (noch) nicht ausgebildet.[3]

---

3 Für die Bundesrepublik hat Dieter Rink (Rink 2002) von einer „beunruhigenden Normalisierung" im Bereich der Jugendkulturen gesprochen. Ihm zufolge sei Normalität, nicht mehr Abweichung der Maßstab Jugendlicher, was seiner Auffassung nach ein Erliegen der Jugendkulturen nach sich zöge (vgl. ebd., S. 6).

Es existiert aber auch regressives Jugendverhalten in Jugendkulturen, das explizit Errungenschaften der Moderne zu bekämpfen versucht. Es sind vor allem die (neuen) rechten Jugendkulturen, die die bekannten Zeichen, Symbole und Ausdrucksformen der Popkultur zu entern und auf extrem rechts zu drehen versuchen (vgl. Schröder 2000; Bruns et al. 2016). Sie formulieren aus ihrer persönlichen Perspektive „Kriegserklärungen an die 68er" (Willinger 2013). Sie bemächtigen sich dabei popkultureller Personen und Artefakte, interpretieren diese eigenmächtig in rechtem Sinne (vgl. Müller 2017) und greifen auf verschiedene Jugend- und Musikkulturen zurück (vgl. Speit 2002; Dornbusch und Killguss 2005).

Die Rolle(n), die die Jugend im 20. Jahrhundert gespielt hat und mittlerweile auch wieder spielt, hat Ängste auf Seiten der „Erwachsenen" geweckt. Jugendliche Verhaltensformen werden von gesellschaftlich institutionalisierter Seite, wie etwa von Wissenschaft, Politik und Kirche, beobachtet und analysiert, um sie zu steuern und zu kontrollieren (vgl. Abels 1993), da unkontrolliertes jugendliches Verhalten auch als Gefahr für die öffentliche Ordnung wahrgenommen wird. Jugendliche bewegen sich einerseits in einem zeitlich immer ausgedehnteren, institutionalisierten Raum von Bildung und Ausbildung, der größere autonome Freiräume eröffnet und zu einer Verlängerung der postadoleszenten Phase führt. Andererseits sehen sie sich wachsenden gesellschaftlichen Erwartungen von außen ausgesetzt, die Druck auf die zukünftige Lebensplanung ausüben (vgl. Hitzler und Niederbacher 2010, S. 12.). Dafür verantwortlich ist eine „Ökonomie als Leitkultur", die heutzutage sämtliche Lebensbereiche durchzieht und kommerziell orientiert (vgl. Lange und Reiter 2018, S. 17 ff.). Folgt man den letzten Shell-Jugendstudien, so nimmt der Durchschnitt der Jugendlichen diesen äußeren Druck durchaus wahr, gehen aber „pragmatisch" mit diesem um (Shell Deutschland Holding 2019).

Jugendlichem Verhalten wird seitens der Erwachsenen oftmals mit Unverständnis begegnet. Obwohl Jugend in der Vergangenheit einerseits als „Metapher für gesellschaftliche Veränderungen" (Passerini 1997, S. 375 ff.) symbolisch aufgeladen worden ist, bestehen andererseits kollektive Ängste und Sorgen gegenüber jugendlichen Verhaltensformen, weil befürchtet wird, dass diese zur Auflösung und Beseitigung gesellschaftlicher Traditionen beitrügen und kulturelle Wissensbestände gefährdeten. Jugend und jugendliches Verhalten werden somit häufig problematisiert bzw. unter Problemgesichtspunkten verhandelt und als gesellschaftliche Herausforderung verstanden. Die Problemzuschreibungen finden über Medien Eingang in öffentliche Diskurse, über die sie verbreitet werden (vgl. Groenemeyer und Hoffmann 2014, S. 11 f.). Insbesondere Jugendkulturen und Szenen, vor allem in den politisch oder ästhetisch extremeren Formen, spielen dabei eine zentrale Rolle.

Diese Ängste und Befürchtungen haben ihre Ursache nicht nur in realen Devianzen, sondern im Lebensstil Jugendlicher, der sich durch die Suche nach Intensivierung des Lebensgefühls zu einem nur schwer zähmbaren Impuls und damit zum Gegenpart der modernen Ratio entwickelt:

> Nun erhielt sich das Ideal der Intensität lange durch seinen Gegensatz zu Gestalten, welche die Negation der Lebensintensität verkörperten. Der Libertin, der Romantiker oder der elektrische Jugendliche trotzten den gesellschaftlichen Normen und den Verteidigern der bestehenden Ordnung, die vom Priester, Justizbeamten oder Professor vertreten wurden. Diese Gegenfiguren wirkten für den intensiven Menschen abschreckend und dienten als regelmäßige Zielscheibe für die Satire der offiziellen Kultur, für die Gedichte der Boheme oder die Fantasien der Zutiques.
>
> (Garcia 2020, S. 115)

In der gesellschaftlichen Öffentlichkeit sind es vor allem die „sozialen Bilder" (Abels et al. 2008, S. 7) über Jugendliche, die die „unterschiedlichsten Jugendsemantiken" (Sander und Vollbrecht 2000, S. 8) hervorgebracht haben. In ihnen verdichten sich Hoffnungen und Ängste; sie neigen zu Übertreibungen und diskursiven Zuspitzungen. Diese sozialen Bilder beeinflussen nicht nur die Sichtweisen auf Jugendliche durch die Erwachsenen, sondern wirken auch auf das kulturelle Verhalten Jugendlicher, die sich dieser Bilder bemächtigen und sich zu ihnen verhalten.

Wie Werner Lindner (vgl. Lindner 1996) es bereits für den Zeitraum der 1950er bis in die 1990er Jahre nachzeichnen konnte, wirkt die häufig skandalisierende öffentliche Berichterstattung auf jugendliche Protestverhaltensformen zurück. Der Film spielt in der Herstellung und Verbreitung dieser sozialen Bilder eine zentrale Rolle. Aber auch über die Pop- und Rockmusik lassen sich soziale Bilder von Jugendlichen und Jugendkulturen erzeugen.

4 Pop- und Rockmusik als jugendliches Phänomen

Pop- und Rockmusik sind ein zentrales Element von Jugendkulturen, um das sich eigene Formen und kulturelle Praktiken bilden.[4] Musik ist ein Austausch-

---

4 Der Oberbegriff Pop- und Rockmusik kann insofern nur als eine heuristische Konstruktion erachtet werden, da sich dahinter heterogene und kaum mehr überschaubare Formen des

und Kommunikationsmedium, über das sich Jugendliche verständigen, das von ihnen konsumiert bzw. selbst hergestellt wird und das Alltags- und Freizeitverhalten strukturiert. Alle Musikkulturen kennzeichnet heute, dass sie „alt" sind und Geschichten und Traditionen herausgebildet haben, an die nachrückende Musikszenen anschließen und sich weiter differenzieren, ohne dass frühere Kulturen vollständig verschwinden (vgl. Farin 2010, S. 5).

Die Ursprünge populärer Musik reichen zurück bis in das 18. Jahrhundert und enthalten dort bereits inhaltliche Elemente („Saufen", Tanzen, Liebe, Sexualität), die später auch in der jugendlichen Pop- und Rockmusik als Themen zu finden sind (zur Kulturgeschichte der Popmusik siehe Wicke 2001; zur Rockmusik siehe Wicke 1987).[5] Für Karl Bruckmaier (vgl. Bruckmaier 2014, S. 13) setzt sich die Geschichte der Popmusik aus dem existentiellen „Drama" des Menschen zusammen, das „von seinen Lebensumständen, von seinen Träumen, von seinen politischen Ansichten und von seinen Unzulänglichkeiten" erzählt – nur selten jedoch vom Altern der Musiker*innen selbst, für das es im jugendlichen Universum der Popmusik kaum Ausdrucksformen zu geben scheint (vgl. Kleiner 2010, S. 309 ff.). Dieses existentielle Drama, fokussiert auf Jugendlichkeit, wird immer wieder von Neuem aufgeführt und dient verschiedenen Generationen zur Selbstbeschreibung und Abgrenzung; in diesem Drama kommt es immer wieder aufs Neue zur Intensivierung der Gefühle und neuerlichen Erschöpfungszuständen (vgl. Garcia 2020, S. 143 ff.). Zugleich ist diese existentielle Dramatik immer wieder ein attraktiver Stoff für jugend- und musikfilmische Verarbeitungen.

Eine intensive Beziehung zwischen Jugend sowie Pop- und Rockmusik entwickelte sich nach dem Ende des Zweiten Weltkriegs mit dem Auftauchen eines neuen Typus von „Teenager", der für eine „neue jugendliche Welt" steht (Savage 2008, S. 463) und in seiner frühen Entwicklungsphase als eigener Typus ein zentrales Abgrenzungsmerkmal zur Welt der Erwachsenen bildet (vgl. Mrozek 2019, S. 172 ff.). So schreibt Peter Wicke:

Musikmachens in einem entgrenzten Kulturraum verbergen, der im „Kollektivsingular" (Reinhart Koselleck) nicht mehr darstellbar ist. Durch immer weitere Ausdifferenzierungen und Vervielfältigung von Stilen und Szenen ist niemand mehr in der Lage, diese zu überblicken und elementar zusammenzufassen. Das betrifft sowohl einzelne Musikkulturen und ihre Szenen wie den Metal als auch umso mehr die verschiedenen Musikkulturen insgesamt.
5 Schon in seiner Geschichte und Analyse der Rockmusik hat Wicke (vgl. Wicke 1987, S. 10) darauf hingewiesen, dass Rockmusik nicht nur Jugendliche anspricht, sondern auch von Älteren gehört wird.

Mit dem Rock'n'Roll geriet die populäre Musik ausgehend von den USA in einen grundlegend veränderten Kontext. Die Kommerzialisierung des Jugendalters und „Jugend" als sich infolge des demografischen Wandels durchsetzendes neues gesellschaftliches Leitbild, die Formierung einer kommerziell organisierten, medienvermittelten Massenkultur, das Aufkommen von Single-Schallplatten und Magnettonband haben den Umgang mit Musik gravierend verändert. Zum Ausdruck kam das in einem ästhetischen und musikalischen Paradigmenwechsel mit weitreichenden Folgen. Seither ist jeder musikalische Wandel von den jugendlichen Fans dieser Musik ebenso wie vom professionellen Pop-Journalismus als „Revolution" gefeiert und damit immer auch auf seine mögliche gesellschaftspolitische Relevanz befragt worden.

(Wicke 2017, S. 7)

Die Kulturen der Pop- und Rockmusik wurden zum Sprachrohr der nachfolgenden Generationen zwischen Aufbegehren, Anpassung und Affirmation und blieben bis in die 1970er Jahre hinein ein privilegierter Ort von Jugendlichen. Bewegende (und bewegungslose) Musik formiert seitdem Körperlichkeit, von der Katalepsie zur wilden Raserei, und prägt den Stimmungs- und Gefühlshaushalt Jugendlicher. Selbst die abseitigsten kulturellen Bedürfnisse werden über Musik subkultureller Szenen befriedigt. Der (jugendlich in alle Richtungen) formbare Körper ist der zentrale Adressat pop- und rockmusikalischer Inszenierungen. Sie kann darüber hinaus aber auch konkrete oder imaginäre Weltbilder assoziativ ausbilden und prägen. Die jugendkulturelle Bedeutung, die Pop- und Rockmusik als derartiges Sprachrohr aufsaugt, ist eng mit zeithistorischen, medialen und kulturellen Entwicklungen verbunden, auf die sie sich bezieht und reagiert. In ihr drückt sich das musikalische Selbstverständnis von Jugendkulturen als Gemeinschaft aus.

Ob und inwieweit Pop, Popkultur, Pop- und Rockmusik gegenwärtig noch ein Privileg der Jugend darstellen, ist allerdings eine umstrittene Frage, auf die es kaum eine verbindliche Antwort gibt. Die Zeichen und Symbole, die mit Musikkulturen generiert werden, insbesondere aber der Pop- und Rockmusik-Körper bleiben jenseits aller tatsächlichen Altersgrenzen jugendlich codiert. Es sind vor allem historisierende und biographisierende musikdokumentarische Filme, über die sich dieses Spannungsverhältnis zwischen jugendlichen Anfängen und alt gewordenen Jugendlichen anschaulich untersuchen lässt.

Der Zusammenhang zwischen Jugendlichkeit sowie Pop- und Rockmusik wirft die Frage auf, wie Jugendlichkeit in Pop- und Rockmusik aufgehoben ist und was diese Verbindung rechtfertigt. In den Inszenierungen der Pop- und Rockmusik hat Jugendlichkeit ihren altersentgrenzten Ort, denn es sind nicht nur Jugendliche, die Musik machen, aber Pop- und Rockmusik bedarf der Jugendlichkeit und des jugendlichen Körpers, um attraktiv zu sein.

Allerdings sind es bei der gegenwärtigen Pop- und Rockmusik insbesondere die „alten (nicht alternden) Jungen", die im Schatten ihrer eigenen Jugendlichkeit auf Wellen des kommerziellen Erfolgs schwimmen – selbst ein Enfant terrible wie Iggy Pop erlebt am absehbaren Ende seiner Karriere noch einmal einen weltweiten Erfolgsschub, der ihm angesichts seines wechselhaften Lebens lange verwehrt blieb.

Lässt sich deshalb an der Entwicklung von Pop- und Rockmusik etwas über die Veränderung von sozialen Bildern über Jugendliche auf der einen und Jugendlichkeit auf der anderen Seite ablesen? Lässt sich, soziologisch gefragt, über die sozialen Bilder der Jugend, Jugendlichkeit und ihrer Musikkulturen im historischen Wandel etwas über die Entwicklungen und Veränderungsprozesse der (post-)modernen Gesellschaft, ihrer Selbstbeschreibungen, ihres Selbstverständnisses und ihrer Verheißungen herausfinden?

Historisierende Pop- und Rockmusik-Stilanalyse ist vor diesem Hintergrund mit Blick auf ihre jeweiligen Entstehungshorizonte zu differenzieren und auf die aufgeworfenen Fragen zu beziehen (für einen nicht vollständigen Überblick zu unterschiedlichen Stilen siehe Hecken und Kleiner 2017). Pop- und Rockmusik geben in ihren differenzierten Formen Jugend und Jugendkulturen einen klanglichen Ausdruck, der zugleich formierende Effekte bezüglich des mentalen und körperlichen Habitus zu einer bestimmten Zeit entfaltet. Musik und musikalische Geschmackspräferenzen werden zur Herstellung von jugendlicher Identität im Subjektivierungsprozess sozial gebraucht (vgl. Müller et al. 2002) und von den altersgemäß tatsächlichen Jugendlichen zur Abgrenzung verwendet. Pop- und rockmusikalische Sozialisation prägt das Selbst. Laut Kleinen (vgl. Kleinen 2008, S. 50) entwickeln Jugendliche im Verlauf ihrer kulturellen Sozialisation eine pop- und rockmusikalische Identität, die auch über die Lebensphase der Jugend hinweg beibehalten wird, sich aber ausdifferenzieren kann. Daran schließt sich die Frage an, welche Stile zu einem bestimmten Zeitpunkt vorherrschen, welche musikkulturellen Typologien präferiert werden und welche als Randphänomen in Subkulturen gelten, um etwas über Generationszusammenhänge in Erfahrung zu bringen.

Obwohl Klänge, Sounds, Schall, Geräusche, Rauschen zur alltäglichen Erfahrung des Musikkonsums gehören und Jugend- und Musikkulturen maßgeblich gestalten, werden sie hinsichtlich ihrer kulturellen Symbolisierungsleistungen, die sie im Rahmen pop- und rockmusikalischer Verarbeitungsformen von Umwelterfahrungen hervorbringen, soziologisch nicht näher untersucht (vgl. Kleiner 2013, S. 168 f.). Das Beispiel der „Industrial Music Culture"-Szene verdeutlicht den großangelegten gesellschaftlichen Bezugsrahmen, in dem sich (extreme) Musikkulturen klanglich explizit bewegen können (vgl. Heinze 2016,

S. 175 ff.). Begreift man Jugendliche und Jugendkulturen historisch sowie gegenwärtig als Transmissionsriemen des sozialen Wandels, so trifft dies auf die mit ihnen verbundenen sinnlichen Ausdrucksformen der Pop- und Rockmusik und die in ihnen praktizierten Selbstinszenierungsweisen ebenso zu, die mehr sind als nur ein klangliches Erlebnis, sondern unmittelbar mit Sichtbarkeit, Körperlichkeit und Einstellung der Bands und Musiker*innen zu tun haben, mit denen man sich identifiziert: „Was ist das für ein Typ, für eine Person, wie ist der oder die drauf, welche Haltung vertritt sie, welche Pose hat sie generiert?" (Diederichsen 2014, S. XXV) Dies sind im Identifikationsprozess die entscheidenden Fragen. Pop- und Rockmusik ist damit immer an symbolische, über die Musik generierte Körperinszenierungen gebunden, die mit dem Sound einer spezifischen Kultur verschmelzen. Es gibt ein deutliches Interesse nicht nur an der Musik im engeren Sinne, sondern an der mit ihr verbundenen inneren, nach außen getragenen Haltung und Einstellung zum Leben. Der Film stellt eine exklusive Form dar, diese sinnlichen Ausdrucksweisen anschaulich zu machen und zu erzählen.

Pop- und Rockmusik bezieht ihre Bedeutung nicht nur aus dem Klang der Sounds, sondern ist auch für die Strukturierung kultureller Praxis von Bedeutung, die über das bloße Musikhören hinausgeht. So hat die digitale Kultur eine Vielzahl neuer Formen der Musikrezeption geschaffen, die andere überflüssig gemacht haben. Das Musikabonnement, zu dem beispielsweise Spotify als Anbieter gehört, rangiert gleich hinter den Videostreaming-Diensten als beliebtestes Medien-Abonnement unter Jugendlichen (vgl. mpfs 2019, S. 6). Vor dem Hintergrund einer nahezu vollständigen Durchdringung der Medienwelt Jugendlicher mit mobilen Geräten ist der Musikkonsum – ebenso wie der Konsum von Filmen und bewegten Bildern – entgrenzt und praktisch überall und zu jeder Zeit verfügbar. Neben dem aktiven Musikhören, welches nach der letzten JIM-Studie 2019 unter den Medienbeschäftigungen Jugendlicher immerhin an dritter Stelle rangiert (vgl. ebd., S. 12), ist mittlerweile ein nicht unerheblicher Teil von Jugendlichen – vor dem Hintergrund vereinfachter und verbilligter Technologien – selbst aktiv dabei, Musik zu machen (vgl. ebd., S. 10). In dieser Hinsicht hat sich am Interesse Jugendlicher an der Pop- und Rockmusik in den letzten Jahrzehnten nur wenig geändert, jedoch haben sich die Beschäftigungsmöglichkeiten und Zugänge zur Musik verändert, was die Verfügbarkeit von Musik vereinfacht und potentiell erhöht.

Es kann festgehalten werden, dass Pop- und Rockmusik eines der wichtigsten kommunikativen und kulturellen Ausdrucksformen Jugendlicher ist. Musik bietet Identitätsangebote, formt Emotionen und Lebensgefühle und schließt an Vergemeinschaftungen an. In der Musik drücken sich Einstellungen und Werthaltungen aus, die nicht nur über Klänge und Sounds, sondern über die weitergehenden kulturellen Praktiken im Umgang mit der Musik in Musikkulturen erzeugt werden. Dabei ist Musik nicht nur ein hörbares Phänomen, sondern bedarf elementar seiner Sichtbarkeit in Form der Darstellung von Musiker*innen, Bands und Szenen sowie ihrer Praktiken. Filme und bewegte Bilder liefern die Vorlagen zu deren Rezeption und Aneignung.

5 Filme und bewegte Bilder im Rahmen von Jugend- und Musikkulturen

In Filmen und bewegten Bildern formen und materialisieren sich Jugendlichkeit sowie Pop- und Rockmusik auf eine spezifische Art und Weise. Beide soziokulturellen Praxisfelder laufen thematisch in Jugend- und Musikfilmen zusammen und kommen ohne einander kaum aus. In Jugend- und Musikfilmen erhalten Jugendlichkeit sowie Pop- und Rockmusik ihre gegenständliche Gestalt und ihren Ausdruck. Filme und bewegte Bilder sind eine wahrnehmungsnahe Form der selektiven Vermittlung von Wirklichkeit, in der sich über dokumentarische Beobachtungen und fiktionale Geschichten etwas über Jugendlichkeit und deren Musik mitteilt. Gleichzeitig sind sie elementarer Bestandteil von Jugendkulturen und Szenen:

> Was für Jugendliteratur, die Musik und die Print-Publizistik oder das Radio gilt, bestätigt sich auch für den Film: Er wird – in historisch wechselnder Art – zu einem Ausdruck, ja Träger von Jugendkultur, und dies in zweifacher Weise: Er ist nicht nur Botschafter für die anderen, der deutlich macht, was Jugend und Jugendlichkeit heute bestimmt; er wird auch zum Medium des Selbstverständnisses und der Binnenartikulation der Szenen und damit selbst zum Bestandteil von Jugendkultur.
>
> (Schäfer und Baacke 1994, S. 19)

Jedoch stellt der Film weder dokumentarisch noch fiktional ein bloßes „Fenster zur Welt" dar, sondern erschafft eigene schöpferische Imaginationen von Jugendlichkeit sowie Pop- und Rockmusik, die stilisierte und idealisierte soziale Bilder, eingebunden in soziale Wirklichkeiten und ihre Mythen, entwerfen (vgl. Möller und Sander 2020, S. 101 ff.). Filme und bewegte Bilder stellen kommunikative Artefakte dar, die durch das Zusammenspiel von Bild und Ton Effekte entfalten und besonders in Musikfilmen genutzt werden können (siehe dazu die Geschichte der visuellen Musik: Weibel und Bódy 1987). Das „intensive Leben" (Garcia 2020), das durch Jugendlichkeit und Musik gekennzeichnet ist, erfährt seine Intensivierungen gerade durch den Film.

Die Produktion, Distribution, Rezeption und Aneignung von Filmen und bewegten Bildern im Rahmen von Jugend- und Musikkulturen erfolgt auf unterschiedliche Art und Weise. Die mediale Vermittlung von Jugend- und Musikkulturen findet über das Kino, über das Fernsehen und in den entgrenzten Formen des Internets statt, sie zeigt sich in fiktionalen und dokumentarischen Filmen und Sendungen sowie über Musikvideos. Während das Kino trotz seines zahlenmäßigen Rückgangs seit Einführung des Fernsehens bis in die 1990er Jahre als wichtiger Ort jugendlicher Geselligkeit galt (vgl. Baacke et al. 1994), taucht es in den JIM-Studien seit 2018 gar nicht mehr auf. 2017 gab lediglich ein Prozent der Jugendlichen an, täglich oder mehrmals wöchentlich ins Kino zu gehen.[6]

Der Rückgang des Kinos als bevorzugter Ort der Freizeitgestaltung führt jedoch keineswegs dazu, dass Jugendliche Filme und Bewegtbilder nicht mehr massenhaft rezipieren – im Gegenteil. Das Filmische und das Bewegtbild bleiben ein wesentlicher – wenn nicht sogar der wesentlichste – Bestandteil im Medienalltag von Jugendlichen. Videostreaming-Dienste bilden laut der Shell-Jugendstudie das häufigste Medien-Abonnement Jugendlicher (vgl. mpfs 2019, S. 6). Und auch die nach wie vor große Bedeutung des Fernsehens, beispielsweise im Rahmen von Casting-Shows, sowie das Anschauen von Online-Musikvideos verweisen darauf, dass das Filmische und die Bewegtbilder im Medienalltag Jugendlicher weiterhin verankert sind und neue Formen, wie etwa das Gamewatching auf Twitch (vgl. Taylor 2018), hinzugekommen sind. Auch für das klassische Fernsehen lässt sich festhalten, dass dieses spezifische Angebote für Jugendliche, mitunter in neuen Formen, Formaten und Netzwerken, bereithält (vgl. Krauß und Stock 2020). Musikvideo-Spartenkanäle oder Musikfernsehsendungen haben lange Zeit die Vermittlung von Pop- und Rockmusik übernommen (vgl. Moormann 2010). Das Mediennutzungsverhalten Jugendlicher in Bezug auf Filme und bewegte Bilder hat sich angesichts einer ausdifferenzierten Bandbreite an Möglichkeiten individualisiert.

Jugendliche sind für ihren Film- und Bewegtbild-Konsum in das Internet ausgewichen. Dort werden sie als digitale Kulturen behandelt, nicht jedoch unter film- oder fernsehsoziologischen Aspekten. Die großen, repräsentativen Jugendstudien wie die Shell-Jugendstudien und die JIM-Studien legen den Schluss nahe, dass die digitale Jugend ihr Bedürfnis nach medialem Musikkon-

---

6 Das Verschwinden des Kinobesuchs aus der Umfrage mag bei der abgefragten Häufigkeit im Vergleich zum digitalen Angebot – täglich oder mehrmals wöchentlich – nicht verwundern. Dass der Kinobesuch zu einer möglichen Erlebnisform unter anderen Angeboten wird, ist angesichts der Zunahme von anderen Medienerlebniswelten nachvollziehbar.

sum vorwiegend dort befriedigt. Im Unterschied zum Kino, zu Film und Fernsehen eröffnen die Online-Medien die Möglichkeit, partizipativ Bewegtbilder herzustellen und zu teilen, woraus sich neuartige Effekte für die Identitäts- und Persönlichkeitsentwicklung ergeben:

> Damit wird die grundsätzliche mediensozialisatorische Einsicht auch hinsichtlich der digitalen Medien bestätigt, nämlich dass Heranwachsende als dazu befähigt anzusehen [sind], sich ihre mediale Umwelt aktiv anzueignen und auch an der (gemeinschaftlichen) Gestaltung der Medien bzw. sozio-technischer Gefüge aktiv zu partizipieren. Dabei gilt aber ebenfalls, dass Einflüsse der Medien auf die Persönlichkeitsentwicklung für den Sozialisationsprozess konstitutiv sind, allerdings nicht im Sinne einer direkten, kausalen Wirkungslogik, sondern im Rahmen der wechselseitigen Beziehung zwischen Subjekt und Medium, innerhalb eines komplexen technisch-sozialen Bedingungsgefüges und kombiniert mit anderen Faktoren.
> (Hugger 2010, S. 10; siehe dazu auch Hoffmann 2018, S. 681 ff.)

Jedoch sind auch der Film (etwa auf Streaming-Plattformen) oder das Fernsehen (etwa als Online-Angebot) mittlerweile digital verfügbar, sodass Film und Fernsehen ein wichtiger Bestandteil der Mediensozialisation und Medienrezeption Jugendlicher bleiben.

Das partizipative Element, das Mitmachen in der Gestaltung medialer Umwelten spielt zusätzlich eine große Rolle bei der Nutzung von Netzkulturen für die Aufbereitung und Verbreitung bewegter Bilder (vgl. Richard et al. 2010). Waren in Zeiten des Kinos oder des Fernsehens Jugendliche hinsichtlich der Erstellung der Inhalte noch weitgehend (aber nicht ausschließlich) zur Passivität verdammt, sind sie heutzutage aktive Mitgestalter*innen ihrer medialen Umwelten. Das Film- und Fernsehangebot konnte trotz aktiver Aneignung in den persönlichen Lebenswelten durch die Zuschauer*innen, wie beispielsweise in „Videocliquen" (Vogelgesang 1991), inhaltlich kaum beeinflusst werden, es sei denn durch Zuschauer*innen-Votings. Dagegen haben sich im Zeitalter der Handyfilme vor dem Hintergrund dokumentarischer Praktiken zahlreiche Anlässe und Motivationen der Kameranutzung herausgebildet, die bis in den Bereich des Aufgreifens und Verbreitens popkultureller Artefakte durch die aktiven Rezipient*innen reichen (vgl. Holfelder und Ritter 2015, S. 65 ff.). Dazu gehört auch die weitverbreitete Praktik der Konzertaufzeichnung mithilfe des Handys (vgl. ebd., S. 100 ff.).

Welche Jugend aber wird filmisch oder im Bewegtbild mit welcher Musik assoziiert, welche Jugendbilder prägen einzelne Musikkulturen? Die Analyse von Filmen und bewegten Bildern geben nicht Auskunft darüber, wie die Welt der Jugendlichen und der Pop- und Rockmusik tatsächlich ist, sondern wie sie gesehen werden soll. Das widerspricht nicht der Auffassung, dass sich in Filmen und bewegten Bildern eine (andere Form von) „Wahrheit" ausdrückt, die Auskunft über das Imaginäre von Jugend- und Musikkulturen und deren Projektionen gibt.

Jugend- und Musikfilme bilden kein eigenes, festes Genre (vgl. Kümmerling-Meibauer und Koebner 2010, S. 9).[7] Sie können mit Julia Schumacher (Schumacher 2010, S. 297 ff.) als „transformatorisch" bezeichnet werden, da es keine etablierten und festgefügten Konventionen gibt, sondern beide im fiktionalen Film auf andere Genres wie etwa Komödie, Drama und Horror zurückgreifen. Der dokumentarische Film behandelt dagegen eine große Bandbreite jugend- und musikkultureller Bezugsfelder und hat sich thematisch in den letzten Jahren ausdifferenziert (vgl. Heinze und Schoch 2012).

Wiedemann (vgl. Wiedemann 1995, S. 186 f.) nennt fünf Kriterien, die einen Jugendfilm kennzeichnen: 1. In Jugendfilmen stehen Jugendliche als Protagonist*innen im Vordergrund; 2. Dokumentarische wie fiktionale Jugendfilme erzählen von Erfahrungen, Erlebnissen und Träumen Jugendlicher im Alter von 12 bis etwa 18 Jahren; 3. Jugendfilme bedienen sich bei Jugendkulturen und ihrer Musik sowie sozialräumlichen Gegebenheiten zur Inszenierung ihrer Geschichten; 4. Jugendfilme spielen einerseits mit Genrewissen, andererseits mit jugendkulturellen Erfahrungen Jugendlicher; und 5. Jugendfilme sind größtenteils Projektionen von Erwachsenen auf Jugendliche.

Wichtig für unseren Zusammenhang ist mit Blick auf diese Kriterien zum einen die zeitliche Ausdehnung der Lebensphase Jugend, die sich in aktuellen Filmen widerspiegelt und mittlerweile bis zum Ende des dritten Lebensjahrzehnts reichen kann, zum anderen die Verortung des Jugendfilms und seines Settings in jugend- und musikkulturellen Milieus. Jugendfilme spielen häufig in Musikkulturen und Szenen (worin sich der Musikfilm in seiner ganzen Vielfalt allerdings nicht erschöpft; siehe Maas und Schudack 2008), und sie nutzen diese zur Inszenierung ihrer Geschichten oder Beobachtungen.

Filmische und bewegte Bilder sind im Bereich von Jugend- und Musikkulturen eine zentrale Form des Austauschs und der Kommunikation, sie dienen aber auch der internen jugend- und musikkulturellen Orientierung. Basierten die frühen Bilder rebellierender Jugendlicher in den 1950er Jahren noch auf filmischen Vorlagen wie „The Wild One" (1953), „Rebel without a Cause" (1955),

---

7 Für einen Überblick zu Jugendfilmen, siehe Heinze (vgl. Heinze 2019). Für einen Überblick zu Musikfilmen, siehe Heinze (vgl. Heinze 2018).

„Blackboard Jungle" (1955) oder „Die Halbstarken" (1956)[8], in denen der Rock'n'Roll-Körper (meist noch jenseits jugendgemäßer Musik) geprägt (vgl. Meder 2004, S. 9 ff.) und der Rock-Ethos begründet wurde (vgl. Marcus 1979, S. 379), eigneten sich Jugendliche und junge Erwachsene in den „Gegenkulturen" der 1960er Jahre bereits im Rahmen des ästhetischen Undergrounds selbständig Film- und Videotechniken an und nutzten sie zur Verbreitung öffentlicher Gegenbilder in den Protestkulturen und zur Inszenierung eigener Lebensstile. In der Verschmelzung von Literatur, Musik und Film im Underground drückte sich die Sicht Jugendlicher aus und verschmolz mit Popkultur. So stammt auch die wohl berühmteste Rockumentary – „Woodstock: 3 Days of Peace, Love and Happiness" (1970) – aus der Hand von Gestalter*innen der damaligen Subkulturen selbst. Die zweite Hälfte der 1960er Jahre und die beginnenden 1970er Jahre sind die Blütezeit der Musikfilme und Rock-Dokumentationen („Rockumentaries"), in denen Jugendliche als soziale Gruppe und Antipoden der bürgerlichen Gesellschaft inszeniert werden, wie ganz explizit in „Love and Music" (1971) von Hansjürgen Pohland. Mitte der 1970er Jahre werden auch andere Jugendkulturen aus der Szene selbst porträtiert, wie beispielsweise im Film „The Punk Rock Movie" (1978) von Don Letts über die frühe englische Punk-Szene oder „The Blank Generation" (1976) über die Punk-Vorläufer in den USA von Ivan Král und Amos Poe.

Jugendliche selbst werden als soziale Gruppe entdeckt, und es entstehen zahlreiche Filme im dokumentarischen und fiktionalen Bereich, die die Lebenswelt Jugendlicher und ihre Probleme im Prozess des Aufwachsens reflektieren und ihr gerecht zu werden versuchen. „Nordsee ist Mordsee" (1976), „Das Ende des Regenbogens" (1979) oder „Wir Kinder vom Bahnhof Zoo" (1981) geben Einblicke in schwierige Lebenslagen und gelten laut Schäfer und Baacke als „authentische Jugendfilme" (Schäfer und Baacke 1994, S. 142 ff.).

In den 1980er Jahren werden die protest- und problemorientierten Jugendfilme von neuen Filminhalten verdrängt, die sich Beruf, Karriere und Glück widmen: „Der alte Idealismus der Jugend aus den 50er und 60er Jahren", so Berndt Schulz (Schulz 1988, S. 8), „hat sich allerdings ziemlich verflüchtigt. Pragmatischer Umgang mit der Karriere ist angesagt. Geschäft als Glück – ein Teenie-Trend von heute". Es sind die Popper und die neue MTV-Popgeneration, die diesen Trend tragen.

---

8 Dieser Film wurde mit Sandra Speichert und Til Schweiger in der Hauptrolle 1996 als Remake erneut produziert und im Rahmen der Reihe „German Classics" als Neuinterpretation der Drehbuchvorlage von Will Tremper und Georg Tressler gesendet.

Mit dem Disco-Phänomen entstehen Tanzfilme wie „Saturday Night Fever" (1977) und „Grease" (1978), „Flashdance" (1983), „Footloose" (1984) oder „Dirty Dancing" (1987). Der Regisseur und Produzent John Hughes gibt der Generation der 1980er Jahre ein zeitgemäßes Gesicht. In „Breakfast Club" (1985), „Pretty in Pink" (1986) oder „Ferris Bueller's Day Off" (1986) verschmelzen die Angehörigen der neuen pragmatischen Generation, lange bevor der Begriff in der Shell-Jugendstudie geprägt wurde, mit der Popmusik der damaligen Zeit (vgl. Shary 2005, S. 67 ff.). In Deutschland mündet die Avantgarde der Punks in die Neue Deutsche Welle, die eine Reihe von komödiantischen Filmen hervorbringt. Zwar sind auch diese Jugendlichen eigenständig in ihrer Kultur und ihrem Verhalten, jedoch lehnen sie die Gesellschaft als System nicht mehr rundweg ab, noch wollen sie diese umstürzen. Jugendprobleme werden individualisiert und konzentrieren sich auf Schulalltag, Liebesbeziehungen und den ersten Geschlechtsverkehr. „Spaß" wird zum neuen kulturellen Gradmesser der Orientierung und dient als politische „Anti-Politik" (Beck 1997, S. 13 f.). Auf der anderen Seite werden Gangs und Jugendgewalt in fiktionalen und dokumentarischen Filmen thematisiert.

Für den Beginn der 1990er Jahre konstatieren Schäfer und Baacke (Schäfer und Baacke 1994, S. 239) eine Veränderung im Bereich der Jugendkulturen: „Ende der achtziger Jahre und zu Beginn der neunziger sind die Jugendkulturen am Ende. Sie zitieren sich zunehmend selbst. [...] Daß auch der jugendkulturelle Aufbruch ,altert', ist eine neue Erfahrung." Die Inszenierungen, so die Autoren weiter (ebd., S. 241), bieten „technisch perfekte Konstrukte, die nicht in den Alltag der Jugendlichen zurückwirken sollen, sondern Intensität des Sehens und des Hörens verbürgen – während der Filmrezeption selbst, aber nicht darüber hinaus." Dies markiert den jugendkulturellen Übergang von der Protest- zur Action-Kultur (vgl. Baacke 2007). Zugleich nehmen jugend- und musikkulturelle Rückblicke in Film und Fernsehen zu; seit den 2000er Jahren spricht Simon Reynolds (vgl. Reynolds 2007) von einem regelrechten dokumentarischen Boom im Musikfilmbereich, der sich mittlerweile auch auf den fiktionalen Bereich erstreckt: Jugendkulturen, Szenen, Bands und Musiker*innen von den 1950er Jahren bis zum Ende des Jahrtausends werden thematisch aufgegriffen und biographisiert bzw. historisiert. Ebenso wichtig sind dokumentarische sowie fiktionale Jugend- und Musikfilme, die sich im musikkulturellen Universum der Produktion und des Vertriebs von Pop- und Rockmusik drehen. Im Wandel von progressiven Jugend- und Musikbetrachtungen hin zur „Retromania" (Reynolds 2012) drückt sich eine „List" aus, die das zur Erschöpfung kommende intensive Erleben der Jugend und ihrer Musikkulturen nicht mehr als hoffnungsvolle Vorausschau verheißt, sondern in die Vergangenheit verlegt wird:

„Man versteht die List: Die Intensität bleibt ein Ideal, das nicht vor einem als Ziel in der Zukunft liegt, sondern stattdessen in die Vergangenheit als Ursprung oder Quelle verlegt wird." (Garcia 2020, S. 132) Als Darstellungsmuster dokumentarischer sowie fiktionaler Jugend- und Musikfilme wird der Mythos eines unverbrauchten, aufregenden, autonomen und gefährlichen Lebensstils gewählt, der das intensive Erleben als nachträglich, retrospektiv verklärte Erfahrung präsentiert.

Die Geschichte(n) der Jugendlichkeit und ihrer Jugend- und Musikkulturen ordnet sich ein in einen Trend der zunehmenden „Nostalgisierung" (Boym 2001), die sämtliche Szenen und Stile erreicht und bis heute andauert (für den dokumentarfilmischen Bereich siehe Heinze 2020, S. 231 ff.). Jugend- und Musikkulturen suchen sich in Film und Fernsehen ein historisches Bild ihrer selbst und recyceln sämtliche Artefakte der Popkultur. Die Retromania-Kultur steht in einem größeren gesellschaftlichen Zusammenhang, in dem nicht nur die Kulturgeschichte(n) der Jugend und Musik rückblickend betrachtet werden, sondern sich Gesellschaften zunehmend ihrer Geschichte in Film und Fernsehen widmen. Dieser weltweite Trend zur Glorifizierung und Heroisierung der Vergangenheit, der auch Teile des Politischen affiziert, wird von Zygmunt Bauman (vgl. Bauman 2017) als „Retrotopia" charakterisiert, in der die Vergangenheit verheißungsvoller als die Zukunft erscheint:

> Heute ist es die Zukunft, auf die man nicht vertrauen kann, da sie vollkommen unbeherrschbar erscheint. Sie wird auf der Soll-Seite gebucht. Dafür erscheint jetzt die Vergangenheit auf der Habenseite – dank ihres (verdienten oder unverdienten) Rufs, ein Hort der Freiheit gewesen zu sein, auf den sich noch nicht diskreditierte Hoffnungen setzen lassen. (Ebd., S. 10)

Offenbar geht mit dem Verlust der Zukunft auch der Verlust eines kulturell etwas wagenden, ungebundenen Zukunftssubjekts in Jugend- und Musikkulturen einher, dessen Utopie sich nicht mehr ästhetisch auszudrücken vermag. Die Rebellion gegen die Verhältnisse, so die schmerzliche Einsicht, scheint spätestens seit den 1990er Jahren nunmehr von rechts zu kommen. Popkultur mündet nicht mehr in eine sich nie erfüllende, immer aber lustvoll zelebrierte Hoffnung auf eine aufgeklärte und emanzipative Zukunft, sondern wird von rechten Jugend- und Musikkulturen usurpiert, um traditionelle, rassistische und antiemanzipative Parolen mit einem Firnis der Hipness, unter dem sich jedoch nichts Anderes verbirgt als die Unfähigkeit, mit den Herausforderungen der Gegenwart und Zukunft umzugehen, zu ummanteln.

Der rechte Rand wurde nach der Wiedervereinigung immer auffälliger und rückte in die Mitte der Popkultur. Die 1990er Jahre waren bestimmt von einer neuen Protestkultur von rechts. In einem Aufsatz hat Diedrich Diederichsen (vgl. Diederichsen 1993, S. 253 ff.) dieses Phänomen für die Popmusik unter dem Eindruck der Wiedervereinigung und der zahlreichen Anschläge auf Migranten Anfang der 1990er Jahre beschrieben. Es entstehen zum Ende der DDR zahlreiche Wendejugend-Filme. Einen Einblick in den Alltag und das Leben rechter Skinheads gibt etwa der dokumentarische Film „Stau – Jetzt geht's los" (1992) von Thomas Heise.

Für Schäfer und Baacke beginnt mit den 1990er Jahren ein neues Zeitalter, das die Entwicklungen der digitalen Kultur bereits vorausnahm: „Die Welt der Neunziger – da ist ‚Wayne's World': das Imperium der postmodernen Beliebigkeit mit Fernbedienung, Studioeffekten, CDs und Videospielen, Partys, Donuts und Fast Food." (Schäfer und Baacke 1994, S. 260)

Filme und bewegte Bilder sind die Träger und Vermittler jugend- und musikkultureller Phänomene. Ohne sie wären diese nicht als globales Phänomen denkbar. Durch ihre medialen Eigenschaften eignen sich Filme und bewegte Bilder ganz besonders dazu, Lebensgefühle und ihren Klang auf eine intensivierende Weise darzubieten. Zugleich bilden Filme und bewegte Bilder die Grundlage für Verhaltensformen und Orientierungen Jugendlicher.

Die nachrückenden Generationen von Jugendlichen bilden die digitalen Nutzergruppen seit den 2000er Jahren. Ihre Geschichte und ihre Beiträge zu Jugend- und Musikkulturen sowie ihre filmischen Narrative müssen in voller Breite erst noch hergestellt, erzählt und eingeordnet sowie analysiert werden.

Die Retromania als hegemoniale Interpretations- und Deutungsgemeinschaft in der Popkultur droht die digitale Generation zu überschreiben. Die Bereiche, in denen sich die digitale Generation aufzuhalten scheint, liegen offenbar den klassischen Kanälen der Vermittlung von Pop- und Rockmusik fern, verändern diese aber nachhaltig. Ob und wann die Pop- und Rockmusik und damit einhergehend die Jugend- und Musikkulturen sowie ihre (audio-) visuellen Ausdrucksformen sich aus dem Klammergriff der Retromania-Schleifen befreien und angesichts der gesellschaftlichen Krisenphänomene zu einer kritischen Kultursprache der Jugend zurückfinden, bleibt eine offene Frage. Möglicherweise aber läuft dieser Prozess schon unterhalb des Aufmerksamkeitsradars und in anderer Form ab, als es sich die jungen Alten vorzustellen vermögen.

6 Ausblick: Jugend, Musik, Film – von der Avantgarde zur Retromania

Die Kultur in der Moderne ist maßgeblich von der Jugend geprägt. Zum einen sind damit die Jugendlichen gemeint, die vor allem in der zweiten Hälfte des 20. Jahrhunderts durch ihre materiellen Konsumwünsche die westdeutsche Nachkriegsgesellschaft kulturell verändert und auf spezifische Formen des Konsums ausgerichtet haben, was bereits von Friedrich Tenbruck (Tenbruck 1965, S. 55 f.) als „Puerilismus der Gesamtkultur" beschrieben worden ist. Schon in den 1920er Jahren zeichnete sich diese Konstante ab: „für den Kult der Jugend als zentralem verkaufsförderndem Element in der modernen Massengesellschaft" (Trommler 1985, S. 27). Zum anderen wird Jugend als kulturelles Orientierungsmuster jenseits dieser empirischen Lebensphase zum – historisch immer wieder seine Gestalt verändernden – Mythos erhoben, der sich als Freizeitform früh gegen die disziplinierte und disziplinierende Arbeitsgesellschaft kontrastiv setzen ließ (ebd., S. 20) und mittlerweile verschiedene Generationen in ihrer Kulturorientierung angeleitet hat. Zugleich haben Jugendliche verschiedener Generationen politischen Protest in kultureller Selbstermächtigung artikuliert, der bis hin zu einer Abgrenzung über Lebensstile ohne explizite Botschaft reicht. Durch kulturelle Annäherungen und Liberalisierungen der Generationen schien sich dieser Aspekt eine Zeitlang relativiert zu haben, wird aber gegenwärtig durch neurechte Bewegungen, durch exkludierte migrantische Jugendliche oder durch die soziale Bewegung Fridays-for-Future unter verschiedenen politischer Vorzeichen wieder relevanter.

Der Entwicklung und Verbreitung von neuen Medien vom Kino bis zum Internet standen vor allem Jugendliche immer aufgeschlossen gegenüber. Der Medienkonsum von Film und bewegten Bildern wird über Jugendliche angeregt. Damit werden Jugendliche nicht nur zu einer beliebten Zielgruppe medialer Angebote, sondern auch zum Gegenstand der Darstellungen. Letztere sind auf die Lebenswelten und Verhaltensweisen Jugendlicher ausgerichtet, in denen Jugend- und Musikkulturen eine wesentliche Rolle spielen. Innerhalb dieser Jugend- und Musikkulturen, die in eine altersentgrenzte Popkultur münden, ist Jugendlichkeit nach Maßgabe szenespezifischer Vorbilder ein Element, das sich in besonderen Inszenierungsformen zwischen Jugend und Altern von Musiker*innen, Bands und Szenen zeigt und damit einen Beitrag zum medial sich inszenierenden Lebensphasen-Modell und seinen Veränderungen leistet. Nachwachsende Generationen dagegen nutzen digitale Netzwerke, um aktiv ihre Kulturen zu vermitteln.

Aus dieser kurzen Zusammenschau ergeben sich die soziologischen Deutungspotentiale von Jugend, Musik und Film. Alle drei Aspekte sind Triebfeder und Motor der Medien- und Kulturproduktion und verändern sich permanent, wodurch vergangene und gegenwärtige Diagnosen über kulturelle Orientierungen in der Gesellschaft möglich werden: Im Medium der Musik und ihrer filmischen Verarbeitungen kommt eine zeitgebundene, historisch sich wandelnde Vorstellung von Jugend zu sich selbst, die nicht als Konstante, sondern als formbare soziale Bildermasse zu begreifen ist. In diesen sozialen Bildern entsteht eine Spannung zwischen den altersgemäß tatsächlichen Jugendlichen und den jung gebliebenen Alten. Im Spannungsbereich zwischen Alt und Jung kommt es zu einer Erosion der Lebensphase Jugend, was zur Aufhebung von Altersgrenzen und zu einer Diffusion der Vorstellung des Jungseins führt. Jugend als filmisches Bild wird zur Variablen, die sich zwischen 10 und 70 Jahren beliebig verschieben und austauschen lässt. Junggebliebene, alternde Stars beherrschen den ehemals jugend- und musikkulturellen Kosmos in der Retromania-Schleife, aus der nur der Tod herauszuführen und die Endlichkeit des Jungseins vor Augen zu führen scheint. Diese Hegemonialität der junggebliebenen Alten hat ihren Preis.

Dagegen erschaffen die digitalen Kulturen neue Stars, die nur noch bedingt mit den herkömmlichen Wegen der Produktion, Distribution und Rezeption zu tun haben.

Die Utopie der Jugend, die sich vor allem auch über die kulturellen Artefakte der Jugend- und Musikkulturen bis in den 1980er Jahren artikulierte und mit Blick auf die Popmusik von Diederichsen als „Pop 1" bezeichnet wird, ist teilweise popkulturellen Vereinnahmungsversuchen von rechts gewichen, die sich bereits Teile der Popkultur bemächtigt haben, den Film als kulturelles Artefakt jedoch noch nicht entern konnten. Eine positive Konnotation des rechten Rebellen und rechter Musiker*innen im Film zeichnet sich (noch) nicht ab. Der Versuch, das Rebellische popkulturell nach rechts umzudeuten, ist seit einigen Jahren in Teilen der Jugend- und Musikkulturen jedoch in vollem Gange. Hier entsteht ein sich als Avantgarde verkleidendes Potemkin'sches Dorf, hinter dessen Fassaden sich nicht eine progressive Dynamik im kulturellen Aufbruch zur Veränderung gesellschaftlicher Verhältnisse zeigt, sondern eine Variante altbackener neurechter und konservativer Ideen, die weit in die Vergangenheit zurückführen, inhuman und menschenverachtend sind.

Jugendliche Kulturkämpfe finden mittlerweile weder in der etablierten Jugend- und Musikkultur statt noch in ihren filmischen Ausdrucksformen. Die Kulturkämpfe sind in die Virtualität des Internet ausgewichen, dort, wo Jugendliche ihre Auseinandersetzungen jenseits des hegemonialen Auges der junggebliebenen Alten und ihrer Deutungsmacht bestreiten können. So bleibt am Ende die These, dass Jugend- und Musikkulturen in ästhetischer Verbindung mit dem Film (spätestens seit Beginn der 2000er Jahre) an einem neuen Scheideweg angekommen sind: Die eine Wegstrecke verläuft in Richtung der Befriedigung kultureller Bedürfnisse ehemals popkulturell sozialisierter, in die Jahre gekommener Generationen und der Fiktion der eigenen, auf Dauer gestellten Jugendlichkeit auf der einen Seite und dem Auswandern altersgemäß tatsächlich Jugendlicher in den virtuellen Raum, der zwar ästhetische Anschlüsse an ehemalige Jugend- und Musikkulturen erlaubt, jedoch anderen Produktionsregeln folgt, auf der anderen Seite. Die offenkundige Beliebtheit historischer Retromania-Verarbeitungen resultiert aus einer Verlusterfahrung der Älteren, wohingegen die Jüngeren sich aus der Umklammerung der Deutungseliten in Bereiche zu befreien versuchen, wo eine Vereinnahmung durch diese Führungsgruppen noch nicht abzusehen ist.

Medienverzeichnis

Literatur

Abels, Heinz. 1993. *Jugend vor der Moderne: soziologische und psychologische Theorien des 20. Jahrhunderts.* Opladen: Leske + Budrich.

Abels, Heinz et al. 2008. *Lebensphasen: eine Einführung.* Wiesbaden: VS Verlag für Sozialwissenschaften.

Archiv der Jugendkulturen (Hrsg.). 2017. *Der z/weite Blick: Jugendkulturen und Diskriminierung – Szenegänger*innen berichten.* Berlin: Archiv der Jugendkulturen.

Baacke, Dieter, Horst Schäfer und Ralf Vollbrecht. 1994. *Treffpunkt Kino: Dateien und Materialien zum Verhältnis von Kino und Jugend.* Weinheim u. a.: Juventa.

Baacke, Dieter. 2007. *Jugend und Jugendkulturen: Darstellung und Deutung.* Weinheim/München: Juventa.

Bauman, Zygmunt. 2017. *Retrotopia.* Frankfurt am Main: Suhrkamp.

Beck, Ulrich. 1997. Kinder der Freiheit: Wider das Lamento über den Werteverfall. In *Kinder der Freiheit*, Hrsg. Ulrich Beck, 9–33. Frankfurt am Main: Suhrkamp.

Böder, Tim et al. 2019. Stilbildungen und Zugehörigkeit. In *Stilbildungen und Zugehörigkeit: Materialität und Medialität in Jugendszenen*, Hrsg. Tim Böder et al., 1–19. Wiesbaden: Springer VS.

Bódy, Veruschka und Peter Weibel (Hrsg.). 1987. *Clip, Klapp, Bum: von der visuellen Musik zum Musikvideo.* Köln: DuMont.

Boym, Svetlana. 2001. *The Future of Nostalgia.* New York: Basic Books.

Bruckmaier, Karl. 2014. *The Story of Pop.* Hamburg: Murmann.

Bruns, Julian, Kathrin Glösel und Natascha Strobel. 2016. *Die Identitären: Handbuch zur Jugendbewegung der Neuen Rechten in Europa.* Münster: Unrast.

Bucher, Willi und Klaus Pohl, Hrsg. 1986. *Schock und Schöpfung: Jugendästhetik im 20. Jahrhundert*. Darmstadt/Neuwied: Luchterhand.

Calmbach, Marc et al. (Hrsg.). 2020. *Wie ticken Jugendliche? 2020: Lebenswelten von Jugendlichen im Alter von 14 bis 17 Jahren in Deutschland*. Bonn: bpb.

Diederichsen, Diedrich. 1993. The Kids are not alright, Vol. IV – Oder doch? Identität, Nation, Differenz, Gefühle, Kritik und der ganze andere Scheiß. In *Freiheit macht arm: Das Leben nach Rock'n'Roll 1990–93*, 253–283. Köln: Kiepenheuer & Witsch.

Diederichsen, Diedrich. 2014. *Über Popmusik*. Köln: Kiepenheuer & Witsch.

Dornbusch, Christian und Hans-Peter Killguss. 2006. *Unheilige Allianzen: Black Metal zwischen Satanismus, Heidentum und Neonazismus*. Münster: Unrast.

Eisewicht, Paul und Julia Wustmann. 2020. Vom Ende der Jugendkulturforschung? Gegenwartsdiagnostische Herausforderungen und konzeptionelle Probleme bei der Erforschung jugendlicher Gesellungsgebilde. In *Entgrenzung der Jugend und Verjugendlichung der Gesellschaft: Zur Notwendigkeit einer „Neuvermessung" jugendtheoretischer Positionen*, Hrsg. Andreas Heinen, Christine Wiezorek, Helmut Willems, 178–196. Weinheim/Basel: Beltz Juventa.

Farin, Klaus. 2010. Jugendkulturen heute. In *Aus Politik und Zeitgeschichte*, 27/2010: 3–8.

Fend, Helmut. 1988. *Sozialgeschichte des Aufwachsens: Bedingungen des Aufwachsens und Jugendgestalten im zwanzigsten Jahrhundert*. Frankfurt am Main: Suhrkamp.

Ferchhoff, Wilfried. 2007. *Jugend und Jugendkulturen im 21. Jahrhundert: Lebensformen und Lebensstile*. Wiesbaden: VS Verlag für Sozialwissenschaften.

Garcia, Tristan. 2020. *Das intensive Leben: Eine moderne Obsession*. Frankfurt am Main: Suhrkamp.

Gillis, John R. 1980. *Geschichte der Jugend*. München: Heyne.

Grimm, Fred. 2010. *„Wir wollen eine andere Welt": Jugend in Deutschland 1900–2010*. Berlin: Haffmans & Tolkemitt.

Groenemeyer, Axel und Dagmar Hoffmann (Hrsg.). 2014. *Jugend als soziales Problem. Soziale Probleme der Jugend?: Diagnosen, Diskurse und Herausforderungen*. Weinheim/Basel: Beltz.

Haunss, Sebastian und Moritz Sommer (Hrsg.). 2020. *Fridays for Future – Die Jugend gegen den Klimawandel. Konturen der weltweiten Protestbewegung*. Bielefeld: transcript.

Hebdige, Dick. 1979. *Subculture: The Meaning of Style*. London: Methuen.

Hecken, Thomas und Marcus S. Kleiner (Hrsg.). 2017. *Handbuch Popkultur*. Stuttgart: J. B. Metzler.

Heinze, Carsten und Bernd Schoch. 2012. Musikfilme im dokumentarischen Format: zur Geschichte und Theorie eines Subgenres des Dokumentarfilms. In *Rundfunk und Geschichte: Mitteilungen des Studienkreises Rundfunk und Geschichte: Informationen aus dem Deutschen Rundfunkarchiv*, Bd. 38 (1/2), 32–58.

Heinze, Carsten. 2016. Industrial Music Culture: Negation und Selbstentgrenzung in den Musik- und Körperprojekten von Genesis (Breyer) P-Orridge. In *Ästhetische Praxis*, Hrsg. Michael Kauppert und Heidrun Eberl, 175–198. Wiesbaden: Springer VS.

Heinze, Carsten. 2018. Musikfilme als Gegenstand der Kulturanalyse populärer Musik. In *Handbuch Filmsoziologie*, Hrsg. Alexander Geimer, Carsten Heinze und Rainer Winter. Wiesbaden: Springer VS. Zugegriffen am 12. Januar 2021.

Heinze, Carsten. 2019. Jugend und/im Film: Jugendfilme. In *Handbuch Filmsoziologie*, Hrsg. Alexander Geimer, Carsten Heinze und Rainer Winter. Wiesbaden: Springer VS. Zugegriffen am 12. Januar 2021.

Heinze, Carsten. 2020. Filmische Musikdokumentationen von Jugend- und Musikkulturen im Kontext von Gedächtnis- und Erinnerungsbildungsprozessen: Pop und Rock im gegenwärtigen dokumentarfilmischen Diskurs. In *Musik – Kultur – Gedächtnis: Theoretische und analytische Annäherungen an ein Forschungsfeld zwischen den Disziplinen,* Hrsg. Christofer Jost und Gerd Sebald, 231–257. Wiesbaden: Springer VS.

Helsper, Werner. 1991. Jugend im Diskurs von Moderne und Postmoderne. In *Jugend zwischen Moderne und Postmoderne,* Hrsg. Werner Helsper, 11–38. Opladen: Leske und Budrich.

Heyer, Robert, Sebastian Wachs und Christian Palentien. 2013. Jugend, Musik und Sozialisation – Eine Einführung in die Thematik. In *Handbuch Jugend – Musik – Sozialisation,* Hrsg. Robert Heyer, Sebastian Wachs und Christian Palentien, 3–15. Wiesbaden: Springer VS.

Hitzler, Ronald und Arne Niederbacher. 2010. *Leben in Szenen: Formen juveniler Vergemeinschaftung heute.* Wiesbaden: Springer VS.

Hoffmann, Dagmar. 2018. Kinder, Jugend und Medien. In *Handbuch Kindheits- und Jugendsoziologie,* Hrsg. Andreas Lange et al., 681–692. Wiesbaden: Springer VS.

Holert, Tom und Mark Terkessidis. 1996. Einführung in den Mainstream der Minderheiten. In *Mainstream der Minderheiten: Pop in der Kontrollgesellschaft,* Hrsg. Tom Holert und Mark Terkessidis, 5–19. Berlin: Edition ID-Archiv.

Holfelder, Ute und Christian Ritter. 2015. *Handyfilme als Jugendkultur.* Berlin: UVK.

Honneth, Axel und John Clarke (Hrsg.). 1979. *Jugendkultur als Widerstand: Milieus, Rituale, Provokationen.* Frankfurt am Main: Syndikat.

Hugger, Kai-Uwe. 2010. Digitale Jugendkulturen. Einleitung. In *Digitale Jugendkulturen,* Hrsg. Kai-Uwe Hugger, 7–20. Wiesbaden: VS Verlag für Sozialwissenschaft.

Hurrelmann, Klaus und Erik Albrecht. 2014. *Die heimlichen Revolutionäre: wie die Generation Y unsere Welt verändert.* Weinheim/Basel: Juventa.

Hurrelmann, Klaus und Erik Albrecht. 2020. *Generation Greta: Was sie denkt, wie sie fühlt und warum das Klima erst der Anfang ist.* Weinheim: Beltz.

Kleiner, Marcus S. 2010. *Help the Aged!* Popmusik und Alter(n). In *Die Herausforderung der Cultural Studies: Populäre Kultur als repräsentative Kultur,* Hrsg. Udo Göttlich et al., 309–328. Köln: Herbert von Halem.

Kleiner, Marcus S. 2013. Die Taubheit des Diskurses. Zur Gehörlosigkeit der Soziologie im Feld der Musikanalyse. In *Auditive Medienkulturen: Techniken des Hörens und Praktiken der Klanggestaltung,* Hrsg. Axel Volmar und Jens Schröter, 165–188. Bielefeld: transcript.

Koebner, Thomas, Rolf-Peter Janz und Frank Trommler. 1985. *„Mit uns zieht die neue Zeit". Der Mythos Jugend.* Frankfurt am Main: Edition Suhrkamp.

Kümmerling-Meibauer, Bettina. 2010. Einleitung. In *Filmgenres: Kinder- und Jugendfilm,* Hrsg. Bettina Kümmerling-Meibauer und Thomas Koebner, 9–23. Stuttgart: Philipp Reclam jun.

Lange, Andreas und Herwig Reiter. 2018. Gesellschaftsdiagnostische Annäherungen an die Rahmenbedingungen des Aufwachsens in der späten Moderne. In *Handbuch Kindheits- und Jugendsoziologie,* Hrsg. Andreas Lange et al., 13–34. Wiesbaden: Springer VS.

Lindner, Werner. 1996. *Jugendprotest seit den fünfziger Jahren: Dissens und kultureller Eigensinn.* Opladen: Leske + Budrich.

Mitterauer, Michael. 1986. *Sozialgeschichte der Jugend.* Frankfurt am Main: Edition Suhrkamp.

Möller, Renate und Uwe Sander. 2020. Jugend als Mythos – Mythos im Film: Ein Essay. In *Zeitschrift Medienpädagogik 37 (Medienpädagogik als Schlüsseldisziplin),* 101–115.

Maas, Georg und Achim Schudack. 2008. *Der Musikfilm: ein Handbuch für die pädagogische Praxis.* Mainz/Berlin: Schott.

Marcus, Greil. 1979. Rockfilme. In *Rolling Stone: Bildgeschichte der Rockmusik, Band 2*, Hrsg. Jim Miller, 379–391. Reinbek bei Hamburg: Rowohlt.

Meder, Thomas. 2004. May you stay forever young. Der Rock 'n' Roll Körper. In *Pop & Kino: von Elvis zu Eminem*, Hrsg. Bernd Kiefer und Marcus Stiglegger, 9–17. Mainz: Bender.

Moormann, Peter (Hrsg.). 2010. *Musik im Fernsehen: Sendeformen und Gestaltungsprinzipien.* Wiesbaden: VS Verlag für Sozialwissenschaften.

Mpfs. 2019. *JIM-Studie 2019: Jugend, Information, Medien. Basisuntersuchung zum Medienumgang 12- bis 19-Jähriger.* Stuttgart: Medienpädagogischer Forschungsverbund Südwest.

Mrozek, Bodo. 2017. Das Jahrhundert der Jugend? In *Das 20. Jahrhundert vermessen: Signaturen eines vergangenen Zeitalters*, Hrsg. Martin Sabrow und Peter Ulrich Weiß, 199–218. Göttingen: Wallstein.

Mrozek, Bodo. 2019. *Jugend, Pop, Kultur: eine transnationale Geschichte.* Berlin: Suhrkamp.

Müller, Mario Alexander. 2017. *Kontrakultur.* Schnellroda: Antaios.

Passerini, Luisa. 1997. Jugend als Metapher für gesellschaftliche Veränderung. In *Geschichte der Jugend* (Bd. 2). *Von der Aufklärung bis zur Gegenwart*, Hrsg. Giovanni Levi und Jean-Claude Schmitt, 375–459. Frankfurt am Main: S. Fischer.

Reynolds, Simon. 2007. TOMBSTONE BLUES: The Music Documentary Boom. In *Reynolds Retro*. http://reynoldsretro.blogspot.com/2007/12/tombstone-blues-music-documentary-boom.html. Zugegriffen am 10. März 2021.

Reynolds, Simon. 2012. *Retromania: Warum Pop nicht von seiner Vergangenheit lassen kann.* Mainz: Ventil.

Richard, Birgit und Heinz-Hermann Krüger (Hrsg.). 2010. inter-cool 3.0: *Jugend Bild Medien: Ein Kompendium zur aktuellen Jugendkulturforschung.* München: Wilhelm Fink.

Richard, Birgit et al. 2010. *Flickernde Jugend – rauschende Bilder: Netzkulturen im Web 2.0.* Frankfurt am Main: Campus.

Rink, Dieter. 2002. Beunruhigende Normalisierung: Zum Wandel von Jugendkulturen in der Bundesrepublik Deutschland. In *Aus Politik und Zeitgeschichte*, Bd. 5, 3–6.

Sander, Uwe und Ralf Vollbrecht. 2000. Jugend im 20. Jahrhundert. In *Jugend im 20. Jahrhundert: Sichtweisen – Orientierungen – Risiken*, Hrsg. Uwe Sander und Ralf Vollbrecht, 7–31. Neuwied u. a.: Luchterhand.

Savage, Jon. 2008. *Teenage: Die Erfindung der Jugend (1875-1945).* Frankfurt am Main: Campus.

Schäfer, Horst und Dieter Baacke. 1994. *Leben wie im Kino: Jugendkulturen und Film.* Frankfurt am Main: Fischer Taschenbuch.

Schelsky, Helmut. 1975 [1957]. *Die skeptische Generation: Eine Soziologie der deutschen Jugend.* Frankfurt am Main/Berlin/Wien: Ullstein.

Schröder, Birkhard. 2000. *Nazis sind Pop.* Berlin: Espresso.

Schroer, Markus. 2008. Einleitung: Die Soziologie und der Film. In *Gesellschaft im Film*, Hrsg. Markus Schroer, 7–13. Konstanz: UVK.

Schumacher, Julia. 2014. Jugendfilm. In *Filmwissenschaftliche Genreanalyse: Eine Einführung*, Hrsg. Markus Kuhn, Irina Scheidgen und Nicola Valeska Weber, 295–313. Berlin: Walter de Gruyter.

Schulz, Berndt. 1988. *Rocker Punks und Teenies: Vom Rebellenfilm der 50er Jahre zum Popcorn-Kino.* Bergisch-Gladbach: Gustav Lübbe.

Serres, Michel. 2013. *Erfindet euch neu! Eine Liebeserklärung an die vernetzte Gesellschaft.* Berlin: edition suhrkamp.

Shary, Timothy. 2005. *Teen Movies: American Youth on Screen*. New York: Columbia University Press.

SHELL Deutschland Holding. 2019. *Jugend 2019: Eine Generation meldet sich zu Wort*. Weinheim/Basel: Beltz.

Speit, Andreas (Hrsg.). 2002. *Ästhetische Mobilmachung: Dark Wave, Neofolk und Industrial im Spannungsfeld rechter Ideologien*. Münster: Unrast.

Speitkamp, Winfried. 1998. *Jugend in der Neuzeit*. Göttingen: Vandenhoeck & Ruprecht.

Taylor, T. L. 2018. *Watch Me Play. Twitch and the Rise of Game Live Streaming*. Princeton: University Press.

Tenbruck, Friedrich Heinrich. 1965. *Jugend und Gesellschaft: soziologische Perspektiven*. Freiburg: Rombach.

Tillmann, Klaus-Jürgen. 2010. *Sozialisationstheorien: Eine Einführung in den Zusammenhang von Gesellschaft, Institution und Subjektwerdung*. Reinbek bei Hamburg: Rowohlt.

Trommler, Frank. 1985. Mission ohne Ziel. Über den Kult der Jugend im modernen Deutschland. In *„Mit uns zieht die neue Zeit": Der Mythos Jugend*, Hrsg. Thomas Koebner, Rolf-Peter Janz und Frank Trommler, 14–49. Frankfurt am Main: Suhrkamp.

Vogelgesang, Waldemar. 1991. *Jugendliche Video-Cliquen: Action- und Horrorvideos als Kristallisationspunkte einer neuen Fankultur*. Wiesbaden: Westdeutscher Verlag.

Wicke, Peter. 1987. *Rockmusik: Zur Ästhetik und Soziologie eines Massenmediums*. Leipzig: Philipp Reclam jun.

Wicke, Peter. 2001. *Von Mozart zu Madonna: Eine Kulturgeschichte der Popmusik*. Frankfurt am Main: Suhrkamp.

Wicke, Peter. 2017. *Rock und Pop: Von Elvis Presley bis Lady Gaga*. München: C. H. Beck.

Wiedemann, Dieter. 1995. Jugendfilm als Genre?. In *Zwischen Bluejeans und Blauhemden: Jugendfilm in Ost und West*, Hrsg. Ingelore König, Dieter Wiedemann und Lothar Wolf, 185–191. Berlin: Henschel.

Willinger, Markus. 2013. *Die Identitäre Generation: Eine Kriegserklärung an die 68er*. London: Arktos.

Willis, Paul. 1981. *„Profane Culture". Rocker, Hippies: Subversive Stile der Jugendkultur*. Frankfurt am Main: Syndikat.

Zinnecker, Jürgen. 1997. Metamorphosen im Zeitraffer: Jungsein in der zweiten Hälfte des 20. Jahrhunderts. In *Geschichte der Jugend (Bd. II). Von der Aufklärung bis zur Gegenwart*, Hrsg. Giovanni Levi und Jean-Claude Schmitt, 460–505. Frankfurt am Main: S. Fischer.

Filme

Blackboard Jungle. Regie: Richard Brooks. US: 1955.
Breakfast Club. Regie: John Hughes. US: 1985.
Das Ende des Regenbogens. Regie: Uwe Frießner. BRD: 1979.
Die Halbstarken. Regie: Georg Tressler. BRD: 1956.
Dirty Dancing. Regie: Emile Ardolino. US: 1987.
Ferris Bueller's Day Off. Regie: John Hughes. US: 1986.
Flashdance. Regie: Adrian Lyne. US: 1983.
Footloose. Regie: Herbert Ross. US: 1984.
Grease. Regie: Randal Kleiser. US: 1978.

I Am Greta. Regie: Nathan Grossman. BRD/SE: 2020.

Love and Music. Regie: Hansjürgen Pohland. BRD: 1971.

My Generation: Der Sound der Revolte erzählt in 15 Songs. Regie: Oliver Schwabe. DE: 2006.

Nordsee ist Mordsee. Regie: Hark Bohm. BRD: 1976.

Pretty in Pink. Regie: Howard Deutch. US: 1986.

Rebel Without A Cause. Regie: Nicholas Ray. US: 1955.

Stau – Jetzt geht's los. Regie: Thomas Heise. BRD: 1992.

Sympathy for the Devil. Hessischer Rundfunk. BRD: 1972-1977.

The Blank Generation. Regie: Ivan Kral und Amos Poe. US: 1976.

The Punk Rock Movie. Regie: Don Letts. GB: 1978.

The Wild One. Regie: Lázló Benedek. US: 1953.

Wir Kinder vom Bahnhof Zoo. Regie: Ulrich Edel. BRD: 1981.

Woodstock: 3 Days of Peace, Love and Happiness. Regie: Michael Wadleigh. US: 1970.

Klaus Farin

Ein Zwischenruf

Zusammenfassung: Eine Untersuchung zeitgenössischer Kulturproduktionen, wie sie in diesem Band vorgenommen wird, sagt uns viel über die konkreten, darin beschriebenen Szenen, wenig jedoch über „die Jugend". Denn „die" Jugend gibt es nicht. Je größer die Gruppe wird, über die wir reden, desto grobkörniger wird auch das Raster der noch verbleibenden Gemeinsamkeiten. „Allgemeingültige", „repräsentative" Aussagen über „die" Jugend sind letztendlich nur noch belanglos, banal, klischeehaft oder von eigenen Interessen der Forscher*innen geleitet. Und sie sind in der Regel weniger Analysen von jugendkultureller Realität als eine subjektive Interpretation bzw. ein Versuch, die eigene Interpretation durchzusetzen. Alte weiße Männer aus gutbürgerlichen, universitären Milieus definieren, kritisieren, musealisieren Jugend-, Sub- und Popkulturen und verklären dabei nicht selten ihre eigene Jugendphase als progressive Phase der Jugendkultur schlechthin. Weil wir als alte Männer nicht mehr dazugehören, nur noch interpretieren, aber nicht mitschaffen dürfen, ignorieren wir die innovative, avantgardistische, radikal politische Produktivität der Jetzt-Zeit. Die Jugendforschung versteht die Alltags- und Freizeitwelten der Jugendlichen nicht, ist vernarrt in häufig kulturpessimistische theoretische Konstrukte, bereitet ihre Forschungsergebnisse zudem so unverständlich auf, dass sie für die Praxis von Jugendkultur- oder -sozialarbeit, die schulische wie außerschulische Bildung und die Kultur- und Medienbranche unbrauchbar sind. Soll sich das ändern, muss die Jugendforschung zukünftig Jugendlichen eine bedeutendere Rolle zubilligen als nur die des Versuchsobjekts und sie schon bei der Konzept- und Themenentwicklung aktiv miteinbeziehen.

Schlüsselwörter: Engagement, Forschung, Gegenkultur, Generation, Jugend, Jugendforschung, Politik, Popkultur, Subkultur

Die Jugend

Acidheads, Airbagger, Alternative, Anarchos, Antifas, Apnoetaucher, Atomkraftgegner, Atzen, Autonome, Auto-Surfer, Barbies, Base-Jumper, Basketballer, B-Boys, Beachvolleyballer, Bears, Beatniks, Biker, Bitches, Black Metaller, Blogger, Blood Bowler, Blueser, BMXer, Boardercrosser, Bohemiens, Boneheads, Breakdancer, Buppies, Casuals, Chavs, Clans, Computer-Kids, Cosplayer, Cracker,

https://doi.org/10.1515/9783110730609-003

Crafistas, Crash-Kids, Crossgolfer, Crusties, Culture-Jammer, Cyberpunks, Dandys, Dark Waver, Demoszene, Disco-Fans/People, Dorfjugend, Drifters, Dykes, Ecopunks, Ego-Shooter, Emancypunx, Emos, Existenzialisten, Fans, Fingerboarder, Footbagspieler, Fraggles, Freaks, Freeclimber, Freediver, Free Fighter, Freeruner, Fruppies, Fußballfans, Gamer, Gammler, Gangs, Gap-Jumper, Garçonnes, Geeks, Gewerkschaftsjugend, Girlie-Hexen, Girlies, Gothics, Greaser, Greenteams, Groundhoppers, Groupies, Grrlgamer, Grufties, Grunger, Hacker, Halbstarke, Hammer-Skins, Hänger, Happeners, Hardcores, Hausbesetzer, Headbanger, Heavy Metals, Hepcats, Hippies, Hipster, Homeboys, Hooligans, Housefrauen, Houserunner, Ich, Indies, Inline-Skater, Jesus Freaks, Jiver, Jugendforscher, Jugger, Jungdemokraten, Junge Liberale, Junge Linke, Junge Union, Junghexen, Jungsozialisten, Kiffer, Kitesurfer, Kommunarden, Krocha, Kutten, Lan-Spieler, Linke, Liverollenspieler, Lohas, Lolitas, Mangaka, Mods, Mountainbiker, Mountainboarder, Neo Folks, Neonazis, Nerds, Netsurfer, New Romantics, New Waver, Nice Stunter, Normalos, Oi!-Punks/Skins, Ökos, Okkultisten, Otaku, Paintballer, Peacer, Pfadfinder, Phreaker, Picaldis, Popper, Poser, Posses, Provos, Psychobillies, Punkabestia, Punks, Raggamuffins, Rainbow People, Rapper, Rastafarians, Raver, Rechte, Redskins, Renees, Riot Grrls, Rockabillies, Rocker, Rock'n'Roller, Rollenspieler, Roofer, Rude Boys, Sandboarder, Satanisten, S-Bahn-Surfer, Scenes, Schickies, Science-Fiction-Fans, Scooterboys/girls, Scratcher, S.H.A.R.P.S., Skateboarder, Skatepunks, Skiboarder, Skinheads, Skippies, Skunks, (Poetry-)Slammer, Slackliner, Snakeboarder, Snowboarder, Speedskater, Spießer, Spikeballer, Spiral Tribes, Splatter-Fans, Spontis, Sprayer, Spreader, Squatters, Stadtindianer, Stagediver, Stinos, Straight-Edger, Streetballer, Streetboarder, Streetgangs, Streetgolfer, Streetlugger, Surfer, Swag, Tagger, Teds, Teenager, Ten Sing, Tierrechtler, Tomboys, Traceure, Trainsurfer, Trekkies, Tribes, Turbojugend, Tweens, Twens, Ultras, Urban Explorers, (Alternative, Cyber-, Psy-, Real-)Vampire, Vampyre, Veganarchists, Veganer, Veggis, Visus, Volleyballer, Voyous, Wakeboarder, Wandervögel, Wardriver, Warez-Szene, Waver, Whiggas, Wilde Cliquen, Wir, Writer, Yippies, Yuppies, Zecken, Zippies ...
Die Jugend?

1 Die Jugend

„Die" Jugend gibt es nicht. Je größer die Gruppe wird, über die wir reden, desto grobkörniger wird zwangsläufig auch das Raster der noch verbleibenden Gemeinsamkeiten. „Allgemeingültige", „repräsentative" Aussagen über „die"

Jugend sind letztendlich nur noch belanglos, banal, klischeehaft oder von eigenen Interessen geleitet: Da wird irgendeine beliebige Gruppe, Szene, Orientierung, (über) die man persönlich gerade forscht, berichtet, betreut, als Gesamt-Jugend vermarktet: „Die 68er", „die 89er", „Generation XYZ", „Generation @", jetzt „Generation Greta". Generationen-Begriffe sind schreibtischgenerierte Marketingbegriffe der Autor*innen, die sie geprägt haben, zur Vermarktung ihrer eigenen aktuellen Bücher und Studien; es sind Versuche, für sich selbst Medienaufmerksamkeit zu erheischen, nicht für Jugendliche, die sich zu Recht für solche Schubladen auch nicht interessieren.

Seit nunmehr drei Jahrzehnten werden die „68er" als leuchtendes Vorbild präsentiert – damals schien eine ganze Generation auf den Barrikaden. Sie waren politisiert und engagiert, Aktivisten einer politischen, sexuellen und kulturellen Revolution. Nicht nur für Simon Reynolds waren die 1960er und frühen 1970er Jahre die „fortschrittlichste Phase der Popkultur" (Pilarczyk 2011).

In der Realität jedoch demonstrierten damals nur drei bis fünf Prozent der Studierenden auf den Straßen, Studentinnen wurden bekanntlich bei der Suche nach „neuen Männern" auch unter ihren progressiven Kommilitonen nicht allzu oft fündig, und die *Bravo*-Charts der Jahre 1967 bis 1970 verzeichneten als beliebteste Künstler*innen der Jugend jener Jahre nicht Jefferson Airplane, die Rolling Stones, Jimi Hendrix oder die Doors, sondern Roy Black. „Die 68er" und ihr sub- und gegenkulturelles Umfeld waren Fünf-Prozenter, eine kleine, mehr oder weniger radikale Minderheit; die Mehrheit der Jugendlichen ging nicht zu Demonstrationen, Knutsch-Ins und Kiffer-Partys, sondern tummelte sich in Tanzschulen und kirchlichen „Jugend-Discos". Die Schüler-Union, die 1972 gegründete Nachwuchsorganisation von CDU/CSU, hatte schon wenige Monate nach ihrer Gründung 20.000 Mitglieder (vgl. Gauger o. J.).

Ein beständig wiederholter Mythos besagt, „die Jugend" von heute sei „unpolitisch" bzw. „unengagiert" und konsumtrottelig. Befragt man Jugendliche selbst, bestätigen diese scheinbar den Verdacht. Wer weiter nachhakt, stellt jedoch fest, dass Jugendliche offenbar „Politik" anders definieren als vorherige Generationen: „Politik" wird von ihnen selten als Prozess und Chance der Gestaltung ihres eigenen Lebensalltags gesehen, sondern auf Partei- und Regierungspolitik reduziert, auf etwas Unangenehmes oder zumindest Abstraktes, das in für sie unerreichbaren und undurchschaubaren Milieus stattfindet. Die Privatisierung einstmals staatlicher Dienstleistungen, wie der Post, des öffentlichen Verkehrs, von Bereichen der Polizei, von zahlreichen Universitäten und Bibliotheken und großen Teilen des Schulwesens, hat dazu geführt, dass der Staat für Jugendliche immer bedeutungsloser erscheint. Dass der Staat, um Banken zu retten, in Krisensituationen plötzlich Milliarden Euro zur Verfügung stellt und es gleichzeitig stets heißt, für die Renovierung des maroden Bildungs-systems oder für lokale Jugendarbeit sei kein Geld da, hat die Distanz von Jugendlichen gegenüber der Politik weiter verstärkt. Der Begriff der Politik ruft heute Assoziationen wie Korruption, Egoismus, Doppelmoral, Langeweile und Ineffektivität hervor. Politiker*innen gelten als unehrlich, unfähig und allein schon kulturell wie ästhetisch als nicht gerade jugendaffine Berufsgruppe.

Dies alles führte zu dem seltsamen Ergebnis, dass sich heute je nach Studie nur 10–15 Prozent der Jugendlichen selbst als „politisch engagiert" einschätzen, gleichzeitig aber jede*r dritte Jugendliche schon „mindestens einmal" an Demonstrationen teilgenommen hat und jede*r vierte Jugendliche sich sogar regelmäßig unentgeltlich etwa in der sozialen Arbeit, im Umweltschutz (Fridays-for-Future), in antirassistischen Gruppen, Internet-Magazinen, Musikprojekten oder anderen jugendkulturellen Zusammenhängen betätigt. Dabei prüfen Jugendliche kritischer als ihre Vorgänger-Generationen, in welchem Rahmen ihr Engagement sinnvoll sein kann, ob ihnen ernstgemeinte Partizipationsmög-lichkeiten angeboten werden und ob der Weg zum Ziel nicht zur Tortur wird, weil man gezwungen ist, ständig mit Langweilern und Unsympathen zu kommunizieren.

Da jede*r 14-Jährige weiß, dass Menschen ab 30 in der Regel ziemlich *uncool* werden, bevorzugen Jugendliche von vornherein Strukturen, in denen sie unter Gleichaltrigen sind und ihnen Erwachsene allenfalls mit Geld und Infrastruktur zur Seite stehen. So existiert heute ein dichtes Netzwerk jugendlichen Engagements, das sich, schon allein aufgrund seiner digitalen Kommunikationswege, von älteren Jahrgängen weitgehend unbemerkt entfaltet. In diesen überwiegend jugendkulturellen Netzwerken kommt oft alles zusammen, was Jugendliche fasziniert: Musik, Mode, Körperkult und selbstbestimmtes Engagement. Natürlich könnten Jugendliche, die sich engagieren wollen, auch bei den Pfadfindern, im christlichen Jugendchor oder bei der Freiwilligen Feuerwehr landen, und viele tun das ja auch. Ihr Engagement ist nicht grundsätzlich anti-institutionell gemeint. Dass der Aufschwung jugendlichen Engagements bisher an Parteien, Gewerkschaften, Amtskirchen und traditionellen Jugendverbänden spurlos vorbeigeht, hat seine Ursache nicht in der Politik- und Institutionen-feindlichkeit der Jugend, sondern in der Jugendfeindlichkeit der Politik und der Institutionen – in ihrer Erstarrung zwischen taktischen Gepländeln, Alt-Herren-Ritualen, endlosen bürokratischen Entscheidungsprozessen und der Forderung nach bedingungsloser Anerkennung einer Autorität, die nicht oder nur historisch begründet wird und sich einbildet, sie müsse sich nicht tagtäglich neu legitimieren.

Hinzu kommt, dass permanenter Konsum nun mal die Grundlage einer kapitalistischen, profitorientierten Gesellschaft ist. Glück kann man kaufen, lernen wir täglich in der Werbung. Warum selber machen, wenn der Markt doch fast alles anbietet? Es sind stets nur Minderheiten, die sich in Konsumgesellschaften engagieren, die durch ihr Engagement aber zugleich – wie man auch am Beispiel der „68er" sieht – die Gesellschaft entscheidend prägen und verändern können. Jugendliche sind fast so konsumtrottelig und unengagiert wie die Alten auch. Die ganze Hoffnung auf Veränderung liegt also in dem kleinen Wort „fast".

2 Die Forschung

Früher war alles einfacher. Noch bis in die 1970er Jahre hinein sprachen Jugendforscher*innen – typische Kennzeichen: weiß, männlich, niemals selbst einer Jugendkultur angehörig – gerne von „der Jugendkultur" im Singular – als gäbe es da nur eine einzige, die gesamte Generation der Jungen einschließende Lebenswelt. Infolge der 1968er-Evolution entdeckten progressive Soziolog*innen und – bezeichnenderweise – Kriminolog*innen nach Lektüre einschlägiger britischer Literatur (Stuart Hall, John Clarke, Dick Hebdige, Paul Willis), dass es zumindest zwei Varianten von „Jugend" gab: die *Subkulturen* des Proletariats und die *Gegenkulturen* der Mittelschicht. „Die Jugend", aus der klassen- und milieuspezifischen Perspektive betrachtet, entpuppte sich nun, selbst in den Formen ihrer Rebellion, als Abbild ihrer jeweiligen *Stammkulturen*. Wer sich aufmachte, „die Jugend" zu studieren, erfuhr plötzlich so manches über „die Gesellschaft".

Marcus Kleiner hat allerdings in seinem Beitrag schon darauf hingewiesen, dass man die angloamerikanische Forschung nicht auf Deutschland übertragen kann. In Deutschland ist Jugend- und Popkultur prinzipiell eine Nachahmer-Kultur, mediengeprägt und nur sehr bedingt aus spezifischen Milieus entsprungen. Medien kreieren hierzulande Jugendkulturen, kaum Milieus, Armut, Arbeitslosigkeit, Klassenbewusstsein. Schon die ersten Punks in Deutschland imitierten ihren Style aus den illustrierten Horrorstorys des *Spiegel*, der vor der neuen „Neonazi-Kultur" (!) aus England gewarnt hatte. So rannten schon Irokesen durch die westdeutsche Republik, lange bevor London-Reisende die ersten Musikbeispiele mitbrachten.

Erst die Reproduktion weckt kreative Mutationen, die Aneignung ausländischer Jugend- und Popkulturen findet milieuspezifisch differenziert statt. Aus *copy and paste* wird erst in der zweiten Welle Authentizität (siehe beispielhaft die Entwicklung von Hip-Hop/Rap in Deutschland). So gibt es dann nicht mehr *den* Punk, *die* Hip-Hop-Szene etc., sondern diverse Sub-Szenen innerhalb jeder Jugendkultur, die sich von Generation zu Generation weiter ausdifferenzieren und voneinander distanzieren und so häufig schon nach 10, 15 Jahren inhaltlich, musikalisch und ästhetisch kaum noch kompatibel sind.

In den 1980er Jahren versuchte die Jugendforschung, motiviert durch die Shell-Jugendstudie von 1981, die mit ihrem neuen biographischen und ethnographischen Ansatz großes Aufsehen erregte, der Explosion neuer Jugendkulturen durch eine ebenso große Fülle von qualitativen Einzelstudien Herr zu werden. In den 1990er Jahren kapitulierte sie schließlich vor der jugendkulturellen Vielfalt und der gleichzeitigen Verknappung von staatlichen Fördermitteln bzw. deren Konzentration nach der Wiedervereinigung auf Forschungen zur „Extremismusprävention" und spezialisierte sich auf Längsschnittstudien zu opportunen Sammelgebieten wie „Jugend und Gewalt" bzw. „Mediengewalt", „Jugend und Rechtsextremismus" und „Jugendkriminalität" und sicherte sich damit ihren Marktanteil und die Einkommen der zu versorgenden Mitarbeiter*innen. Dass die Forschungsresultate immer willkürlicher, politikkonformer und vor allem immer häufiger einander eklatant widersprechend ausfielen, merkte kaum noch jemand. Schließlich war es ja auch praktisch (und ganz im Sinne der Auftraggeber*innen), konnte sich so doch jeder genau das herausziehen, was die eigene Meinung stützte.

„Die Realität der empirischen Jugendforschung ist katastrophal", hatten schon 1989 Henrik Kreutz und Ute van Beuningen nach einer kritischen Untersuchung von 157 Studien ihre Kolleg*innen im „Handbuch der Familien- und Jugendforschung" gewarnt:

> Weniger als 20 Prozent der Studien können Repräsentativität ernsthaft beanspruchen. Der große Rest ist bereits von diesem einfachen Gesichtspunkt aus als unzureichend zu qualifizieren [...]. Konzentration der Mittel auf phantasielose Untersuchungsanlagen, Durchführung der empirischen Erhebung mit ungesicherten Mitteln und anspruchslose Formen statistischer Auswertung herrschen vor [...].
>
> (Kreutz und van Beuningen 1989)

Es war eine schallende Ohrfeige für die Zunft, die jedoch sofort wieder zur Tagesordnung überging, als sei nichts geschehen.

Allerdings fragt man sich als regelmäßiger Leser von Jugendstudien ohnehin, ob der einzige Sinn dieser Arbeiten nicht darin besteht, Fördermittel zu verbraten. Die Mechanismen dabei scheinen immer die gleichen zu sein: *Der Spiegel* erschreckt die Öffentlichkeit mit einer Titelstory über ein scheinbar brisantes Jugendphänomen, die Politik signalisiert Handlungs- bzw. Aufklärungsbedarf und damit Forschungsmittel, Institute in München, Leipzig, Bielefeld oder Frankfurt am Main signalisieren flugs Interesse und Kompetenz und arbeiten die Mittel in einer meist ein- bis zweijährigen Studie ab, die dann wieder im *Spiegel* präsentiert wird. So darf es nicht weiter verwundern, dass – konservativ geschätzt – 80 Prozent der deutschen Jugendstudien aus den diesen Markt beherrschenden Fachbereichen Politik-, Sozialwissenschaften, Kriminologie und Pädagogik einen stigmatisierenden Zugang zum Forschungsobjekt suchen: Jugend als Sicherheitsrisiko und unter Extremismusverdacht. Im Mittelpunkt stehen nicht die Probleme, die Jugendliche *haben*, sondern die, die sie *machen*. Erforscht werden zum Beispiel Rassismus und Rechtsextremismus (seit neuestem auch: Rechtspopulismus und Verschwörungstheorien- und Fake-News-Gläubigkeit) unter Jugendlichen, aber nicht die in wirkmächtigen Erwachsenengruppen wie Professor*innen oder Journalist*innen. Studien über legale und illegalisierte Rauschmittel – etwa der in diesem Marktsegment führenden Bundeszentrale für gesundheitliche Aufklärung – oder auch solche zur Nutzung von Social Media und anderen Internetangeboten enden stets Mitte 20 – als ob wir Älteren grundsätzlich nicht saufen, rauchen, kiffen und unsere Medienkompetenz außer Frage stünde. Die Realität weiß es besser: Die am meisten gefährdete Gruppe in all diesen Segmenten – ebenso bei Suizid und rechtspopulistischem/-extremem Wahlverhalten – bilden Männer zwischen 45 und 65.

Sollten deutsche Jugendforscher*innen ein wirkliches Interesse an Jugendlichen haben, so spiegelt sich dies jedenfalls in der Mehrzahl ihrer Studien nicht wider. Denn ausgerechnet das, was für die Jugendlichen neben Schule und beruflicher Zukunftsperspektive die größte Bedeutung hat – ihre Freundschaften, die Freizeitwelten in ihren Cliquen und Szenen, Mode und Musik –, kommt in den Jugendstudien quasi nicht vor (Ausnahmen stellen ansatzweise etwa die JIM- und KIM-Studien des Medienpädagogischen Forschungsverbundes Südwest und einige kommerziell betriebene Studien wie die des Markt- und Sozialforschungsinstituts Sinus dar). Keine einzige universitäre bzw. staatliche Einrichtung in Deutschland beobachtet und dokumentiert professionell und vor allem langfristig Jugend(pop)kulturen, und fast alle Jugendkulturen des 21. Jahrhunderts sind für das Gros der deutschen Jugendforscher*innen unbekannte Welten. Auffallend ängstlich vermeiden sie eine Überprüfung ihrer am Schreibtisch – beim Studium bereits vorliegender Sekundärliteratur oder der von ihren Studierenden kostengünstig gelieferten Feldbeobachtungen – entwickelten Forschungsthesen durch reale Kontakte mit Angehörigen jener Szenen, über die sie gerade forschen – offenbar aus der Furcht heraus, ihr Untersuchungsgegenstand könnte sich im realen Leben nicht so verhalten, wie es das mühsam konstruierte Theoriegebäude vorsieht.

Und weil die deutsche Jugendforschung trotz immer mehr Studien so erschreckend wenig vom Objekt ihrer Begierde weiß, die Alltags- und Freizeitwelten der Jugendlichen nicht versteht, dementsprechend ihre Studien so extrem blutleer und realitätsfremd, vernarrt in häufig absurde, oft kulturpessimistische theoretische Konstrukte, daherkommen, zudem häufig auch sprachlich und inhaltlich so aufbereitet wurden, dass sie offensichtlich nicht die breite (Fach-) Öffentlichkeit erreichen sollen, ist die Jugendforschung für die Praxis von Jugendkultur- oder -sozialarbeit, für die schulische wie außerschulische Bildung und nicht zuletzt die Kultur- und Medienbranche zumeist unbrauchbar.

Notwendig wäre, soll sich das ändern, sollen Forschung und Praxis wieder voneinander profitieren,

– eine professionelle, kontinuierliche Jugendkulturforschung, die zunächst einmal genau hinschaut, das heißt, weniger soziologisch-pädagogisch als ethnographisch orientiert ist.

– Diese Jugendforschung müsste Jugendliche – vor allem Szeneaktivist*innen, die Kreativen, die *Opinion Leader* ihrer Generation – als Expert*innen ihrer selbst aktiv miteinbeziehen; das heißt, universitäre Jugendforscher*innen müssten ihren Standesdünkel und Irrglauben, sie seien die eigentlichen Expert*innen in Sachen Jugend, ablegen und Jugendlichen, vor allem jugendkulturell Aktiven, eine bedeutendere Rolle zubilligen als nur die des Versuchsobjekts bei Pretests.

– Wissenschaftler*innen gehen anscheinend automatisch davon aus, dass sie auch gute Autor*innen sind bzw. das Publikum sich zu ihnen hinaufbemühen müsse. Das ist offensichtlich Unsinn. Die Standardregel aus der Offenen Jugendarbeit – die Menschen dort abzuholen, wo sie stehen – gilt auch für die Forschung. Diese wird deutlich service- und verbraucherfreundlich umdenken müssen: Wozu, fragen sich angesichts knapper werdender Etats schon heute manche staatliche wie private Stiftungs-Financiers, sollen wir ein Forschungsprojekt fördern, wenn dessen Erkenntnisse (fach-)öffentlich kaum wahrgenommen und in der Praxis nicht umgesetzt werden können? Was in anderen Ländern längst üblich ist – Autorenkollektive von Wissenschaftler*innen und professionellen Publizist*innen oder zumindest ein mutiges, gründliches Lektorat –, könnte auch deutschen Jugend- und Kulturforscher*innen nicht schaden. Es wäre doch schön, mal einen Diederichsen oder Heitmeyer auf Deutsch lesen zu können.

3 Die Verklärung der eigenen Jugend

Eine Untersuchung zeitgenössischer Kulturproduktionen (Filme, Musik etc.), wie sie in diesem Band vorgenommen werden soll, sagt uns viel über die konkreten, darin beschriebenen oder nachinszenierten Szenen, wenig jedoch über „die Jugend". Und sie sind – erst recht, wenn es sich um nachträgliche, historisierende Produktionen handelt – in der Regel weniger Analysen von jugendkultureller oder gar gesamtgesellschaftlicher Realität als eine subjektive Interpretation bzw. ein Versuch, die eigene, biographisch geprägte Interpretation durchzusetzen. Alte weiße Männer aus zumeist gutbürgerlichen, oft universitären Milieus definieren, kritisieren, musealisieren Jugend-, Sub- und Popkulturen und verklären dabei nicht selten ihre eigene Jugendphase als progressive Phase der Jugendkultur schlechthin. Wir sind stolz darauf, in unserer Jugend was ganz Besonderes gewesen zu sein, eine rebellische Minderheit oder gar Avantgarde, und verklären dies gleichzeitig im weichzeichnenden Rückblick der Jahrzehnte – als bewusstes oder unbewusstes Distinktionsinstrument zur heutigen Jugend – zur zeittypischen Mehrheitskultur. Wir verdrängen, dass wir oft genug „die Anderen" waren und keineswegs typisch, repräsentativ für die Zeit oder die Generation; wir schwärmen nostalgisch von den Highlights unserer Jugend und vergessen all die Zumutungen, die diese Zeit – zum Beispiel auch in Form grottenschlechter Bands – hervorgebracht hat. Weil wir als alte Männer nicht mehr dazugehören, nicht mehr genauso brennen wie früher, nur noch als Stand-bys interpretieren und kritisieren, aber nicht mitschaffen dürfen, ignorieren wir die innovative, progressive, avantgardistische, radikal politische Produktivität der Jetzt-Zeit. Nur so kann Simon Reynolds auf die Idee kommen, die 1960er und frühen 1970er Jahre als progressivste Phase der Jugendpopkultur zu interpretieren, als gäbe es nicht auch jenseits seines persönlichen popkulturellen Horizonts – zum Beispiel im Hip-Hop, in Techno/elektronischer Musik – eine nie dagewesene progressive Vielfalt, als gäbe es neben der Mainstream-Filmproduktion zwischen Kino, öffentlich-rechtlichem TV, Independentfilmen und Netflix keine computer- oder social-media-basierte Filmszene, in der Tausende von jungen Menschen allein in Deutschland Woche für Woche zum Teil wahnsinnige filmische Wunderwerke realisieren. „‚Spiegel Online' nennt Reynolds einen Pop-Vordenker. Vielmehr ist er ein Nachdenker. Ein hervorragender Chronist der Popgeschichte, dem jedoch alles Prophetische abgeht", notiert Rabea Weihser in ihrer *Zeit*-Rezension von Simon Reynolds' Buch *Retromania*. „Hier schreibt ein Science-Fiction-Fan, der sich die Gegenwart anders vorgestellt hat, als sie noch Zukunft hieß." (Weihser 2011) Das trifft auch auf uns, die Autor*innen dieses Bandes, zu: Wir leben fast alle in der Vergangenheit, in *unserer* Vergangenheit; unser Blick streift nur selten in unsere nur noch relativ kurze Zukunft.

4 In der Provinz

Jugendkulturen sind in unserer Wahrnehmung und in der Forschung weitgehend nicht nur Männerkulturen, sondern auch Stadtkulturen. Besonders bei der sozialwissenschaftlichen Charakterisierung klassischer Jugendkulturen (wie Punk, Techno oder Hip-Hop) wurden diese fast immer als großstädtisch betrachtet. Klein und Friedrich (vgl. Klein und Friedrich 2003) etwa verstehen Hip-Hop dezidiert als städtisch gewachsene und Urbanität zelebrierende Kultur, bei Ferchhoff (vgl. Ferchhoff 2011) werden als Techno-Szene-Events nur Dortmund, München, Frankfurt am Main und Berlin identifiziert. Ländliche Regionen, Provinz(film)analysen fehlen weitgehend; lediglich bei der posthumen Aufarbeitung von DDR-Subkulturen spielen ländliche Regionen eine gewisse Rolle (vgl. Mey 2018; Pochop 2018) – möglicherweise aufgrund des Fehlens relevanter Großstädte außer Ost-Berlin und Leipzig. „Provinzen" – also ländliche Regionen, Kleinstädte oder gar Dörfer – als Orte der Jugendkultur haben von der Jugendforschung bisher kaum Aufmerksamkeit erhalten. Dies überrascht angesichts der Tatsache, dass ein großer Teil der Jugendlichen jenseits der Metropolen aufwächst und „Provinzen" schon historisch gesehen für die Jugendkulturentwicklung wichtige Impulse gaben. Dies zeigen einige wenige Dokumentarfilme, wie beispielhaft „ostPunk" von Boehlke und Fiebeler 2006, „Wacken 3D" von Heitker 2014 oder „Fernab. Subkultur in der Provinz" von Petzoldt 2014 (vgl. Farin und Mey 2020).

Lasst uns nur einmal kurz innehalten und überlegen: Woher kommen eigentlich die ganzen Protagonist*innen und Aktivist*innen der großstädtischen Jugend- und Subkulturen, die wir im Blick haben, in denen wir uns bewegen? Und woher kommen wir?

5 Irgendwie sind wir doch alle jugendlich

„Ich wollte, es gäbe gar kein Alter zwischen zehn und 23 oder die Jungen verschliefen die ganze Zeit: Denn dazwischen ist nichts als den Dirnen Kinder schaffen, als die Alten ärgern, als stehlen und balgen", wünschte sich schon William Shakespeare vor 412 Jahren im *Wintermärchen*. Ronald Hitzler, Prof. Dr.

der Soziologie in Dortmund und Deutschlands ältester bekennender Raver, hat eine andere Lösungsstrategie: „Jugendlichkeit meint nicht jenes Alter zwischen etwa 15 und 25 Jahren", sondern „eine grundsätzliche mentale Disposition, die sich in spätmodernen Gesellschaften zunehmend bei Menschen jedes Alters finden lässt" (Hitzler und Niederbacher 2010). Mit anderen Worten: Irgendwie sind wir doch alle jugendlich. Nur, wenn wir alle Jugend sind: Wer ist dann zukünftig schuld am Untergang des Abendlandes?

Medienverzeichnis

Literatur

Dietrich, Marc. 2016. *Rap im 21. Jahrhundert. Eine Subkultur im Wandel*. Bielefeld: transcript.
Farin, Klaus und Günter Mey. 2020. *WIR. Heimat – Land – Jugendkultur*. Berlin: Hirnkost.
Ferchhoff, Winfried. 2011. *Jugend und Jugendkulturen im 21. Jahrhundert*. Wiesbaden: Springer VS.
Gauger, Jörg-Dieter. o. Jahr. Schüler Union (SU). In *Konrad Adenauer Stiftung*. https://www.kas.de/de/web/geschichte-der-cdu/schueler-union-su-. Zugegriffen am 23. März 2021.
Hitzler, Ronald und Arne Niederbacher. 2010. *Leben in Szenen. Formen juveniler Vergemeinschaftung heute*. Wiesbaden: Springer VS.
Klein, Gabriele und Malte Friedrich. 2003. *Is this real? Die Kultur des HipHop*. Frankfurt am Main: Suhrkamp.
Kreutz, Henrik und Ute van Beuningen. 1989. Untersuchungsformen, Erhebungstechniken und Auswertungsformender Jugendforschung. In *Handbuch der Familien- und Jugendforschung*, Hrsg. Manfred Markefka und Rosemarie Nave. Neuwied: Luchterhand.
Markefka, Manfred und Rosemarie Nave-Herz (Hrsg.). 1989. *Handbuch der Familien- und Jugendforschung*. Neuwied: Luchterhand.
Mey, Günter. 2018. *Jugendkultur in Stendal 1950–1990. Szenen aus der DDR – Porträts und Reflexionen*. Berlin: Hirnkost.
Pilarczyk, Hannah. 2011. „Musik ist die entscheidende Kunstform". In *Der Spiegel*, https://www.spiegel.de/kultur/musik/pop-vordenker-reynolds-musik-ist-die-entscheidende-kunstform-a-781008.html. Zugegriffen am 23. März 2021.
Pochop, Geralf. 2018. *Untergrund war Strategie. Punk in der DDR: Zwischen Rebellion und Repression*. Berlin: Hirnkost.
Weihser, Rabea. 2011. Pop am Rande der Erschöpfung. In *Die Zeit*. https://www.zeit.de/kultur/musik/2011-10/retromania-simon-reynolds/komplettansicht. Zugegriffen am 23. März 2021.

Teil 2: **Performativität, Authentizität und Dokumentation**

Diedrich Diederichsen
Direct Cinema

Zusammenfassung: Die Regisseure des Direct Cinema wie D. A. Pennebaker oder die Maysles-Brüder haben kaum ein Thema so oft bearbeitet wie Pop-Musik: In zahlreichen Filmen haben sie Festivals, Tourneen und die Karrieren von Künstler*innen dokumentiert. Dieser Beitrag befasst sich mit der Parallele zwischen dem Authentizitätsversprechen von Popmusik und der dem Direct Cinema zugrunde liegenden Intention einer unverfälschten Wiedergabe der Realität. Dabei wird insbesondere die im Direct Cinema feststellbare Affinität zum O-Ton und die Treue zur realen Reihenfolge der dokumentierten Ereignisse in den Blick genommen. Davon ausgehend stellt der Beitrag die Frage, ob es sich bei den scheinbaren Gemeinsamkeiten nicht eigentlich um ein Missverständnis zwischen Popmusik und Direct Cinema handelt, das typisch für andere Missverständnisse um Pop-Musik ist.

Schlüsselwörter: Bob Dylan, Cinema verité, Direct Cinema, Directness, Fluxus, Maysles-Brüder, Pop-Musik, D. A. Pennebaker, Jefferson Airplane, Wirklichkeit

Es gibt eine auf den ersten Blick wenig zwingende Parallelität in der Entwicklung der visuellen Repräsentation von Pop-Musik und eines bestimmten dokumentarischen Programms der Filmkultur. Zunächst ist diese Parallelität deswegen wenig zwingend, weil die Pop-Musik der Kultur der Unterhaltung, der Ablenkung, der Unreife von Teenagern und der kommerziellen Kulturindustrie zugeordnet wurde, der Dokumentarfilm, speziell solche Dokumentarfilmansätze, die sich programmatisch geben, der vermeintlich oberflächlichen Unterhaltungskultur eine Absage erteilten. Folgt man dieser Logik, würden Dokumentarfilme, die sich und ihre Funktion ernst nähmen, den Schleier der Maya, den die Unterhaltungsindustrie um die Welt gewoben hat, zerreißen und herausarbeiten, was sich hinter diesem verbirgt. Sie sind für die Erfüllung dieser Aufgabe zunächst mit einigen technisch-medialen Imperativen und Selbstverpflichtungen ausgestattet. Ein entscheidender Moment in der Geschichte dokumentarischer Praktiken sind die späten 1950er und frühen 1960er Jahre, als in verschiedenen Teilen der Welt – den USA, Kanada und Frankreich – Gruppen junger Filmemacher*innen mit Manifesten auftraten, die sich unter Labels wie „Cinema verité" und „Direct Cinema" programmatische Ziele auf die Fahnen geschrieben hatten. In diesem Beitrag sollen zwei dieser Anliegen untersucht werden, die sehr auffällig und trademark-artig eingesetzt wurden und zugleich

https://doi.org/10.1515/9783110730609-004

auch eine inhaltliche Dimension hatten. Sie trugen der klassischen, von Siegfried Kracauer formulierten Verpflichtung des Kinos auf eine „Errettung der äußeren Wirklichkeit" in besonderem Maße Rechnung (vgl. Kracauer 1985 [1960]).

Eines dieser Ziele war die Verwendung von O-Ton im Film. Die seinerzeit neuen und leichten NAGRA-Geräte erlaubten für das Recording von Stimmen und Geräuschen eine ähnliche Beweglichkeit, wie sie leichtere und beweglichere Kameras schon vorher ermöglicht hatten. Das Ziel, die Welt nicht nur sichtbar, sondern auch hörbar zu machen, richtete sich nicht nur gegen den Studiosound von Hollywood, der sich gegen die Wirklichkeit und ihre Störgeräusche abdichtete und kalfaterte. Es reflektierte vielmehr auch die heute verbreitete soundontologische Idee, dass die vom projizierten Bild verweigerte Mehrdimensionalität in der Repräsentation im Sound durchaus gegeben sei, da sich dieser in der Welt der Rezipient*innen in drei Dimensionen verbreitet, genau wie er aus der sogenannten Wirklichkeit herausgebündelt wurde.

Das andere, für mich in diesem Zusammenhang aber noch wichtigere Normativum von Cinema verité und Direct Cinema ist die Maxime, dass die Ereignisse in einem Dokumentarfilm in derselben Reihenfolge erzählt werden, in der sie sich ereignet haben. Es ist zwar erlaubt, zu schneiden und zu montieren, aber nicht, hin und her zu springen oder den Zeitpfeil umzukehren. Warum gerade diese Selbstverpflichtung neben der simpel und technisch einleuchtenden Idee des O-Tons so wichtig war, lässt sich nicht ohne weiteres rekonstruieren. Auffällig ist die Parallele mit der Logik von Musik: Musik ereignet sich in einer linearen Reihenfolge und ob diese Linearität und Zeitlichkeit – etwa durch Rhythmisierung, Loops, etc. – effektiv durchbrochen werden kann – Stichwort: Stasis – und ob das die Musik ruiniert oder erweitert, ist ein Kernthema aller modernistischen Diskussionen von Musikästhetik.

Die einfache Antwort auf die Frage, wie es denn zu erklären sei, dass von D. A. Pennebaker bis zu den Maysles-Brüdern drei von fünf zentralen Protagonisten des Direct Cinema hauptsächlich Musikereignisse wie eine Bob-Dylan-Tournee durch England, diverse Musik-Festivals (Altamont, Monterey) und vergleichbare Projekte zum Thema ihrer Filme gemacht haben, wäre genau die, dass sich ihre Maximen an der Musik selbst ausgerichtet haben. Musik verhält sich gegenüber der Konstruktion von Wirklichkeitstreue, die dem Direct Cinema zugrunde liegt, medienangemessen. Dem wäre entgegenzuhalten, dass es sich in den entsprechenden Fällen erstens selten um rein musikalische, immanent zu genießende Ereignisse der linearen klanglichen Ordnung gehandelt hat. Die modernistische Idee, dass man Musik nur dann gerecht wird, wenn man sie als zeitlich linear genießt und entsprechend für ein solches Hören bearbeitet, wird ja gerade von der von Pennebaker und den Maysles dokumentierten Pop-Musik die ganze Zeit unterbrochen, erweitert und bis zu einem gewissen Grade verworfen. Zweitens ist zu beobachten, dass gerade die genannten Filme einem Genre der Musikdokumentation Tür und Tor geöffnet haben, das gerade nicht an der Reihenfolge der Ereignisse interessiert war, sondern vielmehr an nichtlinearen Darstellungen von Atmosphäre: Dokus und Spielfilme wie „Woodstock", „Festival Express" oder auch Jean-Luc Godards „One Plus One" werden zwar sämtlich nicht zum Direct Cinema gerechnet, sind aber in ihrer Darstellung von Musik als Arbeit, von nicht unmittelbar musikalisch verursachten Affekten, Emotionen und Atmosphären als zwingend wichtiger Kontext von Musik, deutlich von diesem beeinflusst worden – von der Beziehung Pennebakers zu Godard später mehr. Hinzu kommt, dass selbst Pennebakers berühmteste Musikfilme, „Don't Look Back" über Dylans Großbritannien-Tour oder „Monterey Pop" sich selbst nicht an diese Vorgabe halten. Es scheint vielmehr, dass die Verpflichtung auf ein der Musik angemessenes und ihr analoges Kriterium für die Gestaltung von Bildfolgen eher so etwas wie eine Rationalisierung darstellt, eine allgemeine Neigung der Direct-Cinema-Protagonisten, in den aktuellen Musikbewegungen ihrer Zeit einer ganz bestimmten Entfaltung von Aktualität nahe sein zu können, die direkt zu benennen für ihre Manifeste zu willkürlich geklungen hätte.

Das Bekenntnis zum O-Ton hat natürlich auch eine direkte Linie zur Pop-Musik als der ersten musikalischen Produktionsform, bei der die Aufzeichnung wichtiger war – künstlerisch wie ökonomisch – als die Partitur, die Komposition, die Sheet Music. Dieser Durchbruch, der ein kulturindustrieller wie ein kulturindustriekritischer war, wurde aber im Denken der Dokumentarfilmer des Direct Cinema nur kritisch, antiillusionistisch verstanden. Ihr O-Ton-Begriff hatte noch nicht an das spezifisch Verführerische von unretuschierten Stimmen gedacht, nur an ihre Wahrheit. Die Pop-Musik, die von Anfang an zwischen beiden Polen aufgespannt war, war also viel verstrickter in das Attraktivitätsmodell der Tonaufzeichnung als das Direct Cinema, das ihr in dieser Hinsicht gewissermaßen verfiel.

Interessant ist in diesem Zusammenhang auch, dass ein anderes Thema, das mehrfach bearbeitet wurde, einem der Motive ähnelt, dessen sich Direct Cinema und dessen Nachfolger in der Pop-Musik-Dokumentation gerne bedienten: dem der Tournee-Begleitung. Dies sind im Direct Cinema die Filme über Wahlkampagnen und die Reisen auf den Spuren von Politikern, von D. A. Pennebakers „Hallo, hier Strauß" über Franz Josef Strauß bis zu Robert Drews verschiedene Wahlkampf-Dokumentationen aus den frühen 1960er Jahren in den USA. Es gibt einen Zusammenhang zwischen der demokratischen, ein verstreut lebendes Volk aufsuchenden Aufgabe der Wahlkampfreise und der Verstreutheit der inhaltlich-kulturell zusammenhaltenden Gegenkultur und ihrer Pflege durch die Reisenden, deren Reise Filme von „Mad Dogs & Englishmen" bis „Our Band Could Be Your Life" immer wieder in der Nachfolge dokumentiert haben. Die Dialektik aus variabler Verstreutheit und notwendig bewegter, konstant Zusammenhalt garantierender Band oder des für Kontinuität bürgenden Stars als Identifikationsfigur bezieht sich unausgesprochen auch auf eine Mediensituation, als das Raumgreifende und *nationwide* Überbrückende von TV und Pop-Musik noch erzählt werden musste: anhand von Bildern von Reisenden. Dass Bob Dylan überall zu hören und zu sehen ist, muss in ein Spannungsverhältnis gebracht werden zu dem Umstand, dass auch er andauernd mit seinem Körper Reisen unternehmen muss – auch wenn er dabei eine Sonnenbrille trägt und eine flauschige Siamkatze streichelt.

Diese Bewegungen zwischen Konzertbühnen und Backstagebereichen, Verkehrsmitteln und Hotels sind auf eine bestimmte Art Rationalisierungen, Dämpfungen und Narrativierungen der überraschenden und erschütternden Effekte der Übertragung der so viel körperlicher gewordenen Stimmen, der so viel vibrierender, viszeraler gewordenen Klangeffekte und der immer häufigeren und weitere Distanzen umfassenden Übertragungen von Pop-Musik in den 50er und 60er Jahren. Das mich plötzlich zuhause treffende Signal aus einem Studio, in dem ein offensichtlich agitierter Mann mit einer sehr direkten charismatischen Stimme etwas ins Mikrophon gesungen hat, das ich gerne auf mich beziehen möchte, wird noch einmal zurückgebettet in Erzählungen der amerikanischen Demokratie, die im Grunde dort anknüpfen, wo viele Demokratieerzählungen aufgehört haben: an den Moment, als die Eisenbahn und die neuen Bundesgesetze die alten archaisch paraanarchistischen Gemeinschaften unmöglich gemacht haben, von denen John-Ford- und Frank-Capra-Filme und Norman-Rockwell-Gemälde uns so oft und so mythisch erzählt haben, weil man nun nicht mehr sich buchstäblich selbst verwalten konnte. Nun war die Welt unübersichtlich und anonym geworden. Aber immerhin reist Bob Dylan noch nach London und singt zum Publikum und lässt sich nicht nur, wie es Nam June Paik und andere im Fluxus-Milieu damals immer wieder als Kunstform ausprobiert haben, rein technisch irgendwohin schalten.

Der Live-Auftritt ist also immer – und gerade so dokumentieren ihn die Direct-Cinema-Filmer – ein Versuch der Vermittlung zwischen Welten, die erst vor kurzem auseinandergebrochen sind. Dabei ist die amerikanische Vorstellung, dass die ursprüngliche, im übersichtlichen Gemeinwesen praktizierte Form idyllischer Selbstverwaltung erstens überhaupt eine solche gewesen und zweitens das Gemeinwesen einander persönlich bekannten Personen ein besonders gerechtes sei, pure Ideologie. Eher, das kann uns John Ford ebenso wie Sergio

Leone oder Akira Kurosawa erzählen, handelt es sich um ein feudales. In der Pop-Musik ist der plötzliche Einbruch einerseits ein sehr körperlicher und darin vertrauter. Andererseits tragen menschliche Stimmen, die neuartig direkt aufgezeichnet und übertragen werden, eben gerade keinen Verweis auf eine ursprüngliche Nähe, ein ursprüngliches miteinander verbunden Sein, sondern eher im Gegenteil: eine Unterbrechung des falschen patriarchalen Verbindungszusammenhangs und des Gemeinschaftsterrors der patriarchalen, suburbanen Kleinfamilie durch eine Verbindung mit dem von ihr abgespaltenen Komponente des dreckigen, sexuellen, aber auch stammelnden, rauen Körpers – wie er in den Direktübertragungen aus *recording studios* übertragen wurde. Was war im Verhältnis dazu direkt am Direct Cinema?

Wie es scheint, sind es also kaum die dogmatisch vertretenen und proklamierten technisch-formalen Komponenten des Direct Cinema, die seine besondere Beziehung zur Pop-Musik markierten, sondern eine aus der relativen Überholtheit des Kinos als Ort kultureller und kulturindustrieller Neuheit angesichts von Pop-Musik und Fernsehen hervorgegangene Reihe von Überbrückungs- und Erweiterungsideen, die teils sehr hellsichtig um das genuin Zusammengesetzte des Pop-Musik-Ereignisses kreisen und sich ihm auf eine eher rekonstruktive und gar nicht in erster Linie direkte Weise nähern. So ist es kein Wunder, dass man – auch wenn es der Grundidee und der filmhistorischen Lexikon-Definition von Direct Cinema massiv widerspricht – Pennebaker für eine Sequenz, die er für sein Dylan-Porträt entwickelt hat, den aus Dokumentaristen-Perspektive fragwürdigen Ehrentitel zuerkannt hat, er habe das erste Musikvideo gedreht. Dabei handelt es sich um die berühmte Szene, in der Bob Dylan zur Musik seines „Subterranean Homesick Blues" in einer Hinterhof- oder Alley-Szenerie zu sehen ist, wie er ohne die Lippen zu bewegen oder anderweitig als Musiker oder Repräsentant eines Songs zu agieren, immer nur große Papiere hoch hält, auf denen das Reimwort der betreffenden Zeile zu lesen ist. Im Hintergrund treibt sich der Beatnik-Dichter Allen Ginsberg herum, eines von Dylans Vorbildern. Dieses „Musik Video", als solches ein Vorläufer eines Genres, das die De-Authentisierung der Pop-Musik später am weitesten treiben sollte und das filmhistorisch für das Gegenteil eines jeden dokumentarischen Ansatz steht, ist gewissermaßen aus der Not geboren worden, etwas dokumentieren zu müssen, das nicht mehr den klassischen Vorstellungen von populärer Musik entsprach. Ausgedacht und entwickelt ausgerechnet von jemanden, der sich mit Ibsen – sein Kollege Drew mit Flaubert – identifizierte, als Erneuerer eines nichtfiktionalen realistischen Zugriffs auf das menschliche Drama. Dann aber musste er erkennen, dass Musiker, wie Pennebaker einmal über Jimi Hendrix sagte, etwas anderes sind, nämlich Heilige.

Heilige sind sie aber erst, seit sie nicht mehr in erster Linie Töne treffen, sondern eigene Töne definieren, persönliche, individuelle charismatische Töne – was für mich den Unterschied zwischen Pop-Musik und konventioneller, bzw. traditioneller Populärer Musik ausmacht und das durch moderne Mikrophone, Studios, hoch auflösende HiFi, aber eben auch durch die Bereitschaft des Publikums, übergriffig die Körperlichkeit eines Musikers oder einer Muskerin zu fetischisieren, möglich wurde. Pennebaker und die Maysles-Brüder sehen hier die Möglichkeit die neue Heiligkeit des Pop-Musik-Stars zu relativieren oder in ein Spannungsverhältnis zu setzen: zum einen durch die Effekte auf das Publikum, die neu und anders sind und mit einem auch neu in Räumen verteilten Publikum zusammenhängen, zum anderen aber, indem sie die Arbeit der Heiligen zeigen – und sie so entweihen – oder auch das Gegenteil erreichen. Dylan *backstage* entzieht sich ebenso wie *onstage*, wie Pennebaker noch 40 Jahre später beklagt, aber schon damals genial dokumentierte. Die Doppelstrategie von Entzug und Direktkörperübertragung ist in der Tat das exakte Material, aus dem man religiöse Kulte macht; an der Beobachtung mit den Heiligen ist also etwas dran.

Das Verbergen im grellen Scheinwerferlicht – Dick Hebdige nannte seine Pop-Musik-Theorie „Hiding In the Light" und Bob Dylan fand in „Like A Rolling Stone", dass man „invisible" in genau dem Moment wird, an dem man nichts mehr zu verbergen hat: das Verbergen garantiert den sichtbaren Körper – ist Grundmodell vieler Religionen. Ich zeige das Objekt, dessen Inhalt ich Euch vorenthalte oder der sich nur unter gewissen rituellen Bedingungen zeigt. Doch darum herum gibt es einen Kirchenalltag, gibt es komische Wechselfälle der Hierarchie, gibt es ein komisch verstreutes und verstörtes Publikum, den Wunderling aus dem Publikum, der den Messias „Judas" schimpft, und so fort. Die Erkenntnis, dass es sich bei Pop-Musikern strukturell um Heilige handelt, Auftretende neuen Typs, während die Politiker auf ihren Kampagnen eher versuchen, ein idyllisches altes Amerika zu rekonstruieren, diese Erkenntnis führt keineswegs dazu, dass man ihnen Hagiographien widmen muss. Gerade weil sie diese neuen Typen von elektronischer Kommunikation und körperlicher Euphorie erzeugen, lohnt es sich, sie zu dokumentieren – nur dass die alten Regeln nicht helfen.

Musikern bei der Arbeit zuzusehen, ihnen hinter den Kulissen zuzuschauen, wie sie sich an den Vorstufen fertiger glänzender Waren abarbeiten, könnte man sich als ein klassisch progressives Programm vorstellen: hier die glänzende Ware im Vordergrund, dort die harte Arbeit hinter den Kulissen, mit all ihren Fehlern, Mühen und Unfertigkeiten. Nur funktioniert das in der Pop-Musik-Doku nicht. Seit es Pop-Musik auf Bewegtbildern gibt, im Fernsehen und an-

derswo, hat man mehr Arbeitsspuren von Musik gesehen als je zuvor: Die Beat-
bands, die es nun wöchentlich *nationwide* und *worldwide* zu sehen gibt, sind
meistens keine Virtuosen, sie sind selbst bei einfachen Songs oft ungenau, sie
arbeiten und sind genau deswegen cool – nicht weil sie, wie in früheren Fassungen von Starkultur, ihr Arbeiten verbergen. Daher ist die Probe, der miss-
glückte Take oder ein Film, wie „The Velvet Underground & Nico" von Andy
Warhol, auf dem die gleichnamige Band keinen einzigen Song spielt, sondern
nur zu Warhols hektischen Zooms über ein paar minimale Figuren unbeteiligt
vor sich hin jammt, so attraktiv. Die Heiligkeit des mit Pop-Musik und z. T. auch
TV geborenen Startypus entsteht nicht durch Gloriole und überirdische Schönheit, durch Distanz und Entfernung, sondern in der Übertragung aus der Alltäg-
lichkeit seiner oder ihrer Körperlichkeit – das funktioniert am besten auf der
Arbeit.

In „Monterey Pop" stehen für Pennebaker noch die Atmosphäre, das Ge-
samtkunstwerk der Rezeption eines neuen Publikums im Mittelpunkt, das die
Heiligen verehrt, die noch etwas leichter als Heilige zu erkennen sind, wie etwa
Jimi Hendrix. Bei „Don't Look Back" ist es dann schon eher das Charisma des
sich dem alltäglichen stets entziehenden Schnöseltums als backstage geleistete
Arbeit an demselben, bei „Gimme Shelter" von den Maysles Brothers sind es die
Geschäftemacher, Polizisten und Roadies als die Arbeiter zweiter Ordnung, die
immer noch am Cool arbeiten, obwohl alle Utopien in diesem Film stürzen. Das
endgültige Statement eines Direct Cinema"-Zugangs zur Rockmusik kommt
schließlich von Godards „One Plus One", einem Film, der als Bestandteil einer
mehrteiligen Reihe gedacht war, an der sich später auch die beiden Direct-
Kollegen Richard Leacock und eben Pennebaker beteiligen sollten, als Kameraleute wie als Produzenten. Godard hatte 1964 schon einmal mit einem der
Maysles-Brüder – mit Albert – an einem Kurzfilm gearbeitet. Maysles ist der
Kameramann von „Montparnasse Levallois", einer Episode des Omnibusfilms
„Paris vu par ..." mit Jean-Paul Belmondo und Anna Karina. Man sagt, Godard
hätte Maysles hier seinem damals etatmäßigen Kameramann Raoul Coutard
vorgezogen, weil dieser eine Street-Credibility eingebracht hätte, für die in der
Konkurrenz dieses Episodendramas Jean Rouchs „Gare Du Nord" gestanden
hätte – Jean Rouch gehörte zu jenen, die das französische Äquivalent und
Nicht-Äquivalent das Cinema verité nicht nur begründeten, sondern auch in
enger Verbindung mit einem bestimmten Verständnis von Ethnographie und
Autoethnographie platziert hatten. Welche Rolle Ethnographie und Autoethnographie dann im Direct Cinema spielte, wird uns gleich noch beschäftigen.

Zurück zu den durch Arbeit, nicht durch Glanz Charisma erzeugenden
Stars. Die Rolling Stones wussten vielleicht noch nicht, dass sie zu dieser Gat-

tung gehörten, als sie Godard 1968 gestatteten, sie bei der Studioarbeit zu filmen: Im Film entwickeln sie allerdings weniger ein *recording*, eine Studio-Produktion, als ein Arrangement zu dem Song „Sympathy For The Devil" – was wir als Studioarbeit sehen, ist keine typische Studioarbeit, eher eine, die auch im Wohnzimmer hätte stattgefunden haben können. Nur selten werden Sound-ideen ausprobiert oder gar gemischt. Außerdem absentieren sich die beiden Songwriter Jagger und Richards mit dem todgeweihten Brian Jones, um Akkorde und Harmoniegesang auszuprobieren. Die im Film „One Plus One" gezeigte Performance des Songs unterscheidet sich gewaltig von der bekannten Album-version von „Beggar's Banquet" aus demselben Jahr. Man kann den Film kaum als eine voranschreitende Dokumentation einer gemeinsamen künstlerischen Kollektivarbeit beschreiben, noch kehrt er das Gegenteil, ein Scheitern heraus. Falsch ist auch die häufiger zu lesende Formulierung, er würde den Mythos vom künstlerischen Genie dekonstruieren – es ist das Gegenteil: „One Plus One" demonstriert eher, dass das Charisma eines Pop-Musikers, hier der Rolling Stones, auch wenn gerade dieses noch viele traditionelle Anteile hat, keinen Schaden nimmt, wenn dieser Star gewissermaßen niedere, nicht glänzende, fragmentarische oder nebensächliche Arbeiten übernimmt. Der Pop-Musik-Star gewinnt sein Charisma, seine Heiligkeit gerade in jeder Art von ziellosem Geschrammel. Nur die Beobachtung dieser Ziellosigkeit ermöglicht es, die Körperlichkeit des Stars nicht dort lokalisieren und verehren zu müssen, wo sie dessen Intentionen, Routinen und Können unterliegt, sondern genau dort, wo sie mir als Fan ermöglicht sie in Nebensachen zu lokalisieren. Zu den ganz großartigen und immer wieder imitierten Effekten des Films gehören Studien von im Hintergrund durch das Studio schlurfenden Soundbeamten und natürlich der stoisch auf einem Barhocker seinen Nichteinsatz abwartende Bill Wyman.

Wie wahrscheinlich den meisten bekannt, gibt es in diesem in London gedrehten Film zwei Parallelgeschichten, eine kleinere, die einer Swinging-London-Ladendiebin folgt und eine größere, deren Protagonisten in der Literatur immer als Black Panther beschrieben werden. Tatsächlich handelt es sich um eine Theatertruppe, die eine bestimmte Militanz performen, die einerseits für politische Radikalität stehen soll, andererseits aber auch die berüchtigte Aufforderung zur Vergewaltigung weißer Frauen aus einem LeRoi-Jones-Gedicht wörtlich zu nehmen scheint. Die drei Komponenten – weißes Hipster-girl, schwarze Militanz und die arbeitenden, probenden Stones – sind für Godard natürlich immer schon sekundäre Objekte. Es gibt natürlich nichts, was man direkt abbilden könnt. Die drei Komponenten werden auch gerne als die Bestandteile der nicht aufgelösten Gleichung von „One Plus One" interpretiert, wobei offenbleiben muss, was die Summe sei – aber denkbar und sinnvoll wäre es schon, dass die klassisch aktiven Faszinosa Girl und Militanz sich in der Summe der gewissermaßen passiven, sich zur Fetischisierung anbietenden Stones aufheben.

Godard wollte in den USA eine Fortsetzung von „One Plus One" drehen und die sollte „One A.M". heißen, kurz für „One American Movie" oder auch ein Uhr morgens. Erneut spielt darin schwarzer Widerstand eine entscheidende, aber wieder auch verschobene Rolle. Godard interviewt mit seinen Leuten eine Reihe schwarzer Schüler. In Bouchra Khalilis Videoinstallation über Jean Genets Besuch bei den Black Panthers, „Twentytwo Hours" tauchen Bilder derselben Godard-Entourage erneut auf und stellt dem Dichter Fragen. Schwarze Militanz als Objekt weißen Begehrens scheint auch für „One A.M." entscheidend – jedoch wurde der Film, dessen Kameraleute die Direct-Regisseure D. A. Pennebaker und Richard Leacock waren, von Godard nie fertiggestellt. Er hatte wieder eine Band ausgesucht und zwar genau wie in London, die Band, die sich am dezidiertesten und radikalsten politisch geäußert hatte: das waren in den USA Jefferson Airplane. Zwar war ihr Album „Volunteers", auf dem etwa die militante Bekämpfung des Privateigentums gefordert wird, zum Zeitpunkt der Dreharbeiten noch nicht erschienen, aber es gab eine Reihe anderer aggressiver linksradikaler und kulturrevolutionärer Texte und eine enge Verbindung der Airplane zu den politischen Führern der US-Student*innenbewegung, darunter Abbie Hofmann und Tom Hayden von den Chicago Seven. Hayden ist auch in dem Film zu sehen.

Pennebaker war nun einerseits einer der Kameraleute für Godard, andererseits aber dokumentierte er diesen auch beim Drehen, auch zu einem gewissen Grade in eigenem Auftrag. Nachdem Godard das Material nicht mehr weiter bearbeiten wollte und zurück nach Frankreich ging, ließ auch Pennebaker das einige Jahre liegen bis er aus „One A.M." einen anderen Film machte „One P.M." So wie „One A.M." für ein Uhr morgens, aber auch „One American Movie" stehen sollte, war „One P.M." nicht nur ein Uhr mittags, sondern auch „One Parallel Movie" und „One Pennebaker Movie": ein Direct-Cinema-Film über einen nicht zuende geführten Undirect-Cinema-Film, in dessen Zentrum die Vermutung steht, dass eine irgendwie revolutionär sich gerierende Rockband und das spezifische Begehren, das sich auf sie richtet, sehr viel mit dem Neuen zu tun haben, das sich in dieser Zeit ereignet.

Es gibt seit geraumer Zeit eine Szene aus diesem Film auf YouTube zu sehen. Sie zeigt schon in der zweiten Sekunde Jean Luc Godard als wild fuchtelnden Regisseur und sehr viele Leute, die an New Yorker Fenstern sitzen und in irgendeiner Weise zum Team gehören oder einfach nur Hotelgäste sind, darunter ein junges Paar, das sich gerade einen schönen Nachmittag gemacht zu haben scheint. Die Stadt als Resonanzraum von Pop-Musik, das Publikum, dessen Rezeption erst das Pop-Musik-Objekt vervollständigt und vollendet, sind, wie in heutigen Architekturutopien in die Vertikale gewandert. Wenn die Kamera herauf und herunter fährt, erfasst sie Hörende aller Art, Neugierige, Begeisterte, Verärgerte, die sehen können oder auch nicht), woher die Musik kommt. Es ist das Lieblingsmotiv vieler 60er-Jahre-Selbstbeschreibungen: Von irgendwoher wird ein Sound übertragen und erwischt die Rezipient*innen, aber sie wissen nicht genau woher: „Hey, there what's that sound?" „Something is happening here, but you don't know what it is."

Jefferson Airplane stehen – wie im selben Jahr die Beatles für ihr „Get Back"-Video – auf dem Dach eines Hauses und spielen einen apokalyptischen Song. Das Haus ist deutlich höher als das, auf dem die Beatles gespielt haben, aber keineswegs das höchste in Midtown Manhattan. Ein Paar, stimmlich dargestellt von Marty Balin und Grace Slick, läuft durch die Bullshit-Welt der USA und ergötzt sich an der langsam heranrollenden Apokalypse und der Aussicht, dass es keine Überlebenden geben werde. Eingeleitet wurde der düster grollende Song von einem aufgeregten Marty Balin, der, während Godard fuchtelte, „Free music and free love" versprach, bevor er sich zum beseelten Chronisten eines Weltuntergangs aufschwingt, der zwar keine Überlebenden zu hinterlassen verspricht, aber den Hippies trotzdem nichts anhaben zu können scheint. Die Polizei beendet dann den revolutionären Auftritt in Midtown. Balin, der sich sehr sexy weigert zu kooperieren und so zum Star des Clips wird, wandert für kurze Zeit ins Gefängnis.

Eine zu Beginn aufgestellte These war, dass das Direct Cinema der Musik deswegen so nahe sei, weil es die Faszination und Fetischisierbarkeit von Pop-Musik und Pop-Stars mit seinen aufklärerisch freilegenden und antiillusionistischen Mitteln eben gerade nicht unterbricht, sondern steigert. Dementgegen konnte gezeigt werden, dass hier doch eine Menge aufgefahren wird, um eine Situation nicht durch Passivität und Geschehenlassen herzustellen, wie bei den probenden Stones, sondern durch Theater, Fluxus, Situationismus und Interventionismus zu intensivieren. Es ist aber möglicherweise genau dieser nun noch einmal gesteigerte Realitätszugang, der aus der technischen Verfügbarkeit aufgezeichneter Körperlichkeitsspuren resultiert, die während der ersten Epoche von Rock-Musik-Rezeption aus dieser politisch abgeleitet und herausgearbeitet wurden. Wenn die Kunstform, in deren Mittelpunkt ein bewegliches Publikum und aufgezeichnete Klänge als Körperspuren stehen, beginnt, sich selbst in die Zone zu bewegen, wo der politische Zugriff auf Körper sein Recht beansprucht – Öffentlichkeit, Stadt, Verkehr – gelingt es ihm, diese Kunstform zu politisieren. Das Direct Cinema hat an der Verbreitung, Bekanntmachung und

Möglichkeit dieser Directness mitgearbeitet, auch wenn seine Macher und Namensgeber ursprünglich einen anderen Begriff von Directness im Sinne hatten.

Medienverzeichnis

Literatur

Hebdige, Dick. 2016 [1988]. *Hiding in the Light: On Images and Things*. London: Routledge.
Kracauer, Siegfried. 1985 [1960]. *Theorie des Films. Die Errettung der äußeren Wirklichkeit*. Frankfurt am Main: Suhrkamp.

Filme

Don't Look Back. Regie: D. A. Pennebaker. US: 1967.
Hier Strauss. Regie: D. A. Pennebaker. US: 1965.
Monterey Pop. Regie: D. A. Pennebaker. US: 1968.
One Plus One. Regie: Jean-Luc Godard. GB: 1968.
Woodstock – 3 Days of Peace & Music. Regie. Michael Wadleigh. US: 1970.
Festival Express. Regie: Bob Smeaton. UK: 1970.
Paris gesehen von.... Regie: Jean Douchet, Jean Rouch, Jean-Daniel Pollet, Éric Rohmer, Jean-Luc Godard und Claude Chabrol. FR: 1965.

Dirk Matejovski
Vom Ereignis zur Dokumentation

Inszenierungsstrategien und Clubpraktiken der Electronic
Dance Music

Zusammenfassung: Der Beitrag nimmt die spezifischen Inszenierungskonzepte
und Praktiken der zurzeit weltweit dominierenden EDM-Szene (Electronic
Dance Music) in den Blick. Mit Hilfe der etablierten Theoriebildung zur elektronischen Musik wird herausgearbeitet, dass das Erleben elektronischer Musik
nicht von Prozessen der Narrativierung und spezifischen Orten wie Clubs getrennt werden kann. Die Baleareninsel Ibiza stellt mit ihrer ausdifferenzierten
Clublandschaft ein ideales Forschungsobjekt dar, anhand dessen die ästhetischen Strategien in den Blick genommen werden, die die Rezeption von EDM
prägen. Dabei wird die insbesondere neuartige Konzeption von Hedonismus
diskutiert, die sich in den artifiziellen Raumordnungen von Club-Hotels wie
dem „Ushuaïa" ausdrückt. Davon ausgehend wird argumentiert, dass diese
materiellen Anordnungen die mythische Vorstellung des Raves als Ort der Entgrenzung des Subjekts aufnehmen, um gleichzeitig mit ihr zu brechen.

Schlüsselwörter: Ibiza, Techno, House, EDM, Ushuaïa, Poststrukturalismus,
Hedonismus, Ereignis, Clubkultur, Inszenierung

Zur Frage nach einer spezifischen Ästhetik der Visualisierung von elektronischer Musik gibt es zwei Zugänge. Zum einen ließen sich Clips aus dem Umfeld
elektronischer Musik durch eine Art ikonographische und narratologische Kor-
pus-Analyse strukturieren, um auf dieser Basis Vergleiche zu anderen Genres
vorzunehmen. Ein anderer Ansatz besteht darin, die Visualisierungsstrategien
von elektronischer Musik immanent und mit engem Bezug zum Material zu
entwickeln, ohne eine strukturelle Äquivalenz zu ähnlichen Praktiken in anderen Genres von vornherein vorauszusetzen. Auf der Basis dieser Option soll im
Folgenden das Verhältnis von Repräsentation, Theoriebildung und Club-Praxis
beleuchtet werden, wobei die Baleareninsel Ibiza als exemplarisches Beispiel
dienen wird.

    Die globalisierte elektronische Kultur, die sich seit 1988 um die Kerngenres
House und Techno entwickelt hat und ein stark differenziertes System von Subgenres ausbildete, entwickelte sich bis 2010 zu einem dominierenden Paradigma innerhalb der globalen Popkultur. Seit ungefähr 2010 entwickelte sich als

https://doi.org/10.1515/9783110730609-005

neue Strömung die sogenannte *Electronic Dance Music*, wobei dieser Terminus kommentiert werden muss.[1]

Im angelsächsischen Bereich firmiert *Electronic Dance Music* (EDM) global als Oberbegriff für nahezu alle Formen elektronischer Musik (vgl. Feser und Pasdzierny 2016, S. 7). Im deutschen und europäischen Kontext spricht man von EDM eher in spezifischer Weise und nimmt damit Musikformen und -praktiken in den Blick, die durch eine Hybridisierung von House, Techno, R&B und Hip-Hop charakterisiert sind. EDM richtet elektronische Musik deutlich in Richtung Pop aus und stellt die Sozialfigur des Star-DJs in den Mittelpunkt. DJs wie David Guetta, Steve Aoki und Avicii praktizieren bei ihren Sets eine markante Theatralisierung auf der Basis einer eher an den Praktiken des klassischen Stadion-Rocks orientierten Repräsentationsästhetik. Konfettikanonen, Tänzerinnen, aufwendige Lichtshows und Kunstnebel werden zum globalen Erkennungszeichen einer an Konzertformaten orientierten, zeitlich komprimierten Inszenierung elektronischer Musik.

Bei der Frage nach dem theoretischen Deutungsrahmen für die oben skizzierten Phänomene ist man zunächst auf die vorliegenden Konzepte der Medienkulturwissenschaft, der Acoustic Studies und der allgemeinen Theorie zur Populärkultur (mit Bezug zu Techno, House etc.) verwiesen. Stark vereinfacht verlief diese Theoretisierung bisher in zwei Formaten. Aus sozialphilosophischer Sicht traten mit House und Techno zum ersten Mal Jugendkulturen ins Bewusstsein, die eine konkrete und radikale Absage an tradierte Paradigmen wie Dissidenz, Subversion, Avantgarde, Abweichung und Subkultur zu formulieren schienen. Das kritische und gegenkulturelle Potential von Pop schien sich in der bunten Welt des Konsumismus zu verflüchtigen. Veranstaltungen wie die Loveparade, bei denen die Präsenz bestimmter Sponsoren unübersehbar war, verfestigten bei vielen Beobachtern den Eindruck, dass es sich hierbei um eine Form der Jugendkultur handle, deren DNA aus einer einzigen Geste zu bestehen schien: Affirmation.

Dieser tendenziell moralisierenden Sichtweise ließe sich aus historischer Perspektive entgegenhalten, dass Clubkultur immer schon von den Identitätskonzepten marginalisierter Randgruppen geprägt war. Der Vorwurf des Kommerzialismus, der Oberflächlichkeit und des unpolitischen Hedonismus lässt sich in Bezug auf Clubkultur nur auf der Grundlage einer verengten Begriffsbildung formulieren, und gerade für die Clubkultur der letzten Dekade sind femi-

---

1 Der vorliegende Beitrag stellt die überarbeitete Fassung eines Beitrags dar, der 2018 in der Zeitschrift *Pop. Kultur und Kritik* erschienen ist (vgl. weiterführend Matejovski 2018).

nistische, queere, antirassistische und inkludierende Strategien und Reflexionsansätze konstitutiv.

An einer anderen Stelle setzt die an poststrukturalistischen Subjekttheorien orientierte Deutung von Repräsentations- und Visualisierungsstrategien innerhalb der Clubszene an (vgl. Cox 2003, S. 193).

Schon in der Frühphase der Ausbildung von House und Techno war deutlich, dass man die neue Musik zunächst einmal als eine Radikalisierung der Form von körperfixierten Dance-Techniken verstehen konnte. Es lag deswegen nahe, diese mit Konzepten wie Präsenz, Entstrukturierung und Enthierarchisierung in Verbindung zu bringen und das Ziel der Ästhetik und der Praktiken von elektronischer Musik in Anlehnung an Konzepte des Poststrukturalismus, wie sie insbesondere von Gilles Deleuze und Félix Guattari formuliert wurden, zu verstehen. Zentrale Positionen der Philosophie von Deleuze und Guattari sind das Rhizom als Denkmodell, die Metapher der Maschine, der Gedanke einer Deterritorialisierung und das Konzept des organlosen Körpers (vgl. Deleuze und Guattari 1974; 1992). All diese Konzepte und Begriffe schienen in ganz besonderer Weise geeignet zu sein, die neuartige Ästhetik elektronischer Musik auf den Begriff zu bringen. Und so war es ein programmatischer Akt, dass eines der einflussreichsten und innovativsten Labels der elektronischen Musik – „Milles Plateaux" – sich in der Frühzeit nach dem *Opus magnum* von Gilles Deleuze benannte (vgl. ebd. 1992). Die auf dieser theoretischen Grundlage entstandenen Sounds beschrieb ein Kenner der Materie folgendermaßen: „Keine Subjekte, keine Formen, Themen oder Erzählungen, auf der glatten Oberfläche von Pulse and Drone liegen nur Flüsse, Cuts, Aggregate, Kräfte, Intensitäten und Design." (Cox 2003, S. 193)

Es liegt deshalb nahe, diesen Ansatz für die Beantwortung der Frage nach der entscheidenden Differenz zwischen klassischem Rock, Pop und Hip-Hop einerseits und der neuartigen House-Techno-Ambient-Szene andererseits nutzbar zu machen. Dabei operierte man mit Begriffen wie Entsemantisierung, der Beschreibung einer Auflösung traditioneller Repräsentationsstrategien und den Strukturen einer Präsenzästhetik. Ausgehend von den Theorieentwürfen Jacques Lacans, hat man dabei das Verhältnis von Clubkultur, Begehren und Präsenz auf prägnante Weise folgendermaßen beschrieben:

> In der Technokultur gibt es kein Begehren mehr. Begehren ist, wie Lacan sagt, Metonymie, lebt in der Dimension der Verweisung. Die Technokultur ist Genuß der Präsenz. Sie ist nicht reine Präsenz – die gibt es nicht –, aber die Technik, alles Begehrensmäßige, alle Identifikationen ihrer Bedeutung zu entkleiden und in Gegenwärtiges zu verwandeln.
> (Waltz 2001, S. 225)

Aus dieser Perspektive gewinnt der Begriff der „Jouissance" nach Lacan (vgl. 2015; Waltz 2001) eine zentrale Bedeutung für das Verständnis von Clubkultur. Die Rezeption elektronischer Musik lässt sich subjekttheoretisch als eine Form begreifen, die am Nullpunkt der Identifikation angesiedelt ist (vgl. Bonz 2016).

Die Medien dieser Desubjektivierung sind jene Maschinen, die im Zentrum der elektronischen Musik stehen, und der Effekt der Deterritorialisierung ist die Präsenz (vgl. Diederichsen 2005, S. 73). Die Problematik dieser Konzeptualisierung hat Diederich Diederichsen sehr prägnant formuliert, indem er darauf hinwies, dass das Agens der Präsenzkultur, die Musik, in ihrer Materialität nie unmarkierter Rohstoff, sondern immer schon markiert gewesen sei. Dabei produziert dieses von Diederichsen beschriebene Paradox einen Effekt, der für das Verständnis aktueller Clubkultur konstitutiv ist. Denn die für Clubpraktiken charakteristische, durch Musik, Drogen und Körperentgrenzung produzierte Nacht des Subjekts bildet eine Leerstelle, die durch Narrationen und nachträgliche Bedeutungsproduktion gefüllt werden muss: „Das Amnesische dreht sich um und wird zu einem großen Erlebnis, das immer wieder erzählt werden muss" (Diederichsen 2016, S. 62). Wenn die ideale Clubnacht keine Bilder produzieren darf, dann gilt paradoxerweise gleichzeitig, dass die Maschine der Erzähl- und Bedeutungsproduktion am angeblichen Nullpunkt der Identifikation umso lautstärker anspringt.

Die referenzlose Nacht der Substanz im Club will dann doch beschrieben und auf den Begriff gebracht werden, und Texte wie der Roman *Rave* von Rainald Goetz (vgl. Goetz 2001) haben sich an dieser Aufgabe versucht. Hier, wie bei vielen anderen Texten zum gleichen Thema, handelt es sich um den poetologischen Versuch, das Nichtsagbare sagbar zu machen. Sowohl die journalistisch dokumentarischen wie die rein fiktiven Texte versammeln dabei die immer gleichen Topoi: Selbstverlust, Ekstase, Krise, Erweckungserlebnisse und Intensitäten (vgl. u. a. Rapp 2009; Denk und von Thülen 2014; Hegemann 2010; Airen 2010).

Es entstehen Erzählmuster, die präsentationsästhetisch an die Stelle der nichtproduzierten Bilder treten; sie sind das Einzige, was von den Orten der nächtlichen Ekstase bleibt.

Aktuelle Tendenzen innerhalb der Repräsentationsästhetik zeitgenössischer Clubkultur lassen sich aus der Analyse entsprechender Praktiken auf Ibiza ableiten. Die relativ kleine Baleareninsel hat seit den 1930er Jahren eine sehr distinkte Tradition als Treffpunkt von Bohemiens, Aussteiger*innen, Intellektuellen, Künstler*innen und Musiker*innen aufgebaut. Charakteristisch für die Insel ist seit den 60er Jahren, dass sie Räume für Lebensformen bot, die zwischen authentischem und simuliertem Rousseauismus oszillierten. In diesem

Umfeld entwickelte sich seit den späten 70er Jahren eine ebenso vielgestaltige wie ökonomisch bedeutsame Clubszene. Ibiza wurde zu der Party-Insel schlechthin, wobei neben den Super-Clubs mit internationaler Ausstrahlung, etwa „Space", „Pasha Amnesia" und „DC10", zahlreiche kleinere Clubs dazu beitrugen, dass sich eine hochkomplexe und miteinander verschaltete Infrastruktur des elektronischen Hedonismus ausbildete.

Dieses weltweit einzigartige Modell bedurfte nicht zuletzt im Zuge der Finanzkrise seit 2008 einer Remodellierung. Eine zentrale Rolle nimmt bei diesen Prozessen das „Ushuaïa"-Beach-Hotel ein, das 2011 am Playa d'en Bossa errichtet wurde und mit einem großen Investitionsetat zu einer internationalen Marke entwickelt wurde.

Der neuartige Ansatz des „Ushuaïa" besteht in der Fusion der bisher getrennten Funktionsbereiche Club und Hotel sowie in der Verlagerung der Clubpraktiken auf den Tag. Im Zentrum der Clubanlage befindet sich ein Pool und frontal dazu ausgerichtet eine DJ-Kanzel. Dies bedeutet, dass alle zum Pool gerichteten Zimmer, Balkone und Terrassen zu Logen werden. Die Trennung zwischen Clubbing und Wohnen ist aufgehoben, und die Präsenz des gegenüber dem „Ushuaïa" gelegenen „Hï" ermöglicht ein nahezu grenzenloses Clubbing.

Die strategische Grundfigur der Hybridisierung von Club und Hotel wird im Innenraum des „Ushuaïa" dann innenarchitektonisch weitergeführt. Die Suiten tragen programmatische Namen, wie „Anything can happen Suite", „Fashion Victim Room" oder „I'm on Top of the World Suite",[2] und sind mit Plexiglas-Duschkabinen, kreisförmigen Spiegeln, runden Betten und einem Mobiliar ausgestattet, das klar den Stil der 60er Jahre und die Ästhetik des Playboy-Imperiums eines Hugh Hefner zitiert. Jeder dieser Hotelräume wird zu einer Wabe in einem einzigen großen Garten der Lüste, und der Hotelprospekt bringt dies als „The Balearic Spirit of Daytime Clubbing" auf den Punkt.

Durch diese ultra-hedonistische Inszenierung wird ein von Westbam in den 1990er Jahren formuliertes Rave-Motto indirekt aufgegriffen: „We'll never stop living this way" – wenn auch nur für 14 Tage.

In einer brillanten Studie hat Paul B. Preciado (vgl. Preciado 2012) anhand des Hefner'schen Playboy-Imperiums nachgewiesen, wie dieser in einer Parallelführung von multimedialen Verschaltungen und architektonischen Modellen neue Genderkonfigurationen konstruierte, propagierte und durchsetzte. Der hedonistische Bachelor, das Playboy-Bunny und das Cover-Girl erscheinen

---

2 Vgl. Internetpräsenz des Ushuaïa Ibiza Beach Hotel: https://www.theushuaiaexperience. com/de/hotel/zimmer. Zugegriffen am 22. März 2021.

dabei in dieser Analyse als inszenierte Form gesellschaftlicher und sexueller Innovationspraktiken, die durch multimediale Vermittlung zu lebensweltlichen Praktiken der Alltagswelt werden konnten.

Hier knüpfen die Inszenierungsstrategien des „Ushuaïa" an, indem sie einerseits eine delirante und phantasmagorische Weiterführung des Konzepts der Playboy-Mansion bilden und damit zum Inbegriff einer hedonistisch markierten, demokratisierten Exklusivität werden. Gleichzeitig aber weist diese Anordnung eine doppelte Operationalisierbarkeit auf. Einerseits kann dieses Dispositiv als Gelegenheit zum selbstverschwenderischen und selbstzerstörerischen Exzess durch tagelange Poolpartys, Club-Besuche, Drogenexzesse und sexuelle Abenteuer genutzt werden. Andererseits aber kann man auch in den Venusberg des „Ushuaïa" eintreten und dies alles nicht tun – oder besser in eine Haltung des „Als-ob" verfallen.

In den letzten Jahren etablierte sich das „Ushuaïa" als EDM-Kultstätte, wobei die von Feuerwerk, Konfetti-Kanonen, Lasershows, Kunstnebel und Tänzerinnen begleiteten DJ-Performances *de facto* das zentrale Element von Clubkultur ausstrichen bzw. dekonstruierten: nämlich die Musik. Bei einem exemplarischen Abend im „Ushuaïa" sieht der analytische Besucher schnell, dass der Großteil des Publikums kein besonders ausgeprägtes Interesse an den ohnehin konfektionierten DJ-Sets der Star-Performer hat. Drogen, Sex und Alkohol spielen bei solchen Pool-Sets keine große Rolle, weil es hier nicht heißt „no photos on the dancefloor" (wie im Berliner „Berghain"), sondern „no dancefloor, only photos".

Das Fotografieren und Filmen scheint die Hauptbeschäftigung des „Ushuaïa"-Publikums zu sein. Und auf diese Weise wird das Smartphone zum zentralen Subjekt einer solchen EDM-Veranstaltung. Die auf diese Weise produzierten Bilder werden zu viralen Agenten einer simulierten Clubnacht, ihre weltweite Verbreitung sorgt dafür, dass sich die Rezipienten nun ihrerseits in ähnliche Situationen begeben, um neue Bilder simulierter Clubnächte zu produzieren. Somit ergibt sich eine paradoxe Umkehr der Repräsentationsstruktur. Die Bilderproduktion im Kontext des „Ushuaïa" zehrt vom Pathos der Exzess-Ästhetik à la „Berghain", wird aber zu seiner Parodie bzw. seiner Simulation. Hinzu kommt, dass mittlerweile im „Ushuaïa" und in ähnlich strukturierten Hedonismus-Maschinen das Publikum eben keineswegs aus Angehörigen der jüngeren Jahrgänge besteht. Insofern bilden große Teile der aktuellen EDM-Szene in gewisser Weise eine Jugendkultur ohne Jugend.

Als geheimes Zentrum einer solchen Kultur hat sich eine seltsame, virale, zirkuläre Repräsentationsmaschine etabliert, die in vielerlei Hinsicht paradox erscheint. Einerseits wird im Club-Tourismus das alte Konzept der „Raving

Society" zumindest temporär Realität, indem Dialektiken von Inklusion und Exklusion Raumstrukturen permeabel machen, und somit ist auch das „Ushuaïa" als Antithese und Weiterentwicklung des urbanen Clubkulturmodells zu interpretieren. Gleichzeitig wird das leere Haus der Subjektivität in einer Weise möbliert, die auf grundsätzliche Fragen von Clubkultur verweist.

Wenn der elektronische Flow innerhalb einer gelungenen Clubnacht insofern phantasmatisch ist, als die Welt unter der Maßgabe der Nichtexistenz des Subjekts beobachtet wird – so formulierte es Slavoj Žižek (vgl. Žižek 2016, S. 28)–, so besteht die zentrale Bewegung eines solchen EDM-Acts genau darin, diese Operation nicht zu vollziehen oder sie zu neutralisieren. Oder anders formuliert: Wenn eine klassische Clubnacht die Dialektik von Ereignis und nachträglicher Erzählung konstituiert (vgl. Diederichsen 2016, S. 62), dann wird das theatralische Erlebnis der EDM-Show zur Erzählung ohne Ereignis. Die Simulation des Ereignisses existiert nur für die Erzählung, und dies in der Form einer visuellen Dokumentation. Damit lassen sich die Architektur und die Praktiken des „Ushuaïa" als eine Weiterführung und Verdichtung aller grundsätzlichen Paradoxien und Antinomien der Rave-Kultur lesen. Man kann dies als Anlass für kulturkritischen Pessimismus und zur Formulierung von Verfallsthesen nehmen, aber vielleicht bietet selbst ein Ort wie das „Ushuaïa" noch Raum für „illusorische Freiheit, die gewissermaßen gerade nicht rein illusorisch [war]" (Žižek 2016, S. 10).

Medienverzeichnis

Literatur

Airen. 2010. *Strobo*. Berlin: Ullstein.
Bonz, Jochen. 2016. Am Nullpunkt der Identifikation. Beobachtungen an Techno als expressive culture. In *Techno Studies. Ästhetik und Geschichte elektronischer Tanzmusik*, Hrsg. Kim Feser und Matthias Pasdzierny, 43–57. Berlin: b_books.
Cox, Christopher. 2003. Wie wird Musik zu einem organlosen Körper? Gilles Deleuze und die experimentelle Elektronika. In *Soundcultures. Über elektronische und digitale Musik*, Hrsg. Marcus S. Kleiner, 162– 193. Frankfurt am Main: Suhrkamp.
Deleuze, Gilles und Felix Guattari. 1974. *Anti-Ödipus. Kapitalismus und Schizophrenie I*. Frankfurt am Main: Suhrkamp.
Deleuze, Gilles und Felix Guattari. 1992. *Tausend Plateaus. Kapitalismus und Schizophrenie II*. Frankfurt am Main: Suhrkamp.

Diederichsen, Diedrich. 2016. Vom Ereignis erzählen … das Ereignis auslösen. In *Techno Studies. Ästhetik und Geschichte elektronischer Tanzmusik,* Hrsg. Kim Feser und Matthias Pasdzierny, 59–64. Berlin: b_books.

Feser, Kim und Matthias Pasdzierny. 2016. „… and a musicologist present at all time" – elektronische Tanzmusik im Fokus populärer Diskurse und akademischer Forschung. In *Techno Studies. Ästhetik und Geschichte elektronischer Tanzmusik,* Hrsg. dies., 7–22. Berlin: b_books.

Goetz, Rainald. 2001. *Rave.* Frankfurt am Main: Suhrkamp.

Hegemann, Helene. 2010. *Axolotl Roadkill.* Berlin: Ullstein.

Lacan, Jacques. 2015. *Encore* (1972-1973). Wien u. a.: Turia + Kant.

Matejovski, Dirk. 2018. Die künstlichen Paradiese der Electronic Dance Music. Transformationen der Clubkultur: Ibizas Hotelarchitektur als Modell. In *Pop, Kultur und Kritik,* 13: 130–151.

o. Verf. 2018. *The Ushuaïa Experience.* https://www.theushuaiaexperience.com/de/hotel/zimmer. Zugegriffen am 22. März 2021.

Preciado, Paul B. 2012. *Pornotopia: Architektur, Sexualität und Multimedia im „Playboy".* Berlin: Wagenbach.

Rapp, Tobias. 2009. *Lost and Sound – Berlin, Techno und der Easyjetset.* Frankfurt am Main: Suhrkamp.

Žižek, Slavoj. 2005. *Körperlose Organe. Bausteine für eine Begegnung zwischen Deleuze und Lacan.* Frankfurt am Main: Suhrkamp.

Žižek, Slavoj. 2016. *Was ist ein Ereignis?* Frankfurt am Main: Suhrkamp.

Kathrin Dreckmann
In Bed with...

Über den Zusammenhang von Authentizitätseffekten und Pathos in aktuellen Musikdokumentationen

Zusammenfassung: In neueren Musikdokumentationen zeigt sich in doppelter Hinsicht ein Versuch, den Kontakt mit den Zuschauer*innen herzustellen. Dies geschieht über die Erzeugung von Authentizitätseffekten. Da in Musikdokumentationen oft Leid, Schmerz und Läuterung der Stars thematisiert werden, erzielen Affektdarstellungen dort Authentizitätseffekte, wo Werdensprozesse der Selbstfindung und Selbstvergewisserung bzw. das „Gefühl der eigenen Existenz" (Rousseau) dargestellt werden. Wenn die Authentizitätseffekte der Sprecher*innenimago in den Vordergrund treten, geht es nicht um das Gesprochene, sondern um das Angezeigte. Verdichtete Bilder, Posen und Gebärden rekurrieren auf ihre Bedeutung und bewegen sich zwischen Schmerz, Tod und Auferstehung.

Schlüsselwörter: Authentizität, Musikdokumentationen, Lady Gaga, Madonna, Pathos, Gesten, Körper, Justin Bieber, Billie Eilish, Avicii

„Intus, et in cute"
(Rousseau 2012, S. 9)

Leid, Schmerz und Läuterung sind häufige Gesten in Musikdokumentationen. In aktuellen Musikdokumentationen werden sie immer wieder zitiert und fungieren dabei als Verkörperung der Aushandlung von Ehrlichkeit, Echtheit und Wahrheit. Als ein „behind the scenes" werden Stars wie Justin Bieber, Lady Gaga, Amy Winehouse und Billie Eilish als verletzlich, krank oder gar depressiv dargestellt.

Genau das ist ein beliebter *modus operandi* in Musikdokumentationen: Die porträtierten Stars werden als Akteure hinter der Inszenierung inszeniert und das Zeigen ihrer Gefühle in verdichteten Gesten dargestellt. Die Dichte der Emotionen wirkt dabei oft beinahe künstlich, aber zugleich echt. Dies hat vor allem mit der Gattung der Musikdokumentation selbst zu tun. Der Dokumentarfilm changiert grundsätzlich immer zwischen Fakten und Fiktion, weil in ihm Dokumente gezeigt und arrangiert werden. Dokumente, die als „[m]ateriales Artefakt", „als Schriftstück und Urkunde, ab dem 19. Jahrhundert jedoch meistens

https://doi.org/10.1515/9783110730609-006

als Fotographie, Film oder mittels Daten technisch hergestellt oder reproduziert" werden, gelten „als Beweis für eine Wirklichkeit",

> die nicht restlos fiktional ist und damit die Paradoxien und Hybride von Wirklichkeit und Fiktion, Objektivität und subjektiv-selektiver Rahmung sowie analoger Aufzeichnung und Inszenierung unhintergehbar in alle dokumentierenden Operationen ein- und fortschreibt.
>
> (Balke et al. 2020, S. 17)

Das Arrangement dieser Dokumente hinterlässt immer Lücken, die durch Narrative gefüllt werden. Damit ist die (Musik-)Dokumentation selbst als eine Gattung im Spannungsverhältnis zwischen Tatsache und Fiktion verortet. Auf „[d]as prekäre, aber unhintergehbare Verhältnis zur Wahrheit und zum Wissen" (Kluge 1999, S. 115) rekurrierte bereits Alexander Kluge, als er 1975 über die Aufhebung von Gattungsgrenzen des Dokumentarfilms mit Blick auf den Film spekulierte:

> Man kann deshalb nicht einfach sagen, dass der Dokumentarfilm Tatsachen abbildet. Er fotografiert einzelne Tatsachen und montiert daraus nach [...] z. T. gegeneinander laufenden Schematismen einen Tatsachenzusammenhang. [...] Die Grundelemente des Films sind hochspezialisiert, aber ihr Grundprinzip ist gleich geblieben: Es werden enge Realitätsausschnitte, Momentaufnahmen, [...] gebildet und miteinander zu einem Zusammenhang montiert.
>
> (Kluge 1999, S. 115)

Das Spannungsverhältnis zwischen Wahrheit einerseits und Wahrheitsfindung unterstreichenden Elemente der Fiktion andererseits gestaltet Kluge durch den Einsatz von Schauspieler*innen, die die darzustellende Figur verkörpern. Durch Techniken der Montage und Gegenüberstellung wird Wahrheit überhaupt erst ermöglicht, zugleich aber auch eine Verdichtung erzielt:

> Deshalb gibt es nicht nur Facts, sondern Fakes. Das ist eine Notwendigkeit. Behauptet einer, er könne mit Fakten umgehen, ohne sich etwas dazuzudenken, ohne zu fälschen, dem glaube ich nicht. Aber aus einem, der lügt, kann man immer noch ein Stück Fakt herauswickeln.
>
> (Kluge 2003, S. 59)

Das Arrangement von Dokumenten, das Schauspiel und das umspannende Narrativ im Feld zwischen Wahrheit und Lüge bewegen sich also und lassen damit Raum für teilweise mythische Verdichtungen und Überhöhungen, um ein Stück Tatsache herauszuarbeiten.

Es lässt sich festhalten, dass sich das Dokument selbst einem Authentifizie-
rungsprozess unterzieht, und zwar in jener Weise, wie es in der Dokumentation
arrangiert wird. Gleichzeitig kann von einer „fundamentale[n] Ambivalenz des
Dokuments" gesprochen werden:

> Dessen Status changiert zwischen eine[r] authentischen[n], evidente[n] oder gar vollstän-
> dige[n] Wirklichkeitswiedergabe auf der einen und einer oft nur schwer greifbaren Mittei-
> lungs- und Zeigeabsicht sowie den damit verbundenen Selektions-, Rahmungs- und Sig-
> niermechanismen auf der anderen Seite.
>
> (Kluge 2003, S. 10)

Denn der Dokumentarismus schließt *per se* „künstlerische Praktiken und Kontexte [...] mit ein, gerade auch über das gemeinsame Element der ‚Selektion und
Anordnung' bildet er diskursiv-argumentative Modi des Dokumentarischen
aus" (Balke et al. 2020, S. 9). Das dem Diskurs des Dokumentarischen also immer schon Innewohnende ist zugleich unumgängliches ästhetisches Spiel, mit
dessen Hilfe Publikum und Performer*in den Grad von Authentizität aushan-
deln.

Musikdokumentationen können jedoch nicht nur von der Gattung der Dokumentation aus betrachtet werden. Sie sind auch immer als Materialität eines
popkulturellen Diskurses zu verstehen. Im Gegensatz zum Kurz- oder Spielfilm
ermöglicht der musikalische Dokumentarfilm die Darstellung und Verknüpfung
eindringlicher existentieller Körpergebärden (vgl. Baacke 1999, S. 100) unmittelbar mit der Star-Persona, allerdings ohne den Umweg, zwischen Schauspiel-
oder Musikgenie unterscheiden zu müssen. Wenn, wie in der Pennebaker-
Dokumentation „Don't look back" (1967), Bob Dylan „behind the scene" in sich
versunken an der Schreibmaschine komponiert, wird seine Pose als wahr angenommen, da das Filmmaterial den Star als inoffiziell inszeniert. Ob die hier
beschriebene Szene vorher einstudiert wurde oder nicht, spielt keine Rolle, weil
das Dokument den Star hinter der Bühne in Szene gesetzt hat (ebd., TC:
00:27:36).

Allein das formale Versprechen des Dokuments, glaubwürdig und echt, d.h.
ein Zeugnis zu sein, ermöglicht eine filmische Matrix popkultureller Authentizi-
tätserfahrungen, auch wenn hier Fiktion und Fakt zusammenkommen. Entscheidend ist dann vor allem das dem Material übergestreifte Erzählmuster, das
Echtheit verspricht. Man denke hier an die Dokumentation „Woodstock – 3
Days of Peace & Music" (1970) von Michael Wadleigh: Bis heute stammen die im
kollektiven Gedächtnis mit Woodstock verknüpften Bilder aus diesem Film. Ob
nun die dargestellten Schlammschlachten (ebd., TC: 01:30:18), ein kopulieren-
des Paar (ebd., TC: 01:34:50) und das Nacktschwimmen im See (ebd., TC:

02:39:28) die Stimmung einer politischen Bewegung wiedergibt oder nicht – die Dokumentation zeigt Material, das als echt sowie als Referenz für das Gefühl einer ganzen Generation gilt. Der Glaube an die Echtheit des Dokuments wird dadurch nicht in Frage gestellt. Das Narrativ einer aufbrechenden Jugendkultur lässt solche Szenen in das Narrativ der revoltierenden 1968er-Generation problemlos einfließen, so dass das Publikum sie als „echt" und authentisch im Rahmen eines ästhetischen Aushandlungsprozesses zwischen Wahrheit und Fiktion wahrnimmt.

In Musikdokumentationen, in denen einzelne Künstler*innen dargestellt werden, kommt noch eine weitere Ebene hinzu. Hier werden nicht ausschließlich jugendkulturelle Szenen vorgeführt. Vielmehr wird das Spiel zwischen Wahrheit und Fiktion nicht nur für Identifikationsprozesse zwischen Star und Zuschauer*innen ästhetisiert, sondern zugleich auch elementarer gedacht und zuerst für die Herstellung eines Starimages genutzt. Für den Popwissenschaftler Diedrich Diederichsen ist der Umstand konstitutiv für alle Popmusik, „dass in keinem performativen Moment klar sein darf, ob eine Rolle oder eine reale Person spricht. Dies ist eine entscheidende Spielregel" (Diederichsen 2014, S. XXV). Für den authentischen Star heißt dies, dass das „Nicht-Darstellen, Nicht-Lügen" einerseits vorgründlich Teil des Ensembles guter Popmusik sein kann:

> Denn der Authentizitismus ist zunächst ganz begreiflich: Der Index übermittelt ja tatsächlich authentische Spuren. Unmittelbarkeit ist das Versprechen der Pop-Musik, aber (diese) Unmittelbarkeit ist Ergebnis eines Mittels, ein Medieneffekt. Der Pop-Rezipient wird von einer unstillbaren Neugier nach der Identität seines doch namentlich und mythodologisch bekannten Gegenübers angetrieben. Was ist das für ein Typ, für eine Person, wie ist der oder die drauf, welche Haltung vertritt sie, welche Pose hat sie generiert?
>
> (Ebd., S. XXV)

Es ist deshalb für den weiteren Verlauf festzuhalten, dass Authentizität ein zugeschriebener Effekt ist und niemals als realer Echtheitsbeleg, sondern mehr als Effekt gehandelt werden kann: Diederichsen formuliert dies so: „Wer allerdings glaubt, Popmusik sei dann gut, wenn die Frage befriedigend beantwortet werden kann, ist ein Authentizist und hat nichts verstanden; Pop-Musik ist immer so gut wie die Fragen, die sie zu stellen ermöglicht" (ebd.). Es handelt sich hier also um eine „unausgesprochene Spielregel, ohne die das, was wir Pop-Musik nennen, nicht funktioniert" (ebd.).

In seinem Aufsatz „Inszenierte Authentizität versus authentische Inszenierung: Ein Ordnungsversuch zum Konzept Authentizität in Medienkultur und Popmusik" hebt der Popwissenschaftler Christoph Jacke in Auseinandersetzung mit der wissenschaftlichen Literatur zum Zusammenhang von Authentizität und Popkultur zwei wichtige Aspekte hervor:

> Offenbar schwingen in den verschiedenen Begriffspaaren, die in diesem Rahmen immer wieder erwähnt und diskutiert werden und die sich durch praktisch alle Veröffentlichungen durchziehen, implizite Bewertungen mit: „Natur/Kultur, Realität/Fiktionalität, Realität/Virtualität, Wahrheit/Lüge, Dokumentation/Fiktion, Wirklichkeit/Medien [...] live/recorded, Echtheit/Inszenierung, Glaubwürdigkeit/Täuschung, Original/Täuschung, Original/Kopie, Leben/Bühne, realness/fake, Hochkultur/Massenkultur."
>
> (Jacke 2014, S. 82f.)

Ein weiterer Aspekt zeige sich in der Dichotomie „Authentizität/Künstlichkeit". Jacke gelangt hierbei zu dem Ergebnis, dass

> alle popmusikalischen Genres zwar unterschiedlich in der Gewichtung und Verwendung der Unterscheidung [zwischen Authentizität und Unauthentizität; Anm. KD], sie scheinen sie aber in jedem Fall zu thematisieren, mal mehr, mal weniger offensichtlich, mal auf erster, mal auf zweiter Ordnungsebene.
>
> (Jacke 2014, S. 83)

Authentizität als Aushandlungsprozess zwischen Publikum und Performer*in kann als ästhetische Strategie begriffen werden, die alle Genres der Popmusik durchzieht (vgl. Grossberg 2010). Dies schließt vor allem Musikdokumentationen popkultureller Stars mit ein. Festhalten lässt sich, dass sich ästhetische Konzepte wie „Authentizität als Aushandlungsprozess" (Moore 2002, S. 209) zwischen Publikum und Star besonders in medialen Produktionen wie der Musikdokumentation umsetzen lassen und zwischen Star und Publikum eine besondere Verbindung eingegangen wird, da dem Publikum die Echtheit über das Dokumentarische garantiert werden soll. Es werden Identitätsangebote gemacht von einer Künstler*innensubjektivität, die Authentizitätseffekte freisetzt. Ein Anschluss an das „wahre Leben" des oder der Künstler*in ermöglicht eine Erfahrung höherer Echtheit, die durch die Wahrhaftigkeit des Dokuments in der Dokumentation noch einmal verstärkt wird. Weiterführend lässt sich nach dem Grad der Authentizität fragen, wenn die in Dokumentationen eingebrachten Gesten und Posen offenbar einen höheren Authentizitätsgrad erreichen als der Besitz von Schallplatten, Zeitschriftenartikeln, Kostümen usw. Die körperliche Erfahrung, die Haltung oder Pose eines Stars einnehmen zu können, die erkannt und als echt wahrgenommen werden kann, bringt den Fan dem Star gewiss noch näher. Darauf ist in diesem Beitrag später noch einmal zurückzukommen.

1 Authentizitätseffekte

In einem weiteren Schritt stellt sich nun die Frage, wie und wo Authentizität angezeigt wird. Helmut Lethen formulierte einst: „Was authentisch ist, kann nicht geklärt werden." Analysiert werden können ihm zufolge nur die „Effekte des Authentischen" (Lethen 1996, S. 209). Folgt man dem Philosophen Charles Taylor, den modernen Authentizitätsbegriff „als eine Quelle des neuzeitlichen Selbst" zwischen „Selbstbestimmung", „Selbsterfüllung" und „Selbstverwirklichung" (Taylor 1994, S. 693) zu verstehen, kommt man nicht umhin, über Fragen der Vermittlung von Authentizitätseffekten im Rahmen eines Werdensprozesses nachzudenken (Taylor 1995, S. 38). In popkulturellen Zusammenhängen über Authentizität als „Wort der Fremde", als „Zauberwort", wie Adorno es formulierte (Adorno 1961, S. 128), zu reflektieren, heißt nicht nur, „Authentizität vor allem im Hinblick auf Kommunikationsstrukturen zu untersuchen", also „danach zu fragen, wem und was wann, wie und weshalb Authentizität zugesprochen wird" (Saupe 2015, S. 3). Es bedeutet nach Jacke auch und vor allem, für den popkulturellen Diskurs Voraussetzungen herauszuarbeiten, die die „Komplexität und Relevanz von vor allem Live-Inszenierungen in Popmusik" (Jacke 2014, S. 75) verständlicher werden lassen. In einem nächsten Schritt ließe sich darauf aufbauend die soziale Kommunikation zwischen Künstler*innen und Rezipient*innen herausarbeiten, wie sie in medialen Formaten wie der Musikdokumentation dargestellt wird. Die Herstellung von Authentizitätseffekten könne auf diese Weise adäquat untersucht werden. Eine notwendige Einfühlung des Publikums funktioniert nämlich über die authentische Darstellung von Gefühlen. Im Sinne eines sozialen Aushandlungsprozesses zwischen Publikum und Star kann eine Authentizitätserfahrung darin bestehen, „Personen [...] in einem authentischen Selbstverhältnis" zu sehen. Jean-Jacques Rousseau, der als „Begründer einer Ethik der Authentizität" verstanden werden kann, sprach von einem „Gefühl der eigenen Existenz" (Saupe 2015, S. 183f.) und impliziert ein essentialistisch-ontologisches Verständnis, dessen Profil in den 1960er Jahren im linksalternativen Milieu Karriere machte.

Schließlich ließe sich vor Rousseau auch Augustinus' einflussreiches autobiographisches Werk der *Confessiones* (um 400) als Beispiel erwähnen, in denen er sich mit dem Problem der Wahrheit auseinandersetzt und die Quellen der Wahrheit im menschlichen Geist selbst sucht. So heißt es in *De vera religione* (Augustinus 1983, S. 123): „Suche nicht draußen! Kehre in dich selbst zurück! Im Inneren des Menschen wohnt die Wahrheit. [...] [D]er Verstand schafft die Wahrheit nicht, sondern findet sie vor." Rousseau hat 1782 wie Augustinus einen retrospektiven Bericht des eigenen Lebenslaufes verfasst und die eigene Persönlichkeitsentwicklung des Erzählers mit dem Protagonisten in eins gesetzt (vgl. Fritz 2007). Selbstbezug, Selbstentwurf und Konstruktion sind hier auf Wahrheitsfindung oder eben Authentizität gerichtet und dabei offenbar auch immer mit dem authentischen Gefühl verknüpft, während eben solche Foucault'schen „Selbsttechniken" ebenso zwischen Wahrheit und Fiktion changieren.

Wie solche Bekenntnisse sind Musikdokumentationen ebensolche Medien des Selbstbezugs und Selbstentwurfs. *Les Confessions* als die mediale Erfindung der Autobiographie zeigt ebenso die „Ruinen des Selbst" (Fritz 2007), und so sind es nicht nur Bekenntnisse „eines Menschen, genau nach der Natur und in seiner ganzen Wahrheit gemalt" (Rousseau 2012, S. 7), sondern authentifizierte Darstellungen von Gefühlen, deren Echtheit überzeugend verkörpert werden muss. Will man sich jedoch mit Gefühlen befassen, bewegt man sich automatisch in einem Forschungsfeld, das erstens sehr jung ist, da „Gefühlen in sozial- und kulturwissenschaftlichen Abhandlungen des 20. Jahrhunderts lange Zeit wenig Aufmerksamkeit zukam" (vgl. Verheyen 2020). Zweitens wurden sie entweder aus „idiosynkratischen Momenten der Persönlichkeit oder aus universellen Qualitäten des Menschen überhaupt" abgeleitet, kritisierte 1988 der Soziologe Jürgen Gerhards (Gerhards 1988, S. 12) und folgte damit der allgemeinen Auffassung, dass das Irrationale nicht untersucht werden könne. Dass Gefühle in der abendländischen Kultur immer pejorativ dargestellt wurden und selbstverständlich die Vernunft als überlegene Instanz wahrgenommen wurde, lässt sich von Platon über Aristoteles bis hin zu Leibniz nachvollziehen. Dass nun aber in der Forschung Gefühle als semantisches und pragmatisches wie historisches Gegenstandsfeld immer mehr in den Fokus gerückt sind, hat sicher auch mit ihren medialen Repräsentationen und ihrer Performativität zu tun. Die Performativitätsforschung (vgl. Kolesch 2006, S. 31) richtet den Blick auch auf die Anfänge der Emotionsforschung der 1930er und 1940er Jahre durch Lucien Febvre und die Frage ihrer Historisierbarkeit. Für den vorliegenden Beitrag ist es wichtig, an dieser Stelle hervorzuheben, dass in der Forschung „nicht länger zwischen dem vermeintlichen Kern eines Gefühls im Inneren des Individuums sowie seiner mehr oder weniger verzerrten ‚äußeren' Repräsentation zu unterscheiden" (Febvre 1977, S. 316) ist. Es geht mehr darum, „Gefühle als genuin soziale Phänomene zu denken, die in zwischenmenschlicher Interaktion mit Hilfe von Gesten, Mimiken und Worten nicht bloß nachträglich ausgedrückt, sondern vielmehr modelliert oder gar hergestellt werden" (vgl. Verheyen 2010). Die Kulturanthropologin Catherine Lutz hat das Gefühl als sozialen Normierungsprozess gedeutet, denn „emotion can be viewed as a cultural and interpersonal process of naming, justifying, and persuading by people in relationship to each other" (Lutz 1988, S. 5); Gefühle seien deshalb als „not precultural but *preeminently* cultural" (ebd.) zu charakterisieren. Mehr noch als Lutz ist die Arbeit der Soziologin Arlie Hochschild, die die Praktiken des Fühlens erforscht und sich dabei auf Arbeiten von Erving Goffman bezieht, eine Referenz, wenn es um die Frage geht, wann in Interaktion mit dem Sozialen individuelle emotionale Erfahrungen Regelmäßigkeiten ausbilden, die für Menschen kodiert sind und von ihnen dekodiert werden können als ein Modus, „appropriate" zu fühlen (Hochschild 1979, S. 551). Man denke an Goffmans Monografie *The Presentation of Self in Everyday Life* (vgl. Goffman 1959), in der die Maske als unser wahres Selbst interpretiert und die soziale Welt als Bühne begriffen wird. Demnach gibt es keine ontologisch festlegbare Folie von Gefühlen. Hochschild radikalisiert Goffman, wenn sie von „feeling rules" ausgeht, die vorgeben, dass es ein bestimmtes System des Gefühls gebe (Hochschild 1979, S. 551). „Systems of feeling" heißt es bei der Mediävistin Barbara Rosenwein (Rosenwein 2002, S. 842), oder es fragt Hans-Ulrich Wehler: „Sind soziale Klassen auch emotionale Klassen?" (Wehler 2000). Es lässt sich also aus dieser kurzen Skizze des Forschungsstands zur Frage der Beziehung von Gefühl, Authentizität und medialer Repräsentation ablesen, dass darin „zwischen sozial erwarteten und vermeintlich authentischen Gefühlen unterschieden" (vgl. Verheyen 2010) wird. Demnach hat die Identität von authentischen Gefühlen etwas mit einem Aushandlungsprozess zu tun, der sozial festgelegt ist, der über Regeln verfügt und die sich als kulturell erlernte Einstellungen in „social communities" (etwa in Familien, Gruppen, Szenen, Gemeinden oder Gemeinschaften) ausbilden. Ob nun als Maske, Rolle oder kulturelles Normativ der Angemessenheit von Gefühlen in bestimmten Situationen: Die mediale Darstellung von Gefühlen und ihre Authentifizierung ist dabei selbstreferentiell. „Ich fühle, also bin ich", formulierte der Neurologe Antonio R. Damasio in seinem gleichnamigen Buch aus dem Jahr 2000 und beschrieb damit den Zusammenhang von autobiographischem Selbst, Außen- und Selbstwahrnehmung (vgl. Damasio 2000). Er hebt darin den Jahrhunderte alten Dualismus von Körper und Geist auf. Gefühle wie Angst, Gefahr und Schmerz macht er zu einer objektiven Wirklichkeit des Selbst und möglicherweise steckt darin der Schlüssel zu der Frage, warum die Darstellung solcher Emotionen gerade Authentizitätseffekte freisetzt.

So ist das inszenierte Wahre, ob nun als Rolle eines übergreifenden sozialen Theaters des „Everyday Life" oder eines Dazwischen, zwischen individuellem Gefühl und sozialem Normativ zu verorten. Es werden Authentizitätseffekte dann freigesetzt, wenn in medialen Inszenierungen die „Verkörperung von Authentizität" auch „immer an (mediale) Repräsentationen und (Selbst-) Darstellungen gebunden" ist. Es ist damit offenbar das Posieren von Authentizität gemeint. Mit dem Körper dargestellt werden „mit bestimmten Äußerungen des Selbst" (Saupe 2015, S. 2) offenbar Gefühle, die das Gegenüber als echt erleben lassen, weil er oder sie sie kennt.

Weil nun in Musikdokumentationen Stars wie Taylor Swift, Justin Bieber und Billie Eilish immer in einem Prozess begleitet werden und so Glaubwürdigkeit und Echtheit hergestellt wird, ist der emotionale Ausdruck der Stars auch immer Teil eines als intim inszenierten Bekenntnisses. Entsprechend in Szene gesetzt, wendet sich der Star der Kamera zu und reflektiert Situationen oder Szenen im Leben, die belastend waren.

Justin Bieber: Next Chapter | Eine Spezialdokumentation (Offiziell)
11.523.899 Aufrufe · 30.10.2020　　　　　👍 402.884　👎 11.143　↗ TEILEN　☰+ SPEICHERN　⋯

Abb. 1: Justin Bieber: Next Chapter. US: 2020. *YouTube.*
https://www.youtube.com/watch?v=RUcLuQ17UV8&t=967s. (TC: 00:16:10).

Ein Beispiel ist die Musikdokumentation über „Justin Bieber: Next Chapter", die im Jahr 2020 auf YouTube anlief und in der er über seine Depressionen spricht (Justin Bieber: Next Chapter, vgl. TC: 00:15:52). Ein weiteres Beispiel stellt die Dokumentation „Miss Americana" (2020) über Taylor Swift dar, in der ihr Leid dadurch definiert ist, dass sie bei den Musikvideo-Awards im Jahre 2009 (vgl. ebd., TC: 00:16:00) von Kanye West künstlerisch herabgesetzt und in seinem Song „Famous" als „Bitch" bezeichnet wurde. Nachgezeichnet wird die Berichterstattung der Medien, die Taylor Swift in sexistischer Art und Weise mit vielen Männerkontakten inszenierten und dies als obszön darstellten (vgl. ebd., TC:

00:32:16), während sie zudem ihre Essstörung problematisiert (vgl. ebd., TC: 00:29:00).

Abb. 2 und 3: Avicii – True Stories. SE: 2017. Netflix.

Der am 26. Oktober 2017 veröffentlichte Dokumentarfilm „Avicii: True Stories" zeigt das Leben auf Tour und im Tonstudio von Avicii alias Tim Bergling, einem schwedischen Electronic-Dance-Music-Produzenten, der sich 2018 das Leben nahm. Das Leidensmotiv zieht sich durch die gesamte Dokumentation. Erschöpfung, Angst und Depression stehen neben ibizenkisch-dionysisch aufgeladenen Massenveranstaltungen in Mega-Clubs wie dem „Pacha". Er sagte in der Dokumentation: „I've been very open with everyone I've worked with, everyone who knows me [...] and everyone knows that I've been anxious [...] and that I've been trying" (Avicii: True Stories, TC: 01:15:45).

Die jüngst erschienene Musikdokumentation über Billie Eilish mit dem Titel „The World's a Little Blurry" (2021) von R. J. Cutler entstammt der Direct-Cinema-Tradition. Sie wird mit einer Knieverletzung gezeigt, weshalb sie auf der Bühne Schienen tragen und hinter der Bühne ärztlich behandelt werden muss. Dennoch geht sie erneut voller Energie auf die Bühne und thematisiert auch dort den Schmerz, der immer wieder von ihr selbst unter Tränen der Konzertbesucher*innen beteuert wird (vgl. ebd., TC: 01:51:25).

I'm miserable and I miss you,
and I wish you would talk to me,

Yeah, and your fans seem to notice that.

Abb. 4: Billie Eilish: The World's a Little Blurry. US: 2021. Apple TV. (TC: 00:43:07 & 00:47:33).

Autobiographisches Sprechen in Musikdokumentationen zeigt einen Werdensprozess des Gefühls und der Aussprache an. Die Vergangenheit oder eine aktuelle Situation fungieren als Objekt der Gefühlsbildung, in der Regel zusätzlich
belegt mit entsprechenden Posen des Schmerzes, der Depression, der Angst
oder der Wut. Will man nun nach einem medienarchäologischen Anfangspunkt
suchen, wird unweigerlich die Musikdokumentation „Dare or truth. In Bed with
Madonna" aus dem Jahre 1991 zu einer wichtigen Referenz. Wie der Titel der
Doku schon anzeigt, gewährt „In Bed with Madonna" einen intimen Einblick in
das Alltagsleben und das Popstar-Dasein Madonnas (vgl. ebd., TC: 00:04:51).
Intime Momente sind Trauer (vgl. ebd., TC: 00:57:06) oder auch Nacktheit, z. B.
sieht man sie barbusig in der Garderobe oder bei Chanel, während sie Schmuck
anlegt (vgl. ebd., TC: 01:17:09). Ihre durch den Erfolg begründete Einsamkeit
wird von Dritten, ihren Tänzer*innen, bezeugt (vgl. ebd., TC: 01:34:33). Dort
heißt es „she is lonely; she is a little girl" (ebd., TC: 01:34:33), und sie selbst
spricht im Bett mit ihren Background-Sänger*innen über ihre Minderwertigkeitskomplexe: „I know I am not the best singer, I know I am not the best
dancer" (ebd., TC: 01:42:49), um kurz darauf von ihrer Mission zu berichten: „I
like being provocative, being political" (ebd., TC: 01:42:59). Die hergestellte
Intimität mit Madonna ist um 1991 in der Musikdokumentation ästhetisch ge-
schieden von den eingebauten Mitschnitten der Konzerte. Privates ist in
schwarz-weiß gehalten, die Konzertmitschnitte in Farbe. Kurz vor den Konzerten sieht man sie betend mit ihren Tänzer*innen, alle werden angehalten, eine
gute Show zu liefern (vgl. ebd., TC: 01:11:07). Sie inszeniert sich fortwährend als
Mutter, die verantwortlich ist für die Sorgen ihrer Tänzer*innen, von denen
viele als homosexuell geoutet werden. Themen wie Aids, insbesondere der Tod

Keith Harings, die Gay Pride (vgl. ebd., TC: 01:04:15) und die Akzeptanz von Homosexualität werden diskutiert. Gefühle stehen im Zentrum, und deren Inszenierung ist zentral für die Dokumentation. Es lässt sich fragen, warum Madonna sich zu diesem Zeitpunkt ihrer Karriere von ihrem öffentlichen Bild als kühl-cooler Kunstfigur abwendet und Intimität herstellen will, indem ihre, aber vor allem auch die Emotionen ihrer Tänzer*innen im Fokus stehen. Wichtig ist für diesen Zusammenhang, dass eine Intimität dieser Art in Musikdokumentationen zuvor nicht inszeniert wurde. Und so wirkt gerade diese Doku als Folie für alle späteren Dokumentationen, vor allem solche, die zu Lebzeiten der Künstler*innen aktuell erschienen sind.

Am deutlichsten lässt sich eine Verbindung zwischen dieser Form der Intimität und der Musikdokumentation „Five Foot Two" (2017) über Lady Gaga herstellen. Darin nennt Lady Gaga sogar Madonna und behauptet, dass Madonna ihr über die Medien mitteilen ließe, dass sie „a piece of shit" sei, während Gaga Madonna immer bewundert habe und hervorhebt: „I was totally, like, honoring." Die Ähnlichkeiten zu Madonnas Song „Express yourself" in Lady Gagas Stück „Born this way" waren der Auslöser für den Streit zwischen beiden, da Madonna öffentlich im Jahre 2011 in einem ABC-Interview Plagiatsvorwürfe erhob. Madonna reagierte auf Gagas Song, indem sie auf ihrer „MDNA"-Tour daraus einen Remix machte, um zu zeigen, wie ähnlich sich beide Songs seien. Betrachtet man diese Zitationspraktiken und intermedialen Interreferenzen, wie sie hier als Sampling und Plagiat von den Stars selbst diskutiert werden, verwundert es zunächst nicht, dass in der Doku im Jahr 2017 nochmals auf diese Auseinandersetzung Bezug genommen wird. Ähnlich wie Madonnas Wandel im Jahre 1991 von der Kunstfigur als Popdiva zur nahbaren, umsorgenden und mitunter traurigen Künstlerin in der Musikdoku „In Bed with Madonna" inszeniert wird, werden in „Five Foot Two" nicht nur vergleichbare Settings ausgewählt, darunter die Massageliege und das Frisiertwerden, währenddessen ein Interview vor der Kamera durchgeführt wird und der eine oder andere Celebrity sich blicken lässt. Vielmehr werden eben auch solche Momente einer authentischen, leidenden, kranken und einsamen Lady Gaga bemüht, mit denen sie hinter den Kulissen angesichts solcher Gefühle als authentisch inszeniert wird und Authentizitätseffekte durch Intimität und Gefühl hergestellt werden.

Themen der Dokumentation sind Lady Gagas Leid in Verbindung mit der Krankheit Fibromyalgie und die Folgen eines im Jahr 2012 erlittenen Hüftbruchs, der den Popstar körperlich und psychisch immer wieder in desolate Zustände bringt. Die physische Qual wird durch die Anwesenheit von Therapeutinnen und Ärztinnen bezeugt. Lady Gaga wird in „Five Foot Two" insbesondere in depressiv wirkender Stimmung gezeigt. Zugleich sind immer wieder auch

Stylistinnen zu sehen, die während ärztlicher Behandlungen an Lady Gagas Make-up und Frisur arbeiten. Alles um sie herum scheint organisiert und durchgeplant. Man beobachtet Lady Gaga hier nicht „ungeschminkt geschminkt", sondern mit schmerzverzerrtem Gesicht auf der Massageliege. Es findet eine Radikalisierung statt, eine Überschreitung der Grenzen inszenierter Authentizitätsposen, z. B. wenn Lady Gaga fragt: „Do I look pathetic?" (ebd., TC: 00:42:45); und weiter: „I'm so embarrassed. And I don't even know, like, what a childbirth will be like" (ebd., TC: 00:43:02). Trotz Schmerzen arbeitet sie tapfer an ihrem neuen Album, das ihre Schmerzen auch vertonen wird – es trieft. Die Zuschauer*innen sehen sie dann auch beim Herumalbern im Studio: Absurde Situationen mit Blick in die Kamera, ihre Grimassen werden von ihr selbst ironisch kommentiert oder sie inszeniert ihre eigene Musik vor der Kamera. All dies sieht man bereits 16 Jahre zuvor in der Dokumentation über Madonna. Wie dort werden in „Five Foot Two" Gesten des Werdens reflektiert. Heißt es bei ihr „She is a little girl, she is a star" oder „I am not the best singer", sagt Lady Gaga über sich: „I want to become a woman in this business and grow up" (Gaga: Five Foot Two 2017, TC: 00:23:40). Die Zuschauer*innen fragen sich, ob sie hier nur ihre Minderwertigkeitskomplexe thematisiert oder vielmehr eine Zäsur kommuniziert. Bei Madonna scheint dieser Prozess abgeschlossen, sie ist sich ihrer Existenz bewusst: Sie will provokant und politisch sein. Lady Gagas Bekenntnisse lesen sich wie ein angedeuteter Werdensprozess, und die Leidensgebärden, die Lady Gaga zum Ausdruck bringt, werden mit einer Apologetik eines Erfolgsversprechens verknüpft, das auf Leid und der Überwindung desselben beruht. Ihr körperlicher und seelischer Schmerz wird viel stärker als bei Madonna ausgearbeitet: An diesem Punkt überschreitet die Musikdokumentation „Five Foot Two" das filmische Genre eines „Coming-of-Age", gleich der Überschreitung eines Adoleszenzromans hin zu einer Erzählung über die Frauwerdung bzw. einem Initiations- oder Übergangsritus, der sie zugleich authentifiziert. Einen Werdensprozess zu durchleben, heißt im Rahmen Rousseauscher Authentizitätsdebatten zu wachsen; es bedeutet,

> dass Personen sich in einem authentischen Selbstverhältnis befinden, das metaphorisch als Treue zur eigenen inneren Natur bezeichnet werden kann. Das aufrichtige Selbstverhältnis hängt nicht von moralischen Belehrungen ab, sondern geht aus dem Gefühl der eigenen Existenz hervor, dem das Gewissen bereits eingeschrieben ist.
> (Sturma 2001, zit. n. Saupe 2015, S. 183)

Deutlich wird in der Dokumentation, dass Lady Gaga sich auf den Weg zur Selbsterkundung begibt und nach Selbstbestimmung sucht, während dieser Weg der Einsichten und Umgestaltungen begleitet wird von Bekenntnissen und

Leidensdarstellungen, die in großen Affektgebärden inszeniert werden, dabei aber auch immer ein wenig künstlich wirken.

Wie sie gegenüber dem Regisseur Chris Moukarbel Vertrautes, vermeintlich Intimes-Privates preisgibt, ein Gespräch „unter vier Augen" in Szene gesetzt wird, hat den Effekt, dass ihre Ängste, ihr Leid, ihre Minderwertigkeitskomplexe, die sie Moukarbel gegenüber offenbart („I never felt pretty enough"; ebd., TC: 00:24:00), die Betrachter*innen der Dokumentation die Ambivalenz spüren lassen, indem ein Narrativ genutzt wird, das pathetisch gesteigert wird. Hier wird eine Heldengeschichte erzählt als Leidensgeschichte und das Leid als Authentizitätsfaktor der Heldin genutzt. Ihr Genius kann demnach nur mittels des Leids erkannt werden. Dies geschieht durch die variantenreiche Wiederholung der Schmerzen, die schließlich auch sie und ihre Kunst hervorbringen.

Die Geste des Leids, die sich als Affekt- und Emotionsgeschehen auf die Zuschauer*innen richtet, wird als Bewusstsein des Schmerzes, als Urquelle der Kunst, wahrnehmbar. Es klingt Nietzsches Geburt der Tragödie an. Und zugleich regt dieser Umstand zum Mit-Leiden an. Der Pathos-Begriff

> ist ja von seiner Bedeutung her dem Leidensmotiv zugesellt. Man erleidet ein Ereignis, das einen überwältigt, und der Ausdruck, der sein Erleiden – oder auch die Abwehr dieses Leidens – sinnfällig macht, ergreift (möglicherweise) denjenigen, der es wahrnimmt.
>
> (Sütterlin 2010, S. 151)

Pathos selbst ist dabei nicht selbstreferentiell, sondern sowohl auf die Produzent*innen als auch auf die Rezipient*innen gerichtet: „Pathos entfaltet ein Bedeutungspotential nach zwei Seiten: in Bezug auf sich selbst als Ausdruck und Entlastung, in Bezug auf den anderen bzw. den Betrachter, den der Ausdruck (möglicherweise mit bewegt)" (ebd.). Bei Lady Gaga und bei Madonna erscheint dabei der Reiz der rauschhaften Ekstase ganz offensichtlich. Dionysisch aufgeladene Bilder der Lust wie des Schmerzes folgen einander bruchlos. Lust erlebt Lady Gaga wie Madonna auf der Bühne in überwältigenden Choreographien und Bühnenbildern. Schmerz wird backstage, im Privaten und in dem, was als Alltag inszeniert wird, von ihr erfahren und regt in seinem ganzen Pathos die Betrachtenden zum Mit-Leiden an. Lust und Schmerz zeigen sich in der Spiegelszene, in der sie auf sich selbst blickt, auch um sich und ihre Zuschauer*innen zu vergewissern.

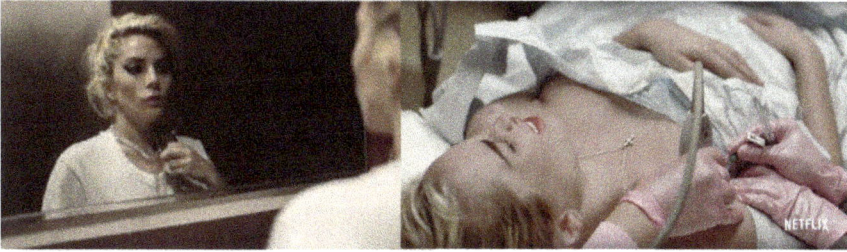

Abb. 5 und 6: Gaga: Five Foot Two. US: 2017. Netflix.

Einer Borderline-Symptomatik ähnlich ist eine gesteigerte Erregung in Körper-
haltung und Gestik auf der Bühne und kurz vor den Auftritten zu erkennen. Ihre
dynamisch verminderte, ausdruckslosere Gestik, die Erschöpfung anzeigt, und
ihr kranker Körper werden einem bestimmten Thema zugeführt. Auf diese Weise
wird hier ein Pathos in einer Ausdruckskraft unterstellt, die geradezu Formel-
haftes annimmt.

Der körperliche und seelische Ausdruck zeigen sich in einer wiederholbaren
Bildformel, die dem oder der Betrachter*in das Gefühl gibt, einen bereits bekannten Umstand zu erkennen, ja, wissend zu sein. Das von Lady Gaga hier
bewusst eingesetzte Pathos suggeriert eine Bildformel, die auf diese Weise Authentizitätseffekte auf sich vereint.

Einer der viel beschworenen Begründer der Emotionsgeschichte, Lucien
Febvre, hat einst ein Emotionskonzept formuliert, das zutiefst intersubjektiv
gedacht war. Die Emotionen des einen bedingen die des anderen. „Emotionen
sind ansteckend" (Febvre 1977, S. 316) und die Vielschichtigkeit von Emotionen
und deren Ambivalenz nicht hinreichend differenziert. Klar ist, dass Emotionen
historisch sind und, wenn es mit Febvre heißt: „Napoleon hatte einen Wutan-
fall" oder aber: „er erlebte einen Moment großer Freude" (Febvre 1977, S. 331),
es noch nicht klar ist, was Wut in der Zeit Napoleons eigentlich bedeutete und
wie „die Beschreibung der Bedeutungsverschiebungen von Emotionsbegriffen
über Jahrzehnte und Jahrhunderte hinweg" (Plamper 2012, S. 54) anzugehen ist.
Am Beispiel der behandelten Musikdokumentationen lässt sich jedoch feststellen, dass sich innerhalb von mehr als einer Dekade der Zugriff auf Intimität
geändert hat: Authentizität am Beispiel von Lady Gaga ist sehr viel mehr mit
Pathos belegt, als die im Vergleich dazu fast kühl wirkenden „Bettgeschichten"
von Madonna offenbar selbst schon historisch geworden sind.

2 Schluss

Authentizität ist konstitutiv mit dem Dokumentarischen verknüpft, da das Dokument innerhalb der Dokumentation selbst schon Anspruch auf das „Echte" erhebt. Wie das Dokumentarische ist jedoch auch das Authentische verhandelbar. Es entzieht und verstellt sich und stellt zugleich Evidenz her. Ob als komplexe Narrative des oder der Künstler*in, gerade das Dokumentarische gibt dem Authentischen den Raum. Dabei entsteht eine Leerstelle zwischen dem Imaginären und der Realitätsdarstellung.

Eine mit Authentizitätseffekten versehene Darstellung des in dem oder der Künstler*in freigesetzten und innewohnenden Affektgehalts ermöglicht einen Anschluss an persönliche Erfahrungswelten. Leid, Angst, Depression und Ekstase machen die Dokumentation selbst zu einer Erfahrung der Einfühlung, nicht zuletzt, weil das Gefühl unbedingt Intersubjekt ist. Das Dokument tritt dabei in den Hintergrund, und sein Referenzobjekt scheint damit schon längst nicht mehr von Relevanz zu sein. So geht es nicht um die Frage der Beziehung von Dokument und deren Echtheit, sondern um die Beziehung zwischen dem dokumentierten Gefühl und dem Publikum. In der Darstellung jüngerer Musikdokumentationen ließ sich variantenreich zeigen, dass diese Dokumentationen Authentizitätseffekte erzeugen, inszeniert über eine große, pathosbeladene Geste.

Medienverzeichnis

Abbildungen

Abb. 1: Justin Bieber: Next Chapter. Regie: Michael Ratner. US: 2020. *Youtube.* https://www.youtube.com/watch?v=RUcLuQ17UV8&t=967s. Zugegriffen am 7. Mai 2021.
Abb. 2 und 3: Avicii – True Stories. Regie: Levan Tsikurishvili. SE: 2017. *Netflix.* Zugegriffen am 7. Mai 2021.
Abb. 4: Billie Eilish: The World's a Little Blurry. Regie: R.J. Cutler. US: 2021. *Apple TV.* Zugegriffen am 7. Mai 2021.
Abb. 5 und 6: Gaga: Five Foot Two. Regie: Chris Moukarbel. US: 2017. *Netflix.* Zugegriffen am 7. Mai 2021.

Literatur

Adorno, Theodor W. 1961. *Noten zur Literatur 2.* Frankfurt am Main: Suhrkamp.

Augustinus, Aurelius. 1983. *De vera religione/Über die wahre Religion*: Lateinisch – Deutsch. Stuttgart: Reclam.

Augustinus, Aurelius. 2014. *Bekenntnisse/Confessiones*: Lateinisch – Deutsch. Berlin: De Gruyter.

Baacke, Dieter. 1999. *Jugend und Jugendkulturen. Darstellung und Deutung*. Weinheim/München: Juventa Verlag.

Balke, Friedrich, Oliver Fahle und Annette Urban. 2020. Einleitung. In *Durchbrochene Ordnungen. Das Dokumentarische der Gegenwart*, Hrsg. dies., 7–22. Bielefeld: transcript.

Damasio, Antonio R. 2000. *Ich fühle, also bin ich – Die Entschlüsselung des Bewusstseins*. München: List Verlag.

Diederichsen, Diedrich. 2014. *Über Pop-Musik*. Köln: Kiepenheuer & Witsch.

Fevbre, Lucien. 1977. Sensibilität und Geschichte: Zugänge zum Gefühlsleben früherer Epochen. In *Schrift und Materie der Geschichte: Vorschläge zur systematischen Aneignung historischer Prozesse*, Hrsg. Claudia Honegger, 313–334. Frankfurt am Main: Suhrkamp.

Fritz, Jochen. 2007. *Ruinen des Selbst. Autobiographisches Schreiben bei Augustinus, Rousseau und Proust*. München: Peter Lang GmbH.

Gerhards, Jürgen. 1988. *Soziologie der Emotionen. Fragestellungen, Systematik und Perspektiven*. München: Juventa.

Goffman, Erving. 1959. *The Presentation of Self in Everyday Life*. New York: Anchor.

Grossberg, Lawrence. 2010. *We gotta get out of this place. Rock, die Konservativen und die Postmoderne*. 196–232. Wien: Löcker.

Hochschild, Arlie R. 1979. Emotion Work, Feeling Rules, and Social Structure. In *The American Journal of Sociology*, 85(3): 551–575.

Jacke, Christoph. 2014. Inszenierte Authentizität versus authentische Inszenierung: ein Ordnungsversuch zum Konzept Authentizität. In *Ware Inszenierungen*, Hrsg. Dietrich Helms und Thomas Phleps, 71–96. Bielefeld: transcript.

Kluge, Alexander. 1999. *In Gefahr und größter Not bringt der Mittelweg den Tod. Texte zu Kino, Film, Politik*, Hrsg. Christian Schulte. Berlin: Vorwerk 8.

Kluge, Alexander. 2003. *Die Kunst, Unterschiede zu machen*. Frankfurt am Main: Suhrkamp.

Kolesch, Doris. 2006. *Theater der Emotionen. Ästhetik und Politik zur Zeit Ludwigs XIV*. Frankfurt am Main: Campus Verlag.

Lethen, Helmut. 1996. Versionen des Authentischen: sechs Gemeinplätze. In *Literatur und Kulturwissenschaften. Positionen, Theorien, Modelle*, Hrsg. Hartmut Böhme und Klaus R. Scherpe, 205–231. Reinbek: Rowohlt.

Lutz, Catherine. 1988. *Unnatural Emotions: Everyday Sentiments on a Micronesian Atoll and Their Challenge to Western Theory*. Chicago: University of Chicago Press.

Moore, Allan. 2002. Authenticity as Authentication. In *Popular Music, 21*(2): 209–223.

Plamper, Jan. 2012. *Geschichte und Gefühl: Grundlagen der Emotionsgeschichte*. München: Siedler Verlag.

Rosenwein, Barbara. 2002. Worrying about Emotions in History. In *The American Historical Review, 107*(3): 821–845. http://www.jstor.org/stable/10.1086/532498.

Rousseau, Jean-Jaques. 2012. *Die Bekenntnisse*. München: DTV.

Saupe, Achim. 2012. Authentizität, Version: 2.0. In *Docupedia-Zeitgeschichte*. http://docupedia.de/zg/Authentizit%C3%A4t_Version_2.0_Achim_Saupe. Zugegriffen am 27. April 2021.

Saupe, Achim. 2015. Authentizität, Version: 3.0. In *Docupedia-Zeitgeschichte*. http://docupedia.de/zg/Saupe_authentizitaet_v3_de_2015. Zugegriffen am 27. April 2021.

Sturma, Dieter. 2001. *Jean-Jacques Rousseau*. München: C.H. Beck Verlag.

Sütterlin, Christa. 2010. Warburgs „Pathosformel" als Leitfossil kulturgeschichtlicher und kollektiver Erinnerungsformen in der Kunst. In *Wiederholungen. Von Wellengängen und Reprisen in der Kulturentwicklung*, Hrsg. Hartmut Heller, 149–175. Wien: Lit Verlag.

Taylor, Charles. 1994. *Quellen des Selbst. Die Entstehung der neuzeitlichen Identität*. Frankfurt am Main: Suhrkamp.

Taylor, Charles. 1995. *Das Unbehagen an der Moderne*. Frankfurt am Main: Suhrkamp.

Verheyen, Nina. 2010. Geschichte der Gefühle, Version: 1.0. In *Docupedia-Zeitgeschichte*, http://docupedia.de/zg/Geschichte_der_Gef.C3.BChle. Zugegriffen am 27. April 2021.

Wehler, Hans-Ulrich. 2000. Emotionen in der Geschichte: Sind soziale Klassen auch emotionale Klassen?. In *Europäische Sozialgeschichte. Festschrift für Wolfgang Schieder*, Hrsg. Christof Dipper, Lutz Klinkhammer und Alexander Nützenadel, 461–473. Berlin: Duncker & Humblot GmbH.

Filme

Amy – The Girl Behind the Name. Regie: Asif Kapadia. GB: 2015.

Avicii – True Stories. Regie: Levan Tsikurishvili. SE: 2017.

Billie Eilish: The World's a Little Blurry. Regie: R.J. Cutler. US: 2021.

Don't Look Back. Regie: D.A. Pennebaker. US: 1967.

Gaga: Five Foot Two. Regie: Chris Moukarbel. US: 2017.

In Bed with Madonna. Regie: Alek Keshishian. US: 1991.

Justin Bieber: Next Chapter. Regie: Michael Ratner. US: 2020.

Taylor Swift: Miss Americana. Regie: Lana Wilson. US: 2020.

Woodstock – 3 Days of Peace & Music. Regie: Michael Wadleigh. US: 1970.

Dagmar Hoffmann
Performative Körper- und Genderpraktiken in populärkulturellen Tanzfilmen

Zusammenfassung: Tanzfilme im westlichen Erzählkino sind generell ein verkanntes und wissenschaftlich vernachlässigtes Genre, dem im Jugendalter aber eine besondere Bedeutung zukommt. Zahlreiche dieser Filme greifen Entwicklungsthemen auf, die für diese Altersgruppe besonders virulent sind. Nicht selten erlauben sie eine wichtige ästhetische Erfahrung und stellen im späteren Leben eine biographisch relevante Referenz dar. Im Zentrum des Beitrags stehen performative Körper- und Genderpraktiken in westlichen fiktionalen Tanzfilmen der letzten 40 Jahre, wobei fünf ausgewählte Produktionen zunächst einer soziologischen Filmanalyse unterzogen werden, um Vielfalt und etwaige Analogien herauszuarbeiten. Im Anschluss wird jeweils die finale Tanzszene der jeweiligen Filme besonders im Hinblick auf Dramaturgie, Körperästhetiken und Geschlechterarrangements analysiert. Anhand dieser Schlüsselszenen können ambivalente Deutungen von Körper- und Geschlechtlichkeit vergleichend aufgezeigt werden. Die komparative Untersuchung ermöglicht es, vornehmlich die Produktionsästhetiken im Zusammenhang mit dem Körperwerden und der körperbezogenen Identitäts- und Geschlechtskonstruktion von Heranwachsenden zu diskutieren.[1]

Schlüsselwörter: Körperpraktiken, Gender, Tanzfilme, Geschlechterarrangements, Körperwerden, Verkörperungen, Jugendalter

1 Einleitung

Der Tanzfilm im westlichen Erzählkino kann unter vielen verschiedenen Prämissen Gegenstand sozial- und filmwissenschaftlicher Forschung sein. Er gilt oftmals als seichte Unterhaltung, doch entgegen seines negativen Images verweist er nicht selten auf gesellschaftspolitisch relevante Themen wie soziale Ungleichheit, Repressionen, Macht- und Gewaltstrukturen, Ausgrenzung und Stigmatisierung, Gender Gap und Praktiken des Gender B(l)endings (u. a. Bechdolf 1999; Ott 2008; Binder et al. 2017). Mehrheitlich richten sich populär-

---

1 Für die kritische, äußerst konstruktive Kommentierung des Beitrags danke ich Florian Krauß, für die umfänglichen Filmrecherchen Laura Velten.

https://doi.org/10.1515/9783110730609-007

kulturelle Tanzfilme der letzten vier Jahrzehnte an ein junges Publikum, das besonders musikaffin ist und ein großes Faible vor allem für moderne Tanzstile hat. Solo- und Paartänze sowie Gruppenformationen werden in Trainingskontexten und nicht selten in den Schlussszenen auf extraordinären Bühnen inszeniert, wobei dem dargestellten Publikum meist eine machtvolle Rolle zukommt.

Seit den 1970er Jahren ist im westlichen Tanzfilm der Körper als modulierbares, exzentrisches Objekt sowie Identitätsmarker zunehmend ins Zentrum der Aufmerksamkeit gerückt (vgl. Ott 2008, S. 77ff.). Oftmals werden über den Tanz individuelle und kollektive Entwicklungspotentiale, Selbstverwirklichung und Rebellion thematisiert. Gesten, Körperberührungen und Posen werden in diesem Zusammenhang zumeist im Einklang mit zeitgenössischer Populärkultur und Musik (videoclipartig) inszeniert, sodass die junge Zuschauerschaft sich populärkulturell wiederfindet und, gegenüber älteren Tanzfilmen, möglichst (noch) überrascht wird. Das Arrangement von Körperbewegung und Musik soll partout einen „ästhetischen Reiz" ausüben (vgl. Dewey 1988/1934). Tanzfilme sind auf sinnliche Vereinnahmung angelegt, die jedoch nicht immer gelingt, weil dem Publikum zuweilen allzu formelhafte Erzählweisen oder auch Stilmittel angeboten werden und manche Musik eben schon bekannt ist.

Tanz- und Sportfilme weisen gewisse Ähnlichkeiten auf (u. a. Faisst 2017). Beide sind wissenschaftlich weitgehend verkannte Genres, wobei sich in der internationalen Film- und Medienwissenschaft hier in den letzten Jahren ein Wandel abzeichnet (u. a. Gugutzer 2018; Evans und Fogarty 2016; Blanco Morelli 2014). Tanz und Sport im Spielfilm sind mit facettenreichen Erzählmustern verknüpft und präsentieren verschiedene Körperästhetiken, die sowohl mit Moden und Zeitdiagnosen als auch mit Körperbildern zu tun haben, die je nach Sportart und Tanzkunst variieren. Beide Genres zeichnen sich dadurch aus, dass sie das Publikum oftmals unmittelbar und radikal mit körperlichen Grenzerfahrungen konfrontieren, etwa der Disziplinierung der Körper, physischen Schmerzen und Schwächen, Kontrollverlust sowie Versagen.

Verhandelt werden in diesem Zusammenhang Entwicklungsthemen, die gerade im Jugendalter pressieren. Dazu gehört auch, sich die Funktionalität des eigenen Körpers zu erschließen und sich ihrer zu vergewissern. Neben den biologisch bedingten Veränderungen sind Heranwachsende gefordert, den Körper als mehr oder weniger bewusst einzusetzendes *„Medium der Identitätsbildung"* (Abraham 2015, S. 45, Hervorhebung im Original) zu begreifen. Er wird zum Ort der Identität und ist wesentlicher Bestandteil des Identitätserlebens (ebd.). Der Körper wird als sinnlich erfahren, und Sinnliches kann körperlich erlebt werden. Zugleich ist der eigene Körper performativ und verhält sich zu den Körperpraktiken anderer Menschen, mit denen man auf unterschiedlichste Weise konfrontiert wird. Körper spielen situativ im lebensweltlichen Alltag, d.h. in „Face-to-face"-Situationen, eine besondere Rolle. In Interaktionssituationen achten Menschen auf die körperlichen Zeichen des Gegenübers und stehen im Kontakt mit ihrem eigenen Körper. In der Pubertät ist das soeben beschriebene Körpermanagement eine Herausforderung, wobei man bedingt durch die physiobiologische Reifung eben stark auf den Körper fixiert ist. Jugendliche sind viel damit beschäftigt, ihren Körper zu beobachten, diesen zu präsentieren und zugleich in Frage zu stellen (u. a. Reißmann und Hoffmann 2014). Aufgaben des „Sexuell-Werdens" und des „Sexuell-Seins" sind präsent, müssen nach und nach gelernt und erfahren werden. Für die sexuelle Reifung sind physiobiologische, sozial-kognitive, kulturelle und auch emotionale Prozesse bedeutsam. Es ist eine Lebensphase, die von Erwartungen an das große Verliebtsein, das erste körperliche, sinnliche Begehren geprägt ist. Nicht selten ist das Seelen- und Gefühlsleben intensiv und auch chaotisch (vgl. Sichtermann 2002). Jugendliche müssen sich in ihre neue Rolle einfinden, ihre Reife und Bereitschaft demonstrieren. Wenn die Entwicklungsaufgabe der sexuellen Orientierung dringlicher wird, setzen sie sich verstärkt mit den kulturell vorgegebenen Standards auseinander. Sie prüfen dann, welche Rollenmuster für sie stimmig und welche weniger lebbar sind.

Heranwachsende werden nicht zuletzt über verschiedene Medienangebote mit Körperbildern und Geschlechterentwürfen konfrontiert, wobei Filmen, Serien und bestimmten Fernsehformaten, aber auch Medienakteur*innen auf Bild- und Videoportalen eine große Bedeutung zukommt. Filme erlauben generell vielfältige Debatten über jugendtypische Themen, wobei die Selbstakzeptanz des Körpers ein Entwicklungsthema ist, dass sich in der Adoleszenz kaum ausblenden lässt. Voraussetzung für die Bearbeitung körperbezogener Entwicklungsthemen ist ein Zugang zum eigenen Leib und Körper,[2] zu denen man sich immer verhalten muss (u. a. Hoffmann 2011; Gugutzer 2002). Das Körperselbst stellt einen integralen Bestandteil der Identitätskonstruktion dar, die mit aktiver Eigenleistung einhergeht, aber nicht losgelöst von sozialen Umwelten und medialen Kontexten erfolgt. In den meisten populärkulturellen, westlichen Tanzfilmen ist das „Körperthema" elementar.

---

2 Zur Leib-Körper-Unterscheidung siehe u. a. Lindemann (2017) und Gugutzer (2002).

2 Moving Bodies – Tanzfilme als expressives Genre

Mark Evans und Mary Fogarty leiten ihren Sammelband *Movies, Moves and Music* aus dem Jahr 2016 mit der nüchternen Feststellung ein: „The study of dance in cinema, and of its construction as a filmic practice, is still in its infancy" (Evans und Fogarty 2016, S. 1). Doch nicht nur die Produktionsästhetiken von Tanzfilmen, sondern auch die Wahrnehmungs- und Wirkungs-weisen sowie die biographische Relevanz dieses Genres für seine oftmals jungen Zuschauer*innen sind zu wenig untersucht worden. Tanzfilme lassen sich im westlichen Kino von Musicals und Musikfilmen abgrenzen (vgl. u. a. Stiglegger 2020; Koebner und Ott 2014; Ott 2008). Sie können im weiten Sinne in die Kategorie der „Body Genres" (Williams 1991) eingeordnet werden, da sie zumeist wirkungsästhetisch die körperbezogenen Modi herausstellen: Ausdrucksbewegungen, Sinnlichkeit und Sexyness, Arrangements und Stereotype.

Bei der folgenden Tanzfilmanalyse geht es vorrangig um fiktionale Filme, in denen der Tanz im Zentrum der Narration steht und auch Mittel der Narration ist, aber nicht in dem Sinne, dass Geschichten wie etwa in Musicals *be*sungen und *be*tanzt werden. Vielmehr ist der Tanz generell in die Handlung eingebunden, sodass ihm eine erzählerische Funktion zukommt (vgl. Ott 2008, S. 32f.). Über den performativen Akt des Tanzens entfalten sich sowohl die Handlung als auch die Weiterentwicklung der Figuren. Die besondere Aufmerksamkeit wird auf den Körper des Tänzers oder der Tänzerin gelenkt und damit auch auf seine oder ihre Geschlechtlichkeit. Oftmals geht es in Tanzfilmen um Transformation, Metamorphose und um „harte Körperarbeit", also um ein hohes Maß an Disziplin. Zugleich können Tanzfilme ein Self-Empowerment, ein „Ausleben von Körperlust" (Klein 1992, S. 11f.), Kreativität und „artistische Virtuosität" (Wulff 2015, S. 57) vermitteln. Dabei können sich Tanzfilme um einzelne Protagonist*innen, um Solo- und Paartänzer*innen oder um Tanzformationen drehen, wie sie vor allem in jüngster Zeit in Filmen wie „Step Up" zu sehen gewesen sind. In zeitgenössischen, populärkulturellen Tanzfilmen ist der Tanz nicht allein dekoratives, illustratives Beiwerk, sondern enthält eine Botschaft, die Zuschauer*innen zu deuten haben (vgl. Ott 2008, S. 37). Insofern ist er sinnstiftendes Element, das sich eines „hochkomplexen, ausdifferenzierten Zeichensystems" bedient (ebd., S. 37). Choreographische Gesten, kulturelle Codes und Symboliken gilt es filmisch zu vermitteln und dem Publikum näher zu bringen – und dies tendenziell distanzloser und beharrlicher als bei klassischen Bühneninszenierungen. Das klassisch-akademische Ballett „arbeitet" mit einem

„Körperkonzept, das den Körper in erster Linie als mittels der Tanztechnik zu beherrschendes Instrument begreift" (Berger und Schmidt 2009, S. 68). Der Körper im zeitgenössischen Tanz ist hingegen weniger diszipliniert und auf äußerliche Kontrolle gerichtet, sondern gibt sich in der Bewegung mitunter der Situation hin, ist eigenwillig und insgesamt weniger eindeutig. Beiden Tanzrichtungen liegt also jeweils ein anderes Körperverständnis zugrunde.

Tanz ist wie Sport häufig mit Wettbewerb und Leistung verknüpft, aber auch mit Kreativität und Kunst. Körper und Geist wird einiges abgefordert, will man den anerkennenden Blick des Publikums ernten. Ob im Spielfilm oder Musikvideo, in der Disco bzw. dem Club oder im Studio, im Privaten oder auf der Straße: Tanz ist immer Performanz und Narration, ist mehr als eine launenhafte, willkürliche Körperbewegung zur Musik. Tänzer*innen agieren auf ihren begrenzten Spielfeldern mit sich selbst, für sich und für andere. Die sich bewegenden Körper sind Zeichenträger und Ausdrucksmittel unter anderem für Freude, Ekstase, Leid, Wut und Trauer. Beim Tanz geht es nicht nur um das Zusammenspiel von Musik und Bewegung, sondern auch um die Zurschaustellung dieser Fusion. Diese hat nicht selten eine verführerische, erotische, vordergründig selbstlose oder extrovertierte, narzisstische Eigentümlichkeit.

Im Folgenden sind besonders Tanzfilme von Interesse, die vorrangig Jugendliche ansprechen bzw. von jungen Menschen gesehen worden sind und deren Anteil an Tanzszenen möglichst hoch ist. Filmhistorisch betrachtet unterliegen Tanzfilme wie andere Genres auch einem Wandel, ebenso hat sich das Genre ausdifferenziert. Der Blick reicht im folgenden Beitrag zurück bis in das Jahr 1977, in dem mit dem Erscheinen von „Saturday Night Fever" eine Zäsur im Tanzfilmgenre vorgenommen wurde. Der musik- und tanzfreien Spielfilmhandlung wurde mehr Platz eingeräumt, so Dorothee Ott (vgl. Ott 2008, S. 77). Es wurden realistische Figuren an realen Orten gezeigt, mit denen sich das junge Publikum identifizieren konnte. Der Tanzfilm erlebte eine Renaissance, popularisierte sich auf neue Weise, indem er ein Tanz- und Discofieber auslöste, welches jugend- und massenkulturell von besonderer Bedeutung war. „Saturday Night Fever" wurde mit John Travolta als Hauptfigur, den außergewöhnlichen Tanzeinlagen und der Musik der Bee Gees legendär. Der Soundtrack traf den Massengeschmack, die Tänze waren leicht nachzuahmen, boten aber dennoch Möglichkeiten der Improvisation (ebd.). In den nächsten zehn Jahren folgten die US-amerikanischen Tanzfilmproduktionen „Grease" (1978), „Fame" (1980), „Staying Alive" (1983), „Flashdance (1983), „Beat Street" (1984), „Breakin'" (1984), „Breakin' 2 – Electric Boogaloo" (1984), „Body Rock" (1984), „Footloose" (1984) und „Dirty Dancing" (1987). In den 1980er Jahren drang der Hip-Hop nach Hollywood, sodass nochmals andere Körper und Tanzbewegungen auf die globalen oder zumindest westlichen Leinwände gelangten. Hip-Hop avancierte zu jener Zeit zur kulturellen Kraft („force"), wie Thomas DeFrantz ausführt:

> [I]t offered resistant aesthetic space for young people of color [...] [and] proposed its organizational elements of writing (graphic arts), mc'ing (rapping), dj'ing (musical production), and corporeal activity (b-boying and b-girling) as creative foundation for a life well lived: life recognized to emerge on its own survivalist terms, resistant to exiting structures of authority, and engaged with aesthetic and social concerns of the contemporary moment.
> (DeFrantz 2014, S. 115f.)

Wenngleich diese urbane, kulturelle Bewegung im Grunde bürgerliche Werte ablehnte und gegen neoliberale Kapitalinteressen opponierte, entwickelte sie sich in medienindustrieller Hinsicht zum Mainstream (siehe auch den Beitrag von Thomas Wilke in diesem Band). Dieser in Hollywood produzierte Hip-Hop-Körper – so DeFrantz (vgl. DeFrantz 2014) – „stands as representative of racial and cultural exchange, indicates the possibility of progressive group politics, and restricts structures of hierarchical, old-guard authority" (DeFrantz 2014, S. 113).

Da das Tanzfilmgenre als trivial und zumeist unkritisch galt, wurden seine Filme dementsprechend einer Analyse oft für unwürdig befunden (vgl. Evans und Fogarty 2016, S. 1). Und so ist es wohl kein Zufall, dass Tanzfilme in vielen Handbüchern nicht berücksichtigt werden, obwohl einige populärkulturelle Tanzfilme äußerst erfolgreich gewesen sind, allen voran „Saturday Night Fever", der über 230 Millionen US-Dollar eingespielt hat (bei 3 Millionen US-Dollar Produktionskosten) oder auch der Nachfolgefilm „Staying Alive", der trotz zahlreicher Verrisse 127 Millionen US-Dollar (bei 22 Millionen US-Dollar Produktionskosten) Umsatz einbrachte (vgl. Wienke und Leim 2020). Einige Tanzfilme sind über längere Zeiträume und generationsübergreifend rezipiert worden, manche – wie zum Beispiel „Flashdance" und „Fame" – als Bühnenmusicals on Tour. Gerade diese beiden genießen neben „Saturday Night Fever" (1977), „Grease" (1978) und nicht zuletzt „Dirty Dancing" (1987) Kultstatus. Einige dieser Filme leben also in anderen Medienformen fort.

Die genannten Beispiele sind allesamt zugleich Coming-of-Age-Filme, die in ihrem Zelebrieren von Tanz und der zugehörigen Disco- und Club-Kultur zu einem „Ort der Initiation für Jugendliche" (Wesemann 2015) wurden. Die Kernnarrationen fokussieren häufig das konflikthafte Coming-of-Age der Protagonist*innen, u. a. Ablösungsprozesse, Sinnsuche, Statusunsicherheiten und Risikoverhalten. Tanz hat nicht selten eine kompensatorische Funktion. In der Beobachtung von Gabriele Klein (vgl. Klein 2017) wird Jugendlichsein in den Populärkulturen seit den 1950er Jahren thematisiert und zeigt sich eben auch im

Tanz, da es hier am prägnantesten körperlich erlebt werden kann. Tanzen in öffentlichen Räumen „avancierte in westlichen Kulturen zu einem Privileg der Jugend, während sich das Tanzen der älteren Generationen zunehmend auf familiäre Feierlichkeiten und private Feste konzentrierte" (ebd., S. 341). Wird mit tänzerischen Konventionen gebrochen, so kann dies „als körperliches Indiz und symbolischer Ausdruck für eine generationsspezifische, aber auch für eine gesamtgesellschaftliche Revolte" gedeutet werden, „für einen Umbruch mit den tradierten Ordnungen" (ebd.).

Im Zeitraum von 1977 bis 2018 lassen sich insgesamt über 40 populär-kulturelle Tanzfilme inklusive Remakes und Sequels verzeichnen, wobei ab 1990 bis Ende des Jahrhunderts kaum Tanzfilme im Hollywood-Kino produziert wurden, die eine nennenswerte Reichweite erreichten. Im Jahr 2000 wurde dann der vielfach ausgezeichnete Debütfilm des britischen Regisseurs Stephen Daldry „Billy Elliot – I will Dance" (2000) zum Publikumsmagneten, der die Geschichte eines Teenagers erzählt, der gegen die Vorstellungen seines Vaters seiner Leidenschaft für das klassische Ballett nachgehen möchte. Weitere Produktionen der Folgejahre sind „Center Stage" (2000), „The Way She Moves" (2001), „Save the Last Dance" (2001), „Honey" (2003), „Dirty Dancing: Havana Nights" (2004), „You Got Served" (2004), „Shall We Dance"[3] (2004), „Take the Lead" (2006) und „Save the Last Dance 2" (2006). Im Jahr 2006 erschien der erste Film der „Step Up"-Reihe. Die insgesamt fünf Filme sind nur lose mitei-nander verknüpft, da sie jeweils mit anderen Figuren und eigenständiger Hand-lung ausgestattet sind. „Step Up" (2007) ist bis heute der erfolgreichste Film dieser Reihe. In diese Dekade fallen ansonsten noch die Filme „Stomp the Yard" (2007), „Center Stage: Turn It Up" (2008), „Step Up to the Streets" (2008) und „Fame" (2009, Remake). Im Jahr 2010 erschienen die drei Tanzfilme „Stomp the Yard 2: Homecoming" (2010), „Streetdance" (2010) und „Step Up 3D" (2010). Weiterhin dominieren die US-amerikanischen Produktionen den Markt mit „Footloose" (2011, Remake) und „Honey 2" (2011), „Step Up Revolution" (2012) und „Step Up all in" (2014), „Dancin': It's On!" (2015), „Heartbeats" (2017) und „Honey: Rise Up and Dance" (2018), „Honey 3: Dare to Dance" (2016). Ein weite-rer „StreetDance 2"-Film (2012) kann dazu kaum in Konkurrenz treten, ebenso wenig wie die kanadische Produktion „Sur le rythme" („On the Beat", 2011). Netflix präsentierte 2018 den norwegischen Tanzfilm „Battle" (2018). Mit „Into the Beat – Dein Herz tanzt" (2020) versuchte sich eine deutsche Produktion auf dem Markt der Tanzfilme. Eine junge Ballett-Tänzerin verliebt sich in einen Streetdancer und steht damit plötzlich zwischen zwei (Tanz-)Welten. Neben all

---

3 Neuverfilmung von „Shall We ダンス?" (1996) des japanischen Regisseurs Masayuki Suo.

den Streetdance- und Hip-Hop-Filmen fallen zwei Filme aus dem Rahmen: die belgisch-niederländische Produktion „Girl" (2018), die die Geschichte des Transmädchens Lara erzählt, die eine professionelle Ballerina werden möchte, und die georgisch-schwedische Produktion „And Then We Danced" (2019), ein Liebesdrama, das die Begegnung eines angehenden Tänzers des georgischen Nationalballetts mit einem anderen Studenten thematisiert.

Gegenstand der folgenden Analysen sind die Filme „Saturday Night Fever", „Flashdance", „Streetdance 3D", „Step Up" und „Step Up Revolution". Die Filme „Saturday Night Fever" und „Flashdance" sollen hier als Referenzfilme dienen, weil sie eine Zäsur im Genre des Tanzfilms darstellen. Sie haben eine konventionelle Spielfilmstruktur, zeigen realitätsnahe Figuren an realen Orten und bieten insbesondere jungen Menschen Identifikationsmöglichkeiten (vgl. McRobbie 1984). Tanz dient den Protagonist*innen dazu, dem Alltag zu entfliehen und sich selbst zu entfalten sowie ihre Identitätskonstruktion voranzutreiben (vgl. Ott 2008, S. 77). Während in den Tanzfilmklassikern „Grease" und „Dirty Dancing" auf bereits vergangene Gesellschaftsformationen Bezug genommen wird, spielen die fünf ausgewählten in der Gegenwart. In den 1970er Jahren etablierte sich der Discotanz, der auch Breitenwirkung besaß (siehe auch Wilke 2017). Expressive und narzisstische Körper setzten sich dann auch in der Aerobic- und Fitness-Welle der 1980er Jahre fort. Die „Street Dance"-Filme brachten in den Folgejahren wiederum neue jugendkulturelle Stile und Ästhetiken hervor, Tanzspektakel, die stärker Gruppenleistungen sowie soziale und ethnische Konflikte berücksichtigten (vgl. u. a. Fogarty 2016).

3 Soziologische Perspektiven auf Körper- und Genderpraktiken im Tanzfilm

Noch wissen wir generell zu wenig über die filmischen Körper auf der einen Seite und das Körpererleben der Zuschauer*innen auf der anderen Seite, über die Vermittlungsleistungen und das Arrangement von Produzent*innen und Publikum (u. a. Preußer 2015; Kappelhoff, Hermann und Bakels 2011; Elsaesser und Hagener 2008). Mit Körper ist „einerseits der dargestellte, repräsentierte und auf Figuren bezogene Leib der Akteure gemeint, seine sinnliche Erscheinung im Film", andererseits aber auch, interagierend mit diesem, „der ‚Leib' des Rezipienten, der die offerierten Angebote zur multimodalen Semiose aufgreift, sich emotional zu ihnen verhält" (Preußer 2015, S. 14). Mit Kathrin Fahlenbrach gesprochen (vgl. Fahlenbrach 2010, S. 49), bauen die Zuschauer*innen „körperbasierte Bedeutungssysteme" auf. Diese Bedeutungssysteme werden oftmals mit Empathie, Sympathie, Antipathie, der Identifikation oder der Distinktion gegenüber Figuren assoziiert. Doch darüber hinaus sind intelligente Verarbeitungen mit körperlichen Affekten verschränkt, was es stärker in den Blick zu nehmen gilt (vgl. Preußer 2015, S. 15), gerade wenn es um die Performativität von Körpern und Geschlecht sowie dazugehörige Wahrnehmungsprozesse geht. Gleiches trifft für die kognitiven und emotionalen Bewältigungen und vor allem die „imaginativen Ergänzungsleistungen" (ebd., S. 17) der Zuschauer*innen zu, die ein besseres Verstehen der filmischen Verarbeitung erlauben. In diesem Zusammenhang sind zugleich die Persönlichkeitsstruktur der Rezipient*innen sowie ihre Wünsche, Sehnsüchte, Leidenschaften oder Ängste zu berücksichtigen.

In Spielfilmen werden nicht nur Körpernormen aufgegriffen und (neu) verhandelt, sondern auch eigene Körperbilder konstruiert, die über das Filmerlebnis hinaus soziale Wirkung haben können (vgl. Gugutzer 2010, S. 123). Fiktionale Körperinszenierungen weisen Parallelen zur realen, alltäglichen körperlichen Selbstdarstellung auf, wobei in beiden Fällen die Körperpräsentation auf einer Differenzsetzung beruht (vgl. ebd., S. 124). Körper werden ins Verhältnis gesetzt, verglichen, kontrastiert, korrigiert und optimiert. „Der dargestellte Körper verweist mithin immer auf ein Gegenüber, von dem er sich abgrenzen möchte, wobei davon auszugehen ist, dass im Film die Differenzsetzung typischerweise intendierter erfolgt als im Alltag" (ebd.). Abgrenzungen können sich unter anderem an körperlichen Eigenschaften, Praktiken, Ästhetiken, mitunter auch an Leistungen und/oder Modifikationen festmachen. Es ist davon auszugehen, dass audiovisuelle Medien unser Verhältnis zu Körpern nicht nur beeinflussen, sondern überhaupt ermöglichen bzw. erst ermöglicht haben.

Robert Gugutzer (vgl. Gugutzer 2010), dessen filmsoziologische Forschungsarbeiten als Basis für die folgende Untersuchung dienen sollen, nennt fünf Sinnaspekte, anhand derer Bezüge zu Kultur und Gesellschaft im Film herausgearbeitet werden können: Kontext, Struktur, Handlung, Ästhetik und Botschaft. Diese Analyseebenen unterscheiden sich von film- und medienwissenschaftlichen Vorgehensweisen und erlauben es, die gesellschaftliche Bedeutung nicht nur des Tanzes, sondern auch jene von Körperkonzepten und Geschlechterarrangements besonders zu berücksichtigen (vgl. auch Gugutzer 2014, S. 12). In Bezug auf Sportfilme hält Gugutzer fest, dass diese „auf die eine oder andere Weise – affirmativ oder pejorativ, realistisch oder fantastisch – gesellschaftliche Wirklichkeit" (ebd.) reflektieren. Eine soziologische Filmanalyse ist somit immer eine Gesellschaftsanalyse, die der kollektiven Selbstdeutung dient (vgl. ebd., S. 18). Insofern strebt eine filmsoziologische Untersuchung von Körperbildern im Film eine „Rekonstruktion der filmischen Verkörperung von Werten und Normen, Idealen und Ideologien, (Macht-) Strukturen und Identitäten" an (ebd.). Über die Aneignung der Körperbilder und auch über Aushandlungsprozesse der Rezipient*innen im Sinne der Cultural Studies und auch der Gender Media Studies (vgl. Lünenborg und Maier 2015) können hier nur ausgewählte Aussagen getroffen werden, die das filmische Material nahelegen, indem Entwicklungsthemen und auch Zeitdiagnosen (re-)präsentiert werden.

Gugutzer (vgl. Gugutzer 2010) hat seinen Ansatz mit folgenden Fragen an das Material wie folgt systematisiert (Tab. 1):

Tab. 1: Sinnaspekte – Struktur der soziologischen Analyse nach Gugutzer (Gugutzer 2010).

Kontext	Struktur	Handlung	Ästhetik	Botschaft
In welchem historischen, kulturellen oder gesellschaftlichen Kontext spielt die Geschichte des Films?	Welche (bipolaren) Konfliktmuster ziehen sich durch den Film? Welche Wert- und Entscheidungskonflikte thematisiert der Film?	Welchen Handlungsverlauf nimmt die Geschichte? Ein oder mehrere Plot Point(s)?	Welche Musik zu welchem Zweck? Wie sieht der Kleidungs- und Wohnungseinrichtungsstil der Hauptfiguren aus?	Ergreift der Film Partei für bestimmte Werte, Weltbilder, Ideologien, Ideale, Verhaltensmuster?
Wie ist das Verhältnis von realem und fiktionalem Kontext des Films?		Zeigen sich Brüche oder Widersprüche im Handeln der zentralen Filmfiguren?	Wie werden Städte, Landschaften, Orte und Räume visualisiert (Mise en Scène)?	Bietet der Film Handlungsalternativen oder Lösungsvorschläge für reale soziale Probleme?

Ausgehend von den fünf Sinnaspekten werden die Filme zunächst in chronologischer Reihenfolge vorgestellt, wobei dem genretypischen Grande Finale für die Analyse eine besondere Bedeutung zukommen soll. Für die Analyse konzentriere ich mich auf den entscheidenden, zumeist letzten Tanz, der in den Filmen eine Schlüsselstelle darstellt, die sich im Hinblick auf die übergeordnete Fragestellung kontrastieren lässt (vgl. Gugutzer 2017, S. 236; Denzin 2003).

3.1 Saturday Night Fever (1977)

Die Handlungsorte sind insbesondere der Discoclub „2001 Odyssey" in Manhattan und ein Tanzstudio, in dem die Proben stattfinden, sowie das Zuhause von Tonys (John Travolta) bürgerlicher Familie und der Farbenladen, in dem er arbeitet. Wiederkehrende New-York-Settings umfassen das Stadtviertel Bay Ridge/Brooklyn, die Verrazzano-Narrows Bridge und die Gegend in Manhattan, in die Stephanie (Karen Lynn Gorney) zieht und arbeitet. Sie ist älter, reifer, intelligenter als Tony und tänzerisch ambitioniert und kreativ. Ihr geht es im Kontakt zu Tony primär um Freundschaft und Tanz. Er kommt als Beziehungspartner für sie weniger in Betracht, da er unstetig ist und nicht zielstrebig durchs Leben geht. Tony ist ein Aufschneider, der im Discomilieu beliebt und begehrt ist. Er zeigt Stephanie gegenüber zumeist Respekt und ist oft recht verhalten. Er ist der König auf der beleuchteten Tanzfläche, was die Bezeichnung eines Freundes verdeutlicht: „Fred Astaire von Brooklyn". Die Tanzfläche ist seine Inszenierungsfläche, und sie wird ihm von den Gleichaltrigen für seine Soloauftritte zugestanden. Der Club ist für Tonys Bruder bei seinem ersten Besuch ein „energizing place" (TC: 00:57:40) und für Tony selbst ein Schutzraum. Hier kann ihm niemand etwas, hier ist er sicher, hier erhält er für seine narzisstisch anmutenden Auftritte große Anerkennung. Sein Tanzstil ist geprägt von weiten Schritten, eindeutigen, sexuell konnotierten Hüftbewegungen, Armwirbeln und Zirkulationen. Seine Gesten des symbolisch geordneten Manschettenanlegens und des Kragenzurechtrückens wirken originell und parodistisch, stehen sie doch eigentlich für die Oberschicht. Auffällig ist zudem der in den Disco Fox eingebaute Kasatschok. Viele wollen Tonys Aufmerksamkeit. So braucht sein Freund Bobby vor allem seine Unterstützung in einem Konflikt und sehnt sich bei einer nächtlichen Mutprobe auf der Verrazzano-Narrows Bridge nach Tonys Anerkennung („Look at me, Tony", TC: 01:43:00), bei der er tödlich verunglückt. Annette, seine eigentliche Tanzpartnerin, die nach Stephanie nunmehr lediglich in der zweiten Reihe steht, bettelt um seine Zuneigung; weil sie ihr verwehrt wird, betrinkt sie sich aus Kummer. Tonys Freunde nutzen die Situation aus und vergewaltigen sie auf dem Rücksitz des Autos.[4]

---

4 In der 1978 veröffentlichten Version fehlen die gewalthaltigen Szenen und insbesondere auch die Vergewaltigung. Autos waren generell zu jener Zeit für Angehörige unterer sozialer Schichten komplementäre ‚Jugendräume', in denen man unkontrolliert agierte und mitunter sexuelle Handlungen ausführte. Man wohnte beengt und hatte insofern keine Intimsphäre, wenngleich auch konservative Wertekonzepte im Elternhaus eine Rolle spielten.

Für die Analyse wesentlich ist der Tanzwettbewerb, auf den die beiden hinarbeiten, wobei Stephanie hier den größeren Eifer an den Tag legt. Betrachtet man den körperlichen Habitus von Tony und Stephanie, so sind die beiden im Alltag ein ungleiches Paar. Im Wettbewerb aber sind beide aufeinander körperlich fixiert und über ihren Blick miteinander verbunden; sie verschwimmen und verschmelzen im Licht des Clubs. Tony trägt einen weißen Anzug, der distinktiv von seinem konfliktreichen Leben ablenken soll, wenngleich ein Pflaster in der linken Gesichtshälfte auf eine vorangegangene Prügelei verweist. Stephanie wirkt in einem femininen, zartrosa-farbenen, schulterfreien Kleid in ihrer Körperlichkeit fragil – ebenso wie auch in den Trainingseinheiten zuvor. Tony agiert in all seinen Bewegungen durchgängig souverän und dominiert Stephanie in körperlicher Hinsicht. Diese konzentriert sich vornehmlich auf die Choreografie und möchte nicht verantwortlich für eine negative Bewertung sein – sowohl derjenigen von Tony als auch von Seiten der Jury. Erst gegen Ende des Tanzes hebt Tony sie erleichtert hoch: Sie drehen sich dabei küssend in Zeitlupe auf der beleuchteten Tanzfläche, die von Menschen gesäumt ist, mehrheitlich Tonys Fans. Der Song „More than a Woman" von den Bee Gees, den sie für den Tanz gewählt haben, unterstreicht Tonys Verhältnis zu Frauen, denn Stephanie ist für ihn mehr als das. Frauen sind für ihn gewöhnlich in Jungfrauen, Huren und Fotzen („cunts") zu kategorisieren, werden wenig geachtet und anlassbezogen benutzt. Beide gewinnen den Tanzwettbewerb, doch Tony empfindet das Juryurteil als unfair gegenüber einem konkurrierenden Paar puerto-ricanischer Abstammung. Es soll laut Tony eindeutig besser getanzt haben, weshalb er ihnen die Trophäe übergibt. Kurz darauf versucht er Stephanie zu vergewaltigen, doch diese kann sich ihm entziehen und flüchtet. Der Film endet nicht mit dem Tanzwettbewerb, sondern mit Tonys Überforderung im Umgang mit Bobbys Tod. Tony irrt – begleitet von dem Song „How Deep is Your Love" (Bee Gees) – die ganze Nacht mit der U-Bahn durch die Stadt und sucht letztlich Stephanie auf. Nach einer Aussprache beschließen beide, freundschaftlich verbunden zu bleiben.

„Saturday Night Fever" ist eine Milieustudie, die patriarchale Familienstrukturen und die streng katholische Erziehung in einer italienischen Einwandererfamilie thematisiert. Zugleich geht es um eine Aufbruchsgeschichte, die von widersprüchlichen Männlichkeitsvorstellungen und von Identitätskrisen geprägt ist. Vornehmlich werden düstere Szenerien gezeigt, wenngleich der Club „2001 Odyssey" ein Ort in bunten Farben ist, bei denen der Farbreiz Rot dominiert. Tanz hat nicht nur einen kompetitiven Charakter, sondern dient auch der sozialen Vereinheitlichung, wofür die Formationstänze im Club stehen. Körperpraktiken und Geschlechterarrangements richten sich an einer heteronormativen Matrix aus. Im Hinblick auf die eigene Wertorientierung und Lebensstilpräferenz werden für Tony Stephanies Emanzipation von ihrem Herkunftsmilieu, ihr Prestigegewinn richtungsweisend. Marisa Buovolo (vgl. Buovolo 2014) attestiert Tony beim Tanzen eine weiche Körperlichkeit und Androgynität, die im Widerspruch zu seiner sonstigen Erscheinung stehen. Ihrer Ansicht nach wird Tony zur Symbolfigur einer eher unpolitischen Aufsteiger-Generation, die ihn zur Ikone machte.

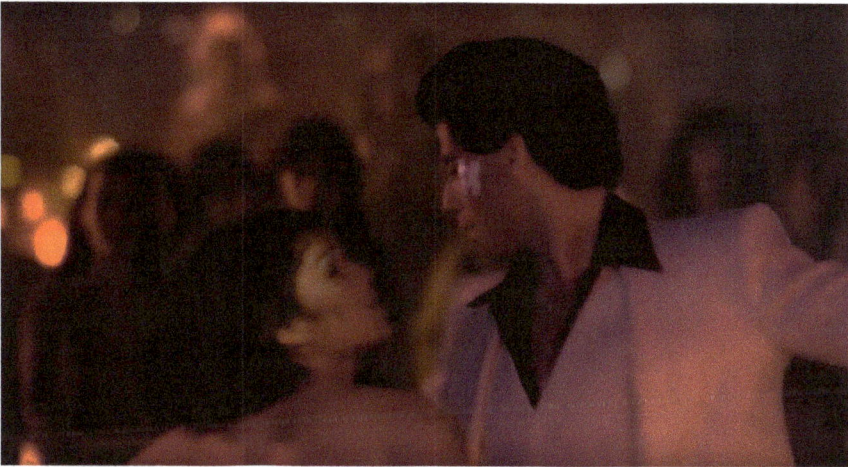

Abb. 1: Dance Competition im „2001 Odyssey" (TC: 01:31:50)

3.2 Flashdance (1983)

Im Film „Flashdance" gibt es vier zentrale Handlungsorte: die männerdominierte Welt eines Stahlwerks, den Nachtclub „Mawby's Bar", wo die Hauptprotagonistin als Go-Go-Tänzerin Alex(andra) Owens arbeitet, Alex' Zuhause (eine alte, umgebaute Lagerhalle) sowie das Konservatorium, vor dem Alex große Ehrfurcht hat. Erzählt wird der Karrieretraum einer afro-amerikanischen Schweißerin und Nachtclubtänzerin.[5] Ihr fehlt es an Vorkenntnissen und Empfehlungen, um am *Pittsburgh Conservatory of Dance* für die Prüfung zugelassen zu werden. Jennifer Beals verkörpert die ambitionierte Amateurtänzerin Alex, die sympa-

---

5 Zur kritischen Einordnung filmischer Mulattinnen-Narrative sowie Körperlichkeiten und Sexualität in „Flashdance" und anderen Filmen siehe Blanco Borelli (vgl. Borelli 2009).

thisch, aber nur bedingt konfliktfähig und zudem unberechenbar ist. Sie arbeitet körperlich hart in jeder Hinsicht, trainiert Ausdauer und versucht sich autodidaktisch an eigenen Choreografien. In „Mawby's Bar" irritiert und fasziniert sie das männlich dominierte Publikum mit exponierten, eigenwilligen Tanzperformances. Es entwickelt sich eine Liebesbeziehung zu Nick Hurley (Michael Nouri), ihrem Chef, der an sie glaubt und ihr das Vortanzen durch Beziehungen zum Gremium des Kunstrats ermöglicht. Gezeigt wird zudem die innige Beziehung zu ihrem Hund Grunt, zu ihrer Freundin Jeanie, die bei einem Eiskunstlaufwettbewerb patzt, und zu ihrem Kollegen in der Bar, dem Schnellkoch Richie, der hofft, ein Stand-up-Komiker zu werden. Für die Geschichte bedeutsam ist zudem ihre Mentorin, eine pensionierte Ballerina, die Alex ermutigt, sich für eine Tanzausbildung zu bewerben.

Alex und ihre Figurenentwicklung stehen im Vordergrund, wobei diese zum Teil relativ grob gezeichnet ist. Wie sie letztlich zu ihrer eigenen Choreographie bei der Prüfung kommt, erfährt das Publikum nicht. Die Einladung zum Vortanzen, mittels „Vitamin B", bringt Alex auf, bis Nick ihr klarmacht: „When you give up your dream, you die" (TC: 01:14:43).

Abb. 2: Vortanzen im *Pittsburgh Conservatory of Dance* (TC: 01:23:28)

Beim genretypischen finalen Tanz im Rahmen der Aufnahmeprüfung strauchelt Alex zunächst und bittet darum, ein zweites Mal starten zu dürfen. Sie entwickelt bei ihrer Performance dann eine Art positive Wut und tanzt so, als wäre es die Befreiung und ihre Passion schlechthin. Die fünfköpfige Jury lässt sich auf die Präsentation ein, wird nach und nach überzeugt und ist schließlich begeistert. Die einzelnen weißen Mitglieder werden mehrfach eingeblendet: der alte Mann mit Zigarre und übergroßer, schwerer Brille; der Verschnupfte; eines der beiden weiblichen Jurymitglieder, die anfangs reserviert und schließlich zu Tränen gerührt sind. Alex' Tanz ist unkonventionell und stellenweise neuartig wie etwa ihre Backspins, die sie bei einem Breakdance auf den Straßen Pittsburghs gesehen hatte. Das Vortanzen findet in einem muffigen, schlecht ausgeleuchteten Tanzsaal mit unzähligen Bildern, Gemälden und Porträts an den Wänden statt, die als Relikte der Vergangenheit und Insignien der Hochkultur einschüchternd auf die Protagonistin wirken. Alex ist im schlichten schwarzen, ärmellosen Balletttrikot der Jury schutzlos ausgeliefert, die als gelangweilt und genervt eingeführt wird. Letztlich tanzt Alex zu dem Song „What a Feeling" (Irene Cara) durch den Saal, eignet sich diesen komplett an und wird lediglich durch die Lichtstrahlen vom Fenster beleuchtet. Charakteristisch sind der Einsatz vieler Pirouetten, das energetische Laufen auf der Stelle sowie Isolationsbewegungen und Polyrhythmik, wie man es aus dem Jazztanz kennt. Gegen Ende der Szene fliegt Alex mehr oder minder auf die Jury zu, da die Bewegung nicht bis zum Ende gezeigt wird und das Bild einfriert (TC: 01:25:15). Musik und Moves korrespondieren aus meiner Sicht auf der filmtechnischen Ebene nur bedingt, sie wirken nicht vollends abgestimmt, was aber der szenischen Handlung nicht schadet. Nach einem harten Schnitt sieht man Alex freudestrahlend aus der Tanzschule direkt in die Arme von Nick mit dem Hund laufen. Als Gratulationsgeschenk überreicht er ihr rote Rosen. Der Song „What a Feeling" von Keith Forsey und Giorgio Moroder erhielt 1984 den Oscar in der Kategorie „Bester Song" und einen Golden Globe Award in der Kategorie „Bester Filmsong". Angeblich war der Tanz Auslöser der Breakdance-Bewegung und vor allem deren Popularisierung.[6] Die Blicke der Kamera sind auf Alex' durchtrainierten, schlanken Körper gerichtet, auf ihre Füße in den schwarzen Ballettschuhen, ihre langen, nackten Beine, auf ihre Kreiselbewegungen bei den Backspins[7], bei denen die Jury freie Sicht auf den Schoß der Tänzerin hat. Vor den hellen Fenstern bildet Alex' Körper eine dunkle, formschöne Silhouette. Die individualisierte Tanzperformance verweist letztlich auf ein starkes Körperselbstbewusstsein und steht für weibliches Self-Empowerment sowie damit verbundenes Autonomiestreben. Obgleich Alex dem Konservatorium zunächst ehrfürchtig begegnet und vor ihrem Auftritt und nach ihrem Patzer tief Luft holen muss, unterwirft sie sich im Grunde keinen Konventionen.

---

6 Zur Ungenauigkeit des Begriffs und zur Einordnung des Breakdance siehe Rappe 2017.
7 Bekannt als Powermoves des B-Boying.

3.3 Step Up (2007)

Der Soundtrack-Titel „Every Second Chance begins with a First Step" verweist auf die Kernbotschaft des Films, die über die in Baltimore, MD spielende Handlung vermittelt wird. Tyler (Channing Tatum), Pflegekind und Straßentänzer, trifft auf Nora (Jenna Dewan), eine Ballettschülerin. Tyler soll aufgrund von Vandalismus- und Randalevorfällen in Noras Schule Sozialstunden ableisten, indem er den Hausmeister unterstützt und Reinigungsarbeiten übernimmt. Geprobt wird dort für eine wichtige Aufführung. Noras eigentlicher Tanzpartner Andrew verletzt sich beim Training und fällt für die Proben aus. Nora findet Gefallen an Tylers tänzerischen Kompetenzen und *vice versa*. Beide respektieren ihre jeweiligen Tanzstile und bringen sie zusammen, dennoch treffen zwei soziale Welten und unterschiedliche Lebensentwürfe aufeinander. Nora gehört einem weißen bürgerlichen Milieu mit klaren Wertvorstellungen an. Tyler lässt sich treiben, hängt mit schwarzen Unterschichtsjugendlichen herum, lebt sporadisch kriminelle Energien aus und hat keine konkreten Zukunftspläne. Tyler amüsiert sich zuweilen über die enganliegenden Trikots (sie sähen aus wie aufgepinselt, lautet sein Verdikt) und insbesondere über das Tragen von Leggings der männlichen Balletttänzer. Seit Tyler in der Ballettschule eingebunden ist, fühlen sich seine Freunde von ihm vernachlässigt (ähnlich wie die von Tony in „Saturday Night Fever"). In den Trainingseinheiten begegnen sich die beiden Hauptfiguren in ihrer jeweiligen Körperlichkeit: Tyler im „Schlabberlook" und Oversize-Kleidung, hin und wieder kombiniert mit einem Muskel-Shirt, das seinen kräftigen Körperbau und die aus Disziplin herrührende Trainiertheit betont; Nora in körperbetonter Ballett-Trainingskleidung. Tyler wirkt bei der Ausübung der von ihm abverlangten Tanzfiguren zunächst etwas unbeholfen. Durch seine starke Zuneigung zu Nora lässt er sich aber zunehmend auf die Choreographie ein, die zunächst auf den Paartanz fokussiert ist und später um ein ethnisch diverses Tanzensemble erweitert wird. Die Geschichte nimmt eine Wendung, als Andrew wieder zum Training erscheint, woraufhin sich Tyler zurückzieht. Allerdings kommt der genesene Andrew mit der neuen Choreographie nicht zurecht, woraufhin Nora nunmehr auf sich allein gestellt ist. Der Konflikt zwischen Nora und Tyler löst sich erst auf, als sich Tyler in letzter Minute am Abend des Showcases überwindet, doch noch am Vortanzen teilzunehmen. Auf die Frage von Nora in der Garderobe, ob er denn noch die Schrittfolge im Kopf hätte, antwortet er, dass er diese doch niemals würde vergessen können.

Abb. 3: Grande Finale in der *Maryland School of the Arts* (TC: 01:34:30)

Beim für den Tanzfilm obligatorischen großen Finale steht zunächst die Formation, die Tanzcompany, im Vordergrund, bevor tänzerisch die Geschichte von
Nora und Tyler erzählt wird. Zunächst führen beide, eingebettet in die Formation, jeweils einen Solotanz auf und verkörpern dabei ihre ursprünglichen Rollen
als Street Dancer und Balletttänzerin. Nora trägt ein kurzes, braunes Trägerkleid
aus dünnem Stoff mit Glitzerelementen, Tyler ein Trägerhemd und eine Jeans im
Baggy-Stil. Die Musik ist ein Remix aus klassischer Musik, R & B und gewaltigen
Synthetik-Anteilen. Ab Minute 01:34:57 verändert sich die Musik: Sie wird me-
lodischer, Nora und Tyler bewegen sich aufeinander zu, und ihre Tanzabläufe
synchronisieren sich. Das Bühnenbild ist in den Farben Rot und Orange gehalten. Tyler und Nora werden in der Komplementärfarbe Blau angestrahlt und auf
diese Art und Weise hervorgehoben. Nach dem Paarauftritt, der durchgehend
durch Tänzer*innen im Hintergrund gerahmt wird, wechselt Tyler sein Outfit,
zieht sich ein Over-Size-Shirt über und die Streetdancer*innen betreten die
vordere Bühne. Es kommt zu einer Fusion mit den Balletttänzer*innen, was auf
der musikalischen Ebene widergespiegelt wird: Das Stück „Bout it" wird vom
Symphonieorchester und dem US-amerikanischen Rapper Yung Joc, begleitet
von der Girlgroup 3LW, vorgetragen. Tyler und Nora und die beiden von ihnen
angeführten bzw. verkörperten Tanzgruppen und -stile agieren gleichberechtigt
auf der Bühne. Immer wieder wird das begeisterte Publikum gezeigt, darunter
auch die zuvor skeptische Mutter von Nora, und Applaus ist zu hören. Die Film-

handlung endet damit, dass Nora das Angebot erhält, einer renommierten Tanzgruppe beizutreten, und Tyler an der *Maryland School of the Arts* aufgenommen wird. Damit ist die Geschichte auf eine Fortsetzung hin angelegt.

Es gibt beim finalen Tanz kein Machtgefälle, denn die soziale Herkunft wird nivelliert. B-Boying und B-Girling sowie Elemente des klassischen Tanzes harmonieren in Perfektion. Während Tyler an sich eher ein labiler Mensch ist und immer etwas überfordert wirkt, so demonstriert er auf der Bühne, wie er seinen Körper beherrscht und in allen geforderten Situationen brilliert, um zum Gelingen der komplexen Choreographie beizutragen, von der Noras berufliche Zukunft abhängt. Er bleibt sich dabei treu, verbiegt sich nicht und kann somit selbst seinen afroamerikanischen Freund Mac, der sich von Tyler zurückgesetzt und verletzt fühlte sowie zuvor den Tod seines jüngeren Bruders zu beklagen hatte, mit seiner Performance und dem etwaigen neuen Lebensentwurf überzeugen.

3.4 Streetdance 3D (2010)

Die Verknüpfung von Ballett und Streetdance wird auch in der Produktion „Streetdance" vorgenommen. Die Hauptprotagonistin ist die Tänzerin und Choreographin Carly (Nichola Burley), die ihre Crew für eine Streetdance-Meisterschaft qualifiziert hat. Sie muss die Crew anführen, weil ihr Freund Jay (Ukweli Roach), wie sich später herausstellt (TC: 00:57:20), zur Konkurrenz gewechselt ist. Es gilt für das Training einen geeigneten Ort zu finden, und Helena (Charlotte Rampling), eine Tanzlehrerin der Londoner *National Ballet School*, stellt den Streetdancer*innen in der Tanzakademie einen Raum zur Verfügung verbunden mit der Aufforderung, dass diese die von ihnen gering geschätzten Ballettschüler*innen in ihr Training einbeziehen. Helena erhofft sich davon, dass ihre Ballettgruppe von den Streetdancer*innen inspiriert wird. Ihre Ballettschüler*innen bereiten sich für eine Aufnahmeprüfung in das angesehene Londoner *Royal Ballet* vor. Es kommt zunächst zu Konflikten durch das Aufeinanderprallen verschiedener sozialer Klassen, kultureller Praktiken und natürlich verschiedener Tanzphilosophien. Die Ballettschüler*innen bezeichnen die Streetdancer*innen als Clowns und diese umgekehrt die Balletttänzer*innen als Enten. Kleidung, Trikots und Essensgewohnheiten, aber auch Tanzfiguren werden abschätzig kommentiert. Doch als Carly sich auf Tomas (Richard Winsor), einen der Balletttänzer, einlässt, nähern sich auch die beiden Tanzgruppen an. Zuvor sieht man beide unabhängig voneinander jeweils allein beim Training, wobei die Bewegungen durch Zeitlupen ästhetisch überhöht werden. Vor allem Carly trägt große Verantwortung und ist gefordert, schließlich muss sie doch eine Choreographie schaffen, die die unterschiedlichen Tanzstile überzeugend vereint. Stellvertretend für das Publikum wird zum einen Carlys Chef, einem Sandwich-Bar-Besitzer, und zum anderen den Balletttänzer*innen die Vorstellungen des Streetdance, Stile und die Kunst des Choreographierens von der weißen Hip-Hopperin erklärt. Zudem entwickelt sich ein Wettstreit zwischen „The Surge", der Konkurrenz mit Jay, und „Breaking Point", die aber am Ende die Championships gewinnen.

Abb. 4: Auftritt bei den Championships (TC: 01:28:26)

Die äußerst theatralische Performance am Ende des Films wird musikalisch von einem fünfeinhalb Minuten langen Remix aus Tschaikowskys „Nussknacker", Prokofjews „Romeo und Julia" und Hip-Hop-Beats der Band NDubz begleitet. Im finalen Tanz wird mit den Farben Blau und Weiß gearbeitet: Tänzer*innen sind in geschmeidigen weißen Anzügen zu sehen, die für ein bürgerliches Milieu stehen. Blaue überdimensionale Tücher begleiten und symbolisieren den Aufstieg der Streetdancer*innen. Die Inszenierung mit dem Einstieg über Prokofjews „Tanz der Ritter" (aus „Romeo und Julia") ist mutig und provokant, sodass das Ensemble zu Beginn der Darbietung eine Minute lang vom Publikum ausgepfiffen wird. Immer wieder findet das Paar, Carly und Tomas, auf der Bühne zusammen, aber die Gruppenleistung mit den Figuren aus dem klassischen Ballett und den artistischen Breakdance-Bewegungen ist vorherrschend. Das einheitliche weiße Outfit lässt Klassenunterschiede optisch verschwinden, damit aber auch das Anliegen des Breakdance in seiner ursprünglichen Form, bei dem Diversität sichtbar gemacht werden sollte (vgl. Monroe 2014). Proletarische und bürgerliche Körper(-Praktiken) sind nicht zu unterscheiden, Cross-dressing auf Seiten der Tänzerinnen nivelliert die weibliche Geschlechtlichkeit. Nur in der Anfangsszene ist Carly sehr figurbetont gekleidet, in einem weißen Neckholder-Jumpsuit, der dann aber später unter dem legeren Sakko verschwindet. Carly und Tomas vereinen sich erst gegen Ende der Aufführung auf der Bühne in stereotypen Tanzfiguren und einem innigen Kuss, der dem Publikum verlangsamt vermittelt wird. Da beide mit ihrer Hautfarbe in diesem Ensemble und in Bezug auf das Publikum in der Minderheit sind, wird dieses Merkmal „hyper-visible" (Monroe 2014, S. 195), so wie auch in „Step Up 2: The Streets". Anders als in der bekannten Apotheose in Shakespeares Drama finden sich im Schlussbild alle Mitwirkenden auf dem Rondell zusammen (Abb. 5). Carly wird als „Frontfrau" in Siegerpose inszeniert.

3.5 Step Up Revolution (2012)

Der Tanzfilm wird im Fall von „Step Up Revolution" entschieden politischer, vereint aber dennoch eine Liebesgeschichte, einen Vater-Tochter-Konflikt sowie die Themen Ablösung und soziale Ungleichheiten miteinander. Die Geschichte spielt in Miami, wo eine Streetdance-Crew namens „The Mob" mit Flashmobs auf sich aufmerksam macht. Eigentlich geht es der Gruppe primär um Medienaufmerksamkeit und, speziell aus monetären Motiven, um hohe Klickzahlen bei YouTube. Sean (Ryan Guzman) arbeitet als Kellner in einem Hotel, das Emilys Vater gehört. Beide lernen sich im Beachclub kennen und fühlen sich unmittelbar zueinander hingezogen. Das demonstrieren sie in der Öffentlichkeit durch extrovertierte Moves zur Musik von Yung Jocs „Hear Me Coming". Die Bewegungen sind sexuell konnotiert: Emily lässt die Hüften kreisen, fährt mit ihren Händen an ihrem Körper entlang, der mit einem schwarzen Bikini und einem enganliegenden roten Trägerkleid spärlich bedeckt ist; beide deuten Kopulationsgesten an. Man erfährt, dass Emilys Vater plant, die Gegend zu gentrifizieren respektive zu modernisieren, was Sean und seine Crew dazu veranlasst, ihre Tanzperformances gezielt als Protestkunst einzusetzen. Sie stören etwa eine Vernissage oder dringen in ein Finanzunternehmen ein, um die Abläufe zu behindern und als Menschenmenge Macht zu demonstrieren. So üben sie massiv Druck auf Emilys Vater aus, damit dieser die Baupläne zurücknimmt. Schließlich ist die Gegend die Heimat der Streetdancer*innen, quasi ihr Revier. Emily (Kathryn McCormick) strebt – wie die Protagonistinnen anderer, oben erwähnter Tanzfilme – eigentlich eine klassische Tanzausbildung an, womit der Vater aber nicht einverstanden ist. Von der *Urban Dance Company* wird die Tochter aus gutem Hause abgelehnt, scheint sie deren Vertreter*innen doch zu loyal ihrem Vater gegenüber zu sein. Emily übt mit Sean einen Tanz für ihre Prüfung ein, den sie nach einem Streit aber allein vorführen muss. Sie kann beim Vortanzen mit dieser unvollständigen Version nicht überzeugen.

Abb. 5: Gemeinsame Kür vor der Silhouette von Miami (TC: 01:23:50)

Die Geschichte spitzt sich zu, indem die Streetdancer*innen mit einem Flashmob beim Spatenstich zwischen Baucontainern protestieren. Diese Aktion kann als Höhepunkt der Proteste betrachtet werden und ist zugleich das Finale des Films. Hier begegnen sich Sean und Emily wieder, versöhnen sich und führen vor dem Vater beim Sonnenuntergang die gemeinsame Kür auf, die sie vor dem Streit einstudiert hatten. Diese Szene weist Bezüge zu „Dirty Dancing" auf, da während der Tanzperformance immer wieder das Gesicht des Vaters eingeblendet wird, der Tränen in den Augen hat. Im Gegenschnitt sieht man zudem das gerührte Publikum, vor allem die das Paar bewundernden Streetdancer*innen. Der Text der Klavierballade verweist auf ein gemeinsames Zukunftsprojekt („To Build a Home"), gespielt vom *Cinematic Orchestra* und intoniert vom kanadischen Singer-Songwriter Patrick Watson. Der Film offeriert ein Happy End: Emilys Vater stellt in Aussicht, das Viertel behutsam zu modernisieren. Ein Werbefachmann, der bei der Veranstaltung anwesend war, zeigt sich von dem Streetdance-Protest begeistert und bietet der Crew einen Werbevertrag mit Nike an. Diesem Angebot kommen Seans Mitstreiter nach, wenngleich sie sich dabei von ihrem zuvor verkündeten Leitsatz „We are not 4 Sale" (TC: 00:54:11) lösen.

Sean trägt in der Szene eine schwarze Arbeiterhose und ein schwarzes Träger-Shirt, Emily ein rotes, lyrisches Tanzkleid, wie man es typischerweise aus dem Ballett kennt, aus leichtem, weichem Stoff, das in der Bewegung die schwarze Trikotage sowie verschiedene Körperteile betont bzw. freilegt. Sean ist muskulös und kräftig. Mühelos hebt er Emily über seine Schulter oder in seinen Schoß (Abb. 6). Die Figuren fließen, und die Bewegungen wirken zuweilen akrobatisch. Die braungebrannten Körper scheinen gewissermaßen in der Abendsonne zu kopulieren, intime Berührungen gehen über die originäre Choreographie hinaus. Im Vordergrund stehen hier die Sinnlichkeit und Erotik im modernen Paartanz.

4 Performative Körper- und Genderpraktiken im Tanzfilm und ihre Bedeutung in der Adoleszenz

Im Folgenden werden die Ergebnisse der Analysen zusammengeführt und mögliche Bedeutungen für Heranwachsende in Bezug auf Körper- und Genderkonzepte, die in der Adoleszenz signifikant werden, herausgearbeitet. Was die performativen Körper- und Genderpraktiken in den analysierten Tanzfilmen konkret „im Resonanzkörper des Rezipienten" (Preußer 2015, S. 21) auslösen, hängt von vielen verschiedenen Faktoren ab: etwa der Affinität zu Tanz und Musik, dem eigenen Körperselbstbild, von Beziehungserfahrungen, Wertvorstellungen, möglichen Ängsten, Problembewältigungsstrategien, Leidenschaften und Interessen. Die vorgestellten Filme haben sich alle vorgenommen, über Bewegungen und Musik ästhetische Reize auszuüben und die Rezipient*innen zu affizieren und vor allem sinnlich zu vereinnahmen. Tanz und Sound stellen resonanzauslösende Momente dar und sind zudem für die Übersetzungsleistung substantiell. Gleichwohl funktionieren sie nicht für sich, sondern müssen mit der erzählten Welt sinnstiftend korrespondieren und an sie zurückgebunden sein.

Die Lesart eines Films ist mithin von persönlichen Erfahrungen bestimmt, die Rezipient*innen aufgrund ihrer Biographie und Sozialisation gemacht haben, in Bezug auf den Tanzfilm sicherlich auch von ihrem Körperwissen und Körperverständnis. Ebenso sind die Produktionszeiträume eines Films relevant. Rezipient*innen haben mitunter einen besonderen Bezug und ein geschärfteres Verständnis für die Ästhetik und Anmutung des Films sowie die Moden und den jeweiligen Habitus der Protagonist*innen als jemand, der mit dem Produktionsjahr nicht viel Persönliches verbinden kann. „Saturday Night Fever" hat in den 1970er Jahren Heranwachsende angesprochen, weil sie sich mit den Erzählmustern des Coming-of-Age auseinandersetzten, weil sie sich moralisch und insbesondere sexuell positionieren wollten und mussten, weil sie sich mitunter für die neue Discokultur interessierten und sie eventuell selbst als Mitglieder einer „desillusionierten Jugend" nach Bewältigungsstrategien gesucht haben (Hoffmann 2008, S. 200). Das Empfinden dieses besonderen Tanzstils als „Befreiungserlebnis" mutet heute sicherlich etwas befremdlich an. Dennoch hat der Film Kultstatus erlangt, weil er für die Rezipient*innen eine zeitlose Bedeutung hatte und hat, wobei der Film dies in der Konsequenz natürlich nicht ist. In den 1970er Jahren genossen viele Jugendliche ihre sexuelle Selbstbestimmung, insofern schienen diesen jungen Menschen die filmisch präsentierten Geschlechterrollensterotypen zuweilen wohl eher reaktionär.

Werden die Zuschauer*innen dieser Tanzfilme mit vielen Tanzmontagen und Übungssequenzen konfrontiert, mit dem Unfertigen, den Ungeschicklichkeiten und Zweifeln der Protagonist*innen, so stellt der finale Tanz das Ganzheitliche, die Einheit und oftmals die Verschmelzung oder Versöhnung heraus, an der das Publikum im diegetischen Raum sowie das Publikum vor dem Bildschirm teilnimmt. Die gesamte Choreographie erschließt sich dem Publikum also erst zuletzt. Es zeigen sich hier diverse Analogien zum Sportfilm, wo der entscheidende Kampf das Ende und die Auflösung, nicht aber immer die Erlösung darstellt. Auch im Tanzfilm entwickeln die Protagonist*innen Ehrgeiz, wachsen über sich hinaus, überwinden ihre Minderwertigkeitsgefühle und besiegen ihren eigenen Körper. „Gerade im Tanz ist der Sieg oft verbunden mit der Disziplinierung des Körpers und der Eingliederung in eine soziale Gruppe", wie Anne Marie Faisst (Faisst 2017, S. 90) es zusammengefasst hat.

In den analysierten Filmbeispielen stellt sich die Körperlichkeit der Akteure unterschiedlich dar: In „Saturday Night Fever" werden in den Tanzszenen heteronormative Vorstellungen von Körperlichkeit und Geschlechterrollen weitestgehend repliziert. Stephanie unterwirft sich im Wettbewerbstanz Tony, der ihr Respekt und Zuneigung entgegenbringen möchte, aber in seiner Gefühlswelt und seinem Wertekonzept gefangen zu sein scheint. Die Leistungen der ausgegrenzten Mitbewerber*in kann er anerkennen, dennoch frustriert ihn das Ergebnis, er verliert die Kontrolle und wird Stephanie gegenüber sehr übergriffig.

In „Flashdance" spielen körperbezogene Geschlechterarrangements eine untergeordnete Rolle. Beim finalen Tanz überzeugt Alex die Jury mit ihrer Kreativität, Willensstärke und Selbstermächtigung. Situativ emanzipiert sie sich von dem Prüfungssetting, d.h. auch von den abschätzigen Blicken der Jurymitglieder. Die mangelnde Ausbildung im klassischen Tanz spielt eine untergeordnete Rolle. Alex zeigt sich resilient, tanzt eigensinnig und mitreißend zur Musik.

In „Step Up" wird der soziale Aufstieg von Tyler thematisiert. Beim finalen Tanz begegnen er und die wohlhabendere, besser ausgebildete Nora sich auf Augenhöhe. Prinzipiell wird allen Tanzenden für ihre Performances gleichermaßen viel Raum gegeben. Die Balletttänzer*innen und Breakdancer*innen lassen sich aufeinander ein, insofern sie die Tanzstile der anderen adaptieren. Nora und Tyler werden nicht in dem Maße beim Tanzen romantisiert wie die Paare in den anderen populärkulturellen Tanzfilmen. Immer wieder werden sie auf der Bühne Teil des Tanzensembles.

„Streetdance 3D" thematisiert primär Klassen- und Gruppenkonflikte und konzentriert sich dabei eher auf die Leistungsschau, in der wiederum im Finale Tanzstile fusionieren. Carly ist die Vermittlerin zwischen den verschiedenen Gruppen und will zugleich ambitioniert den Wettkampf gegen „The Surge" und ihren Ex-Freund gewinnen. Gezeichnet wird sie als willensstarke Persönlichkeit. Sie ist die Anführerin, zeigt keine körperlichen Schwächen und kaum Zweifel.

In „Step Up Revolution" geht es gewissermaßen auch um die künstlerische Leistung von Gruppen, aber vornehmlich aus finanziellen und später im Verlauf des Films stärker aus politischen Gründen. Im Kontrast zu „Streetdance 3D" wird im finalen Auftritt das Paar deutlich intimer inszeniert. Es handelt sich um eine Versöhnung auf öffentlicher Bühne. Die Bewegungen sind sexuell konnotiert, die Körper synchronisieren sich offensiv zu einem gemeinsamen Zweck (vgl. Faisst 2017, S. 97). Nicht so auffällig wie in „Dirty Dancing, aber ähnlich erzählerisch angelegt geht es um die Metamorphose der Protagonistin zu einem Objekt, das gesehen und verführt wird und dies offensichtlich auch werden möchte" (siehe Wulff 2015, S. 71f.). Sie wird sich ihrer Sinnlichkeit bewusst und löst sich von ihrem Vater ab, der einsehen muss, keine Ansprüche mehr an sie anmelden zu können.

Millionenfach werden noch immer Tanzszenen und insbesondere die finalen Auftritte trotz zum Teil bescheidener Bildqualität auf YouTube angesehen. Sicherlich sind dafür mitunter nostalgische Gründe ausschlaggebend (siehe auch Heinze 2016), doch an den Kommentaren lässt sich ablesen, dass es auch um die Tanzkunst geht, die schwierige Umsetzung der Choreographie, die Abstimmung und Perfektion der Protagonist*innen und im Fall des Paartanzes häufig auch um die besondere Chemie („chemistry") zwischen dem tanzenden Paar. Manche Rezipient*innen fühlen sich zur Nachahmung motiviert, bekommen Lust zu tanzen oder wünschen sich ein passendes Gegenüber.

Tanzfilme laufen immer etwas Gefahr, zu einer Nummernrevue zu verkommen. Doch wo der Tanz als Bewältigungsstrategie, Entfaltungs- und Selbstfindungsinstrument fungiert, wo er sich „keiner Norm und Normalität unterwirft" (Wesemann 2015), weckt er sicherlich das Interesse bei jungen Menschen, die sich zu ihrer Körperlichkeit und Geschlechtlichkeit, ihrer sexuellen Entwicklung und Orientierung verhalten, sich moralisch verorten wollen und müssen, um gesellschaftlichen Erwartungen zu entsprechen und ihre persönliche Entwicklung voranzutreiben. Populärkulturelle Tanzfilme im westlichen Mainstreamkino unterbreiten hier auf unterschiedliche Weise Angebote: Sie konfrontieren das junge Publikum mit Versagensängsten, dem Tabu des Scheiterns (Sennett 1998), Diskriminierungs- und Grenzerfahrungen sowie verschiedenen Möglichkeiten, ihren Körper als Werkzeug oder Instrument zu nutzen. Dabei muss der Körper allein oder im Duett funktionieren, beim Streetdance sogar als Teil eines Kollektivs. Musik und Tanz haben eine Vermittlerrolle in Beziehungen oder bei Gruppenkonflikten. Nicht zuletzt können diese Art von Filmen eine euphorisierende Wirkung erzeugen, in dem sie mit ihren Ermutigungsnarrationen suggerieren, dass man alles aus eigener Kraft und mit ausreichend Willensstärke schaffen, über sich selbst hinauswachsen und erfolgreich sein kann.

Medienverzeichnis

Abbildungen

Abb. 1: Dance Competition im „2001 Odyssey". In *Saturday Night Fever*. Regie: John Badham. US: 1977. (TC: 01:31:50). Filmstill.

Abb. 2: Vortanzen im *Pittsburgh Conservatory of Dance*. In *Flashdance*. Regie: Adrian Lyne. US: 1983. (TC: 01:23:28). Filmstill.

Abb. 3: Grande Finale in der *Maryland School of the Arts*. In *Step Up*. Regie: Anne Fletcher. US: 2007. (TC: 01:34:30). Filmstill.

Abb. 4: Auftritt bei den Championships. In *Streetdance 3D*. Regie: Max Giwa und Dania Pasquini. GB: 2010. (TC: 01:28:26). Filmstill.

Abb. 5: Gemeinsame Kür vor der Silhouette von Miami. In *Step up Revolution*. Regie: Scott Speer. US: 2012. (TC: 01:23:50). Filmstill.

Tabellen

Tab. 1: Sinnaspekte – Struktur der soziologischen Analyse nach Gugutzer (Gugutzer, Robert. 2010. Körperbilder im Film. Eine soziologische Analyse von „Million Dollar Baby". In *Körperästhetiken. Filmische Inszenierungen von Körperlichkeit,* Hrsg. Dagmar Hoffmann, 121–142. Bielefeld: transcript.)

Literatur

Abraham, Anke. 2015. „Da fahr' ich aus der Haut". Der Körper als Ort der Identitätsbildung im Jugendalter. In *Körper und Bewegung in der Jugendbildung, Interdisziplinäre Perspektiven,* Hrsg. Robert Gräfe et al., 44–53. Hohengehren: wbv.

Bechdolf, Ute. 1999. *Puzzling Gender. Re- und De-Konstruktionen von Geschlechterverhältnissen im und beim Musikfernsehen*. Weinheim: Deutscher Studienverlag.

Berger, Christiane und Sandra Schmidt. 2009. Körperwissen und Bewegungslogik. Zu Status und Spezifik körperlicher Kompetenzen. In *Ordnung in Bewegung. Choreographien des Sozialen. Körper in Sport, Tanz, Arbeit und Bildung*, Hrsg. Thomas Alkemeyer et al., 65–89. Bielefeld: transcript.

Binder, Sarah, Sarah Kanawin und Simon Sailer (Hrsg.). 2017. *Tanz im Film. Das Politische in der Bewegung*. Berlin: Verbrecher Verlag.

Blanco Borelli, Melissa. 2014. *The Oxford Handbook of Dance and the Popular Screen*. New York: Oxford University Press.

Blanco Borelli, Melissa. 2009. A Taste of Honey: Choreographing Mulatta in the Hollywood Dance Film. In *The International Journal of Performing Arts and Digital Media*, 5(2–3): 141–152.

Buovolo, Marisa. 2014. Nur Samstag Nacht. In *Filmgenres Musical- und Tanzfilm*, Hrsg. Thomas Koebner und Dorothee Ott, 246–250. Stuttgart: Reclam.

Denzin, Norman. 2003. Reading Film – Filme und Videos als sozialwissenschaftliches Erfahrungsmaterial. In *Qualitative Forschung. Ein Handbuch*, Hrsg. Uwe Flick et al., 416–428. Reinbek: Rowohlt.

Dewey, John. 1988 [1934]. *Kunst als Erfahrung*. Frankfurt am Main: Suhrkamp.

DeFrantz, Thomas. 2014. Hip-Hop in Hollywood. Encounter, Community, Resistance. In *The Oxford Handbook of Dance and the Popular Screen*, Hrsg. Melissa Blanco Borelli, 113–131. New York: Oxford University Press.

Evans, Mark und Mary Fogarty. 2016. The Sonic World of Dance Films. In *Movies, Moves & Music. The Sonic World of Dance Films*, Hrsg. Mark Evans und Mary Fogarty, 1–13. Sheffield/Bristol: Equinox Publishing.

Fahlenbrach, Kathrin. 2010. *Audiovisuelle Metaphern. Zur Körper- und Affektästhetik in Film und Fernsehen*. Marburg: Schüren.

Faisst, Anne Marie. 2017. Die Funktion von Trainingsmontagen in Tanzfilmen. In *Tanz im Film. Das Politische in der Bewegung*, Hrsg. Sarah Binder et al., 87–100. Berlin: Verbrecher Verlag.

Gugutzer, Robert. 2002. *Leib, Körper und Identität – Eine phänomenologisch-soziologische Untersuchung zur personalen Identität*. Opladen: Westdeutscher Verlag.

Gugutzer, Robert. 2010. Körperbilder im Film. Eine soziologische Analyse von „Million Dollar Baby". In *Körperästhetiken. Filmische Inszenierungen von Körperlichkeit*, Hrsg. Dagmar Hoffmann, 121–142. Bielefeld: transcript.

Gugutzer, Robert. 2017. Der Sportfilm als sportsoziologischer Erkenntnisgegenstand. In *Sport und Gesellschaft*, 14(3): 221–250.

Gugutzer, Robert. 2018. Sportfilm. In *Handbuch Filmsoziologie*, Hrsg. Alexander Geimer, Carsten Heinze und Rainer Winter. Springer VS: Wiesbaden.

Elsaesser, Thomas und Malte Hagener. 2008. *Filmtheorie zur Einführung*. Hamburg: Junius.

Heinze, Carsten. 2016. Populäre Jugend- und Musikkulturen im Film: Konzeptionen und Perspektiven. In *Populäre Musikkulturen im Film – Inter- und transdisziplinäre Perspektiven*, Hrsg. Carsten Heinze und Laura Niebling, 3–28. Wiesbaden: Springer VS.

Hoffmann, Dagmar. 2008. Sexualität, Körper und Geschlecht im Film. In *Gesellschaft im Film*, Hrsg. Markus Schroer, 198–229. Konstanz: UVK.

Hoffmann, Dagmar. 2011. Mediatisierte Körper – Die Dominanz der Bilder und ihre Bedeutung für die Selbstakzeptanz des Körpers. In *Jugend und Körper. Leibliche Erfahrungswelten*, Hrsg. Yvonne Niekrenz und Matthias D. Witte, 191–207. Weinheim/München: Juventa.

Hoffmann, Dagmar und Wolfgang Reißmann. 2014. Jugend und Sexualität. Überlegungen zur Sozialisation in On- und Offlinewelten. In *deutsche jugend*, 62 (12): 513–520.

Kappelhoff, Hermann und Jan-Hendrik Bakels. 2011. Das Zuschauergefühl – Möglichkeiten qualitativer Medienanalyse. In *Zeitschrift für Medienwissenschaft*, 5(2): 78–96.

Klein, Gabriele. 1992. *FrauenKörperTanz. Eine Zivilisationsgeschichte des Tanzes*. Weinheim/Berlin: Beltz/Quadriga.

Klein, Gabriele. 2017. Tanz. In *Handbuch Körpersoziologie*, Hrsg. Robert Gugutzer et al., 335–347. Wiesbaden, Springer VS.

Koebner, Thomas und Dorothee Ott (Hrsg). 2014. *Filmgenres Musical- und Tanzfilm*. Stuttgart: Reclam.

Lindemann, Gesa. 2017. Leiblichkeit und Körper. In *Handbuch Körpersoziologie, Band I: Grundbegriffe und theoretische Perspektiven*, Hrsg. Robert Gugutzer et al., 57–66. Wiesbaden: Springer.

Lünenborg, Margreth und Tanja Maier. 2013. *Gender Media Studies. Eine Einführung*. Konstanz: UVK/UTB.

McRobbie, Angela. 1984. Dance and Social Fantasy: In *Gender and Generation*, Hrsg. Angela McRobbie und Mica Nava, 130–161. London: Macmillan.

Monroe, Raquel L. 2014. „The White Girl in the Middle": The Performativity of Race, Class, and Gender in *Step Up 2: The Streets*. In *The Oxford Handbook of Dance and the Popular Screen*, Hrsg. Melissa Blanco Borelli, 182–198. New York: Oxford University Press.

Ott, Dorothee. 2008. *Shall we dance and sing? Zeitgenössische Musical- und Tanzfilme*. Konstanz: UVK Verlagsgesellschaft.

Preußer, Heinz-Peter. 2015. Sinnlichkeit und Sinn im Kino. Eine Einführung. In *Sinnlichkeit und Sinn im Kino. Zur Interdependenz von Körperlichkeit und Textualität in der Filmrezeption*, Hrsg. Heinz-Peter Preußer, 7–36. Marburg: Schüren.

Rappe, Michael. 2017. Hip Hop. In *Handbuch Popkultur*, Hrsg. Thomas Hecken und Marcus S. Kleiner, 113–118. Stuttgart: J.B. Metzler.

Sennett, Richard. 1998. *Der flexible Mensch. Die Kultur des neuen Kapitalismus*. Berlin: Suhrkamp.

Sichtermann, Barbara. 2002. *Frühlingserwachen. Pubertät – Wie Sex und Erotik alles verändern*. Reinbek: Rowohlt.

Stiglegger, Marcus (Hrsg.). 2020. *Handbuch Filmgenre. Geschichte – Ästhetik – Theorie*. Wiesbaden: Springer VS.

Wesemann, Arnd. 2015. Vergänglichkeit festhalten. In *goethe.de*. https://www.goethe.de/de/kul/tut/gen/tan/20478856.html. Zugegriffen am 1. April 2021.

Wienke, Tobi und Christof Leim. 2020. Zeitsprung: Am 15.7.1983 erscheint der Disco-Tanzfilm „Staying Alive". In *udiscover-music.de* https://www.udiscover-music.de/popkultur/staying-alive-tanzfilm. Zugegriffen am 1. April 2021.

Wilke, Thomas. 2017. Diskotheken. In *Handbuch Popkultur*, Hrsg. Thomas Hecken und Marcus S. Kleiner, 67–72. Wiesbaden: Springer.

Williams, Linda. 1991. Film Bodies. Gender, Genre, and Excess. In *Quarterly,* 44 (4): 2–13.

Wulff, Hans Jürgen. 2015. Körpertheater und Textsemantik. Funktionskreise der Tanzszenen im Spielfilm – von „Top Hat" (1935) bis „Im Winter ein Jahr" (2008). In *Sinnlichkeit und Sinn im Kino. Zur Interdependenz von Körperlichkeit und Textualität in der Filmrezeption*, Hrsg. Heinz-Peter Preußer, 56–82. Marburg: Schüren.

Filme

And Then We Danced. Regie: Levan Akin. SE: 2019.
Battle. Regie: Katarina Launing. NO: 2018.
Beat Street. Regie: Stan Lathan. US: 1984.
Billy Elliot. Regie: Stephen Daldry. US: 2000.
Black Swan. Regie: Darren Aronofsky. US: 2010.
Body Rock. Regie: Marcelo Epstein. US: 1984.
Breakin'. Regie: Joel Silberg. US: 1984.
Breakin' 2 – Electric Boogaloo. Regie: Sam Firstenberg. US: 1984.
Center Stage. Regie: Nicholas Hytner. US: 2000.
Center Stage: Turn it up. Regie: Steven Jacobson. US: 2008.
Dancin': It's On! Regie: David Winters. US: 2015.
Dirty Dancing. Regie: Emile Ardolino. US: 1987.
Dirty Dancing: Havana Nights. Regie: Guy Ferland. US: 2004.
Fame. Regie: Alan Parker. US: 1980.
Fame. Regie: Kevin Tancharoen. US: 2009.
Flashdance. Regie: Adrian Lyne. US: 1983.
Footloose. Regie: Herbert Ross. US: 1984.
Footloose. Regie: Craig Brewer. US: 2011.
Girl. Regie: Lukas Dhont. NL: 2018.
Grease. Regie: Randal Kaiser. US: 1978.
Heartbeats. Regie: Duane Adler. US: 2017.
Honey. Regie: Billie Woodruff. US: 2003.
Honey 2. Regie: Billie Woodruff. US: 2011.
Honey 3: Dare to Dance. Regie: Billie Woodruff. US: 2016.
Honey: Rise Up and Dance. Regie: Billie Woodruff. US: 2018.
Into the Beat – Dein Herz tanzt. Regie: Stefan Westerwelle. DE: 2020.
Saturday Night Fever. Regie: John Badham. US: 1977.
Save the Last Dance. Regie: Thomas Carter. US: 2001.
Save the Last Dance 2. Regie: David Petrarca. US: 2006.
Shall We Dance? Regie: Peter Chelsom. US: 2004.
Staying Alive. Regie: Sylvester Stallone. US: 1983.
Step Up. Regie: Anne Fletcher. US: 2007.
Step Up Revolution. Regie: Scott Speer. US: 2012.
Step Up to the Streets. Regie: Jon M. Chu. US: 2008.
Step Up: All In. Regie: Trish Sie. US: 2014.
Stomp the Yard. Regie: Sylvian White. US: 2007.
Stomp the Yard 2: Homecoming. Regie: Rob Hardy. US: 2010.
StreetDance 2. Regie: Max Giwa und Dania Pasquini. GB: 2012.
Streetdance 3D. Regie: Max Giwa und Dania Pasquini. GB: 2010.
Sur le rythme. Regie: Charles-Olivier Michaud. CA: 2011.

Take the Lead. Regie: Liz Friedlander. US: 2006.
The Way She Moves. Regie: Ron Lagomarsino. US: 2001.
You Got Served. Regie: Chris Stokes. US: 2004.

—

Teil 3: **Intermediale Zirkulationen**

Thomas Wilke
Gangster, Leadership und Nihilismus

Jugendkulturelle Narrative, Stereotypen und Musik in frühen „Hip-Hop-Filmen"

Zusammenfassung: Der Beitrag beschäftigt sich mit dem Zusammenhang von Film, Hip-Hop und Jugendkultur. Anhand von drei Filmen – „New Jack City", „Boyz N The Hood" und „Juice – City War" – nimmt er jugendkulturelle Narrative und Stereotype in den Blick, die in der für den Hip-Hop prägenden Zeit kontextualisiert werden. Alle drei Filme entstehen 1991/92, einer Zeit, die von gesellschaftlichen Spannungen in den USA geprägt war, in der die Entwicklung des sogenannten Black Cinema sprunghaft ansteigt und innerhalb der musikalischen Entwicklung von Hip-Hop prägend gewesen ist. Die Kontextbetrachtung meint den Blick auf die notwendigen Voraussetzungen der musikalischen und filmischen Rahmenbedingungen und Entwicklungen. Dabei geht es in der Filmanalyse neben der Thematisierung von Stereotypen um den Zusammenhang von Gesellschaft, Rap und filmischer Repräsentation, der durch die Präsenz von Rapper*innen einen Verstärkereffekt bekommt.

Schlüsselwörter: Rap, 2Pac Shakur, Ice Cube, Ice-T, Hip-Hop, Gangsta, Gangster, Black Cinema, Soundtrack, Jugendkultur

> Filmen ist nur die logische Fortsetzung für uns. Viele Rapper sind echte „Charakter" und damit prädestiniert für das Kino. Meine Cop-Rolle – das ist ein Typ wie ich, in Sweatshirts, Jeans und Turnschuhen. Der Film ist ein echter Street Movie, damit kann ich mich identifizieren. [...] Klar, dass man Zugeständnisse an das Publikum machen muss, aber wir sind so Hardcore wie möglich geblieben.
>
> (Ice-T über seine Rolle in „New Jack City", zit. n. Meyer 1991, S. 5)

Die seit einigen Jahren besonders in Amerika und Deutschland zu beobachtende Tendenz zur Historisierung von Hip-Hop und Rap orientiert sich auch in der Filmproduktion stark an Einzelkarrieren und biographischen Hintergründen. Spätestens seit dem Erfolg von „8 Mile" (2002) mit Eminem vor knapp 20 Jahren ist dies ein globales Phänomen, das mit der globalen Verbreitung von Hip-Hop einhergeht. Dabei spielt die steigende Relevanz digitaler Distributionen und Produzenten wie Netflix eine nicht zu unterschätzende Rolle. Neben Filmbiographien von Rappern wie Notorious B.I.G. („Notorious", 2009), N.W.A. („Straight Outta Compton", 2015) oder 2Pac („All Eyez on Me", 2017) entstehen aktuell

https://doi.org/10.1515/9783110730609-008

dokumentarische Hintergrundgeschichten (etwa „The Black Godfather", 2019), Ereignisverfilmungen (bspw. „Unsolved", 2018) sowie Wettkampf-Reality-TV-Formate (bspw. „Rhythm & Flow", 2019) oder als Sozial- und Kulturdokumentation angelegte Geschichten des Hip-Hop (bspw. „Hip-Hop Evolution", 2016–2020). In diesen Filmen werden historische wie gegenwärtige Narrative von Aufsteigergeschichten aufgezeigt, die teilweise tragisch sind, einen Geniekult bemühen und dabei eine immer ähnliche Geschichte wiederholen. In diesem Sinne wird der Ausspruch „Being a Black man in America isn't easy" („Menace II Society", 1993) nicht nur einfach reformuliert, sondern zugleich aktualisiert.

Der Beitrag beschäftigt sich aber nicht mit aktuellen Filmen, sondern geht zeitlich in das Jahr 1991 zurück. Er beschäftigt sich mit Hip-Hop, Rap und filmischen Stereotypen, die in ihrer Präsenz und Komplexität heute ganz selbstverständlich existieren und so beispielsweise konzentriert unter dem „Gangster-Image" subsumiert werden. Diese tauchten mit dem Entstehen des Gangsta-Rap in der Musik und in Musikvideos vermehrt auf. 1991 erscheinen nach dem sogenannten *New Black Cinema* der 1980er Jahre mit „New Jack City" und „Boyz N The Hood" die ersten Filme, die Gangrivalitäten, Drogen und das Leben im Getto im Zusammenhang mit Gangsta-Rap in das Zentrum der Filmerzählung rücken. Einen nicht kleinen Beitrag leistet die Besetzung: In den Hauptrollen sind zeitgenössische erfolgreiche Rapper wie Ice Cube oder Ice-T zu sehen, ebenso wie die parallel dazu erscheinenden Soundtracks mit passender Musik. Die Anzahl der „Black Movies"[1] sowie ihre thematische Ausdifferenzierung erhöhen sich in der ersten Hälfte der 90er Jahre sprunghaft, weil Musik-Label wie Def Jam, aber auch Hollywood-Studios ein ganz eigenes, ökonomisches Interesse entwickeln. Die in den Blick genommenen Filme konzentrieren sich auf drei Kriterien: Der*die Regisseur*in ist afroamerikanisch, in den Filmen treten Rapper*innen auf, und/oder der Film enthält Rapmusik. Das spannt einen Rahmen zwischen Independent-Filmen wie „To Sleep With Anger" (1990) bis hin zu kommerziell erfolgreichen Hollywoodfilmen wie „Boomerang" (1992) und ist keineswegs auf ein filmisches Genre beschränkt. Neben Getto- und Sozialdramen finden sich Komödien, Actionthriller, Romanzen und Sportfilme, die sich im Wesentlichen um Basketball drehen, aber auch Satiren oder Mockumentarys. 1996 lässt sich eine erste Zäsur mit „Don't Be a Menace to South Central While Drinking Your Juice in the Hood" („Hip Hop Hood. Im Viertel ist die Hölle

---

1 Die Bezeichnung „Black Movies" soll hier eine Differenz markieren und eine kommunikative Auseinandersetzung ermöglichen, sie soll keinesfalls reduktionistisch charakterisieren oder gar essentialisieren. Die Hervorhebung macht so den Konstruktionscharakter deutlich und stellt keine eigene Kategorie oder Genrebezeichnung dar.

los", 1996) konstatieren, ein Film, der hochgradig selbstreferenziell eine Vielzahl der bis dahin erschienenen und so titulierten „Hip-Hop-Ghettofilme" zwischen 1991 und 1995 parodiert.

Im Folgenden beschäftigt mich aus einer kulturwissenschaftlichen Perspektive die Frage, wie Hip-Hop-Images im Film auftauchen, wie damit umgegangen wird, ob sich Transformationsprozesse beobachten lassen und welcher Horizont an Erzähl- und Darstellungsschemata sich daraus ergibt. Das ist notwendigerweise zu problematisieren, weil mehrere Aspekte nicht nur im Subtext mitschwingen, sondern einer Offenlegung harren und so einer potentiellen Verklärung entgegenwirken. Erstens bleibt die vorerst offene Frage im Zentrum: Inwieweit kann hier eine dezidiert privilegiert weiße, deutsche Perspektive, die weder die Problematisierungs- und Darstellungshorizonte noch die Erfahrungshorizonte des Dargestellten einnehmen kann, derartige Filme mit der notwendigen Sensibilität partikular oder in ihrer Ganzheit thematisieren? Das trifft auf Grenzen und schließt die Frage ein, inwieweit die dichte Erzählung innerhalb einer filmischen Eigenlogik einen Abbildcharakter verfolgt oder eben als Narrativ fungiert, das abstrahiert, verdichtet, emotionalisiert und zuspitzt. Zweitens streift dieser Aspekt die Frage von (kultureller) Aneignung, inwieweit dies sensibel differenziert werden kann, um nicht in einer naiven Darstellung existierende Hegemonialdiskurse zu bedienen.[2] Drittens geht es schließlich um die Frage, wie sich filmische Elemente analytisch als Diskurselemente begreifen lassen, um den hier aufscheinenden Zusammenhang zwischen Jugendkultur, Film und Musik in den Blick nehmen zu können. Das lässt sich an dieser Stelle nur exemplarisch anhand dreier Filme diskutieren: „New Jack City", „Boyz N The Hood" und „Juice – City War".[3] Um entsprechende Annäherungen zu ermöglichen, sollen kurz die Voraussetzungen der Filmbranche umrissen werden, die auf die musikindustriellen Entwicklungen der Rapmusik reagiert, wie auch die Musikindustrie frühzeitig und im kleineren Maße filmische Impulse gesetzt hat – Beispiele, die hier nur genannt werden können, wären „Krush Groove" (1985) oder „Tougher than Leather" (1987).

---

2 Vgl. hierzu bspw. die Positionen von Diedrich Diederichsen (1992) und Günther Jacob (1993).
3 Nach bisherigem Recherchestand liegen allein für die Jahre 1991–1992 insgesamt 17 Filme vor, die den genannten Kriterien entsprechen. Neben den drei bereits Genannten sind das für 1991 „Jungle Fever", „Hangin' with the Homeboys", „Strictly Business", „Livin' Large", „Straight Out of Brooklyn", „House Party 2", für 1992: „Brooklyn Girl. Just another Girl in the I.R.T.", „South Central – In den Straßen von L.A.", „Malcolm X", „Trespass", „White Men can't Jump", „Class Act", „Mo Money" und „Boomerang".

1 Zur gesellschaftlichen Situation und den filmischen Voraussetzungen

Der Boom sogenannter Black Movies Ende der 1980er Jahre und zu Beginn der 1990er Jahre lässt sich als Ausdruck einer Frustration über die politische und sozioökonomische Entwicklung der 1980er Jahre in den USA lesen (vgl. Guerrero 1993, Rappe 2010). Allerdings ist dieser Boom mitnichten mit dem ersten Boom zu Beginn der 1970er Jahre in Form der Blaxploitation-Filme zu vergleichen. Stand der erste Filmboom noch im Zusammenhang mit einem afroamerikanischen Empowerment, den ökonomischen Interessen der Filmindustrie und der zugleich aufkommenden kritischen Distanz durch die *Coalition Against Blaxploitation* (CAB), so findet sich dieser ab Mitte der 1980er Jahre nicht mehr.[4] Im Gegenteil, nach der Rücknahme von Sozialprogrammen durch die Reagan-Regierung und der Zunahme der Arbeitslosigkeit sah sich insbesondere die schwarze Community in den Städten einer selbstzerstörerischen Teilung durch billig zu erwerbende Waffen und jeder Menge Crack und Kokain ausgesetzt. Musikalisch begann diese Reflexion mit „The Message" von Grandmaster Flash 1982 und radikalisierte sich über Public Enemy über den X-Clan bis hin zu Professor Griff, Ice Cube und Bodycount. Die Radikalisierung äußert sich auch in den manifesten Positionen eines *Black Nationalism* der *Nation of Islam* und der „Five Percenter", deren Nähe viele Rapper*innen suchen und dies auch artikulieren.[5] Während in New York die Zulu Nation die Gangkriminalität in den Griff

---

4 Zu diesem Zusammenhang und wie die US-amerikanische Filmindustrie Anfang der 1970er Jahre die schwarzafrikanische Bevölkerung als „Markt" entdeckte, vgl. Cook Kenna 2016.

5 Dieser Hinweis kann hier nur rahmend verstanden werden, gleichzeitig erscheint er notwendig, da diese Diskussion zu Beginn der 1990er Jahre sehr intensiv geführt wurde, auch bei scheinbar so kleinen Diskurselementen wie die Thanks- und Shoutout-Listen bei LP-Veröffentlichungen (vgl. hierzu Scheuring 1992). Günther Jacob (Jacob 1992, S. 79) schrieb hierzu aus einer deutschen, linken Position heraus: „Die letzte charismatische Figur ist Farrakhan, der Chef der antisemitischen Black Muslims. Diesen Mangel an radikalen Intellektuellen verdanken wir Rap und Hip-Hop. Wo die ältere Generation versagte, übernahmen schlecht ausgebildete Rapper die Rolle einer Avantgarde, brachten die Community ‚zum Sprechen', verliehen ihr ‚Identität' und hielten die Vorstellung von ‚Unrecht' wach. Mangels Wissens schlüpfen sie in die historischen Kostüme der Vorfahren und bedienen sich recht willkürlich aus deren Lebenserfahrung. Entsprechend groß ist die Konfusion." Und hinsichtlich der Widersprüchlichkeit und Akzeptanz schrieb wiederum Diedrich Diederichsen (Diederichsen 1992b, S. 33): „Jeder lehnt die Nation Of Islam ab, aber immer unter dem Vorbehalt, daß [sic] sieht doch gute Arbeit gegen Drogen in der Community tue, keiner lehnt die Idee des Nationalismus ganz ab, obwohl die meisten in irgendwelchen Dekonstruktions-Projekten stecken,

zu bekommen versuchte und den Hip-Hop als kompetitiver, aber gewaltfreier Austragungsort von Konflikten fungierte, boten Gangstrukturen in ihrer kompromisslosen Gewalt zugleich sozialen Halt und Drogenkriege. Besonders in Los Angeles bestimmten sie zunehmend den Alltag, was sich wiederum konstatierend und partiell reflektierend in Filmen wiederfindet. Beispielsweise steigt „Colors" (1988) mit einem Text-Insert ein, dass zum damaligen Zeitpunkt in und um Los Angeles ca. 600 Gangs mit circa 70.000 Mitgliedern existierten, von denen die „Bloods" und die „Crips" nur die größten seien. Der Film thematisiert die Polizeiarbeit in Form einer Sondereinheit, die gegen die Ganggewalt vorgehen soll. Einen Großteil der Musik des Soundtracks steuert der Rapper Ice-T in Form von Gangsta-Rap bei, entsprechende Filmszenen nähern sich dabei einer Musikvideo-Ästhetik an.[6] Diese Zustandsbeschreibung greift 1991 „Boyz N The Hood" (1991), dessen Handlung ebenfalls in Los Angeles angelegt ist, dann erneut als Text-Insert auf.

Beim Blick auf die Box-Office-Zahlen von Black Movies zwischen 1988 und 1996 in den USA und in Deutschland lässt sich ebenfalls eine Schlussfolgerung ziehen. Hollywood-Komödien und unproblematische Stoffe landen im vorderen Bereich, ebenso Filme mit bekannten Schauspieler*innen wie Whoopi Goldberg und Eddie Murphy.[7] Gleiches gilt für genreübergreifende Filme, die mit einer Schwarz-Weiß-Buddy-Beziehung gezielt ein weißes Publikum ansprechen wollen. Anders als „Beat Street" (1984) hatten Black Movies, die sich am Rande des Hollywood-Mainstreams bewegten, zu Beginn der 1990er Jahre in Deutschland

---

bzw., gerade deswegen. Wer in einer Kultur lebt, wo die Künstlichkeit und Konstruierbarkeit von Identitäten Alltag ist und keine Linke, sondern nur Rechte noch an Person, Autor, Familie, Verantwortung, Authentizität etc. glauben, ist es auch kein Problem, sich einen relativen, strategischen Rahmen für eine Nation zu konstruieren. Nur dass man darüber nicht mehr mit Pop kommunizieren kann und schon gar nicht über die Domäne des Pops: Gefühle." Zur *Nation of Islam* vgl. Walker 2005.

6 In diesem Zusammenhang unbedingt erwähnenswert ist die Zusammenarbeit von Regisseur Abel Ferrara und dem Rapper Scholly D in „King of New York" 1989, in dem Scholly D wesentlich und markant Musik beisteuerte, die als Single erschien, ohne dass es jedoch einen Filmsoundtrack gab (vgl. zum Film, der Kooperation und der Musik von Scholly D ausführlich Rauscher 2000).

7 Das vollzieht sich weder unbemerkt noch unkritisch; eine der kritischen Position aus dieser Zeit findet sich prominent bei bell hooks (hooks 1994, S. 130): „In der Popkultur steht die Präsentation von schwarzer Männlichkeit für rohen Phallozentrismus, Frauenhass, handgreifliche ‚Vergewaltiger'-Sexualität und die eklatante Mißachtung individueller Rechte [...] Prominente wie Eddie Murphy, Arsenio Hall, Chuck D, Spike Lee und viele andere schwarze Männer nutzen blind die Vermarktbarkeit des Schwarzseins und die damit einhergehende Exotisierung phallozentrischer schwarzer Männlichkeit."

nicht den gleichen kommerziellen Erfolg. Spike Lees „Jungle Fever", der im gleichen Jahr bei den Filmfestspielen in Cannes im Wettbewerb lief, landete 1991 in Deutschland mit 147.194 Besucher*innen auf Platz 96 der Jahreskino-Charts, 1992 erreicht „Boyz N The Hood – Die Jungs im Viertel", der im Februar in die Kinos kam, Platz 80 mit 174.207 Besucher*innen. 1993 kommt „White Men Can't Jump – Weiße Jungs bringen's nicht" mit 229.637 Besucher*innen auf Platz 79 (als Erfolgsfaktor zu vermuten ist hier die Besetzung mit Wesley Snipes und Woody Harrelson), noch vor „Malcolm X" (1992), der auf Platz 98 landet (127.306 Besucher*innen bei 38 Kopien).[8] Für die gegenwärtige Situation lassen sich aufgrund der digitalen Verbreitung und des ständigen Angebots auf Streaming-Plattformen derartige Zahlen nicht mehr anführen.

Hollywood sah keine Notwendigkeit, eine eigene „Produktlinie" für ein afroamerikanisches Publikum zu initiieren. Viel lieber setzte man auf eine „shortterm profit strategy", das heißt, es wurden kleine Filme in kurzen Produktionszyklen zu unterschiedlichen Themen und Genres als Einzelprojekte hergestellt.[9] Das spiegelte sich dann auch in der Gleichförmigkeit der Mainstream-Produktionen wider. Daneben gab es noch einen Independent-Filmmarkt von afroamerikanischen Regisseur*innen, die außerhalb der USA kaum einen Verleih fanden, sondern für ihre Verbreitung stärker auf internationale Filmfestivals, wie das Sundance Festival, setzten.

Tab. 1: Übersicht Budget/Boxoffice, eigene Zusammenstellung, Zahlen vgl. Anm. 8.

Jahr	Titel	Budget in Mio. $	Box-Office in Mio. $
1990	House Party	2,5	26.385.627
1991	New Jack City	8,5	47.624.353
1991	Boyz N The Hood – Die Jungs im Viertel	6	57.890.356
1992	Juice – City War	5	20.146.880

Man muss es sich so vorstellen, dass gerade „New Jack City" und „Boyz N The Hood" die kühnsten Erwartungen der Filmindustrie von einer Low-Budget-

---

8 Alle Box-Office-Zahlen und die Besuchszahlen in Deutschland vgl. *InsideKino* http://www.insidekino.com. Zugegriffen am 26. Februar 2021.
9 Zum Vorgehen der Hollywood-Filmindustrie und der projektbasierten Organisation als einer sich herausschälenden Strategie werteten Faulkner und Anderson 2.430 Filme im Zeitraum 1965–1980 aus (vgl. Faulkner und Anderson 1987).

Produktion und einem gleichzeitigen Profitmaximum über alle Maße erfüllten. Es gab dabei aber eben auch ein unberechenbares Moment, wie sich bei der Premiere von „New Jack City" zeigte: Es kam landesweit zu gewalttätigen Auseinandersetzungen zwischen Gangs mit Schusswaffengebrauch. Im Juli bei der Premiere von „Boyz N The hood" stellte die Filmfirma Columbia, die den Film von Anfang an unterstützte, den Filmtheatern Sicherheitskräfte zur Verfügung, um die Premiere durchführen zu können. Trotzdem kam es landesweit vereinzelt zu Gewalt und Schießereien während und nach der Premiere, die zwei Tote und mehr als 30 Verwundete zur Folge hatten. Das zeigt, dass die in den Filmen angesprochenen Probleme und ihre Perspektiven – Derartiges ist beispielsweise von der Premiere von „Colors" nicht bezeugt – einen Nerv in der afroamerikanischen Bevölkerung trafen (und das nicht nur in Los Angeles) und in der Überthematisierung die Paranoia eines weißen Angstdiskurses (vgl. dazu Guerrero 1993, S. 183 f.; Hoffstadt 1995, S. 151 f.).

Die Studiostrategie der projektorientierten Low-Budget-Produktionen bugsierte dabei die afroamerikanischen Filmemacher*innen in das Dilemma, die bzw. ihre Wahrheit über das Leben von Schwarzen in Amerika zu erzählen, mit Blick auf die damit untrennbar verbundene Kommerzialisierung eines Massenpublikums, das eher geneigt war, den vollen Gehalt dieser Wahrheiten zu ignorieren oder auszublenden.

2 Hip-Hop, Gangsta-Rap und Stereotypenbildung

Ohne Frage ist New York die Geburtsstätte des Hip-Hop, allerdings bekam man in Los Angeles und anderswo erst nach 1979 mit, was dies war und bedeutete, als nämlich „Rappers Delight" der Sugarhill Gang als Singleveröffentlichung in den Charts landete und so im Radio wie auch in den Clubs zu hören war – in Los Angeles war es die lokale Radiostation KDAY, die sich auf Hip-Hop und R&B spezialisiert hatte. Als sich dann Anfang der 1980er Jahre regionale Szenen in Detroit, Philadelphia, Atlanta, Los Angeles und in der Bay Area bildeten, besaß Hip-Hop in New York schon eine Geschichte, eine Tradition und somit ein anderes Selbstverständnis – zumal der Wettstreit um den besten Master of Ceremony (MC) regional zwischen Bronx, Queens und Brooklyn ausgetragen wurde; Long Island kam erst Ende der 80er Jahre hinzu. Nicht unberücksichtigt bleiben darf, dass es sich in der Anfangszeit des Hip-Hop um eine situative und deeskalierende Maßnahme handelte. Man veranstaltete Block-Partys, da Diskotheken in

Manhattan nicht zugänglich waren und um Gangrivalitäten zu entschärfen, diese mit anderen Mitteln als Gewalt auszutragen.[10] DJs spielten hierbei eine zentrale Rolle, der MC kam erst im Laufe der Zeit hinzu, um das Publikum anzufeuern, zu unterhalten und bei Laune zu halten. Diesem Grundcharakter kann man noch in den ersten Single-Veröffentlichungen nachspüren; erst mit Grandmaster Flashs „The Message" kam 1982 eine sozialkritische Komponente hinzu. Musikalisch brachten der Drumcomputer Roland TR 808 und der Sampling-Drumcomputer SP 1200, der Nachfolger der SP-12 ab 1987, zu der Zeit einen neuen Sound ins Spiel, nicht nur für Afrika Bambaataa auf „Planet Rock", sondern auch für Run DMC, die Beastie Boys oder LL Cool J, die auf einem hart-aggressiven elektronischen Beat rappten. Darüber hinaus und möglicherweise losgelöst von musikalischen Ästhetiken entwickeln sich Vorstellungen, wie Rapper*innen auszusehen haben, welche Accessoires dazu gehören, sei es der Kassettenrekorder, die Boom-Box, die Kangool-Mütze, die Goldkette oder der Adidas-Turnschuh, pointiert zu sehen und zu hören in: „I can't live without my radio" (L.L. Cool J., 1985) und „My Adidas" (Run DMC, 1986). Ein eigener Stil (respektive „Style") als Ausdruck einer Individualität, die im Moment der Auseinandersetzung – im „Battle", im „Cypha" – immer wieder auf die Probe gestellt wurden.

Musikalisch beginnt Gangsta-Rap 1985 mit Scholly D aus Philadelphia, dessen einflussreiche Single „P.S.K. – What Does it Mean?" zur Schablone für Folgesongs wurde. So bezieht sich Ice-T in seiner Gangschilderung in „6 'N the Mornin'" 1987 in der Reimstruktur ganz explizit auf Scholly D als Vorbild.[11] 1988 erlebte drei wesentliche Ereignisse: Public Enemy veröffentlichen ihr zweites Album („It Takes A Nation Of Millions To Hold Us Back", Def Jam), das aufgrund seiner politischen Texte und der rohen musikalischen Produktion durch die Bomb Squad die Ära der Hip-Hop-Oldschool beendete. Im August startete Yo MTV Raps mit seiner täglichen Sendung, und N.W.A. veröffentlichen ihr erstes Album „Straight Outta Compton". Zum größten Teil besteht dieses aus eher simplen Partysongs, allerdings sorgten die ersten drei Tracks („Straight Outta Compton", „F*** tha Police" und „Gangsta, Gangsta") für einige Aufregung. Ähnlich wie im frühen Hip-Hop beschrieb das Album das von Gangs geprägte Leben auf der Straße in L.A., anders als früher, aber nicht mehr kritisch, sondern entweder in nihilistischer Manier oder hedonistisch preisend. Das liegt

---

10 Zeitgenössisch und immer noch grundlegend für das Verständnis (vgl. Toop 1992, Rose 1994 und Chang 2005, ebenso Kugelberg 2010, zu den ökonomischen Aspekten vgl. Charnas 2010).

11 Vgl. die Dokumentation *HipHop Evolution* Staffel 1, Episode 4 (2016).

durchaus in der musikalischen Tradition Südkaliforniens, man denke an die Beach Boys, die Eagles oder Jefferson Airplane. Auch sie besangen einen hedonistischen Lebensstil, Geld und Frauen, nur dass die früheren Gruppen eben nicht aus dem von Gangs geprägten Stadtteil Compton kamen.

Anfang der 1990er Jahre durchdringen „Black Images" die Kultur und die Medienindustrie, weil Hip-Hop als Musik nicht nur bei Afroamerikaner*innen, sondern zunehmend auch bei weißen Mittelstands-Amerikaner*innen beliebt wird: in der entschärften Form als Konsumprodukt und als Gegenstand der Aneignung und Transformation. Als Katalysator wirkt die musikindustriell forcierte Herauslösung von Rap aus dem Hip-Hop-Zusammenhang, wie die Realness- und Sellout-Diskussionen um damalige Protagonisten wie Vanilla Ice, Snow, 3rd Bass und anderen zeigen. Aneignung und Transformation sind zwei Momente, die Hand in Hand gehen. Die Komplexität schwarzer Images zeigt sich in der Gleichzeitigkeit der heilen Welt einer „Bill Cosby Show" (1984–1992) oder des „Prinz von Bel Air" (1990–1996) sowie den Nachrichten von Lynchmorden, Gangkriminalität und Drogenproblemen. Das lässt sich mit Blick auf Besucherzahlen resp. Erfolgsquoten problemlos auf den Film beziehen, wenn beispielsweise 1992 die Komödie „Sister Act" das Coming-of-Age-Drama „Juice – City War" aussticht oder 1993 die ähnlich erfolgreiche Komödie „Boomerang" ins Verhältnis zu dem Drama „Menace II Society" gestellt wird. In dieser Kontrastierung wird ein weiterer Aspekt deutlich: Afroamerikaner*innen sehen sich zu Beginn der 1990er Jahre in den dominanten Diskursen zunehmend mit medialen Konstrukten und damit Stereotypen konfrontiert – Kriminelle, Fantasie-Figuren oder Stars. Eindrückliche Dialogsequenzen geben hier reflexiv-gesellschaftskritische Momente wieder, wie in „Do the Right Thing" (1989), „Deep Cover" (1992) oder bereits in „Colors" (1988). In letzterem gibt es eine Szene, in der Schwarze Gangmitglieder darüber sinnieren, was ihnen wohl die Zukunft bringe. Auf die Frage, warum er die Gang nicht verlasse und etwas Produktiveres mache, antwortet der Homeboy (Grand Bush): „Yeah, I could quit the gangs. [...] Maybe I'll go to Hollywood and be Eddie Murphy." Dann stellt er die subversive Frage: „You think America is ready to love two niggers at the same time?" Neben der in diesem Zusammenhang gangbezogenen, ganz selbstverständlichen Selbsttitulierung mit den „N-Wort", war es 1988 noch nicht vorstellbar, dass es an der Spitze mehr als einen afroamerikanischen Star geben konnte, und es war auch kein Geheimnis, dass Eddie Murphy einer der bestbezahlten Schauspieler zu Beginn der 1990er Jahre war.

Die Auseinandersetzung mit afroamerikanischen Stereotypen im Film lässt sich historisch über James Baldwins pointiertem Essay „Teufelswerk. Betrachtungen zur Rolle der Farbigen im Film" hinaus im wissenschaftlichen Diskurs ebenfalls bis in die beginnenden 1990er Jahre zurückverfolgen. In der Literatur wird eine Kategorisierung gängiger Klischees von Afroamerikaner*innen diskutiert, die in „Birth of a Nation" (1915) ihren filmischen Kulminationspunkt finden, da sie auf bestehenden Stereotypen aufbauen und von dort aus ganz unkritisch ihre weitere Verwendung finden.[12] Typisierungen finden sich innerhalb des filmischen Erzählens, etwa der Bad Guy, der Pimp, Hustler aus den Blaxploitation-Filmen der 1970er Jahre. Beispielhaft seien nur „Superfly" (1972) oder „The Mack" (1973) erwähnt. Aber auch Toni Montana als „Scarface" im gleichnamigen Film von Brian de Palma 1983 galt und gilt als Rollenmodell für Rapper in den 1990er Jahren.[13] Ebenso greifen die Detektivgeschichten à la „Shaft" (1971) auf Stereotypisierungen zurück, die fortgeschrieben werden. Frühe Hip-Hop-Filme in den 80er Jahren – „Wildstyle", „Beat Street" oder „Krush Groove" – vermitteln Bilder, die für die Kultur außerhalb des Films und somit für eine Form von Stil, Identität, mithin Realness stehen, die aktiv eingefordert wird und sich somit fortschreibt. Gleichzeitig entstehen darüber hinaus habituelle Typisierungen des männlichen Rap-Protagonisten, der in seinem Wunsch nach gesellschaftlicher Anerkennung auf Statussymbole zurückgreift. Das lässt sich später unter dem Begriff des „Bling Bling" subsumieren, und auf die Spitze treibt es dann beispielsweise Notorious B.I.G. Mitte der 1990er mit „Mo Money, Mo Problems".

Weitere visualisierte Typisierungen, die zu Stereotypen werden, greifen auf diskursiver Ebene: die alltägliche Gewalt der Gettos oder der Projects, als von öffentlicher Hand bezahlten Gebäuden innerhalb von Ghettos, die Verführbarkeit durch Drogen, einerseits zum Konsum, andererseits zum schnellen Reichtum, der Hang zur Kriminalität als Überlebensstrategie, der latente und der offene Rassismus, ungleiche Geschlechterverhältnisse, die die männliche Heteronormativität hervorheben und die Frau als austauschbare Begleiterscheinung darstellen, als verfügbares Objekt („Bitch"). Oder dann in reduktionistischer

---

12 Das sind im Wesentlichen drei weibliche und vier männliche Stereotype von Afroamerikaner*innen: Die Mammy, die Tragic Mulatto, die Jezebel, der Tom, der Sambo, der Brute und der Jim Dandy. Vgl. hierzu die umfangreiche Aufarbeitung afroamerikanischer Stereotype, wie sie sich vor allem im 19. Jahrhundert im Zuge der Minstrel-Shows herausbildeten, im Jim-Crow-Museum, online unter: https://www.ferris.edu/HTMLS/news/jimcrow/brute/brute-image-gallery-01.htm. In Anlehnung daran ausführlich kontextualisiert vgl. Rappe 2010, 73–104.
13 Im Extra der DVD-Steel-Box gibt es eine Dokumentation, in der ausschließlich Rapper zu Wort kommen, um die Relevanz des Films als Abbild und Selbstverständnis ihrer selbst entsprechend wortreich darzulegen – bis hin zur Übernahme von „Scarface" als Name eines Rappers.

Manier: die alleinerziehende, zumeist überforderte Mutter, das Crack-Wrack, das sich prostituiert, um den nächsten Schuss zu bekommen.

Sie werden zu Stereotypen oder zu Erzählmustern, um zum einen eine Geschichte als Geschichte dramatisier- und erzählbar zu machen, um innerhalb der Geschichte Orientierung und Stabilität zu geben, um aus der großen Auswahl realer Invarianten zu reduzieren, aber auch um Identitätsangebote zu stiften, die vor dem Hintergrund einer sozialen Realität potentiell anschlussfähig sind. Das läuft Gefahr, Grenzen zwischen Abbild- und Konstruktionscharakter zu verwischen, und führt zu einer Ambivalenz des Erfolgs: Einige der größten Kassenerfolge der Black Movies in den 90er Jahren schreiben Stereotypisierungen fort: Sie sind männlich zentriert, konzentrieren sich auf das Getto oder die Stadt als Handlungsraum und sind in ihrem Charakter adrenalingetriebene Action-Abenteuer-Crime-Filme – das erscheint als ein erfolgreiches Skript, das in der Folge dann Variationen hervorbrachte.[14]

3 „New Jack City", „Boyz N The Hood" und „Juice – City War"

Alle drei Filme repräsentieren einen Erfolg, der auf der Tatsache beruht, dass ihr Skript in einem damals aktuellen sozialen Kontext stand, da die USA von rassistischen und politischen Spannungen gekennzeichnet waren. Die Filme sind als Geschichte fesselnd, integrieren dabei Marketingstrategien und stellen so eine spezifische afroamerikanische Vision dar. Diese und andere Filme eint, ohne dass sie als eine kohärente Bewegung begriffen werden können, eine Randständigkeit in der amerikanischen Mainstream-Filmproduktion sowie inhaltliche Problematisierungen, die sich als Positionen im Sinne einer medialen Artikulation verstehen lassen.

„Boyz N The Hood" beschreibt mit einem Zeitsprung von sieben Jahren das Heranwachsen dreier verschiedener Typen: Tré (Cuba Gooding Jr.), Doughboy

---

14 Diedrich Diederichsen (Diederichsen 1992, S. 30) reflektierte die Problematik 1992 in ihrer Dialektik: „[...] aber das Unbehagen über das Gangsterimage bei meinen New York Freunden gilt ja auch nicht der Drastik und Radikalität von Ice T, Cube, Geto Boys, N.W.A., Too Short etc., sondern der Tatsache, dass sie, die erfolgreichsten Rapper, eine erfolgreiche schwarze Pop- und Gegen-Kultur an ein einziges Stereotyp verramschen, eines, das auch dem entspricht, was weiße Rassisten schon immer gewusst haben wollen." Die Radikalität als solche wäre demnach nicht problematisch, wenn sie nicht Stereotype bedienen würde, gegen die sie vermeintlich ankämpfen will.

(Ice Cube) und Ricky (Morris Chestnut). Alle drei sehen sich der Gewalt und der Perspektivlosigkeit ausgesetzt und versuchen dem mit den jeweils eigenen Mitteln etwas entgegenzusetzen beziehungsweise diesem Alltag zu entfliehen. Sie stehen prototypisch für die jeweiligen Perspektiven, die derjenige hat, der im Ghetto aufwächst. Doughboy ist über sein blaues Tuch zumindest als Anhänger der Crips codiert und sieht sein Leben in einer Gang, um mit Drogen zu dealen. Er ist somit fern jeder Ambition eines Aufstiegs in die Mittelschicht. Für ihn bleibt die Hoffnung, nicht erschossen zu werden oder ins Gefängnis zu wandern. Ricky wählt den Sport, um dem Getto zu entfliehen, und hofft auf ein Stipendium. Das ist ein wiederkehrendes Motiv, auch in späteren Filmen wie „Above the Rim" (1994), „Sunset Park" (1996) oder später dann „He Got Game" (1997). Das greift einen Gedanken W. E. B. du Bois' auf, nämlich den des talentierten Zehntels, das es aus dem Getto schafft. Tré und seine Freundin (Nina Long) wählen den akademischen Weg und versuchen, gemeinsam über einen Collegeplatz aus dem Ghetto herauszukommen. Die Pfade der drei Freunde sind durchweg verschlungen, die Chancen einer jeden einzelnen Vision sind entmutigend und enden für Ricky und Doughboy mit dem Tod. Die subtile Welle der Hoffnung oder der ernüchternde Moment des Alltags zeigen sich aber auch in Szenen wie jener, in der Tré nur durch einen Zufall in eine Polizeikontrolle gerät und ein fanatischer und sich selbst hassender Schwarzer Polizist ihm letztlich seine Pistole in den Mund hält. Es ließe sich gleichermaßen als ein Moment von Gesellschaftskritik wahrnehmen, dass Schwarze Polizisten immer vor dem Konflikt stehen, in Gegenwart von weißen Polizisten gegen Afroamerikaner*innen vorgehen zu müssen, und dies als eine Relativierung, ein Nachgeben hingegen als Schwäche ausgelegt werden könnte. Oder auch die fast zwangsläufig erscheinende Feindschaft bei Begegnungen zwischen Bloods und Crips ließen sich nennen, bei der es keine Vermittlerposition oder einen Verhandlungsspielraum gibt.

Der Film beginnt nach einem Textinsert mit einem Eröffnungsbild, einem Stopp-Schild, wozu auf der Tonspur ein sich entfernendes Flugzeuggeräusch ertönt. Text und Bild passen nicht zusammen, das „Davonfliegen", ein Weg aus dem Getto, scheint es nicht zu geben. Diese Metapher ist zugleich eine doppelte Hommage: einerseits an Too Short und seinen Song „The Ghetto" von 1990,[15] in dessen Video ein Mädchen im Ghetto einem davonfliegenden Flugzeug hinterherschaut, und andererseits an Richard Wrights Erzählung *Native Son* (1940), wenn Bigger Thomas in Chicagos Southside in den Himmel blickt und merkt,

---

[15] Original von Donny Hathaway, in der Fassung von Johnny Grill als Abspannmusik in „Fresh" (1994).

dass er mit dem Flugzeug nirgendwohin fliegen kann. Dem Ghetto kann er nicht entkommen. Das Stopp-Schild taucht 1994 in einer anderen Eröffnungssequenz auf: in „Fresh" von Boaz Yakin, wo es in der gleichen Funktion verwendet, aber zeichnerisch in die Großstadtumgebung integriert wird.

Ice Cube steht im Mittelpunkt des Films, was zu einer Überlagerung der Wahrnehmung führt beziehungsweise diese befördert. Denn Ice Cube ist bis 1989 als Rapper von N.W.A. bekannt und nach seinem Bruch mit N.W.A. als Solokünstler unterwegs. 1991 veröffentlicht er sein kontroverses zweites Soloalbum „Death Certificate", das das im Vorjahr in New York produzierte Debütalbum „AmeriKKKa's Most Wanted" hinsichtlich der gewalttätigen und zum Teil antisemitischen Texte noch übertraf. Im Film nun fließen beide Rollen zusammen, zumal es hinsichtlich der Charakterisierung von Doughboy und der medialen Persona des Rappers Ice Cube erst einmal keine Abweichungen gibt. Diese übereinstimmende Wahrnehmung wird verstärkt durch seine Nachfolgefilmrolle als Gangster in „Trespass" (1992), was zwei Jahre später jedoch aufgeweicht wird, als er in „Glass Shield" (1994) einen unschuldig Verurteilten spielt und in „Higher Learning" (1995) dann den Protagonisten eines widerständigen Bildungserwerbs.[16]

Diese Überlagerung von Rapper*innen- und Schauspieler*innenrolle möchte ich ebenso bei „New Jack City" in den Blick nehmen. Der Film, der in den USA im März 1991 in die Kinos kam, generalisiert, indem er keine spezifische Stadt benennt, sondern zu Beginn als Textinsert „The City, 1986" einblendet. Gleichwohl belegen die auf der Tonspur zu hörenden Nachrichten in ihrer direkten Verortung und die zu sehenden Eingangsbilder, dass es sich um New York handelt. Der Filmauftakt ist programmatisch, denn über eine langsame Kamerafahrt, die von der Freiheitsstatue aus der Vogelperspektive beginnt, werden verschiedene Radioberichte gesampled, die einen Überblick über die ökonomische Situation der USA unter Reagan geben: Die Drogensucht verbreitet sich, die medizinische Grundversorgung kann eigentlich nicht mehr gewährleistet werden, der Wohlstand der Reichen wächst, die Einkommen der Armen sinken, die Staatsverschuldung steigt in astronomische Höhen. Die Szenerie konkretisiert sich – immer noch aus der Vogelperspektive – und landet bei Ice-T und einem Drogendeal, bei dem er allerdings als Cop inkognito ermittelt. Musikalisch erfolgt ein thematisch passender Wechsel von „For the Love of Money" – das gleichnamige Original stammt von den O'Jays (Philadelphia International,

---

16 Die in der Folge zunehmenden Filmaktivitäten als Schauspieler, Produzent und Regisseur sowie die zahlreichen Auszeichnungen können als substantielle Verschiebung gelesen werden.

1973) – zu „New Jack Hustler", als Ice-T als Undercover Cop die Verfolgungsjagd aufnimmt.

Der Film ist das Regiedebut von Mario van Peebles, dem Sohn Melvin van Peebles', das Drehbuch schrieb der Journalist Barry Michael Cooper, der bereits in einem Essay über Teddy Riley den Begriff „New Jack" benutzt hatte (vgl. Cooper 1988).[17] Die Geschichte überzeichnet die Grenzziehungen zwischen Gut und Böse: Nino Brown (Wesley Snipes) baut mit seiner Gang Cash Money Brothers das Geschäft mit der neuen auf dem Markt gekommenen Droge Crack auf. Er übernimmt einen Häuserblock, richtet dort eine Produktionsstätte und Räume zum Drogenkonsum ein und überwirft sich mit seinem ehemaligen Fürsprecher und Paten Don Armateo. Die Sondereinheit kann ihn nicht fassen, erst durch den unkonventionellen Cop Scotty und den von ihm eingeschleusten Spitzel zeigen sich erste Erfolge, die allerdings in einem Rückschlag enden. Ein erneuter Coup führt zur Verhaftung von Nino, doch Scotty kann sich beherrschen, ihn nicht zu erschießen, und es kommt anschließend zur Gerichtsverhandlung. Dort kann Nino allerdings mit einer bemerkenswerten Verteidigung das Strafmaß auf lediglich zwei Jahre drücken, was zur allgemeinen Empörung führt und in deren Folge er schließlich noch im Gerichtsgebäude von einem älteren Mann erschossen wird. Die Geschichte endet mit einem generalisierenden Textinsert: „Although this is a fictional story, there are Nino Browns in every major city in America. If we don't confront the problem realistically – without empty slogans and promises – then drugs will continue to destroy our country." Damit bekommt das Filmende eine moralische Wendung, die der Film selbst gar nicht einlösen kann. Gleichwohl erläutert Hans Nieswandt in der zeitgenössischen (deutschen) Reaktion darauf das Verhältnis von Ursache und Wirkung in der Kritik:

> Ausgenommen Wesley Snipes großes Schlußplädoyer im Gerichtssaal, wo er der weißen Geschworenengruppe (für sein sonstiges Gebaren) etwas zu schlau die absolut korrekte Berechtigung seiner Gangster-Existenz offeriert (hättet ihr mir – schwarz, Mitglied der unteren Klasse – den freien Zugang zu den Errungenschaften der Warenwelt gewährt, anstatt sie mich nur am ausgestreckten Arm anschauen zu lassen, hätte ich mir nicht einen alternativen, Euren Gesetzen nicht verpflichteten Weg suchen müssen, um den Zugang zu Den [sic!] schönen Dingen zu erhalten), bevor er am Schluss ebenso absolut korrekt erschossen wird, weil sein Wohlstand im Ausbeuten der eigenen und nicht der herrschenden Klasse bestand. Gangster-Logik.
>
> (Nieswandt 1991, S. 72)

---

17 Zudem schrieb Cooper in der Folge die Drehbücher für „Sugar Hill" (1993) und „Above the Rim" (1994).

Ice-T hatte bis 1991 lediglich zwei kleinere Filmauftritte in „Breakin'" und „Breakin' 2 – Electric Boogaloo" sowie einige prominentere Video-Auftritte und betonte bis dahin stets seine Gang-Zugehörigkeit beziehungsweise seinen Gang-Hintergrund, was ja auch in seiner veröffentlichten Musik mehr als deutlich zum Ausdruck kam. In „New Jack City" spielt er nun den gerechtigkeitslieben-den Cop Scotty Appleton, der alles dafür tut, um den Gangster Nino Brown zu jagen. Ihm wird der ziemlich blass erscheinende weiße Polizist Nick Peretti (Judd Nelson) zur Seite gestellt. Es ist ein dominantes Action-Thema, das sich an entsprechenden Erwartungen des Kinopublikums orientiert. So kämpft Scotty personifiziert gegen einen außer Rand und Band geratenen, paranoid gewordenen schwarzen Drogenbaron Nino Brown. Die Rolle eines schwarzen Druglords taucht hier erstmals seit den Blaxploitation-Filmen der frühen 70er Jahre wieder auf.[18] Hier fließen verschiedene Unterhaltungsklischees zusam-men, um ein breites Spektrum an möglichen Zuschauererwartungen, seien sie nun schwarz oder weiß, anzusprechen. Das zeigt sich auch in der Selbstein-schätzung von Ice-T hinsichtlich seiner Rolle in New Jack City:

> Denn wenn man Ice T einen Cop abnimmt, dann nimmt man ihm alles ab. Außerdem ist der Typ, den ich spiele, Scotty Applegate, kein Schreibtischhengst in Schlips und Kragen, sondern ein renitenter Randalierer, der pausenlos mit seinem weißen Partner Krach hat. Und dann wird er in einen Drogenring eingeschleust – kannst du dir in der Rolle Tom Cruise vorstellen, wie er mit den Crack-Dealern verhandelt? [...] Ich will eigentlich nur bei Action-Filmen mitmachen. Mein einziges Auswahlkriterium ist, daß ich mir den Film auch selber angucken würde. [...] Vielleicht werde ich ja auch eines Tages mal ein richtiger Ac-tion-Star und gebe dem Schauspielpart ein bißchen mehr Flavour dazu. Ich habe van Damme getroffen. Er ist klein. Ich kann auch Karate, vielleicht werde ich ihm mal den Arsch versohlen.
>
> (Zit. n. Sikora 1993, S. 4)

Gleichwohl vertritt die mediale Persona Ice-T, die als Vorbild den Zuhälter und späteren Literaten Iceberg Slim nennt, bis dato in ihren Repräsentationen das ganze Gegenteil als Gang-Sympathisant und Original Gangster (OG), wie das 1991 veröffentlichte Album auch hieß. Das offenbart nicht mehr und nicht weni-

---

18 Ice-T betonte stets den Einfluss von Blaxploitation-Filmen und stellt „New Jack City" auch in eine genuine Tradition: „Schauspielern fand ich schon immer gut. New Jack City ist der erste echte schwarze Action-Film seit Superfly. Mario von Peebles hat Regie geführt. Sein Vater Melvin war Standup-Comedian und Schauspieler New York, so ein Typ wie Read Fox. Von dem hat er einiges gelernt. Das ist auch kein Blacksploitation-Film, sondern ein Film über Schwarze aus der Sicht der Schwarzen, genauer gesagt aus der eines schwarzen Hustlers." (Zit. n. Sikora 1993, S. 4)

ger die Widersprüchlichkeit, die sich zwischen einer afroamerikanischen Authentizität und der medialen Repräsentation ergibt. Das begriff Ice-T als Spielraum. Möglicherweise führte das dann nach seiner Rolle im fast zeitgleich erscheinenden Film „Ricochet" zu der Entscheidung, mit Ice Cube zusammen in „Trespass" ein Jahr später einen Gangster zu spielen, wenn auch einen vergleichsweise harmlosen.

Im scheinbaren Kontrast zu diesen beiden Filmen kam 1992 das Regiedebüt von Ernest Dickersons in die Kinos: „Juice – City War". Es war ein Film, der sich zwischen dem politisierten und ästhetisierten Raum, zwischen dem Anspruch eines Independent-Films und dem Kompromiss in Richtung einer Mainstream-Produktion ansiedeln lässt. Ernest Dickerson, der als Kameramann mit Spike Lee bei fünf Filmen zusammenarbeitete und sich 1992 nach der Produktion von „Malcolm X" 1992 von ihm trennte, schrieb dafür auch das Drehbuch. Die Szenerie ist in einem großstädtischen Kontext New Yorks dramatisch angelegt, mit viel Schatten und wenig Licht auf den Straßen, sodass man auch mit Blick auf die filmischen Referenzen geneigt ist, an einen späten Film Noir aus den 1950er Jahren zu denken.[19] Dabei kommt Hip-Hop-Musik ganz wesentlich zum Tragen, nicht nur nondiegetisch als Soundtrack. Denn es geht um die Freundschaft von vier jungen Männern, zu deren Alltag eben Hip-Hop-Musik gehört, sei es mit dem Kassettenrekorder auf der Straße zu laufen, das richtige Outfit zu tragen oder seine Karriere als DJ zu planen und voranzutreiben. Die Geschichte folgt der langsamen Zerstörung dieser Freundschaft durch den „Code der Straße", die der dort herrschenden alltäglichen Gewalt ausgesetzt ist, und den schwierigen Zukunftsperspektiven. Jutta Koether (Koether 1992, S. 74) fasste den Film folgendermaßen zusammen:

> Die Lebenssituationen der vier Protagonisten werden am Anfang in einer Art Exposition vorgestellt, dann entfaltet sich eine Studie über Möglichkeiten und Grenzen von Lebensentwürfen schwarzen Teenager von heute, die alle von ziemlich guten, sehr jungen unbekannten Darstellern verkümmert werden: Raheem ist der erwachsenste, aber seine Freundin respektiert ihn nicht, da er sie zur Mutter gemacht hat, Steel ist der kleine Dicke, der

---

19 „The hip-hop came from the fact that that was the cultural context of their lives. Personally, I'm more of a jazz man, but we wanted the milieu of our film noir to be correct and that was hip-hop. My original idea for the story actually came from an old 50s noir, juvenile delinquent movie called *City Across the River*. Other influences were the noir films of Anthony Mann, Don Siegel and Samuel Fuller. The character of Bishop was one that, on the surface, seemed easy to play." (Zit. n. Watson 2011) Für die Besetzung von Bishop mit Tupac Shakur führte Dickerson im Rückblick aus: „All you had to do was put in the rage. But most actors missed that the rage comes from a deep hurt and insecurity. Tupac understood that. He, more than any of the hundreds of actors who auditioned, understood Bishop's vulnerability." (Zit. n. Lamarre 2017)

sich lieb um alle kümmert und Essen besorgt, Bishop ist verzweifelt, kriegt früh eine Waffe in die Hände und wird zum Amokkiller, Q ist die Hauptfigur, ein DJ, der eine coltraneske Mixtechnik erfunden hat und in einer Szene von Queen Latifah als „Local DJ" grinsend eingestuft wird, bevor er dann doch zu einem Wettbewerb eingeladen wird und den Durchbruch schafft, der nicht als ein kommerzieller Erfolg beschrieben wird, sondern als der Weg aus der Peer Group in die Hip-Hop-Kultur. Am Ende kommt es zum Showdown [...] Die einzige lustig-sentimentale, unrealistische Seite an Dickersons Film ist die Darstellung aller Straßen als penibel sauber – gegen alle Ghetto-Klischees.

(Koether 1992, S. 74)

Die Beschreibungsdynamik entspricht in etwa der Geschwindigkeit des Films und der Rapmusik von EPMD oder Naughty by Nature. Es scheint von Dickerson ein Kontrapunkt gesetzt worden zu sein, nachdem die Verknüpfung von Getto-realität, Gewalt, Perspektivlosigkeit, Drogen und (Gangsta-)Rap schon in Filmen vorgenommen wurde, aber die sich wandelnde Hip-Hop- und Jugendkultur keinen Platz mehr bekommt.[20] Und interessanterweise spielt die jugendkulturell eminent wichtige Frage nach dem Stil, den richtigen Sneakern, dem Outfit, dem Kassettenrekorder, den angesagten Platten in Juice eine nicht eben kleine Rolle, denn so beginnt der Film. Der Fokus liegt aber auf dem DJ als Person bzw. dem DJing als Praxis und auf der potentiellen Anerkennung bei dem Wettbewerb. Der DJ ist derjenige, dem sich über sein Empowerment, sein eigenes Training eine Perspektive eröffnet. Graffiti erscheint ornamental als Element des Stadt-bildes, Rap nur über die (gestohlenen und gespielten) Platten bzw. dem Off-Einsatz, und Breakdance kommt überhaupt nicht mehr vor.[21]

Es finden sich nicht nur in den bereits genannten Filmen verschiedene Verweise auf andere Filme, das bekannteste Beispiel in einer analogen Fort-schreibung des Gangstermotivs ist „Scarface" (1983). In „New Jack City" schaut sich Nino Brown die finale Sequenz von „Scarface" an und agiert in bester Tony-Montana-Manier. In „Juice" ist das Ende des Film-Noir-Klassiker „White Heat" (1949) zu sehen, den Dickerson auch als Inspirationsquelle für „Juice" und die

---

20 Das Ende des Films gab Anlass zu häufiger Kritik. Zum 25. Jubiläum des Erscheinens des Films veröffentlichte Paramount Picture 2017 ihn mit einem alternativen Ende, in dem sich Bishop für den Tod und so gegen ein Leben im Gefängnis entscheidet. Ernest Dickerson dazu: „He hears the cops coming and he stops struggling ... and he lets go. It was just an attitude that showed that Bishop wasn't a punk. He was a force that really had to be reckoned with in the right way." (Zit. n. Lamarre 2017, o. S.)

21 Im Gegensatz zu der Häufigkeit von Breakdance-Elementen in Filmen der 1980er Jahre kommt in den 1990er Jahren eigentlich kein Breakdance-Film mehr auf den Markt. Erst nach der Jahrtausendwende kam es zu einem neuen Boom über Crossover-Szenarien und ihren jeweiligen Fortsetzungen; Streetdance, Ballet und Breakdance in Filmen wie „Honey" (2003), „You Got Served" (2004), „Step Up" (2006) oder „Feel the Noise" (2007).

Figur des Bishop angab. Im Zuge eines gemeinsamen Nachmittags bei Q (Omar Epps) zu Hause läuft nebenbei der Film im Fernsehen, und Bishop (Tupac Shakur) verfolgt intensiv Cody Jarrett (James Cagney), indem er vor dem Fernseher bei der Gefängnisprügelei emphatisch mit Schlägen in die Luft mitmischt. Den Toast am Ende „Top of the World" wiederholt er begeistert, aber das Bewusstsein, dass dieser Status als eine realistische Perspektive unerreichbar ist, lässt ihn wütend werden und mit Q kämpfen; Raheem (Khalil Kain) vermittelt zwischen den beiden. Der Konflikt bleibt bestehen, und in der Verführbarkeit von Gewalt als scheinbarer Konfliktlöser wird diese für Bishop zum alleinigen Zweck. Als Q ihn fragt, wofür sie eigentlich kämpfen würden, antwortet Bishop mit einer Gegenfrage: „Wofür bist Du bereit zu sterben?" Das ließe sich rein pathetisch verstehen, würde die Grundhaltung von Bishop nicht in einen allgemeinen Nihilismus münden. Das zeigt sich in der Schlüsselszene zwischen Q und Bishop, in der er Q nicht nur sagt, dass nicht nur er, sondern auch alle anderen ihm gleichgültig seien: „Ich bin ein Stück Scheiße und daran wird sich auch nichts ändern. Aber Du bist noch nicht einmal mehr das, wenn ich mich entschließe, dir das Gehirn zu perforieren. Ich bin der Einzige, vor dem ihr Euch fürchten müsst." Die Intensität der Szene wird ohne Schnitt durch einen Close up auf Bishop und einen drohend tiefen Ton hergestellt, der ohne Rhythmus langsam anschwillt.

Der Soundtrack von „Juice – City War" enthält nicht nur eine Zusammenstellung damals aktueller und angesagter Rap-Musik, sondern sie steht in enger Verbindung mit dem Film und der Jugendkultur, die die vier Hauptprotagonisten verkörpern. So ist der Titeltrack „Juice (Know the Ledge)" von Eric B & Rakim gleichzeitig der Opener, der in den Film einführt. Die Trackliste spiegelt ein „Who is Who" der damaligen Rapszene wider: Big Daddy Kane, EPMD, Naughty by Nature, Aaron Hall, Too $hort, aber auch Son of Bazerk, The Brand New Heavies, Teddy Riley, Salt n' Pepa und Cypress Hill sind auf dem Soundtrack vertreten – letztere interessanterweise mit einem anderen Stück als im Film. Kurz vor der Schlussszene verfolgen sich Q und Bishop gegenseitig und landen auf einer Party, auf der von Cypress Hill allerdings passend zum Geschehen „How I could just kill a man" live gerappt zu hören ist. Unabhängig davon wird im direkten Vergleich der Soundtracks aller drei Filme deutlich, dass die Textur des „Juice"-Soundtracks enger mit dem Film verwoben ist, als das bei „New Jack City" oder bei „Boyz N The Hood" der Fall ist. Bei „New Jack City" dominiert Ice-T mit dem Titeltrack, auch wenn Color me Badd mit „I wanna sex you up" 1991 bei den Grammy Awards eine Nominierung für den besten R&B-Song und 1992 bei den American Music Award einen Award für den „Favorite Pop/Rock Song" bekamen. Ein Lied, das im Film nur eine Nebenrolle spielt, im

Gegensatz zu der thematischen Setzung und breiten filmischen Ausgestaltung durch „For the Love of Money/Living in the City". Eine ebensolche Diskrepanz lässt sich zwischen der verwendeten Musik und dem Soundtrack von „Boyz N The Hood" wahrnehmen, bei dem zwar Ice Cube ebenso den ersten Track bestreitet – „How to survive in South Central" –, der aber eher einen nachträglichen Filmkommentar darstellt, als dass es eine eng angelegte diegetische Verknüpfung zwischen Film und Musik gäbe. Kommerziell erfolgreich waren alle drei Soundtracks: In den Billboard-Jahresendcharts der Top-R&B-Alben kommt „New Jack City" 1991 auf Platz 16, „Boyz N The Hood" belegt Platz 42 und der „Juice"-Soundtrack im Folgejahr auf Platz 32.[22]

Die tendenzielle Unentschiedenheit bei den Soundtracks – Gangsta-Rap, Conscious-Rap, New Jack Swing, R&B, Pop – entspricht auch den zeitgenössischen gesellschaftlichen Debatten. KRS One kämpfte gerade nach „Edutainment" (1990) gegen Gewalt und die musikindustriell konformistische Ausrichtung auf Gangsta-Rap:

> Wollt ihr nun Conscious Rap oder Gangsta-Rap? Freßt euer Geld doch gleich auf. Wenn es euch wirklich um Consciousness geht, kauft „H.E.A.L.". Aber die Plattenhändler stehen ja auf diese Gangsta-Scheiße. And I know that! Es war schon irre schwer für mich, mitten in dem all dem „I'll kill you and blow you away" „Edutainment" rauszubringen, und jetzt komme ich auch noch mit „Beef, what a relief" und „Heal yourself, heal yourself". Ich versuche durch meine Musik ein Gegengewicht zu dieser Art von Gewalt zu schaffen – aber die Leute machen da nicht mit, zumindest nicht in finanzieller Hinsicht.
>
> (Zit. n. Spex 1992, S. 35)

4 Schlussbemerkungen

Das Filmfestival Cannes widmete sich 1991 in einer Art Collection afroamerikanischen Filmen: Spike Lees „Jungle Fever" und Bill Dukes „A Rage in Harlem" liefen im Wettbewerb, John Singletons „Boyz N The Hood" war in der Sektion „Un Certain Regard" zu sehen, und Isaac Juliens „Young Soul Rebels" wurde parallel in der „Semaine de la Critique" gezeigt. Das ist schon eine bemerkenswerte Aufmerksamkeit, die allerdings weder zu einer höheren Zuschauer*innenzahl führte noch zu einer übergeordneten, gesellschaftlich-diskursiv angelegten Auseinandersetzung mit den Themen und ästhetischen Darstel-

---

22 Alle Zahlen vgl. www.billboard.com. Zugegriffen am 27. Februar 2021. Bemerkenswerterweise findet sich 1990 lediglich ein Soundtrack in den Top 100, der Soundtrack zu „House Party", 1992 sind es neben „Juice" zudem noch „Boomerang", „Mo Money" und „Deep Cover".

lungsformen. Entsprechend hart fiel auch das Urteil von Diedrich Diederichsen und Jutta Koether aus:

> Eine solche Zusammenfassung – denn auch, wenn sie nicht offiziell so gemeint war: so wurde sie weltweit rezipiert – ist also eher ein Versuch einer bedeutungslos von Produktion zu Produktion hechelnden Film-Industrie, ohne Verankerung in einem Markt, der auf gesellschaftliche Bewegungen reagieren könnte, sich durch die Ankopplung an Hip-Hop-Kultur, und darüber hinaus an das Jahrzehnt-Thema Rassismus, künstlich neues Leben zu fesseln. Und da der amerikanische Schwarz-Weiß-Gegensatz noch immer die symbolisch kräftigste Codierung eines Zusammenhangs ist, der sich in der Wirklichkeit immer komplexer benimmt, während der Anteil der schwarzen wie der weißen Bevölkerung der USA im selben Zeitraum abnimmt und andere „Rassen" sich anschicken, Amerikaner zu werden, müssen diese Filme stellvertretend auf der Ebene des kommerziellen Kinos verhandeln, was in Europa fest in den Händen alternativer Filmemacher geblieben ist.
> (Diederichsen und Koether 1991, S. 73)

Schaut man sich Black Movies im Zeitraum von 1991 bis 1996 an, so zeigen sich häufig Konstellationen von überwiegend zwei bis vier Protagonist*innen, deren Hauptthema die Freundschaft ist, wie sie besteht, woran sie zerbricht oder was man bereit ist, dafür zu opfern. Das wird eng an die gesellschaftlichen Umstände geknüpft, die im Positiven wie im Negativen als Katalysatoren fungieren, wobei das Negative häufiger anzutreffen ist.

„Boyz N The Hood", „New Jack City" oder „Juice" repräsentieren einen Erfolg, der auf der Tatsache beruht, dass ihre Skripte in einem damals aktuellen gesellschaftlichen Kontext verortet war, als Geschichte fesselnd waren, dabei Marketingstrategien integrierten und so eine spezifische afroamerikanische Vision schufen. Dies kann man auch als einen filmischen Wendepunkt betrachten, und zwar in einer Zeit, in der die USA von rassistischen und politischen Spannungen gekennzeichnet waren. Damit nehmen sie auch einen Diskurs wieder auf, den Spike Lee in „Do the Right Thing" letztlich offenließ und der 1993 von den Hughes Brothers in „Menace II Society" fortgeführt wird, indem der Titel mit „This is the truth. This is what's real" unterschrieben wird. Der Erfolg von Filmen wie „Boyz N The Hood", „New Jack City" oder „Juice" führt dabei dazu, dass sie als sogenannte Getto-Filme auf ebenjenes reduziert wahrgenommen werden, dass sie in einer Abbildfunktion weitergeführt und zitiert werden und dass in der dramatischen Zuspitzung der Filme die soziale Realität einer außerfilmischen Wirklichkeit in den Hintergrund tritt: auch wenn in den drei diskutierten Filmen bei den möglichen Auswegen aus der Perspektivlosigkeit – College, DJ oder der Kampf gegen Drogen – der US-amerikanische Traum als Blaupause eine tragende Rolle spielt. Die Filme tragen, um mit James Baldwin zu sprechen, die „Bürde der Repräsentation", indem sie immer gesehen werden als und reduziert werden auf die Stimme, die Sicht, das Symbol einer gegenwärtigen schwarzen Community in einer populären audiovisuellen Vorstellung. Berücksichtigt werden muss dabei, dass die meistens schwarzzentrierten Erzählungen Spannungen und Perspektiven entwickeln und vermitteln, die sich nicht vollständig einer vorherrschenden Unterhaltungsideologie subsumieren lassen. Unabhängig davon welches Genre die Filme bedienen: Zum Verständnis wird Wissen über den kulturellen, politischen und ökonomischen Hintergrund benötigt. Und zu Beginn der 1990er Jahre gehörte Hip-Hop in all seinen Facetten dazu. Das bedeutet auch bei Filmbetrachtungen dieser Zeit, den entsprechenden Kontext auf jeden Fall mit einzubeziehen. Denn es ist ein Diskurs im Gange, der im Grunde genommen ein einfaches Zurücklehnen unmöglich macht, wenn die Zusammenhänge zwischen medialer Artikulation, Ideologie und Unterhaltung deutlich hervortreten. So bezeichnete der Künstler Gary Simmons 1992 die Show, die Ice-T zusammen mit seiner Band Bodycount veranstaltete, gar als „Minstrelshow":

> Ich habe große Probleme mit Leuten wie NWA, Ice Cube oder Ice T. Es ist immer die Rede von den großen Errungenschaften der African-Americans. Aber was wir tun, ist doch immer noch in erster Linie Unterhaltungsprogramm für Weiße, denen wir Rollen wie den „Original Gangster" vorspielen. Und solche sind dann ja auch viel erfolgreicher als jemand wie die hier (i.e. Brand Nubian, TW), die nicht nur positive sind, sondern auch bessere Musik machen.
>
> (Simmons, zit. n. Diederichsen 1992, S. 29)[23]

Das macht es nun nicht gerade einfacher, wenn Simmons hier zum einen eine ganz substantielle Kritik anbringt, zum anderen allerdings auf die während des Interviews laufende Musik verweist – also die sich zu der *Nation of Islam* bekennenden Brand Nubians. Es braucht zudem die Einordnung, die den Film

---

23 Es sind ja nicht nur die Protagonist*innen, die die Erwartungen an entsprechende Unterhaltungsprogramme bedienen, sondern ebenso auch Orte: „Zahllosen Filmen diente South Central als Vorbild und Kulisse. Die Behauptung, von den Straßen dieses Viertels zu kommen, adelte bislang noch jeden Rapper. Und das Publikum ist mehr fasziniert als geschockt. Dieser sozialtechnische Versuch – getestet wird die Fähigkeit zur Selbstbehauptung unter extremen Bedingungen – wurde niemals Ausgangspunkt einer radikalen Kapitalismus-Kritik. Das Ghetto zählt heute zum Unterhaltungssektor. Es ist der Ort, an dem aus Armut Kunst entsteht, Western Science-Fiction, Krimi, Horror und Dschungelabenteuer zugleich. Doch manchmal brennt das Ghetto [...]. Bevor South Central in den 1. Mai-Tagen explodierte, war es für viele Hip-Hop-Konsumenten längst zu einem militanten Disneyland des Rap geworden, zum grellen und paradoxen Videoclip, zum House of Horror, zu dem, was die Hamburger Hafenstraße für die Leser der ‚Bild am Sonntag' bedeuten könnte, würden sie den Trick der Ästhetisierung beherrschen." (Jacob 1992, S. 78)

und das Sujet nicht ausschließlich phänomenologisch behandelt, sondern mit kapitalistischen Vernetzungsstrategien verkoppelt:

> Die ganz normale HipHop-Musiker-Karriere als hartes amerikanisches Business. Vorbei sind die Zeiten, als der Exoten-Bonus für radikale, religiöse und rassistische Ideologie ihn vergeben wurde und als Grundlage für Hardcore-Sound im HipHop gelten konnte. Seit dem Eingriff von MTV und MC Hammer ist die HipHop-Kultur viel zu verwoben in den beschäftigungstherapeutischen Diskurs der populären Medien dieses Landes, um an „Bekenntnissen" allein sich hochhalten zu können.
>
> (Weingartner 1991, S. 12)

Man kann ja nicht einfach so über Filme, die 28 Jahre und noch länger zurückliegen, mit einer naiven filmhistorischen Brille sprechen, die den Gegenstand als neuartig konturiert und vorsichtig versucht, diesen einzuordnen. Im Gegenteil, der Gegenstandsbereich liegt in seiner Materialität und in seiner Medialität offen vor Augen. Es fehlt auch nicht an zeitgenössischen kritischen, affirmativen, fanbasierten Ordnungsversuchen und Zugängen. Eine ordnende Metaperspektive kann sowohl die Neuartigkeit, die Art und Weise der Auseinandersetzung und die diskursive Behandlung, die Entwicklungslinien, die sich nachzeichnen lassen, in den Blick nehmen. Gerade die Jahre 1991/92 sind in der Hip-Hop-Geschichte, was vielleicht Woodstock für die Hippie-Kultur darstellt. Danach ist nichts mehr, wie es war, das Ganze aber nicht verdichtet auf einem drei Tage Festival und danach mythisch, sondern als Summe und Bestandteil eines umfassenderen gesellschaftlichen Prozesses. Das ist alles andere als voraussetzungsfrei, weil die Situation afroamerikanische Filmemacher*innen alles andere als selbstverständlich war, was Sujets, Budgets und Zugang zum Filmmarkt anbelangt. Es war ebenso voraussetzungsreich, weil dies eine Zeit extremer gesellschaftlicher Spannungen gewesen war – als Stichworte sind hier Präsident George Bush, der erste Irakkrieg und die Invasion in Kuwait, Alltagsrassismus bis hin zu Rodney King als *pars pro toto* und den sich anschließenden Unruhen in Los Angeles zu nennen. Es ist schließlich voraussetzungsreich, weil zu Beginn der 1990er Jahre die Diskussion um die Aneignung von Hip-Hop, schwarzer Kultur sowie schwarzem Kulturgut heftig in den USA geführt wurde – intellektuell, ökonomisch, wissenschaftlich, ganz basal.

Sehr viel stärker als ein konzeptioneller und kommunitärer Hip-Hop-Gedanke hat sich Rap in seinen kommerziellen Vermarktungschancen bewiesen, nicht nur mit der Akzeptanz der Black Community von MC Hammer, dem Wiederaufleben des P-Funk im Rap-Kontext durch Digital Underground, den heftigen Diss-Tracks zwischen N.W.A. und Ice Cube, der Porno-Provokation aus Miami durch Luke Skywalker und die 2 Life Crew, der radikalisierten Botschaft von und durch Public Enemy beziehungsweise deren Abspaltungen und Erweiterungen durch den X-Klan, Sister Souljah und Professor Griff, sondern auch durch die avancierten und ausgefeilten Beat-Sample-Soul-Jazz-Produktionen eines DJ Premier, eines Pete Rocks, eines Prince Paul sowie den immer ausgefeilteren Lyrikkompositionen der Freestyle Fellow Ships, von Rakim, Gang Starr und A Tribe Called Quest. Für viel Aufruhr sorgten innerhalb der Black Community der Erfolg eines Vanilla Ice, dem drohenden Ausverkauf einer auf Glaubwürdigkeit und Wissen beruhenden Kultur mit eigener Ideenwelt und Traditionsbildung. Da waren die weißen 3rd Bass und die Young Black Teenager weitaus weniger problematisch, auch wenn sie so gar nicht die Traditionslinien der Beastie Boys bedienten. Die Adressat*innen der meisten Rap-Gruppen waren bereits Anfang der 1990er Jahre längst nicht mehr irgendwelche Getto-Kids. Man richtete sein Image an der internationalen Nachfrage nach Stereotypen aus, was zu Prozessen der Selbstdiskriminierung führte. In dieses Feld eines explodierenden Musikmarktes und der Ausdifferenzierung von Stilen im Übergang zur New School und der bestehenden gesellschaftlichen Spannungen schlugen nun die hier diskutierten Filme wie eine Bombe ein – narrativ, ästhetisch, stilistisch und in der Verknüpfung von Sujet und Rapper*innen im filmischen Kontext.

Medienverzeichnis

Tabellen

Tab. 1: Übersicht Budget/Boxoffice, eigene Zusammenstellung, In *Inside Kino*. www.insidekino.com. Zugegriffen am 16. Februar 2021.

Literatur

Baldwin, James. 1977. *Teufelswerk. Betrachtungen zur Rolle der Farbigen im Film*. Hamburg: Rowohlt.

Chang, Jeff. 2005. *Can't stop, won't stop. A History of the Hip-Hop Generation*. London: Ebury Press.

Charnas, Dan. 2010. *The Big Payback. The History of the Business of Hip-Hop*. New York: Penguin.

Cooper, Barry Michael. 1988. Teddy Riley's New Jack Swing: Harlem Gangsters Raise a Genius. In *The Village Voice*, 1(3): *Fall 1988*. https://www.villagevoice.com/2020/07/31/teddy-rileys-new-jack-swing/. Zugegriffen am 27. Februar 2021.

Diawara, Manthia (Hrsg.). 1993. *Black American Cinema*. New York/London: Routledge.

Diederichsen, Diedrich. 1991. Islam und Black Muslim in der schwarzen Musik. In *Die versteinerten Verhältnisse zum Tanzen bringen. Beiträge zur marxistischen Theorie heute. Leo*

Kofler zum 80sten Geburtstag – im Gedenken an Ursula Schmiederer, Hrsg. Thomas
  Brüsemeister und Christian Illian. Berlin: Dietz.
Diederichsen, Diedrich und Jutta Koether. 1991. Croisettenmuffel. In *Spex,* 91(6): 72–73.
Diederichsen, Diedrich. 1991. Jazz. Die instinktiven Reisen der Leute und die Pfade des Rhyth-
  mus. In *Spex,* 91(1): 38–39, 74.
Diederichsen, Diedrich. 1992a. Ice T. In *Spex,* 92(5): 27–32.
Diederichsen, Diedrich. 1992b. The Kids are not alright. Abschied von der Jugendkultur. In
  Spex, 92(11): 28–34.
Diederichsen, Diedrich. 2004. Milizen und Mirakel. John Singletons Film Boyz in the Hood. In
  Pop & Kino. Von Elvis zu Eminem, Hrsg. Bern Kiefer und Marcus Stiglegger, 175–181.
  Mainz: Ventil.
Dührkoop, Dennis. 1997. *New Black Cinema der 90er Jahre.* Alfeld (Leine): Coppi-Verlag.
Felbert, Oliver von. 1991. Searchin' for the young S.O.U.L.* Rebels. In *Spex,* 91(5): 26–28.
Felbert, Oliver von. 1993. Geschäft ist nie persönlich. In *Spex,* 93(1): 50.
Hoffstadt, Stephan. 1995. *Black Cinema. Afroamerikanische Filmemacher der Gegenwart.*
  Marburg: Hitzeroth.
Guerrero, Ed. 1993. *Framing Blackness. The African American Image in Film.* Philadelphia:
  Temple Press.
hooks, bell. 1994. *Black Looks: Popkultur – Medien – Rassismus.* Berlin: Orlanda Frauenverlag.
Jacob, Günther. 1992. Burn, Hollywood, Burn! South Central, Beverly Hills und Hollywood im
  Mai. In *Spex,* 92(6): 78–79.
KRS One. 1992. „Ich bin nicht Ghandi". Interview mit John Schecter. In *Spex,* 92(6): 34–37.
Kugelberg, Johan (Hrsg.). 2010 [2007]. *Born in the Bronx. Die Anfänge des Hip Hop.* Edel.
Koether, Jutta. 1992. Five by Five/Juice. In *Spex,* 92(3): 74.
Lamarre, Carl. 2017. Watch Tupac Shakur Shine in Newly Released Alternate Ending for 'Juice'.
  In *billboard.* https://www.billboard.com/articles/columns/hip-hop/7824534/tupac-
  juice-alternate-ending-25th-anniversary-edition. Zugegriffen am 16. Februar 2021.
Meyer, Sabine. 1991. Wo bleibt da der Humor? In *Spex,* 91(4): 5.
Nieswandt, Hans. 1991. Kapitalistische Kopfschmerzen. In *Spex,* 91(9): 72.
o. Verf. *Inside Kino.* www.insidekino.com. Zugegriffen am 16. Februar 2021.
Pilgrim, David. 2000. What Was Jim Crow. Jim Crow Museum Of Racist Memorabilia. In *fer-
  ris.edu.* https://www.ferris.edu/jimcrow/what.htm. Zugegriffen am 31. März 2021.
Rappe, Michael. 2010. *Under Construction. Kontextbezogene Analyse afroamerikanischer
  Popmusik.* Köln: Dohr.
Rose, Tricia. 1994. *Black Noise. Rap Music and Black Culture in Contemporary America.* New
  England: Wesleyan University Press.
Scheuring, Dirk. 1992. Von Hoyerswerda nach Crown Heights und zurück. In *Spex,* 92(1): 38–
  41.
Sikora, Mark. 1993. Der ewige Ice. In *Spex,* 93(6): 4.
Toop, David. 1992. *Rap Attack. #3 African Jive bis Global HipHop.* St. Andrä-Wördern: Hannibal.
Watson, Richard. 2011. Juice fresh 20 years on. In *The Guardian.*
  https://www.theguardian.com/film/2011/sep/29/juice-still-fresh-20-years-on. Zugegrif-
  fen am 16. Februar 2021.
Weingartner, Katharina. 1991. No more B-Boy-Business. In *Spex,* 91(10): 11–12.

Filme und Serien

8 Mile. Regie: Curtis Hanson. US: 2002.
Above the Rim. Regie: Jeff Pollack. US: 1994.
All Eyez On Me. Regie: Benny Boom. US: 2017.
Beat Street. Regie: Stan Lathan. US: 1984.
Boomerang. Regie: Reginald Hudlin. US: 1992.
Boyz N The Hood. Regie: John Singleton. US: 1991.
Breakin'. Regie: Joel Silberg. US: 1984.
Breakin' 2: Electric Boogaloo. Regie: Sam Firstenberg. US: 1984.
Colors. Regie: Dennis Hopper. US: 1988.
Deep Cover. Regie: Bill Duke. US: 1992.
Don't Be a Menace to South Central While Drinking Your Juice in the Hood. Regie: Paris Barclay.
    US: 1996.
Do the Right Thing. Regie: Spike Lee. US: 1989.
Feel the Noise. Regie: Alejandro Chomski. US: 2007.
Fresh. Regie: Boaz Yakin. US/FR: 1994.
He Got Game. Regie: Spike Lee. US: 1998.
Higher Learning. Regie: John Singleton. US: 1995.
Hip-Hop Evolution. Regie: Sam Dunn, Scot McFadyen, Darby Wheeler. CA: 2016–2020.
Honey. Regie: Bille Woodruff. US: 2003.
House Party. Regie: Reginald Hudlin. US: 1990.
Juice. Regie: Ernest R. Dickerson. US/GB: 1992.
Jungle Fever. Regie: Spike Lee. US: 1991.
King of New York. Regie: Abel Ferrara. IT/US: 1990.
Krush Groove. Regie: Michael Schultz. US: 1985.
Malcolm X. Regie: Spike Lee. US/JP: 1992.
Menace II Society. Regie: Albert Hughes und Allen Hughes. US: 1994.
New Jack City. Regie: Mario van Peebles. US: 1991.
Notorious B.I.G. Regie: George Tillman, Jr. US: 2009.
Rhythm + Flow. Regie: Sam Wrench. US: 2019.
Ricochet. Regie: Russell Mulcahy. US: 1991.
Scarface. Regie: Brian De Palma. US: 1983.
Shaft. Regie: Gordon Parks. US: 1971.
Sister Act. Regie: Emile Ardolino. US: 1992.
Step Up. Regie: Anne Fletcher. US: 2006.
Straight Outta Compton. Regie: F. Gary Gray. US: 2015.
Sugar Hill. Regie: Leon Ichaso. US: 1993.
Sunset Park. Regie: Steve Gromer. US: 1996.
Super Fly. Regie: Parks Jr. US: 1972.
The Birth of a Nation. Regie: David W. Griffith. US: 1915.
The Black Godfather. Regie: Reginald Hudlin. US: 2019.
The Cosby Show. Regie: Michael Leeson. US: 1984-1992.
The Fresh Prince of Bel Air. Regie: Andy Borowitz und Susan Borowitz. US: 1990–1996.
The Glass Shield. Regie: Charles Burnett. US: 1994.
The Mack. Regie: Michael Campus. US: 1973.

To Sleep with Anger. Regie: Charles Burnett. US: 1990.
Tougher Than Leather. Regie: Rick Rubin. US: 1988.
Trespass. Regie: Walter Hill. US: 1992.
Unsolved. Regie: Kyle Long, US: 2018.
White Heat. Regie: Raoul Walsh. US: 1949.
White Men Can't Jump. Regie: Ron Shelton. US: 1992.
Wild Style. Regie: Charlie Ahearn. US: 1982.

Cristina Pileggi
Der Wandel intermedialer Praktiken

User-generated Mashups zur Aneignung kultureller Medienprodukte

Zusammenfassung: Die Online-Gemeinschaft befindet sich in einem kontinuier-lichen Wandel, in dem neue Möglichkeiten und Fragestellungen für die Gestal-tung akustischer, visueller und audiovisueller Medien erschaffen werden. Im Fokus der aktuellen Populärkulturanalyse stehen kreative Praktiken des Inter-medialen, die aufzeigen, dass gerade in der digitalen Jugendkultur der Umgang mit Songs, Musikvideos und Filmen über die klassische Rezeption hinausgeht. Jugendliche mutieren von der einfachen Konsument*innenrolle zu amateurhaf-ten Künstler*innen und stellen ihre Interpretationen und Bewertungen von Musikvideos und Filmen als eigenständige Medienprodukte online. Der vorlie-gende Beitrag setzt sich spezifisch mit der Produktion und Rezeption von Mashups als Teil der aktuellen digital-kreativen Jugendkultur auseinander.

Schlüsselwörter: Mashup, Strukturanalyse, Inhaltsanalyse, digitale Referenz-kultur, Rekontextualisierung, Intermedialität, Mikronarrativ, Medienfragmente, Medienrezeption

1 Der aktuelle Mashup-Diskurs

Mashups sind Rekombinationsformate von vorab aufgenommenem und digital publiziertem Medienmaterial. Das Ziel dieser Formate liegt in der Praxis der referentiellen Rekontextualisierung des präexistenten Materials, auf das die Mashups rekurrieren. In sogenannten Supercuts werden beispielsweise wieder-holt Samples sequenziell aneinandergereiht, die sich inhaltlich ähneln. Diese Kette vergleichbarer Inhalte verzerren die ursprüngliche Botschaft des Origi-nalmaterials und versetzen diese durch die Wiederholung in einem neuen Kon-text mit neuer Botschaft. Eine andere Form der Rekontextualisierung findet hingegen in sogenannten Cut-up-Musikvideos statt. Darin persiflieren die Mashup-Künstler*innen aktive wie auch frühere Politiker*innen mithilfe absur-der Kombinationen von öffentlichen Reden und populären Songs. Aus der juris-tischen Perspektive entspricht die Benutzung von nicht-lizenziertem, präexis-tentem Medienmaterial grundsätzlich einer illegalen Aktion: Grundsätzlich deshalb, weil trotz ständiger Restriktionen der rechtlichen Lage (zumindest in

https://doi.org/10.1515/9783110730609-009

der Schweiz) keine deutliche Differenz im Umgang mit Mashups auf Plattformen wie beispielsweise YouTube zu spüren ist.[1] Im Gegenteil: Obwohl die Verwendung des von Dritten hergestellten und nicht lizenzierten Materials die Missachtung von Urheber- und Persönlichkeitsrechten impliziert, gewinnt das Mashup-Format zunehmend an Popularität in der digitalen Jugendkultur.

Seit Beginn der 2000er Jahre konzentrierten sich die wissenschaftlichen Populärkulturstudien zum Mashup überwiegend auf die aufkommende Remix-kultur mit unterschiedlichen Definitionen des Begriffs „Mashup" (u. a. vgl. Mundhenke et al. 2016; Voigts 2015; Schläbitz 2015; Boone 2013; Navas 2012; Sonvilla-Weiss 2010; McGranahan 2010), auf die durch die Digitalisierung neue Differenzierung von Original und Kopie (u. a. vgl. Gehlen 2011; Mason 2008; Wegener 2007) sowie auf die juristische Situation (u. a. vgl. Döhl 2016; Maloy 2010; Gunkel 2008; Shiga 2007). Mit Bezug auf die hier zitierte, exemplarisch gehaltene Literaturauswahl lassen sich zwei Phänomene festhalten: Erstens erörtert jede Studie nur einen bestimmten Bereich der Mashup-Kultur, überdies mehrheitlich im musikalischen Fachbereich. Christine Boone (vgl. Boone 2013) kategorisierte in einem Zeitschriftenaufsatz beispielsweise vier Typologien von Musik-Mashups. Frédéric Döhl (vgl. Döhl 2016) erörtert hingegen die deutsche Urheberrechtsgrundlage für Musik-Mashups. Zweitens findet der wissenschaft-liche Diskurs größtenteils im angelsächsischen Sprachraum statt. Der vorlie-gende Beitrag zielt deshalb auf die Aktualisierung des bestehenden Mashup-Diskurses: Dies geschieht mithilfe eines interdisziplinären Ansatzes der umfas-senden Formatbestimmung, um den aktuellen Wandel intermedialer Praktiken am Beispiel des Mashups in der digitalen Referenzkultur empirisch näher zu bestimmen.

2 Die Mashup-Komposition

Die Aufzählung „Write it, cut it, paste it, save it, load it, check it, quick rewrite it" aus Daft Punks „Technologic" (2005) unterstreicht die vielfältigen Nutzungs- und Veränderungsmöglichkeiten von Medienmaterial dank neuer digitaler Technologien. Mit wenigen Klicks kann eine ganze Reihe von Anpassungs-schritten getätigt werden: Datei(en) herunterladen, die Datei(en) speichern,

---

1 Seit dem 15. April 2019 gilt beispielsweise die neue Richtlinie des Europäischen Parlaments und des Rates im digitalen Binnenmarkt, doch der Umgang mit Mashups scheint sich seitdem nicht sonderlich verändert zu haben (vgl. EDA).

fragmentieren, adaptieren, einfügen, herausschneiden, neu einsetzen und wieder rekombinieren. So oder ähnlich verfahren die Arrangeur*innen bei der Produktion des gewünschten Mashup-Formats und dessen Veröffentlichung. Während die Musik- und Filmindustrie versucht, die Urheberrechte der betroffenen Künstler*innen und Produzent*innen zu stärken, eignen sich die Nutzer*innen durch die einfache Verwendung digitaler Werkzeuge und mit relativ wenig Aufwand ein professionelles Kompetenzprofil an. Online-Nutzer*innen arrangieren neue Medienprodukte, indem sie Originalwerke von Dritten de- und rekonstruieren und diese anschließend auf sozialen Netzwerken sowie auf Videoplattformen distribuieren. Die Rekombination bewirkt neue Rezeptionsmöglichkeiten des bereits bekannten Materials. Der Anreiz einer Mashup-Produktion liegt demnach in der Rezeptionsweise, weswegen die Komposition der einzelnen Elemente im Mashup akkurat und nicht willkürlich erfolgt. Die medienkulturelle Analyse intermedialer Praktiken am Beispiel des Mashups beginnt deshalb im Beobachten des Produktionsverfahrens im Hinblick auf die Struktur und den Inhalt. Darauf aufbauend schließt sich eine Untersuchung der Hauptcharakteristiken des Mashups an.

Aus dem Englischen übersetzt bedeutet „mashup" vereinfacht „vermischen". Diese Simplifizierung in der deutschsprachigen Übertragung ist womöglich eine der Ursachen für die (zu) allgemeine Verwendung des Terminus. Doch das Vermengen von Samples ist nicht mit allgemeinen Mischprozessen gleichzusetzen. Aus der rapiden technologischen Entwicklung der Digitalisierung ergeben sich verschiedene Mischtechniken von Medienprodukten, wobei nicht jedes Endprodukt auf ein Mashup zurückzuführen ist. Musik- und populärkulturwissenschaftliche Untersuchungen zu Mashups stellen verschiedene Mashup-Arten vor (vgl. u. a. Mundhenke et al. 2016; Voigts 2015; Schläbitz 2015; Boone 2013; Navas 2012). Zum Teil sind diese nach dem Medienformat benannt – also: Musik-Mashup, Film-Mashup, Trailer-Mashup etc. –, teilweise werden sie nach ihrer Zusammensetzungsform bezeichnet (beispielsweise Literal Video, Cover-Mashup, Megamix-Mashup oder Cut-up). Unter Berücksichtigung dieser Formate erscheint es mir sinnvoll, eine neue Klassifikation der Mashup-Formate vorzunehmen, die sich auf alle visuellen, akustischen und audiovisuellen Mashups anwenden lässt. Für die Strukturanalyse gilt es zu ermitteln, welche Muster sich in Bezug auf den Gegenstand und die Art und Weise der Kombination ergeben. Auf der Basis der Materialität des Mashups kristallisiert sich eine Konzeption, die dazu anregt, zwischen den Erscheinungsarten von „reinen Mashups" und „modulierten Mashups" zu differenzieren. Unter „reinen Mashups" klassifiziere ich alle Mashups, in denen verschiedene Originalquellen infolge einer Auswahl übernommen und danach fragmentiert im Mashup eingesetzt (nach dem „copy/paste"-Prinzip) werden. „Modulierte Mashups" enthalten im Gegensatz dazu neue, von den Mashup-Künstler*innen arrangierte Produktionsteile. Dies betrifft mindestens eine Ebene des akustischen, visuellen oder audiovisuellen Medienmaterials. Das kann beispielsweise in Form eines akustischen Kommentars erscheinen, wie es beim Literal Video der Fall ist, oder als komplett neue audiovisuelle Performance wie beim Cover-Mashup. Die Unterscheidung zwischen „reinen" und „modulierten" Mashups beruht somit auf der Erscheinungsart der Produktionsmaterialien respektive auf dem, was vermischt wird. Wie die Materialien kombiniert werden, beruht auf der intermedialen Erscheinungsform der verwendeten Techniken: Die Montage der Samples erfolgt im Mashup entweder über harmonische und rhythmische Modulationen sequenziell oder palimpsestartig geschichtet und somit kontrapunktisch[2]. Aus den wiederkehrenden Mustern der Strukturanalyse resultieren vier Mashup-Formate, die allen akustischen, visuellen und audiovisuellen Mashup-Subformate übergeordnet sind: das sequenziell-reine Mashup, das sequenziell-modulierte Mashup, das kontrapunktisch-reine Mashup und das kontrapunktisch-modulierte Mashup (vgl. Abb. 1). Erst durch die Definition dieser übergeordneten Mashup-Formate können die unterschiedlichen Subformate verglichen und systematisch strukturell wie auch inhaltlich untersucht werden.

Die Inhaltsanalyse von Mashups konzentriert sich hingegen auf die Referenzialisierung der verschiedenen Fragmente und die Neukonstruktion von Botschaften. Die Referenzen werden also im Mashup in ein neues Licht gebracht, woraus neue Sinnkonstruktionen entstehen und neue Botschaften gesendet werden. Die Inhaltsanalyse entpuppt sich als Mikroanalyse (vgl. Voigts 2018, S. 269–270) der einzelnen Narrative und Referenzen, die in den benutzten Fragmenten vorhanden sind. Die strukturelle Komposition dieser Mikronarrative determiniert die Einzigartigkeit jedes einzelnen Mashups. Vor allem urheberrechtliche Debatten blenden die Tatsache aus, dass die Einmaligkeit der Mashup-Produktionen in der inhaltlichen Referenzzusammenstellung und der Rekontextualisierung des Präexistenten liegt. Die damit steigende Komplexität der Mashup-Analyse belegt, dass die Mashup-Praxis nicht nur im strukturellen Sinne einen subkulturellen Wandel durchläuft, sondern Teil einer stetig wachsenden und sich entwickelnden digitalen Referenzkultur ist.

---

2 Der Kontrapunkt hat in der Musik- und in der Filmwissenschaft unterschiedliche Bedeutungen. Im Rahmen der Mashup-Analyse wird der Kontrapunkt für die Gegenüberstellung eines strukturellen und/oder inhaltlichen Codes gegen einen anderen Code verwendet.

Gattung	Erscheinungsform	Erscheinungsart	Format	Exemplarische Subformate
Mashup	sequenziell	rein	sequenziell-reines Mashup	Supercut
		moduliert	kontrapunktisch-moduliertes Mashup	Cover Mashup
	kontrapunktisch	rein	kontrapunktisch-reines Mashup	Cut-up
		moduliert	kontrapunktisch-moduliertes Mashup	Literal Video

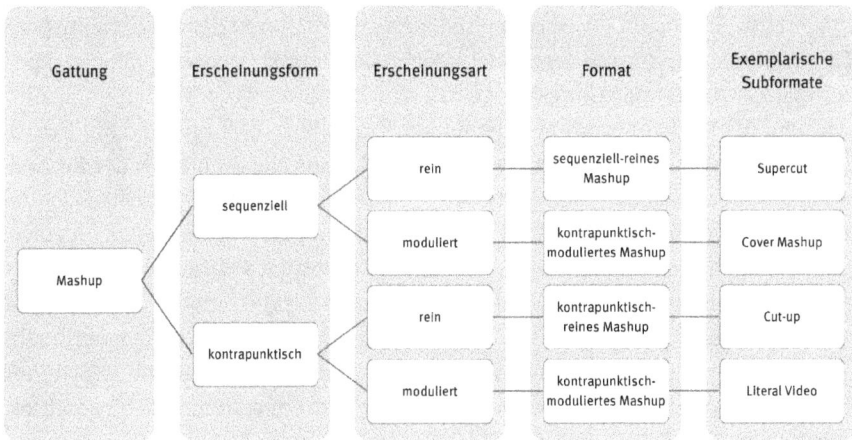

Abb. 1: Systematische Kategorisierung der Mashup-Gattung nach Erscheinungsform, Erscheinungsart, Format und exemplarische Subformate

3 Die Materialität des Mashups

Eine der grundlegenden Eigenschaften der Mashup-Praxis zeigt sich in der Untersuchung ihrer Materialität. Julia Genz und Paul Gévaudan unterscheiden bei der Materialität eines Mediums zunächst zwei Arten von Zeichen: das materielle Zeichen (beispielsweise die Filmstruktur oder Kameraführung als Zeichen) und das codierende Zeichen (zum Beispiel die übergeordnete Botschaft einer Filmsequenz als Zeichen, vgl. Genz und Gévaudan 2016, S. 12). Das materielle Zeichen bezieht sich auf die Textur oder Struktur eines Mediums. Dahingegen verweist das codierende Zeichen auf die Repräsentation des Inhalts oder – um es mit Walter Benjamin zu benennen – auf die „Aura des Werkes". Aus der semiotischen Analyse von Genz und Gévaudan ergibt sich, dass eine Routinisierung der Decodierung eines bestimmten Zeichens den Wahrnehmungsfokus auf den Inhalt und fort vom Ausdruck lenken kann (vgl. ebd., S. 51f.). Übertragen auf das praktische Erlebnis des Musikhörens bedeutet dies, dass – während beim ersten Hören die Konzentration auf dem codierenden Zeichen beziehungsweise allgemein auf der Musik (dem Klang, der Emotion und dem Ausdruck) liegt – sich beim wiederholten Hören der Fokus auf deren Inhalt (Melodiestruktur, Botschaft des Musiktextes etc.) als materielles Zeichen verschiebt. Nutzer*innen, die ein Mashup produzieren, kombinieren das materielle und das codierende Zeichen unterschiedlicher Medienprodukte, wobei dies erst durch die eigene Rezeptionserfahrung möglich ist. Mashup-Künstler*innen sind in erster Linie Rezipient*innen respektive Konsument*innen des Medienangebots. Die Weiterverarbeitung dieses Medienangebots ergibt sich aus dem eigenen Rezeptions- und Aneignungs-prozess. Somit repräsentieren Mashups die Auswirkung der Medienrezeption, oder anders formuliert: Mashups sind die virtuelle Form der face-to-face stattfindenden Folgekommunikation nach der Rezeption massenmedialer Medieninhalte. Ähnlich deutet Michael Serazio die Mashup-Produktionen, wenn er schreibt: „I argue that the mash-up represents a clever and fitting expression of today's youth media experience" (Serazio 2008, S. 80). Die Medienerfahrung durch Mashups gestaltet sich umso intensiver, zumal sie viel Raum für Interpretationen, Feedback und Variabilität des Medieninhalts zulassen. Neue Mediengattungen wie Mashups können gemäß Simon A. Frank somit „das Vehikel sein, wenn im Kontext des Kunstverständnisses eine bidirektionale Kommunikation erwünscht [sic] wird" (Frank 2016, S. 243). Damit ist nicht gemeint, dass jedes Feedback auf Peer-community-Plattformen wie YouTube ein Kunstwerk darstellt. Vielmehr schafft die Digitalisierung ein Netz von Akteur*innen, das selbstregulierend und basierend „auf gesellschafts- oder kunsttheoretischen Konzepten" die referenzkulturellen Medienprodukte bewertet oder sogar neu ordnet (vgl. Frank 2016, S. 245–246). Die exemplarische Analyse des Supercuts „Hit By A Bus* – The Supercut" (2013), der von Harry Hanrahan unter seinem Nutzernamen hh1edits am 5. Februar 2013 auf YouTube veröffentlicht wurde, zeigt, dass Mashups auch als Kritik fungieren: In dem über zwölf Minuten langen Video erscheint sequenziell immer dieselbe Szene aus 78 unterschiedlichen Filmen und Fernsehserien aus den Jahren 1967 bis 2012, wobei 64 dieser Produktionen erst nach der Jahrtausendwende entstanden sind. Der Supercut beginnt mit einer Szene aus „Ghost Town" (2008), in der eine Klimaanlage aus einem Hochhaus und direkt auf den Protagonisten zu fallen scheint. Die vier Sekunden des Stürzens begleitet visuell eine eingeblendete, weiße Überschrift, die den Titel des Supercuts und den Namen des Mashup-Künstlers nennt. Der telefonierende Protagonist schaut nach oben und kann in letzter Sekunde der Katastrophe mit einem Schritt zurück auf die Straße ausweichen. Was darauf folgt, ist das sich in allen Samples dieses Supercuts wiederholende Element. Die Szenerie verändert sich, der Inhalt der Szene bleibt jedoch gleich: Unaufmerksam läuft jemand über die Straße und wird von einem Bus überfahren. Manche Darstellungen sind brutal, andere komödiantisch, doch verlaufen sie immer nach demselben Prinzip. Während das Muster zu Beginn überrascht, stellt sich nach einer Weile jene Habituation ein, welche die Rezeption der in diesem Fallbeispiel im Durchschnitt acht Sekunden dauernden Samples nicht mehr auf das codierende, sondern auf das materielle Zeichen lenkt. Dass der Unfall in „Ghost Town" eine Schlüsselszene für den weiteren

Verlauf der Filmkomödie darstellt, ist für die Rezeption des Supercuts irrelevant. Genauso unwichtig erscheinen die Geschichte jener zwei Brüder, die in „The Brothers Solomon" (2007) dem Vater ein Enkelkind schenken möchten, die Horrorgeschichten aus „Final Destination" (2000) oder die Jugendprobleme einiger Schülerinnen aus „Mean Girls" (2004). Das verbindende Element all dieser Geschichten ist diese eine Szene, in der jemand von einem Fahrzeug überfahren wird. Wie die Strukturanalyse der ersten Minute des Supercuts zeigt (vgl. Abb. 2), können Mashup-Künstler*innen durch die simple Schnittmontage eine große Varianz an Filmgattungen kombinieren.

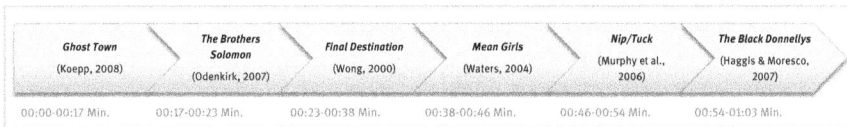

Abb. 2: Strukturanalyse der Bild-, Text- und Tonebene des Supercuts „Hit By A Bus* - The Supercut" (hh1edits, 2013, 00:00–01:03 Min.)

Aus der Rezeptionsperspektive wäre nun zu fragen, inwiefern es möglich ist, dass unterschiedliche Filmgattungen dieselbe Szene enthalten. Obschon die Darstellung variiert, ist es doch verwunderlich, dass das Publikum im Zeitraum von 45 Jahren in mindestens 64 Filmproduktionen die gleichen Inhalte vorgeführt bekommen hat. Richtig bewusst nimmt man diese Tatsache erst dank solcher Mashup-Produktionen wahr. Der Supercut repräsentiert folglich nicht nur eine witzige Bastelproduktion von Fankulturen, sondern vor allem auch eine Kritik an der Unterhaltungsindustrie. Dies kristallisiert sich aus weiteren Supercut-Analysen heraus, in denen nicht nur Filmszenen, sondern auch Zitate aus unterschiedlichen Filmen isoliert werden. Mit solchen Supercuts zeigen Mashup-Künstler*innen, inwiefern Filmnarrationen sich oft aus alltagssprachlichen Floskeln zusammensetzen. Auffällig ist dabei die extreme Geschwindigkeit, mit der die Samples sequenziell aufeinandertreffen. In Sekundenbruchteilen wiederholen sich die Inhalte der Fragmente, sodass lediglich das isolierte Element (sprich die Wiederholung) in der Rezeption auffällt. Konsequenterweise sind die Samples nur auf der Ebene des materiellen Zeichens – dem sich wiederholenden Element in Form eines Filmausschnitts – zu rekontextualisieren. Die Geschwindigkeit der aufflimmernden Samples verhindert eine erweiterte Rekontextualisierung der Samples (zumindest im ersten Rezeptionsdurchgang). Diese Art von Ausdrucksmittel für Nutzer*innen offenbart sich laut Reinhold Viehoff gerade im Hinblick auf die Mashups als „unausweichliche

Konsequenz der digitalen Kommunikationsmöglichkeiten" (Viehoff 2016, S. 53). Die direkte Folge der digitalen Kommunikation macht aus jedem Medienrezipierenden eine*n Medien-(ko)-produzierende*n.

4 Die Intermedialität im Mashup

Das zweite grundlegende Kennzeichen eines Mashups liegt in der intermedialen Komposition der unterschiedlichen Medienfragmente. Irina O. Rajewsky versteht das Phänomen der Intermedialität einerseits allen medialen Bezugssystemen übergeordnet und andererseits als parallele Medialitätsform (als „Phänomene, die [...] in irgendeiner Weise zwischen Medien anzusiedeln sind"), die in Relation zur Intramedialität („Beziehung jener Phänomene [...], die [...] innerhalb eines Mediums bestehen [...]") und Transmedialität („Phänomene, die man als medienunspezifische ‚Wanderphänomene' bezeichnen könnte") auf derselben Ebene steht (Rajewsky 2002, S. 12). Innerhalb dieser Definitionen trifft Rajewsky eine erweiterte Differenzierung im Bereich der Inter- und Intramedialität: Zu letzterer zählt sie alle intertextuellen Bezüge, die innerhalb zweier Texte erstellt werden können. Intertextualität existiert jedoch auch „als literarischer Sonderfall intermedialer Bezüge und somit als Sonderfall einer Subkategorie des Intermedialen" (ebd., S. 156), wovon sie insgesamt drei zählt.

Die erste Subkategorie ist die „Medienkombination". Dabei handelt es sich um die Zusammenstellung distinkter Medien, wodurch ein in seiner Grundstruktur neues Medium entsteht. Aus der Kombination eines Bild- und eines Tonmediums beispielsweise wird ein audiovisuelles Medienprodukt erzeugt. Die dabei entstandene Intermedialität ist „kommunikativ-semiotischer" Art (ebd., S. 15f.). Diese an die Materialität und deshalb semiotisch gebundene Intermedialität lässt sich auch bei der dritten Subkategorie des „intermedialen Bezugs" finden. Durch die Bezugnahme auf einen medialen Text in einem anderen Text werden neue Bedeutungsstränge gebildet, woraus sich neue Assoziationsmotive entfalten. Im Gegensatz zum kommunikativ-semiotischen Bezugssystem der Intermedialität orientiert sich die zweite Subkategorie, der „Medienwechsel", eher „produktionsästhetisch", liegt diesem Bezugssystem doch eine produktionsästhetische Transformation eines Textes zugrunde (vgl. ebd., S. 16). Weil im Mashup keine Mediengrenzen überschritten werden, kann es als transmediales Phänomen erst einmal ausgeschlossen werden. Auch ein Medienwechsel findet im Mashup nicht statt. Systematisch betrachtet gibt es keine Medientransformation im Sinne einer Übersetzung eines semiotischen Textes in einen anderen. Es besteht zwar die Möglichkeit, einen Song für die

Mashup-Kreation in eine bestimmte Tonart zu transponieren oder zu modulieren, doch entsteht hier kein radikaler semiotischer Medienwechsel. Dies liegt
vor allem an der Materialität des Mashups: Das Mashup ist an einen Code gebunden, der nur im Rahmen derselben Materialität operationalisierbar ist. In
dieser Hinsicht umfassen Mashups intertextuelle Bezüge, welche als Sonderfall
intermedialer Phänomene gelten. Zudem zeichnet sich in der Analyse ab, dass
das Mashup zur kommunikativ-semiotischen Intermedialitätsform (als Medienkombination und als intermedialer Bezug) gehört. Im Umkehrschluss illustriert
die Analyse der Intermedialität im Mashup, dass die Kombination der einzelnen
Samples keine produktionsästhetischen, sondern kommunikativ-semiotische
Bezugssysteme kreiert. Erst diese Intermedialitätsform ermöglicht die Rekontextualisierung der eingesetzten Originalfragmente im Mashup.

Mashup-Künstler*innen brechen die Integrität des Originalwerks insofern
auf, als das Original in einem ersten Schritt abstrakt, also nur als Code-
Information verwendet wird. Die Verbindung mehrerer solcher Code-
Informationen führt dann zum kommunikativ-semiotischen Bezug, wobei dem
Material gerade aufgrund des neuen Kontextes auch eine neue Bedeutung zugeschrieben werden kann. Trotz exakter Duplizierung der digitalisierten Originalwerke ist das Original in der Abstraktion der Code-Information nicht mehr als
Unikum zu betrachten (vgl. Gehlen 2011, S. 15). Die digitale Referenzkultur entspricht somit einem Netzwerk von Fassungen ohne Urfassung. Es handelt sich
vielmehr um Spuren, die wie bei einem Autobahnnetz stets neue Wege einschlagen, sich überkreuzen und wiederum in verschiedene Richtungen ziehen.
Dies demonstriert auch das Nicht-Vorhandensein eines äquivalenten Mashups;
es gibt – selbst beim Einsatz gleicher Code-Informationen – keine zwei gleichen
Mashups (vgl. Döhl 2016, S. 89). Das Mashup versteht sich auf diese Weise als
ein Konvolut bereits bestehender Spuren, wobei die gezielte Anordnung der
Spuren jeweils eine neue Reise mit alternativen Sinnstrukturen bedeutet. Diese
metaphorische Beschreibung des Mashups soll die Theorie des offenen Kunst-
werks im Sinne Umberto Ecos (vgl. Eco 2016) klarer darlegen: Jedes Kunstwerk
besteht aus mehreren strukturellen (Codes) und kontextuellen Ebenen (Bedeutungen). Während die strukturelle Ebene dem materiellen Zeichen entspricht,
repräsentiert die kontextuelle Ebene das codierende Zeichen im Material der
Samples. Diese Ebenen verursachen nicht nur mehrdeutige Interpretationswege
der gleichen Samples, sondern eben auch mannigfaltige Bearbeitungs-
möglichkeiten des gleichen Materials. Wie stark die Codes und Bedeutungen in
eine bestimmte Richtung durch Mashups gelenkt werden können, um damit
bestimmte Botschaften auszusenden, zeigt die YouTube-Serie „Read My Lips"
des schwedischen Musikers, Filmeditors und Regisseurs Johan Söderberg und

der Produzentin Kristina Aberg. Die Reihe zielt darauf, Kritik an den Weltführer*innen zu üben, indem die Politiker*innen im Mashup scheinbar zum Singen von kontextuell unpassenden Popsongs gebracht werden. Dabei findet nur selten eine Manipulation des materiellen, häufiger aber eine des codierenden Zeichens statt. Die technische Umsetzung gestaltet sich durch einfache Schnittmontage, Screen-Splits, (visuelle) Zeitlupeneinsätze und die Schichtung der Samples. Von dieser Serie sind auf Atmomedia, dem offiziellen YouTube-Kanal von Söderberg und Aberg, nur noch zwei Videos übrig geblieben.[3] In einem dieser beiden Videos – „Read My Lips by: Atmo" (2006) – singen George W. Bush und Tony Blair das klassische Duett „Endless Love" (1981), ursprünglich von Diana Ross und Lionel Richie. Mit dieser Kreation kommentieren die Mashup-Künstler die besondere Beziehung zwischen der US-amerikanischen und der britischen Regierung in jenen Jahren. Über die Zeitspanne von etwa einer Minute des Duetts wurde die Tonebene des Originalvideomaterials gelöscht. Anstelle der Stimmen von Bush und Blair erklingen die von Lionel Richie und Diana Ross. Im Clip verkörpert in visueller Hinsicht Georg W. Bush den Sänger Lionel Richie, während Tony Blair Stimme und Part von Diana Ross übernimmt. Die Pausen zwischen den Versen werden auf visueller Ebene vor allem durch gemeinsame Fernsehmomente der beiden Politiker gefüllt.

Das Duett beginnt (nach einem kurzen Vorspann und dem Jingle der Serie) mit der Klavierintroduktion von „Endless Love" (1981). Visuell begleitet diese Introduktion ein in der Postproduktion gespiegeltes Bild, in dem insgesamt zwölf Offiziere im Gegenmarsch die US-amerikanische und britische Flagge halten. Als die Stimme von Lionel Richie mit „My Love" einsetzt, wird George W. Bush in Zeitlupe gezeigt, sodass sein Mund denselben Vers zu formen scheint wie Richies. In der darauffolgenden musikalischen Pause sieht man in einer Nahaufnahme Tony Blair nickend. Zurück bei George W. Bush erklingen die Verse „There's only you in my life / The only thing that's bright", wobei auf „you" und in der kurzen Pause zwischen den Versen Bewegtbilder von gemeinsamen Fernsehauftritten gezeigt werden (vgl. Abb. 3). Als die Stimme von Diana Ross einsetzt, kehrt sich hingegen die Bildabfolge um: Tony Blair scheint die Verse zu singen, während sein Partner George W. Bush aufmerksam und liebevoll zuhört. Das Duett endet relativ abrupt und entsprechend aussagekräftig in Minute 00:01:13 mit dem Schwarz-Weiß-Bild eines Bombenschlags. Ein kurzer

---

3 Ich vermute, dass die Serie ursprünglich über eine größere Anzahl solcher Mashups verfügte, die jedoch aus urheberrechtlichen oder politischen Gründen nun nicht mehr zugänglich sind oder gelöscht wurden.

Abspann mit dem Jingle der „Read My Lips"-Serie kündigt sodann das Ende des Mashups an.

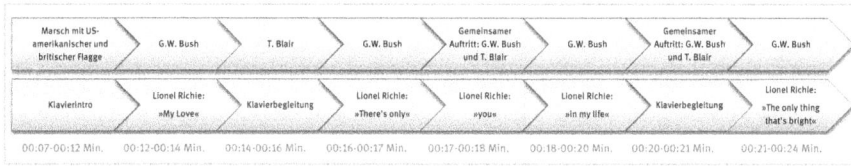

Abb. 3: Strukturanalyse der Bild-, Text- und Tonebene des Musikvideo-Mashups „Read My Lips" by: Atmo (Atmomedia, 2006, 00:07–00:24 Min.)

5 Der Wiedererkennungsfaktor im Mashup

Die Wiedererkennung der Samples stellt eine weitere Haupteigenschaft des Mashups dar. Sie ist nötig, um die Rekontextualisierung wahrnehmen und verstehen zu können. Um die Identifikation der Samples zu gewährleisten, verwenden Mashup-Künstler*innen Techniken der Wiederverwertung, die eine Transcodierung derselben Materialität ermöglichen. Die Adaption des Medienmaterials dimensioniert sich dabei gemäß Sarah Cardwell entweder als Prozess oder als (End-)Produkt (vgl. Cardwell 2002, S. 11f.). Im Mashup findet im Sinne eines Adaptionsprozesses ein Kontinuum von Anpassung und Variationen des bereits publizierten Medienmaterials statt. Dabei sind die Bildtext- und Tontechniken des Palimpsests, des Remixes und des Samplings zu betonen. Sie strukturieren das Produktionsverfahren und verkörpern zugleich metaphorische Kulturphänomene.

Exemplarisch lässt sich diese Bilateralität von Produktion und Praxis in der Musik aufzeigen: Die technologische Einführung des Samplings steuerte die Musikindustrie aufgrund der neuen Möglichkeiten der Musikproduktion dahin, bestehendes Material zu verzerren und auf diese Weise neu zu mischen. Daraus resultierte die vor allem im Hip-Hop angewandte Musikpraxis und -gattung des Remix (vgl. Navas 2012, S. 12). Wie der Remix wird der Sampling-Begriff auch hier ausgeweitet und als allgemeine Form der mechanischen (Stichproben-) Aufnahme gedeutet, zumal das englische Verb „to sample" das Kopieren, Schneiden und Einfügen einer bestimmten Stichprobe meint (vgl. ebd.). Das Sampling im Remix ist also nicht nur als Technik zu verstehen, sondern entfaltet sich zu einer kulturellen Praxis als gesellschaftliches Ausdrucksmittel in der sogenannten Remix- oder auch DJ-Kultur (vgl. Grossmann 2005, S. 324). Die

Remix-Kultur symbolisiert laut Eduardo Navas die Vorstellung und Praxis, Ideen frei austauschen zu können und sie als neue Medienprodukte zu (re-) arrangieren und zu veröffentlichen. Diese Kulturbewegung fungiere wie ein „cultural glue" (Navas 2012, S. 4), ein Klebstoff also, der das gesellschaftliche und kulturelle Netz referenziell zusammenfügt. So gesehen nimmt der Remix in jeder Kultur, in jeder (Teil-)Gesellschaft eine andere Form an (vgl. ebd., S. 3f.). Weil dieses Verfahren in allen Bereichen in irgendeiner Form auftritt, spricht Navas von einer „framework culture" (ebd., S. 15). Ihm zufolge geschieht der gesellschaftliche Umgang mit dem kulturellen Gut in zwei Schritten: Zunächst wird das kulturelle Objekt in der Gesellschaft in mehr oder weniger einfacher Form durch die Produzent*innen eingebracht, veröffentlicht und distribuiert. Erst wenn das Objekt einen kulturellen Wert erlangt hat, wird es von den Rezipient*innen neu überprüft. Diese erneute Prüfung findet in den Augen von Navas folglich immer noch durch „social commentary, appropriation, or sampling" (ebd., S. 15) statt. Das Mashup vereint nun alle Formen der erneuten Überprüfung des kulturellen Guts und ist somit fester Bestandteil der sogenannten „framework culture".

Die Re-Evaluation des kulturellen Guts impliziert jedoch auch eine simultane Aneignungsform, die einerseits von der eigenen Rezeptionserfahrung abhängt und sich andererseits auf das Neue konzentriert. Grundsätzlich geht es darum, das Medienprodukt in bestimmte Raster zu kategorisieren, um Orientierung in der Rezeption zu schaffen. Aufgrund der heute institutionalisierten Sampling-Technik und Remix-Praxis erfolgt diese doppelte Rezeption im Unbewussten ununterbrochen. Die „framework culture" weitet sich wie in einer positiven Spirale mit den immer größer werdenden Distributions- und Produktionsmechanismen aus, welche wiederum neue Rezeptionserfahrungen bewirken, wie es Diedrich Diederichsen am Beispiel der Musik aufgezeigt hat:

> Wenn wir heute Musik hören, wächst der Anteil schon bekannter und zwar in jedem Detail identisch reproduzierter Musik, während aber auch die absolute Menge an Musik anwächst. Geblieben ist die Notwendigkeit, beim Hören zwischen dem Nachvollziehen des Neuen und dem Wiedererkennen des schon Gekannten (also zwischen Zeichen machen und Zeichen lesen) zu unterscheiden.
>
> (Diederichsen 2013, S. 267)

Beim Hören des Bekannten respektive des bekannten Anteils entfalten sich Erinnerungen, die außerhalb der aktuellen Erfahrung liegen, während das Nachvollziehen des Neuen sich mit der aktuellen Erfahrung vermischt. Von dieser Perspektive ist die Verbindung zum (metaphorischen) Palimpsest nicht weit entfernt: Durch die Schichtung unterschiedlicher Texte entsteht ein hierarchischer Dualismus zwischen dem oberen und dem unteren Text. Während beim Palimpsest ein neuer Text den alten überschreibt, entsteht beim Mashup erst durch die Überlagerung zweier alter Texte das Neue. Im Mashup ist also zumindest ein Grundwissen über das Alte erforderlich, um das Neue zu erkennen. Kurzum: Erst durch die Wiedererkennung der einzelnen Samples ist das Medienprodukt als Mashup wahrnehmbar.

6 Mashup-Produktion als kreativer Handlungsprozess

Die oben genannten Produktionstechniken der Fragmentierung, Adaption und Zusammenführung sind teilweise jahrhundertalte Verfahren. Mashups weisen hinsichtlich der Produktionsmethode oder der Idee einer collageartigen Komposition keine neuen Wege auf. Das Innovative liegt vielmehr in der parallelen Rezeption des Wiedererkennens und Nachvollziehens, die durch die digitale Materialität ermöglicht wird. Die in alle Richtungen gehende Verbindung von digitalem Medienmaterial beschreibt Norbert Schläbitz als natürliches Phänomen der Gegenwart:

> Das Neue liegt in dem Zusammenschluss aller Zeiten in der Gegenwart, der Verfügbarkeit aller Zeiten, der Auflösung von Kontexten und der Leichtigkeit, mit der die Kunst von früher mit dem Jetzt sich verbinden lässt, denn in der Digitalität ist alles Zahl. Dieses undinghafte Zahlenmaterial lässt programmatisch alles mit allem verbinden.
>
> (Schläbitz 2015, S. 113)

Die Benutzung der oben erwähnten Techniken und die Digitalität machen die Ästhetik des Mashups aus. Nicht das Endprodukt ist neu und interessant, sondern das Verfahren, wie der Zusammenschluss zeitlich und kontextuell unterschiedlicher Medienprodukte erreicht wird. Das Faszinierende am Mashup liegt somit im kreativen Handlungsprozess der Community. Auch Ragnhild Brøvig-Hanssen und Paul Harkins haben unlängst in einem Zeitschriftenaufsatz betont, dass der im Mashup sich ereignende kreative Handlungsprozess der Fragmentierung und Adaption von Samples viel wichtiger ist als die Schaffung eines neuen Medienprodukts:

> the aesthetics of musicals mash-ups lie in a particular kind of technical virtuosity and set of listening skills, rather than in the creation of something entirely new or original. The art is to succeed in finding two tracks that fit together musically, resulting in successful songs in their own right.
>
> (Brøvig-Hanssen und Harkins 2012, S. 87)

Mit diesem Perspektivenwechsel ändert sich die Analyse der Mashup-Kultur, die gerade für die urheberrechtliche Debatte relevant ist: Nicht das Endprodukt und dessen Folgen sind entscheidend, sondern der gesamte kreative Prozess. So haben die verwendeten Techniken im Mashup auch immer zwei Funktionen: Einerseits repräsentieren sie Produktionsverfahren der Fragmentierung, Adaption und Zusammensetzung. Andererseits symbolisieren sie metaphorische Konzepte, welche im Mashup als kulturelle Phänomene zelebriert (oder kritisiert) werden können. Mashup ist eine Technik der Referenzkultur, wodurch der permanente mediale Informationsfluss verarbeitet und vernetzt wird. Mashup ist aber auch eine Praxis dieser Referenzkultur, die alte Techniken des medialen Recyclings sowie der Bild- und Tonkunst verwendet. Da sich die Hybridisierungsformen dieser Praxis in klaren, wiederkehrenden Mustern zeigen, stellt das Mashup heutzutage eine eigene Gattungsform dar. Die diversen Erscheinungsarten und -formen bilden sodann Subformate der Gattung. Folglich begründen erst die verwendeten Techniken des medialen Recyclings sowie der Bildtext- und Tonkunst die Eigenart und Erscheinungsformen der Mashups. In erster Linie definiert die Erscheinungsart der Samples im Mashup, ob sie als Kopie (reine Erscheinungsart) oder selbst als neue Interpretation bzw. als Re-Inszenierung (modulierte Erscheinungsart) eingesetzt werden. Diese materielle Unterscheidung divergiert von der strukturellen Erscheinungsform eines Mashups. Zu beobachten sind entweder Aneinanderreihungen oder Schichtungen der Samples. Das sequenzielle Mashup beschreibt sodann die horizontale Verbindung der Samples. Dieses zielt direkt auf die waagerechte Anpassung der Fragmente, um den fließenden Übergang bzw. die strukturelle Kongruenz zu gewährleisten. Die kontextuelle Inkongruenz entsteht in beiden Erscheinungsformen durch die Verbindung von Materialfragmenten, welche kontextuell divergierend entstanden bzw. produziert worden sind.

7 Schlusswort

Obwohl die Mashup-Praxis seit fast 20 Jahren existiert, ist im öffentlichen wie auch im wissenschaftlichen Diskurs noch immer ein unpräziser und vor allem unklarer Umgang damit vorherrschend. Die Referenzkultur, in der Mashups produziert werden, entwickelt sich schneller, als wissenschaftliche Definitionen und rechtliche Richtlinien gefunden und formuliert werden können. Die dadurch wachsende Popularität von Mashups impliziert ein Kontinuum der Veränderung, welche zwei Konsequenzen mit sich führt: Es gibt erstens ständig neue Herausforderungen für die Rechtswissenschaft. Im Moment fokussieren juristische Studien auf die formale Gegebenheit der Benutzung unlizenzierter Fragmente in Mashups, sodass die rechtmäßige Vergütung und der Schutz der Urheber*innen der Originalquellen im Zentrum der Untersuchungen stehen. Relevante Charakteristika der Mashup-Praxis wie beispielsweise jene der großen Relevanz des kreativen Handlungsprozesses und der freien Meinungsäußerung zu gegenwärtigen gesellschaftspolitischen und kulturellen Ereignissen durch Mashups werden in diesen Studien teilweise komplett ignoriert. Dem zugrunde liegt eine bisher disperse Analyse spezifischer Mashup-Formate mit unterschiedlichen Definitionen. Die zweite Konsequenz betrifft deshalb die medienkulturelle Mashup-Forschung, die mit einem ständigen Wandel der Formate konfrontiert wird. Aus der systematisch erstellten Struktur- und Inhaltsanalyse geht eine neue ganzheitliche Begriffsbestimmung des Forschungsgegenstands hervor. Diese ermöglicht es, trotz schneller Entwicklung alle akustischen, visuellen und audiovisuellen Mashup-Formate übergeordnet zu untersuchen und zu vergleichen. In der Strukturanalyse wird dabei zunächst ermittelt, ob reine oder modulierte Medienfragmente in sequenzieller oder kontrapunktischer Weise kombiniert werden. Durch die Kombination dieser Fragmente entsteht eine Neukonstruktion von Botschaften, die in der Inhaltsanalyse anhand der Vernetzung von Mikronarrativen untersucht werden kann. Die Referenzbildung bzw. Rekontextualisierung bildet meines Erachtens die Kernqualität der Mashups, wodurch sich neue Aneignungsformen der Medieninhalte in der digitalen Referenzkultur erörtern lassen.

Medienverzeichnis

Abbildungen

Abb. 1: Systematische Kategorisierung der MashUp Gattung nach Erscheinungsform, Erscheinungsart, Format und exemplarische Subformate. Eigene Grafik.
Abb. 2: Strukturenanalyse der Bild-, Text- und Tonebene des Supercuts Hit: The Supercut. 2013. hh1edits: Hit By A Bus* The Supercut. *YouTube*. https://youtu.be/tmYrWXhFf4c. Zugegriffen am 7. August 2019. Eigene Grafik.
Abb. 3: Strukturenanalyse der Bild-, Text- und Tonebene des Musikvideo-Mashups: Atmo. 2006. Atmomedia: „Read My Lips" by: Atmo. *YouTube*. https://youtu.be/rhlHUTBgAMw. Supercut. *YouTube*. https://youtu.be/tmYrWXhFf4c. Zugegriffen am 12. Juni 2019. Eigene Grafik.

Literatur

Boone, Christine. 2013. Mashing: Toward a Typology of Recycled Music. In *Music Theory Online, Journal of the Society of Music Theory of Music*, 19(3): https://mtosmt.org/issues/mto.13.19.3/mto.13.19.3.boone.html.

Brøvig-Hanssen, Ragnild und Paul Harkins. 2012. Contextual Incongruity and Musical Congruity: The Aesthetics and Humour of Mashups. In *Popular Music*, 31(1): 87–104.

Diederichsen, Diedrich. 2013. Hören, wiederhören, zitieren. In *Spex: Das Buch: 33 1/3 Jahre Pop*, Hrsg. Max Dax und Anne Waak, 266–274. Berlin: Metrolit.

Döhl, Frédéric. 2016. *Mashup in der Musik. Fremdreferenzielles Komponieren, Sound Sampling und Urheberrecht.* Bielefeld: transcript.

Eco, Umberto. 2016. *Das offene Kunstwerk*. Frankfurt am Main: Suhrkamp.

EDA, Schweiz. Die Schweiz und der digitale Binnenmarkt der Europäischen Union. In *eda.admin.ch.* https://www.eda.admin.ch/dam/mission-eu-brussels/de/documents/190724_DSM_ CH_DE.pdf. Zugegriffen am 29. Januar 2021.

Frank, Simon A. 2016. *Kulturmanagement und Social Media. Neue interdisziplinäre Perspektiven auf eine User-generated Culture im Kulturbetrieb.* Bielefeld: transcript.

Gehlen, Dirk von. 2011. *Mashup. Lob der Kopie.* Frankfurt am Main: Suhrkamp.

Genz, Julia und Paul Gévaudan. 2016. *Medialität, Materialität, Kodierung. Grundzüge einer allgemeinen Theorie der Medien.* Bielefeld: transcript.

Grossmann, Rolf. 2005. Collage, Montage, Sampling. Ein Streifzug durch (medien-) materialbezogene ästhetische Strategien. In *Sound. Zur Technologie und Ästhetik des Akustischen in den Medien*, Hrsg. Harro Segeberg und Frank Schätzlein, 308–331. Marburg: Schüren.

Gunkel, David J. 2008. Rethinking the Digital Remix. Mash-ups and the Metaphysics of Sound Recording. In *Popular Music and Society*, 31(4): 489–510.

Maloy, Liam. 2010. "Stayin' Alive in Da Club": The Illegality and Hyperreality of Mashups. In *Journal of the International Association for the Study of Popular Music*, 1(2): 1–20.

Mason, Matt. 2008. *The Pirate's Dilemma: How Youth Culture Reinvented Capitalism.* New York: Free Press.

McGranahan, Liam. 2010. *Mashnography. Creativity, Consumption, and Copyright in the Mashup Community.* [Dissertation, Brown University] https://repository.library.brown.edu/studio/item/bdr:11071/PDF/.

Mundhenke, Florian et al. 2016. *Mashups: neue Praktiken und Ästhetiken in populären Medienkulturen.* Wiesbaden: Springer.

Navas, Eduardo. 2012. *Remix theory. The Aesthetics of Sampling.* Wiesbaden: Springer.

Schläbitz, Norbert. 2015. Mashup und das Ende aller Zeiten. In *Zeitschrift KulturPoetik*, 15(1): 105–122.

Serazio, Michael. 2008. The Apolitical Irony of Generation Mash-up: A Cultural Case Study in Popular Music. In *Popular Music and Society*, 31(1): 79–94.

Shiga, John. 2007. Copy-and Persist. The Logic of Mash-Up Culture. In *Critical Studies in Media Communication*, 24(2): 93–114.

Sonvilla-Weiss, Stefan. 2010. *Mashup Cultures.* Wiesbaden: Springer.

Viehoff, Reinhold. 2016. Mashup – Figur, Form und mediale Präsenz …, oder lieber doch nur: Annäherung an eine Theorie über Mashup. In *Mashups: neue Praktiken und Ästhetiken in populären Medienkulturen*, Hrsg. Florian Mundhenke et al., 45–60. Wiesbaden: Springer.

Voigts, Eckart. 2015. Mashup und intertextuelle Hermeneutik des Alltagslebens: Zu Präsenz und Performanz des digitalen Remix. In *MEDIENwissenschaft. Rezensionen | Reviews*, 2: 146–163.

Wegener, Poto. 2007. *Sound Sampling. Der Schutz von Werk- und Darbietungsteilen der Musik nach schweizerischem Urheberrechtsgesetz*. Basel: Helbing & Lichtenhahn Verlag.

Videos

Atmo. 2006. Atmomedia: *Read My Lips by: Atmo*. In *YouTube*. https://youtu.be/rhlHUTBgAMw. Zugegriffen am 12. Juni 2019.

The Supercut. 2013. hh1edits: *Hit By A Bus* — The Supercut*. In *YouTube*. https://youtu.be/tmYrWXhFf4c. Zugegriffen am 7. August 2019.

Filme und Serien

Final Destination. Regie: James Wong. US: 2000.

Ghost Town. Regie: David Koepp. US: 2008.

Mean Girls. Regie: Mark Waters. US: 2004.

Nip/Tuck. Idee: Ryan Murphy. US: 2003–2010.

The Black Donnellys. Idee: Paul Haggis und Robert Moresco. US: 2007. Studio.

The Brothers Solomon. Regie: Bob Odenkirk. US: 2007.

Songs

Diana Ross und Lionel Richie. 1981. *Endless Love*.

Maximilian Jablonowski und Johannes Springer

„Warum sind die großen Kinder so borniert?"

Remediatisierte Jugend in gegenwärtigen Musikvideos

Zusammenfassung: Der über Jahrzehnte etablierte Zusammenhang von Pop und Jugend ist zuletzt brüchig geworden und einem vielschichtigen Diskurs über Altersphasen im Pop gewichen. Diese Reflexionen zeigen sich auch zunehmend in Musikvideos. Im Zentrum unseres Aufsatzes stehen Musikvideos, in denen erwachsene Künstler*innen über die Lebensphase der Jugend erzählen. Mit dem Modus der Rückschau geht einher, dass diese Narrative mit der (Re-) Mediatisierung (Bolter und Grusin) von Jugend arbeiten: Als Bezugspunkte dienen klassische Coming-of-Age-Filme sowie Heim-Videos und Familienarchive, die teilweise in naher Verwandtschaft zum Musikdokumentarfilm Sequenzen persönlicher Archive mit zeitgeschichtlichem Material verweben. Am Beispiel neuerer Musikvideos von Tocotronic, Men I Trust, Molly Nilsson, Botschaft und den Goldenen Zitronen diskutieren wir, inwiefern über die spezifische Medialität und Ästhetik dieser Videos Jugend als fundamental mediatisierter, nostalgischer und häufig generationell codierter Sehnsuchtsort imaginiert wird.

Schlüsselwörter: Popkultur, Musikvideo, 2010er Jahre, Remediation, (analoge) Nostalgie, Medientechnik, Archiv, Erinnerung, Coming-of-Age, Homevideo

Jugend und damit verbundene Vorstellungen und Bildwelten des Aufbegehrens, der Euphorie und Intensität gelten als paradigmatische Lebensphase des Pop. Sie wird häufig als popkulturelles Ideal thematisiert. Gleichzeitig ist der Zusammenhang von Pop und Jugendkultur immer wieder Ziel pädagogischer Interventionen geworden, zum Beispiel mit Blick auf Drogenkonsum und Darstellungen von Gewalt oder Geschlechterrollen und -beziehungen. In neueren Forschungsbeiträgen wird die „lange vorherrschend[e] Gleichung Pop(kultur) = Jugend(kultur)" (Herlyn 2017, S. 101) jedoch zunehmend problematisiert, denn Pop-Hörer*innen wachsen keineswegs aus ihrer Musik und den entsprechenden Szenen heraus, sondern oftmals mit ihnen mit (vgl. Hodkinson und Bennett 2012; Hodkinson 2013; Herlyn 2017). Daraus ergeben sich für die Akteur*innen verschiedene Praktiken und Narrative des *doing biography* mit und durch Popmusik und -kultur, die sich keineswegs auf die gelegentlich immer noch unterstellte Weigerung, erwachsen zu werden, reduzieren lässt (wie etwa bei Thorn-

https://doi.org/10.1515/9783110730609-010

ton 1995). In diesen und ähnlichen Studien (vgl. den detaillierten Forschungsstand bei Hodkinson 2013) geht es vor allem um Körper- und Kleidungsstile
sowie Rollen- und Identitätsaushandlungen in individuellen popkulturellen
Biographien. Monierte Marcus S. Kleiner (Kleiner 2010, S. 322) noch am Anfang
der 2010er Jahre, dass „eine umfassende Auseinandersetzung mit dem Alter(n)
in der Popmusik durch die popkulturelle Jugendfixierung und bzw. den popkulturellen Jugendwahn" verhindert würde, nahm die Entkopplung von Popmusik
und Jugend in den folgenden Jahren zugunsten anderer generationeller Konstellationen nicht zuletzt aufgrund der Wahrnehmung zu, dass heutige Jugendge-
nerationen anderen Sozialisationsagenturen und Aufstiegskanälen geneigter
sind (vgl. Werthschulte 2012, S. 29; Kleiner 2017).[1]

Auch in der jüngeren Auseinandersetzung mit Fragen von Altersphasen im
Musikvideo kann man den Eindruck gewinnen, Jugend als Thema sei zugunsten
der Analyse von Bildwelten des Kindlichen (Rekret 2017, MacDowell 2017) oder
des Alterns jenseits der Adoleszenz (Gardner 2017, Little 2018) verdrängt worden. Besonders James MacDowells Idee der Beschreibung einer „quirky sensibility" als einer zeitgenössischen „structure of feeling", die Ästhetiken des Kindlichen und Unschuldigen gegenüber dem Zynismus, Ironie oder hierarchischen
Distinktionspraktiken der Adoleszenz und Post-Adoleszenz privilegiert, ist
diesbezüglich hervorzuheben. Ebenso sind Sarah Littles und Abigail Gardners
Auseinandersetzungen mit weiblichen *ageing*-Inszenierungen, „age-denials"
und Praktiken des „age-representing" (Forman 2015) bei Missy Elliott und PJ
Harvey wichtige Beiträge der Musikvideo-Forschung zu „doing age".

Wir wollen in diesem Aufsatz hingegen von der These ausgehen, dass Jugend weiterhin ein wichtiges Symbol-, Emotions- und Typenreservoir zeitgenössischer Musikvideos darstellt, und möchten insbesondere eine formal orientierte Lektüre gegenwärtiger Musikvideoproduktion anbieten, in der Jugend eine
zentrale Rolle spielt. Die Repräsentationen von Jugend, denen wir uns hier
widmen, schließen insofern an die Debatte um Alter im Pop an, als dass sie
weniger von jugendlichen Künstler*innen ausgehen, die das Erleben dieser
Lebensphase in ihrer unmittelbaren Gegenwärtigkeit reflektieren. Sie vollziehen

---

1 Kleiner verweist dabei in seinem Abriss zur Geschichte des Musikfernsehens und dem Verschwinden musikzentrierter Formate auf größere Transformationsprozesse: „Das Ausblenden
von Musikformaten innerhalb dieses Jugendfernsehvollprogramms deutet auf den Bedeutungsverlust der Popmusik in den Lebenswirklichkeiten der jungen Rezipienten hin. Die Pro-
grammmacher des Musikfernsehens berücksichtigen und setzen die Themen, die die Werbekunden und die Rezipienten interessieren, weswegen es naheliegend erscheint, dass z. B.
Lifestyle, Celebrity, Kino, Comedy, Dating und Games der Popmusik als Inhalt große Konkurrenz machen." (Kleiner 2017, S. 171)

sich vielmehr im Modus eines mediatisierten beziehungsweise re-mediatisierten Zurückerinnerns nicht mehr jugendlicher Künstler*innen. Diese künstlerischen Reflexionen der vergangenen Jugend schließen somit *inhaltlich* durchaus an Praktiken eines popkulturellen *doing biography* an und greifen dabei *formal* vielfach archivarische und pseudo-dokumentarische Ästhetiken der Musikvideoproduktion auf.

Diane Railton und Paul Watson (Railton und Watson 2011) haben eine Typologie des Musikvideos entwickelt, die quer zu musikalischen Genres liegt. Als einen zunehmend wichtigen Typ beschreiben sie das „pseudo-documentary video", das sich auszeichne durch

> the inclusion of grainy, often black and white film stock and the use of a shaky hand-held camera communicating immediacy and authenticity. What they all do, in one way or another, is utilise the now familiar aesthetics of documentary style to present an illusion of privileged access to the performers and their day-to-day working lives, that is to say, access to aspects of the performers' work and lives that are normally restricted, inaccessible or private.
>
> (Ebd., S. 49)

Dies ist für den weiteren Gang unserer Argumentation interessant, denn die formale Nachbildung dokumentarischer Strategien des „Direct Cinema" im Modus des Musikvideos kann mit Matthias Bonde Korsgaard als Remediation begriffen werden. So führt er im Rückgriff auf Bolter und Grusin aus: „Many music videos engage in very concrete acts of remediation: ,they represent one medium within another'. [...] The music video has always incorporated and repurposed elements of other media" (Korsgaard 2013, S. 508). In seiner Aufzählung finden dann der Stummfilm, Nachrichtensendungen, Computerspiele, Googles Suchmaschine und Konzerte Erwähnung (vgl. ebd.). Die Beispiele, die wir in diesem Aufsatz diskutieren, illustrieren, dass sich der Trend zum biographisierenden, sich an die eigene Jugend erinnernden Musikvideo ohne verschiedene Formen der Remediation nicht denken ließe und mit unterschiedlichen Formen von Nostalgie und Coming-of-Age-Narrativen verbindet.

Im Zentrum unseres Aufsatzes stehen deshalb Musikvideos, die über eine Remediation des Heim-Videos und des Familienarchivs von Jugend erzählen, teilweise in naher Verwandtschaft zu Remediationen des Musikdokumentarfilms, der Sequenzen persönlicher Archive mit zeitgeschichtlichem Material verwebt. Zu fragen ist, inwiefern über die spezifische Medialität und Ästhetik dieser Videos Jugend als nostalgischer, häufig generationell codierter Sehnsuchtsort (mit unscharfen Grenzen zur omnipräsenten Motivik des Kindlichen) imaginiert wird. Unsere Argumentation ist exemplarisch; wir sehen zwar verallgemeinerbare Tendenzen, die allerdings jeweils konkreter Verortung bedürfen.

Wir beginnen mit einer knappen Skizze aus Close Readings neuerer Musikvideos von Tocotronic, anhand derer wir den Problemhorizont klassischer Coming-of-Age-Narrative aufspannen. Im Anschluss daran diskutieren wir anhand von Videos der kanadischen Band Men I Trust und der schwedischen Sängerin Molly Nilsson verschiedene Aspekte und Tonalitäten der Remediation von Jugend durch Heim-Videos und an vergangene Medientechnologien andockende Technostalgia (van der Heijden 2015). Im letzten Abschnitt widmen wir uns kursorisch zwei ähnlich gelagerten Beispielen des deutschen Pop, nämlich Videos von Botschaft und den Goldenen Zitronen, in denen sich Jugenderinnerungen mit einer ambivalenten, zeitgeschichtlichen Nostalgie für Westdeutschland und die vergangene Bundesrepublik verbinden.

1 Flucht und Himmelfahrten

Eine Band, die sich in ihrer gegenwärtigen Schaffensphase sehr intensiv mit dem Thema Jugend auseinandersetzt, ist Tocotronic. Auf ihren letzten beiden Alben, dem selbstbetitelten „Tocotronic" von 2015 (das aufgrund der Cover-Gestaltung oft „Rotes Album" genannt wird) und „Die Unendlichkeit" von 2018, finden sich sowohl in den Videos wie in den Texten zahlreiche Motive biographisierter Zeitlichkeit, die einen Bezug oder Rückbezug zur Jugend herstellen. Dies wurde verschiedentlich in Besprechungen als autobiographische beziehungsweise autofiktionale Bezugnahme gedeutet, was von dem knapp ein Jahr nach den Videos zu „Die Unendlichkeit" veröffentlichten Roman „Aus dem Dachsbau" von Dirk von Lowtzow (2019) verstärkt wurde, der ebenfalls häufig als autofiktionaler Text verstanden wurde. Bei allen ästhetischen Unterschieden zwischen den beiden Alben, am auffälligsten in der Aufnahmetechnik, aber auch in der Gestaltung der Musikvideos, sollen sie als ein Werkzusammenhang gedeutet werden, in dem sie sich gegenseitig erhellen können. Dies geschieht sehr exemplarisch, indem zwei Zitate aus dem Album von 2015 als Lektürehilfen für die Videos des aktuellen Albums herangezogen werden. Zum Album „Die Unendlichkeit" wurde eine Serie von vier Musikvideos zu den Songs „Hey Du", „Die Unendlichkeit", „Electric Guitar" und „Bis uns das Licht vertreibt" veröffentlicht; Regie und Konzept stammen bei allen Titeln von Maximilian Wiedenhofer (Tocotronic 2017a, 2017b, 2018a, 2018b). Bis auf das zweite Kapitel, das Video zum Titelstück „Die Unendlichkeit", übrigens das einzige, in dem auch die Band selbst zu sehen ist, sind es narrative Musikvideos, die eine zusammenhängende Geschichte erzählen und sowohl die Ästhetik wie auch das Narrativ klassischer Jugendfilme aufgreifen.

Schon die Einführungsszene des ersten Videos, eine aus dem Auto gefilmte Kamerafahrt durch Wald und Kleinstadt, macht ganz deutlich: Man ist weder in Seattle noch in Hamburg. Das Suburb beziehungsweise das deutsche Pendant, die provinzielle Vor- oder Kleinstadt, ist ein häufig verwendeter und vielschichtiger Musikvideoraum (weitere Beispiele aus unterschiedlichen Jahrzehnten wären Airs „All I Need" oder Arcade Fires „The Suburbs"). Jugend ist immer eine situierte, auch sozialräumliche Bezugsgröße, denn es geht immer auch um die Orte des Aufwachsens. Philipp Felsch und Frank Witzel machen in ihrem Gespräch über die Ästhetik des „BRD Noir" auf die Bedeutung der Provinz für Jugendnarrative aufmerksam. Provinz sei ein paradigmatischer Ort für Kindheit und Jugend, weil sie nicht nur ein Ort, sondern ein „Alterszustand" sei, denn man wisse noch gar nicht, wie groß die Welt sein kann (Felsch und Witzel 2016, S. 19). Damit korrespondiert dann allerdings eine zunehmende Sehnsucht, der Veränderungsfeindlichkeit der Provinz und ihrer idyllischen Selbstbeschreibung zu entfliehen (ebd., S. 39). Die Flucht aus der Provinz in die Großstadt ist ein etablierter Topos von Coming-of-Age-Narrativen, auch in Musikvideos. Die vier Tocotronic-Videos partizipieren durchaus an der von Felsch und Witzel beschriebenen Ästhetik des „BRD Noir": das unheimliche Motiv des deutschen Walds, die aufgeräumte und gut situierte, scheinbar idyllische Kleinstadt, deren Bewohner*innen aber ein genaues Sensorium für Bedrohungen von außen haben.

Die Videos haben zwei Protagonist*innen, die für unterschiedliche Jugendlichkeitstypen stehen: die Rebellin und der Alien. Zunächst zur jungen Frau, gespielt von Jasna Fritzi Bauer, die mit ihrem Vater (Patrick von Blume) in der kleinstädtischen Spießerhölle wohnt – der Song „Die Erwachsenen" vom 2015er Album setzt dabei den Ton für die albumübergreifende und intermediale Auseinandersetzung mit Jugend: „Wir sind Babies, ihr versteht uns nicht". Jugend und Jungsein wird als intergenerationales Kommunikationsproblem konzipiert. Der notwendig misslingenden Kommunikation entgeht die jugendliche Protagonistin in paradigmatischen Gegenräumen der Jugend: das mit Postern ausgestattete Jugendzimmer (darunter auch eines für den Dokumentarfilm „Is It Easy to Be Young?" des lettischen Regisseurs Juris Podnieks) oder das Bushaltestellenhäuschen, an dem heimlich geraucht wird. Gelingende Kommunikation und Verständnis sind hingegen nur zwischen Jugendlichen möglich. Als Gegenüber der gelingenden Kommunikation wird ein von Maximilian Scheller gespielter junger Mann eingeführt. Er sitzt zu Beginn des ersten Videos auf der Straße der Kleinstadt, bevor er vor den durchdringenden Blicken der eindeutig als Spießer markierten Bewohner*innen und der Verfolgung durch die Dorfjugend auf Motorrädern in den Wald flieht. Er ist weiß gekleidet, also unmarkiert, ohne Kontext, er ist eine Alien-Figur, die von außen kommt und nicht akzeptiert wird. Mit der Alien-Rolle korrespondiert, dass er regelmäßig in den Videos mit einem pulsierenden Glühen in der Brust gezeigt wird.

Im Song „Rebel Boy" vom 2015er Album heißt es in einer Zeile: „Flucht und Himmelfahrten, sind unsere Koordinaten". Dies sind auch die Koordinaten der seriellen Musikvideos zu „Die Unendlichkeit": Sie beginnen mit einer Flucht und enden mit einer Himmelfahrt. Das letzte Video zum Song „Bis uns das Licht vertreibt" macht diese Himmelfahrt doppelt sichtbar: zum einen formal durch den Einsatz mehrerer Drohnenaufnahmen; zum anderen durch die Schlussszene, in der am bewölkten Himmel das gleiche Leuchten zu sehen ist, das vorher in der Brust des männlichen Protagonisten auftritt. Während die ersten Videos aufnahmetechnisch und inhaltlich in der Horizontalen unterwegs sind, richtet das letzte Video seinen Blick in die Vertikale. Fluchten und Himmelfahrten, also erzwungene horizontale und emanzipatorische vertikale Bewegungen weg von der Krise hin zur Befreiung, sind die Koordinaten von Tocotronics Jugendimagination. Erlösung und Rettung, auf die der beim Abspann gespielte Song „Ausgerechnet du hast mich gerettet", ebenfalls vom Album „Die Unendlichkeit", verweist, gibt es aber nur jenseits dem kleinstädtischen Alltag der Erwachsenen, dem die beiden Protagonist*innen dann in der Abspannsequenz entfliehen.

2 Heimkehr und Heimsuchung

Vor- und Kleinstadt sind klassische Räume, Fluchtpunkte im doppelten Wortsinne der Jugend und Jugendimagination. Unser nächstes Beispiel, der Clip „Tailwhip" der kanadischen Band Men I Trust, verbindet mit der Kleinstadt ganz andere emotionale Zustände, als sie durch Tocotronics Videos aufgerufen werden. Schon die erste Einstellung, ein roter Pickup-Truck, der gemächlich eine ländliche Straße entlang fährt, macht deutlich: Hier handelt es sich nicht um eine Flucht, sondern um eine Heimkehr. Über den geloopten Bildern der Fahrt durch die hügelige Landschaft werden die spielende Band sowie die Lyrics eingeblendet. Die ostentative DIY-Anmutung der Überblendung von spielender Band, Provinzlandschaft und Einfamilienhausstraße verweist auf den gänzlich anderen Charakter dieser spielerischen, halb ironisch, halb verletzlich sentimentalen Bilder, wenn man sie mit den eher cineastischen, dramatischen Referenzen von Tocotronics Vorstadthölle vergleicht. Schon die erste Zeile, „I'm happy as I am", lässt die andere Stimmungslage deutlich werden. Wenn der Chorus einsetzt, ändern sich die Bilder und es werden private Heimvideo-

Aufnahmen der Bandmitglieder – für die sich die Band in der Videobeschreibung auf YouTube bei den Eltern und Kindheitsfreunden bedankt – in schneller Folge hintereinander geschnitten. Diese zeigen Aufnahmen einer glücklichen Kindheit und Jugend in der Kleinstadt: Geburtstagsfeiern, Sportfeste, spielende Kinder im Laub oder im Planschbecken, erste Fahrradfahrversuche, Schultheateraufführungen; eben genau die Momente des Familienlebens, für die traditionellerweise die Kamera herausgeholt wurde. Zur zweiten Strophe wird aus dem Auto gefilmt, gemächlich wird eine kleinstädtische Straße abgefahren, mittelständische Einfamilienhäuser wechseln sich mit Tankstellen und Kleingewerbebauten ab. Die kleinstädtische Straße dient aber, anders als in Tocotronics Narrativ, nicht als Fluchtanlass, sondern als Ort der Erinnerung und als Raum der Rückkehr zu Kindheit und Jugend. Mit dem zweiten Chorus werden wieder Heimvideo-Ausschnitte eingeblendet, aber es werden auch neuere Aufnahmen dazwischen gemischt, vermutlich bereits mit Smartphone-Kameras gefilmt, die das Leben der Band als junge Erwachsene in Montreal zeigen: Bandproben, Fahrradfahrten durch die Stadt, Kirmesbesuche.

Die Protagonistin der Lyrics, durch die Heimvideo-Sequenzen formal als autobiographisches Ich der Sängerin Emma Proulx markiert, hat zwar die Kleinstadt für die Großstadt verlassen, dies bedeutet für sie aber keinen radikalen Bruch mit der Vergangenheit. Im Gegenteil, die elterliche Sorge kann im Refrain beruhigt werden: „This country dog won't die in the city". Es sind keine rebellischen Gesten des Aufbegehrens zu erwarten – sie sind angesichts der harmonischen Kindheit und Jugend auch gar nicht nötig. Die remediatisierten Erinnerungen an Kindheit und Jugend müssen nicht mehr die traditionellen Gegensätze zwischen der kleinbürgerlichen Enge der Provinz und der Freiheit der großen Stadt, zwischen der Fremdbestimmtheit der Jugend und der Autonomie des jungen Erwachsenenlebens betonen. Zwar wird eine biographische Entwicklung angedeutet, die nur außerhalb der Klein- und Mittelstadt zu vollziehen ist – „I aim for tomorrow / Work on my mind" -, doch diese zeichnet sich durch kleinschrittige Änderungen und eben nicht durch Brüche aus: „Days will be the same / In a different way". Dem nicht vorhandenen Abgrenzungsbedürfnis zur Herkunft entspricht die geringe Altersdifferenz zwischen den Jugenderinnerungen und dem jetzigen Alter der Band. Kindheit und Jugend sind noch biographischer Nahraum, genauso wie die Kleinstadt, in die man gerne zurückkehrt: „We'll be alright / Stay here some time".

Einer der meistbenutzten Begriffe unter den YouTube-Kommentatoren des Videos ist Nostalgie: „crazy when you connect with someone else's nostalgia" schreibt Nutzer*in aestheticos, während Mika Hist von „... easy Childhood [sic] days" und I eat playdoh gar von „Hauntology yo" sprechen. Es liegt also nahe, die Tendenzen zur Remediatisierung der Jugend als Familien-Homevideo-Archiv im aktuellen Musikvideo mit anderen Beschreibungen eines nostalgischen Moments des Musikvideos kurzzuschließen. Jonathan Rozenkrantz hat angesichts popkultureller „retrospectacles" der Gegenwart die Rolle von VHS-Ästhetiken für Musikvideos oder Videokunst untersucht und will sie vom Ruch des allein Pathologischen befreien: „the hybrid image of digital video with traces of analogue grain can finally be understood not only as a dominant signifier of the past, but also as the shared visual variable of the present" (Rozenkrantz 2016, S. 53). Er konstatiert, dass diese Analysen „the need for a pluralised understanding of the nostalgias of our age" (ebd.) zeigen.[2] Während Rozenkrantz' Beispiele allerdings noch eher mit dem Subkultur-Archiv im kollektiven Modus spielen, wie im Falle des „golden age" des Hip-Hops bei Joey Bada$$ „Fromdatomb$" oder den Utopien verschiedener tanzorientierter britischer Jugendkulturen in Mark Leckeys „Fiorucci Made Me Hardcore", wenden sich die Videos und die Archive, die unserem Beitrag zugrunde liegen, meist ins Autobiographisch-Individuelle, nicht ohne jedoch das kollektive, generationelle Moment ebenfalls bespielen zu wollen.[3]

Unser nächstes Beispiel, der Clip „1995" der in Stockholm geborenen und in Berlin lebenden Musikerin Molly Nilsson, verwendet mehrere visuelle Motive, die auch in Men I Trusts Video auftauchen. Auch hier ist im Vordergrund die Sängerin zu sehen, während sich im Hintergrund Heimvideo-Sequenzen aus ihrer Kindheit und Jugend abwechseln. Diese zeigen sehr ähnliche Ereignisse – das Kind am Klavier, Theateraufführungen, Familienurlaube, Verkleidungsspiele –, allerdings mit gänzlich anderer Tonalität, nämlich einer melancholischen Rückschau. Dass es sich um einen zeitlichen Rückbezug handelt, macht bereits die Jahreszahl im Titel deutlich. Die 1990er Jahre sind gegenwärtig ein wichtiger ästhetischer Bezugspunkt in der Jugend- und Popkultur, was auch durch die explizite Nennung von Jahreszahlen in Songtiteln zum Ausdruck kommt, zum Beispiel bei Tocotronics „1993" oder bei Charli XCXs „1999". Waren diese Zahlen aus der Perspektive der Raver-Kultur der frühen 1990er Jahre, wie Simon Reynolds (Reynolds 2020, S. 5) es beschrieben hat, „almost erotic in their allure",

---

2 Eine weitere, auf nostalgische Remediation im zeitgenössischen Musikvideo anspielende Bestandsaufnahme findet sich bei Rehbach (vgl. Rehbach 2018), dessen Analyse sich allerdings weitgehend auf das Fernsehen als Horizont des Internet-Musikvideos bezieht.
3 Bei Darkstars „Text" aus dem Jahr 2020 kann die Wirkmächtigkeit dieser Verbindung festgestellt werden, wenn die familiären Homevideo-Bestände aus Kindheit und Jugend mit Rave- und Fußball-Archivmaterial geschnitten werden, wobei hier in auffälliger Differenz zum Großteil der hier diskutierten Videos durch graphische Verfremdungseffekte eine affektiv-nostalgische Aufladung erschwert wird.

weil sie „an appointment with the future" in Aussicht gestellt hatten, versprechen sie nun eine nostalgische Verabredung mit der eigenen Vergangenheit.

Bei Nilsson, etwas anders gewendet bei Charli XCX und auch bei Men I
Trust, ist die Medientechnik der 1990er Jahre der Anknüpfungspunkt für Erinnerung und verschiedene Formen von Nostalgie. Die Medialität von Erinnerung
und der Zusammenhang von Medientechnik und Techniken der Erinnerung
sind kulturtheoretisch etablierte Topoi. Medientechnische Objekte dienen
gleichzeitig als Erinnerungsobjekt und Metaphern für menschliches Erinne-
rungsvermögen. In der ausgestellten „Technostalgia" werden in die Jahre ge-
kommene Technologien der Erinnerung („technologies of memory") selbst zu
erinnerten Medien („memories of technologies") (van der Heijden 2015, o. S.).
José Van Dijk (vgl. Van Dijk 2006) hat empirisch auf die spezifische Verbindung
von Jugend mit den jeweiligen Aufnahme- und Abspieltechnologien hingewiesen. Das Vor- und Kleinstädtische wird so durch andere Räume ergänzt, in denen der Rückbezug auf die Jugend behandelt wird, nämlich medientechnische
Räume.

In der nostalgischen Perspektive auf die 1990er Jahre dienen jedoch nicht
mehr analoge Aufnahmemedien als „materialisierte Erinnerung- und Bedeu-
tungsträger" (Herlyn 2017, S. 109) in popbiographischen Erinnerungspraktiken,
sondern eben digitale Medien: die Sony-Playstation oder Nintendo 64, mp3-
Player und Discman, das Computerspiel Sims oder die bunten iMacs der ersten
Generation. Zum vielleicht meistdiskutierten und einflussreichsten Under-
ground-Genre der 2010er Jahre, Vaporwave, und seiner ambivalenten Faszination etwa für Windows 95 hat Ross Cole jüngst bemerkt:

> Vaporwave is a sign of the 1980s and '90s *becoming* past – being actively made into some-
> thing that functions as a bulwark against rapid change and current crisis. As Lopatin indi-
> cates, this era of nascent digital technology coincided with the childhood of those who
> reached adulthood early in the new century, just as the internet arose and began weaving
> itself irrevocably into our everyday lives. Vaporwave stages a recreation of this moment
> prior to the social media revolution – before clickbait advertising and Alexa, before mo-
> bile internet and smartphones, when the online sphere still felt like a virtual adventure set
> apart from the quotidian, a benign wilderness untamed and unmapped. In vaporwave, the
> internet is still tied to material objects such as the home PC; music is still tied to physical
> media such as magnetic tape; films are tied to laserdiscs or VHS; video games are associ-
> ated with discs and cartridges; digital art is linked to Microsoft Paint; and so on. This is
> what Davis would call vaporwave's "nostalgia signature", its imaginative juxtaposition of
> obsolete technology, elapsed software, or "residual media" with the present world of lim-
> itless global connectivity, clouds, abundance, pervasive AI, access over ownership, and
> an ever-increasing "Internet of things".

(Cole 2020, S. 310)

Unter Rückgriff auf Svetlana Boyms' Gedanken zum Entstehen von Nostalgie-wellen als Reaktion auf Revolutionen[4] beschreibt Cole (Cole 2020, S. 311) diese medientechnologische „hip nostalgia" mit Gaston Bachelard als „topophilia" für die untergegangene Welt des frühen oder Prä-Internets, die gleichzeitig mit ihren hochspezifischen Trouvaillen in ihren Entstehungsbedingungen ohne das Internet nicht denkbar ist.

Bei Molly Nilsson ist es ebenfalls das Betriebssystem Windows 95, das als vergangenes und erinnertes Medium dient: „Windows 95, you're long gone but I'm still alive." Die Wolken am blauen Himmel, vor denen Nilsson am Anfang des Videos singt, verweisen auf den ikonischen Startbildschirm von Windows 95. Nilsson war 1995 elf Jahre alt, sie befand sich also am Übergang von der Kindheit zur Jugend. Der mit Windows 95 ausgestattete Computer, in vielen Mittelschichts-Elternhäusern der erste Personal-Computer, war dank 56 k-Modem und 124 bit-mp3-Dateien für viele Jugendliche aus Nilssons Generation ein Fenster zur sich langsam auftuenden Welt.[5]

Das Fenster ist deshalb ein zentrales, mehrfach verwendetes Motiv im Video. Der Blick durch das Fenster, von drinnen nach draußen, ein distanzierter Stand- und Blickpunkt, wird eindeutig als ein mediatisierter und re-mediatisierter markiert. Molly Nilsson ist über die meiste Zeit im Video mehr-fach zu sehen: Zum einen als bereits verdoppelter Talking Head im Vorder- und Mittelgrund; zum anderen als Kind und Jugendliche in den archivarischen Heimvideo-Ausschnitten im Bildhintergrund, die überwiegend in einem ange-deuteten Fensterrahmen eingebettet sind. Der Modus einer distanzierten bio-graphisierenden Selbstbetrachtung wird offen dargelegt. Doch der Bezug auf

---

4 Dass diese Wellen weniger individuell zu denken denn vielmehr als Ausdruck sozialer, kollektiver Transformationserfahrungen zu verstehen sind, wie Cole bemerkt, hat viel gemein-sam mit Ideen zur Bedeutung von „Hauntology", das den kapitalistischen Realismus der Ge-genwart mit den uneingelösten Versprechen des wohlfahrtsstaatlichen „popular modernism" heimsucht. Es ist weniger als Sehnsucht nach einem statischen Punkt in der Vergangenheit zu interpretieren, sondern eher als Wunsch nach einem Wiederanknüpfen an modernistische Konzepte von Zukunft (Fisher 2014; Fisher und Gilbert 2014). Im Falle von Coles Gegenstand Vaporwave sind diese Momente von kritischer, utopischer Nostalgie (vgl. hierzu auch Burke 2010) auf den ersten Blick nicht von der gleichen politischen Dimension, aber dennoch als Ausdruck einer Suche mit „telephoto lens in order to visualize alternatives to present disarray" (Cole 2020, S. 317) zu verstehen und mithin auch als „generational watershed" (ebd., S. 316).
5 Auch Ella Henderson setzt in ihrem Video aus dem Lockdown-Sommer 2020 „Take Care Of You" auf Windows 95-Fenster-Motivik, um gleich zahlreiche Homevideo-Sequenzen zu einer überlagernden Kakophonie aus Vergangenheitsspuren und Erinnerungen aufzutürmen. Gleichzeitig wird diese Ästhetik hier durch eine Farbgebung gebrochen, die keine distanzlose Versenkung ins Material erlaubt, aber auch nicht mit Ironie zu greifen ist.

Windows 95 stellt hier keinen ironischen Bezug zu den 1990er Jahren her, sondern wird mit einem melancholischen Trauernarrativ gegengeschnitten. Das Video beginnt mit der Nahaufnahme eines Grabsteins, und an einer späteren Stelle im Video ist die erwachsene Nilsson selbst an diesem Grab zu sehen. Der Bezug auf Windows 95 als längst vergangene Medientechnologie ist, das hebt der Songtext explizit hervor, nur eine Metapher für einen inneren Zustand der Leere: „Windows 95 is only a metaphor for what I feel inside".

Das Jahr 1995 verweist auf eine Verlusterfahrung in der Kindheit und die anhaltende Melancholie im Erwachsenenalter, die mit den archivarischen Heimvideo-Aufnahmen einer glücklichen Kindheit kontrastieren. Die remediatisierte Kindheit und Jugend ist kein harmonischer Ort, von dem sich eine stetige Entwicklung bis in die biographische Jetzt-Zeit konstatieren ließe. In das technologische Zukunftsversprechen der neuen Computersoftware ist die Verlusterfahrung des Jahres 1995 eingebrochen, die für das kindliche Zeiterleben einen massiven Bruch bedeutet hat: „1995, they call the year the future was to arrive / But back in '95 we thought we were standing on the threshold to the end of time (And we still do)" Diese Zäsur ist auch in der Gegenwart des lyrischen Ichs noch präsent, ein Loslassen ist nicht möglich: „So what's wrong with living in the past? / It just happens to be the place I saw you last." Das Lied endet mit der wiederholten Aussage: „I'll remember 1995". Jugend wird bei Nilsson mittels der in Erinnerung an das Betriebssystem Windows 95 medientechnisch gewendeten Fenstermetapher in einer mediatisierten und re-mediatisierten Rückerinnerung zu einem schmerzhaften Sehnsuchtsort einer Vergangenheit, die vor dem alles verändernden Bruch liegt. Es ist ein Zustand, der schon lange nicht mehr existiert, aber die Gegenwart immer wieder einholt wie ein umgehendes Gespenst (Fisher 2014, S. 19); „I'll remember 1995" wird in der ständigen Wiederholung zu einer Geisterbeschwörung.

3 Archive und Erinnerungen

Oberflächlich verwandt, aber letztlich doch anders funktioniert der Blick durch das Archiv bei den Videos „Sozialisiert in der BRD" der Band Botschaft und „Das war unsere BRD" der Gruppe Die Goldenen Zitronen.[6] Philipp Theisohn

---

6 Wichtig im Kontext deutschsprachiger Musikvideos ist der in den Diskussionen der aktuellen Beiträge fehlende, schon 2011 entstandene, Clip für Thees Uhlmanns Song „Zum Laichen und Sterben ziehen die Lachse den Fluss hinauf". In dem Video wird der biographische Blick auf die provinzielle Kindheit und Jugend formal noch stärker pastichisierend bearbeitet. Selbst die

(Theisohn 2019) analysiert beide Videos im Kontext einer Krise von Erinnern und Zeitlichkeit, die an Mark Fishers (vgl. Fisher 2014) Kritik am „nostalgia mode" beziehungsweise der „formal nostalgia" zeitgenössischer Popkultur-Pastiches gemahnen. So konstatiert Theison (Theison 2019, o. S.) insbesondere mit Bezug auf Botschafts Video, dass sie „jener Kehre von der wohlfeilen West-algie zur heterochronen Krise des BRD-Gedächtnisses zum Ausdruck verhel-fen", handele es sich dabei „eben nicht um ‚Jugenderinnerungen‘, sondern um einen jugendlichen Erzählraum, der sich nicht mit den Anforderungen einer linearen und chronologischen Entwicklung von Charakteren, Systemen und Kultur, geschweige denn mit dem Gedanken der Nation vereinbaren lässt." Und weiter:

> Im Strom der Erinnerungsbilder verschwimmt die Chronologie, erscheint uns alles wie ein Pastiche aus einem Land der Jugend, das zwar wie die 80er klingt, dessen Kulissenele-mente aber zum weitaus größten Teil jenseits der besungenen Sozialisationsgrenze aufge-trieben werden mussten. So verhandelt „Sozialisiert in der BRD" bei Licht besehen das permanente Verschwimmen von Vergangenheit und Gegenwart im westdeutschen Be-wusstsein, wenn man so will: Die Rückkehr einer quasi-mythischen Identität, der es nicht gegeben ist, zwischen dem Damals und dem Heute zu unterscheiden, die nicht die Ver-gangenheit, sondern vielmehr die Gegenwart als Vergangenheit verklärt.
>
> (Ebd.)

Zum Kontext der zeitlichen Irritation sollte kurz in Erinnerung gerufen werden, dass die hier im Popkontext zirkulierende Abkürzung „BRD" insofern eine 1990 untergegangene Welt benennt, als sie Sinn ergab zu Zeiten der deutsch-deutschen Systemkonkurrenz samt semantischer Kämpfe um Staatsnamen und ihre strategischen Implikationen, bei denen weder das unbegleitete adjektivi-sche deutsch noch Deutschland ohne Probleme alleinvertretend einer Seite zugeschlagen werden konnten. „BRD" figurierte dabei aus der Perspektive kon-servativer Stimmen, abgesehen von der als unproblematisch empfundenen Nutzung bis 1965, in den 70er Jahren immer mehr als ein potentielles Bekennt-nis benutzender Personen oder Organisationen zu Gleichrangigkeit und Aner-kennung der DDR und wurde bisweilen als „kommunistisches Kürzel" und „Agitationsformel" etikettiert, was vor allem im Kontext des westdeutschen Alleinvertretungsanspruchs und der Nichtanerkennungspolitik gegenüber der DDR interpretiert wird (Hellmann 1997). Könnte man also in der Verwendung des Kürzels annehmen, Song und Video handelten von der Zeit vor 1990, was

---

Performance-Anteile des Videos, wenn die Band den Song im Garten des Elternhauses spielt, werden bruchlos mit der Super-8-Ästhetik der historischen Bilder harmonisiert.

durch die konsistent mit 80er-Indie-Referenzen spielende Musik nahegelegt wird, wirbeln die Zeitebenen des archivalischen Materials aus Fernsehen und Familie durcheinander.[7] Traut man der Montage von Tocotronic bei VIVA mit Thomas Gottschalk und Mike Krüger als Supernasen oder Frank Spilker und Bernd Begemann mit Nachrichtensendungen samt zentralem Narrativ der Heimvideo-Aufnahmen des Provinzkindes zum Jugendlichen (nachgezeichnete Stationen von undatiertem Super-8-Material als Kleinkind im Arm der Mutter, auf der Schaukel, auf Baustellen tanzend bis zu dem datierten Video von Familienfesten, Weihnachten und Alltagsszenen) dennoch zu, auf ein wohliges Gefühl generationeller Gemeinschaftswärme im sich und die eigene Medien- wie Provinzbiographie erkennenden Rezipienten abzuzielen, wird durch die Text/Bild/Musik-Kombination eine größere Dissonanz spürbar.

„Mit deiner Leistung sortieren sie dich in die Hierarchie", „Sei vernünftig und halt es aus", „Streng dich an und bleib nicht stehen", „Kann die Logik nicht verstehen, möcht nur nach Hause gehen" und „Und ich frag mich: wer wird kommen, wer holt mich hier raus?" – all dies sind hier zentrale, gegen eine zu einfache, technologisch induzierte Retronostalgie ansingende Textzeilen, die Idylle, Stabilität und Harmlosigkeit der Bilder überschatten. Verschiedene Lesarten bieten sich an: eine, die damit argumentieren würde, dass das Ende der Bundesrepublik in diesem Fall nicht 1990 erfolgte, sondern mit dem Ende der Jugend, dem Abschied aus der Provinz, der Ankunft bei den „großen, bornierten Kindern" und entsprechend sich das erwachsene Post-BRD-Subjekt nach einer jugendlichen Subjektposition sehnt.[8] Deren Zuhause ist daher eine der visuell angedeuteten Jugendbewegungen wie Hamburger Schule und Punk, aber auch die Musik ermöglichende permissive wie schützende Familie (was sich an dem vom Akkordeon untermalten Tanz im Arm der Mutter im Garten, an

---

7 Freilich ließe sich dagegen einwenden, dass die eigentliche Linearität herstellende Rahmung durch eine sehr ähnliche Seitenansicht des kleinstädtisch-dörflichen Elternhauses am Beginn und Ende des Videos hergestellt wird, wobei der neugepflanzte Baum im Garten nun groß und die Eltern alt geworden sind. Dass Musikvideos sich ohnedies eher an Logiken des Schnitts und der Montage orientieren denn an tatsächlicher Chronologie, davon zeugen auch hier Sequenzen zu Tanz, Computern etc.

8 Für eine Verwendung der Chiffre BRD im Sinne einer provinziellen, jugendlich-naiven, prä-Internet Umgebung und Darstellung, die im Pop der Gegenwart frei von historischen Daten eingesetzt werden kann, spricht auch das im Jahr 2020 bei YouTube eingestellte, sich als historisches Reportagefernsehmaterial aus dem Jahr 1992 unter dem Titel „reportage brd" gebende Promovideo des Bremer Hip-Hop-Labels Erotik Toy Records, welches wiederum mit seinem Titel „Stadtmusikbande" und Erzählstil eher an mediale und filmische Diskurse zu Gangs aus den 80ern verweist.

der Geige zu Weihnachten oder der Gitarre im Wohnzimmer zeigt). Die vielfach geäußerte These einer auf postfordistischer Prekarität materieller wie identitärer Art fußenden Nostalgie für fordistische Einhegungen und Sicherheiten würde dazu passen, aber wohl unterschätzen, wie das lyrische Ich einfach unbehaust ist und eher die der Bundesrepublik innewohnenden Disziplinarregime beschreibt und in einer Idee des Ausbruchs schwelgt.

Diese Betrachtung korrespondiert mit Analysen von Philip Felsch und Frank Witzel in *BRD Noir*, die als Grundtendenz zu aktuellen Narrativen ebenjenes Landes konstatieren:

> Heute, wo wir um unsere Sicherheit und unseren Wohlstand fürchten, wäre es naheliegend, auf die alte Bundesrepublik als Idyll zu rekurrieren. Dass das Gegenteil der Fall ist, dass wir sie nicht als heiles, sondern als versehrtes Land imaginieren, bedeutet, dass wir ihren Mythen misstrauen. Die Idee vom Fortschritt wie die vom Ende der Geschichte kippen in ihr unheimliches Gegenbild.
>
> (Felsch und Witzel 2016, S. 17)

Im gleichen Diskursfeld spielt auch der Clip „*Das* war unsere BRD" der Goldenen Zitronen, ebenfalls aus dem Jahr 2019, die dem analogen Bilderarchiv der persönlichen Jugend verschiedene Ebenen zeitgenössischer Aufnahmen entgegenstellen. Sänger Schorsch Kamerun erklärte in einem Interview mit dem Bayerischen Rundfunk zu dem Lied:

> Ich finde den Song ambivalent. Auch wenn der Text ein bisschen spöttisch ist, spürt man – fast untypisch für die Goldenen Zitronen – so eine kleine Verklärung. Ich finde, dass sich das schon nostalgisch anhört. Weil wir eben auch bestimmte Dinge vermissen, vielleicht auch Klarheiten. Natürlich hat es da Feindbilder gegeben, die vielleicht noch polternder, ablehnungswürdiger und autoritärer waren – was möglicherweise gerade zurückkommt. Aber auf der anderen Seite hatte man da auch ein einfacheres Gemeinsames. Wir fühlten uns sicherer in unserem Zusammensein und unserer Ablehnung.
>
> (Funk 2019)

Die nostalgische Sehnsucht nach Klarheit, nach Antagonismen, nach Zusammensein: Ist das nicht eine nach adoleszenten Dualismen, einer Jugendbewegung, einem subkulturellen Kollektiv? Und gleichzeitig auch dessen Verkomplizierung, wenn im Text der Brutalismus umarmt, die Latzhose getragen und das orangefarbene Studio als Partykulisse dient, also die alten Gewissheiten der Jugend hinterfragt und entsorgt werden, eine Rückkehr zum jugendlichen Ich daher auch nicht wünschenswert ist?

4 Fazit

Jugend ist und bleibt ein bedeutsamer Topos in der und für die Popkultur. Unsere Beispiele können die große Vielfalt an gegenwärtigen Repräsentationen von Jugend veranschaulichen, die sich keineswegs nur am klassischen Kanon der Coming-of-Age-Narrative abarbeiten. Während Tocotronics Videos noch relativ deutlich an klassischen Coming-of-Age-Motiven wie zum Beispiel einem konfrontativen Verhältnis zwischen Jugend und Erwachsenen, das in Gegenräumen und Gegenbewegungen symbolisch ausgetragen wird, orientiert ist, zeigen sich bei Men I Trust und Molly Nilsson ganz andere Bezüge auf die Jugend. Trotz sehr unterschiedlicher Tonalitäten entwerfen beide Videos Kindheit und Jugend als einen sehr harmonischen Raum, der nicht mehr durch Flucht verlassen werden muss. Bei Men I Trust kann dieser nostalgische Rückbezug ungebrochen bis in die Gegenwart fortgeführt werden, sodass ein unkompliziertes Hin- und Herbewegen zwischen Räumen der Jugend und des jungen Erwachsenenalters möglich ist; bei Molly Nilsson ist dieser Rückbezug gebrochen durch eine Verlusterfahrung, die die ständige Rückkehr in das Vergangene der Kindheit und Jugend zu einer schmerzhaften, melancholischen Erfahrung macht. Bei Botschaft und den Goldenen Zitronen verknüpfen sich persönliche und subkulturelle Erinnerungen mit dem visuellen Repertoire eines zeitgeschichtlichen Archivs. Diese Verknüpfung ist deutlich widersprüchlich und gebrochen, auch in der Nostalgie für eine scheinbar vergangene Klarheit jugend- und subkultureller Abgrenzungsbestrebungen.

Diskutiert wurden hier vor allem Musikvideos, die ihre Rückerinnerung an die Jugend über eine nostalgische Ästhetik der Remediation herstellen. Es ließen sich jedoch noch weitere Beispiele dafür anführen, wie verbreitet biographisierende beziehungsweise autofiktionale Musikvideos gegenwärtig über alle Genregrenzen sind, die auch mit anderen Motiven und formalen Gestaltungselementen inszeniert werden. So bietet zum Beispiel das Video zu „9 (After Coachella)" des norwegischen DJ Cashmere Cat einen anderen Blick auf Jugend an, der eher an von Social Media bekannten Inszenierungskonventionen anknüpft. Sie dienen weder als Folie für Nostalgie, Rebellionsprojektionen oder Tiefe und Authentizität, sondern wollen ein bruchloser Schnappschuss aus dem Leben eines jungen DJ sein. Gerade Bildwelten und Medienpraktiken der Social Media stellen also ein weiteres Repertoire mediatisierter Jugenderfahrungen dar, das zunehmend in Musikvideos aufgegriffen wird (z. B. an Instagram Stories angelehnte vertikal gefilmte Musikvideos). Bei allen großen Unterschieden zu unseren Beispielen zeigt sich allerdings auch hier die starke Verbindung von Jugend mit ihren jeweiligen Medientechnologien, die als ein konstantes Merkmal gegenwärtiger Musikvideoproduktion und ihrem Interesse an Remediation gelesen werden kann.

Medienverzeichnis

Literatur

Bennett, Andy und Paul Hodkinson (Hrsg). 2012. *Ageing and Youth Culture: Music, Style and Identity*. London/New York: Berg.

Burke, Andrew. 2010. Music, Memory and Modern Life. Saint Etienne's London. In *Screen*, 51(2): 103–117.

Cole, Ross. 2020. Vaporwave Aesthetics: Internet Nostalgia and the Utopian Impulse. In *ASAP/Journal*, (5)2: 297–326.

Felsch, Philipp, und Frank Witzel. 2016. *BRD Noir*. Berlin: Matthes & Seitz.

Fisher, Mark. 2014. *Ghosts of my Life: Writings on Depression, Hauntology and Lost Futures*. Winchester: Zero books.

Fisher, Mark und Gilbert, Jeremy. 2014. Reclaim Modernity: Beyond Markets, Beyond Machines. In *Compass*. http://www.compassonline.org.uk/wpcontent/uploads/2014/10/Compass-Reclaiming-Modernity-Beyondmarkets_-2.pdf. Zugegriffen am 3. September 2020.

Forman, Murray. 2015. Old in the Game: Age and Ageing in Hip-Hop. In *ACTproject*. https://actproject.ca/murray-forman-on-old-in-the-game-age-and-aging-in-hip-hop-at-the-university-of-graz/. Zugegriffen am 3. September 2020.

Funk, Hardy. 2019. Schorsch Kamerun über das neue Album der Goldenen Zitronen. In *kulturWelt* im Internet Archive. https://web.archive.org/web/20190208213621/, https://www.br.de/ nachrichten/kultur/die-goldenen-zitronen-neues-album-schorsch-kamerun-interview,RHTFVhJ. Zugegriffen am 3. September 2020.

Gardner, Abigail. 2015. *PJ Harvey and Music Video Performance*. Farnham/Burlington, VT: Ashgate.

Hellmann, Manfred W. 1997. Das ‚kommunistische Kürzel BRD‘: Zur Geschichte des öffentlichen Umgangs mit den Bezeichnungen für die beiden deutschen Staaten. In *Nominationsforschung im Deutschen: Festschrift für Wolfgang Fleischer zum 75. Geburtstag*, Hrsg. Irmhild Barz und Marianne Schröder, 93–107. Frankfurt am Main: Peter Lang.

Herlyn, Gerrit. 2017. ‚Too old to die young‘: Praktiken des Biographisierens jugendkultureller Erfahrungen. In *Alter(n) als soziale und kulturelle Praxis: Ordnungen – Beziehungen – Materialitäten*, Hrsg. Cordula Endter und Sabine Kienitz, 99–118. Bielefeld: transcript.

Hodkinson, Paul. 2013. Spectacular Youth Cultures and Ageing: Beyond Refusing to Grow Up. In *Sociology Compass*, 7(1): 13–22.

King, Geoff (Hrsg). 2016. *A Companion to American Indie Film*. Blackwell: London.

Kleiner, Marcus S. 2017. Musikfernsehen. In *Handbuch Popkultur*, Hrsg. Thomas Hecken und Marcus S. Kleiner, 169–173. Stuttgart: J.B. Metzler.

Kleiner, Marcus S. 2010. Help the Aged! Popmusik und Alter(n). In *Populäre Kultur als repräsentative Kultur. Die Herausforderung der Cultural Studies*, Hrsg. Udo Göttlich, Clemens Albrecht und Winfried Gebhardt, 309–328. Köln: Halem.

Korsgaard, Mathias Bonde. 2013. Music video transformed. In *Oxford Handbook of New Audiovisual Aesthetics*, Hrsg. John Richardson, Claudia Gorbman und Carol Vernallis, 501–521. Oxford: Oxford University Press.

Little, Sarah. 2018. Women, Ageing, and Hip Hop: Discourses and Imageries of Ageing Femininity. In *Feminist Media Studies,* 18(1): 34–46.

MacDowell, James. 2016. Quirky Culture: Tone, Sensibility, and Structure of Feeling. In *A Companion to American Indie Film*, Hrsg. Geoff King, 83–105. Blackwell: London.

Railton, Diane und Paul Watson. 2011. *Music Video and the Politics of Representation*. Edinburgh: Edinburgh University Press.

Rehbach, Simon. 2018. Die nostalgische Reflexion des Fernsehens im Musikvideo. In *Just little bits of history repeating: Medien, Nostalgie, Retromanie*, Hrsg. Pablo Abend, Marc Bonner und Tanja Weber, 285–299. Münster: LIT.

Rekret, Paul. 2017. *Down With Childhood: Pop Music and the Crisis of Innocence*. London: Repeater.

Reynolds, Simon. 2011. *Retromania: Pop Culture's Addiction to Its Own Past*. New York: Faber and Faber.

Reynolds, Simon. 2020. (No) future music? In *New Perspectives,* 28(3): 305–313.

Richardson, John, Claudia Gorbman und Carol Vernallis, Hrsg. 2013. *Oxford Handbook of New Audiovisual Aesthetics*. Oxford: Oxford University Press.

Rozenkrantz, Jonathan. 2016. Analogue Video in the Age of Retrospectacle: Aesthetics, Technology, Subculture. In *Alphaville: Journal of Film and Screen Media,* 12 (Winter): 39–58.

Theison, Philipp. 2019. Will nur nach Hause gehen. Zur Wiederkehr der BRD im zeitgenössischen Pop und anderswo. In *Pop Zeitschrift.* https://pop-zeitschrift.de/2019/11/11/will-nur-nach-hause-gehenzur-wiederkehr-der-brd-im-zeitgenoessischen-pop-und-anderswovon-philipp-theisohn11-11-2019/. Zugegriffen am 3. September 2020.

Thornton, Sarah. 1995. *Club Cultures: Music, Media and Subcultural Capital*. Cambridge: Polity Press.

Van der Heijden, Tom. 2015. Technostalgia of the Present: From Technologies of Memory to a Memory of Technologies. *NECSUS.* https://necsus-ejms.org/technostalgia-present-technologies-memory-memory-technologies/. Zugegriffen am 3. September 2020.

Van Dijck, José. 2006. Record and Hold: Popular Music between Personal and Collective Memory. In *Critical Studies in Media Communication,* 23(5): 357–374.

Werthschulte, Christian. 2012. „Der Überfluss ist zu einer Zwangslage und Krise geworden.“ Simon Reynolds im Gespräch. In *Testcard: Beiträge zur Popgeschichte,* 21: 124–131.

Musikvideos

Air. 1998. All I Need. *YouTube.*
https://www.youtube.com/watch?v=Aw8i28bNoYY. Zugegriffen am 3. September 2020.

Arcade Fire. 2010. The Suburbs. *YouTube.*
https://www.youtube.com/watch? v=5Euj9f3gdyM. Zugegriffen am 3. September 2020.

Botschaft. 2019. Sozialisiert in der BRD. *YouTube.*
https://www.youtube.com/watch?v=XgWpVdawhqU&t=1s. Zugegriffen: 3. September 2020.

Cashmere Cat feat. Mø und Sophie. 2017. 9 (After Coachella). *YouTube.*
 https://www.youtube.com/watch?v=t5p5uCgY-tY. Zugegriffen: 3. September 2020.
Charli XCX und Troye Sivan. 2018. 1999. *YouTube.*
 https://www.youtube.com/watch?v=6-v1b9waHWY. Zugegriffen am 3. September 2020.
Darkstar. 2020. Text. *YouTube.*
 https://www.youtube.com/watch?v=d4sNUiExOTw. Zugegriffen: 3. September 2020.
Die Goldenen Zitronen. 2019. Unsere BRD. *YouTube.*
 https://www.youtube.com/watch?v=qerxw09hFD8. Zugegriffen: 3. September 2020.
Ella Henderson. 2020. Take Care of You. *YouTube.*
 https://www.youtube.com/watch?v=Ynu-scMGUh4. Zugegriffen am 3. September. 2020.
Erotik Toy Records. 2020. Stadtmusikbande. (Bremen, 1992). *YouTube.*
 https://www.youtube.com/watch?v=ZeXkEjgH3SE. Zugegriffen am 21. September 2020.
Men I Trust. 2017. Tailwhip. *YouTube.*
 https://www.youtube.com/watch?v=9IZKcb3LndA. Zugegriffen am 3. September 2020.
Molly Nilsson. 2015. 1995. *YouTube.*
 https://www.youtube.com/watch?v=X9ukSm5gmKk. Zugegriffen am 3. September 2020.
Thees Uhlmann. 2011. Zum Laichen und Sterben ziehen die Lachse den Fluss hinauf. *YouTube.*
 https://www.youtube.com/watch?v=GwwaYX1oG6g&t. Zugegriffen am 3. September
 2020.
Tocotronic. 2017a. Hey Du. *YouTube.*
 https://www.youtube.com/watch?v=icqwoRucir8. Zugegriffen am 3. September 2020.
Tocotronic. 2017b. Die Unendlichkeit. *YouTube.*
 https://www.youtube.com/watch?v=HEV8A0fszHE. Zugegriffen am 3. September 2020.
Tocotronic. 2018a. Electric Guitar. *YouTube.*
 https://www.youtube.com/watch?v=54H0HAJexVI. Zugegriffen am 3. September 2020.
Tocotronic. 2018b. Bis uns das Licht vertreibt. *YouTube.*
 https://www.youtube.com/watch?v=ASfuGo7Gbns. Zugegriffen am 3. September 2020.

Karin Fleck
Touching Records in Films

Zusammenfassung: Der vorliegende Beitrag beschäftigt sich mit der Rolle des Films für das heutige Wiederaufleben von Vinyl. Im Fokus der Analyse stehen die Filme „High Fidelity" (2000), „Almost Famous" (2000) und „The Virgin Suicides" (1999), in denen das Berühren von Schallplatten durch Filmcharaktere essentiell ist, um die Anziehungskraft von Schallplatten, einem zum Erscheinungszeitpunkt bereits überholtem Musikspeichermedium, zu kommunizieren. In diesem filmisch für die Sinne aufbereitetem Akt des Berührens von Vinyl wird ein materielles Verlangen nach dem Medium ausgelöst, welches in zwei materiellen Eigenschaften verwurzelt ist: Erstens, die Platte als physisches, greifbares Artefakt und zweitens, die Materialität ihres Klangs. Berührung findet auf beiden materiellen Ebenen statt und erweckt somit jenes Verlangen im Sinne einer „palpable nostalgia" (Anderson 2008, S. 53), die um den Begriff der „haptischen Begehrtheit" erweitert wird. In Anlehnung an phänomenologische Positionen eines reziproken Austauschs zwischen Zuschauer*innen und Filmgeschehen werde ich erklären, dass die ästhetische Erfahrung von Schallplatten innerhalb der filmisch-ästhetischen Erfahrung durch Berührung vermittelt und verkörpert wird, die den Bund zwischen Zuschauer*innenkörper und Filmkörper besiegelt. Dies geschieht, indem Filmcharaktere auf eine haptische Art und Weise Schallplatten begutachten und berühren, und im Gegenzug auf einer audiotaktilen Ebene von ihr zurückberührt werden. Der Prozess der gegenseitigen Berührung findet in drei Schritten statt, die anhand der Filmbeispiele erläutert werden.

Schlüsselwörter: Filme, Schallplatten, Berührung, Zuschauer*innen, nostalgisch, Begehren, materiell, Erfahrung, ästhetisch, klanglich

An der Wende zum 21. Jahrhundert, im Jahr 2000, erscheint Alan Zweigs Dokumentarfilm „Vinyl" über ein zum Erscheinungszeitpunkt bereits überholtes Musikspeichermedium. Zweigs Motivation war es herauszufinden, was Menschen dazu bewegt, Schallplattensammler*innen zu werden. So begibt er sich in der Dokumentation auf eine investigative Reise durch die Domizile diverser Plattenfanatiker*innen, unter denen sich Berühmtheiten wie der kanadische Schauspieler, Drehbuchautor und Regisseur Don McKellar und der US-amerikanische Comicautor Harvey Pekar befinden. Einer der amüsantesten Momente während des fast zweistündigen Dokumentarfilms ist die Reaktion

https://doi.org/10.1515/9783110730609-011

eines verwirrten Plattensammlers, der Zweig im Interview unterbricht, um eine wichtige Frage an ihn zu richten: Wenn es in diesem Film nicht um Musik gehe, was mache er dann eigentlich hier?

Obgleich Schallplatten einst das wichtigste Speichermedium für Ton- und Musikaufnahmen darstellten, ist ihr musikalischer Inhalt nicht der einzige Aspekt, der sie für Sammler*innen attraktiv macht. Bereits 1905 berichtete ein Korrespondent im englischen Fachmagazin Talking Machine News, welches auch Grammofone und Grammofonplatten abdeckte, über den Besitz jener Schallplatten, „which are to all intents and purposes no longer records" (o. Verf., zitiert nach Osborne 2012, S. 23). Bei Schallplatten geht es um mehr als nur um Musik. Indem sie nicht nur den Hörsinn anregen, sondern alle Sinne, lernen wir eine bestimmte Art zu fühlen. Dies macht sie zu synästhetischen Musikartefakten, die ihre Konsument*innen dazu einladen, Musik als sinnliche Erfahrung wahrzunehmen: von außen nach innen (wie die Bewegung beim Abspielen einer Platte), vom Cover hin zu den Liner Notes, dann zur Plattenhülle und schließlich der musikalischen Essenz, materialisiert in Form von Rillen auf der Schallplatte. Trotz beeindruckend klingender Verkaufszahlen, wie etwa 232 Millionen Dollar alleine in den USA in der ersten Hälfte von 2020 (RIAA), liegt der Verkauf von Vinylplatten bei nur vier Prozent der Gesamtumsätze von Musikverkäufen, bei denen Streaming nach wie vor die führende Form des Musikkonsums darstellt. Die Zahlen bestätigen, dass es sich bei Vinyl nur um einen Nischenmarkt handelt, was sich darin begründen lässt, dass es heutzutage weitaus weniger umständliche Wege gibt, Musik zu hören und aufzubewahren. Diese Feststellung verweist jedoch gleichzeitig auch auf den Kern der Frage, die Zweig mit seiner Dokumentation stellt: Die Schallplatte ist mehr als nur Musik. Was sie im Vergleich zu digitalen Musikformaten attraktiv macht, sind ihre ästhetischen Eigenschaften als berührbares Objekt, was auch größtenteils die emotionale Bindung zu ihren Besitzer*innen erklärt. Um das taktile Vergnügen an Schallplatten hervorzuheben, werden mittlerweile auch spielerische Verpackungsdesigns verwendet, wie es etwa bei dem DVD-Cover von Paolo Campanas 2012 erschienener Dokumentation „Vinylmania" der Fall ist. Wenn man die Hülle der DVD berührt, fühlt es sich an, als würde man über die Rille einer Schallplatte fahren: „Wenn das Leben in 33 Umdrehungen pro Minute läuft", steht unter dem Titel. Öffnet man die Hülle, erscheinen zwei DVDs, die wie das Cover glänzen und von der Aufmachung an Schallplatten erinnern. Diese Idee ist nicht nur eine attraktive Designumsetzung, sondern demonstriert auf eine spielerische Art und Weise das taktile Vergnügen, das auch im Umgang mit Schallplatten zu erleben ist. Indem man die plattenartige DVD aus der Hülle herausholt und im DVD-Spieler platziert, werden eben jene Prozesse imitiert, die für das Abspielen einer Schallplatte notwendig sind. Ein ähnliches Design wird zurzeit von dem in Frankfurt am Main ansässigen Plattenladen *tactile* für dessen Visitenkarten verwendet.

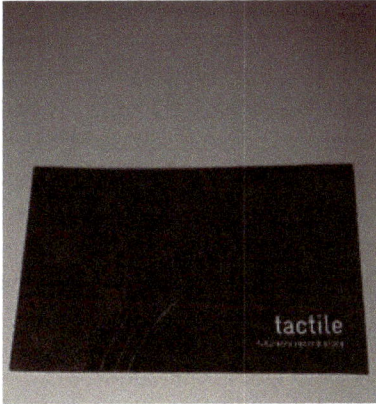

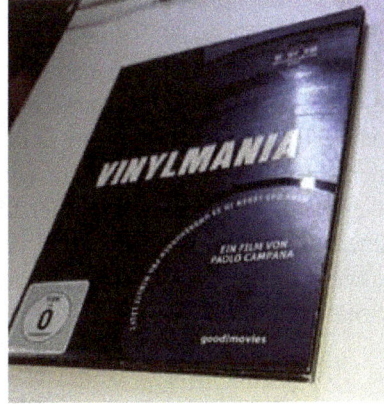

Abb. 1 und 2: Visitenkarte und DVD-Cover in ähnlich haptikbezogener Ästhetik, Eigenaufnahme erstellt 2018.

Zum gleichen Zeitpunkt wie Zweigs Dokumentation erscheinen die Filme „High Fidelity" (2000), „Almost Famous" (2000) und „The Virgin Suicides" (1999), in denen die Anziehungskraft von Schallplatten über deren Berührung durch Filmcharaktere kommuniziert wird. Im Vergleich zu den ersten Beispielen wird also jenes Spiel der Berührung nicht nur aus rein konsumorientierten Gründen, als eine Strategie in Bezug auf Werbung, Verpackung und Merchandise angewandt, sondern es dient auch als Beziehungsmerkmal, das auf den charakteristischen Umgang von Filmfiguren mit Schallplatten zurückgreift. Aus einer medienhistorischen Perspektive ist äußerst auffällig, dass alle drei Filme zu Beginn des Millenniums erscheinen, also zu einem Zeitpunkt, an dem die CD gerade das Monopol als Speichermedium für Musik innehatte. Heute, in Zeiten einer digitalisierten Musikindustrie, die ihre Produkte in dematerialisierter und „unsichtbarer" Form anbietet, erleben wir eine Art Renaissance der Schallplatte. Laut Dominik Bartmanski und Ian Woodward kann diese Entwicklung, die Publikumsmedien wie das Fachmagazin Rolling Stone unter anderem als „Comeback" bezeichnen, jedoch weder ausschließlich auf nostalgische Sentimentalitäten noch auf fetischistische Audiophilie zurückgeführt werden (vgl. Bartmanski und Woodward 2015, S. 3f.). Filme, so lautet ein Teil meiner These, haben eine wichtige Rolle beim Wiederaufleben von Vinyl gespielt. Bereits zu

Beginn des sich andeutenden Niedergangs des Mediums in den späten 1990er Jahren und frühen 2000er Jahren räumte eine Reihe genreübergreifender Produktionen dem bereits als anachronistisch abgestempelten und marginalisierten Medium einen Platz ein, wie etwa Krimis (z. B. „8mm" 1999), Dramen (z. B. „The Shawshank Redemption" 1994), Science Fiction (z. B. „Equilibrium" 2002) und Romanzen (z. B. „Before Sunrise" 1995).

Meine Absicht liegt nicht darin, in diesem Beitrag Kausalitäten aufzuzeigen, die das zunehmende Interesse an Schallplatten auf einen bestimmten Grund oder ein auslösendes Ereignis reduzieren würden. Stattdessen soll gezeigt werden, dass Filme eigene Taktiken entwickelt haben, um die Zuschauer*innen mit den sinnlichen Dimensionen der Erfahrung von Schallplatten vertraut zu machen. In seinem Aufsatz „As if History was Merely a Record" erklärt Tim J. Anderson den kinematographischen Einfluss auf die Wahrnehmung von Schallplatten wie folgt:

> [T]hese films configure the recording and listener into a specific cinematic trope that allows the audience to sense and experience the appeal of this configuration as a source of palpable nostalgia. In other words, as the record is employed within the mise-en-scène of these films, this nostalgic temptation is often deployed through clever music supervision wherein recordings are selected to deliver specific mnemonic charges to the listening audience in a manner that permeates listening space by superseding the diegetic space of the film.
>
> (Anderson 2008, S. 53)

Neben dem ästhetischen Einfluss der Filme auf die Erfahrung des Plattenhörens bezieht sich Anderson hier auch auf die Kraft diegetischer Musik, die Leinwand in ihrem Wirkungsspektrum gewissermaßen zu überschreiten. Gleichzeitig wird der Begriff der „palpable nostalgia" eingeführt, um die Zuschauer*innenerfahrung eines materiellen Verlangens zu beschreiben. Im Folgenden werde ich argumentieren, dass dieses Verlangen im Film durch haptisch ansprechende Szenen ausgelöst wird, die den Akt des Berührens von Schallplatten für die Sinne aufbereiten. Dieses Verlangen ist in zwei materiellen Eigenschaften der Schallplatte verwurzelt: erstens die Platte als physisches, greifbares Artefakt und zweitens die Materialität ihres Klangs. Berührung findet auf beiden materiellen Ebenen statt und weckt in dieser spezifisch filmischen Konfiguration somit bei den Zuschauer*innen jenes Verlangen im Sinne einer „palpable nostalgia". In Anlehnung an phänomenologische Positionen eines reziproken Austauschs zwischen Zuschauer*in und Filmgeschehen soll erklärt werden, dass die ästhetische Erfahrung von Schallplatten innerhalb der filmisch-ästhetischen Erfahrung durch Berührung vermittelt und verkörpert wird, die den Bund zwischen Zuschauer*innenkörper und Filmkörper besiegelt. Dies geschieht, indem Filmcharaktere auf eine haptische Art und Weise Schallplatten begutachten und berühren und im Gegenzug auf einer audiotaktilen Ebene von ihr zurückberührt werden. Dabei baut die Schallplatte eine „material sonic presence" auf, die eine vereinnahmende klangliche Präsenz darstellt (vgl. Wallach 2003, S. 37). Der Prozess der gegenseitigen Berührung findet in drei Schritten statt: erstens das Suchen und Finden der Platte der Wahl; zweitens das Praktizieren bestimmter Vorbereitungsrituale zur Maximierung des Klangerlebnisses; und drittens die Antwort der Schallplatte auf die vorhergehende Berührung, die durch die Wirkung der klanglich-musikalischen Präsenz zustande kommt. Inspiriert durch Laura U. Marks' Theorie der „haptischen Visualität" (Marks 2000, S. 161f.) soll symptomatisch für die Zuschauererfahrung von Schallplatten in Filmen der Begriff der „haptischen Begehrtheit" eingeführt werden. Im Folgenden werden diese drei Schritte anhand von Szenen aus „High Fidelity" (2000), „Almost Famous" (2000) und „The Virgin Suicides" (1999) erklärt.

1 Selektieren

Der Film „High Fidelity", eine Adaption des gleichnamigen Bestsellers von Nick Hornby, handelt von Rob Gordon (John Cusack), einem Plattenladenbesitzer in den Mittdreißigern, der gerade von seiner Freundin Laura (Iben Hjejle) verlassen wurde. Die meisten Szenen im Film finden in seinem Plattenladen statt, in dem Rob zwei ähnlich snobistische Mitarbeiter namens Barry (Jack Black) und Dick (Todd Louiso) assistieren. Oft wird das Trio im Film durch seinen Narzissmus für die eigene musikalische Expertise charakterisiert sowie durch ihr elitäres Verhalten gegenüber der Klientel. Eines Tages fragt ein spießig wirkender Kunde namens Barry, ob der französische Import von Captain Beefhearts Album „Safe as Milk" mittlerweile verfügbar sei. Barry sucht die Platte anschließend hinter dem Tresen und reicht sie dann dem ungeduldig wartenden Kunden, der sie ihm nahezu aus den Händen reißt.

Abb. 3: Der Kunde hat endlich die begehrte Platte gefunden. Unter Vinylphilen im anglo-amerikanischen Kontext wird die Suche nach der Platte des Begehrens sogar als „record hunting" bezeichnet (High Fidelity. Regie: Stephen Frears. US: 2000). Filmstill.

Er nimmt die Platte vorsichtig aus der Hülle heraus, berührt sie mit äußerster Vorsicht, streichelt sie und pustet einige Staubpartikel von der Oberfläche. Seine Bewegungen wirken wie eine einstudierte Choreographie, die gleichzeitig seine Expertise als Sammler im Umgang mit Platten anzeigt. Jeder noch so kleine Kratzer und jede Oberflächenverschmutzung können das Klangerlebnis einschränken, weswegen Schallplattenkenner*innen es vorziehen, Platten in nahezu makellosem Zustand zu erwerben. In *Illuminationen* vergleicht Walter Benjamin Sammler*innen mit Physiognomie*innen, die in einer Welt voller Objekte lebten (vgl. Benjamin 1968, S. 60). Diese Metapher verstärkt Tim J. Anderson in seinem Aufsatz „As if History was Merely a Record", indem er konstatiert, dass die Art und Weise, mit der Sammler*innen ihre Platten behandeln, demonstriere, dass sie jedes Detail und jede physische Eigenschaft von Cover und Beschaffenheit der Oberfläche bis hin zum Label verstünden und ebenso die Macht der Schallplatte, vergangene Zeiten heraufzubeschwören, zu schätzen wüssten (vgl. Anderson 2008, S. 53). In Jeremy Wallachs Worten ausgedrückt, sind es eben jene physischen Eigenschaften der Platte, die das Sammeln in erster Linie ermöglichen und ihren Kapitalwert mitbestimmen würden (vgl. Wallach 2003, S. 50). Limitierte Album-Veröffentlichungen etwa tragen zum Status der Platte als außergewöhnliches und sammelbares Objekt bei, das einen hohen Grad an Fürsorge und Hingabe erfordert. Plattensammler*innen sind vergleichbar mit Modeliebhaber*innen, die ihre Neueroberungen vorsichtig auspacken und begutachten, indem sie die Oberflächenrillen berühren, die an die Jahresringe in einem Baumquerschnitt erinnern, die dessen Geschichte und sein zeitliches Bestehen in sich tragen. Nach einer Weile übersteigen Schallplatten ihre Rolle als ökonomisch wertvolle Gegenstände, indem sie die persönlichen Bedeutungen und die individuelle Geschichte ihrer Besitzer*innen annehmen. Die Fähigkeit, die Platte des Begehrens auszuwählen, ist ein ausschlaggebender Schritt bei der Fabrikation dieser Bedeutungen, die in Form von bibliographischen Laufbahnen in den Rillen der Schallplatte gespeichert sind. Im *Buch der Könige* beschreibt Klaus Theweleit diese Eigenart der Schallplatte wie folgt:

> Zwischen Platte/Tonarm/Lautsprecher und aufnehmendem Ohr/Gefühlsstrom scheint sich eine Aufnahmeapparatur gebildet zu haben zur Speicherung dieser Gefühlsströme. Sie arbeitet sehr exakt: als klare Wahrnehmung eigener momentaner Andersartigkeit [...] als Differenz zu den dort gespeicherten Gefühlen, die sich klar in Worte fassen lässt [...] Auch das wird vom Aufzeichnungsgerät zwischen Ohr und Tonarm aufgezeichnet und erscheint in Form eines Wissens, in Form einer Wahrnehmung der eigenen Körpergeschichte, beim nächsten Hören mit; auch Jahre später. Die Platte nimmt, wenn eine Verbindung mit ihr da war, diese auf. Wie geht das?
>
> (Theweleit 1991, S. 377)

Theweleit erkennt hier, dass die Relevanz der Platte nicht lediglich darin besteht, ein Medium zum Abspielen zu sein, sondern vor allem darin liegt, dass sie aufnehmen kann. Das Phänomen, das Theweleit beschreibt, wird in einer Szene in „High Fidelity" dargestellt, in der Rob dem verdutzten Dick erklärt, dass er seine Plattensammlung auf eine autobiographische Art neu sortiert. Konkret bedeutet dies, dass sich Rob jedes Mal, wenn er nach einer Platte sucht, an den Kontext ihres Kaufs oder des Hörens bestimmter Lieder zurückerinnern muss.

Bevor sich Sammlungen über Jahre hinweg anhäufen, ist das Berühren von Platten ein essenzieller Teil des Auswahlprozesses und stellt den ersten Schritt eines taktilen Vergnügens dar, welches unser Verlangen zum Sammeln greifbarer Objekte anregt.

2 Vorbereiten

Zu Beginn von „Almost Famous" zieht Anita (Zooey Deschanel), inspiriert von Simon and Garfunkel's Song „America", aus dem Haus der Familie Miller aus, um eine Karriere als Stewardess zu beginnen, und hinterlässt ihrem kleinen Bruder William (Patrick Fugit) ihre Plattensammlung, die sie unter ihrem Bett verstaut. Begeistert vom ersten Eindruck der Sammlung hält er seinen Atem an, und die Zuschauer*innen können beobachten, wie er, begleitet vom melancholischen Song „America", mit seinen kleinen Händen langsam Platte für Platte begutachtet. Der Erkundungsprozess erinnert an das Durchstöbern einer Enzyklopädie für populäre 60er/70er Jahre-Alben, die Klassiker enthält wie „1969" von Crosby, Stills & Nash, „Led Zeppelin II", „Axis: Bold as Love" von The Jimi Hendrix Experience, „Wheels of Fire" von Cream, „Blue" von Joni Mitchell und „Blonde on Blonde" von Bob Dylan. Er berührt liebevoll die Plattencover und fährt zärtlich mit seinen Fingern über die Bandnamen und die Gesichter der Künstler*innen und Bands, als ob sich ein Teil ihrer Anziehungskraft auf magische Art und Weise auf ihn übertragen könnte. Seine Finger streichen erkundend über die Plattenhüllen und zeichnen die psychedelischen Designs der Langspielplatten von Jimi Hendrix und Cream nach. Bis zu diesem Punkt ähnelt seine taktile Aktivität noch stark den erforschenden Bewegungen des Kunden in „High Fidelity".

Abb. 4: William berührt die Cover von Albumklassikern („Almost Famous". Regie: Cameron Crowe. US: 2000). Collage aus Filmstills.

Viele Hits dieser Alben werden hier für die Zuschauer*innen im wahrsten Sinne des Wortes greifbar, da sie Teil des erhältlichen Filmsoundtracks sind. Doch die Szene bietet mehr als nur geschicktes *product placement*. William liebevoll die Schallplatten streicheln zu lassen, ist eine überaus sinnliche Taktik, um den Zuschauenden und Zuhörenden einer digitalisierten Musikwelt ein greifbares musikalisches Medium nahezubringen. In ihrem Aufsatz über Retroaspekte im Kino erörtern Elena Caoduro und Stefano Baschiera die Vorteile der Platzierung physischer Objekte im profilmischen Raum:

> One could proactively state that a character browsing a collection of vinyl records is more "cinematographic" than one scrolling through a playlist on iTunes or Spotify. With several media objects now existing digitally and the new miniaturisation of technology there are fewer opportunities to organise the profilmic space using the elements of material culture which, working as synecdoche, can succinctly offer much information about the characters portrayed and the world they inhabit. If the agency of the physical object is something with cinematographic quality, that of the digital object is more complicated to represent.
> (Baschiera und Caoduro 2015, S. 154)

Auf plausible Art und Weise wird dort die Schwierigkeit in Filmen erläutert, die Beziehung zwischen Individuum und Musik zu vermitteln, wenn sie in Form von Daten gespeichert ist. Wenn beispielsweise eine Verbindung zwischen einem Charakter und einem Liedtitel (oder Album) hergestellt werden soll, wird oftmals ein Shot gewählt, bei dem der Titel auf einem Laptop oder iPod-Bildschirm angezeigt wird, wie es in der Eröffnungsszene des 2017 erschienenen Action-Thrillers „Baby Driver" von Edgar Wright der Fall ist. Obgleich viele digitale Technologien bei der Benutzung auf Berührung angewiesen sind, wird ein Gefühl der Nähe hier nur simuliert und nicht verkörpert. Um Musik von einer Platte zu hören, ist hingegen direkte Berührung notwendig, um sie abzuspielen.

Nach dem Erscheinen von Vivian Sobchacks einflussreichem Beitrag zur „embodied perception" des Zuschauers und dem „body of film" nutzten Wissenschaftlerinnen wie Laura U. Marks und später Jennifer Barker ihre theoretischen Grundlagen, um weitere Konzepte des „tactile embodiment" zu entwickeln. In *The Skin of Film* führt Marks die Theorie der „haptischen Visualität" als Kontrast zur optischen Visualität ein, welche zwischen Jacques Deleuzes Philosophie der Zeit und Sobchacks Phänomenologie einzuordnen ist. Bei der haptischen Visualität, so Marks, funktionieren die Augen ähnlich wie Berührungsorgane: so als ob man den Film mit den eigenen Augen berühren würde (vgl. Marks 2000, S. 162). Sie bezeichnet diesen „streichelnden Blick" als „haptischen Blick": Dabei handele es sich um einen Blick, der sich eher an der Oberfläche von Objekten bewegt, anstatt in ihre Tiefen zu versinken (vgl. ebd.). Marks ana-

lysiert diesen Blick als charakteristisch für eine Reihe von analogen Videoarbeiten, bei denen der Zuschauer*innenblick für eine Weile an der Oberfläche des
Bildschirms innehält, bevor realisiert und identifiziert wird, was im Bild gezeigt
wird. Ihre Analyse diverser Videoarbeiten bringt sie zur Unterscheidung zwischen Arbeiten, die haptische Bilder aufweisen und somit ein körperliches Verhältnis zwischen Zuschauer*in und dem Gesehenen begünstigten, während es
sich bei der haptischen Visualität um die dazugehörige Zuschauer*innenneigung handle, diese auf eine haptische Weise wahrzunehmen (vgl.
ebd., S. 163f.). Ganz abgesehen von dem oft sexuellen Inhalt dieser Bilder (Ober-
flächen-Close-Ups von Körpern mit aufgestellten Härchen, Gänsehaut etc.) beschreibt Marks bereits 1998 in ihrem Aufsatz „Video Haptics and Erotics" die
Ungewissheit, die hinsichtlich des Gesehenen als besonders erotische Qualität
dieser Bilder aufkomme (Marks 1998, S. 341), zu der viele weitere ästhetische
Eigenschaften analoger Videoarbeiten beitrügen, wie etwa ihr materieller Ver-
fall, ein niedriges Kontrastverhältnis oder die Körnigkeit des Bildes (vgl. ebd.,
S. 339).

Die Schallplattenberührungsszene in „Almost Famous" ist nicht paradigmatisch für Marks' Theorie der haptischen Visualität. Hier bewegt sich weder
die Kamera horizontal an der Schallplattenoberfläche („der streichelnde
Blick"), noch kommen Zweifel hinsichtlich des Inhalts auf. Nichtsdestotrotz
handelt es sich hier um haptische Bilder, die durch Williams erkundende, streichelnde Bewegungen eine starke haptische Anziehungskraft auf die Zuschauer*innen ausüben, die sich nicht durch bloße Identifikation erklären lässt. Dass
hier die Szene zusätzlich noch von dem nostalgisch-aufgeladenen Song „America" begleitet wird, verstärkt den Berührungsakt als tiefgehende Erfahrung.
Berühren bedeutet hier, in einem emotionalen Sinne all das zu begreifen, wo-
rum es in der Musik geht. Diese Verbindung zwischen dem Akt des Berührens
und epistemologischen Überzeugungen reicht zurück bis ins 17. und 18. Jahrhundert. Constance Classen und David Howes untersuchten in dem Buchkapitel
„The Museum as Sensescape: Western Sensibilities and Indigenous Artifacts"
die Rolle des Berührens in europäischen Museen und Sammlungen und den
paradigmatischen Wertewandel, der zugunsten eines visuellen Regimes in Museen ausgefallen sei, welches Besucher*innen fortan darauf beschränkt habe,
Artefakte ausschließlich zu betrachten (vgl. Classen und Howes 2006, S. 199f.).
Bevor diese Regelung ca. Mitte des 19. Jahrhunderts eingeführt worden sei, habe
Berührung als Schlüssel zu tiefen Wahrheiten gegolten, die dem Auge verbor-
gen blieben (vgl. ebd., S. 202). Durch die Berührung, so betonen sie, sei eine
physische Verbindung zwischen dem*der Besucher*in und den Objekten der
Sammlung hergestellt worden (vgl. ebd.). Neben dem museologischen Aspekt

von Filmen als zirkulierende Medien für Schallplatten und die mit ihnen verbundene sinnliche Hörerfahrung lässt sich hier auch aus phänomenologischer Perspektive über die Existenz einer physischen Verbindung zwischen diegetischen Schallplatten und Zuschauer*innen nachdenken. Hierzu möchte ich Jennifer Barker heranziehen, die in *The Tactile Eye: Touch and the Cinematic Experience* erläutert, wie sich der Bund zwischen Zuschauer*in und „film body" manifestiert:

> We do not lose ourselves in the film, so much as we exist – emerge, really – in the contact between our body and the film's body. It is not a matter simply of identifying with the characters on screen, or with the body of the director or camera operator, for example. Rather, we are in a relationship of intimate, tactile, reversible contact with the film's body – a complex relationship that is marked as often by tension as by alignment, by repulsion as often as by attraction. We are embedded in a constantly mutual experience with the film, so that the cinematic experience is the experience of being both 'in' our bodies and 'in' the liminal space created by that contact.
>
> (Barker 2009, S. 19)

Barker beschreibt eine intime, taktile Wechselbeziehung zwischen Zuschauer*innenkörper und Filmkörper, die sich nicht einfach durch Identifikation erklären lässt. Ihre theoretischen Grundlagen sind, wie auch bei den Vorgängerinnen Sobchack und Marks, fest in der *Phänomenologie der Wahrnehmung* Merleau-Pontys verankert. Dieser verwendet als Beispiel eine Hand, die eine andere berühre, wodurch beide Hände die Rolle des Berührens und des Berührtseins übernähmen (vgl. Merleau-Ponty 2005, S. 79). Dabei würden nicht beide Rollen simultan erfüllt, sondern es komme zur Oszillation zwischen Subjekt und Objekt und Berühren und Berührtsein, was eine Art Umkehrdynamik darstellt (vgl. Barker 2009, S. 19). Jene Umkehrdynamik spielt sich auch innerhalb der drei Schritte „Selektieren, Vorbereiten, Erleben" in den analysierten Filmbeispielen ab. Verbindet man nun das Konzept gegenseitiger Berührung durch Schallplatten im Film mit Barkers Abschnitt über die sich gegenseitig konstituierende Erfahrung von Zuschauenden mit dem Film – also jene, die das extrem komplexe Verhältnis zum Publikum beseelt –, wird deutlich, wie der haptisch aufgeladene Umgang mit Schallplatten in Filmen ein materielles Verlangen auslösen kann. Der Kontakt zwischen Filmkörper und Zuschauer*innenkörper wird in den vorliegenden Filmbeispielen durch das Berühren von Schallplatten hergestellt, die die Zuschauenden in die affektiven Dimensionen der Materialität von Berührungen einführt und sie gleichzeitig für das berührbare Material in Form von Vinyl sensibilisiert. Es sind mitunter diese Eigenschaften als tast- und greifbare Tonträger, die Schallplatten aus heutiger Perspektive im digitalen Zeitalter attraktiv machen. Hierzu argumentiert Susan

Stewart passend, dass es sich bei dem Auslöser von Nostalgiegefühlen um die Abwesenheit von bestimmten Dingen handele (vgl. Stewart 1993, S. 23). Weil es sich nun bei Schallplatten um sammelbare Objekte mit ästhetischer Wirkung handelt, die in digitalen Musikdateien nicht vorhanden ist, bezeichne ich das nostalgische Verlangen nach ihnen und ihrer Berührung als „haptische Begehrtheit". Diese nostalgische Begehrtheit ist der filmischen Erfahrung der körperlich wahrnehmenden Zuschauer*innen immanent und geht mit dem Versprechen einer tiefgründigeren, intensiveren und erfüllenden Erfahrung von Musik einher. Der weitere Verlauf der Szene in „Almost Famous" bestätigt dies.

Als William das Ende der Plattensammlung mit The Who's „Tommy" erreicht, hält er inne, da er etwas zwischen den Seiten des Plattenbooklets ertastet. Es handelt sich um eine Nachricht seiner Schwester Anita mit der Anweisung „Listen to *Tommy* with a candle burning and you will see your entire future". Den Anweisungen seiner Schwester folgend, wird der Blick der Zuschauer*innen nun auf den Plattenspieler gelenkt, der hier im Close-Up von der Kamera fixiert wird und auf dem William vorsichtig eine Decca-Platte platziert. Einerseits entpuppt sich diese Botschaft als Prophezeiung, die Williams Werdegang als Musikjournalist antizipiert, während andererseits die heilende und erlösende Wirkung von Musik angedeutet wird. Diese Form der Befreiung beginnt für Anita als Flucht vor der restriktiven Erziehung der Mutter mit dem Verlassen des Elternhauses, um Stewardess zu werden. Dabei hinterlässt sie ihrem Bruder mit den Platten nicht nur ihre Inspirationsquelle, sondern auch ihr Heilmittel, welches die Musik selbst ist, die wie ein geheimer Schatz unter ihrem Bett versteckt wird. Dass ihre geheime Botschaft ausgerechnet in The Who's „Tommy" versteckt wird, ist kein Zufall, wenn man das 1969 erschienene Erfolgsalbum analytisch näher betrachtet.

Die Lieder des Albums wurden größtenteils von Gitarrist Pete Townshend komponiert und bildeten die Basis für die gleichnamige Rockoper, die sechs Jahre später erschien. Ein genauerer Blick auf das Cover enttarnt die Bandmitglieder als Gefangene hinter einer gitterartigen Struktur mit ausgestreckten Händen nach Freiheit strebend, die hinter dem Gitter wartet und durch Vögel am blauen Himmel veranschaulicht wird. Dieser Zustand physischer und emotionaler Befangenheit wird durch den Protagonisten Tommy (Roger Daltrey) in der entsprechenden Rockoper verkörpert. Nach einem durch seine Eltern verursachten traumatischen Vorfall wird Tommy taubstumm und blind und ist fortan unfähig, in physischer und emotionaler Hinsicht mit seinem Umfeld zu kommunizieren. Alle möglichen, höchst fragwürdigen Therapiemethoden scheitern, bis Tommy auf einem Schrottplatz einen alten Pinball-Automaten findet, den er allein durch seinen Tastsinn auf eine stimulierende Weise zu spielen beginnt.

Sein Talent beschert ihm seinen ersten Erfolgshöhepunkt, als das „deaf, dumb, and blind kid" den amtierenden Pinball-Meister (Elton John) schlägt und „Pinball Wizard" getauft wird, was auch der Titel des gleichnamigen Songs ist, der in der Rockoper-Version von Elton John interpretiert wird. Die Wettbewerbsszene wird zum synästhetischen Erlebnis, bei dem Mensch, Maschine, Klangeffekte und Musik perfekt fusionieren. Was für Tommy ein haptisches Erlebnis darstellt, wird von seinem elterlichen Umfeld ausgenutzt, die in seinem Talent eine ökonomisch nutzbare Ressource erkennen. Zwar trägt das Pinball-Spiel zu seiner Heilung bei, es kann seine emotionale Blockade jedoch nicht vollständig lösen. Dies geschieht erst, als seine Mutter eine Reaktion beim Anblick seines Spiegelbilds bemerkt und ihn, frustriert von seiner grundsätzlichen emotionalen Unempfänglichkeit, gegen einen Spiegel schmettert, der in zahllose Teile zerspringt. Wie Tommys innere Stimme während des Films immer „See Me/Feel Me/Touch Me/Heal Me" singt, kommt die Heilung hier im Lacan'schen Spiegelstadium: der Moment, wenn das Kind sich selbst im Spiegel erkennt – ein Effekt der Reflektion, die durch die Berührung von Licht zustande kommt. Berührt und geheilt, gewinnt Tommy wieder sein Augenlicht, den Hörsinn und seine Sprache zurück und wird von den Eltern und zahlreichen Pinball-Anhänger*innen in seinem eigens errichteten spirituellen Camp als eine Art Messias gefeiert. Wie die Lyrics von „Sensation" mit den Worten „They worship me and all I touch" bereits andeuten, versucht er seine Botschaft zu vermitteln, indem die Menschen durch seine Musik berührt und eine Pinball-Therapie entwickelt, wobei alle Versuche scheitern und sein Unterfangen in einer gewaltsamen Rebellion der Camp-Besucher*innen endet. Es handelt sich um die rebellische Generation, über die The Who bereits 1965 in „My Generation" gesungen hatten. Zum Ende des Films und nach dem schrecklichen Tumult scheint es so, als wolle Tommy sich selbst befreien und sich von seiner Gabe reinwaschen, als er zu einem Bergsee flüchtet, hineinspringt und davonschwimmt.

Tommys Schicksal weist viele Parallelen zu der Geschichte von König Midas von Phrygien auf. Um sich für seine außerordentliche Gastfreundschaft beim König zu bedanken, wird ihm von Dionysos (dem antiken Gott des Weines) ein Wunsch erfüllt: Fortan soll sich alles, was er berührt, in Gold verwandeln. Dem Hungertod nahe, da alle Mahlzeiten, die er berührt, ebenfalls zu Gold werden, bittet er Dionysos, den Wunsch rückgängig zu machen, woraufhin dieser ihm aufträgt, sich im Fluss Pactolus zu waschen. Im antiken Griechenland wurde dieser Mythos genutzt, um zu erklären, warum der Fluss so reich an Gold war (vgl. Lamer et al. 1950, S. 484).

Vor diesem Hintergrund ist Williams Berührung des Covers mit der Botschaft einleuchtend und kann sogar im Gesamtkontext als „spirituelle" Befrei-

Die Prozedur, die William auf Empfehlung seiner Schwester vollzieht, ist Teil einer ritualisierten ästhetischen Praktik, die die Erfahrung von Platten zum Großteil ausmacht. In ihrem Aufsatz „The Vinyl: The Analogue Medium in the Age of Digital Reproduction" erklären die Soziologen Dominik Bartmanski und Ian Woodward, dass Schallplatten uns zu einem „hands-on-approach" ermutigen, also sich als etwas verstehen, das gelesen und gefühlt werden muss (Bartmanski und Woodward 2015, S. 19). Sie laden folglich dazu ein, den Akt des Zuhörens durch diverse, emotional aufgeladene Rituale zu zelebrieren: Wenn ich eine Platte höre, höre ich nicht einfach nur eine Platte. Im Gegenteil: Das Hören einer Platte erfordert etwas Vorbereitung, bevor ihr eigentlicher Gebrauch beginnen kann. Damit verbunden sind verschiedene Vorbereitungsrituale, die man in einer mehr oder weniger aufgebauschten Form praktizieren kann, wie etwa das Reinigen der Platte, die Beobachtung des Plattentellers und ein sorgfältiger Umgang mit der Plattenhülle. In den meisten Fällen handelt es sich dabei um bewusste Praktiken, die sich mit der Zeit anhäufen und im Vergleich zu anderen Formaten auch recht zeitintensiv sind und das Klangerlebnis somit in gewisser Weise auratisieren. Platten fordern unsere Aufmerksamkeit, um uns mit ihrer klanglichen Präsenz zu durchdringen und zu vereinnahmen oder, in anderen Worten, um uns zurück zu berühren.

3 Erleben

Basierend auf dem Bestseller von Jeffrey Eugenides, handelt „The Virgin Suicides", das Regiedebüt von Sofia Coppola, von fünf Mittelklasseschwestern, die in den 1970er Jahren in einer Wohngegend in der Nähe von Detroit aufwachsen und unter der streng religiösen Erziehung ihrer Eltern und deren restriktiven Maßnahmen leiden. Gegen Ende des Filmes werden sie sogar aus der Schule genommen, um jegliche Form sexuellen Kontakts zu den Mitschüler*innen zu verhindern. Vom Rest der Welt abgekapselt und zunehmend depressiv, tauchen sie in das verlockende Reich ein, das sich ihnen beim gemeinsamen Anhören ihrer Lieblingsplatten in ihrem Zimmer offenbart. Eines Tages schaffen sie es, über das Telefon Kontakt zu einer befreundeten Gruppe von Nachbarjungen herzustellen. Christopher Bruno beschreibt die nun zwischen den Gruppen stattfindende musikalische Kommunikation in seinem 2015 erschienenen Online-Essay wie folgt:

> [...] the boys play them Todd Rundgren's "Hello, It's me," initiating a back and forth in which the girls express their isolation through Gilbert O'Sullivan's "Alone Again," the

boys enlist the Bee Gees to urge the girls to "Run to Me," and the girls finally resign them-
selves to being "So Far Away," with help from Carol King.

(Bruno 2015)

Der musikalische Dialog bedarf keiner weiteren Erklärungen – die Musik spricht
für die Jugendlichen und bringt ihre Gefühle in einem gegenseitigen Geständnis
zum Ausdruck. Es werden keine Worte ausgetauscht, sondern Platten als Kommunikationsmedium verwendet. Indem sich die Teenager gegenseitig Songs
von Todd Rundgren, Gilbert O'Sullivan, den Bee Gees und Carole King zusenden
(bzw. zuspielen), nutzen sie das Potential der Schallplatte, physische Grenzen
zu überschreiten und eine „material sonic presence" (Wallach 2003, S. 37) zu
verbreiten. Berührung findet hier auf einer klanglichen Ebene statt, während
die Mädchen gleichzeitig an- und abwesend sind. Durch die klangliche Zusam-
menkunft wird ermöglicht, dass die „Musik in soziale und individuelle Räume
eindringen kann" (ebd., S. 51) und die Jungen durch ihre audiotaktile Interaktion einen emotionalen Zugang zu den mysteriösen Mädchen finden. Das Schlaf-
zimmer, Schauplatz der sogenannten „bedroom culture" (McRobbie und Garber
2006), ist hierfür ein klassischer Zufluchtsort, der Intimität jenseits elterlicher
Kontrolle verspricht und sich darüber hinaus auch als Ort etabliert, an dem
akustische Eindrücke festgehalten und zu Klangteppichen zusammengewoben
werden. Sarah Thornton beschreibt dieses Phänomen mit dem Begriff der „wall
of sound", also einer Art Klangmauer, die von Jugendlichen mithilfe von Musik
aufgebaut wird, um persönlichen Raum für sich zu beanspruchen, der für Familie und Mitbewohner*innen versperrt bleibt (vgl. Thornton 1995, S. 38).

Zusammengefasst führt die klangliche Präsenz zur gegenseitigen Berührung der Teenager, was visuell durch den horizontal geteilten Bildschirm betont
wird, der eine Ko-Präsenz innerhalb eines Einzelbilds suggeriert, während sich
die Teenager in erotisch aufgeladenen Tagträumen zu verlieren scheinen.

ung einer gesamten Generation gesehen werden. Als William jedoch die Platte auflegt, ertönt keiner der zuvor beschriebenen Albumsongs, die Berührungen thematisieren, sondern der Instrumentaltitel „Sparks", der mit seinem Klang die physischen Eigenschaften der Schallplatte betont. Es folgt ein Schnitt zu einer extremen Nahaufnahme des Pickups, und der elektrisch aufgeladene Klang des Songs „Sparks" durchdringt die Zuschauenden, sodass sie durch seinen beschleunigten Rhythmus und seine verzerrte Qualität immer tiefer in den hypnotisierenden Sog der rotierenden Platte gezogen werden. Auf visueller Ebene wird diese klangliche Erfahrung durch eine Überblendung der rotierenden Platte über dem Bild von William mit der Kerze parallelisiert.

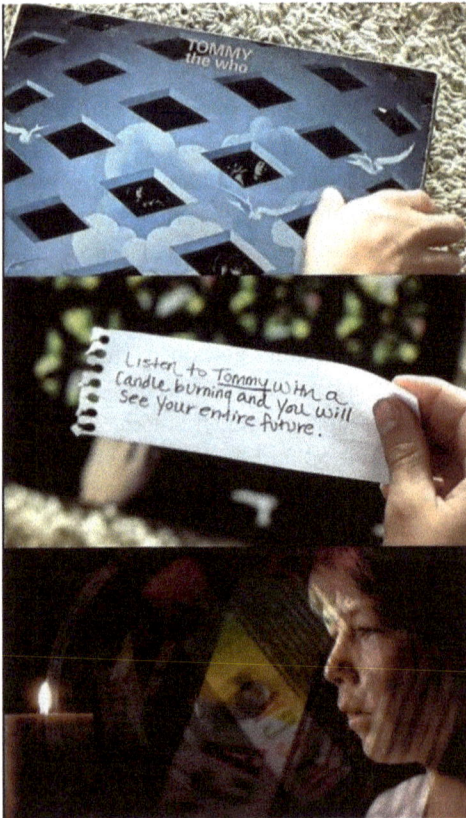

Abb. 5: Das dreifache Erlebnis einer Schallplatte wird durch ihre visuellen, haptischen, klanglichen und materiellen Dimensionen erfahrbar („Almost Famous". Regie: Cameron Crowe. US: 2000), Collage aus Filmstills.

Abb. 6: Der Zustand der Teenager – gemeinsam und doch getrennt – wird besonders gut durch Carole Kings „So Far Away" vermittelt („The Virgin Suicides". Regie: Sofia Coppola. US: 1999), Filmstill.

4 Fazit

Der vorliegende Beitrag sollte zeigen, dass die Erzeugung eines Verlangens nach Schallplatten als greifbare Medien in den oben genannten Filmen auf ihrer dualen Materialität sowie ihrer Eigenschaft als berührbare, greifbare Objekte beruht. Berührung findet auf beiden materiellen Ebenen (so auch der klanglich-materiellen) statt und resultiert in einer Wechselbeziehung, innerhalb derer die Besitzer*innen von ihren Platten im Rahmen der drei Schritte „Selektieren, Vorbereiten und Erleben" zurückberührt werden. Auf der Grundlage einiger phänomenologischer Filmkonzepte wurde der Begriff der „haptischen Begehrtheit" eingeführt, um das nostalgische Begehren der Zuschauer*innen zu beschreiben, das der filmischen Erfahrung einer gegenseitigen Berührung von Schallplatten und ihren Besitzer*innen innewohnt. Schallplatten feierten niemals ein Comeback, da sie nie wirklich verschwunden waren. Stattdessen führen sie uns ständig die Attraktivität von Berührungen vor Augen, die untrennbar mit der Sammelpraktik analoger musikalischer Objekte verbunden ist.

Medienverzeichnis

Abbildungen

Abb. 1 und 2: Visitenkarte des Frankfurter Plattenladens „tactile" und DVD-Cover von „Vinyl-mania" (2012. Paolo Campana). Eigenaufnahme.
Abb. 3: „High Fidelity". Regie: Stephen Frears. US: 2000. Filmstill. *YouTube*. https://www.youtube.com/watch?v=QOwjVVSNOtY&t=42s. Zugegriffen am 19. Januar 2021.
Abb. 4: „Almost Famous". Regie: Cameron Crowe. US: 2000. Collage aus Filmstills. *YouTube*. https://www.youtube.com/watch?v=16GmbZe_PYQ. Zugegriffen am 19. Januar 2021.
Abb. 5: „Almost Famous". Regie: Cameron Crowe. US: 2000. Collage aus Filmstills. *Pinterest*. https://pl.pinterest.com/pin/398005685821089413/. Zugegriffen am 19. Januar 2021.
Abb. 6: „The Virgin Suicides". Regie: Sofia Coppola. US: 1999. Filmstill. *HobokenLibrary*. https://hobokenlibrary.blog/the-virgin-suicides-record-scene/. Zugegriffen am 19. Januar 2021.

Literatur

Anderson, Tim J. 2008. As if History was Merely a Record. In *Music, Sound, and the Moving Image,* 2(1): 51–76.
Barker, Jennifer M. 2009. *The Tactile Eye: Touch and the Cinematic Experience*. Berkeley/Los Angeles/London: University of California Press.
Bartmanski, Dominik und Ian Woodward. 2015. The Vinyl: The Analogue Medium in the Age of Digital Reproduction. In *Journal of Consumer Culture,* 15(1): 3–27.
Baschiera, Stefano und Elena Caoduro. 2015. Retro, Faux-vintage, and Anachronism: When Cinema Looks Back. In *NECSUS. European Journal of Media Studies,* 4(2): 143–163.
Benjamin, Walter. 1968. *Illuminations*. New York: Schocken Books.
Bruno, Christopher. 2015. A Dream Goes on Forever: Focalization and Invocation in The Virgin Suicides. In *Considering Film*. https://consideringfilm.com/2015/06/18/virgin-suicides/3/. Zugegriffen am 18. Januar 2021.
Classen, Constance und David Howes. 2006. The Museum as Sensescape: Western Sensibili-ties and Indigenous Artifacts. In *Sensible Objects: Colonialism, Museums and Material Culture*, Hrsg. Elizabeth Edwards, 199–222. Oxford/New York: Berg Publishing.
Lamer, Hans, Ernst Bux und Wilhelm Schöne. 1950. *Wörterbuch der Antike*. Stuttgart: Alfred Kröner Verlag.
Marks, Laura U. 1998. Video Haptics and Erotics. In *Screen,* 39 (4): 331–348.
Marks, Laura U. 2000. *The Skin of the Film: Intercultural Cinema, Embodiment and the Senses*. Durham/London: Duke University Press.
Merleau-Ponty, Maurice. 1962. *Phenomenology of Perception*. London: Routledge.
McRobbie, Angela und Jenny Garber. 2006. Girls and Subcultures. In *Resistance Through Ritu-als*, Hrsg. Stuart Hall und Tony Jefferson, 208–219. London/New York: Routledge.
Osborne, Richard. 2012. *Vinyl: A History of the Analogue Record*. Farnham/Burlington: Ashgate Publishing.

Sobchack, Vivian. 2000. What my Fingers Knew: The Cinesthetic Subject or Vision in the Flesh. In *Senses of Cinema*, 5:1–23.

Stewart, Susan. 1993. *On Longing: Narratives of the Miniature, the Gigantic, the Souvenir, the Collection*. Durham/London: Duke University Press.

Thornton, Sarah. 1995. *Club Cultures: Music, Media, and Subcultural Capital*. Middletown: Wesleyan University Press.

Wallach, Jeremy. 2003. The Poetics of Electrosonic Presence: Recorded Music and the Materiality of Sound. In *Journal of Popular Music Studies*, 15 (1): 34–64.

Filme

Almost Famous. Regie: Cameron Crowe. US: 2000.

Before Sunrise. Regie: Richard Linklater. US: 1995.

Equilibrium. Regie: Kurt Wimmer. US: 2002.

High Fidelity. Regie: Stephen Frears. US: 2000.

The Shawshank Redemption. Regie: Frank Darabont. US: 1994.

The Virgin Suicides. Regie: Sofia Coppola. US: 1999.

Vinyl. Regie: Alan Zweig. CA: 2000.

Vinylmania. Regie: Paolo Campana. IT: 2012.

8mm. Regie: Joel Schumacher. US: 1999.

Paul Eisewicht

Juvenilisierung als analytisches Konzept

Zur Inszenierung von Jugendlichkeit am Beispiel von Rap-Musikvideos

Zusammenfassung: Die Entgrenzung der Lebensphase Jugend, wie auch die Verjugendlichung der Gesellschaft fordern die Kultur- und Sozialforschung dahingehend heraus, wie sich Jugend, Jugendkultur, Jugendlichkeit usw. begrifflich fassen lassen. Eine begriffliche Lösung der Problematiken liegt dabei, so die These, im Begriff der Juvenilität, der im Beitrag als analytisches Konzept entfaltet wird. Die Tragfähigkeit dieses Begriffsentwurfs wird anhand einer Fallvideoanalyse erörtert. In der Einordnung und im Vergleich zu anderen Rap-Musikvideos werden zwei Inszenierungslogiken – des Bling- und des Straßen-Raps – rekonstruiert und als juvenile Artikulationsmodi im Rap diskutiert.

Vor dem Hintergrund der Analyse scheint der Begriff der Jugendszene oder Jugendkultur zunehmend inadäquat. Demgegenüber wird vorgeschlagen, juvenile Szenen von anderen Gesellungsformen zu unterscheiden und Jugendlichkeit als Handlungsorientierung für Menschen in der modernen Gesellschaft zu verstehen.

Schlüsselwörter: Hip-Hop, Rap, Gangsta-Rap, Musikvideo, Jugendszene, Jugendkultur, Jugendlichkeit, Juvenilität, Videoanalyse

1 Begriffstheoretische Erörterung zu Jugend und Juvenilität

1.1 Jugend als begriffliche Herausforderung in den Kultur- und Sozialwissenschaften

Kaum eine Lebensphase scheint in den letzten Jahrzehnten in den Sozialwissenschaften derart kontrovers diskutiert worden zu sein wie die Jugend (vgl. Heinen et al. 2020). Begründet ist dies maßgeblich in der Konzeption von Jugend als „Statuspassage" (Schröder 1995), als „Moratorium" (Reinders und Wild 2003) oder „Transitionsphase" (Bergmann et al. 2012). Mehr als sein Anfangspunkt (also da, wo die Lebensphase Jugend beginnt) ist dabei diskutiert worden, a) worin sie mündet und b) wie lange sie anhält:

https://doi.org/10.1515/9783110730609-012

- Zu a) Mit Blick auf den Endpunkt, eines gesellschaftlich anerkannten „Vollmitglieds", d.h. eines Erwachsenen, ist eine funktionale Lesart der Jugend (vgl. grundlegend Parsons 1968) vorherrschend, in der dann pädagogisch alles das, was Jugendliche tun, hinsichtlich des Verwendungszwecks der Vollendung der Transition betrachtet und bewertet werden kann.[1] Jedoch wird diese strukturfunktionale Perspektive durch eine stärker biographische, individualisierte Lesart mittlerweile vermehrt herausgefordert (vgl. bereits Fuchs 1983). Aus dieser Perspektive geht es weniger um eine individuell und gesellschaftlich erfahrene Nützlichkeit der Praktiken und Zugehörigkeiten Jugendlicher, um die betreffende Passage zu nehmen, als vielmehr um eine Eigenlogik der Praktiken für Jugendliche in situ. Zugespitzt formuliert verliert Jugend in zweiter Perspektive dann folgerichtig die Rahmung als Moratorium o. ä. und erweist sich mehr als „Laboratorium" (Eisewicht et al. 2016). Damit wird aber virulent, was Jugend dann eigentlich kennzeichnet.
- Zu b) Im Zuge der Pluralisierung und Individualisierung von Biographien (vgl. Beck 1994) gestalten sich die Übergänge einer derart konzipierten Lebensphase Jugend zunehmend und stärker unterschiedlich. Individuell kann diese Transition also sehr schnell vonstattengehen (und auch noch innerhalb der biologischen Jugend vollendet sein), sie kann sich aber auch weit hinausziehen.[2] Hinzu kommt, dass in der Fragmentierung und Dynamisierung von Biographien auch im Erwachsenenalter derartige Statusrückfälle nicht untypisch werden (z. B. Verlust von Arbeit, das Ende von Partnerschaften, das Aufbrechen von Familienkonstellationen oder der Wiedereinzug bei den Eltern aufgrund ökonomischer Notlagen), die dann sozusagen einen Rückfall in die Jugendphase implizieren würden. Soll eine solche unglückliche Zuschreibung in Anwendung der Begrifflichkeiten

---

1 Das begründet dann auch einen Forschungsfokus auf dergestalt „förderliche" Organisationen wie die Schule sowie einen Schwerpunkt auf Probleme bei deren Förderlichkeit (wenn also soziale Ungleichheit und Desintegrationsprozesse in den Blick genommen werden). Im Zentrum steht dabei v. a. der „Erhalt der Gesellschaft" (Hurrelmann und Quenzel 2016, S. 27) qua gelingender Sozialisation Jugendlicher, also der Internalisierung „gesellschaftlich[er] Normen und Rollenvorschriften" (ebd., S. 24).

2 Dies wird dann darüber eingeholt, dass in entsprechenden Surveys die Altersspannen sehr unterschiedlich gefasst und eher ausgeweitet werden. Das macht dann entsprechende Ergebnisse, z. B. zum politischen Engagement Jugendlicher (vgl. Eisewicht 2019), schwerer vergleichbar. Wenn etwa als Jugendliche einerseits 14- bis 18-Jährige, andererseits 20- bis 35-Jährige befragt werden (vgl. Hitzler und Pfadenhauer 2004, S. 48), so ist erwartbar, dass sich hier große Unterschiede (z. B. in Demonstrationsteilnahmen) zeigen.

vermieden werden, wirft auch dies die Frage nach der begrifflichen (Neu-) Konzeption von Jugend auf. Diese Herausforderung einer transitional konzipierten Jugendphase wird unter Begriffen der „Entstrukturierung" (Olk 1985) oder „Entgrenzung" (Lenz et al. 2004) von Jugend verhandelt.

— c) Erschwerend kommt hinzu, dass im gleichen Zug, in dem eine einheitliche Lebensphase Jugend an Kontur verliert, Jugendlichkeit als Orientierungsmuster in der Gesellschaft zuzunehmen scheint (als „Verjugendlichung von Gesellschaft"; vgl. Heinen et al. 2020). Menschen verschiedenen Alters bedienen sich demnach lebensstilistischer und pragmatischer Handlungsrahmen, Praktiken und Symboliken, die Jugendlichen vorbehalten schienen (oder zumindest Erwachsenen weder sachdienlich noch angemessen). Zudem findet in gesellschaftlichen Diskursen eine Aufwertung von Jugendlichkeit statt bzw. wird Jugendlichkeit vermehrt zu einem kulturellen Leitbild (vgl. Wiezorek und Eulenbach 2020).

Diese Befunde betreffen nicht nur genuin jugendsoziologische Überlegungen, sie fordern auch die kulturwissenschaftliche Forschung dort heraus, wo sie mit vermeintlichen *Darstellungen von* Jugend oder wo sie mit *Hervorbringungen durch* Jugendliche zu tun hat (besonders prominent in der Jugendkultur- und Szeneforschung; vgl. Eisewicht und Wustmann 2020). Eine adäquate Begriffsfassung von Jugend bzw. Jugendlichkeit ist das Fundament für entsprechende Analysen, wie sie auch in diesem Band um die Thematik Musik und Film vorgenommen werden.[3] Dies führt dann zu Fragen, welche Hervorbringungen und Darstellungen sich dafür anbieten: Betrifft dies z. B. Jugendliche in einem engeren Sinne, dürften dann z. B. von einer Musikerin oder einem Musiker nur Werke aus einer bestimmten Altersspanne besprochen werden oder jene, die einen dezidiert jugendlichen Rezipient*innenkreis haben? Ist eine Grenzziehung zwischen Jugendszene-Hip-Hop und einem erwachsenen Hip-Hop sachdienlich und empirisch haltbar? Kann eine musikfilmische Inszenierung nur dann jugendthematisch debattiert werden, wenn darin Jugendliche vorkommen, und worin lässt sich diese Jugendlichkeit der Akteure rekonstruieren?

Diese Herausforderungen stellen den Ausgangspunkt dieses Beitrages dar. Eine begriffliche Lösung der Problematiken liegt dabei, so die These, im Begriff der Juvenilität, wie er von Ronald Hitzler u. a. skizziert wurde. Da diese Begriffsfassung zwar gegenwartsdiagnostisch überzeugend, in ihrer Ausarbeitung je-

---

3 Dasselbe gilt in diesem Sinne auch für die begriffliche Fassung dessen, was dann Musik und Film meint. Weil dies den Rahmen des Beitrags sprengen würde, konzentriere ich mich hier im Sinne der Arbeitsteilung auf die Schärfung des Jugendbegriffs.

doch analytisch zu kurz greift, wird hier ein Vorschlag zum Begriffsverständnis gemacht, der hierfür an jugendsoziologische Überlegungen von Klaus Hurrelmann anschließt. Dadurch wird es möglich, Juvenilität als analytisches Konzept zu fassen, welches die hier dargestellten Schwierigkeiten auflöst. Dies soll im weiteren Verlauf am Beispiel eines Rap-Musikvideos zunächst fallanalytisch demonstriert werden. Abschließend werden die Übertragbarkeit der Ergebnisse zur Inszenierung von Juvenilität auf die Rap-Szene erörtert und die Tragfähigkeit des Begriffes für die weitere Jugend(kultur)forschung diskutiert.

1.2 Zum Begriffsvorschlag der Juvenilität

Andreas Heinen et al. (Heinen et al. 2020, S. 7) stellen den drei beschriebenen Herausforderungen der Begriffsarbeit die Frage, „ob Jugend als theoretisches Konzept inzwischen eher lebenslange Prozesse des ‚Doing transitions' beschreibt, die längst nicht mehr nur auf adoleszente und postadoleszente Lebensalter bezogen sind". Dies ließe sich als Erneuerung der transitionalen Begriffsfassung von Jugend verstehen, die dann als lebenslanges Durchlaufen von Passagen bzw. den immer wieder neu herzustellenden Erhalt der Transitionseffekte bezeichnen würden. Damit würden die Sozialwissenschaften aber schlimmstenfalls jegliche Begrifflichkeit von Jugend verlieren, weshalb Heinen et al. (ebd.) dem gegenüberstellend fragen, „ob es spezifische, für das Jugendalter grundlegende (Übergangs-)Erfahrungen gibt, die wiederum bei aller Unterschiedlichkeit jugendlicher Verläufe und bei aller Ähnlichkeit zu Übergängen in anderen Lebensaltern und -phasen nur der Jugend zu eigen sind".

Gegenüber einer durchaus interessanten – allerdings noch nicht annähernd ausreichend diskutierten – Neufassung von transitionaler Jugend bzw. Jugendlichkeit als fortlaufende Transitionsbewältigung im Alltag gibt es auch einen konzeptionellen Vorschlag aus der Richtung einer individualisierten Jugendauffassung. Dies betrifft den von Ronald Hitzler mit Michaela Pfadenhauer (vgl. Hitzler und Pfadenhauer 2004) und Nicole Burzan (vgl. Burzan 2019) entwickelten Begriff der Juvenilität. Hitzler und Pfadenhauer (Hitzler und Pfadenhauer 2004, S. 47) beginnen dabei von einem sozialkonstruktivistischen Standpunkt, dass „Jugend keineswegs etwas Natürliches bzw. Naturgegebenes ist, sondern ein ausgesprochen variables soziokulturelles Konstrukt". Gegenwartsdiagnostisch schließen sie daran die Befunde der Verlängerung der Lebensphase Jugend und deren Entstrukturierung an. Während infolge des demographischen Wandels Jugend gleichsam schwindet, erfährt sie gleichzeitig ein hohes Maß an gesellschaftlicher Aufmerksamkeit:

Dieser scheinbare Widerspruch erklärt sich daraus, dass „Jugendlichkeit" eben keine Frage des Alters (mehr) ist, sondern eine Frage der Einstellung zur Welt. Diese Einstellung zur Welt, diese „mentale Disposition", ist dadurch gekennzeichnet, dass man weder (mehr) kindisch ist, noch erwachsen, sondern dass man in einem komplizierten Zusammenhang von „eigenen", nicht etwa von individuellen, sondern von einfach nicht-erwachsenentypischen Wichtigkeiten lebt. […] Diese Einstellung, die symptomatischerweise das argwöhnische Interesse von Erwachsenen weckt, weil sie mit „sonderbaren" Wichtigkeiten und Wertsetzungen einhergeht, breitet sich vielmehr immer weiter aus und streut über immer mehr Altersgruppen hinweg – und erfasst immer mehr Lebensbereiche von immer mehr Menschen: Juvenilität als prinzipielle Lebensform wird zur kulturellen Alternative gegenüber der Lebensform des Erwachsenseins.

(Hitzler und Pfadenhauer 2004, S. 48)

Zentraler Marker von Juvenilität ist dabei eine „Geisteshaltung dezidierter Selbst-Entpflichtung" (ebd.), nach den Relevanzen und Orientierungen der Erwachsenen weniger wichtig erachtet werden.

Stattdessen scheint ihnen alles, was sein muss, zumindest auch und gleichsam unverzichtbar Spaß machen zu müssen […]. Absichtsvoll überpointiert diagnostiziert: Das Prinzip „Verpflichtung" als Regulativ sozialer Ordnung wird durch das Prinzip „Verführung" abgelöst.

(Burzan und Hitzler 2019, S. 143)

Juvenile Menschen erscheinen dabei als Prototypen individualisierter Lebensführung in der modernen Gesellschaft, welche die Möglichkeitsräume *„riskant[er] Freiheiten"* (vgl. Beck 1994) suchen und nutzen. Zentral ist ihnen dabei in der Selbstentpflichtung die Orientierung an subjektiv positiv erfahrenen Erlebnissen (vgl. Schulze 1992). Diese Erlebnisse werden aber nicht in isolierter Einsamkeit gesucht, sondern vorrangig sozial vermittelt verfolgt:

Die Freiheit, selber über sich und für sich zu entscheiden, korrespondiert mit dem Zwang, sich entscheiden zu müssen. Die dergestalt „heimatlos" gewordenen Menschen sehnen sich symptomatischerweise wieder nach Zu- und Zusammengehörigkeiten, weisen aber ebenso traditionell damit einhergehende Verbindlichkeitsansprüche zurück. Die „heutzutage" typischerweise gewünschte Gemeinschaftsform ist mithin die, die dem Einzelnen maximale (Selbst-)Verwirklichungschancen bei minimalen Verpflichtungen bietet.

(Burzan und Hitzler 2019, S. 148f.)

Als solche gesuchten Gesellungen – die den individualisierten Ansprüchen der Menschen und den dynamischen Bedingungen gesellschaftlicher (beschleunigter) Dynamiken entsprechen – erweisen sich dann posttraditionale Vergemeinschaftungen. Wo der juvenil orientierte Mensch prototypisch für das freigesetzte Individuum in der Moderne ist, werden demzufolge (Jugend-) Szenen bzw. genauer juvenile Szenen zur prototypischen Sozialform (vgl. Hitzler und

Niederbacher 2010), da hier verschiedenartige Sinnangebote und distinkte (durchaus distinktionstaugliche) Lebensstile mit hohem Erlebnisversprechen einhergehen:

> Dementsprechend labil ist typischerweise denn auch die Kohäsionskraft solcher posttraditionaler Vergemeinschaftungen: Sie konstituieren sich in der (teilweise lediglich punktuellen) Konvergenz von Neigungen, Vorlieben und Leidenschaften und manifestieren sich im relativen Konsens von je als „richtig" angesehenen Verhaltensweisen, Attribuierungen, Codes, Signalen, Emblemen, Zeremonien, Attitüden, Wissensbeständen, Relevanzen, Kompetenzen.
>
> (Burzan und Hitzler 2019, S. 146)

Dies betrifft aber nicht nur Jugendliche im engeren Sinne, denn es „verszenen" sich einerseits Kulturformationen (auch solche, die sich weniger jugendlich verstehen, z. B. die Wagnerianer; vgl. Gebhardt 2001), und es „juvenilisieren" sich andererseits Lebensstile (zum Lebensstil vgl. Wustmann und Pfadenhauer 2017). Beides verweist darauf, dass sich Juvenilität als Geisteshaltung, Disposition oder „*Mindset*" (vgl. Burzan und Hitzler 2019) zunehmend verbreitet und Anwendung über alle Altersgrenzen hinaus erfährt:[4]

> Wir konstatieren also, dass es zwischen Menschen im Alter von ungefähr 15 bis 25 Jahren hie und Menschen mit der Geisteshaltung „Jugendlichkeit" da zwar naheliegenderweise (noch immer) sehr hohe Überscheidungen gibt, dass ebenso augenscheinlich die beiden Phänomene aber keineswegs (mehr) identisch sind. D.h., durchaus nicht alle jungen Leute frönen der Geisteshaltung „Jugendlichkeit", und durchaus nicht alle Menschen mit der Geisteshaltung „Jugendlichkeit" sind Heranwachsende.
>
> (Hitzler und Pfadenhauer 2004, S. 49)

Gerade für die Jugendkultur- und Szeneforschung ist diese Konzeption äußerst hilfreich, bietet sie doch eine konzeptionelle Klammer für Szenezugehörige aller Altersgruppen. Und gerade angesichts einer Vielzahl „alternder" Szenen (man denke an Punk seit den 1970er Jahren, aber auch Hip-Hop und Techno seit den 1980er/1990er Jahren) bzw. Menschen, die ihre Szenezugehörigkeit nicht mit dem Erwachsenwerden ablegen, sondern in Szenen alt werden (sei es als Techno-DJ und Eventveranstalter, aber auch als einfacher Szenegänger), erscheint dies eine adäquate und angemessene Begriffsfassung. Mit Blick auf die Analyse musikfilmischer Produkte, die nicht selten auf Szenen verweisen oder aus ihnen

---

4 Dies lässt sich auch auf Begriffsdebatten in der Alternsforschung übertragen – so könnte man hier z. B. juvenile Alte von adulten oder senilen Alten differenzieren und so auch zum Verständnis der pluralen Formen des Alterns in einer zunehmend alternden Gesellschaft beitragen.

entstammen, ist damit weniger relevant, wie alt dargestellte, darstellende und produzierende Akteure sind. Vielmehr geht es darum, inwiefern in musikfilmischen Erzeugnissen Jugendlichkeit als Einstellung dargestellt, mitunter szenespezifisch inszeniert und in seiner Repräsentation verhandelt wird. Für die empirische Analyse erscheint die hier vorgestellte Konzeption jedoch etwas kurzgegriffen, weil die Selbstentpflichtung wenig bestimmt und die Grenzmarkierung zu adulten Orientierungen unausgearbeitet bleibt. Daher bietet sich hier eine Weiterführung der Begriffsexplikation im Rückgriff auf jugendtheoretische Überlegungen an.

1.3 Juvenilität als analytisches Konzept – eine Weiterführung

Der Vorschlag, der hier gemacht wird, um Juvenilität als analytisches Konzept für die empirische Kulturanalyse tragfähig zu machen, fußt einerseits auf den hier vorgestellten Überlegungen Ronald Hitzlers, Michaela Pfadenhauers und Nicole Burzans und führt diese andererseits mit Klaus Hurrelmann und Gudrun Quenzels (Hurrelmann und Quenzel 2016) transitorischem Jugendbegriff zusammen. Dieser kommt vor allem in der sozialisationstheoretischen Fassung von Entwicklungsaufgaben bei Hurrelmann und Quenzel (ebd., S. 24ff.) zum Ausdruck:

> In die Entwicklungsaufgaben, die im Wesentlichen durch die verschiedenen Sozialisationsinstanzen (vor allem Familie, Kindergarten und Schule) vermittelt werden, gehen die kollektiven Urteile darüber ein, was in einem bestimmten Altersabschnitt des Lebens als angemessene Entwicklung und als anzustrebende Veränderung anzusehen ist und deshalb als Ziel für das individuelle Verhalten gesetzt werden soll.
>
> (Ebd., S. 24)

Dabei werden vier Entwicklungsaufgaben differenziert, die auf einer individuellen Ebene der „persönlichen Individuation" (ebd., S. 25) dienen und auf einer gesellschaftlichen Ebene die „soziale Integration" (ebd.) ermöglichen. Auf gesellschaftlicher Ebene meint dies spezifische Rollenübernahmen des Erwachsenseins (ebd., S. 27):
– die Rolle eines*r Berufstätigen in der Ökonomie „zur selbstständigen Finanzierung des Lebensunterhalts und damit zur ‚ökonomischen Re-produktion' der eigenen Existenz und damit der gesamten Gesellschaft" (ebd.).
– die Rolle als Familiengründer in Ablösung von den Eltern und beim Aufbau von Freundschaften und intimen Partnerschaften, „die zu einer Familiengründung mit eigenem Kind und damit einer ‚biologischen Re-produktion' der eigenen Existenz und der Gesellschaft führt" (ebd.).

- die Rolle als Bürger*in in politischer Partizipation und Artikulation. „Durch seine [des Jugendlichen; Anmerkung P.E.] bürgerschaftliche und/oder institutionelle Beteiligung ist er in der Lage, zur Stärkung der Selbststeuerungsfähigkeit der Gesellschaft ebenso wie zu ihrem sozialen Zusammenhalt (Kohäsion) beizutragen" (ebd., S. 28).
- die Rolle als Konsument*in im „selbstständigen und an eigenen Bedürfnissen und Interessen ausgerichteten Umgang mit allen Angeboten des Wirtschafts-, Freizeit- und Mediensektors und seinen vielfältigen Entspannungs-, Selbsterfahrungs- und Unterhaltungsprogrammen einschließlich seiner finanziellen Kosten einzuüben. Wird diese Dimension der Entwicklungsaufgabe erfüllt, verfügt ein*e Jugendliche*r über die Fähigkeit, Konsum- und Freizeitangebote zum eigenen Vorteil zu nutzen und einen eigenen Haushalt zu führen. Außerdem gelingt eine „psychische Reproduktion", also eine Erholung und Wiederherstellung der in anderen Lebensbereichen aufgezehrten Kreativität und Leistungsfähigkeit" (ebd., S. 27f.).[5]

Hurrelmann und Quenzel suchen zwar die Ebene individueller Lebensführung und gesellschaftlicher Strukturreproduktion zu verbinden, es herrscht jedoch eher ein funktionales Verständnis der Lebensphase Jugend vor, indem Sozialisationsinstanzen dann hinsichtlich ihrer Unterstützungsleistung beim Bewältigen dieser Aufgaben verstanden werden. Deutlich wird dabei, dass der Begriff der Jugend hier nahezu diametral zur Konzeption von Juvenilität steht, zumal die individuelle mit der gesellschaftlichen Ebene so verbunden wird, dass Individuen lediglich „erkennen" müssen, dass die gesellschaftlichen Rollenübernahmen, die damit verbundenen Verhaltenssets und Orientierungen nur übernommen werden müssen:

> Die Entwicklungsaufgaben müssen von den Individuen erkannt, verstanden, angenommen und in konkrete Verhaltensweisen umgesetzt werden. Das setzt in der Regel eine persönliche Identifizierung mit den Entwicklungsaufgaben voraus; sie müssen gewissermaßen als Orientierungsgrößen für das eigene Handeln definiert werden.
>
> (Ebd., S. 24)

---

5 Kritisch zu dieser rein konsumistisch und funktional-regenerativen Lesart von Freizeit (vgl. Eisewicht und Pfadenhauer 2015).

Konterkariert wird dies durch das, was im Kern des Juvenilitätsverständnisses liegt, nämlich die Ablehnung und Gleichgültigkeit gegenüber gesellschaftlichen Erwartungen und erwachsenen Rollenanforderungen. So geraten die Entwicklungsaufgaben Hurrelmanns zur Kontrastfolie, vor deren Hintergrund sich Juvenilität genauer spezifizieren und analytisch fruchtbar machen lässt (vgl. Abb. 1):

– Im Kern meint Juvenilität eine weitestgehende Autonomie des Individuums in Verfolgung eigener Interessen und Neigungen und dem folgend eine Selbstentpflichtung von gesellschaftlichen (und darin auch adulten) Verantwortungen und Erwartungen.

– Dies meint schlussfolgernd eine Distanzierung von der Rolle eines*r Berufstätigen und eine Distanz von herkömmlicher Lohnarbeit, z. B. durch „demonstrativen Müßiggang" (vgl. Veblen 1899). Was für einen adulten Lebensstil problematisch erscheint, der Verlust von Anstellung und eine verhinderte Möglichkeit zur Lohnarbeit, wird hier zu einem positiven (Eigen-)Wert (oder zumindest einem weniger relevanten Umstand).

– Es meint weitergehend eine Distanzierung von adulten Vorstellungen von intimer Partnerschaft wie auch von herkömmlichen Familienformen und der Verantwortungsübernahme mittels Elternschaft. Dies meint neben Formen des sozialen Miteinanders aber auch erotische und sexuelle Praktiken und Normen.

– Ferner meint es eine Distanz zu bürgerlichen Moralvorstellungen, adulten Rollenerwartungen und Formen politischer Angemessenheit, z. B. was angemessene und adäquate Formen sind, wenn es um die Durchsetzung politischer Interessen geht. Im Sinne eines weiten Politikbegriffs kann dies auch auf alltägliche Machtpraktiken übertragen werden.

– Gegenüber diesen Distanzierungen erfährt die konsumistische Selbststilisierung (z. B. über Mode/Bekleidung, den Konsum von Rauschmitteln, Musik, den Gebrauch von Sportgeräten) als Ausdruck einer „verantwortungslosen Eigenverantwortlichkeit" eine Aufwertung; sie umfasst nicht bloß freizeitliche Bereiche und dient nicht nur regenerativen Zwecken, sondern wird vielmehr zum Modus eines erlebnisorientierten Weltzugangs.

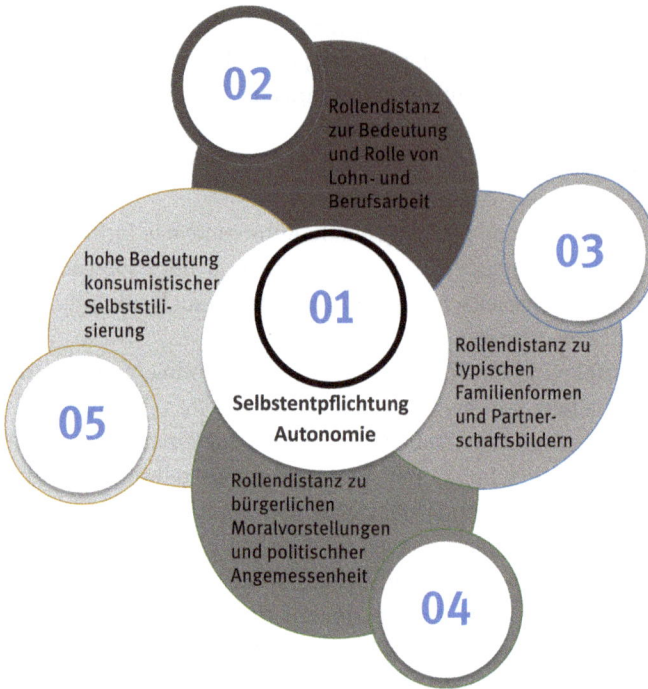

Abb. 1: Konzeption von Juvenilität (eigene Darstellung).

Damit lässt sich Juvenilität als Einstellung über die bloße Erlebnissuche und Verantwortungsvermeidung hinaus charakterisieren. Im Folgenden soll dies beispielhaft an einem Musikvideo verdeutlicht werden. Zwei Vorbemerkungen dazu: Zum einen handelt es sich dabei um Überlegungen, die nicht so klar in eine vorgeschaltete Theoriearbeit und eine nachgelagerte empirische Analyse getrennt waren, sondern bei dem in Verschaltung beider Teile, ganz im Sinne „[t]heoretisch[er] Empirie" (Kalthoff et al. 2008), die durch die Tagung induzierte Frage im Vordergrund stand, wie in meinem empirischen Material, vor allem in Musikvideos, Jugend thematisch verhandelt und inszeniert wird. Empirische Analysen und Arbeiten am Material wechselten sich also mit theoretischen Überlegungen und Lesearbeit ab. Zum anderen bleiben methodische Ausführungen im Folgenden aus Platzgründen ausgespart, wobei sich die Arbeit an der qualitativen Videoanalyse (vgl. Reichertz und Englert 2011) und an eigenen Überlegungen zum Vergleich in der Videoanalyse (vgl. Eisewicht et al. 2018) orientiert.

2 Fallanalyse: Young Thug – Wyclef Jean (2017)

„Wyclef Jean" ist das erste Lied auf dem Mixtape-Album „Jeffrey" des damals 25-jährigen Southern-Rappers Young Thug aus dem Jahr 2016. Das Album gelangte auf Platz acht der US Billboard 200-Charts und wurde u. a. von Pitchfork und dem Rolling Stone in die Liste der besten Alben des Jahres aufgenommen. Das Lied ist die zweite Singleauskopplung des Albums, es erreichte Platinstatus und wurde von einem Musikvideo begleitet, das im Januar 2017 veröffentlicht wurde und Ende 2020 fast 40 Millionen Aufrufe auf der Videoplattform YouTube erreicht hat. Das Lied ist nach einem von Young Thugs Idolen, dem haitianischen Musiker Wyclef Jean, betitelt (bekannt aus der Band „The Fugees").

2.1 Textliche Ebene (Liedtext)

Typisch[6] für eine Variante von Rapmusik werden in thematischer Hinsicht Reichtum („Okay, my money way longer than a Nascar race"), Luxus („Boolin', rockin' all the Franck Muller", wobei dies auf eine Luxusuhrenmarke hinweist; „Put me in the Jaggy or the Wraith and now I'm coolin'" mit Verweis auf die Automarke Jaguar und das 300.000 Euro teure Rolls-Royce-Modell Wraith oder „Shop at Saks Fifth" mit Verweis auf Saks Fifth Avenue, einen Luxuswarenladen), sexuelle Freizügigkeit („Let me put it on your face, let a nigga nut") und Potenz verhandelt („Join in, get demolished, motherfucker", mit Verweis, dass die Mutter der Sexualpartnerin den großen Penis des Protagonisten entdeckt, der aufgrund seiner Größe nicht zu verstecken ist, mit der Aufforderung, dass sie am Sex teilnehmen soll). Mehrfach wird dabei betont, dass es sich um einen One-Night-Stand („Only here for one night") mit einer sexuell aktiven Frau handelt, die dafür bezahlt wird („Her car dented up like she rent to everybody", wobei mit dem Auto der Körper der Frau gemeint ist). Im Intro findet sich ein Verweis auf Lean („This Actavis by the way, I promise, on God"), eine Droge, gemischt aus verschreibungspflichtigem codeinhaltigen Hustensaft (der von Actavis hergestellt wurde), zerstoßenen Bonbons und Limonade, welche aus Plastikbechern getrunken wird und die im Rap und den südlichen Bundesstaaten der USA beliebt ist. Später wird auch MDMA-Konsum als Molly referenziert („Got her bent up, I done took a gram of Molly"). Und es finden sich Hinweise auf Bezüge zur Gang der Bloods („Boolin'" als Gangslang für Cooling, im

---

6 Lyrics nach Genius.com (2020).

Sinne des Abhängens mit Freunden) und zu Gewaltanwendungen („Play around with my cash, end up in a body bag"; gemeint ist hier ein Leichensack oder „Put the target on they head, dot'em, dot'em, dot'em", ein Verweis auf Zielfadenkreuze und Laserzielsysteme, laser dots, oder „New AK with them boys" mit Verweis auf das Sturmgewehr „Automat Kalaschnikow", wobei berichtet wird, dass Young Thug immer mit einem amerikanischen Sturmgewehr, Modell AR-15, reist; vgl. GQ 2016).[7] Bereits der Name Young Thug, übersetzt als junger Krimineller, verweist auf ein entsprechendes illegalisiertes Verhalten.

Auf textlicher Ebene findet sich hier eine Markierung eines promiskuitiven Verhaltens, das auch in einer expliziten Sprache behandelt wird. Das beschriebene Verhalten zielt dabei weder auf Partnerschaftsbildung noch auf biologische Reproduktion ab (z. B. im Verweis auf Oralsex: „I know some hoes with good head, fuck a tutor (Good head)"). Hinzu kommen der Konsum von nichtlegalen Rauschmitteln und die Androhung von Waffengewalt, die eine Grenzziehung zu gesellschaftlichen und normalerwachsenen Rollenvorstellungen im Sinne Hurrelmanns und Quenzels darstellen. Verweise auf Arbeit und berufliche Tätigkeit bleiben aus, es wird aber auf teure Luxusprodukte und deren Besitz verwiesen (so dient das Ausruhen im Auto der Erholung nach sexueller Aktivität). In vielen Aspekten markiert der Text so eine Distanz zu bürgerlichen Lebensformen und gesellschaftlich angemessenem Verhalten. Er ist aber andererseits textlich durchaus typisch für einen Typus von Rap-Texten (vgl. Krohn und Suazo 1995; Adams und Fuller 2006), in denen der eigene Reichtum, sexuelle Potenz und Promiskuität mit misogynen Bemerkungen versehen (vgl. Adams und Fuller 2006; Weitzer und Kubrin 2009) und mit der Anerkennung illegalisierten Verhaltens (Drogenkonsum und Waffengebrauch) einhergehend geschildert werden. Was für Außenstehende durchaus Grenzen der Angemessenheit und des Geschmacks überschreitet, wird innerhalb der Szene durchaus anders verstanden (vgl. Krohn und Suazo 1995, S. 144) bzw. dient dem Aufbau eines demonstrativen Selbstwertgefühls in Abwertung anderer (Frauen) und der Ablehnung „weißer Standards" (ebd., S. 150; vgl. Rose 1994). Diese Spannung zwischen innerszenischer Akzeptanz und gesellschaftlicher Problematisierung ließe sich hier jenseits ethnischer Grenzziehungen und mit Blick auf die globale Verbreitung von Rapmusik vielleicht treffender als eine zwischen adulter und

---

7 Etwas untypisch dagegen erscheinen im Lied zwischen dem Verweis auf den Sex mit der Mutter, Saks Fith und Waffen ein paar Zeilen zu einer Tochter und einem Sohn („All my children spoiled, yeah, they got it all [Yeah], Daughter sexy and my son got the broads [Woo], Spent racks on my son and his squad [Racks]"), wobei Young Thug selber sechs Kinder von vier Frauen hat.

juveniler Lebensführung vor dem Hintergrund szenischer Wissensbestände und daraus erwachsender Handlungsorientierungen verstehen.

2.2 Ebene der visuellen Inszenierung (Musikvideo)

Interessanter[8] als die – eher typische – Gestaltung des Textes ist das dazugehörige Musikvideo, dass einige Aufmerksamkeit erfuhr (vgl. NME 2017; Rolling Stone 2017). Nicht weil es in der Anlage besonders originell gewesen wäre (auch hier schien eine eher genretypische Inszenierung geplant), sondern weil der Dreh scheiterte und dies das Thema des Videos selbst ist. Das Video ist daher nicht nur eine visuelle „Untermalung" des Liedes, sondern erhält durch Kommentierungen des Regisseurs Ryan Staake eine zusätzliche Erzählebene.[9] Diese Metaerzählung, eingeschoben über größtenteils weißen Text auf schwarzem Hintergrund (darin im beständigen Kontrast zu den Filmaufnahmen deutlich sachlich zurückgenommen; im Folgenden als Tafel bezeichnet), bildet aus der Perspektive des Regisseurs eine metanarrative Rahmung.

Das Video beginnt so mit einer tonlosen Einleitung über solche Schrifttafeln, in der sich Ryan Staake als Schriftsprecher einführt. Staake führt aus, dass er mit Young Thug das Video drehen sollte, beide sich aber nie getroffen hätten. Ursprünglich erhielt Staake eine Aufnahme, in der Young Thug seine Idee zum Video erläuterte. Es wird dann das Abspielen einer Apple-Computerdatei simuliert (Abb. 2 oben), man hört eine Aufnahme und sieht dazu eingeblendet eine Art Platzhaltergrafik (erkennbar am Hintergrund aus einem Bildbearbeitungsprogramm und einer Nennung von Interpret und Titel; Abb. 2 unten).

---

8 Basis für die folgende Beschreibung, die aus Platzgründen nur in Auszügen erfolgt, ist das auf dem YouTube-Kanal von Young Thug am 16. Januar 2017 hochgeladene Video (Young Thug 2017).
9 In mehreren Berichten, u. a. im Rolling Stone (2017) und dem New Musical Express (2017), bestätigte Staake, dass die berichteten Hintergründe der Wahrheit entsprächen und dass ihn der Dreh viel Kraft und Nerven gekostet hätte.

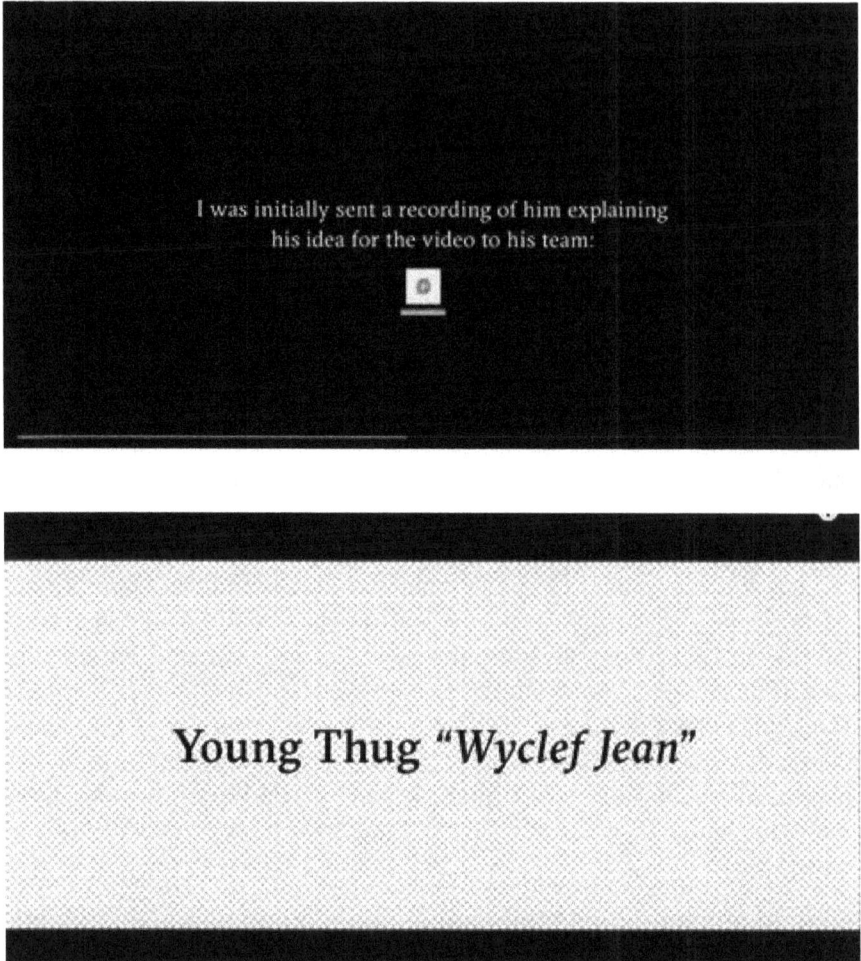

Abb. 2: Intro und Platzhalter. Young Thug. 2017. Wyclef Jean. (TC: 00:00:09 und 00:00:12).

Während Young Thug erläutert, was ihm vorschwebt, werden Aufnahmen eines Hauses auf einem Hügel gezeigt, von wo auf eine kurvige und steile Straße geschwenkt wird. Zu den in der Aufnahme diskutierten Autos, die zu sehen sein sollen, werden entsprechende Modelle eingeblendet. Young Thug erklärt, er wolle 20 Spielzeugautos für Kinder. Es beginnt eine Kamerafahrt, und schrittweise werden etwa 18 dieser Kinderautos auf der Straße eingeblendet. Dazu beginnt nun nach 30 Sekunden das Lied. Young Thug führt weiter aus, dass er eine Menge Frauen („I want like a lot of bitches. Like bad bitches. Like I want a lot of hoes") im Video haben will, wobei zu den Kinderautos eine Reihe von Frauen eingeblendet wird. Young Thug sollte selbst in einem dieser Autos sitzen. Mit einem Hinweis, dass Staake und Young Thug sich nicht getroffen haben, wird mit einer gestrichelten Linie der Umriss einer Person in das zentral positionierte Kinderauto eingezeichnet (Abb. 3).

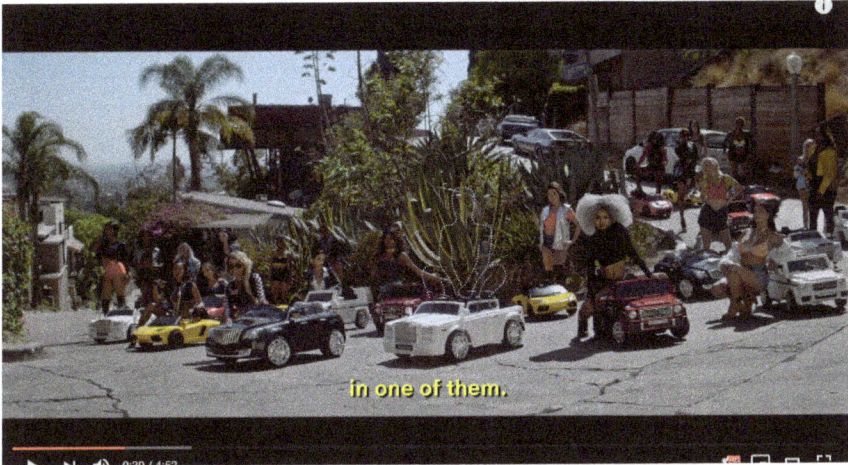

Abb. 3: Kinderautos mit Frauen und Umrissen einer Person als Platzhalter für Young Thug. Young Thug. 2017. Wyclef Jean. (TC: 00:00:39).

Es folgt ein Schnitt zu einer Tafel, der erklärt, dass Young Thug nicht zum Dreh aufgetaucht ist. Es folgen weitere Tafeln im Wechsel mit Aufnahmen von Frauen, die in den Kinderautos fahren. Dann wird angekündigt, dass Young Thug Staake zwei Monate nach dem Dreh einige Aufnahmen schickte. Man sieht den Rapper vor einem Privatjet und einem Sportwagen mit offenen Flügeltüren stehen, auf dessen Dach ein Mann sitzt. Er hält eine Tüte Käsesnacks (Cheetos) in einer Hand und bewegt seine Lippen zu dem zu hörenden Text (Abb. 4). In einer Aufnahme sieht man den Rapper in Nahaufnahme, wie er seinen Mund bewegt, dabei Cheetos kaut und ihm dabei Krümel aus dem Mund fallen (Abb. 5).

Abb. 4: Young Thug. 2017. Wyclef Jean. (TC: 00:01:05).

Abb. 5: Young Thug. 2017. Wyclef Jean. (TC: 00:01:08).

Es folgt ein Schnitt in das Flugzeug, in dem Young Thug vor einer sitzenden Frau steht, sie scheinbar küsst und dabei seine Hüften vor und zurück bewegt. Eine Tafel kommentiert, dass dies die besten Momente der Aufnahme waren. Man sieht wieder Frauen in den Kinderautos in Zeitlupe fahren und dazu ihre Körper in Pose setzen. Später sieht man ein Polizeiauto die Straße herunter auf die Kamera zu fahren. Dazu gesellt sich Young Thugs Erläuterung vom Beginn des Videos, er wolle Polizeiautos und Kinder, eine andere Stimme fordert, dass man das Auto demolieren solle („Get some so we can fuck it up"). Dazu sieht man drei Jungen, verkleidet mit Polizeiuniformen, während ein Kind mit einem Schlagstock ausholt und auf das Polizeiauto einschlägt. Young Thug kommentiert, dass die Frauen es übernehmen sollten, woraufhin man Zeitlupenaufnahmen davon sieht, wie Frauen mit Helmen auf dem Kopf und Baseballschlägern auf das Auto einschlagen (vgl. Abb. 6). Man sieht weitere Aufnahmen von Frauen und Kindern bei der Zerstörung des Autos, wobei mit darübergelegter Schrift gefragt wird, ob man wisse, dass Holz sich in Zeitlupe derart verbiege – woraufhin eine weitere Tafel kommt, auf der festgestellt wird, dass Holz dies nicht tue, sondern dass einige Schläger aus Gummi seien.

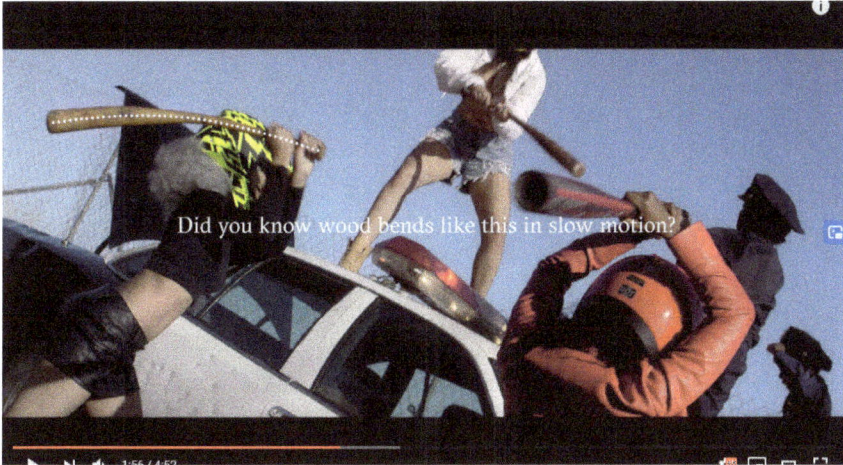

Abb. 6: Vandalismus am Polizeiauto. Young Thug. 2017. Wyclef Jean. (TC:00:01:56).

Es folgen weitere Aufnahmen von der Szene mit dem Verweis auf anwesende Polizisten, die, als die Windschutzscheibe zu brechen begann, das Geschehen stoppten. Eine Tafel kündigt an, dass Vertreter der Plattenfirma sagten, Young Thug wäre nur Minuten entfernt. Es werden dann Aufnahmen von den Frauen an einem Pool mit Grill gezeigt. Dazu kommt Young Thugs Stimme, die erzählt, dass die Gruppe mit den Autos bei einer Party in einem Hinterhof auftauchen würde. Dann werden Skizzen zum Dreh gezeigt. Eine Zeichnung zeigt einen Mann in einem Kinderauto, das von zwei Frauen auf allen Vieren mit Ketten um den Hals gezogen wird, die der Mann im Auto wie Zügel hält. Es folgt eine Tafel, dass dieser Vorschlag mit Rücksicht auf das Kindeswohl nicht verfolgt wurde. Daraufhin sieht man eine korrigierte Skizze, in der die Frauen nun selber in Kinderautos sitzen und die Ketten an den Sessellehnen der Autos befestigt sind. Es folgt eine Tafel, die Kinder zum Zuhören auffordert, dazu wird an der unteren Bildhälfte der Liedtext leicht zensiert eingeblendet („Let me put it on your face Let a ni**a n*t only way I go to sleep"). Man sieht dann zwei Frauen ein langes wurstähnliches Objekt mit den Enden in ihren Mund einführen (Abb. 7) und folgend eine Tafel mit Verweis auf eine gedrehte Szene, die in Anlehnung an einen Film den Analverkehr zweier Frauen mit einem Dildo zeigen sollte, die jedoch aufgrund von juristischen Bedenken entfernt wurde.

Abb. 7: Frauen mit wurstähnlichem Objekt. Young Thug. 2017. Wyclef Jean. (TC: 00:03:13).

Es folgt eine Tafel, die kommentiert, dass Vice eine „Behind-the-Scenes"-Crew vor Ort hatte und dass deren Aufnahmen folgen würden, woraufhin lediglich ein Testbild gezeigt wird. Nach weiteren Tafeln und Aufnahmen folgt nach 3 Minuten und 46 Sekunden eine erstmals weiße Tafel mit schwarzer Schrift, die verkündet, dass Young Thug schlussendlich am Drehort eintraf. Es wird aber erklärt, dass dieser nicht aus dem Auto steigen wollte, da sein Instagram-Account gehackt worden war. Nach einer Zwischenszene wird verkündet, dass das Team wartete, während die Plattenfirma versuchte, Young Thug davon zu überzeugen, das Auto zu verlassen, was jedoch nicht gelang. Vielmehr fuhr der Rapper wieder ab.

Das Ende des Videos wird durch eine Tafel eingeleitet, die fragt, ob Young Thug den Dreh gemocht hätte. Eine weitere Tafel antwortet, dies zähle nun nicht mehr und die Moral der Geschichte wäre, dass nichts davon zählen würde. Eine weitere Tafel beziffert die Kosten des Drehs, zu dem der Künstler nie auftauchte, auf 100.000 US-Dollar. Darauf folgt die Bemerkung, die Zuschauenden schaue ja noch zu, obwohl der Song gerade enden würde (TC: 00:04:37), während die Musik ausläuft. Es folgt eine Tafel, auf der es heißt, dass das Video damit tatsächlich ja funktionieren würde.

Als musikfilmische Begleitung zu einem Lied ist das Video in zweierlei Hinsicht interessant. Erstens ist die geplante Narration zum Liedtext durchaus szenetypisch: Luxuswagen (wenn auch verkleinert), gehobene Wohnlage, ein asymmetrisches Männer-Frauen-Verhältnis (vgl. Abb. 8), stark divergierende und distinkte Geschlechterdarstellungen (zu Geschlechterverhältnissen in Szenen vgl. Wustmann et al. 2019) sowie abweichendes bzw. deviantes Verhalten und eine Distanzierung von gesellschaftlichen Normen und Organisationen, die diese absichern. Alles in allem ist eine Distanzhaltung zur Rollenerwartung an Erwachsene, v. a. zu bürgerlichen Normen, Familienformen und Partnerschaftsbildern, gegeben, aber auch zu gesellschaftlich erwünschtem Verhalten, Ordnungskräften etc. sowie eine allgegenwärtige Betonung eines hochgradig konsumtiven, exzessiven Lebensstils. Als Juvenilisierung wird diese Orientierung in diesem Video gesondert betont, und zwar durch die infantilisierten Autos und die Jungen als einzige männliche Darsteller.

Zweitens reproduziert die Metanarration des scheiternden Drehs die Juvenilitätsorientierung auf Ebene der Dreharbeiten und der Erwartung an eine Form der Arbeit, die der Rapper hier verweigert. Dies geschieht nicht nur, dass dabei anderen Arbeitenden einiges abverlangt wird und in der Metaebene Verweise auf durchaus hohe anfallende Kosten auflaufen, sondern auch dadurch, dass bei der Ankunft des Musikers dieser aus höchst eigensinnigen Gründen eine „Rettung" des Drehs verweigert. Die fehlende Verantwortungsübernahme des Rappers wird durch die arbeitsbezogenen, professionellen, aber teils ironischen und kritischen Kommentare des Regisseurs kontrastiert, der das Endprodukt fertigstellt und seinen Vertrag erfüllt. Deutlich wird dies auch in den Bemerkungen zur Produktion (z. B. Informationen zu Gummibaseballschlägern), die eine Art informativen Mehrwert bzw. Sonderwissen zur Produktion beinhalten auf Seiten Staakes, während Young Thug selbst beim lippensynchronen Bewegen des Mundes diesen Akt durch das Kauen eines Snacks unterläuft. Im Fazit kapitulieren dann die eigene Arbeit und Professionalität vor dem Hintergrund der Verantwortungslosigkeit und Selbstentpflichtung des Rappers, was mit der Aufgabe der adulten Gegenposition und der Einsicht endet, nichts sei von Bedeutung.

Whiz Khalifa – Still Wiz (2020)

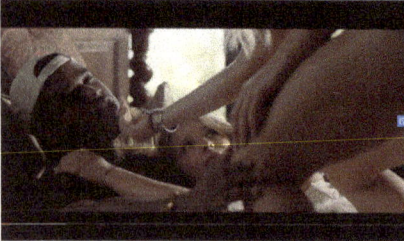

Whiz Khalifa – Still Wiz (2020)

A$AP Ferg – Shabba (2013)

B.o.B – HeadBand (2013)

JAY-Z – Big Pimpin' (2010)

Gucci Mane – I Get The Bag (2017)

A$AP Mob – Yamborghini High (2016)

YG – Equinox (2020)

Abb. 8: Bildtableau. Rapper, Luxus und Frauen (eigene Zusammenstellung).

Young Thug – With That (2015)

Bobby Shmurda – Hot N*gga (2014)

FatTrel – GeorgetownIntro/Molly Bag(2015)

Wiz Khalifa – We dem Boys (2014)

Haftbefehl – Hurensöhne (2014)

Sido – Mein Block (2004)

Gzuz – Drück Drück (2018)

Gzuz – Drück Drück (2018)

Abb. 9: Bildtableau. Männer und Jugendliche vor Wohnhäusern (eigene Zusammenstellung).

In der Metanarration der Tafeln drückt sich auf der zweiten Narrationsebene eine Distanz zur Arbeit und irgendeiner Vorstellung eines Arbeitszusammenhangs aus. Eben diese Distanz zu geregelter (Lohn-)Arbeit findet sich explizit auch in einem anderen Typus von Rap-Musikvideos, in dem häufig Männergruppen tagsüber vor vorortstypischen Häusern oder in deren Hinterhöfen gezeigt werden, ohne dass irgendeiner beruflichen Tätigkeit nachgegangen wird (vgl. Abb. 8).[10] Dass dieser Bildtypus über den amerikanischen Raum hinaus in Rap-Videos präsent ist, fordert durchaus in globaler Perspektive die Lesart einer schwarzen Artikulation gegenüber weißen Standards heraus – wobei sie sich konsistent als Distanzierung von normalgesellschaftlichen (erwachsenen) Rollenvorstellungen lesen lassen.

3 Juvenilität im Rap und Juvenilität in Kulturformationen – ein Fazit

3.1 Juvenile Inszenierung im Rap

Es dürfte deutlich geworden sein, dass im untersuchten Rap-Video und vielen Videos ähnlicher Art eine Eigenlogik präsentiert wird, die in Kontrast zu gesellschaftlichen Rollen- und Normvorstellungen steht. In der Forschung zur Inszenierungslogik von (Hardcore-)Rap in Text und Musikvideo ist überzeugend argumentiert worden, dass dieser Eigenwert und die Anerkennung in der Szene vor allem über eine konnotierte „Härte nach Außen" (Krohn und Suazo 1995, S. 149; vgl. Craig 2014, S. 177; Keyes 2004, S. 151) transportiert werden, die mit einer Coolness einhergeht (vgl. Majors und Mancini 1992; Eisewicht und Dietrich 2019). Coolness wird verstanden als selbstbestimmte Haltung, sich von Umständen nicht beeinflussen zu lassen, sondern Situationen (und sein eigenes Verhalten in diesen) zu kontrollieren und zu meistern. Im Rap wird dies in Erzählungen zwischen dem „Struggle", also den Widrigkeiten eines sozioökonomisch depravierten Lebens zu widerstehen (oft einhergehend mit Darstellungen homosozialer Männerbünde; vgl. Abb. 9), und dem „Getting up", d. h. einem sozioökonomischen Aufstieg, der dann entsprechend gefeiert und demonstriert wird (dann mit einer Vielzahl an Frauen; vgl. Abb. 8), illustriert. Dies bestätigt sich prinzipiell auch in dieser Analyse.

Mittels der hier entworfenen Konzeption von Juvenilität wird diese „coole Härte" aber hinsichtlich seiner textlichen und musikfilmischen Inszenierungslogiken als Distanz zu gesellschaftlich etablierten Erwachsenenrollen verstehbar. Juvenilität bzw. juvenile Distanzierung zu adulten Orientierungen sind also der Modus, der dann szenespezifisch ausgestaltet die Anerkennungszuschreibungen in der Szene moderiert (sprich, wer wie authentisch als cool

---

10 Hier dreht sich dann die Geschlechterverteilung ins andere Extrem um, ohne hier weiter auf die Differenz und Einheit dieser beiden Videotypen eingehen zu können.

und hart gilt). Gerade mit Blick auf die im US-amerikanischen Raum populäre Herleitung über kulturelle und afrozentristische Elemente im Rap (vgl. Dixon et al. 2009) scheint damit die massive Verbreitung der Musik über Landes- und Milieugrenzen hinweg nicht erklärbar. Als juvenile Position würde sich hier der Reiz für juvenil orientierte Menschen jenseits eben solcher Grenzziehungen erklären. Darüber hinaus erscheinen die von außen eigenartig bis ablehnend bewerteten Praktiken im Rap dann nicht lediglich als widerständige Abwehr und Ablehnung gesellschaftlicher Normen (also als schlicht abweichend und deviant), sondern erscheinen vielmehr als Eigenwert einer posttraditionalen Gesellungsform, der sich nicht lediglich aus einer bloßen Gegenposition speist.

3.2 Juvenilität in Kulturformationen

Ein weitergehender theoretischer Beitrag, der hier geleistet werden sollte, lautet, den sehr unter Spannung geratenen Begriff der Jugendkultur und der Jugendszene (angesichts 40- bis 50-jähriger Punks, Technoider etc.) zu verabschieden und damit diese Phänomene vielmehr als Gesellungsformen juvenil orientierter Menschen zu verstehen (dies scheint in grober Einschätzung bei Techno, Graffiti und Skateboarding durchaus zuzutreffen). Weitergehend wird aber auch offenbar, dass nicht jede Szene eine juvenile Szene in dem Sinne darstellt, als dass Juvenilität der zentrale Motor der Integration nach innen und der Distinktion nach außen ist (dies scheint kursorisch m. E. nach im Rockabilly, beim Sportklettern oder Steampunk z. B. nicht der Fall). Juvenilität als analytisches Konzept hilft demnach nicht nur dabei, juvenile Szenen adäquater zu beschreiben, als es der Jugendkulturbegriff tut (oder andere sozialstrukturell determinierte Kulturformationen in einer zunehmend „flüchtigeren", pluralisierten Moderne). Es hilft ferner auch dabei, Kulturformationen wie Szenen, Subkulturen etc. nicht pauschal als jugendlich zu verstehen, sondern Juvenilität als eine Form kultureller Artikulation.

Medienverzeichnis

Abbildungen

Abb. 1: Konzeption von Juvenilität (eigene Darstellung)
Abb. 2: Intro und Platzhalter. Young Thug. 2017. Wyclef Jean. (TC: 00:00:09 und 00:00:12).
Abb. 3: Kinderautos mit Frauen und Umrissen einer Person als Platzhalter für Young Thug (TC: 00:00:39).

Abb. 4: Aufnahmen von Young Thug (TC: 00:01:05).
Abb. 5: Aufnahmen von Young Thug (TC: 00:01:08).
Abb. 6: Vandalismus am Polizeiauto (TC:00:01:56).
Abb. 7: Frauen mit wurstähnlichem Objekt . (TC: 00:03:13).
Abb. 8: Bildtableau Rapper, Luxus und Frauen (eigene Zusammenstellung).
    Abbildungen aus A$AP Ferg (2013; TC 00:00:53), A$AP Mob (2016; TC 00:01:02), B.o.B.
    (2013; TC 00:01:49), Gucci Mane (2017; TC 00:00:47), Jay-Z (2000; TC 00:00:14), YG
    (2020; TC 00:01:06) und Whiz Khalifa (2020; TC 00:00:15 und 00:01:25).
Abb. 9: Bildtableau Männer und Jugendliche vor Wohnhäusern (eigene Zusammenstellung)
    Abbildungen aus Bobby Shmurda (2014; TC 00:00:29), Fat Trel (2015; TC 00:00:49), Gzuz
    (2018; TC 00:00:15)und TC 00:00:59), Haftbefehl (2014; TC 00:00:33), Sido (2004; TC
    00:03:17), Young Thug (2015; TC 00:02:09), Whiz Khalifa (2014; TC 00:02:13).

Literatur

Adams, Terri M. und Douglas B. Fuller. 2006. The Words Have Changed but the Ideology Re-
mains the Same. In *Journal of Black Studies*, 36(6): 938–957.
Beck, Ulrich. 1994. Jenseits von Stand und Klasse? In *Riskante Freiheiten: Individualisierung in
modernen Gesellschaften*, Hrsg. Ulrich Beck und Elisabeth Beck-Gernsheim, 43–60.
Frankfurt am Main: Suhrkamp.
Bergmann, Manfred Max et al. 2012. *Bildung – Arbeit – Erwachsenwerden*. Wiesbaden: Sprin-
ger VS.
Burzan, Nicole und Ronald Hitzler. 2019. Mindset ,Juvenilität'. Hängen individuelle Lebensfüh-
rung und soziale Ungleichheit zusammen? In *Soziale Ungleichheit der Lebensführung*,
Hrsg. Anja Röcke et al., 143–161. Weinheim/Basel: Beltz Juventa.
Craig, Maxine Leeds. 2014. *Sorry I don't Dance. Why Men Refuse to Move*. Oxford: Oxford Uni-
versity Press.
Dixon, Travis et al. 2009. Self-Esteem, Misogyny and Afrocentricity. In *Group Processes &
Intergroup Relations*, 12(3): 345–360.
Eisewicht, Paul. 2019. Zwischen Straßenbarrikade und Hashtagaktivismus. In *Thema Jugend.
Zeitschrift für Jugendschutz und Erziehung*, 19(2): 6–8.
Eisewicht, Paul und Marc Dietrich. 2019. Kopfnicker, Gangsigns und Bounce: Authentifizieren-
de musikbegleitende Körperpraktiken im Rap. In *Stilbildungen und Zugehörigkeit. Media-
lität und Materialität in Jugendszenen*, Hrsg. Tim Böder et al., 205–244. Wiesbaden:
Springer VS.
Eisewicht, Paul, Arne Niederbacher und Ronald Hitzler. 2016. Laboratorium statt Moratorium. Von
der Peerkultur der Gleichaltrigen zum Szeneleben der Gleichartigen. In *Handbuch Peerfor-
schung*, Hrsg. Sina-Mareen Köhler et al., 291–304. Opladen: Verlag Barbara Budrich.
Eisewicht, Paul et al. 2018. Seeing is Believing?! Potenziale und Grenzen des vergleichenden
Sehens im Video. In *Handbuch Qualitative Videoanalyse*, Hrsg. Christine Moritz und Mi-
chael Corsten, 305–329. Wiesbaden: Springer VS.
Eisewicht, Paul und Michaela Pfadenhauer. 2015. Freizeitliche Gesellungsgebilde? –
Subkulturen, Teilkulturen und Szenen. In *Handbuch Freizeitsoziologie*, Hrsg. Renate Free-
ricks und Dieter Brinkmann, 489–512. Wiesbaden: Springer VS.

Eisewicht, Paul und Julia Wustmann. 2020. Vom Ende der Jugendkulturforschung? Gegenwarts-diagnostische Herausforderungen. In *Entgrenzung der Jugend und Verjugendlichung der Gesellschaft*, Hrsg. Andreas Heinen et al., 178–196. Weinheim/Basel: Beltz Juventa.

Fuchs, Werner. 1983. Jugendliche Statuspassage oder individualisierte Jugendbiographie?. In *Soziale Welt,* 34(3): 341–371.

Gebhardt, Winfried. 2001. Wagalaweia, bumm, bumm, bumm. Über einige strukturelle Affinitäten zwischen den Kulturszenen der Wagnerianer und der Technoiden. In *Techno-Soziologie*, Hrsg. Ronald Hitzler und Michaela Pfadenhauer, 85–93. Opladen: Leske+Budrich.

Heinen, Andreas et al. 2020. *Entgrenzung der Jugend und Verjugendlichung der Gesellschaft.* Weinheim/Basel: Beltz Juventa.

Hitzler, Ronald und Arne Niederbacher. 2010. *Leben in Szenen.* Wiesbaden: VS.

Hitzler, Ronald und Michaela Pfadenhauer. 2004. Juvenilität als Identität. Zur Relevanz media-ler Orientierungsangebote. In *merz (medien + erziehung). Zeitschrift für Medienpädago-gik,* 48(4): 47–53.

Hurrelmann, Klaus und Gudrun Quenzel. 2016. *Lebensphase Jugend.* Weinheim/Basel: Beltz und Juventa.

Kalthoff, Herbert et al. 2008. *Theoretische Empirie.* Frankfurt am Main: Suhrkamp.

Keyes, Cheryl L. 2004. *Rap Music and Street Consciousness.* Urbana: University of Illinois Press.

Krohn, Franklin B. und Frances L. Suazo. 1995. Contemporary Urban Music. Controversial Mes-sages in Hip-Hop and Rap Lyrics. In *ETC: A Review of General Semantics,* 52(2): 139–154.

Lenz, Karl et al. 2004. *Entgrenzte Lebensbewältigung.* Weinheim: Juventa.

Majors, Richard und Janet Mancini Billson. 1992. *Cool Pose. The Dilemmas of Black Manhood in America.* New York: Touchstone.

Olk, Thomas. 1985. Jugend und gesellschaftliche Differenzierung. In *Zeitschrift für Pädagogik* 19: 909–923.

Parsons, Talcott. 1968. Jugend im Gefüge der amerikanischen Gesellschaft. In *Die Jugend in der modernen Gesellschaft*, Hrsg. Ludwig von Friedeburg, 131–155. Köln: Kiepenheuer & Witsch.

Reichertz, Jo und Carina Jasmin Englert. 2011. *Einführung in die qualitative Videoanalyse.* Wiesbaden: Springer VS.

Reinders, Heinz und Elke Wild. 2003. *Jugendzeit – Time Out? Zur Ausgestaltung des Jugendal-ters als Moratorium.* Opladen: Leske + Budrich.

Rose, Tricia. 1994. *Black Noise.* New Hampshire: University Press of New England.

Schröder, Helmut. 1995. *Jugend und Modernisierung: Strukturwandel der Jugendphase und Statuspassagen auf dem Weg zum Erwachsensein.* Weinheim: Juventa.

Schulze, Gerhard. 1992. *Die Erlebnisgesellschaft: Kultursoziologie der Gegenwart.* Frankfurt am Main: Campus.

Veblen, Thorstein. 1934[1899]. *The Theory of the Leisure Class.* New York: The Modern Library.

Weitzer, Ronald und Charis E. Kubrin. 2009. Misogyny in Rap Music. In *Men and Masculinity,* 12(1): 3–29.

Wiezorek, Christine und Marcel Eulenbach. 2020. Generationenkonflikte? Zum „Problem der Generationen" in der verjugendlichten Gesellschaft. In *Rekonstruktive Ju-gend(kultur)forschung*, Hrsg. Anja Gibson et al., 319–334. Wiesbaden: Springer VS.

Wustmann, Julia et al. 2019. Von Theatral bis Retro – Inszenierung von Männlichkeit(en) in den Szenen Visual Kei und Rockabilly. In *Sounds like a real man to me. Populäre Kultur, Musik und Männlichkeit*, Hrsg. Laura Patrizia Fleischer und Florian Heesch, 21–38. Wiesbaden: Springer VS.

Wustmann, Julia und Michaela Pfadenhauer. 2017. Lebensstil. In *Handbuch Körpersoziologie*. Band 2: Forschungsfelder und Methodische Zugänge, Hrsg. Gabriele Klein et al., 147–160. Wiesbaden: Springer VS.

Medienquellen

Britton, Luke Morgan. 2017. Director of Young Thug 'Wyclef Jean' Viral Video Responds to Speculation that Clip is a Hoax. *NME*. https://www.nme.com/news/music/young-thug-wyclef-jean-video-hoax-speculation-1951234. Zugegriffen am 1. April 2021.

Drucker, Eric. 2017. Young Thug 'Wyclef Jean' Director on How He Saved His Nightmare Shot. *Rolling Stone*. https://www.rollingstone.com/music/music-features/young-thug-wyclef-jean-director-on-how-he-saved-his-nightmare-shoot-109093. Zugegriffen am 1. April 2021.

Friedman, Devin. 2016. Young Thug Is an ATLien. *GQ*. https://www.gq.com/story/young-thug-best-rapper-alive-interview. Zugegriffen am 1. April 2021.

Genius.com. 2020. Lyrics zu Wyclef Jean von Young Thug. *Genius*. https://genius.com/Young-thug-wyclef-jean-lyrics. Zugegriffen am 1. April 2021.

Musikvideos

A$AP Ferg. 2013. Shabba. Regie: Andrew Hines. *YouTube*. https://www.youtube.com/watch?v=iXZxipry6kE: Zugegriffen am 1. April 2021.

A$AP Mob. 2016. Yamborghini High. Regie: Patwary, Shomi. *YouTube*. https://www.youtube.com/watch?v=tt7gP_IW-1w: Zugegriffen am 1. April 2021.

B.o.B. 2013. HeadBand. Regie: Ryan Patrick. *YouTube*. https://www.youtube.com/watch?v=k2rqUlYN1m8: Zugegriffen am 1. April 2021.

Bobby Shmurda. 2014. Hot N*gga. Regie: MainE FeTTi. *YouTube*. https://www.youtube.com/watch?v=vJwKKKd2ZYE: Zugegriffen am 1. April 2021.

Fat Trel. 2015. Georgetown intro/Molly bag. Regie: Ordell 'O' Etkins. *YouTube*. https://www.youtube.com/watch?v=3R-7NczYr1c: Zugegriffen am 1. April 2021.

Gucci Mane. 2017. I get the bag. Regie: Eif Rivera. *YouTube*. https://www.youtube.com/watch?v=uo14xGYwWd4: Zugegriffen am 1. April 2021.

Gzuz. 2018. Drück drück. Regie: Pascal/Bonez MC. *YouTube*. https://www.youtube.com/watch?v=WGclLoxZz18: Zugegriffen am 1. April 2021.

Haftbefehl. 2014. Hurensöhne. Regie: Chehad Abdallah. *YouTube*. https://www.youtube.com/watch?v=MDJi8Qo2nck: Zugegriffen am 1. April 2021.

Jay-Z. 2000. Big Pimpin'. Regie: Hype Williams. *YouTube*. https://www.youtube.com/watch?v=Cgoqrgc_0cM: Zugegriffen am 1. April 2021.

Sido. 2004. Mein Block. Regie: Eric (Specter Berlin) Remberg und Daniel Harder. *YouTube*. https://www.youtube.com/watch?v=0UKtOhLVeyA: Zugegriffen am 1. April 2021.

YG. 2020. Equinox. Regie: k.A. *YouTube*. https://www.youtube.com/watch?v=LiecMrMQCmQ: Zugegriffen am 1. April 2021.

Young Thug. 2015. With that. Regie: Be El Be. *YouTube*. https://www.youtube.com/watch?v=cTGQrA5HHIU: Zugegriffen am 1. April 2021.

Young Thug. 2017. Wyclef Jean. Regie: Ryan Staake und Pomp & Clout. *YouTube*.
    https://www.youtube.com/watch?v=_9L3j-lVLwk: Zugegriffen am 1. April 2021.
Whiz Khalifa. 2014. We dem boys. Regie: Ethan Lader. *YouTube*.
    https://www.youtube.com/watch?v=UX6K7waag5Q: Zugegriffen am 1. April 2021.
Whiz Khalifa. 2020. Still Wiz. Regie: k.A. *YouTube*.
    https://www.youtube.com/watch?v=kLl7s5vlrcM: Zugegriffen am 1. April 2021.

Teil 4: **Politiken des (Bewegt-)Bildes**

Clemens Schwender
Als Jungsein politisch war

Musik und Filme der Woodstock-Gegenkultur

Zusammenfassung: Die Protagonist*innen der Woodstock-Gegenkultur waren die ersten, die sich von der Eltern-Generation explizit abgrenzten und von dieser auch abgegrenzt wurden. Im Unterschied zu ihren direkten Vorgänger*innen – der Beat-Generation – waren sie hineingeboren in die Opposition zu den Eltern. Jungsein hieß damit auch anders sein, different und in Gegnerschaft. Gesellschaftlich ist das verbunden mit dem Begriff des Politischen. Die pubertäre Renitenz hielt bis in die Zeit des Erwachsenseins an. Ausdruck fand der Gegenentwurf ästhetisch in der Musik und in Filmen. Das Ereignis des Woodstock-Festivals war der Kulminationspunkt einer Bewegung, zu dem sich viele der musikalischen Protagonist*innen zwischen Folk und progressivem Rock trafen. Sie ließen sich beeinflussen von dem Event und beeinflussten diejenigen, die nicht dabei waren, ästhetisch, kulturell und politisch. Der Begriff Woodstock ist aus heutiger Sicht ein Emblem, ein Markenzeichen, das unterschiedliche Strömungen und Ausdrucksweisen zusammenfasst, dabei aber die Gemeinsamkeiten betont. Es gilt herauszufinden, wie sich diese Ablehnung des Etablierten ästhetisch ausdrückte. Musik und Filme der Bewegung sollen nach gemeinsamen Ausdrucksweisen untersucht werden. Dokumentationen, Hollywood- und Independent-Filme zeigen Berührungspunkte in der Art, wie sie Musik verwendeten und das Ende des jeweiligen Films gestaltet ist. Beantwortet werden die Fragen aus einer filmhistorischen Perspektive. Die Wirkung auf das damalige Publikum bleibt unberücksichtigt.

Schlüsselwörter: Beat-Generation, Dystopie, Filmende, Generation, Hollywood, Independent, Narration, Woodstock

1 Die Beat-Generation

Der Begriff der Generation ist irreführend. Es handelt sich nämlich nicht um alle Mitglieder einer Altersgruppe, die gemeinsame Präferenzen über ästhetische Phänomene verbindet. Ebenso wenig darf man sich von Begriffen wie „die Sechziger" oder gar „die Achtundsechziger" in die Irre führen lassen. Es war nicht die Zeit, in der die Mehrheit der jungen Menschen gegen den Vietnam-Krieg demonstrierte. Es war eine Minderheit, die sich politisch engagierte. Um

https://doi.org/10.1515/9783110730609-013

dominierenden Sichtweisen auf die Ästhetik einer Ära zu verstehen, könnte man sich die Verkaufszahlen von Tonträgern anschauen. Die erfolgreichste Single über den Jahreswechsel 1968/69 war in Westdeutschland „Heidschi Bumbeidschi" von Heintje (Liste 2020). Dessen Album „Heintje" war zu dieser Zeit neun Monate auf Platz eins der Album-Charts in der Bundesrepublik.

Der Begriff der Generation muss skeptisch betrachtet werden, vor allem wenn er mit einem Bindestrich oder einem Attribut versehen ist – von der Luftwaffenhelfer-Generation über die 68er-Generation bis zur „Generation Greta" und, wenn die Attribute ausgehen, dann X, Y, oder Z. Immer ist es der Versuch einer Generalisierung (vgl. Tremmel 2008, S. 149f.). Der Begriff der Bewegung wäre angebrachter, da dieser ein Außerhalb zulässt und eine unzulässige Gleichsetzung vermeidet. Es geht dabei eher um gesellschaftspolitische und ästhetische Bewegungen.

Auch wenn es sich bei der „Beat-Generation" um eine Selbstbeschreibung eines Protagonisten handelt, darf man den Begriff als selbstironische Überhöhung betrachten. Die Bezeichnung stammt von Jack Kerouac, der sie von Herbert Huncke, der das Wort „Beat" von seinen Freund*innen aus dem Showbusiness auf der Near North Side von Chicago aufgeschnappt hat und den Begriff im Herbst 1945 William Burroughs, Allen Ginsberg und Jack Kerouac vorstellte (vgl. Watson 1998, S. 3). Der Generationenbegriff betonte großspurig den Anspruch, dass sie sich als repräsentativ und wichtig für die Entwicklung einer neuen Stilrichtung verstanden.

Der Vorläufer und Bezugspunkt der Woodstock-Protagonisten war die Beat-Generation. Deren Sprecher*innen waren Schriftsteller*innen, die sich neuen Themen auf neue Weisen widmeten. Sie rebellierten in den 1950er Jahren gegen die US-amerikanische Kultur, die auf Kapitalismus, Rassentrennung und Kriegen aufbaute. Der Zweite Weltkrieg war kaum vorbei, als in Korea der nächste militärische Konflikt mit Beteiligung der aller Waffengattungen geführt wurde. Der folgende Krieg in Vietnam betraf die nachfolgende Kohorte, von denen man eine Auswahl mit dem Begriff der Woodstock-Gegenkultur identifizieren kann.

Beat war sowohl eine Kultur – gerichtet gegen kulturelle Normen und Regeln der amerikanischen Mittelschicht – als auch ein literarischer Stil, der sich gegen die traditionellen formalen Strukturen wandte. Das Gedicht *Howl* (1955) von Allen Ginsberg war eine Repräsentation des Stils, dessen Ausdrucksweise so eindeutig war, dass es wegen Obszönität vor Gericht kam. Es erschien den Zeitgenossen schlampig, verlottert, ohne Struktur und leichtsinnig. Wie ein Protest gegen die Aufklärung, interessierten sich die Anhänger der Beat-Generation nicht für den Sinn und die Form der Aussage hinter den Zeilen. Manches klingt wie lange Jazz-Improvisationen, wo die Struktur aus dem Moment entsteht. Bebop lieferte den Sound und den Rhythmus. Der Klang der Wörter und die Phrasierung der Zeilen wurden konstruktive Bestandteile der Literatur. Sie befreiten sich vom Althergebrachten. In der Literatur kam eine scheinbar formlose, assoziative Sprache auf.

Damit einher gehen Experimente mit allen Sorten von Drogen, die die Kreativität beflügeln sollten. William S. Burroughs Literatur ist davon geprägt. Seine Romane *Junkie* (1953), *Naked Lunch* (1953) oder *Soft Machine* (1961) reflektieren diese Erfahrungen in Narration und Stil, die das Erlebte in die Sprache aufnehmen.

Spirituelle Praktiken, wie Zen-Buddhismus oder Rituale der Ureinwohner*innen Nordamerikas, waren akzeptierte Aspekte ihrer Inspiration. Dies mündete in einem Respekt für die Natur, der sich auch in vegetarischer Lebensweise ausdrücken konnte.

Wichtige Vertreter der Beat-Generation waren William S. Burroughs, Allen Ginsberg und Jack Kerouac, die miteinander befreundet waren und sich wechselseitig inspirierten. Sie hatten ihrerseits einen Einfluss auf Bob Dylan, der Musik einbrachte und zudem die Wörter und Texte in die Musik überführte. Bob Dylan war an der Vorbereitung zum Woodstock-Festival beteiligt, da dieses als Werbeaktion für sein Aufnahmestudio in Woodstock gedacht war.

2 Jugend, Film und Musik

Anhand exemplarischer Filme sollen im vorliegenden Beitrag die Zusammenhänge zwischen Filmästhetik, Musik und Themen der Filmplots dargestellt werden, um die Ideenwelt der Woodstock-Gegenkultur aufzuzeigen. Gemeinsam ist vielen Beispielen, dass es selten Handlungsstränge gibt, die eine konsistente Narration ergeben. Die Geschichten sind assoziativ und bündeln Gedanken und deren visuelle Ausdrucksweisen. Musik dient in den Filmen dazu, Kohärenz zu schaffen.

Die Filmfiguren sind durchgängig jung, und alle stehen in Opposition zur Erwachsenengeneration, die auftritt in den Rollen der Eltern – wie in „The Graduate" (1967) –, aber auch als Vertreter*innen von Polizei, Gerichten oder Militär – wie in „Hair" (1979), „Alice's Restaurant" (1969) oder „Strawberry Statement" (1970). Die Gegenbewegung drückt sich aus über Nonkonformismus in Kleidung, Haartracht, Musikvorlieben und dem Konsum illegaler halluzinogener Drogen, wie in „The Trip" (1967). Die Zwänge der gesellschaftlichen Etikette werden durchbrochen, so geschehen in „Harold and Maude" (1971).

Die Filme zeigen zwar gesellschaftliche Gegenentwürfe auf, doch enden diese meist im Untergang: Gewaltphantasien wie in „Zabriskie Point" (1970), im Tod der Protagonist*innen in „Easy Rider" (1969), in Szenen des Mülls in „Woodstock" (1970) oder im Schweigen am Ende von „The Graduate" (1967).

Die Kritik an den Idealen der etablierten und staatstragenden Elterngeneration drückt sich auch in Ironie und Sarkasmus aus. Der Film „Alice's Restaurant" beschreibt, wie jemand vom Militärdienst freigestellt wird, weil er eine Vorstrafe hat, da er Müll am Straßenrand abgeladen hat. Die Logik der herrschenden Gesellschaft wird *ad absurdum* geführt. „The Monkees" war eine Sitcom, die Film und Fernsehen persiflierte und sie als Klamauk entlarvte.

Die Wahrnehmung unter Drogeneinfluss braucht neue visuelle Codierungen, die in ekstatischen, verzerrten, farblich gefilterten Bildern und Effekten Ausdruck finden. Zeitlupe und Zeitraffer tragen zur innovativen Filmsprache bei, die für diese Phase des Filmemachens stilbildend ist.

In diesem Beitrag soll auch den Parallelen der Ästhetik von Film und Musik der Woodstock-Gegenkultur nachgegangen werden, um deren Lebensgefühl und deren gesellschaftliche Entwürfe in Utopien und Dystopien zu verstehen.

Der Zusammenhang von Film und Musik kann nur exemplarisch betrachtet werden. Jeweils ein Beispiel aus den Filmgenres Dokumentation, Independent, Hollywood, Fernsehserie, Musical und europäisches Kino stellt die die Themen und Rhetorik der Bewegung dar.

2.1 Dokumentation: Woodstock (1970)

Dokumentiert wird das Woodstock Music & Art Fair vom 15. – 17. August 1969. Der Film „Woodstock – 3 Days of Peace & Music" (1970) folgt dem Ereignis, indem es teils chronologisch vom Aufbau der Bühne und der Versorgungseinrichtungen auf dem Gelände, vom Auftritt von Richie Havens zu Beginn bis zu Jimi Hendrix, dem letzten Künstler, zeigt. Die Themen sind in Episoden gegliedert. Es geht um das Event, und im Zentrum stehen Publikum, Organisatoren, Betroffene und die Musik. Es geht nur dann um die Musiker*innen, wenn sie durch ihre Auftritte zu Wort kommen. Der Film startet in Natur und Abgeschiedenheit, in der die Infrastruktur des Festivals aufgebaut wird. Musik ist bereits vorweggenommener O-Ton vom Festival: Crosby, Stills & Nash sind zu hören, und durch einen Split-Screen als Zeichen der Gleichzeitigkeit strömt das Publikum auf das Gelände, während noch an der Bühne gebaut wird. Bereits in dieser Phase wird durch Besucher*innen ein Zaun überwunden, sodass viele auf das Gelände kommen, ohne die offiziellen Zugänge zu nutzen. Eine Eingangskontrolle ist obsolet, und das Festival wird zum „Free Concert" erklärt.

Der Begriff „der Zaun von Woodstock" wird zum Oxymoron, das den Widerspruch zwischen einem auf Kommerz angelegten Ereignis und dem anarchistischen Gemeinschaftserleben der Jugendlichen mit der Erfahrung von Freiheit verdeutlicht.

Woodstock ist das Treffen junger Menschen auf dem Weg zum Erwachsensein. Die Naturbilder zu Beginn des Films signalisieren die Entfernung zur bürgerlichen Gesellschaft. Dem stehen Spiritualität, Yoga und Meditation entgegen, allerdings auch die Verwendung von Drogen, die suggeriert, dass diese Zustände durch den Konsum leichter zu erreichen sind. Vor allem die sogenannten weichen Drogen werden propagiert, so etwa von Arlo Guthrie in seinem Song über LSD: „Coming into Los Angeles / Bringing in a couple of keys / Don't touch my bags if you please / Mister customs man."

Man unterstützt sich wechselseitig in einer Situation, die durch Mangel an Komfort geprägt ist. Im Film gibt es eine Passage, in der Kleinkinder ohne besondere Obhut spielen und sich frei bewegen. Das gesellschaftliche Gegenmodell besteht aus Freiheit, Altruismus und Solidarität.

Armee-Hubschrauber kreisen über dem Feld. Sie helfen beim Transport der Künstler*innen zur Bühne, sie bringen Nahrung, fliegen Kranke aus, unterstützen mit Personal die Organisation des Festivals. Das militärische Transportmittel ist eigentlich ein Symbol für den Vietnam-Krieg, der einhellig abgelehnt wird, doch hier sind sie ohne kritisches Hinterfragen positiv besetzt. Die Armee wird also nicht grundsätzlich infrage gestellt, sondern je nach Kontext akzeptiert. Man sieht im Publikum viele Besucher*innen, die Militärkleidung tragen. Diese können als ehemalige G.I.s identifiziert werden, die sich nicht von allen Symbolen losgesagt haben, vor allem, wenn sie in funktionaler Hinsicht nützlich sind.

Diese doppeldeutige Haltung wird bitter ironisch kommentiert in dem Song „I-Feel-Like-I'm-Fixin'-to-Die Rag" von Country Joe McDonald:

> Come on all of you big strong men, / Uncle Sam needs your help again. / He's got himself in a terrible jam / Way down yonder in Vietnam / So put down your books and pick up a gun, / We're gonna have a whole lotta fun. / And it's one, two, three, / What are we fighting for? / Don't ask me, I don't give a damn, / Next stop is Vietnam; / And it's five, six, seven, / Open up the pearly gates, / Well there ain't no time to wonder why, / Whoopee! We're all gonna die.

Das Lied, bei dem große Teile des Publikums mitsingen und mitklatschen, synchronisiert das Publikum und betont die gemeinsame Haltung zum Vietnam-Krieg. Immer wieder ist die E-Gitarren-Fassung der amerikanischen Nationalhymne durch Jimi Hendrix diskutiert worden. Er selbst hat sich nie definitiv

dazu geäußert. Manche interpretieren die Klänge, die er aus seiner Gitarre herausholt, als Sirenen, Bomben und Maschinengewehre.

Am Ende des Films ist immer noch Hendrix zu hören, während Menschen
durch den Schlamm gehen, Müll zusammentragen und verbrennen sowie nach
Brauchbarem Ausschau halten. Es wird klar, dass die drei Tage von Liebe, Frieden und Musik nur ein temporäres Ereignis vom 15. bis 17. August 1969 waren,
das im eigenen Schmutz untergeht. Geplant war, dass Hendrix in der Nacht
zuvor spielen sollte, aber durch wetterbedingte Verzögerungen trat er nun am
Montagmorgen zum Ende des Festivals auf. Nur noch 25.000 durchnässte und
übermüdete Zuschauer*innen verließen das Gelände, das an den vorangegangenen Tagen noch 300.000 Menschen versammelte (vgl. Elles 2006).

Das Festival von Altamont im Dezember 1969 besiegelte dann das Ende derartiger Veranstaltungen, die jeweils für ein Wochenende Utopien des Kollektiven aufkeimen ließen. Nach dem Erfolg von Woodstock wollten weitere
Bands an die positive Stimmung anknüpfen. Vier Monate später versuchten die
Organisator*innen den Erfolg von Woodstock zu wiederholen, indem sie ein
kostenloses Konzert außerhalb von San Francisco abhielten. Die Rolling Stones
waren die Headliner dieses Woodstock des Westens. The Grateful Dead reisten
wegen der gewalttätigen Stimmung, die bereits herrschte, ab, bevor sie spielen
sollten. Sporadische Gewalt vor der Bühne zwischen Fans, Mitgliedern der
Hell's Angels, die als Sicherheitskräfte engagiert worden waren, und sogar
Bandmitgliedern machten jedoch deutlich, dass es sich bei diesem Event nicht
um Woodstock handelte. Als die Rolling Stones auf der Bühne waren, eskalierte
die Gewalt trotz der Bemühungen von Mick Jagger, die Situation zu beruhigen.
Die Lage eskalierte, bis ein Mitglied der Hell's Angels einen Fan bei einer Range-
lei vor der Bühne erstach. Der Tod von Meredith Hunter wurde im Rückblick als
sinnbildliches Ende der 1960er Jahre bezeichnet (vgl. Steinberg 2016, S. 25).

Die Szene, die die Ermordung in der Dokumentation „Gimme Shelter"
(1970) zeigt, wird indirekt präsentiert. Mick Jagger sitzt im Schneideraum und
betrachtet den Moment auf einem Bildschirm. Standbilder helfen, die Geschehnisse nachzuvollziehen. Die Ereignisse auf der Bühne, vor der Bühne und am
Schnittpult werden zu einer Sequenz zusammengeschnitten.

Ob man diese Szene oder das Ende des Films „Woodstock" als das Ende der
Ära klassifiziert, wurde von Steinberg (Steinberg 2016, S. 37) diskutiert. Er ist
der Meinung, dass die Gegenkultur, die die alternative Rockmusik in den 1960er
Jahren umgab, friedlich während Jimi Hendrix' Auftritt in Woodstock am Morgen des 18. August endete und nicht erst während des Rolling Stones-Konzerts
beim Spielen von „Under my Thumb" Monate später am 6. Dezember am
Altamont Speedway.

Manifestationen der jugendlichen Gegenbewegung der 1960er Jahre sind nicht nur die dokumentarischen Zeugnisse ihrer musikalischen und lyrischen Aufführungen, sondern auch ihre Spielfilme.

2.2 Independent Cinema: „Easy Rider" (1969)

Eines der zentralen Erzeugnisse der Beat-Generation ist der Roman *On the Road* (1957) von Jack Kerouac. Gattungshistorisch lässt er sich den Reiseromanen zuordnen, die es seit Jahrhunderten gibt. Weit gefasst kann er selbst Homers *Odyssee* zugeordnet werden, geht es doch um eine abenteuerliche Reise durchs Mittelmeer. Kerouacs Geschichte hat zeitspezifische Ausprägungen, die auf die Rolle des Automobils in der Mitte des 20. Jahrhunderts zurückzuführen sind.

Für viele junge Menschen lebten die Mythen von Amerika neu auf, vor allem der Traum der unbegrenzten Freiheit, wie sie in der Besiedlung des Westens zum Ausdruck kommt. In der Mittelschicht der 1950er Jahre herrschte relativer Wohlstand. Die Generation musste sich keine Existenzorgen machen. Dies führte auch dazu, dass das Auto in dieser Zeit erstmals zu einem Massenprodukt wurde (vgl. Dickstein 1999, S. 171f.). Das Auto war mehr als ein Transportmittel, es war der Inbegriff von Freiheit: „The American car has always been more than just transportation: it is status, success, dreams, adventure, mystery, and sex" (Primeau 1996, S. 5). Diejenigen Gruppen der heranwachsenden Generation, die es sich leisten konnten, begannen, das Auto als Inbegriff ihrer Träume und Abenteuer zu betrachten und ihre Freiheit in Road Trips auszuleben (vgl. Weber 2016, S. 11).

Der Wohlstand führte laut Dickstein bei der jüngeren Generation zu Langeweile, die der privilegierte Lebensstil mit sich brachte (vgl. Dickstein 1999, S. 169). Diese Langeweile war frustrierend und wurde in Rebellion ausgedrückt: in der Zurückweisung von Traditionellem, den konservativen Werten der Eltern, dem protestantischen Arbeitsethos und dem Materialismus, der sich durch die wohlhabenden Schichten zog. Die Jugend wandte sich der Rock-Musik und der literarischen Strömung der Beat-Generation zu und fand so Wege, ihrem Unmut gegenüber den konservativen Werten der Elterngeneration zu äußern (vgl. ebd., S. 172).

Der Beat-Generation standen noch nicht die technischen und finanziellen Mittel zur Verfügung, um Filme selbst machen zu können. Anders verhielt es sich in der folgenden Ära: Junge Filmemacher*innen kratzten Geld zusammen und liehen sich das Equipment, um sich beim Filmemachen auszuprobieren. „Easy Rider" erforderte ein Budget von 400.000 US-Dollar (vgl. Stringer 2013, S. 55), „Woodstock" kostete 600.000 US-Dollar (The Numbers, 1997–2020).

Einer der ersten Road Movies – „Easy Rider" (1969) – basiert auf Jack Kerouacs Roman *On the Road*. Auf der Suche nach dem Selbst werden verschiedene alternative Lebensentwürfe bereist. Das Erleben von Freiheit ist das zentrale Motiv.

Zu „Easy Rider" gibt es thematisch und stilistisch zwei Vorgängerfilme: „The Trip. A Lovely Sort of Death" (1967), bei dem Jack Nicholson das Drehbuch schrieb und als Darsteller Peter Fonda und Dennis Hopper vor der Kamera standen, und „The Wild Angels" (1966), in dem Peter Fonda als Mitglied einer Rocker-Gang agiert. Die Musik steuern Mike Curb sowie Davie Allen and The Arrows – eine Band im Surf-Sound der 1960er Jahre – bei. Die Themen Drogenkonsum und Motorräder werden vorweggenommen. In „The Trip" machte Mike Bloomfield mit seiner Band The Electric Flag die Musik. In „Easy Rider" ist die Musik ein zentrales Element, das nicht auf die Erzeugung einer Stimmung reduziert werden kann. Die Musik ist vielmehr ein narratives Element. Damit ist sie kein Beiwerk mehr, sondern hat eine diegetische Funktion, indem sie interpretiert, theoretisiert und kommentiert.

In „Easy Rider" schmuggeln die beiden Hauptfiguren Kokain von Mexiko nach Los Angeles, verstauen das Geld in den Tanks ihrer Motorräder und fahren los. Bereits der Drogenhandel wird musikalisch und durch den Songtext interpretiert. „The Pusher" der Band Steppenwolf verteidigt das individuelle Recht auf Drogenkonsum und klagt gleichzeitig die gewinnbringenden Absichten der Drogendealer an:

> You know I smoked a lot of grass / Oh lord I popped a lot of pills / But I never touched nothin / that my spirit could kill / You know I've seen a lot of people / walking around with tombstone in their eyes / But the pusher don't care, ah / if you live or if you die.

Steppenwolf ist eine Band mit dem Image der grimmigen Outlaws in schwarzem Leder und dunkler Sonnenbrille.

Es folgt das Stück „Born to be wild", das ebenfalls von Steppenwolf stammt. Dieses Lied steckt die Themen des Filmes ab:

> Yeah, darlin' / Gonna make it happen / Take the world in a love embrace / Fire all of your guns at once / And explode into space / I like smoke and lightnin' / Heavy metal thunder / Racing in the wind / And the feeling that I'm under / Yeah, darlin' ... / Like a true nature child / We were born / Born to be wild / We can climbed so high / I never wanna die / Born to be wild.

Es geht in dem Lied wie im Film um Abenteuer, Motorengeräusche, körperliche Nähe, zivilisationsferne Natur, Ungezügeltheit, Unsterblichkeit und Unabhängigkeit. Das Stück wurde nicht für den Film geschrieben, sondern es gehörte auch schon davor zum Repertoire der Band. Im Rahmen der Filmmusik wird der Text neu kontextualisiert und interpretiert. „Born to be wild" wurde von Mars Bonfire geschrieben, nachdem er sich ein gebrauchtes Auto – einen Ford Falcon – gekauft hatte. „Vor diesem Moment war ich in meiner Wohnung gefangen", sagt er.

> Als ich dieses Auto bekam, konnte ich zum Meer und in die Berge fahren und erkannte, wie unglaublich vielfältig die Stadt wirklich war. Das Gefühl, mit meinem Auto unterwegs zu sein, war völlige Freiheit. Aus diesem Grund beginnt das Lied mit „Lass deinen Motor laufen. Fahr raus auf die Autobahn".
>
> (Jagger 2018)

„Easy Rider" ist kein Rocker-Film, sondern ein Hippie-Film: Die Motorräder sind bunt, angelehnt an Drag Bikes mit langem Radstand mit stabilerem Geradeauslauf. Bei hohen Geschwindigkeiten passen sie auch nicht zum Macho-Image von Rockern, bei dem die Fahrzeuge Macht und Dominanz symbolisieren. Das lässige Aussehen der Harley-Davidson-Motorräder entspricht dem Gedanken der Freiheit und Ungebundenheit. Bei regulären Motorrädern ist der Fahrer nach vorne gebeugt, um dem Fahrtwind wenig Angriffsfläche zu bieten. Das Fahrzeug von Wyatt in „Easy Rider" lässt den Fahrer fast aufrecht sitzen, was die Geschwindigkeit reduziert. Das Fahren wird nun bewusster zum Genuss, der Blick ist auf die Landschaft und die Natur gerichtet. Der Protagonist Wyatt schaut zu Beginn des Filmes auf seine Uhr, nimmt sie ab und wirft sie als Geste der Befreiung von der bürgerlichen Gesellschaft in den Sand.

Durch den Film hindurch sind Musikstücke und deren Texte Teil der Erzählung. Die Stücke reflektieren und kommentieren die jeweiligen Szenen. Es gibt generell wenig Dialog, die Fahrtszenen haben als Untermalung Rockmusik. Es ist ein bildhaftes Szenenspiel aus nonverbalen Kommunikationsversuchen. Die Musik eröffnet musikalische Räume der Offenheit, des Sich-Treiben-Lassens, der Einsamkeit und des Nachdenkens – im Übergang von einer Station zur nächsten. Da währenddessen nichts Wesentliches passiert, können sich die Betrachtenden auf die Musik einlassen und den Texten zuhören. Die eklektische Zusammenstellung macht Angebote, wie das Kinopublikum den Film verstehen kann. Die Protagonisten fahren durch die Natur. Auf ihrem Weg begegnen sie alternativen Lebensstilen, ohne sich darauf einzulassen. Temporär genießen sie diese, um dann weiter zu fahren.

The Byrds sind eine Folk-Rock-Band, die stark von Bob Dylan beeinflusst ist. Sie coverten auch Stücke von ihm. Es gibt gleich zwei Alben, auf denen sie Stücke von ihm spielen. Ihr musikalischer Stil lässt sich als Cosmic Folk beschreiben, der elektronische Klangveränderungen einsetzt. In dem Stück

„Wasn't born to follow" wird ein Flanger eingesetzt, der die Klangwahrnehmung so verändert, dass er an drogeninduzierte Wahrnehmungsveränderungen erinnert. Im Text geht es um die Freiheit, sich ohne Zwänge in der Natur bewegen zu können:

> And if you think I'm ready / You may lead me to the chasm / Where the rivers of our vision / Flow into one another / I will watch her dive beneath / The white cascading waters / She may beg she may plead / She may argue with her logic / And then mention all the things I'll lose / That really have no value / In the end she will surely know / I wasn't born to follow.

Auch eine Frau vermag es nicht, den Reisenden in seinem Drang nach Freiheit aufhalten. Es geht um die radikale Abgrenzung von Konsum und zivilisatorischen Zwang und die Freiheit eines Lebens in der Natur als Gegenbild zur urbanen Hektik.

„Easy Rider" ist ein Film, in dem Joints wie Zigaretten geraucht werden, die Protagonisten einen intensiven LSD-Trip durchleben und zu Beginn erfolgreich einen Kokaindeal abwickeln. Er thematisiert die Kifferromantik, bei der der gemeinsame Drogenkonsum die Verbundenheit in Freiheit ohne Stress am Lagerfeuer verkörpert. Das Stück „Don't bogart me" von der Band Fraternity of Man stellt die Stimmung der Langsamkeit sowie die Intensität der sinnlichen Eindrücke dar: "Don't bogart that joint, my friend / Pass it over to me. / Roll another one / Just like the other one. / This one's burnt to the end / Come on and be a friend."

Es braucht kein komplexes Erzählmuster, um die Gefühle und Stimmungen unter dem Einfluss von Marihuana zu erläutern. Dazu reichen Metaphern, die das Kiffen und dessen Rituale beschreiben.

In den meisten Fällen wechseln sich die Stopps der Reise und die kurzen Erlebnisse mit den Übergängen ab, die musikalisch begleitet werden. Doch nach der Kiffer-Episode und dem anschließenden Song erfolgt der Übergang zum nächsten Kapitel abrupt. Die Motorradfahrten durch die Natur werden abgelöst durch wuchtige Brücken-Stahlkonstruktionen. Dem retardierten Sound des Kiffersongs wird Jimi Hendrix' „If 6 were 9" hart entgegengesetzt:

> White collared conservative flashing down the street / Pointing their plastic finger at me / They're hoping soon my kind will drop and die / But I'm gonna wave my freak flag high, high / Wave on, wave on / Fall mountains, just don't fall on me / Go ahead on Mr. Business man, you can't dress like me / Sing on Brother, play on drummer.

Hier werden die Gegner*innen der Gegenkultur benannt. Es geht gegen Konservative mit sprichwörtlich weißen Kragen. Es geht also wieder um Selbstverwirk-

lichung jenseits der Normen. Die Gegnerschaft beschreibt den Konflikt inner-
halb der Gesellschaft. Akustisch wird dies durch harte, elektrisch verstärkte
Klänge bei der Einfahrt in die Zivilisation dargestellt. Der „Acid-Fueled Blues"
(Newquist 2003, S. 32) von Jimi Hendrix ist durch eine Vielzahl technischer
Sound-Innovationen durchsetzt. Es gibt weniger Referenzen zur traditionellen
Kultur, die man beim Folk noch feststellen kann. Die Destruktion von Regeln
und Erwartungen gelingt Jimi Hendrix eindringlich.

Nachdem George Hanson, den sie auf ihrem Weg mitnehmen, von Rednecks
erschlagen wurde, gehen die beiden Protagonisten in ein nobles Restaurant und
anschließend in ein Bordell. Der Übergang wird akustisch begleitet von den
Electric Prunes und ihrem Stück „Kyrie Eleison". Die Situation bekommt damit
etwas Sakrales. Das Stück stammt von der LP „Mass in F minor", die in Latein
und Griechisch gesungen ist. Der Text erinnert an gregorianische Gesänge:
„Herr – erbarme Dich / Christus – erbarme Dich."

Das nächste Musikstück heißt „It's Alright Ma", gesungen von Roger
McGuinn, einem Mitglied der Byrds. Geschrieben wurde es von Bob Dylan, der
Roger McGuinn das Stück für „Easy Rider" überließ. Es ist voller Weltunter-
gangsszenarien mit surrealen Bildern:

> Darkness at the break of noon / Shadows even the silver spoon / The handmade blade, the
> child's balloon / Eclipses both the sun and moon / To understand you know too soon /
> There is no sense in trying. / Pointed threats, they bluff with scorn / Suicide remarks are
> torn / From the fool's gold mouthpiece / The hollow horn plays wasted words / Proves to
> warn / That he not busy being born / Is busy dying.

Der Inhalt wird von assoziativ-psychedelischen Reimen gebildet, der Klang der
Sprache ist konstitutiv für die Botschaft.

Als die Protagonisten aus einem Auto heraus erschossen werden, hebt die
Kamera zu einem Flug über die Flusslandschaft ab. Der Song zum Schluss, der
bis in den Abspann zu hören ist, resümiert den Film. Die „Ballade of Easy Rider"
wird von den Byrds präsentiert und ist eine Originalkomposition für den Film:

> The river flows, it flows to the sea / Wherever that river goes that's where I want to be /
> Flow river flow, let your waters wash down / Take me from this road to some other town /
> All he wanted was to be free / And that's the way it turned out to be.

Die Mythen der US-amerikanischen Gesellschaft werden thematisiert und dabei
kritisiert. Der Traum der Freiheit innerhalb des Systems bleibt letztlich eine
Illusion. Das Scheitern ist inhärent. Im letzten Dialog sagt Billy: „I mean, you go
for the big money, man, and then you're free. You dig?" Wyatt erwidert: „We
blew it."

2.3 Hollywood: „The Graduate" (1967)

Dieser Film (1967) lässt sich dem Genre des Coming-of-Age-Films zuordnen. Nach dem College-Abschluss weiß Benjamin Braddock noch nicht, wie es weitergehen soll. Er gehört der gehobenen Mittelschicht an. Die Eltern wohnen in einem Vorort mit einem Schwimmbecken im Garten. Er beginnt eine heimliche Affäre mit der deutlich älteren Ehefrau – Mrs. Robinson – eines Kollegen des Vaters. Diese versucht zu verhindern, dass Benjamin mit Elaine, ihrer Tochter, ausgeht. Sie kommen sich dennoch näher. Benjamin bittet Elaine, ihn zu heiraten, aber sie ist sich trotz ihrer Gefühle für ihn unsicher. Als Mr. Robinson auftaucht, versucht auch dieser, Druck auf sie auszuüben, dass sich die beiden trennen. Zudem zwingt er Elaine, das College zu verlassen, um Carl Smith zu heiraten, einen Klassenkameraden, mit dem sie kurz zusammen war. Benjamin eilt zur Kirche und kommt gerade an, als die Zeremonie endet. Er hämmert mit Fäusten an das Glas, das ihn von der Hochzeit trennt, und ruft Elaines Namen. Nachdem sie die wütenden Gesichter von Carl und ihren Eltern bemerkt hat, flieht sie aus der Kirche. Benjamin stößt die Hochzeitsgäste zurück, indem er ein großes Holzkreuz schwingt, mit dem er dann die Tür verbarrikadiert und die Hochzeitsgesellschaft in der Kirche einschließt. Elaine und Benjamin steigen in einen lokalen Linienbus und sitzen unter überraschten Fahrgästen. Ihre ekstatischen Gesichtsausdrücke verändern sich bald zu unsicheren Blicken, als der Bus wegfährt. Die beiden sitzen still nebeneinander, ohne sich einander zuzuwenden. Die Blicke gehen ins Leere. Statt eines Happy Ends führt die Romanze in die Sprachlosigkeit.

Das Stück, das Simon and Garfunkel dazu singen, handelt von Einsamkeit:

> Hello darkness, my old friend / I've come to talk with you again / Because a vision softly creeping / Left its seeds while I was sleeping / And the vision that was planted in my brain / Still remains / Within the sound of silence / In restless dreams I walked alone / Narrow streets of cobblestone / 'Neath the halo of a street lamp / I turned my collar to the cold and damp / When my eyes were stabbed by the flash of a neon light / That split the night / And touched the sound of silence.

Die bislang entwickelten Merkmale des Subgenres der Filme der kulturellen Gegenbewegung sind hier präsent. Die Musik stammt von Paul Simon, der vor allem bereits fertige Songs in die Filmmusik einbrachte. Selbst das Stück „Mrs. Robinson" geht auf ein zuvor entstandenes zurück. Peter Bart, ein *Variety*-Reporter, kolportiert die Anekdote, dass Paul Simon statt der zugesagten drei Original-Songs nur einen bis zum Schnitttermin geliefert hat. Da er ständig auf Tour war, hätte er keine Zeit. Simon spielte ein paar Noten eines Songs, an dem er für die Tour arbeitete: „Es ist nicht für den Film", sagte er. „Es ist ein Lied über vergangene Zeiten – über Mrs. Roosevelt und Joe DiMaggio und so." Nichols, der Regisseur des Filmes, ergriff die Gelegenheit und sagte: „Es geht jetzt um Mrs. Robinson, nicht um Mrs. Roosevelt." (Bart 2005)

Der Film, dessen Produktion drei Millionen US-Dollar kostete, wurde zu jenem Film, der 1968 die höchsten Einnahmen überhaupt erzielte. In den ersten sechs Monaten wurden damit 35 Millionen US-Dollar verdient (vgl. Kashner 2008). Dies zeigt, dass derartige Geschichten und Umsetzungen es durchaus zu finanziellem Erfolg und beim allgemeinen Publikum ankommen können.

Im Grunde ist es ein Film über den Hippie-Lebensstil: Ein junger Mann auf dem Weg zum Erwachsenwerden weigert sich, den vorgegebenen Pfad seiner gesellschaftlichen Zugehörigkeit zu gehen. Er lässt sich auf Abenteuer außerhalb gesellschaftlicher Normen ein, die jedoch auch keine bessere Welt versprechen.

2.4 Fernsehserie: „Head – The Monkees"

Ursprung des Films „Head" ist die Fernsehserie „The Monkees", der ersten Sitcom, die sich um die Entwicklung einer jungen Beatband dreht. Es gibt keine zusammenhängende Geschichte, sondern eine Aneinanderreihung von Gags, Klamauk und Nonsens. So basiert die Gestaltung auf Improvisation, schnellen Schnitten, Jump Cuts, dem Durchbrechen der vierten Wand und frei fließenden, lockeren Erzählungen, wie sie von europäischen Filmregisseuren als Gegenreaktion auf den Hollywood-Stil entwickelt wurden (vgl. Neupert 2007). Doch hier bleiben die Mittel Attitüde. Um die Harmlosigkeit der Intention zu verdeutlichen, heißt es im Titelsong „(Theme From) The Monkees":

> Here we come, walkin' / Down the street / We get the funniest looks from / Ev'ry one we meet / Hey, hey, we're the Monkees / And people say we monkey around / But we're too busy singing / To put anybody down.

Um an den Erfolg der TV-Serie auch im Kino anzuknüpfen, entstand der Spielfilm „Head" (1968), der an die Erzählstruktur der Serie anknüpft. Die Monkees werden in einen psychedelischen, surrealistischen, handlungslosen, um sich selbst kreisenden Sketch verwickelt. Micky Dolenz, Davy Jones, Michael Nesmith und Peter Tork – zusammen The Monkees – rennen scheinbar aus dem Nichts in die Eingangssequenz hinein und stören die Feier zur Eröffnung einer Brücke. Woher und warum sie kamen, um die Zeremonie zu stören, wird nicht thematisiert. Die Band filmt eine Reihe von Vignetten in verschiedenen Genres, darunter Wild-West-, Wüstenkriegs-, Konföderierten-Kriegs- und Science-

Fiction-Sequenzen. Sie sind mit vielem, was um sie herum passiert, nicht einverstanden und versuchen herauszufinden, wie sie den gesellschaftlichen Konventionen entkommen können – symbolisiert durch eine große Black Box, in der sie scheinbar eingesperrt sind. Am Ende springen die Monkees von einer Brücke, da sie verfolgt werden. Beim Versuch wegzuschwimmen stellen sie fest, dass sie sich in einem Aquarium auf einem Lkw befinden. Der Film endet damit, dass der Truck wegfährt und die Monkees immer noch in der Glaskiste gefangen sind.

Zu den Autoren des Drehbuchs gehörte neben dem Regisseur auch Jack Nicholson. Dieser hat neben Dennis Hopper und Frank Zappa auch Cameo-Auftritte im Film.

Die Musik der Monkees beschreibt eher dunkle Themen unter einem oberflächlich hellen, fröhlichen Sound. Die Musik des Films nimmt das Düstere und gelegentliche satirische Elemente der früheren Melodien von The Monkees auf und macht sie scheinbar leichter konsumierbar. Das Intro zum Film ist textlich eine Absage an die gute Stimmung der TV-Serie. Der „Porpoise Song" positioniert sich in eine psychedelische Welt, die der Logik der Rationalität den Dadaismus der Verweigerung an Sinn und Struktur entgegensetzt:

> My, my the clock in the sky is pounding away / There's so much to say / A face, a voice, an overdub has no choice / And it cannot rejoice / Wanting to be, to hear and to see / Crying to the sky / But the porpoise is laughing good-bye, good-bye / Good-bye, good-bye, good-bye / Clicks, clacks / Riding the backs of giraffes for laughs is alright for a while / The ego sings of castles and kings and things / That go with a life of style.

2.5 Europäisches Kino: „Deep End" (1970)

Für das europäische Kino steht exemplarisch der Film „Deep End" (1970). Deep End ist ein Coming-of-Age-Film, der in Großbritannien und in der Bundesrepublik Deutschland produziert wurde. Der 15-jährige Mike nimmt einen Job in den örtlichen Schwimmbädern an, wo er von Susan angetan ist, die ebenfalls dort arbeitet. Obwohl Susan einen Verlobten hat, tut Mike sein Bestes, um deren Beziehung zu sabotieren. Er agiert immer verzweifelter, um Susan für sich zu gewinnen. Das Ende ist dramatisch. Er schlägt ihr die tiefhängende Deckenlampe an den Kopf und verletzt sie tödlich. Sie fällt zusammen mit einer Dose roter Farbe, die Blut ähnelt, ins Wasser des Schwimmbeckens. Mike umarmt die sterbende Susan unter Wasser. Der Film endet, wie er begann: mit dem Song „But I Might Die Tonight" von Cat Stevens:

I don't want to work away / Doing just what they all say / Work hard boy and you'll find / One day you'll have a job like mine / 'Cause I know for sure / Nobody should be that poor / To say yes or sink low / Because you happen to say so, say so, you say so.

Bemerkenswert ist auch der Musikbeitrag der Kölner Avantgarde-Band Can. „Mother Sky" beginnt mitten in einem Gitarrensolo, bevor das Stück den vertrauten Can-Groove aufnimmt, während Sänger Damo Suzuki über die relativen Vorzüge von Wahnsinn und „Mother Sky" nachdenkt und immer wieder um eine Zeile kreist: „I say madness is too pure like mother sky."

2.6 Broadway-Musical: „Hair" (1979)

Der Film (1979) basiert auf dem Kult-Broadway-Musical, das im April 1968 uraufgeführt wurde, und erzählt die Geschichte von Claude, einem jungen Mann aus Oklahoma, der nach New York City kommt. Dort schließt er sich einer Gruppe Hippies an. Er verliebt sich in Sheila, ein Mädchen aus einer reichen Familie. Ihr Glück ist jedoch von kurzer Dauer, da Claude in den Vietnamkrieg ziehen muss. Die Hippies führen ihn in den Gebrauch von Marihuana und LSD ein und überlegen, wie Claude den Stellungsbefehl umgehen kann. Sie beschließen, nachdem er im Ausbildungszentrum der Armee angekommen ist, ihn dort zu besuchen. Doch die Hippies werden abgewiesen. Einige Zeit später unterhält sich Sheila in einer örtlichen Bar mit einem Sergeant, der in der Kaserne stationiert ist. Sie lockt ihn mit sexuellen Andeutungen auf eine abgelegene Wüstenstraße und nimmt ihm seine Uniform weg. Die Hippies stehlen sein Auto. Berger – eine Art Anführer der Gruppe – lässt sich die Haare schneiden, zieht die Uniform des Sergeanten an und fährt dann mit dessen Auto auf die Militärbasis. Er findet Claude und bietet ihm an, seinen Platz beim nächsten Appell einzunehmen, damit er seine Freundin Sheila und die anderen zu einem Abschiedspicknick in der Wüste treffen kann. Wie es das Schicksal es will, wird die Basis nach Vietnam transferiert. Bergers Trick bleibt unentdeckt. Claude kommt zurück, nur um zu sehen, dass die Kaserne leer ist. Monate später versammeln sich Claude, Sheila und weitere Freunde um Bergers Grab auf dem Arlington National Cemetery, dessen Grabstein zeigt, dass er in Vietnam getötet wurde. Während „Let the Sunshine In" zu hören ist, trauern sie um ihren Freund. Der Film endet mit einer Massenkundgebung vor dem Weißen Haus in Washington.

Die Verfilmung ist in der Reihe der Betrachtungen untypisch, da ein Musical bereits selbst wesentlich auf musikalischen Einlagen aufgebaut ist. Hier wird auf die Originalkompositionen zurückgegriffen. Das Musical und seine filmische Adaption offenbaren aber, dass das Thema und seine ästhetische Umsetzung in der Mitte der Gesellschaft angekommen sind. Es scheint attraktiv, sich ausgeflippt zu zeigen und die Attribute der Hippies zu tragen. Die Kritik am Vietnam-Krieg ist nicht umfassend, aber die Werte des linksliberalen Amerika finden durchaus Widerhall auch außerhalb der engen Kreise der musikalisch-künstlerischen Gegenkultur.

2.7 Weitere Filme über die Themen der Woodstock-Gegenbewegung

Die Filme zeigen durchgängig Menschen ohne Lebenskonzept, sondern Figuren auf der Suche nach einem Plan im Leben. Meist bleiben sie zurück ohne Lösungskompetenz für den weiteren Lebensweg. Thematisiert wird das Scheitern, das ohne Aussicht auf ein Happy End bleibt.

„Riot on Sunset Strip" (1967): Der Polizeichef von Los Angeles versucht, die Geschäftsleute des Sunset Strip, die von den Hippies genervt sind, zu beschwichtigen, indem er eine Ausgangssperre verhängt. Der Polizist glaubt durchaus, dass die Hippies das Recht haben, dort zu sein, bis sich die eigene Tochter der Menge der Gegenkultur anschließt. Der Film versucht, die Essenz der Zeit um den Aufstand am Sunset Strip festzuhalten, und fügt eine Nebenhandlung hinzu, die sich um die problematische Beziehung eines jungen Mädchens zu ihren geschiedenen Eltern dreht. Sie macht LSD-Erfahrungen, und die spätere Aufdeckung der jungen Frau als Opfer einer Gruppenvergewaltigung bildet den dystopischen Höhepunkt des Films. Musikalische Beiträge stammen von The Standells und The Chocolate Watch Band.

„Wild in the Streets" (1968) porträtiert Max, einen jungen Mann, der als Anführer einer Gegenkultur-Rockband mit der Forderung nach Stimmrechten für Jugendliche politischen Einfluss gewinnt. Der Film führt den Gedanken in aller Konsequenz weiter. Letztendlich könnten Max und seine Freund*innen künftigen Kriegen zwischen den Generationen ausgesetzt sein, denn sie sind Kinder im Teenageralter. Als ein junges Mädchen erfährt, dass Max 24 Jahre alt ist, spottet sie: „Das ist alt!" Später, nachdem Max einen Hund getötet hat, der ein Haustier für mehrere junge Kinder war, und sich dann über ihre Jugend und Ohnmacht lustig macht, beschließt eines der Kinder: „Wir werden alle über 10 aus dem Geschäft bringen." Der Soundtrack des Films war als LP erfolgreich. Die Single-Auskopplung „Shape of Things to Come" – intoniert von der fiktiven Band Max Frost and the Troopers – erreichte ebenfalls Chart-Platzierungen in der Musikzeitschrift *Billboard*.

„Alice's Restaurant" (1969) basiert auf dem fast 20 Minuten dauernden Song von Arlo Guthrie mit dem Titel „Alice's Restaurant Massacree". Dieser wird in einen Film transformiert. Arlo ist bei Alice zum Erntedankfest eingeladen und will nach dem Festmahl ihren Müll auf die Müllkippe bringen. Da diese geschlossen ist, wirft er ihn auf einen anderen Müllhaufen. Als der örtliche Sheriff dies in einer Untersuchung herausfindet, beginnt eine Fahndung. Arlo schafft es, die Erfahrung im Gerichtssaal zu verarbeiten, doch verfolgt sie ihn, als er in die Armee aufgenommen werden soll. Es geht um die Utopie des friedlichen Zusammenlebens in einer Kommune. Der Traum scheitert an einem Mitbewohner, der seine Drogensucht nicht in den Griff bekommt. Der Film folgt dem Lied mit Arlos Stimme als Erzählung aus dem Off. Er braucht keine zusätzliche Musik, da er ja bereits eine Adaption ist.

„The Strawberry Statement" (1970) zeigt den zunächst unpolitischen Studenten Simon, der sich einer Gruppe von Demonstrierenden auf dem Campus anschließt, um Mädchen zu treffen. Er wird jedoch in ihre politischen Anliegen hineingezogen und in eine gewaltsame Konfrontation mit der Polizei verwickelt. Eine Gruppe afroamerikanischer Studierender taucht bei den Unruhen auf. Ein polizeiliches Sondereinsatz-Team verhindert die Besetzung des Universitätsgebäudes mithilfe von Tränengas. Mitglieder der Einsatzeinheit ziehen Afroamerikaner*innen aus der Menge heraus und prügeln mit Schlagstöcken auf sie ein. Simon schlägt sich nun endgültig auf die Seite der Protestierenden und stellt sich alleine einer Gruppe von Polizist*innen entgegen, wobei offensichtlich ist, dass er nicht unverletzt aus der Situation kommen wird. Der Soundtrack enthält eine Reihe populärer Songs: „The Circle Game", gesungen von Buffy Sainte-Marie; die Plastic Ono Band spielt das Stück „Give Peace A Chance", Crosby, Stills, Nash & Young steuern die Stücke „Helpless", „Judy Blue Eyes", „Our House" und Neil Youngs „The Loner" und „Down By The River" bei. Thunderclap Newman ist mit seinem Hit „Something in the Air" vertreten.

„Five Easy Pieces" (1970) erzählt die Geschichte von Robert Dupea, der seine vielversprechende Karriere als Konzertpianist aufgegeben hat, um auf Ölfeldern zu arbeiten. Er lebt zusammen mit Rayette, einer Kellnerin in einem Diner. Als Robert von seiner Schwester hört, dass es seinem Vater nicht gut geht, fährt er nach Washington, um ihn zu sehen, und nimmt Rayette mit. Dort wird er mit seiner reichen, kultivierten Familie konfrontiert. Von dem verlogenen Hintergrund der Familie angewidert, verlässt er diese. Auf der Fahrt geht Rayette in ein Restaurant, um Kaffee zu trinken, während er zum Tanken anhält. Er gibt ihr seine Brieftasche und verlässt sie, um per Anhalter mit einem Lastwagen Richtung Norden zu fahren. Der Film endet mit der Flucht aus der sicheren bürgerlichen Existenz ohne jegliche finanzielle Sicherheit. Auch „Five Easy Pieces" kommt ohne für den Film komponierte Musik aus. Dafür ist Tammy Wynettes „Stand by Your Man" zu hören.

„Harold and Maude" (1971) erzählt die Geschichte eines ungleichen Paares. Der junge Erwachsene Harold Chasen, der allein und ohne Freunde ist, ist vom Tod besessen. Diese Faszination manifestiert sich darin, dass er seine eigenen falschen Selbstmorde inszeniert, einen Leichenwagen fährt und an Beerdigungen von Verstorbenen teilnimmt, die er nicht kannte, alles zum Leidwesen der wohlhabenden Mutter. Bei einer Reihe von Beerdigungen trifft Harold auf Maude an der Schwelle ihres 80. Geburtstages, die ebenfalls an Beisetzungen von Fremden teilnimmt. Im Gegensatz zu Harold ist Maude vom Leben besessen – genauer gesagt, von ihrem eigenen Leben –, und sie tut, was sie für richtig hält. Da sie keine materiellen Besitztümer ansammelt, interessiert sie sich mehr für Erfahrungen. Als Maude Harold zeigt, wie man ‚wirklich' lebt, verliebt sich Harold in sie. Das Ende ihrer Beziehung ist durch Mauds Alter bereits abzusehen. Als sie im Sterben liegt, bringt Harold Maude ins Krankenhaus, wo sie die Behandlung ablehnt und stirbt. In der letzten Sequenz stürzt Harolds Auto von einer Klippe. Aber nach dem Unfall zeigt die letzte Einstellung, wie Harold mit dem Banjo in der Hand an der Klippe steht. Nachdem er auf das Wrack hinuntergeschaut hat, nimmt sein Banjo das Cat-Stevens-Lied „If You Want to Sing Out, Sing Out" auf, das Maude für ihn gespielt und gesungen hatte. Cat Stevens komponierte für den Film zwei Original-Songs, „Don't Be Shy" und „If You Want to Sing Out, Sing Out". Die übrigen Stücke sind bereits auf früheren Alben erschienen.

„Zabriskie Point" (1970) ist ein Porträt der späten sechziger Jahre in Amerika, betrachtet aus der Sicht von zwei seiner Kinder: der Anthropologiestudentin Daria, die einem Architekten beim Bau eines Dorfes in der Wüste von Los Angeles hilft, und Mark, der von den Behörden gesucht wird, weil er einen Polizisten während eines Studierendenaufstands getötet haben soll. Als Daria vom Tod des Freundes erfährt, der bei einem Polizeieinsatz getötet wird, verlässt sie das Haus, in dem sie arbeitete, bleibt aber stehen, um auf das Haus zurückzublicken. In ihrer Phantasie sieht sie immer wieder in orangefarbenen Flammen, wie die Symbole der Konsumgesellschaft zu den Klängen von Pink Floyd in Zeitlupe explodieren. Der Soundtrack zu „Zabriskie Point" enthält Musik von Pink Floyd, The Youngbloods, Kaleidoscope, Jerry Garcia, Patti Page, The Grateful Dead, den Rolling Stones und John Fahey. Roy Orbison schrieb und sang das Titellied „So Young".

3 Resümee

Zwei Aspekte wurden in diesem Beitrag in Bezug zu den Filmen der Gegenkultur der 1960er Jahre betrachtet. Zum einen war dies der Umstand, dass die in den Filmen verwendete Musik in den ausgewählten Beispielen häufig nicht für den Film geschrieben wurde. Der zweite filmische Aspekt betrifft das Ende der Filme, die sich durchgängig einem Happy End verweigern. Es geht immer wieder um das Scheitern, ohne dass eine Aussicht auf ein hoffnungsvolles Leben angeboten wird.

3.1 Ästhetische Identität

In diesem Beitrag geht es nicht um die Rezeptionsästhetik, sondern die Argumente sind aus den Filmen selbst entwickelt. Eine Funktion kann für das Verständnis jedoch betrachtet werden. Die Protagonist*innen werden in eine Situation geworfen, in der sie sich bewähren müssen, was jedoch nicht gelingt. Das Ergebnis wäre eigentlich die Herausbildung einer Identität, die für den weiteren Lebensweg einen Rahmen geben könnte.

Filme und Musik gehören zu den Ausdrucksformen der ästhetischen Identität (vgl. Hoffmann und Schwender 2007). Ergebnisse einer mediabiographischen Studie von Elisabeth Prommer zeigen, dass die jugendliche Affinität zu Filmen durch „ihre Suche nach einer individuellen Identität, Bedeutung und einem Plan für ihr Leben" erklärt werden kann (Prommer 1999, S. 275). Die Bestimmung moralischer und ästhetischer Werte ist so umfassend, dass man von einer moralisch-ästhetischen Identität sprechen kann. Es wird angenommen, dass diese Identität in der jugendlichen und postadoleszenten Lebensphase gebildet wird und danach relativ stabil bleibt. Wenn Filme als moralisch-ästhetische Labels fungieren können, wäre es verständlich, warum Kino und Musik für junge Menschen so wichtig sind. Sie präsentieren sich damit bei den Gleichaltrigen, um ihre Position im Spektrum von Moral und Ästhetik zu belegen und diese anderen zu signalisieren. Es geht darum, Gleichgesinnte zu finden und sich von denen abzugrenzen, die gänzlich andere Werte vertreten.

Entscheidungen über ästhetische Werte und die Bedeutung kultureller Produkte sind nicht der Selbstbeobachtung zugänglich. Es fällt den Menschen häufig schwer zu sagen, warum sie einen bestimmten Film besonders gut finden (vgl. ebd., S. 276). Dies scheint nicht unbedingt auf ein Bewusstsein für Prinzipien, Ursachen, Nützlichkeit oder Funktionalität zurückzuführen zu sein. Dabei sind kulturelle Präferenzen von Alter und Geschlecht abhängig (vgl. Holbrook und Schindler 1994, S. 2003). Ästhetische Erfahrungen beruhen vorwiegend auf affektivem Involvement, das heißt, die Urteile sind spontan und intuitiv und erzeugen eine bestimmte Empfindung, die sehr tief oder stark sein kann und ähnlich wie Emotionen wahrgenommen werden. Filme gehören zu jenen kulturellen Produkten, deren Erzählungen und Dramaturgie die Rezipierenden emotional bewegen. Sie ermöglichen es, soziale Erfahrungen zu sammeln, Anerkennung zu gewinnen, Meinungen und Standpunkte zu entwickeln und zu festigen (vgl. Turner 1993). Die ästhetische Bewertung eines Films kann auf verschiedenen Kriterien basieren, die auch Themen für den Diskurs, zum Beispiel Schauspieler*innen, Handlung, Musik, Spannung und moralische Grundlagen der Handlungen, betreffen (vgl. Hoffmann und Schwender 2007, S. 477f.). Dies macht deutlich, warum eine Diskussion über Ästhetik gleichzeitig so wichtig und so schwierig ist. Obwohl jeder Mensch offensichtlich eine andere Bewertung vornimmt, ist Kommunikation über die Bewertung von künstlerischen Produkten wie Musik und Filme von Bedeutung. Menschen suchen und wählen Kooperations- und Interaktionspartner*innen mit den gleichen Interessen und wählen Freund*innen und romantische Partner*innen nach ästhetischen Kriterien aus. Bei gemeinsamen Entscheidungen ist zu erwarten, mit Menschen mit ähnlichem Geschmack in Bezug auf Lebensstil und kulturelle Vorlieben eher einvernehmliche Lösungen zu finden.

3.2 Musik

In einer Zeit, in der es neben Super-8 keine audiovisuellen Erzeugnisse für zuhause gab, konnten die Musik und insbesondere die Soundtrack-Alben als Embleme der eigenen ästhetischen Identität dienen. Die Musik evoziert die Bilder der Filme und macht diese wiederholt erlebbar. Alben sind zudem vorzeigbar und Teil von Sammlungen, die den individuellen Geschmack verkörpern.

Interne Bilder als Vorstellungen können unwillkürlich durch akustische Reize ausgelöst werden. Bestimmte Geräusche sollten möglichst schnell bestimmten Objekten zugeordnet werden können. Dieser Reflex ist so stark, dass es praktisch keine akustische Wahrnehmung ohne visuelle Repräsentation gibt. Bei unbekannten Geräuschen sucht man nach einer Interpretation. Auch Musik gehört zu den Auslösern von möglicherweise erlernten Zusammenhängen. Hört man „Give Peace a Chance" von Plastic Ono Band, können Bilder von Friedensaktionen vor dem inneren Auge auftauchen. Viele der Musikstücke, die in den hier besprochenen Filmen vorkommen, lassen sich Interpret*innen zuordnen, die der Friedens- und Protestbewegung angehörten. So werden politische Statements in die Filme implementiert, ohne dass diese explizit genannt werden

müssen. Die Texte lassen sich schlaglichtartig auf die Situationen im Film übertragen und damit verständlich machen. Wenn in einem Song zu hören ist

> In restless dreams I walked alone / Narrow streets of cobblestone / 'Neath the halo of a
> street lamp / I turned my collar to the cold and damp / When my eyes were stabbed by the
> flash of a neon light / That split the night / And touched the sound of silence,

während ein Paar in einem Linienbus sitzt, werden die Bilder neu und entgegen
dem visuellen Anschein interpretiert. Die Songs erlauben eine Introspektion in
das Seelenleben der Figuren.

Viele der verwendeten Songs dürften dem Publikum bekannt sein. Damit
gehören die Zuschauer*innen einer Gruppe an, die sich als Gemeinschaft erleben kann. Filmrezeption wird zu einem kollektiven Ereignis, das nicht nur Gefühle synchronisiert, sondern durch die Aussagen in den Texten auch Haltungen harmonisiert. Das Publikum empfindet sich zusammengehörig in der
Opposition zu Menschen, die diese Art von Musik nicht mögen. Die ästhetischen
Gegensätze sind wichtig, weil sie ein zentrales Vehikel sind, mit dem die Musik
die Gesellschaftskritik des gesamten Films trägt. Dies bildet einen Anknüpfungspunkt für Gleichgesinnte im Publikum. Durch leises oder mentales Mitsingen oder -summen von bekannten Songs sind die Rezipierenden noch stärker in
das Geschehen involviert.

Weil bei den in diesem Beitrag behandelten Filmen Produktion, Regie,
Drehbuch und Schauspiel oft in wenigen Händen lagen, geben die Verant-
wortlichen auch ein persönliches Statement zu ihrer Haltung ab. Sie wählen die
Musik, die sie kennen und mögen. Sie ist ein diegetischer Teil der Filmwelt.

Auch innovative Sounds zeigen, dass man nicht den traditionellen Kultur-
gepflogenheiten anhängt. Jimi Hendrix und seine Musik stehen für derartige
Positionen. Mit Musik kann man unausgesprochen ästhetische Präferenzen
vermitteln. Ob man Heintje und den deutschen Schlager mit Heile-Welt-Texten
mag oder psychedelische Klänge mit surrealen Texten bevorzugt, zeigt, welchen
Lebensstil und welche Werte man bevorzugt.

Die Art der Musikverwendung lässt sich an weiteren Beispielen analysieren.
Auch „Apocalypse Now" (1979) setzt sie kreativ ein, um die Empfindungen der
Beteiligten auszudrücken. Das Stück „The End" von The Doors setzt gleich zu
Beginn die Stimmung für den Film als Ganzes. Quentin Tarantino gehört ge-
genwärtig zu denjenigen Regisseur*innen, die ihre Musik aus dem gleichen
Repertoire zusammenstellen wie die Pioniere der Woodstock-Gegenkultur. So
macht es bisweilen den Eindruck, dass die ein und andere Sequenz in seinen
Filmen nur deswegen produziert wurde, um der ausgewählten Musik Raum und
Zeit zu geben.

3.3 Dystopisches Ende

Ein Filmende zieht Bilanz in Bezug auf die vorangegangene Filmhandlung. Die Konsequenzen werden auf den Punkt gebracht. Ein Happy End würde vom Nachdenken über das, was falsch gelaufen ist, befreien, und was man hätte tun müssen, um einen anderen Ausgang zu finden.

Bei den Filmen der Gegenkultur der 1960er Jahre werden immer wieder gesellschaftliche Utopien durch alternative Arten des Zusammenlebens ausprobiert. Die Hoffnung, dass die Gegenentwürfe umfassende gesellschaftliche Veränderungen auslösen können, scheint gering, denn durch die generelle Weltverweigerung werden keine positiven Entwürfe gesetzt. Der Traum vom gerechten Leben in Frieden und Freiheit stößt an die Grenzen der gesellschaftlichen Realität. In „Easy Rider" sind es Rednecks, die den Illusionen eine Grenze setzen; in einigen Filmen stehen Polizei oder Militär als die Vertreter*innen der Staatsmacht gegen die jungen Rebell*innen. Oder es sind Konventionen einer überkommenen Gesellschaft und Kultur, die sich noch nicht verändern lassen.

Wyatt und Billy – die Protagonisten aus „Easy Rider" – sind die Märtyrer der Gegenkultur, mit denen eine Identifikation gelingen kann. Sie stehen ein für ihre Werte und lassen sich nicht kleinkriegen. Ihr Tod ist ein Symbol dafür, dass man es wenigstens versucht hat.

Medienverzeichnis

Literatur

Bart, Peter. 2005. The Perfect Pic Alignment. In *Variety*.
  https://variety.com/2005/film/columns/the-perfect-pic-alignment-1117922805/.
  Zugegriffen am 13. August 2020.
Burroughs, William S. 1953. *Junkie: Confessions of an Unredeemed Drug Addict*. New York City,
  NY: Ace Books.
Burroughs, William S. 1953. *Naked Lunch*. Paris: Olympia Press.
Burroughs, William S. 1961. *Soft Machine*. Paris: Olympia Press.
Dickstein, Morris. 1999. „On and Off the Road: The Outsider as Young Rebel". In *The Cambridge History of American Literature*, Hrsg. Sacvan Bercovitch, 165–223. Cambridge:
  Cambridge University Press.
Elles, Marios. 2006. Chinese Whispers: Jimi Hendrix, Fame And ‚The Star Spangled Banner'. In
  49th Parallel: An Interdisciplinary Journal of North American Studies, 17: 1–13.
  https://fortyninthparalleljournal.files.wordpress.com/2014/07/5-elles-chinese-
  whispers.pdf. Zugegriffen am 08. August 2020.

Ginsberg, Allen. 1956. *Original Draft Facsimile, Transcript, and Variant Versions, Fully Annotated by Author, with Contemporaneous Correspondence, Account of First Public Reading.* San Fransisco: City Light Books.

Hirsch, Paul M. 1972. Processing Fads and Fashions: An Organization-Set Analysis of Cultural Industry Systems. In *American Journal of Sociology*, 77(4): 639–659.

Hoffmann, Dagmar und Clemens Schwender. 2007. Biographical Functions of Cinema and Film Preferences among older German Adults: A Representative Quantitative Survey. In *Communications*, 32: 473–491.

Holbrook, Morris B und Robert M. Schindler. 1994. Age, Sex, and Attitudes toward the Past as Predictors of Consumers' Aesthetic Tastes for Cultural Products. In *Journal of Marketing Research (JMR)*. 31 (3): 412-422.

Jagger, Juliette. 2018. *Origin Stories: Mars Bonfire on Steppenwolf's ‚Born To Be Wild‘.* https://juliettejagger.com/origin-stories-mars-bonfire-on-steppenwolfs-born-to-be-wild/. Zugegriffen am 13. August 2020.

Kashner, Sam. 2008. Here's to You, Mr. Nichols: The Making of The Graduate. In *Vanity Fair*. https://www.vanityfair.com/news/2008/03/graduate200803. Zugegriffen am 13. August 2020.

Kerouac, Jack. 1957. *On the Road.* New York City: Viking Press.

Liste der Nummer-eins-Hits in Deutschland, 1969. 2020. *Wikipedia*. https://de.wikipedia.org/wiki/Liste_der_Nummer-eins-Hits_in_Deutschland_(1969). Zugegriffen am 08. August 2020.

Neupert, Richard. 2007. *A History of the French New Wave Cinema.* Madison: The University of Wisconsin Press.

Newquist, Harvey P. 2003. *The Blues-Rock Masters.* San Francisco: Backbeat Books.

Primeau, Ronald. 1996. *Romance of the Road. The Literature of the American Highway.* Bowling Green: Bowling Green State University Popular Press.

Prommer, Elisabeth. 1999. *Kinobesuch im Lebenslauf. Eine historische und medienbiographische Studie.* Konstanz: UVK Medien.

Steinberg, Matt. 2016. *Culture of Conflict: Watching the End of the 1960s American Counterculture Through Documentaries About Rock Music.* Schenectady, NY: Union College. Honors Theses. https://digitalworks.union.edu/cgi/viewcontent.cgi?article=1215&context=theses. Zugegriffen am 08. August 2020.

Stringer, Julian. 2013. *Movie Blockbusters.* London/New York: Routledge.

The Numbers. 1997–2020. https://www.the-numbers.com/movie/Woodstock#tab=summary. Zugegriffen am 8. August 2020.

Tremmel, Jörg. 2008. Was ist eine Generation? In *Soziokulturelle Konstruktionen des Alters. Transdisziplinäre Perspektiven*, Hrsg. Dieter Ferring et al., Würzburg: Königshausen & Neumann.

Turner, Graeme. 1993. *Film as Social Practice.* London: Routledge.

Watson, Steven. 1998. *The Birth of the Beat Generation: Visionaries, Rebels, and Hipsters; 1944 - 1960.* New York: Pantheon Books.

Weber, Lisa Maria. 2016. *Roadtexte: Literarische und filmische Inszenierungen von Suche und Reise.* Wien: Universität Wien. http://othes.univie.ac.at/42887/1/2016-06-21_0904149.pdf. Zugegriffen am 08. August 2020.

Filme

Alice's Restaurant. Regie: Arthur Penn. US: 1969.
Apocalypse Now. Regie: Francis Ford Coppola. US: 1979.
Deep End. Regie: Jerzy Skolimowski. GB und BRD: 1970.
Easy Rider. Regie: Dennis Hopper. US: 1969.
Five Easy Pieces. Regie: Bob Rafelson. US: 1970.
Gimme Shelter. Regie: Albert Maysles, David Maysles, Charlotte Zwerin. US: 1970.
Hair. Regie: Miloš Forman. US: 1979.
Harold and Maude. Regie: Hal Ashby. US: 1971.
Head. Regie: Bob Rafelson. US: 1968.
Riot on Sunset Strip. Regie: Arthur Dreifuss. US: 1967.
The Graduate. Regie: Mike Nichols. US: 1967.
The Strawberry Statement. Regie: Stuart Hagmann. US: 1970.
The Trip. A Lovely Sort of Death. Regie: Roger Corman. US: 1967.
The Wild Angels. Regie: Roger Corman. US: 1966.
Wild in the Streets. Regie: Barry Shear. US: 1968.
Woodstock – 3 Days of Peace & Music. Regie: Michael Wadleigh. US: 1970.
Zabriskie Point. Regie: Michelangelo Antonioni. US: 1970.

Olaf Sanders
Über Gundermann-Filme und Ost-West-Verwerfungen

Zusammenfassung: Das Leben des Liedermachers und Tagebaubaggerführers Gerhard Gundermann ist filmisch gut dokumentiert. Dennoch war Gundermann bis zu Andreas Dresens Spielfilm „Gundermann" im (nicht nur) popkulturell noch immer hegemonialen Westen der Bundesrepublik weitgehend unbekannt. Künstlerisch braucht sich Gundermann hinter Rio Reiser nicht zu verstecken. Sein Leben wird geprägt vom Widerstand gegen das DDR-Regime, das er als Sozialist verbessern wollte, und vernünftiger Kapitalismuskritik nach dem Niedergang des Sozialismus. In seinem Werk werden schon viele Verwerfungen deutlich, die bis heute das Verhältnis von Ost und West prägen. Sein Verständnis für „die Glatzen" und seine Reaktionen auf die Pogrome von Hoyerswerder, seiner Heimatstadt in der Lausitz, der er gleich zwei Hymnen schreibt, lassen auch durch Bruce Springsteen und Tom Waits sozialisieren Hörer*innen ratlos zurück. Springsteen und Waits sind für Gundermann wichtige Referenzen. Für Dylan und Baez trat er mit Seiner Band Seilschaft als Vorgruppe auf. „Was tun angesichts dieser Ambivalenzen?" lautet die Leitfrage meines Beitrags.

Schlüsselwörter: DDR, Singeklub, Singersongwriter, Lausitz, Tagebau, Ambivalenz, Hoyerswerda, Links-Rechts-Schema, Bob Dylan, Singularität

Gerhard Gundermann war ein singender Liedermacher und Tagebau-Baggerführer aus der Lausitz. Obwohl er mit seiner Band Seilschaft im Vorprogramm von Bob Dylan oder Joan Baez auftrat, blieb er im Westen vergleichsweise unbekannt. Das änderte sich durch Andreas Dresens Biopic „Gundermann" (2018), das zwanzig Jahre nach seinem plötzlichen Tod in die deutschen Kinos kam. Gundermann starb, als hätte er es schon bei seinem letzten Konzert in Krams geahnt, in der Mittsommernacht 1998 im Alter von 43 Jahren – je nach Quelle – an einer Gehirnblutung oder einem Schlaganfall.

Krams ist ein kleines Dorf in der Nähe der Bundesstraße 5 zwischen Hamburg und Berlin, etwas näher an der ehemaligen Hauptstadt der DDR. Gundermann eröffnete dort am 14. Juni 1998 mit einem Solokonzert in einer ausgebauten und an diesem Nachmittag vollbesetzten Scheune vor rund 90 Zuhörer*innen die seit 1995 stattfindende Veranstaltungsreihe „Sommergarten". Bis auf ein Lied, das der Bandwechsel verschluckte, wurde das Konzert

https://doi.org/10.1515/9783110730609-014

vollständig mitgeschnitten und posthum veröffentlicht. Zwischen dem zweiten und dem dritten Stück greift Gundermann auf den 21. Juni vor: An diesem Tag erreiche die Sonne nach der kürzesten Nacht ihren höchsten Punkt, höher gehe es nicht mehr hinauf; und die Sonne frage sich, ob sie weiter nach Westen ihrem eigenen Untergang entgegen ziehen, nach Norden oder Süden ausweichen oder sogar in den Osten zurückkehren solle. Auch im Leben eines Mannes, stellte Gundermann fest, gebe es eine Art Sommersonnenwende; das sei sein 42. Geburtstag. Danach geht es nur noch abwärts „auf dem absteigenden Ast! Wir werden alt, Mensch!" ([Gundermann/] Schütt 2018, S. 116) Und: „Die Sommersonnenwende ist der traurigste Moment im Jahr." (Ebd., S. 115) Als fünftes Lied singt er dann „Einmal": „Einmal falle ich in den schwarzen Trichter rein, einmal lasse ich dich allein" – in seinem Fall war das nur eine Woche später. Im Gespräch mit Hans-Dieter Schütt (Schütt 2018, S. 134) erklärt er, dass er wisse, wann er dran sei, betont aber auch, dass er noch nicht so weit sei. Dabei erinnerte er auch in Krams („Und musst du weinen", 9. Lied) singend daran, dass die „aus'm Tagebau" früh stürben.

Gundermann hinterließ neben seiner jüngsten Tochter Linda, über die er gleich nach „Einmal" in „Das war mein zweitbester Sommer" singt, seine Frau Cornelia, die meist Conny genannt wird und im Booklet der Doppel-CD berichtet, dass sie ihrem Mann in seinen Solokonzerten immer besonders nah gewesen sei:

> Er hat meinen Verstand, mein Herz, meine Seele berührt, und hat mir Kraft gegeben in diesem neuen, kalten Land, in dem ich keinen richtigen Platz finden konnte, zu lieben und zu leben. Mit Gundis Liebe, seinen Gedanken, Geschichten und Liedern war dies möglich.
>
> (Gundermann 1998)

Obwohl Gundi Conny zufolge mit dem Konzert nicht zufrieden gewesen sei, ist „Krams – Das letzte Konzert" (Buschfunk 1998) für mich (wie für viele andere) Gundermanns beste Platte, sein erstes Bootleg-Album gewissermaßen und feiner unzeitgemäßer Ost-Folk. Mir scheint, als erweise sich Unzufriedenheit hier mal wieder nur als anderes Wort für Melancholie, die sich bei ihm auch als Gegenbegriff zur Utopie auffassen lässt (vgl. Dahlke 2005, S. 656). Für Birgit Dahlke war Gundermann fähig, Melancholie in Trauer zu verwandeln und dadurch Bearbeitungsspielräume zu eröffnen. „Seine Trauer ist eine Agenda der offenen Wunden. Sie bluten ins Lied." (Klemt 2005, S. 680) Die Lieder leisteten Simone Hain zufolge „affektive Arbeit" und ermöglichten diese auch. Gundermann – erklärt sie – sei in diesem Sinn Michael Hardt und Antonio Negri als „Globalisierungskritiker aus der Lausitz" (Hain 2005, S. 691) voraus gewesen. Vor „Und musst du weinen" berichtet er in Krams von der Frage seiner Tochter, wann er denn eigentlich sterbe. Das Lied setzt ein mit: „Und wenn der Alte geht, dann kriegst Du seine Werkzeugtasche, die blanke Schienenzange und die Thermosflasche"; und nach dem Lied erzählt Gundermann von einem Erziehungsplaneten für die Soziogenese, damit nicht immer nur die Hardware, sondern zukünftig im Namen des Fortschritts auch die Software vererbt werde. Am Ende der Soziogenese könne man ruhig sterben, und eben in diesem Sinn hätten „Rio" und „Tamara" lediglich vorfristig das Klassenziel erreicht. Er müsse sich jedoch fragen, warum er hier noch rumsitze. Mit „Tamara" ist Tamara Danz gemeint, die 1996 verstorbene Frontfrau von Silly, und mit „Rio" Rio Reiser, der im selben Jahr starb. In der LP-Fassung von „Einmal" (auf „Der 7te Samurai", Buschfunk 1993) singt Tamara Danz am Ende. Manchmal verbirgt sich bei Gundermann hinter „Tamara" auch Tamara Bunke, die aus der DDR stammende Kampfgefährtin Che Guevaras. Gundermann war ein links sozialisierter Singer-Songwriter.

Im Gespräch mit Gunnar Leue für die *taz* (vgl. Leue 2018) vermutet Dresen, dass er, hätte er einen Film über das Leben von Rio Reiser drehen wollen, gewiss nicht gefragt worden wäre, wer das denn gewesen sei oder warum gerade über den. Im Dialog mit Birk Meinhardt (vgl. Meinhardt 2018, S. 171) präzisiert er, dass dies bei der Vorbereitung von „Gundermann" auch in Auseinandersetzung mit der Filmförderung der Fall gewesen sei. Schon in dieser Anekdote zeigt sich die Ignoranz des hegemonialen Westens.

Gundermanns Leben ist filmisch gut dokumentiert. Der jüngste Film über ihn, Grit Lemkes Dokumentarfilm „Gundermanns Revier" (2019), beginnt mit dem Lied „Ich mache meinen Frieden" von der LP „Der 7te Samurai". Der siebte Samurai in Akiro Kurosawas Film „Shichinin no samuarai" (dt. „Die sieben Samurai", J 1954) heißt Kikuchiyo (Toshiro Mifune) und ist eigentlich gar kein Samurai, sondern ein Bauer, der gern ein Samurai wäre. Ihm geht es wie Gundermann um die Annäherung an ein Ideal. Kikuchiyo wird am Ende wieder Bauer und im Grunde also, wer er ist. Die dritte Strophe von „Ich mache meinen Frieden", in der das Lied merklich Fahrt aufnimmt, irritiert mich vor allem wegen der Toleranz gegenüber den „Glatzen", die sie ausdrückt, aber bei näherem Hinhören auch aus allerlei anderen Gründen. Gundermann singt:

> Ich mache meinen Frieden mit all den Idioten
> die die Welt behüten woll'n mit ihren linken Pfoten
> mit jedem Samurai mit jedem Kamikaze
> mit jedem grünen Landei und auch mit jeder Glatze
> die die Welt nicht bessern können, aber möchten
> mit viel zu kurzen Messern in viel zu langen Nächten.

Der Sänger macht seinen Frieden zunächst „mit all den Idioten, die die Welt behüten wollen mit ihren linken Pfoten". Nun ist es traditionell keine linke Haltung, die Welt behüten zu wollen, sondern eine konservative, also rechte. Es könnte hier eine Links-rechts-Verschiebung vorliegen, wie sie für die späte DDR nicht untypisch war, weil die Partei, die immer recht hatte, gerade auch aus diesem Grund immer stärker erstarrte. Pfote wirkt als abwertendes Synonym für Hand. Die Idioten entpuppen sich – so verstanden – als Tiere, die Menschen auch sind, oft aber, allerdings wahrscheinlich nicht vom tierlieben Gundermann – der immer wieder angeführte verletzte Igel –, dem Menschen entgegengesetzt und ihm gegenüber abgewertet werden. Wenn die Wendung nicht abwertend gemeint ist, bleibt sie zumindest flapsig oder despektierlich und dem Reim geschuldet. Es könnten auch „hohe Tiere" gemeint sein. Etwas mit der linken Hand oder mit links zu erledigen, kann zudem heißen, dass es den Idioten leichtfällt oder von ihnen leichtfertig ausgeführt wird. Eine dritte mit der „linken Pfote" assoziierte mögliche Bedeutung wäre „ungelenk" – und zwar gleich doppelt, weil die linke Hand als ungelenker gilt als die rechte und eine Pfote als ungelenker als eine Hand, die zum Pinzettengriff fähig ist. Dass Gundermann im Präsenz dichtet, spricht gegen die These von der alleinigen Abrechnung mit den alten Genossen. Wahrscheinlich zielt die Abrechnung auch auf das Handeln von Helmut Kohl als „Kanzler der Einheit" und des als „König Kurt" adressierten ersten Ministerpräsidenten des wiederbegründeten Freistaates Sachsen Kurt Biedenkopf, was Gundermann noch in Krams verulkte. Macht Gundermann letztlich seinen Frieden mit einer idiotischen Kontinuität? Und was hat es mit Samurai und Kamikaze es auf sich? Warum überhaupt Japan? Samurai und Kamikaze sind Krieger, die es heute nicht mehr oder nur noch im Film, der Literatur oder der Erinnerung gibt: der Samurai ein traditioneller, der Kamikaze ein moderner. In Gundermanns Texten wimmelt es von Kriegerfiguren (vgl. Rump 2005). Sie beinhalten auch „weiße Flecken und schwarze Löcher" (Bartsch 2005, S. 664). Kämpfte ein Samurai noch mit Bogen, Schwert, Lanze oder Messer, machte ein Kamikaze sich und sein Fluggerät zur Waffe. Kamikaze bedeutet wortwörtlich „göttlicher Wind", was auf den Anfang des Liedes zurückverweist, dessen erste Zeile lautet: „Ich mache meinen Frieden mit dir, du großer Gott". Nach einem Ritornell wird das Lied wieder ruhiger und die erste Strophe als vierte wiederholt. In der dritten Zeile der dritten Strophe stellt der Text eine Kontinuität her, die zugleich besteht und irgendwie auch nicht: Idiotenwind („Idiot Wind") statt göttlicher. Gundermann gibt sich gelassen: Er mache seinen Frieden und nehme, was Gott ihm bieten könne, Leben oder Tod.

Die Kontinuität erweist sich in der vierten Zeile als noch widersprüchlicher. Sie dehnt den Frieden auf „grüne Landeier" und „Glatzen" aus. Die „Glatze" verweist auf den Nazi-Skin, aber welchen Typus vertritt das „grüne Landei"? Geht es um das Milieu und die Partei der Grünen, die Gundermann auch im Lied „Grüne Armee" (auf der LP „Einsame Spitze", Buschfunk 1992) attackiert als Schlächter der Dreckschleudern, denen er als Tagebau-Baggerführer zuarbeitet? Dabei beschreibt er, wie er in mehreren Filmen und Gesprächen auch selbst geäußert hat, dass er dabei war, sein Reihenhaus in einer Arbeitersiedlung von Spreetal in der Nähe von Hoyerswerda wegzubaggern, bis er seine Arbeit im Tagebau verlor. Taugt das „grüne Landei" als Gegenspieler zum Industriearbeiter, als der Gundermann sich selbst verstand? Generiert der Widerspruch das Dritte oder Neue? Als Soldat der grünen Armee weist das „grüne Landei" auch gewisse Gemeinsamkeiten mit Samurai und Kamikaze auf. Auf den zweiten Blick erweist es sich allerdings zugleich als Pappkamerad, weil die sehr heterogene grüne Bewegung von Beginn an urban und ländlich geprägt war (vgl. u. a. Ditfurth 2000, S. 71). Wenn nur ein kleiner Teil einem naiven oder romantischen Bild des Ländlichen anhing, verstärkt sich indirekt eine weitere Bedeutung: das „Landei" als naiver, ungebildeter und erfahrungsarmer Mensch, wobei die Farbe Grün die Erfahrungsarmut – wie in der Redewendung „grün hinter den Ohren" – noch verstärkt. „Grün" wirkt hier wie das oben besprochene „links" in Bezug auf die Pfoten. Der Journalist Alexander Osang (vgl. Osang 1995) nannte Gundermann einmal sogar einen Ökofaschisten. Meint Gundermann sich also auch hier letztlich wieder selbst als grünes Landei (Spreetal), Mitglied der grünen Armee (Ökofaschist), nicht der Partei, und Baggerfahrer (Industriefacharbeiter)? Mag sein. Ohne sie zu nennen (und womöglich auch ohne sie zu kennen), hängt er der Gaia-Theorie an: „Die Erde ist das Lebewesen" (Schütt 2018, S. 115), der Hund in Gundermanns Bilderwelt, wohingegen der Mensch nur die Laus in seinem Fell sei, die eines Tages abgeschüttelt werde.

Wie Gundermann seinen Frieden mit „jeder Glatze" machen kann, darauf kann ich – westdeutsch sozialisiert und in meiner Zeit als Professor an der TU Dresden auch als Wessi adressiert – mir keinen Reim machen. In den letzten beiden Zeilen der dritten Strophe setzt Gundermann dann „grüne Landeier" und „Glatzen" gleich, indem er auf ihre Impotenz im Hinblick auf die Verbesserung der Welt hinweist, die sie anstreben „mit viel zu kurzen Messern in viel zu langen Nächten". Die letzte Zeile scheint irgendwie auf „die Nacht der langen Messer" anzuspielen, was „ideologische Säuberung" bedeuten kann und konkret die Nacht vom 30. Juni auf den 1. Juli 1934 verweist, in der Ernst Röhm und zahlreiche weitere hochrangige SA-Funktionäre sowie rechtskonservative Gegner des NS-Regimes ermordet wurden. Gundermann scheinen die (unsinnigen) Säuberungen (nach der Wende) zu lange zu dauern. Womöglich macht er deshalb seinen Frieden, und zwar auch mit denen, deren Messer er für viel zu kurz hält, um zu töten. Für die Nazi-Skins stimmt letzteres offensichtlich nicht. Und auch der Doppelselbstmord der Grünen Petra Kelly und Gert Bastian, Generalmajor im Ruhestand und Mitglied der von der DDR-Staatssicherheit initiierten westdeutschen Gruppe „Generale für den Frieden", die sich gegen die Umsetzung des Nato-Doppelbeschlusses (1979) und mithin gegen die Stationierung neuer, mit Atomsprengköpfen bestückter Mittelstreckenraketen engagierte, im Jahr 1992 wäre in diesem Zusammenhang zu bedenken.

Die Nazis verwendeten die Formulierung „die Nacht der langen Messer" auch für die Reichspogromnacht und für U-Boot-Angriffe auf Geleitzüge zwischen dem 18. und 20. Oktober 1940, die wiederum, wie sich schon in Wolfgang Petersens Film „Das Boot" (1981) lernen lässt, den Einsätzen der Spezialeinheit der Kaiserlichen Marineflieger (Kamikaze) bisweilen nahekamen. Gundermann sah, auch das erzählte er in Krams, gern „Feature-Filme", um sich nach der strapaziösen Arbeit im Tagebau oder bei Konzertauftritten wiederaufzubauen. Bei „Rock gegen rechts", erklärt er Schütt (Schütt 2018, S. 24), würde er nicht mehr mitwirken, er interessiere sich „heute mehr für ‚Rock für rechts'": „Wir müssen wieder Funkkontakt aufnehmen zu denen, die an die Ränder gedriftet sind. Einmal hieß es, bei meinem Konzert sei eine Naziorgie gelaufen. Vorn rechts vor der Bühne hätten sie gesessen und Geburtstag gefeiert. Schrecklich! Da kann ich doch nur sagen: Ist ja wunderbar, wenn Nazis in meinem Konzert Geburtstag feiern und zuhören. Was will ich mehr." Das sagt einer, der glaubt, er sei für Skandinavien, das bei Gundermann für einen sozialen Kapitalismus steht, oder einen israelischen Kibbuz geplant gewesen und „nur ungenau gelandet" (ebd., S. 48). Wie hätte Gundermann wohl auf die immer größeren Erfolge rechtspopulistischer Parteien und Bewegungen in Skandinavien reagiert?

Gundermann, dieses oder das von ihm geschaffene singuläre Gefüge, scheint mir auf präzise Weise ungenau sein. Die analysierte Strophe zeigt beispielhaft die Komplexität seiner Texte, die in ihrer Vieldeutigkeit große Kunst sind. Der älteste Film über Gundermann ist Richard Engels „Gundi Gundermann, Porträt" (1982), ein Porträt eines Künstlers als junger Mann, das von der Zensur mit 70 Änderungsauflagen belegt und dann nach einigen Querelen doch vom DDR-Fernsehen gesendet wurde. Gundermann war 26 Jahre alt, als Engel den Film drehte, der mit dem Lied „Und ich suche, die ich liebe (Liebeslied Nr. 1)" einsetzt, das wie „Und musst du weinen" erst auf seiner letzten Studioplatte „Engel über dem Revier" (Buschfunk 1997) erschien. Menschen, die ihn kannten, beschreiben ihn im Film als „Spurmacher", „stur wie'n Panzer", „respektlos" oder „großen Spinner", so seine spätere Frau Conny.

Engel erzählt chronologisch und beginnt mit einem Rückblick: 1967 zog Gundi mit seiner Schwester und seiner Mutter von Weimar nach Hoyerswerda. Als Zwölfjähriger hatte er im Keller eine Pistole gefunden, von der Waffe des Typs „08" ist auch als französischer Armee-Pistole die Rede. Sein Vater soll sie als Andenken aus dem Krieg mitgebracht haben. Wahrscheinlich handelte es sich nicht um eine Pistole der französischen Armee, sondern um eine Luger 08, die Ordonanzwaffe der Wehrmacht. Dass der Junge die Waffe an sich nahm und mit sich herumtrug, trug dem Vater eine Bewährungsstrafe wegen unerlaubten Waffenbesitzes ein. Die Eltern ließen sich scheiden, und der Vater schob dem Sohn einen Gutteil der Schuld für den Familienzerfall zu. In Hoyerswerda wurden damals regelmäßig Arbeitskräfte gesucht und Wohnungen zur Verfügung gestellt. Bei Lemke erfährt man, dass Hoyerswerda damals die am schnellsten wachsende und kinderreichste Stadt der DDR gewesen sei. In Engels Film berichtet seine Mutter, Gerhard sei als Kind ein „Eigenbrötler" gewesen und kaum vor die Tür zu bekommen. Das änderte sich erst in seinem 14. Lebensjahr. Er begriff sich fortan, wie er im Gespräch mit Engel im Sessel vor brauner Blümchentapete sagt – das Blätter-Muster des Bezugsstoffs passt zur Tapete –, als „Soldat der Revolution". Der Gitarrist, der auf der Bühne stehe, „is och so'n Held". Er wirkt im Singeklub Hoyerswerda mit und beginnt, Lieder zu schreiben. Er kann sich im Film kaum erinnern worüber – irgendetwas über Vietnam sei es gewesen. Die Singeklubs waren ein Produkt der staatlich geförderten Singebewegung nach dem Vorbild der Folkbewegung, die durch den von Pete Seeger geprägten kanadischen Sänger und Banjo-Spieler Perry Friedman in der DDR Fuß gefasst hatte. Der Ost-Berliner Hootenanny- und spätere Oktoberklub war 1966 der erste und auch später noch bekannteste von ihnen. Manfred Krug oder Bettina Wegner begannen dort ihre Karrieren. Gundermanns Lehrerin Angelika Drechsler führt seine Aktivitäten im Film auf Misserfolgserlebnisse mit Mädchen zurück. Das erinnert an die alte Geschichte von Männern mit Gitarren und noch ältere Geschichten. Im Film singt Gundermann mit starrer Mine vom „alten Kriegsmann" Ilja Muromez, der er auch selber sei. Muromez ist eine sagenhafte russische Heldengestalt und ein Drachentöter wie Lancelot aus der Artussage, den Gundermann in „Lancelots Zwischenbilanz" (auf „Männer, Frauen und Maschinen", Amiga 1988) im Umweg über Don Quichotte (Rosinante) und mit einer gehörigen Portion Macht des Falschen der komischen Darstellung von John Cleese annähert (in „Monty Python and the Holy Grail", 1975, dt. „Die Ritter der Kokosnuss"), allerdings niemals ironisch. Ironie „war seine Sache sowieso nicht. Und eine gut militante Ader hatte er bis zum Schluss" (Körbel 2005, S. 684).

Nach dem Abitur besuchte Gundermann die Offiziershochschule „Ernst Thälmann" im sächsischen Löbau, um Politoffizier zu werden. Er musste die Hochschule wieder verlassen, weil er, nachdem er sich als Leiter der Kompanie-Singegruppe geweigert hatte, das Lied „Das ist unser General" als Loblied auf Armeegeneral Heinz Hoffmann einzustudieren, nicht mehr Politoffizier werden durfte. Hoffmann war seinerzeit Leiter des Militärgeheimdienstes, und Gundermann hielt das Ansinnen für unangemessenen Personenkult. Er verließ die Nationale Volksarmee (NVA) ein halbes Jahr später am Ende seines Grundwehrdienstes wegen „fehlender Verwendungsmöglichkeit" (vgl. Kirschner 2003), weil er weder zum taktischen Offizier noch für die Panzertruppe taugte. In späteren Filmen wird diese Episode thematisiert. Im ersten Filmporträt fiel sie der Zensur zum Opfer. Nach dem frühen Karriereende begann er mit 19 Jahren als Hilfsmaschinist und Hundebudenbesitzer im Tagebau. Er arbeitete erst in Spreetal, der früheren Grube Brigitta, und dann in Scheibe. Ein Hundebudenbesitzer kontrolliert die Ausschüttungen am hinteren Ende des Baggers. Die Kumpel in Spreetal, erfahren wir, seien erschüttert oder zumindest erstaunt gewesen über ihren neuen Kollegen mit dem Geigenkasten. Nach zwei Jahren habe keiner mehr mit dem Genossen Gundermann arbeiten wollen. Noch immer wurde er, wie bereits von seiner Mutter und seiner Lehrerin, als „Eigenbrötler" wahrgenommen. Doch Gundermann stellte sich diesem Problem und spricht von einem „inneren Parteitag", was auch ohne das Präfix „Reichs-" noch die Verflochtenheit von NS-Jargon und Alltagssprache belegt. Seine Ausbilderin Anneliese Pürwick, die er seine „Baggermutti" nennt, sagt, dass sie keinem Streit ausgewichen seien und die dreckige Wäsche aber immer „auf'm Bagger gewaschen" hätten. Gundermann steigt in der Folge vom Hilfsmaschinisten zum Maschinisten und zum Baggerfahrer auf. Mit der steigenden Verantwortung wächst auch das Gefühl des Gebraucht-Werdens, das für ihn zählt.

Horst Göhlsdorf von der örtlichen SED-GO-Leitung (GO steht für Grundorganisation) attestiert ihm prinzipielle Eigenwilligkeit und den Unwillen, sich in das Arbeitskollektiv einzufügen. Sein Brigadier Peter Schmidt sagt, dass Gundermann ausspreche, was er denke, was zugleich Vorzug und Nachteil sei. Gernot Falke, APO-Leitungsmitglied – APO bedeutet Abteilungsparteiorganisation der SED – bescheinigt ihm, im Kern ein guter Genosse zu sein. Später im Film charakterisiert ihn der Tagebauleiter Dr. Teuchert als Genossen mit politischen Zielen. Für Gundermann sind die Ideale des Kommunismus persönliche Ideale. Gebe es den Sozialismus nicht schon, äußert er (den impliziten Größenwahn durchaus einräumend, und zwar noch in Dresens Film), er hätte ihn auch erfinden können. Sich „kommunistisch zu benehmen" und seine Aufgaben zu erfüllen, falle ihm nicht immer leicht. Gundermann bekennt selbst, seit jeher ein Problem mit Hierarchien gehabt zu haben. Auf seiner Annäherungsbewegung an das Ideal und auf dem Bagger steige er schließlich viel höher als der Tagebauleiter, und er müsse auch ein bisschen spinnen dürfen. So kritisiert er eine neue Regelung zur Planerfüllung, die Baggerleistung messe, auch wenn gar nicht gebaggert werde, sondern sich bloß das Schaufelrad drehe. Diese Kritik schafft es in alle späteren Filme. So unterschiedliche Ideen wie die Versetzung eines Grills auf den Bagger und die Einführung einer Jugendschicht wurden realisiert. Zudem arbeitete Gundermann – wie Engel am Ende des Films mitteilt – später auch als Springer, was er im Film schon für eine besonders interessante Arbeit hielt. Arbeit rechtfertige seine Existenz und bilde seine Basis zum Experimentieren. Die raue Attitüde eines jungen Arbeiters drückt sich auch in seinen Liedern aus, z. B. in „Ausgeflippt": „und drückt Dich irgendwo der Schuh, verpiss Dich nicht, hau zu".

Dass Gundermann mit 26 Jahren Schüler, Soldat und auch schon eine ganze Weile Arbeiter gewesen war, verweist auf die vergleichsweise kurze Jugendphase in der DDR. Die Adoleszenz verlief staatlich ge- und verordnet. Nach seiner Rückkehr nach Hoyerswerda gründete Gundi 1978 die Brigade Feuerstein mit, um auf die relative Wirkungslosigkeit des örtlichen Singeklubs zu reagieren. Er wollte zukünftig in unterschiedlichen Lebensphasen in die Lebensweise junger Menschen eingreifen, etwa durch „Märchenspektakel für Kinder", „Schülerkonzerte", „Freitagsspektakel" für Jugendliche und „Sonntagskommoden für junge Ehepaare". Vorbereitung und regelmäßige Proben für das umfangreiche und anspruchsvolle Programm waren für die anderen Mitglieder der Brigade, die ebenfalls berufstätig und zumeist schon Eltern waren, kaum zu leisten. Zudem gelingt die Steigerung der politischen oder kollektiven Qualität gemessen an Gundermanns Ansprüchen, die nicht vorwiegend musikalische sind – die Brigade sei schließlich keine Dorfband –, nicht gut genug. Es gehe ihm nicht, führt er aus, um den „Kunstwert", sondern um den „Kampfwert". Gundermann verabscheut den Vergleich mit dem gleichaltrigen Liedermacher Stefan Krawczyk (vgl. Schütt 2018, S. 110) und sah sich selbst (im Film) in der Tradition Ernst Buschs, der singen konnte und „schnulzen" und immer inmitten der Kämpfe stand. Busch sei sein Leben lang rotzfrech gewesen und habe immer zu allem eine eigene Meinung gehabt. Gundermann spielte auf Buschs Beerdigung (vgl. Ständer 2005) und kämpfte früher nicht nur mit, sondern auch gegen die Brigade. Engels Film zeigt Ausschnitte aus den Diskussionen um deren Arbeitsfähigkeit, in denen Gundermann von einem „Kindergarten" Feuerstein spricht und der traurig dreinschauenden Runde seiner Mitstreiter*innen später auch die

Auflösung und Neuformation der Brigade ankündigt. Der Name „Feuerstein"
bezog sich übrigens nicht auf die Fernsehserie „The Flintstones" (1960–1966,
dt. „Familie Feuerstein"), wie der Brigade in der Anschuldigung, zu viel West-
fernsehen zu sehen, unterstellt wurde, sondern auf die Kohle aus dem Lausitzer
Braunkohlenrevier. Arbeit bleibt Gundermanns Lebenswert, Feiern stehe dazu
aber nicht notwendig im Gegensatz, meint Conny, die selbst damals schon zwei
Kinder hatte und nach eigener Aussage selbst noch nach dem Sinn im Leben
suchen müsse. Gundermanns Mutter vermutet, dass ihr Sohn noch keine Familie gegründet habe, weil sie in dieser Hinsicht ein schlechtes Vorbild gewesen
sei. Der Protagonist schmiedet gegen Ende des Films noch Zukunftspläne für die
Brigade. Er stellt ein Stück über die Pariser Commune in Aussicht, in dem der
Saal zu Paris werde und das Spiel aus den vielfältigen Erfahrungen der Anwesenden resultiere. Dafür müsse jeder Feuerstein ein Regisseur werden. Es sei
ohnehin falsch, noch vom Publikum sprechen, gehe es doch darum, eine kritische Haltung zu entwickeln in gemeinsamer Improvisation. Da die Jugend nach
und nach durch alle Feuerstein-Programme ginge, seien die Erfolgsaussichten
für die ästhetische Erziehung in Hoyerswerda nicht schlecht. Engel informiert
abschließend, dass sich die Brigade Feuerstein fünf Monate nach Ende der
Dreharbeiten aufgelöst habe und Gundi und Conny eine Familie gründeten.

Engels zweiter Film über Gundermann trägt den Titel „Ende der Eisenzeit"
(1999). Gundermann starb während der Dreharbeiten. Engel zitiert seinen ersten
Film ausführlich in nostalgischem Sepia. So sind die beiden Zeitebenen vor
allem durch die beiden verschiedenen Brillen zu unterscheiden, ähnlich wie es
in Dresens Spielfilm zwei Jahrzehnte später geschah. Das „Ende der Eisenzeit"
beginnt mit Gundermanns letzten Tagen im Tagebau Scheibe 1996. Grit Lemke
wird Gundermanns Revier anhand von Bewegungsbildern des Scheibe-Sees
unter Verwendung eines Gundermann-Ausdrucks kommentieren: „Die ‚Ossi-
Reservation' wird zum Freizeitpark." Mich führte kürzlich der Radsplitt meines
letzten Triathlons um den See. Das Wasser wirkt tatsächlich, wie Lemke es am
Ende ihres Films beschreibt, blau und blau. Die Kosmonauten winken allerdings schon lange nicht mehr vom Himmel wie im Lied „Blau und blau" (auf
dem Album „Einsame Spitze", Buschfunk 1992). Im hegemonialen Westen grüß-
ten sowieso, wenn überhaupt, Astronauten.

Für Gundermann ist es ein schmerzlicher Abschied nach 20 Jahren auf dem
Bagger. Er sei mit dem Bagger länger zusammen als mit seiner Frau, da sei
schon Liebe entstanden. Conny vermutet, dass er die Einsamkeit im Führer-
stand zum Schreiben gebraucht habe. Sein Diktiergerät hatte er immer dabei.
Die Männer und Frauen vom Tagebau kommen im zweiten Film wieder zu Wort.
Anneliese Pürwick sagt, dass ihr die Texte meist gefallen hätten, weil sie direkt

aus dem Leben gegriffen seien. Mit ihrer Kritik habe sie nur der Zensur vorbeugen wollen, die immer „geil druff" gewesen sei, „dass sie ihn kaschen konnten". Pürwick wurde wie Gundermann in der Zeit zwischen den Filmen aus der SED ausgeschlossen. Der Tagebauleiter sitzt auf seiner Terrasse mit Blick auf Schwarze Pumpe, das riesige Kraftwerk südlich von Spremberg – in *Straße nach Norden* besingt Gundermann das „nagelneue Kraftwerk" als Ufo – und sinniert, dass es der DDR nicht gelungen sei, den Stalinismus zu überwinden. Der ehemalige Brigadier Schmidt stellt fest, dass es das Zusammengehörigkeitsgefühl seit der Wende nicht mehr gebe. Weil es den Beruf „Maschinist für Großgeräte" im Westen auch nicht gebe, erklärt Gundi, gelte er als ehemaliger Facharbeiter nun als ungelernt, was ihn berechtige, zum Tischler umzuschulen in der sterbenden Stadt Hoyerswerda, der einstigen „blassen Blume auf Sand" („Hoywoy", auf „Männer, Frauen und Maschinen"), die zwischenzeitlich eine „Stadt der Jugendkultur und der kreativen Köpfe" gewesen sei. Wegziehen sei keine Lösung, das gehe nicht gut. In „Hier bin ich geboren" (auf „Frühstück für immer", Buschfunk 1995) besingt er die untergegangene Ära: „Hier gab es billiger Fusel auf Marken" und nach einem Zeitwechsel: „hier lässt man Fremde nicht gerne parken"; Gundermann ziehe wie ein „festverankertes Schiff" seine Kreise. Zu „Frühstück für immer" besucht Engel mit Gundermann den Baggerfriedhof, auf dem auch sein „1417" auf die Demontage wartet. Gundermann sagt, dass er die Gefühle nicht mehr an sich heranlasse, und Engel bekennt Scham, Gundermann zu diesem Besuch überredet zu haben.

Engel zeigt Bilder von den Proben der Brigade Feuerstein zum Jubiläum ihres 20-jährigen Bestehens 1998, am Tag vor dem Konzert in Krams. Der Film dokumentiert Gundermanns Professionalisierung als Musiker, zu der die Platte „Männer, Frauen und Maschinen" als Hauptpreis bei den „Chanson-Tagen" der DDR 1987 entscheidend beigetragen hat, die Zusammenarbeit mit den Leuten von Silly, u. a. für die zweite Platte „Einsame Spitze", und die Gründung der Band Seilschaft, die nebenbei auch einem pejorativ besetzten Begriff aus der Welt der mehr oder minder leisen Korruption in Staat und Gesellschaft zu neuem Glanz verhelfen sollte. Engel zeigt auch Bewegungsbilder aus Gundermanns neuem Ausbildungsbetrieb. Außerdem sehen wir in „Ende der Eisenzeit" Bilder von seiner Beerdigung. Zu diesen Bildern hören wir „Kommen und Gehen", ein Lied aus dem Jahr 1987, das auch auf „Live: Stücke 1" (Buschfunk 2000) und „Torero – Werkstücke III" (Buschfunk 2005) zu hören ist und in dem es heißt: „Alle die gehen wollen, soll'n gehen können, alle die bleiben wollen, soll'n bleiben können, alle die kommen wollen, soll'n kommen können." Der letzte Imperativ enthält einen pädagogischen Auftrag im Hinblick auf bessere Parkmöglichkeiten für Fremde.

Zu Wort kommen neben seiner Frau Conny in „Ende der Eisenzeit" auch Paula Seibel als seine Agentin und Klaus Koch vom Label Buschfunk, Uwe Hassbecker und Ritchie Barton von Silly, Gundis Lehrmeister, die Seilschaft, vor allem die Schlagzeugerin Tina Powileit, Frank Castorf, Bettina Wegner und Regina Scheer. Scheer problematisiert, dass es nach der Wende keine Alternative mehr gegeben habe und auch das DDR-Gefühl, dass es auf die Bevölkerung ankomme, verschwunden sei. Castorf vergleicht Gundermann mit Heiner Müller, und Wegner bescheinigt ihm (wie andere auch) eine gewisse Militanz. Sie erklärt seinen Misserfolg im Westen dadurch, dass er dort hätte eingeführt werden müssen. Hassbecker und Barton halten DDR-Rock und Ost-Musik für westdeutsch Sozialisierte hingegen grundsätzlich für schwer verständlich. Für Westmusik im Osten galt das nicht. Gundermann selbst erklärt Bruce Springsteen in Krams zum Heiner Müller der USA. Dass Gundermann im Westen nicht eingeführt wurde, lag auch an den Nachrichten über und die Diskussion um seine Stasi-Tätigkeit, die die Aussicht auf einen Major-Plattenvertrag wieder verstellten. Heiner Müller trug als Inoffizieller Mitarbeiter den Decknamen IM Heiner, Gundermann war IM Grigori, nach Grigori Kossonossow, einer Figur aus Michael Soschtschenkos Satire „Die Kuh mit dem Propeller" (1923), die Manfred Krug 1965 in der Reihe „Lyrik – Jazz – Prosa" erzählte, was die Geschichte, verstärkt durch eine Schallplattenfassung des Auftritts, in der DDR popularisierte. Die allermeisten Fans und Kollegen nahmen die Nachricht von Gundermanns Stasi-Tätigkeit zwischen 1976 und 1984 gefasst oder auch gleichgültig auf. Für ihn selbst war sie anfangs vor allem eine Konsequenz aus seiner sozialistischen Gesinnung, mit der er der Brigade Feuerstein zu gemeinsamen Reisen ins nicht-sozialistische Ausland verhelfen wollte. Die Kleinlichkeit seiner Berichte könne er sich im Nachhinein aber nicht verzeihen. Hassbecker erinnert daran, dass Gundis Arbeit für die Stasi für Tamara Danz einen Bruch bedeutet habe. Conny erzählt, dass die Silly-Leute auch erschrocken gewesen seien über die Wohnsituation der Gundermanns in Spreetal; sie hätten weder verstanden, dass Gundi sich nicht voll auf die Musik konzentriere, noch, dass er nicht nach Berlin gezogen sei, um die Doppelbelastung von Arbeit und Musik und die Häufigkeit der langen Autofahrten zu reduzieren.

Gundi hatte ein persönliches Verhältnis zu seinen Fans, von denen er annahm, dass ihre finanziellen Möglichkeiten beschränkt seien. Er bestand deshalb vertraglich darauf, dass Karten für seine Konzerte nicht teurer als 15 D-Mark sein durften. Das schadhafte Dach des Spreetaler Hauses reparierte Gundis Sohn, der eine Dachdecker-Lehre machte, mit Ziegeln, die Fans noch irgendwo liegen hatten und ihm schenkten. In einer Sequenz von „Ende der Eisenzeit" verschenkt Gundi von der Konzertbühne aus einen Schlüsselkasten, den er nach acht Wochen Tischlertraining hergestellt habe, ein Funkgerät für die Verliebtesten, den Badeanzug seiner Tochter vom vorigen Jahr, Arbeitsschutzhandschuhe für Menschen, die sich – wie er witzelt – vor Arbeit schützen wollten. Zu Beginn des Films hat er im Tagebau noch Witze über sich als Model für Arbeitsschutzkleidung gemacht. Das lange Frühstück, als das er die folgende Arbeitslosigkeit auffasste, sei gegen seine eigenen Erwartungen ausgesprochen unproduktiv gewesen. In „Gundermanns Revier" wird Conny präzisieren, dass er drei Monate lang keine Zeile geschrieben habe. Damit es sich nicht „für immer" fortsetzte, begann er die Tischlerlehre. Sein Meister bestätigt sein geringes handwerkliches Talent, das in krassem Gegensatz zu seinen ausgefallenen Plänen, wie dem Doppelschaukelstuhl für sich und Conny mit Beschallungsohren und integriertem CD-Spieler, stand, den er als Gesellenstück bauen wollte, und seine Liebe zur Natur, die er auch rund um die Werkstatt, in der ihm das Radio immer zu laut gedudelt hatte, auslebte, indem er Pflanzen pflanzte.

Engel erzählt, dass sein Erstkontakt mit Gundermann ein mit stillem Pathos gesungenes Busch-Lied gewesen sei. Wie in Krams, das auch Engel für sein bestes Konzert hält, erzählt Gundermann bei einem anderen Solokonzert vom Fader-Schalter seiner Videokamera, der dafür sorge, dass Bild und Ton langsam weggingen. Das substantivierte Verb „fader" assoziiert Gundi mit „father" und Vater, weshalb ihm dieser Schalter auch eine Vorstellung von bevorstehenden Verlusten vermittle. Engel schneidet von Gundermann mit Gitarre auf der Bühne zu der kleinen Linda im Gartenpool und unterlegt diese Sequenz mit der zweiten Hälfte des Liedes „Linda" (von „Der 7te Samurai"), das Gundermann hier nicht zu spielen begonnen hat, obwohl der Schnitt einen organischen Eindruck vermittelt. In Krams folgt „Gras". Seinen zweiten Film beendet Engel mit einem letzten Interview am Vorabend des Krams-Konzerts und Bildern vom Tagebau aus dem alten Film und neuen, die von Uwe Mann stammen, einem Kameramann aus Hoyerswerda, der auch mit Grit Lemke arbeiten sollte. In Bezug auf das Feuerstein-Jubiläum bemerkt Engel, dass Gundi Zeitschleifen geliebt habe.

„Gundermann Revier" weitet den Fokus. Der Film beginnt mit einer Probe des Bürgerchors Hoyerswerda zu einem Gundermann-Programm. Gundermann ist seit 20 Jahren tot. Als Chormusik klingen seine Lieder fremd. Lemke erzählt auch von sich, von ihrer Schaukel, die ihr vom höchsten Punkt der Schaukelbewegung erlaubt habe, den Blick kurz über das Revier und die Kohlezüge schweifen zu lassen, bis sie irgendwann weggebaggert wurde. Sie scheint die Gefühlsstruktur zu kennen und auch diejenige von Gundermann, den sie wegen seiner Brille gehänselt habe. Ihr Film enthält Ausschnitte aus den Engel-Filmen, aber auch weiteres historisches Material, das das Ausmaß des Bauprogramms der Stadt begreifbar werden lässt, die nie fertig wurde. Es fehlte zunächst an Klassenzimmern, Wohngebietsgaststätten und einem Kulturhaus. All das gab es irgendwann wie auch ein Centrum-Warenhaus und einen Tierpark. Die Stadt versprach „im Niemandsland am Ende der Welt" („Niemandsland" auf „Der 7te Samurai") eine frohe Zukunft.

Wir begegnen auch den gealterten Feuersteinen wieder. Elke Förster erinnert sich, dass sich die Schülerkonzerte an 7. und 8. Klassen richteten; und Conny ergänzt, dass sie im „Spektakulum" eine Science-Fiction-Geschichte für Jugendliche ab 18 aufführten. Die Rekonstruktion ergibt, dass die Mitglieder der Brigade in ihrer aktiven Phase bereits 37 Kinder gehabt hätten. Sie erinnern sich an die Auseinandersetzungen und Gundis ambitionierte Ziele. Gundermann erläutert die Grundlagen seines synästhetischen Programms genauer: Er stellt sich die fünf Sinne als Henkel vor, an denen man das Publikum anfassen könne, sodass man ihm zu sehen, zu hören, zu fühlen, zu riechen geben und vielleicht auch etwas kochen müsse. Conny ruft noch einmal in Erinnerung, dass Gundi gebraucht werden wollte und aus der Revolutionärsromantik kam. Lemke erzählt noch von weiteren Episoden wie der „Woche der Kultur in Weißwasser mit Egon Krenz und Konsorten". Dort wurde – wie wir sehen – von den Genossen zwar das Einheitsfront-Lied gesungen, es erreichte aber in Gundis Augen niemanden. So kam es zur Eskalation zwischen ihm und der Programmkoordinatorin, und im Anschluss wurde die geplante Konzertreise in die Schweiz gestrichen. Die Auseinandersetzung erscheint in der Rückschau so sinnlos wie die Anhörung der Parteikonfliktkommission zu seinem Parteiausschluss. Für Gundermann war Sozialismus längst schon nicht (mehr) das Gegenteil von Kapitalismus, sondern von Egoismus. In diesem Sinn wurde Schweden für ihn zu einem vorbildlichen Land. Conny berichtet auch aus der Zeit zwischen Maueröffnung und dem Ende der DDR. Die Maueröffnung führte zum Abbruch der Tour mit der Oktoberklub-Band, weil plötzlich niemand mehr zu den Konzerten kam. Am letzten Abend der DDR befanden sich Conny und Gundi auf der Rückfahrt von einem Konzert im Studentenclub Freiberg in Sachsen. Als um 24 Uhr zum letzten Mal die Nationalhymne der DDR im Radio erklang, hätten sie auf der Autobahn angehalten und geheult. Conny zufolge habe Gundi Filme geliebt, in denen ein Einzelner die Welt durch Geist und Klugheit rette.

Auch die Silly-Musiker Hassbecker und Barton kommen wieder zu Wort, ebenso wie der Seilschaft-Saxophonist und -Sänger Andreas Wieczorek. Hassbecker wundert sich über Gundis Leidenschaften für Technik, die sein frühes Koffer-Mobiltelefon ausdrückte, und für Pawel Kortschagin, einer ästhetischen Figur aus Nicolai Ostrowskis Roman *Wie Stahl gehärtet wurde*, der laut dem *DDR-Lexikon zur Weltliteratur* einen großen Beitrag zur Erziehung der Jugend der Welt geleistet habe (vgl. Steiner 1963, S. 511). Barton betont die Bedeutung des „Rhythmus der Eimerketten" für Gundis Kreativität und gibt ein Lob ihres Produzenten zur Qualität seines Gitarrenspiels weiter. Er erinnert auch noch einmal daran, dass Gundi ein überzeugter IM und „Kundschafter des Friedens" gewesen sei. Wieczorek spitzt zu, dass Fernsehnachrichten und Presse Gundermann wegen seiner Stasi-Verstrickungen als Verräter markierten. Obwohl sie Open Air vor 4.000 Leuten und als Vorband für Bob Dylan und Joan Baez gespielt hatten, habe Sony das Vertragsangebot zurückgezogen. Die überwiegend milden Reaktionen der Fans erklärt er mit einer leicht verallgemeinerten Wendung aus dem Johannes-Evangelium (Joh. 8, 7): „Wer ohne Sünde ist, werfe den ersten Stein". Als Fazit hält er fest, dass er zwei Systeme erlebt habe, woraus folgt: „Uns braucht nun wirklich keiner überhaupt nischt zu erzählen". Dieses Fazit scheint mir für diese Generation der Ostdeutschen repräsentativ.

An den von Lemke verwendeten Ausschnitten aus Gundermanns Auftritten in Fernseh-Talkshows wie „Land in Sicht", „Alex" oder „Mal ehrlich" in den frühen 1990er Jahren lässt sich die Hegemonie des West-Journalismus noch in Lemkes Film gut studieren. Angesprochen auf den Namen seiner Band antwortet er, dass er dem Wort Seilschaft wieder einen positiven Klang verleihen wolle. Die Nachfrage, ob der Bandname sich auch auf alte Stasi-Seilschaften beziehe, entgegnet er lakonisch, das sei völlig uninteressant. Die Journalistin Anne Will fragt ihn, ob ihm seine Stasi-Tätigkeit leidtue. Darauf reagiert Gundermann kategorisch: „Leidtun ist Kokolores." Er habe sich die Weste dreckig gemacht, aber nicht die Hände und alles in allem eine ausgeglichene Bilanz. Conny bemerkt im Rückblick, dass das nicht ganz stimme. Der Verleger Christoph Links habe seine Akte gelesen, und wie Gundermann die Möglichkeiten und Lebensrealitäten von Menschen eingeschätzt habe, die in seinem Umfeld einen Ausreiseantrag gestellt hätten, ließe sich bestenfalls durch eine gewisse Naivität erklären. Wie in „Soll sein" (auf „Einsame Spitze", 1992) scheint Gundermann, für den jeder die Regierung habe, die er verdiene, für die „Flaschengeister" nicht mehr erreichbar. Er singt in diesem Lied, das mit einem Lied beginne (Held) und wieder Freunde habe (Solidarität im kleineren Kreis). In einer anderen Talkshow-Sequenz, in der er auf den Jenoptik-Vorstandsvorsitzenden und vormaligen baden-württembergischen Ministerpräsidenten Lothar Späth (CDU) trifft, singt er „Kann Dich nicht mehr leiden" (von „Der 7te Samurai", 1993). Dieses Lied rechnet mit der deutschen Einheit ab, deren Verlauf Gundermann sich als „wechselseitige Einheit" vorgestellt hat, bei der in den ersten zehn Jahren die ostdeutsche Wirtschaft auf die Herausforderungen des 21. Jahrhunderts vorbereitet werde und im folgenden Jahrzehnt, in dem dann der Osten bereits einen Gutteil der Wirtschaftsleistung erbringe, dann der Westen. Die Moderation bemüht sich noch um eine Nähe zur Position Späths, scheitert aber, weil Gundermann auch radikal ökologisch argumentiert: Das Wort Verbrauch sei zu streichen, wenn wir hier nach 2030 noch rumlaufen wollten. Dafür schweben ihm auch klare Regeln vor – und zwar sowohl gegen Marketing und Überproduktion als auch für die zukünftige Generation, deren stärkeres Engagement gegen das Wirken der Alten er andernorts anregt. Im Film gibt er ein Beispiel für eine Regel: Im Produktionsprozess dürfe der Wert nicht sinken, wie es beim Baum der Fall ist, der zu einer *Super-Illu*, einer speziell für den Ostmarkt entwickelten Wochenzeitschrift des Burda-Konzerns, verarbeitet werde. So etwas gehöre verboten. Hier erfährt Gundermann vehementen Widerspruch von Regine Hildebrandt, die in der Bürgerbewegung „Demokratie jetzt" mitgewirkt hatte, die später im „Bündnis 90" und nachfolgend in der Partei „Die Grünen" aufging, die offiziell immer noch „Bündnis 90/Die Grünen" heißt. Zur Zeit der Talkshow, aus der Lemke Ausschnitte in ihren Film montiert, war sie Ministerin für Arbeit, Gesundheit, Soziales und Frauen in Brandenburg. Die Leute müssten die Zeitschrift ja nicht kaufen, aber Produktion und Verkauf erlaubt bleiben. Gundermann vertraute dem Markt nicht. Gegenüber Anne Will bestätigt er noch, dass er keine Chance auf neue Arbeit habe.

In Hoyerswerda werden Wohnblöcke „zurückgebaut", wie es so schön-(färberisch) heißt. In kurz zuvor aufgenommenen Einstellungen flanieren Alte, Einsame und Hundebesitzer*innen an kaputten Gebäuden und geschlossenen Geschäften vorbei. Als Lemkes Film sich seinem Ende zuneigt, thematisiert er noch den Imagewandel des Bergmanns. Dazu ist „Wer hat ein helles Licht bei der Nacht" (von „Engel über dem Revier") zu hören. Im Hinblick auf Stasi und Ökologie sei man eigentlich immer Opfer und Täter zugleich. Elke Westphal sagt, dass Gundi sich am Ende wie Watte angefühlt habe, und Conny bekennt rückblickend ihre Angst, dass Gundi das Herz irgendwann zerspringe. Es war dann nicht das Herz. Als letztes Lied singt Gundi „Leine los" (ebenfalls von „Engel über dem Revier"). In diesem Lied stellt er fest, dass alle Lieder, die er habe singen wollen, schon der „Boss" (Springsteen) singe. Im Netz findet sich ein von der Bundeszentrale für politische Bildung präsentierte Fassung dieses Liedes, bei der Andreas Dresen im Duett mit Alexander Scheer singt. Dresen intoniert die erste Strophe, die mit den in diesem Zusammenhang lustigen Zeilen beginnt: „Alle Filme, die ich drehen wollte, sind schon gedreht." Der Songtitel bezieht sich übrigens auf einen Hund, nicht auf das Kommando für das Ablegen eines Schiffes. Bei Vollmond streift dann auch ein Wolf (ein einsamer, wie der Eigenbrötler) durch das Revier, das so eine neue Bedeutung erhält. Der Wolf hält inne und kehrt um. Dass er nach rechts aus dem Bild geht, legt die nicht zu begründende Vermutung nahe, dass er – wie Gundermann es in Krams für die

Sonne erwog – in den Osten zurückkehrt. Zum Schluss singt der Bürgerchor das Lied „Gras" (von „Einsame Spitze"), mit dem Dresens Film beginnt, allerdings in der Interpretation von Alexander Scheer, der die Gundermann-Lieder für den Film neu eingesungen hat. „Gundermann Revier" klingt mit dem Instrumentalstück „Gras II" (ebenfalls auf „Einsame Spitze", als Middlebreak) aus, das Lemke mit Bildern des Radweges um den Scheibe-See unterlegt. Lemke spricht in die Musik: „Du hast dich verpisst, wie der liebe Gott, für den hier nischt mehr zu machen ist. Manchmal denken wir noch an den Beton und die Revolution". Dieser Satz spielt auf das Lied „Hoywoy" an.

Dresens Film beginnt mit einer „En face"-Aufnahme von Gundermann (Alexander Scheer), der das Kino-Publikum und – wie dieses später sehen wird – seine zukünftige Tourband Seilschaft mit seinem typischen „Hallo Leute, also, ähm, ich spiel da ma" begrüßt. Scheer spielt dann „Gras", bricht ab, erzählt, dass die Platte fertig sei (also „Einsame Spitze"), und fragt, ob die Band seine Band werden wolle. Diese Szene spielt sich ab, wie Hassbecker es in „Gundermann Revier" vom Beginn der Aufnahmen zu „Einsame Spitze" erzählt. Erzählt wird – das verrät ein Insert – aus dem Jahr 1992 (wo Gundermann mit einer Kassenbrille mit Metallgestell zu sehen ist). Die Rückblenden führen zurück ins Jahr 1976 (angezeigt durch eine große Hornbrille). Der Film ist insgesamt prominent besetzt. Wir sehen neben Scheer Bjarne Mädel als Parteisekretär, Axel Prahl als Führungsoffizier und Peter Sodann als Parteiveteran. „Gundermann" verbindet zwei „Feature-Film"-geeignete Erzählstränge, die Enthüllung seiner Stasi-Tätigkeit (1992ff.) und das Familie-Werden mit Conny (1976ff.). Episoden aus den beiden Erzählsträngen wechseln einander ab. Eine wichtige Verbindung zwischen den beiden Zeitebenen ist Gundermanns Verhältnis zu seinem Vater, der in der ersten nicht mit ihm spricht und in der zweiten stirbt. Das Drehbuch von Lea Stiehler arbeitet mit vielen Verdichtungen und Verschiebungen, was sich exemplarisch an der Sequenz zu Gundermanns missglückter Parteiaufnahme zeigen lässt. In „Gundermann" sagt Helga (Eva Weißenborn) in der Rolle der „Baggermutti", dass Gundermann sage, was er denke, was zugleich Vor- und Nachteil sei. Wir kennen die Sätze von seinem Brigadier aus dem ersten Engel-Film. Gundermann selbst erzählt in diesem Zusammenhang von den leerlaufenden Schaufelrädern und schlafenden Baggerfahrern, wie er es zuerst Engel berichtet hat, um auf das unsinnige neue Verfahren zur Feststellung der Normerfüllung hinzuweisen. Zu Gundermanns Gunsten wird in dieser Szene noch angeführt, dass er an seiner Pünktlichkeit arbeite.

Zum Soundtrack von Gundermann gehören „Brigitta", „Brunhilde" und „Linda", merkwürdigerweise aber nicht „Sieglinde", Gundermanns Lied und

Kommentar zu seiner Stasi-Verstrickung (von „Der 7te Samurai" und in einer großartigen Version auf „Torero"). Im Film offenbart Gundi sich als erstes Helga auf dem Bagger: „Ich war bei der Stasi, Helga." Und Helga antwortet, ohne großes Aufheben zu machen: „Dacht ich mir, aber was willste machen." Er besucht auch seinen Kollegen Volker (Milan Peschel), der dieselbe Obstschale auf dem Couchtisch stehen hat, wie sie Gundermann von seinem Führungsoffizier als Anerkennung erhalten hatte. Volker lacht und erzählt Gundi, dass er aufgrund seines Berichtes von der Stasi angeworben worden sei und dann auf ihn angesetzt wurde. Er habe sogar etwas mit Conny anfangen sollen, sich aber geweigert. Zuerst hatte Gundermann ein Puppenspieler (Thorsten Merten) gefragt, ob Gundermann IM „Grigori" sei. Als Gundermann den Puppenspieler besucht, versucht er einen Blick in dessen Akte zu werfen. Er erinnert sich mehr schlecht als recht. Er erhält auch keine Akteneinsicht und die Akte erst über die nicht für ihre Regimekritik bekannte befreundete Journalistin Irene (Kathrin Angerer), die ihn deutlicher als Anne Will zu einer Entschuldigung drängt. Conny erzählt in „Gundermann Revier", dass Christoph Links die Akte für Gundi interpretiert und ihm deutlich gemacht habe, dass das Material brauchbarer gewesen sei, als Gundi vermutet und erinnert habe. Der für die Filmdramaturgie wichtige Puppenspieler war eigentlich ein „Liedermacher aus Cottbus" (Schütt 2018, S. 87). Irene – Gundermann bekam die Akte von einem befreundeten Journalisten – dramatisiert die Situation weiter. Sie wirft ihm vor, an mindestens drei Operativen Personenkontrollen beteiligt gewesen zu sein. Gundermann möchte sich nicht entschuldigen und bereut am meisten den Verrat an sich selbst. Conny (Anna Unterberger) fragt ihn: „Warum haste das gemacht?" Es sei, wie wir schon wissen, erst stimmig für ihn und gut für die Feuersteine gewesen. Vor einem Konzert (in Cottbus) gesteht Gundi seine Stasi-Verstrickungen dann auch gegenüber der Band. Er sei bei „der Firma" gewesen, wie die Stasi umgangssprachlich in der DDR genannt wurde. Sie sollten sich überlegen, ob sie noch mit ihm spielen wollten – und sie wollen. Aus der Seilschaft wird zurückgefragt: Gundi erklärt sich beim Konzert dann auch den Fans: „Hallo Leute", es folgt das öffentliche Bekenntnis und das Lied „Hier bin ich geboren". Die Fans sind kurz irritiert, beginnen dann aber das Konzert zu genießen und werfen auch keine Eier. Gundermann hatte sie angewiesen, dass sie nicht die Band bewerfen sollten, die mit all dem nichts zu tun habe, sondern ihn. Der Dresen-Film endet mit „Ich mache meinen Frieden".

Ein weiteres für die Filmdramaturgie wichtiges Ereignis ist das Konzert als Vorband von Bob Dylan, bei denen sich die Liedermacher im Bühnengang begegnen und sich Gundi nicht abdrängen lässt. Als seine Band ihn fragt, was er Dylan gesagt habe, antwortet Gundermann, dass Springsteen der Größte sei.

Wichtig sind auch das Gespräch mit Conny nachdem sie miteinander geschlafen haben, das sich um Gundis Vater dreht, und der Tod seines Kollegen Helmut, dessen Bagger 1979 bei einem Abbruch der Baggerkante umgerissen wurde. Helmut hatte ein Schutzengel gefehlt, der seinerzeit – wie er in „Engel über dem Revier" singt – gefehlt hätte und der sich 1997 mit anderen Engeln über dem Revier drängelt. Schließlich hat auch Gundis Gewaltausbruch beim Besuch Werner Waldes (Hilmar Eichhorn), dem ersten Sekretär der SED-Bezirksleitung Cottbus, im Tagebau Folgen – nämlich beim Gespräch mit dem Parteiveteran, in dem Gundermann mehrfach Marx zitiert und feststellt, dass Honecker nicht Che Guevara sei. Der Veteran beschwichtigt erst, dass Gundermann jung sei und die Dinge deshalb einseitig sehe. Er fordert ihn dann auf, sich zu entschuldigen, was Gundermann jedoch nicht tut. Daraufhin ermahnt ihn der Veteran: „Leute wie du machen auch den Sozialismus kaputt." Gundermann gibt sein Parteibuch so wenig ab wie seine Gesinnung. Nachdem Conny sich entschieden hat, tauschen ihr Exmann Wenni (Benjamin Kramme), der Gundi manchen Text vertont hat, und Gundi die Wohnungen. Als sie sich vor Gundis Wohnblock treffen, sagt Wenni: „Ich sollte dir eine reinhau'n". Und Gundi entgegnet: „Ich würd' mich nicht wehr'n." So machen sie ihren Frieden miteinander.

Die beiden Dokumentarfilme von Richard Engel helfen auch dabei, die Qualität des Method-Acting von Scheer, der lange unter Frank Castorf an der Berliner Volksbühne gearbeitet hat, einzuschätzen und zu würdigen. Mann, Kameramann in „Ende der Eisenzeit" und „Gundermann Revier", erinnert daran, dass Hoyerswerda zwei Hymnen habe: „Hoywoy" und „Hoywoy II". Bekannt wurde die Stadt vor allem durch die Pogrome im September 1991, den Überfall auf Vertragsarbeiter und Flüchtlingsheim sowie durch die Ausrufung zur ersten ausländerfreien Stadt Deutschlands. Am 19. November 1991 bezieht Gundermann im Dresdner „Bärenzwinger", dem Studentenclub der TU Dresden, vor „Hoywoy II" Stellung zu den Ereignissen im September:

> Nun ist das so 'ne Sache mit den Erinnerungen und wo man hergekommen ist und, also ich bin für mich, der Mittelpunkt der Welt, ist eine Stadt mit einem berühmten Namen, also ist jetzt berühmt geworden. In den Nachrichten heißt es jetzt immer: Auf dem Bahnhof, äh, der in der Nähe von Hoyerswerda liegenden Stadt Cottbus gab es, äh, am Wochenende Randale. (Publikum lacht.) Oder es heißt: Die Beamten von Frankfurt am Main taten alles, um ein zweites Hoyerswerda zu verhindern. Und da denke ich, wäre es möglich, dass allen, die nicht wissen, wovon sie reden, die Zunge herausgeschnitten wird, würde sich doch eine erholsame Ruhe ausbreiten lassen (Lachen und Applaus) und in den Fleischerläden gäbe es viel billige Wurst.
>
> (Gundermann 1991)

Dieses Fundstück im Internet war der Ausgangspunkt meiner Auseinandersetzung mit Gundermann. Kann man damit seinen Frieden machen?

Der Wilderer-Schlagzeuger Delle Kriese (Kriese 2005, S. 668) erinnert bei dem 2005 von der Rosa-Luxemburg-Stiftung ausgerichteten Gundermann-Kolloquium an den gegenwirkenden Refrain von „Dem deutschen Volk" (auf „Werkstücke II"):

> Die Führer kommen,
> die Führer gehen,
> das deutsche Volk bleibt
> die Führer kommen,
> die Führer gehen,
> das deutsche Volk bleibt
> doof

Doch auch dieser Refrain führt spätestens beim zweiten Hören wieder nur in die Ambivalenz.

Medienverzeichnis

Literatur

Bartsch, Paul D. 2005. Gundermanns poetische Seilschaften. In *Utopie kreativ*, H. 177/178 (Juli/August 2005): 660–666: http://gundi.de/2005/kolloquium/gundermann_kolloquium_2005_utopiekreativ.pdf. Zugegriffen am 4. September 2020.

Dahlke, Birgit. 2005. Das Recht auf Melancholie – Gundermann und sein Publikum nach 1989. In *Utopie kreativ*, H. 177/178 (Juli/August 2005): 655–659: http://gundi.de/2005/kolloquium/gundermann_kolloquium_2005_utopiekreativ.pdf. Zugegriffen am 4. September 2020.

Ditfurth, Jutta. 2000. *Das waren die Grünen. Abschied von einer Hoffnung*. München: Econ.

Hein, Simone. 2005. Gundermanns post mortem. Über das Ende der Arbeit, den Kampf gegen das Empire und die notwendige Erziehung der Gefühle. In *Utopie kreativ*, H. 177/178 (Juli/August 2005): 688–692: http://gundi.de/2005/kolloquium/gundermann_kolloquium_2005_utopiekreativ.pdf. Zugegriffen am 4. September 2020.

Leue, Gunnar im Gespräch mit Andreas Dresen. 2018. „Seine Songs haben einfach Seele". *taz*, (18. August): https://taz.de/Regisseur-Andreas-Dresen-ueber-Ostsaenger/!5525422/. Zugegriffen am 4. September 2020.

Kirschner, Lutz. 2003. „sag wie soll ich tragen ungerechtigkeit". Zu Leben und Kunst Gerhard Gundermanns. *rosalux.de*. https://www.rosalux.de/fileadmin/rls_uploads/pdfs/Veranstaltungen/2005/Gundermann/gundermann.pdf. Zugegriffen am 4. September 2020.

Klemt, Henry-Martin. 2005. Vielleicht sind wir alle bloß einer. In *Utopie kreativ*, H. 177/178 (Juli/August 2005): 677–682: http://gundi.de/2005/kolloquium/gundermann_kolloquium_2005_utopiekreativ.pdf. Zugegriffen am 4. September 2020.

Körbel, Stefan. 2005. 's war okay oder: Drei coole Sätze. In *Utopie kreativ*, H. 177/178 (Juli/August 2005): 683–687: http://gundi.de/2005/kolloquium/gundermann_kolloquium_2005_utopiekreativ.pdf. Zugegriffen am 4. September 2020.

Kriese, Delle. 2005. Wie es war. Erinnerungen an eine Zusammenarbeit. In *Utopie kreativ*, H. 177/178 (Juli/August 2005): 667–669: http://gundi.de/2005/kolloquium/gundermann_kolloquium_2005_utopiekreativ.pdf. Zugegriffen am 4. September 2020.

Meinhardt, Birk im Gespräch mit Andreas Dresen. 2018. Wir wollen die Deutungshoheit über unsere Biographien zurück! In *Gundermann. Von jedem Tag will ich was haben, was ich nicht vergesse*, Hrsg. Andreas Leusink. Berlin: Ch. Links.

Osang, Alexander. 1995. Wie der Musiker Gundermann vom Informellen Mitarbeiter zum Kontrollvorgang der Staatssicherheit wurde. Eines Tages wollte Grigori Egon Krenz verbrennen. *Berliner Zeitung*. https://www.berliner-zeitung.de/wie-der-musiker-gerhard-gundermann-vom-informellen-mitarbeiter-zum-kontrollvorgang-der-staatssicherheit-wurde-eines-tages-wollte-grigori-egon-krenz-verbrennen-li.55550 (Zugegriffen am 4. September 2020).

Platzdasch, Günter: Wegen prinzipieller Eigenwilligkeit. Film zu DDR-Sänger Gundermann. *Faz*: https://www.faz.net/aktuell/feuilleton/kino/heimatfilm-gundermann-von-andreas-dresen-ueber-einen-ddr-saenger-15758589.html (Zugegriffen am 4. September 2020).

Rump, Bernd. 2005. Gundi und der Krieg. In *Utopie kreativ*, H. 177/178 (Juli/August 2005): 652–654: http://gundi.de/2005/kolloquium/gundermann_kolloquium_2005_utopiekreativ.pdf

Schütt, Hans-Dieter. 2018. *Tankstelle für Verlierer. Gespräche mit Gerhard Gundermann*. Berlin: Dietz.

Ständer, Reinhard „Pfeffi". 2005. „Einmal bleiben morgens meine Schuhe leer …" Ein Leben zwischen Bagger und Bühne. Zum 50. Geburtstag von Gerhard „Gundi" Gunderman. In *Folker*, Heft 1–2, S. 27. http://archiv.folker.de/200501/06gundermann.htm. Zugegriffen am 23. März 2021.

Steiner, Gerhard. 1963. *Lexikon der Weltliteratur– Fremdsprachige Schriftsteller und anonyme Werke von den Anfängen bis zur Gegenwart*. Weimar: Volksverlag.

Utopie kreativ, H. 177/178 (Juli/August 2005): 651–703: http://gundi.de/2005/kolloquium/gundermann_kolloquium_2005_utopiekreativ.pdf.

Filme

Gundi Gundermann. Regie: Richard Engel. DFF/DDR: 1982.

Gundermann – Ende der Eisenzeit. Regie: Richard Engel. DE: 1999.

Gundermann. Regie: Richard Engel. DE: 2018.

Gundermann Revier. Regie: Grit Lemke. DE: 2019.

Videos

Gundermann: Hoywoy II im Dresdner Studentenclub am 19. November 1991. *Youtube*.
https://www.youtube.com/watch?v=1z-2Hd130Pc. Zugegriffen am 4. September 2020.
Dresen, Andreas u. a.: Leine los im Bonner Haus der Geschichte, Gundermann – ein Abend
über Musik, die DDR und ostdeutsches Lebensgefühl am 27. November 2018. *Bpb*.
https://www.bpb.de/mediathek/283025/-leine-los-ein-song-gundermanns. Zugegriffen
am 4. September 2020.

Schallplatten

Gerhard Gundermann: Männer, Frauen und Maschinen (Amiga 1988).
Gundermann: Einsame Spitze (Buschfunk 1992).
Gundermann & Seilschaft: Der 7te Samurai (Buschfunk 1993).
Gundermann & Seilschaft: Frühstück für immer (Buschfunk 1995).
Gundermann & Seilschaft: Engel über dem Revier (Buschfunk 1997).
Gundermann: Krams – Das letzte Konzert (Buschfunk 1998).
Gundermann: Live – Stücke I (Buschfunk 2001).
Gundermann / Die Wilderer: Werkstücke II (Buschfunk 2004).
Gundermann: Torero. Werkstücke III (Buschfunk 2005).

Holger Schulze
Die Politik der Memes

Memblematik und Sensologie der Jahre 2016–2020

Zusammenfassung: Die Politik der Memes, die sich mit dem großen Memekrieg um die Wahl von Donald Trump im Jahr 2016 entwickelt hat, wird in diesem Beitrag nachgezeichnet: wie verändert sich der öffentliche, politische Diskurs durch audiovisuelle Memes? Der Beitrag schlägt hierzu zum einen eine Analyse von Memes nach dem Modell der Emblem-Analyse vor als sogenannte „Memblematik". Diese Untersuchung wird in einem zweiten Schritt in das weitere Feld der ubiquitären Mediennutzung, insbesondere der „ubiquitären Literatur" (Schulze 2020), eingebettet. In einem dritten Schritt wird zum Verständnis der demagogischen Wirkung von Memes der Begriff der „Sensologie" (Perniola 1994) erläutert und angewendet. Diese drei Ansätze werden schließlich anhand von Memes rund um den Brexit, die Fridays-for-Future-Bewegung und die Pandemie ab Frühjahr 2020 beispielhaft analysiert und bewertet. Diese knappen Beispielanalysen sollen die Erkenntniskraft der vorgeschlagene „memblematische Trias" belegen und ihre weitere Anwendung und Nutzung anregen.

Schlüsselwörter: Meme, Emblem, Politik, Sensologie, ubiquitär, Trump, Alt-Right, Trolling, Antikommunikation, Corona

1 Der Spencer-Hieb

Am Tag der Amtseinführung von Donald J. Trump stand Richard Spencer, prominentester Vertreter der sogenannten *Alt-Right*, an einer Straßenecke in Hörweite des großen Ereignisses und wurde interviewt. Er bemühte sich um Konzentration inmitten roter MAGA-Kappen und erster PUSSY GRABS BACK-Mützen. All seine „talking points" wollte er mitteilen: die Bedeutung von „Pepe The Frog", seine angebliche Abgrenzung von Neonazis sowie die damalige Konjunktur der Alt-Right mit der Trump-Wahl als ihrem vorläufigen Höhepunkt. Während Spencer nun sorgsam vorträgt, sich verteidigt, immer wieder unterbrochen vom Lärm der Gegendemonstranten und Trump-Anhänger, stürzt eine Person auf ihn zu – im schwarzen Kapuzenpulli: Ein ausgezeichnet demütigender Stoß mit der geballten Faust in die rechte Gesichtshälfte trifft Spencer und lässt ihn halb zur Seite stürzen, sich notdürftig berappeln und bekümmert und schnell weggehen, versorgt von seinen Mitstreiter*innen. Die Videoaufzeich-

https://doi.org/10.1515/9783110730609-015

nung dieses Gegenschlages gegen eine zunehmend enthemmte Gruppe stolzer Rassist*innen wurde umgehend verbreitet, vielfach aufbereitet und immer neu vertont. Der Fausthieb gegen die stylishe Galionsfigur der US-amerikanischen Neuen Rechten wurde taktgenau auf eine ganze Reihe von Musikstücken geschnitten. Taktgenau zum Fausthieb erklang im Video etwa der Orchester- und Gesangsaufschwung in Celine Dions „My Heart Will Go On" oder zu „Freude schöner Götterfunken" im 4. Satz von Beethovens 9. Sinfonie. Die Faust traf ihn mit Bruce Springsteens „Born In The USA", in Wiederholung geloopt zu Queens „We Will Rock You", Gwen Stefanis „Hollaback Girl" oder Pharrell Williams' „Happy", zu The Notorious B.I.G.s „Hypnotize" oder auch, rhythmisch sicher am komplexesten, zu Frank Zappas „Black Page #2", einem Stück mit hoher metrischer Komplexität, also mit Polyrhythmen, Polymetren und ineinandergeschachtelten Triolen.

Immer wieder wurde dieser Fausthieb neu vertont, geschnitten, hochgeladen, kompiliert und herumgereicht. Richard Spencer, ein Agitator, der just in diesem Interview doch die Kraft der Memes von Seiten der Alt-Right erläuterte und pries, wurde in der sturzflutartigen Tastaturpropaganda des Netzes umgehend selbst zum Meme: in einem kurzen Film, der wohl eine der schmerzvollsten und erniedrigsten Niederlagen seines politischen Lebens im Internet bleibend dokumentierte. Durch seine vielen Wiederholungen und das schnelle Zirkulieren wurde dieser Hieb zum sicht- und hörbaren Zeichen des Widerstandes, zum notorischen *Spencer-Hieb*. Das kaum eine Minute dauernde Video verkörperte einen befreienden Kampfschrei, der den sadistischen „Hail Victory!"-Rufen der neuen Faschist*innen entgegenschallte. Nun lachten wir über den dummen Nazischnösel, der hier endlich einmal amtlich eine in die Fresse gezimmert bekam – in einer Zeit, da die Nachrichten von Übergriffen, Fackelzügen und Hassverbrechen gegen Einwanderer*innen, gegen religiöse Minderheiten verschiedener Glaubensrichtungen täglich zunahmen. Das schreckliche Ende dieses neuen Naziterrors schien realistisch und wahrscheinlich. Wir lachten also über den gewaltsamen Schmerz, der einem Vertreter der politischen Gegenseite zugefügt wurde – einem Vertreter, der doch selbst unaufhörlich in gut getarnten Umschreibungen die angebliche Überlegenheit einer sogenannten „White Race" behauptete und darum zur Begründung eines „White Ethnostate" aufrief, der angeblich zum Selbstschutz auch Säuberungen und Pogromen durchführen müsse. Der Widerstand gegen diese Faschist*innen war an der Zeit (vgl. Schulze 2017, Schulze 2020c).

Mit dem Video des Gegenschlags wurde wirksamer Widerstand plötzlich wieder sichtbar und schien tatsächlich möglich, machbar und verbreitungsfähig: eine Ermutigung und Herzensstärkung im antifaschistischen Widerstandskampf. Der Spencer-Hieb wurde zum audiovisuellen Zeichen, zum Emblem, die Variantenfreude florierte und artikulierte eine Lust und Bereitschaft, eine Sehnsucht und Begehren nach Widerstand. Aber – so fragten sich nicht wenige, auch ich fragte mich das – war diese aggressive Form der Katharsis nicht nur eine abzulehnende und ethisch höchst fragwürdige Aneignung just der unmenschlichen Propagandamittel, die der faschistische Gegner doch nutzte? Das Schmähen und Verlachen des politischen Gegners, seine unaufhörliche Erniedrigung, der Strom an (Gegen-)Antworten und höhnischen Retweets, Postings und Shares sollten nun also von allen politischen Lagern seinen Ausgang nehmen? Waren soziale Medien und Netzwerke, individuelle audiovisuelle Artefakte, die Aussendungen von vielen Profilen, Avataren und Benutzerkonten nun endgültig zum neuen Schlachtfeld der politischen Auseinandersetzung und Propaganda im 21. Jahrhundert geworden – selbst wenn die Netzwerke der 2010er Jahre sich grundlegend von jenen der 2020er, 2040er oder 2000er unterscheiden mochten?

Zu Beginn der 2020er Jahre mögen wir noch streiten über den Wert und die Qualität der audiovisuellen Meme, Kommunikations- und Diskursformen, mit deren Hilfe eine Auseinandersetzung über die Richtung der demokratischen Gesellschaft geführt wird. Vergleichbare Auseinandersetzungen könnten jedoch auch in Zukunft unseren Alltag prägen. Die Politik der Memes, die sich in den Jahren 2016 bis 2020 bislang entwickelte, möchte ich nachzeichnen und zugleich einen Ansatz zur Deutung solch politischer Memes formulieren und zur Diskussion vorschlagen.

2 Der Große Memekrieg von 2016

Der US-Präsidentschaftswahlkampf des Jahres 2016 war der unbestrittene Präzedenzfall und Beginn der „Meme Wars". Die Repräsentation und Artikulation, das Ausagieren von Widerstand und Propaganda in Bildern, Filmen und Klängen traten in eine neue Phase. Über Monate hinweg wurden audiovisuelle Symbole, Verballhornungen und propagandistische Schmähungen von den neuen Rechtsextremen im Netz aufgetürmt. Die faschistischen Memekrieger*innen wurden durch einen Strom des Hasses und der Unterdrückungslust immer weiter angeheizt, nicht unmaßgeblich von Internetseiten wie *Daily Stormer*, *Breitbart* und *Alt-Right* wie auch von neuen Musikgenres wie der – aus dem Genre „Vaporwave" hervorgegangenen – „Fashwave" (Born und Haworth 2018, Glitsos 2018, Love 2017, Smith 2017) und eben von einer kaum endenwollenden Fülle an immer neuen Hasscollagen. Diese Memes und viralen Videos verhöhnten Einwanderer*innen, waren stolz mit Hakenkreuzen und Ehrenabzeichen geschmückt, nutzten die Symbolik der Vernichtungslager, der Bücherverbrennungen, der Gaskammern, der Züge in die Vernichtungslager, der faschistischen Markierungen ihrer Opfer als unaufhörlich zuschlagende und vernichtende Bildsprache. Diese neuen Nazis oder *Alt-Right* wurden vor allem als eine „informal and ill-defined collection of internet-based radicals" (Caldwell 2016) angesehen, die sich weiterhin gerne mit dem Präfix *Alt* schmücken wollten, als Kennzeichen ihrer angeblichen Wurzeln in der Alternativ- und Gegenkultur: abgeleitet von frühen „Usenet Newsgroups" der 1980er Jahre, die seit 1986 das Präfix „Alt-" oder „alt-" als Kennzeichen alternativer, nicht-mainstreamtauglicher und nicht offiziell in der Newsgroup repräsentierter Diskussionsthemen nutzten. Die Ausdrucksformen der *Alt-Right* waren denn auch alle Varianten des Internetaktivismus – in einer gewalttätig gesteigerten Form. Kommentarspalten wurden und werden gefüllt, Accounts mit abgelehnten politischen Ansichten belästigt, verhöhnt oder nur geärgert (d. h.: „getrollt"; vgl. Phillips 2015) – bis zu dem Punkt, dass diese verhassten gegnerischen Konten dazu gebracht werden, zu schweigen oder sich abzuschalten: „Lösch dich!" ist eine der beliebtesten verbalen Aggressionsformeln, um den Sieg über den Gegner endgültig zu bestätigen mit der Vernichtung, genauer: der digitalen Selbsttötung ihrer Profile und Protagonist*innen (vgl. Anders und Stegemann 2018).

Wie konnte man diesem Schwall an Aggression entgegengewirken? In welche andere andere Bahn konnte er gelenkt werden? In der Form des audiovisuellen Gegenschlages, des sogenannten Spencer-Hiebes, wurde eine Art Ersatzhandlung, vielleicht auch ein Probehandeln vollzogen: Wie könnte ein handgreiflicher und wirksamer Widerstand aussehen? Ein Widerstand, der nicht auf Befreier*innen von außen wartete, Alliierte oder Soldat*innen im Dienste einer antifaschistischen Denkweise? Eine erste Befreiung und Katharsis wurde anhand dieses Videos erfahrbar: eine Befreiung, wie sie zuletzt vielleicht nur Quentin Tarantino gelungen war im Zuge seiner filmisch nachholenden Abschlachtung der Nazis und ihres Führers in einem Pariser Kino anno 1944 in der Parallelwelt seines Filmes „Inglourious Basterds" (2009). Eine ähnlich herbeigesehnte Befreiung verkörperte der Spencer-Hieb: eine Befreiung von der Übermacht der neuen Faschist*innen. Eine sichtbare Aktion der Menschen, die sich gerne als Antifaschist*innen bezeichnen, oft abgekürzt *Antifa* oder, mit einem neuen, ursprünglichen Schmähwort, mutig umgedeutet und angeeignet: „Alt-Woke". Das Wort „Woke" kommt dabei von „awoken", im Deutschen: erwacht, aufgewacht, aus dem Schlaf der Vernunft aufgewacht, der die Monster des Faschismus, des Rassismus, des Sexismus und der intersektionalen

Diskriminierung gebiert – und zugleich achtsam und aufmerksam auf Artikulationen des Rassismus, Sexismus und der intersektionalen Diskriminierung. Dieses Wort „woke" wurde und wird teils milde ironisch für Personen gebraucht, die nach Jahren einer gewöhnlichen und reflexionsarmen Konsumbürgerexistenz als „Normie" nun offenbar ganz plötzlich die Ungerechtigkeiten, die Ungleichheit, die Unterdrückungsformen und die strukturelle Gewalt im täglichen Leben zu erkennen scheinen und deshalb unaufhörlich ihre Hinweise auf das ganze Spektrum der intersektionalen Diskriminierung und Unterdrückung durch Rassismus, Sexismus, Handicapismus, Ageismus oder Klassismus artikulieren. Der ironische Akzent liegt hierbei vor allem auf dem Konvertitencharakter solcher Stellungnahmen und der forcierten Selbstdarstellung als Person, die diese – ja nun schon weitaus länger bestehenden Ungerechtigkeiten – nun auch endlich zu verstanden haben scheint. Während der Begriff der Alt-Right dabei durchaus stolz und kämpferisch als Selbstbezeichnung seiner Protagonist*innen genutzt wird, ist „Alt-Woke" eher ein Schmäh- oder Verhöhnungsbegriff; er wurde und wird erst nach und nach im Zuge einer Resignifizierung der ursprünglichen Verhöhnung in überaffirmativer Weise angenommen (Anonymus 2017a, 2017b).

In den Debatten über diesen ersten großen Memekrieg scheint jedoch bis heute weitgehend unklar, ob das umfassende Ringen um Bilder, Aufmerksamkeit und kulturelle Hegemonie lediglich die bekannten politischen Schlachtfelder verschiebt, auf denen nun eine mutmaßliche „Alt-Left" sich ebenso wacker zu schlagen hat und versuchen sollte, sich die sogenannte „Meme Magic" der „Pepe"-Collageure rund um die „Church Of Kek" (vgl. Nagle 2017, S. 15f.) zurückzustehlen; oder ob hiermit tatsächlich eine grundsätzlich illegitime und abzuwehrende Überschreitung aller ethischen Grenzen hin zu Gewaltandrohungen und audiovisuell ausagierten Gewaltausübungen an politischen Gegner*innen zugelassen und gesellschaftlich etabliert wurde. Kann diese Öffnung der audiovisuellen Gewalt, der Wut, des Hasses in den allgegenwärtigen öffentlichen Raum jemals wieder rückgängig gemacht werden? Wer sich schadenfroh über den Spencer-Hieb vor Lachen schüttelt, geht der nicht bereits dem neuen, menschenfeindlichen Memekriegsregime auf den verführerischen Leim? Eine frühe, deutlich pragmatische Deutung der Memekriege als lediglich neuem Feld politischer Propaganda führte Matt Goerzen zum ebenso pragmatischen wie kämpferischen Aufruf, die „Meme der Produktion" müssten nun endlich auch für die politischen Ziele der linken Parteien genutzt werden:

> Während die Rechte sich heute in einer für Angriffe empfänglichen Position konsolidiert, hat die Linke jetzt immerhin damit begonnen, sich zur Übernahme der Techne durchzuringen, die von ihrem Gegner als so wirkungsvoll bewiesen wurde.
>
> (Goerzen 2017, S. 108)

Läge Goerzen damit richtig, wäre der Spencer-Hieb lediglich ein Auftakt der politischen Auseinandersetzungen im 21. Jahrhundert gewesen. Viel Aufhebens müsste darum nicht gemacht werden, es wären lediglich Bilder, Texte und Töne – und diese waren stets die Mittel der politischen Propaganda. Diese Propaganda bediente sich nun lediglich eines dynamischeren und machtvolleren Zirkulationsapparates, der ein millionenfach größeres Publikum viel schneller mobilisieren kann: Denn dieses Publikum besteht aus *Prosumern* solcher Meme – *pro*ducing con*sumers* nach Alvin Tofflers weitsichtiger und sich selbst erfüllender Prophezeiung aus den 1970er Jahren (Toffler 1970) –, die umgehend selbst zu Mitwirkenden und Produzierenden in der allgegenwärtigen Propaganda-Produktion werden. Die zweite, jedoch viel beunruhigendere Deutung allerdings, die im Memekrieg einen verheerenden Ausbruch von Gewaltphantasien und einen irreversiblen Kulturbruch erkennt, führte Angela Nagle am Ende ihrer beeindruckenden (wenn auch nicht unumstrittenen; vgl. Holt 2017, Baran 2016) Analyse der „Online Culture Wars" in *Kill All Normies* zu einem digitalen Stoßgebet:

> The online culture wars of recent years have become ugly beyond anything we could have possibly imagined and it doesn't look like there is any easy way out of the mess that has been created. Suddenly, how far away the utopian Internet-centric days of the leaderless digital revolution now seem, when progressives rejoiced that 'the disgust' had 'become a network' and burst suddenly into real life. Now, one is almost more inclined to hope that the online world can contain rather than further enable the festering undergrowth of dehumanizing reactionary online politics now edging closer to the mainstream but unthinkable in the public arena just a few short years ago.
>
> (Nagle 2017, S. 119)

In diesem Fall würde der memifizierte Spencer-Hieb den Gewaltausbruch weiter legitimieren und auf immer neue Höhen der Gewaltausübung schrauben. Wie im Jahr 2018 etwa, als Präsident Donald Trump – als wäre es eine Szene aus David Foster Wallaces *Infinite Jest* (Wallace 1996) – ein Meme streute, das ihn im „World Wrestling Entertainment"-Kampf 2007 zeigte, wobei der Kopf seines unterlegenen, von ihm selbst auf die Bretter geprügelten Gegners durch das Logo von CNN ersetzt worden war: also des Fernsehsenders, dessen journalistische Erzeugnisse von ihm zu allen Gelegenheiten als „Fake News!" geschmäht werden. „Kill All Normies!" ist nun das tägliche Ritual der „Two Minutes Hate" in Ozeanien?

Ein kurzes Video von Thor Harris, ehemaliger Schlagzeuger der Band The Swans und Aktivist für vielerlei politische Anliegen im Zeichen von Emanzipation und Fortschritt, brachte diesen Konflikt handgreiflich auf den Punkt. Anfang Februar 2017 lud er ein kleines Video auf Twitter (29 Sekunden lang) als direkte Antwort auf den Spencer-Punch. Harris ist darin in seinem Garten zu sehen, bekleidet mit grüner Wollmütze und kupferfarbenem T-Shirt und erläutert nachdenklich und beherzt, wie der Fausthieb gegen einen Nazi korrekt auszuführen wäre – maximal schmerzhaft für das Gegenüber, jedoch entlastend für den Schlagenden:

> Punching a Nazi or – any other member of the Republican Party: don't do it! Peaceful protest is better. But if you have to do it, please get someone to film it. Also: hold your wrist straight – like this! –, otherwise you could hurt your wrist! Ahem ... you wanna keep your elbow loose – and just *launch* your fist. Like a missile, and punch through the face. You don't wanna stop right at the face. You wanna punch to an imaginary space – behind the face!
>
> (Harris 2017)

Das Video wurde flugs von Twitter entfernt, doch freilich – wie es der Natur des Internets entspricht – erschien es umgehend auf vielen anderen Plattformen, die weniger stark moderiert und reguliert werden. Verschärft ein solches Video nun den Gewaltdiskurs, verlagert es ihn – oder besänftigt es ihn vielleicht sogar? Wie verändert sich ein politischer Diskurs durch Memes?

3 Memblematik und Sensologie

Memes und virale Videos funktionieren weder voraussetzungs- noch regellos (vgl. Bown und Bristow 2019). Im Gegenteil lassen sich gegenwärtig, nach rund drei Jahren des nahezu unausgesetzten Meme-Guerillakrieges einige klare Prinzipien benennen. Die Vermählung von bereitliegenden Bildern oder Bildklischees mit neuen Überschriften und ausdeutenden Texten, Tonspuren oder collagierten Bewegtbildern bringt dieses dynamische Bild-Text-Genre des 21. Jahrhunderts ganz in die Nähe zu einem Genre, das schon viele Jahrhunderte alt ist: Memes sind die Embleme der Gegenwart.[1] Das Genre der Embleme erlebte vor etwa 500 Jahren seine Hochzeit, im 16. und 17. Jahrhundert. Entscheidend für das historische Genre waren vor allem sein berühmter, dreigeteilter Aufbau

---

1 Vgl. hierzu ausführlicher Schulze 2020; Schulze 2021.

und seine vergleichsweise schnelle und nahezu ungehinderte Zirkulation in der Medienkonstellation der Epoche. Beides gilt, *mutatis mutandis*, für Memes und virale Videos gleichermaßen. Memes präsentieren als Bild zwar keinen Holzschnitt wie im Emblem üblich, doch ein (oft animiertes) *GIF*[2] als *pictura*, über die eine *inscriptio* als Mottozeile eingefügt wurde, die schließlich durch eine *subscriptio* vertont und ausgedeutet wird. Am Beispiel des „Distracted Boyfriend"-Memes von 2015 lässt sich das beispielhaft vorführen. Dieses Meme beruht auf einem wiederholt genutzten, identischen Stockfoto eines sich flirtend nach einer jungen Frau im roten Kleid umwendenden jungen Mannes im blaukarierten Flanellhemd – der dabei seine Partnerin im blassblauen Oberteil empört und ratlos zurücklässt. Dieses Bildklischee, diese *pictura* wird nun mit immer neuen Mottozeilen als *inscriptio* sowie Bearbeitungen als *subscriptio* ausgedeutet, in seiner Aussagekraft erweitert und auf alle nur irgendwie denkbaren Konstellationen angewendet: also Zusammenhänge, in denen die überraschende Hinwendung zu neuen Interessen höchst illegitim erscheint. Der Boyfriend wird mit „The Youth" beschriftet, die sich vom „Capitalism" ab- und dem „Socialism" zuwendet, er wird zu „Conservative Christians", die sich von „Jesus" ab- und einem Foto von Donald Trump zuwenden; der Boyfriend wird schließlich sogar zu „Me on Nov 1st", wenn ich mich von „Thanksgiving" ab- und den „Christmas"-Feierlichkeiten zuneige. Die Varianten und Ausdeutungen sind derart endlos, dass sogar der Trailer eines imaginierten Blockbuster-Filmes produziert wurde, rund um den „Distracted Boyfriend" (Know Your Meme 2017) – und auch historische Memes entstanden, die zeigen, wie Heinrich der VIII. sich nacheinander von seinen jeweils angetrauten Gattinnen ab- und einer jeweils neuen Partnerin zuwendet.

Dieser dreiteilige Aufbau lässt sich nun in allen nur denkbaren Memes und viralen Videos wiederfinden: etwa in Videos und Memes zum Spencer-Punch, in denen ein Video oder Standbild des Fausthiebes durch Überschriften und entsprechende Soundtracks ausgedeutet werden (sei es durch „We Will Rock You", „Happy" oder „Richard Spencer punched with Indiana Jones SFX") – oder in Memes und Videos rund um Greta Thunbergs Begegnung mit Donald Trump bei den Vereinten Nationen im Jahr 2019, als ihr erstarrt-angeekelter Gesichtsausdruck eine Deutung nahelegte, die in Memes dann ausgesprochen wurde: „When u try to murder someone with your mind". Während solche Fügungen allein als lediglich statische Bild-Text-Genres doch etwas dünn bis dürftig scheinen mögen – ähnlich wie die Embleme des 16. Jahrhunderts als isolierte

---

2 Mit dem Begriff des *GIF* wird auf digitale Bilder generell verwiesen, wobei pars pro toto nur eines der möglichen Bilddatenformate erwähnt wird, das „Graphics Interchange Format".

Phänomene –, so werden sie erst dann zum Leben erweckt, wenn sie im zirkulierenden, täglichen Diskurs gebraucht werden. Erst in ihrer Verbreitung als Kommunikationsanlass oder Kommunikationsakt, am Arbeitsplatz, beim Pendeln, Zocken, Biertrinken, Fernsehen, im Kino oder der Shishabar, wird diesen Memes eine angemessene Rezeptionshaltung entgegengebracht. Nicht die besinnlich-exklusive Ausdeutung eines einzelnen Artefaktes – wie ich sie hier in der Analyse vorführe – ist hierfür angemessen, sondern ihr allgegenwärtiges Vorüberfliegen im Schwarm, teilweise im Hintergrund, teils wie nebenbei. Memes sind eine ubiquitäre Kunstform, ähnlich der Ambient Music, funktionaler Playlists oder den Klängen von Einschlaf- und Konzentrations-Programmen, für die die Musikwissenschaftlerin Anahid Kassabian vor vielen Jahren den Begriff der „Ubiquitous Music" prägte (Kassabian 2013). Daran anschließend schlage ich für textbezogene Artefakte mit ähnlich funktionaler und uns einhüllender Nutzungsweise darum den Begriff der „ubiquitären Literatur" vor (vgl. bereits Schulze 2018a, Schulze 2020b). Für diese ubiquitäre Literatur gilt:

> Die Partikel, die auf unseren Leseapparaturen zirkulieren, den universal-mobilen Endgeräten, sie sind die Literatur dieser Gegenwart – gleich ob wir sie gerne lesen oder verschmähen. Diese Texte konsumieren wir: massenhaft und unaufhörlich, mit größtem Genuss, zu allen Tageszeiten und an allen Orten, ungeachtet sozialer Klassen, dynastischer Herkunft und – *horribile dictu!* – ungeachtet der Monatsgehälter, Aktienportfolios oder parteipolitisch empfundener Nähe. Partikelströme sind der Kanon. Die aufgelöste Literatur dieser Zeit ist die Literatur unserer Zeit.
>
> (Schulze 2020b, S. 27)

Die Bauform solch audiovisueller Memes der ubiquitären Literatur erneuert dabei die Wort-Bild-Fügungen früherer Jahrhunderte. Sie sind durchaus bösartig und sardonisch – allerdings stellen sie weiterhin einen Akt im Diskurs dar, wenn auch einen, der sich ausdrücklich nicht auf ein hinreichend systematisches Gedankengebäude stützt. Virale Videos und Memes sind damit ausgezeichnete Beispiele für den aktuell nahezu vollzogenen Wandel von *Ideologien* zu *Sensologien*, den der italienische Philosoph Mario Perniola bereits in den 1990er Jahren zu konstatieren begann. Noch ganz unter dem Eindruck des wahrlich zerstörerischen Regimes des Medienunternehmers und Erzpatriarchen Silvio Berlusconi hatte Perniola in „Del Sentire" (1992; dt.: „Über das Fühlen", 2009) Kommunikationstechniken nachgezeichnet, die einen sachlichen Diskurs, das Bemühen, argumentativ um eine Lösung gesellschaftlicher, wirtschaftlicher oder politischer Probleme zu ringen, in erster Linie lächerlich machen wollten. Dieser Nicht-Argumentationsstil, diese von Grund auf destruktive Form der Kommunikation hat dabei nicht nur eine lange Vorgeschichte und eine deutlich jüngere, moderne Geschichte ihrer Ausbreitung und Nutzung. Diese Antikommunikation oder genauer: *Zerkommunikation* ist vor allem eine (und vielleicht die wichtigste, da wirksamste) Machttechnik der Gegenwart – oder in den Worten der Mediensoziologin danah boyd: „the ability to hack the attention economy" (boyd 2018, TC: 00:04:20).

Zur Beschreibung dieser Machttechnik prägte Perniola dabei einen neuen Begriff, der dem der Ideologie nachgebildet ist – jedoch unter Austausch der „Idee" durch die „Sinne". Perniola bezeichnet die Ideologie unserer Gegenwart, gestützt auf die verschiedenen Apparaturen und Netzwerke zur Übertragung von Sendungen in verschiedenen Sinnesmedien, als „sensologia" oder „Senso-logie". Sie ist die Ideologie unserer Zeit. Anders jedoch als im 18. und 19. Jahrhundert wird diese Ideologie nicht mehr vor allem durch Schriftwerke und Lehrgebäude vermittelt, sie ist keine Ideologie der Konzepte, keine „Konzepto-logie" oder „concettologia". Vielmehr – beginnend schon im 20. und nun voll entfaltet im 21. Jahrhundert – operiert sie vor allem durch Handlungsweisen, durch sensorische Reiz-Reaktionsmuster („Ready-Felts") und entsprechende technische Apparaturen, die als Machtapparaturen die Wahrnehmung und das Sinnenerleben, das Sinnenbewusstsein transformieren zum Nutzen einer hier-durch handelnden Machtinstanz. Die scharfe Abgrenzung dieser beiden Formen von Ideologie muss allerdings – wie auch von Perniola betont – historisch diffe-renziert werden. Denn es lassen sich viele Beispiele von klassischen Ideologien des 19. Jahrhunderts finden, die in der Gegenwart fortleben, wie sich auch be-deutsame Vorläufer von Sensologien als Machttechniken bereits im 19. und frühen 20. Jahrhundert finden lassen.

Die Beispiele Perniolas sind dem Feld der Fernseh- und Boulevard-zeitungswelt des Berlusconi-Regimes in Italien zum Ende des 20. Jahrhunderts entnommen; doch zum Beginn des 21. Jahrhunderts bieten Derailing, Whataboutism, Social-Media-Agitation und die Herabsetzung und das propa-gandistische Niederknüppeln des Gegenübers noch weitaus stimmigere Beispie-le des sensologischen Zerkommunizierens. Memblematik und virale Videos sind die ausgesuchten Werkzeuge hierfür. Bietet ein emblematischer Aufbau aber nicht gerade ein wirksames Kommunikationsmittel, wie zuvor doch ausgeführt? Eine solche Deutung würde Memes zu naiv verstehen, als lediglich neuartige Bildtextfügung. Neben dieser materialen Gestalt aber werden Memes vor allem durch ihre Zirkulation und ihre Funktion darin definiert. Ähnlich wie Embleme befördern sie dabei nicht notwendigerweise einen Austausch- und Erkenntnis-prozess. Vielmehr stabilisieren, archivieren und materialisieren sie einen vor-herrschenden Konflikt oder eine machtvolle Position im Diskurs. Eine tatsächliche Lösung eines gesellschaftlichen oder politischen Problems ist hier nicht das Ziel; eine ausgleichend geführte Debatte wird eher umgehend zerstört, zerfetzt und höhnisch zu Klump gehauen. Angestrebt wird hier – ganz ähnlich den erbaulichen Emblemen früherer Epochen – vor allem der Machterhalt durch die Antikommunizierenden. Diese haben dann selbstredend gar kein politisches Programm oder Lösungsvorschläge – abseits ihres Machterhalts (oder einer Machtergreifung).

Die Wirkung solcher Antikommunikation qua Aufmerksamkeitsokkupation lässt sich am deutlichsten anhand von drei Machthabern zeigen, die aktuell oder in der jüngeren Vergangenheit diese Sensologien nutzten oder nutzen: Silvio Berlusconi, Donald Trump und Wladimir Putin. Berlusconi erreichte dies durch die Fernsehdominanz seines Konglomerats namens „Mediaset", seine immer wieder geleugnete, doch faktisch wiederholt zu beobachtende Einflussnahme auf weibliche Journalist*innen und Sendungen des staatlichen Senders RAI, das Überfluten des Fernsehmarktes mit Sendungen, die vor allem Quizspiele und Soft-Erotik anboten – Geld und Sex zur Zerstreuung der Bedürfnisse der „Proles", mit einem Begriff aus George Orwells *1984* gesprochen. In Putins Propaganda der physischen Härte, der siegreichen, national verankerten Unerbittlichkeit, der atavistischen Männlichkeit seiner Person (beim Angeln, beim Jagen, beim Reiten, beim Judo) lassen sich die gleichen Motive der Zerstreuung jedes Diskurses finden. Verstärkt werden sie in den Fragefernsehsendungen, die ihn als obersten Volkstribun inszenieren – jedoch tatsächlich vor allem seine Unangreifbarkeit, umfassende Besorgtheit, Stärke und Unumgänglichkeit darstellen, sein Verlachen aller ausländischen Umtriebe um sogenannte „Menschenrechte", die freilich allein der Feind-propaganda dienen müssen. Schließlich sind die zahllosen, verächtlichen Tweets und Hassreden, -aktionen und -produkte aufzuzählen, die Donald J. Trump vor und nach seiner Wahl zum US-amerikanischen Präsidenten unaufhörlich aussandte, die von Tausenden Bots und Akteuren flankiert und verstärkt wurden – und in deren Windschatten faktisch jede denkbar feindlich gesonnene Gesetzgebung versteckt werden konnte: gegen Minderheiten, gegen die Unterschicht (die ihn angeblich doch wählte, indes vielfach widerlegt), gegen Alte, Kranke, gegen Kinder und deren Überleben auf einem ökologisch vernichteten Planeten. Es ist durchweg eine Antipolitik des reinen Machterhalts, die diese drei Protagonisten verkörpern. Ihre Machttechnik hierzu ist die sensologische Zerkommunikation, verwirklicht durch Memblematik und virale Videos. Die Kanäle der sozialen Medien werden verstopft von Artikulatio-nen der Empörung und Verhöhnung. Die sensologische Provokations-Performance der Trolle, Bullies und Bots trifft auf viel zu ernsthafte Problemlö-ser*innen und Denker*innen in Sorge um einen konsensorientierten Diskurs.

Letzter haben die schlechteren Karten. Selbst Thor Harris erläutert in seinem viralen Video den Schlag gegen einen Nazi überaus bedacht und präzise, nahezu mitfühlend und eher als eine allerletzte, höchst klug zu kalibrierende Notwehr. Kein Hass, keine Vernichtungslust, keine Böswilligkeit sind hier zu spüren – eher Samaritertum und Empathie. Im Zeichen der Antikommunikation allerdings muss solch bedachtes und verstehenwollendes Kommunizieren unweigerlich scheitern: Dieses Scheitern lustvoll und möglichst boshaft herbeizuführen, ist das höchste Ziel der Alt-Right, ihrer Meme Magic und ihrer ubiquitären Agitation.

4 Virale Video-Politik in den Jahren 2019 und 2020

Die Geschichte steht nicht still. Das gilt auch für die Geschichte der neuen Agitations- und Propagandawerkzeuge im 21. Jahrhundert. Während die Jahre 2017 und 2018 beherrscht wurden vom erschreckenden Erfolg der Alt-Right, mehr und mehr aber auch der Widerstand dagegen sich formierte und erste Erfolge feiern konnte, so lassen sich seither, in den Jahren 2019 und 2020, deutlich mehr Nutzungen von Memblematik und auch von Sensologien feststellen, die nicht mehr nur konsensorientierte Diskurse zerspielen und verstopfen wollen, sondern die tatsächlich die Aufmerksamkeit auf vernachlässigte Aspekte lenken möchten (vgl. Karpf 2018).

Diese Verschiebung der Membleme ließ sich zuerst deutlich beobachten anhand einiger viraler Videos rund um den *Brexit* im Jahr 2019: Diese Videos gehen zwar vom sensologischen, eher freidrehenden Spaß der Memblematik aus – bewegen sich jedoch mehr und mehr in Rhetoriken der Argumentation, der Versinnbildlichung und der parodierenden Allegorien hinein. Ein Video unterlegte zum Beispiel ausgewählte Worte und Phrasen, die von der damaligen britischen Premierministerin Theresa May ausgesprochen worden waren, mit einem Sample aus „I Am Coming Out" (1980) von Diana Ross (in einer leicht beschleunigten und basslastigeren Version, mit der „Mo Money Mo Problems" (1997) von The Notorious B.I.G. beginnt), sodass dieses Lied durch leichte Anpassungen im Text zum euphorischen Bekenntnis der Sinn- und Ziellosigkeit des gesamten *Brexit* wurde: „How can I negotiate if I can't face Corbyn in a debate." In einem weiteren Video wurden Phrasen von Boris Johnson dem The Clash-Song „I Fought The Law" von 1977 so unterlegt, dass dieser zum jämmerlichen Eingeständnis der politischen Planlosigkeit und juristischen Ahnungslosigkeit jener Regierung wurde: „I tried to force No Deal on the nation: I fought the law and the law won." Schließlich wurde nach einer Auftaktrede von

Johnson, vor einem monochromen Hintergrund, der sich ideal für Bluescreen-Effekte eignete, Szenen aus der damals aktuellen Verfilmung des Musicals „Cats" hineinkopiert: Die Katzen tanzen flamboyant um den wirren neuen Regierungschef herum. Allen diesen Memblemen und viralen Videos ist gemein, dass sie tatsächlich ihre Protagonist*innen nur leicht, fast schon liebevoll audiovisuell ironisieren, sie jedoch nicht gewaltsam und mordlustig verhöhnen und deren Vernichtung propagieren. Die Hilfsmittel einer spielerischen Umdeutung werden allerdings dazu genutzt, auf textlich belegbare Schwachpunkte und innere Widersprüche jener Politik hinzuweisen (am wenigsten noch im Bluescreen-Video, das Johnson vor allem der Lächerlichkeit preisgibt). In diesem Sinne sind diese Videos auch eher ungewöhnliche Memes, da hier tatsächlich ein Diskurs kommunikativ und spielerisch fortgesetzt und nicht allein höhnisch zerstört und verstopft wird.

Dies gilt in noch viel größerem Maße für einige Videos rund um die Fridays-for-Future-Bewegung und deren Hauptprotagonistin Greta Thunberg. Hier wurde insbesondere eine beherzte Ansprache Thunbergs vor der Vollversammlung der Vereinten Nationen, die sie am 23. September 2019 hielt, zum Anlass für eine audiovisuelle Bearbeitung genommen (Thunberg 2019). Während die Ansprache selbst schon beeindruckend eindringlich formuliert war, sicher eine der historischen Reden des 21. Jahrhunderts, wurde ihre Wirkung nur noch weiter verstärkt durch virale Videos, in denen diesen Worten etwa die Elektropop-Riffs von Anne Clarks „Our Darkness" (1984) unterlegt wurden, in einem ebenfalls bassreicheren und druckvolleren Clubmix oder einer eher generischen Version klischeehaften Elektropops der Gegenwart: „How dare you!" Eine der beeindruckendsten Inszenierungen dieser Rede allerdings produzierte der New Yorker Metal-Schlagzeuger und Produzent John Meredith. Er unterlegte ihren Worten die charakteristischen Gitarrenakkorde, Riffs und Verzerrungen des schwedischen Black-Metal-Genres – und schichtete darüber noch etwas Weiteres: er sang nochmals die exakten Worte Thunbergs ein, jedoch im gutturalen Duktus, der ebenfalls typisch für Black Metal ist. Während der erste Eindruck vielleicht der einer Verhöhnung von Thunberg sein könnte, so belegt der weitere Höreindruck des gesamten Stückes, dass es Meredith tatsächlich um eine Unterstützung und bestmögliche Verstärkung von Thunbergs Anliegen geht: All die Wucht, Kraft, Ernsthaftigkeit, Tiefe und ein brachialer Mut im Angesicht des Todes, der einem damals 16-jährigen, schwedischen Mädchen mit Zöpfen in aller Regel kaum zugestanden wird, wird in der Darstellung des Black-Metal-Genres plötzlich in seiner Überzeugungskraft und Stärke spürbar. Meredith macht sich im allerbesten Sinne zum ausführenden Organ, zum öffentlichen Verstärker von Thunbergs Worten. Das daraus entstandene Stück ist gelungene politische Kommunikation unter den medialen Rahmenbedingungen im ersten Viertel des 21. Jahrhunderts.

Ähnlich in den Dienst der guten Botschaft stellt sich auch der britische DJ und Produzent Fatboy Slim alias Norman Cook, wenn er einen insistierenden Remix seines Tracks „Right Here, Right Now" (1999) produziert, der durch eingeschnittene Worte Thunbergs und Bilder der katastrophischen Vernichtung des Planeten durch verantwortungslose Klimapolitik zum Mittel politischer Agitation und Propaganda für diese gute Suche wird:

> The world is waking up. And change is coming, whether you like it or not. – Right here, right now. Right here, right now. Right here, right now. Right here, right now. Right here, right now. Right here, right now. Right here, right now. Right here, right now.

Die bewegte Stimme Thunbergs geht dann im Loop über in die epochale Bassdrum des ursprünglichen Tracks. Können die kommunikationszerstörenden Techniken von Sensologie und Memblematik somit vielleicht rhetorische Figuren erneuern und politische und gesellschaftliche Kommunikation zu guten Zielen antreiben – und nicht allein der Verhöhnung, der Vernichtung und der Todessehnsucht dienen?

Eine Nagelprobe hierfür war dann im Folgejahr 2020 die globale Pandemie von Sars-CoV-2 („Severe Acute Respiratory Syndrome-Coronavirus-2"). Im Frühjahr, nach der beginnenden Ausbreitung des Virus und den medizinischen Maßnahmen, die in allen betroffenen Ländern ergriffen wurden, dominierten zunächst noch die üblichen, eher harmlosen Kalauer: etwa eine Corona-Bierflasche, der eine Gruppe von Heineken-Bierflaschen nur mit Mundschutz entgegentritt – oder die zahllosen Bildwitze, Karikaturen, Collagen und Memes, in denen das in jenen Tagen sicherheitshalber gehortete Klopapier als neue Goldwährung präsentiert wird. Später jedoch, als Kontakteinschränkungen, Abstands- und Hygieneregeln weltweit in unterschiedlichen Varianten gültig waren, nur leider nicht von allen Einwohner*innen entsprechend ernsthaft eingehalten wurden, dominierten vor allem zwei Stränge von Memes und viralen Videos (vgl. hierzu auch Pauliks 2020): einerseits Lieder und Memes, die helfen sollten, die neuen Verhaltensempfehlungen zu erinnern, zu verstehen und korrekt zu befolgen – und andererseits solche Memes und Videos, die erbaulich und vergnüglich dabei helfen sollten, die Einschränkungen des Daheimbleibens zu ertragen und so lange durchzuhalten, wie es medizinisch, epidemiologisch und politisch angezeigt schien. In zahlreichen Ländern wurden Lieder zum Memorieren und Verbreiten der neuen Hygieneregeln eingesetzt oder übernommen, etwa in den frühen und berühmten Beispielen aus Vietnam, Ecuador oder den USA (Tronix 2020, Pilaguano 2020, Centers for Disease

Control and Prevention 2010). Solche Lieder und Memes entstanden in vielen Nationen und wurden in aller Regel entweder von der Regierung und den jeweils maßgeblichen, epidemiologischen Forschungsinstituten ausdrücklich unterstützt und gestreut, wenn nicht sogar in Auftrag gegeben.

Viele der erbaulichen Videos andererseits gingen anfangs von den bekannten Balkonkonzerten in Italien aus – etwa aus Palermo, Salerno, Neapel, Turin oder Bologna (Nichols 2020) –, die in der Folge immer mehr Menschen anregten, ähnliche Balkonkonzerte zu geben und damit selbst wiederum Teil von Memes zu werden, die etwa die Naivität verhöhnten oder auch die eindeutige Klassenzugehörigkeit der musizierenden Menschen ohne offensichtliche Angewiesenheit auf Lohnarbeit. Im Laufe der Zeit produzierten und publizierten dann auch etliche professionelle Musiker*innen Lieder, die das Daheimbleiben erleichtern sollten wie etwa „Ein Lied für Jetzt" von Die Ärzte (2020) oder „Stay Away" von Randy Newman (2020) – und auch viele der täglichen oder wöchentlichen Streaming-Shows und -Performances sind dem zuzurechnen, so etwa auch die 52 abendlichen „Hauskonzerte", die der Pianist Igor Levit vom 12. März bis zum 4. Mai 2020 täglich ab etwa 19 Uhr aus seiner Wohnung oder anderen Orten, teilweise auch im Duo mit der Cellistin Julia Hagen, per Stream verbreitete (u. a. mit Stücken von Reger, Schumann, Feldmann, Beethoven, Brahms und Bach, von Busoni, Wagner, Liszt, Mussorgsky und Prokofjew, von Dessau, Cardew und Rzewski). Diese Aufnahmen sind nun eher indirekt mit den erbaulichen Bedürfnissen in jenen Wochen verbunden: sie werden allerdings umso deutlicher erfüllt in der hingebungsvollen Performanz jener Künstler*innen. Die Zuwendung, die Zeit, die Energie, die Kraft und die schiere Präsenz, die hier aufgewendet werden: All dies wird – abseits aller sehr berechtigten Klassismusvorwürfe – vom Publikum offenbar als hilfreich, unterstützend, unterhaltend, wenn nicht sogar als kräftigend erlebt.

Neben diesen beiden Hauptströmen der Corona-Memes, den erzieherischen und den erbaulichen, möchte ich zum Abschluss auf drei Typen von Corona-Memes eingehen, die einerseits mit den Prinzipien der Memblematik weiterarbeiten – und andererseits weit über die übliche Zerkommunikationsblockade hinausgehen. Es sind Memes, die tatsächlich Aussagen und Bedürfnisse hinsichtlich der Pandemie und der medizinischen Kontakteinschränkungen artikulieren und kommunizieren – und dies auch mit den zuvor erläuterten Mitteln der Memblematik tun.

Ein Teil dieser Memes beschäftigt sich mit dem für manche auftretenden Verlust eines Zeitgefühls aufgrund von fehlenden Aktivitäten außerhalb der eigenen vier Wände. Am Anfang der Kontakteinschränkungen in Deutschland, des „Lockdowns", sowie der Ausgangssperren in anderen Ländern und Regionen gaben diese Veränderungen überraschenderweise umgehend Anlass zu erlösungsfrohen Prognosen – wie etwa vom Zukunftsforscher Matthias Horx (vgl. Horx 2020). Erst später, als klar wurde, dass „the pandemic is not a three months inconvenience but a generational upheaval" (Saadia 2020), wurden diese Verschiebungen wiederholt in Zeitschriften, Zeitungen und auf Feuilleton-Portalen diskutiert, etwa bei *54books* (Brommann, Kreuzmair, Ohnesorge, Pflock und Schumacher 2020). Früh kursierten schon Memes, die diesen Verlust des Zeitgefühls aufgriffen und damit spielten – sogar in Nachrichtensendungen, etwa auf *fox8news* im Bundesstaat Cleveland, mit einem Segment namens „What day is it?" (Stelter 2020). Dieses Verlieren von Ankerpunkten in der Zeit wurde zugleich gesteigert durch den Verlust von Anknüpfungspunkten im Raum, hier vor allem durch die Entleerung von üblicherweise belebten oder gar überfüllten öffentlichen Plätzen und Straßen. Dokumentiert wurde dies durch zahlreiche Fotostrecken, Fernsehbeiträge und virale Videos, besonders beeindruckend vermutlich in dieser Inszenierung des Journalisten Dan Johnson: Sein Weg zu seinem Arbeitsplatz in einem BBC-Studio führte wie üblich durch das Herz Londons, doch anders als sonst waren die Straßen nun eben nicht überfüllt, laut und dicht, sondern nahezu menschenleer. Er unterlegte darum eine leicht beschleunigte Aufnahme seines Arbeitsweges mit dem Lied „Unfinished Sympathy" von Massive Attack, dessen Musikvideo etwa dreißig Jahre zuvor (1991) durchaus vergleichbar einen ungehinderten Fußweg der Sängerin zeigte, in einer mutmaßlich ununterbrochenen Einstellung – damals allerdings auf einem Bürgersteig in Los Angeles. Die Bildsprache des Arbeitsweges zur BBC wurde kurz darauf im Musikvideo „Living In A Ghost Town" von den Rolling Stones aufgegriffen (2020) – in Verbindung mit dem charakteristischen Bilderschachbrett aktuell gängiger Videokonferenz-Anbieter.

Diese drei Videos – das Musikvideo, das beschleunigte Arbeitsweg-Video, mit Musik unterlegt, sowie der Ausschnitt aus einer Nachrichtensendung – verbindet, dass sie tatsächlich emblematisch funktionieren, jedoch in diesem Fall nicht als polemisch-hasserfülltes Verstopfen der Kommunikationskanäle, sondern als Kommunikationsbeitrag. Sie artikulieren in der charakteristischen Dreiteilung des Emblems den erwähnten Verlust von Zeit- und Raumankern: durch die Verbindung von Videobild, Überschrift (Tweet) und unterlegter oder produzierter Musik oder gesprochenem Text: *pictura movens, inscriptio brevi nuntium* und *subscriptio audibilis* – Bewegtbild, Kurznachrichten-Motto und hörbarer Text. Selbst Beiträge, die sich nahezu außerhalb des Kommunikationsraumes zu bewegen scheinen und nahezu überwiegend performativ bestimmte Bedürfnisse artikulieren (vgl. Koppe 1977, Schulze 2020a, S. 14f.) – mit einem nur minimalen Aussagegehalt –, folgen dieser memblematischen Trias. Der zuvor bereits erwähnte Musiker und Aktivist Thor Harris konzentrierte sich etwa ganz auf die non-verbale Artikulation eines Schmerzensschreis: Er twitterte ein Video, 5 Sekunden lang, in dem er unter dem Schlagwort „#LifeHacks" nichts anderes tat, als zu schreien (Harris 2020). Er schrie jedoch nicht – und hier tritt Semantik hinzu – einen gutturalen, tiefen Schrei des Angriffs, der Wut, der Kraft; sondern es waren hohe Töne, Töne der Panik, der Flucht, der Todesangst. Anders als es vielleicht von manch anderen erwartet würde, die muskulös, mit Vollbart und im Vollbesitz ihrer Fertigkeiten losschreien, tat er dies hier im Gestus der Schwäche und der Not, ein Alarmschrei, der alles andere als angsteinflößend ist. Harris' Schreie rufen um Hilfe. Die memblematische Trias zeigt sich auch hier im Video (*pictura movens*), im Tweet „#LifeHacks" (*inscriptio brevi nuntium*) und in der klanglich-schreienden Artikulation (*subscriptio audibilis*).

5 Die Memblematik und der politische Diskurs

An diesem letzten Abschnitt meines Beitrages möchte ich zu den Ausgangsfragen meiner Auseinandersetzung mit Memblemen und viralen Videos zurückkehren, ausgehend vom Großen Memekrieg 2016. Anhand der viralen Attacken und Vernichtungsmemes der Alt-Right rund um die Wahl und Präsidentschaft von Donald J. Trump stellte ich mir die Frage, wie denn auf solch eine Propagandapraxis zu reagieren wäre: Wie verändert sich ein politischer Diskurs, der sich vor allem durch Memes vollzieht – und sowohl Kritik als auch Katharsis allein in der Aneignung potentiell faschistischer Propagandamittel sucht? Hintertreibt politischer Widerstand, der mutmaßlich ähnliche Hilfsmittel wie sein bekämpfter Feind nutzt, nicht alle seine politischen Ziele in der Substanz? Die Memblematik, die ich zum Verständnis der Wirkweise von Memes in diesem Beitrag vorgeschlagen habe, und die Beispiele rund um den Brexit, die Fridays-for-Future-Bewegung und die Pandemie seit dem Frühjahr 2020, zeigen nun aber, wie eine Politik der Memes in der Praxis weit über die Imitation der Alt-Right-Demagogie hinausgeht. Anders als die Hasspropaganda der Alt-Right mit ihrer Machttechnik des massenhaften, sensologischen Zerkommunizierens jedes politischen Diskurses lässt sich in jüngeren Nutzungen der Memblematik tatsächlich eine Fortsetzung des politischen Arguments erkennen. Der Gegner soll hier keineswegs vor allem lächerlich und mundtot gemacht werden. Das ist in allen zuletzt hier angeführten Beispielen nie der Fall – nicht einmal in Thor Harris' Instruktionsvideo zum physischen Widerstand gegen Nazis: „Punching a Nazi or – any other member of the Republican Party: don't do it! Peaceful

protest is better" (Harris 2017). Ganz im Gegenteil zeigt sich, wie die memblematische Trias zunehmend auch als Mittel der Kommunikation von Anliegen, politischem Dissens und Bedürfnissen genutzt wird. Der Deutungsansatz der Memblematik erlaubt hier ein präziseres Verständnis, das über das pauschale
Verurteilen oder Preisen eines Genres oder Kommunikationsmittels als Ganzes
deutlich hinausgeht. Dies zeigt sich nicht zuletzt in den Memes, die auf Maßnahmen zur Kontakteinschränkung in der Pandemie des Jahres 2020 reagieren.

Im Frühsommer 2020, zum Zeitpunkt der Niederschrift dieses Beitrags, war
und ist es noch zu früh, um zu beurteilen, wohin die aktuell zunehmenden
Verschwörungsangstlustfantasien (vgl. Lamberty und Nocun 2020) rund um die
Pandemie noch führen werden. Neben den demagogischen Behauptungen einer
mafiösen Machtergreifung und gewaltsamen Chipeinpflanzung durch angebliche bösartige Impfzaren wie Bill Gates (propagandistisch vertrieben durch öffentliche Figuren wie Xavier Naidoo, Attila Hildmann und Detlef Soost) organisieren sich mehr und mehr Menschen, die die Kontakteinschränkungen als
unangenehme Fremdbestimmung erfahren, in regelmäßigen Demonstrationen
und im Stil einer Bürgerbewegung unter dem Begriff „#Widerstand2020", sowie
unter dem an die Verschwörungsfantasie „QAnon" angelehnten Begriff der
„Querdenker". Zu einem nicht geringen Maße werden diese Aktionen auch von
Rechtsextremen und Neonazis als willkommene Werkzeuge zur Ausbreitung
ihrer Medienpräsenz genutzt. Entwickelt diese Agitation tatsächlich politische
Macht, wie es den PEGIDA-Demonstrationen durch die weitgehende Übernahme der AfD gelang? Oder verschwinden diese Aktionen und ihre Propagan-
dist*innen wieder aus der öffentlichen Wahrnehmung in die Subkulturen des
Aberglaubens, der Sektiererei und des esoterisch-manipulativen Unternehmer-
tums? Im Sinne der Memblematik lassen sich ihre Werkzeuge der Kommunikation künftig genau in ihrer Wirkweise untersuchen. Anders als diese Instrumen-
talisierungen der Pandemie allerdings scheinen mir Bedürfnisartikulationen
aktuell in der Breitenwirkung noch zu überwiegen – wie etwa das kleine, 28-
sekündige Instruktionsvideo einer Musiklehrerin, in dem sie eingangs zunächst
erläutert, wie sie am besten mit den Herausforderungen durch ihren Online-
Unterricht aufgrund der angezeigten Kontakteinschränkungen dieser Tage umgeht, nämlich durch Songwriting: „So, I wrote a song" (Smith 2020). Sie greift
dann zu ihrer Ukulele – „I like to share that with you guys now. Here we go"
(ebd.) – und beginnt, eine leichte, sanft pulsierende Melodie mit optimistisch
stimmenden Akkordwechseln zu spielen. Nach wenigen Takten atmet sie selbst
tief erleichtert und wie von einer schweren Last befreit auf. Als Betrachter folge
ich dieser Entspannung, lasse los und wiege mich in Sicherheit – bis Lizzie
Smith in Sekunde 25 beginnt zu singen: ohrenbetäubend, in der höchsten Kopf-

stimme kreischt auch sie den unausgesetzten Schrei der Angst, der Flucht, des Hilferufs – bevor das Video unvermittelt abbricht.

Medienverzeichnis

Literatur

Anders, Rayk und Patrick Stegemann. 2018. Lösch Dich! So organisiert ist der Hate im Netz. In *Funk & Kooperative Berlin. YouTube*. https://www.youtube.com/watch?v=zvKjfWSPl7s. Zugegriffen am 6. April 2021.

Anonymus. 2017a. Alt Woke Manifesto. In *tripleampersand*. http://tripleampersand.org/alt-woke-manifesto/. Zugegriffen am 6. April 2021.

Anonymus. 2017b. Alt Woke Companion. In *tripleampersand*. http://tripleampersand.org/altwoke-companion. Zugegriffen am 6. April 2021.

Born, Georgina und Christopher Haworth. 2018. From Microsound to Vaporwave: Internet-mediated Musics, Online Methods, and Genre. In *Music and Letters*, 98(4): 601–647.

Bown, Alfie und Dan Bristow (Hrsg.). 2019. *Post Memes: Seizing the Memes of Production*. Earth, Milky Way: punctum books.

boyd, danah. 2018. How An Algorithmic World Can Be Undermined. Keynote Lecture 1. Mai 2018. In *re:publica 18. YouTube*. https://www.youtube.com/watch?v=NTl0yyPqf3E. Zugegriffen am 6. April 2021.

Brommann, Annica et al. 2020. Tag für Tag festhalten, reflektieren, revidieren – Notizen zur Zeitwahrnehmung in Corona-Tagebüchern. Gastbeitrag 2. Mai 2020. *54Books*. https://www.54books.de/tag-fuer-tag-festhalten-reflektieren-revidieren-notizen-zu-zeitwahrnehmung-gegenwart-und-aktualitaet-in-corona-tagebuechern. Zugegriffen am 6. April 2021.

Caldwell, Christopher. 2016. What the Alt-Right Really Means. In *The New York Times*. https://www.nytimes.com/2016/12/02/opinion/sunday/what-the-alt-right-really-means.html. Zugegriffen am 6. April 2021.

Castells, Manuel. 1996–1998. *The Information Age: Economy, Society and Culture, Volume 1-3*. Oxford/Malden, MA: Blackwell Publishers.

Centers for Disease Control and Prevention. 2010. Happy Handwashing Song. *Centers for Disease Control and Prevention. YouTube*. https://www.youtube.com/watch?v=kHPQrYthn6M. Zugegriffen am 6. April 2021.

Glitsos, Laura. 2018. Vaporwave, or Music Optimized for Abandoned Malls. In *Popular Music*, 37(1): 100–118.

Goerzen, Matt. 2017. Die Meme der Produktion. In *Texte zur Kunst*, 106 (Juni 2017): 87–108.

Harris, Thor. 2020. #LifeHacks. *Twitter*. https://twitter.com/thorharris666/status/%201248299223109570569. Zugegriffen am 6. April 2021.

Harris, Thor. 2017. Thor Harris Give Advice „How to Punch Nazi". Banned from Twitter. *Elena Rudakova. YouTube*. https://www.youtube.com/watch?v=BZk-kUGMakA. Zugegriffen am 6. April 2021.

Hepp, Andreas. 2012. *Cultures of Mediatization*. Cambridge, UK: Polity Press.

Holt, Macon. 2017. Review: Kill All Normies by Angela Nagle. *arkbooks.de*. http.//arkbooks.dk/ review-kill-all-normies-by-angela-nagle. Zugegriffen am 6. April 2021.

Horx, Matthias. 2020. Die Welt nach Corona. *horx.com*. https://www.horx.com/48-die-welt-nach-corona. Zugegriffen am 6. April 2021.

Johnson, Dan. 2020. Filmed my drive in for the nightshift @BBCNews HQ and added some @MassiveAttackUK. Starts near Houses of Parliament – Whitehall – Trafalgar Sq – Picadilly Circus – Regent St. *Twitter*. https://twitter.com/DanJohnsonNews/ status/1246370476059959297. Zugegriffen am 6. April 2021.

Karpf, David. 2018. The Many Faces of Resistance Media. In *The Resistance: The Dawn of the Anti-Trump Opposition Movement*, Hrsg. David S. Meyer und Sidney Tarrow. Oxford: Oxford University Press.

Know Your Meme. 2017. Distracted Boyfriend. *Know Your Meme*. https://knowyourmeme.com/ memes/distracted-boyfriend. Zugegriffen am 6. April 2021.

Koppe, Franz. 1977. *Sprache und Bedürfnis. Zur sprachphilosophischen Grundlage der Geisteswissenschaften*. Stuttgart-Bad Canstatt: Frommann-Holzboog.

Lamberty, Pia und Katharina Nocun. 2020. *Fake Facts: Wie Verschwörungstheorien unser Denken bestimmen*. Berlin: Quadriga Verlag.

Love, Nancy S. 2017. Back to the Future: Trendy Fascism, the Trump Effect, and the Alt-Right. In *New Political Science*, 39(2): 263–268.

Nagle, Angela. 2017. *Kill All Normies*. London: Zero Books.

Newman, Randy. 2020. Stay Away. *Late Show with Steven Colbert. Twitter*. https://twitter.com/colbertlateshow/status/1258254030809083905. Zugegriffen am 6. April 2021.

Nichols, John. 2020. Sicily has figured out this whole self-isolation thing. #COVID19 #CoronavirusPandemic. *Twitter*. https://twitter.com/NicholsUprising /status/1238545438476730369. Zugegriffen am 6. April 2021.

Papenburg, Jens Gerrit und Holger Schulze. 2016. *Sound as Popular Culture. A Research Companion*. Cambridge, MA: MIT-Press.

Pauliks, Kevin. 2020. Memes of the Virus: Social Criticism of the Corona Pandemic on the Internet. In *TeleviZIon*, 33(E): 46–49.

Phillips, Whitney. 2015. *This Is Why We Can't Have Nice Things. Mapping the Relationship between Online Trolling and Mainstream Culture*. Cambridge, MA: MIT-Press.

Pilaguano, David. 2020. Hospital de Ambato enseña las precauciones contra el Coronavirus. *David Pilaguano. YouTube*. https://youtu.be/xlvID2tk8N8. Zugegriffen am 6. April 2021.

Saadia, Manu. 2020. It's finally beginning to sink in that the pandemic is not a three months inconvenience but a generational upheaval. *Twitter*. https://twitter.com/trekonomics/status/1260429693087559681. Zugegriffen am 6. April 2021.

Schulze, Holger. 2012. Sound Studies. Eine Einführung. In *Kultur. Von den Cultural Studies zu den Visual Studies. Eine Einführung*, Hrsg. Stefan Moebius, 242–257. Bielefeld: transcript.

Schulze, Holger. 2017. Widerstand. Klangkolumne. In *Merkur* 71(820): 57–64.

Schulze, Holger. 2018a. Ubiquitäre Literatur. Zur Partikelpoetik des frühen 21. Jahrhunderts. In *Literatur in der Medienkonkurrenz. Medientranspositionen 1800 – 1900 – 2000*, Hrsg. Volker Dörr und Rolf Goebel, 161–183. Bielefeld: Aisthesis Verlag.

Schulze, Holger. 2018b. *The Sonic Persona. An Anthropology of Sound*. New York: Bloomsbury Press.

Schulze, Holger. 2020a. *Sonic Fiction. Ubiquitäre Literatur*. New York: Bloomsbury Press.

Schulze, Holger. 2020b. *Ubiquitäre Literatur. Eine Partikelpoetik*. Berlin: Matthes & Seitz.

Schulze, Holger. 2020c. Is it OK to Punch a Nazi? Aggression und Generativität im ubiquitären Widerstand. In *Gewalt – Vernunft – Angst. Interdisziplinäre Zugänge und theoretische Annäherungen*, Hrsg. Johannes Bilstein und Jutta Ecariu. Wiesbaden: Springer VS.

Smith, Jack. 2018. This is fashwave, the suicidal retro-futurist art of the alt-right. In *Mic*. https://mic.com/articles/187379/this-is-fashwave-the-suicidal-retro-futurist-art-of-the-alt-right. Zugegriffen am 6. April 2021.

Smith, Lizzie. 2020. How I'm Handling Online Teaching (Original Screaming Teacher Video). *YouTube*. https://www.youtube.com/watch?v=Zy_y9yOrgxk" \h. Zugegriffen am 6. April 2021.

Spencer, Richard. 2008. The Conservative Write. In *Taki's Magazine: Cocktails, Countesses & Mental Caviar*. https://www.takimag.com/article/the_conservative_write. Zugegriffen am 6. April 2021.

Stelter, Brian. 2020. Today's installment of the hottest thing on local TV: "What Day Is It?" by @fox8news in Cleveland. *Twitter*. https://twitter.com/brianstelter/status/1247340621104283650. Zugegriffen am 6. April 2021.

Thunberg, Greta. 2019. Transcript: Greta Thunberg's Speech At The U.N. Climate Action Summit. *NPR*. https://www.npr.org/2019/09/23/763452863/transcript-greta-thunbergs-speech-at-the-u-n-climate-action-summit. Zugegriffen am 6. April 2021.

Toffler, Alvin. 1970. *Future Shock*. New York: Random House.

Wallace, David Foster. 1996. *Infinite Jest*. New York: Little, Brown and Company.

Musikvideos

Die Ärzte. 2020. Ein Lied für Jetzt. *YouTube*. https://www.youtube.com/watch?v=t_s6waFUThI. Zugegriffen am 6. April 2021.

Rolling Stones. 2020. Living In A Ghost Town. *YouTube*. https://www.youtube.com/watch?v=LNNPNweSbp8. Zugegriffen am 6. April 2021.

Tronix. 2020. Vietnam Corona Virus Song (English Subtitles). *YouTube*. https://youtu.be/3eWmKQmMoFk. Zugegriffen am 6. April 2021.

Filme

Inglourious Basterds. Regie: Quentin Tarantino. US/DE: 2009.

Ann-Kathrin Allekotte

„Why didn't her team tell her tik tok is just mean social activist kids"

TikTok und Instagram zwischen Tanzvideos, Fashionblogs und politischer Kommunikation

Zusammenfassung: Seit der Corona-Pandemie hat die Beliebtheit von TikTok deutlich zugenommen, vor allem bei Menschen der sogenannten Generation Z. Die pandemische Situation und ihre Bedingtheiten haben TikTok sicherlich dabei geholfen „erwachsen" zu werden – was einst hauptsächlich als eine Plattform für lustige, kreative Videos und Tanzchoreografien wahrgenommen wurde (und größtenteils sicherlich immer noch als solche wahrgenommen wird), ist zu einer App avanciert, die gesellschaftliche Umstände reflektiert und eine Mittlerposition für politische und informative Inhalte einnimmt. TikTok und Instagram werden immer häufiger als Nachrichtenquelle sowie zur politischen Kommunikation genutzt, bspw., um politische Meinungen zu bilden, an Diskursen teilzuhaben und diese mitzugestalten. Ein Narrativ über junge, „woke", im digitalen Raum (politisch) aktivistische Menschen hat sich gebildet, auf das im folgenden Beitrag näher eingegangen werden soll.

Schlüsselwörter: Online-Aktivismus, Gen Z, Wokeness, Cancel Culture, #Black-LivesMatter, Intermedialität, Musikvideo, Audiovisualität, TikTok, Instagram

1 „Ohhh You Came to the Wrong App"

Trotz oder vielleicht sogar aufgrund der Corona-Pandemie ist TikTok, eine soziale Short Video-Plattform[1] des chinesischen Konzerns Bytedance, im ersten Quartal 2020 zur am meisten heruntergeladenen App in den Stores von Google und Apple avanciert (vgl. Brien 2020). Seit Anfang 2020 sind es weltweit zusätz-

---

[1] Der Begriff „Plattform" suggeriert einen neutralen, von diversen Lenkungsmechanismen befreiten Boden, auf dem die User*innen unbeeinflusst agieren können. Dabei ist ihr Spielraum bereits durch Interface-Anordnungen strukturiert und eingegrenzt, hinter denen Algorithmen stehen, die den ökonomischen Interessen der Plattformen sowie ihrer Betreibenden zuarbeiten. Dank gilt an dieser Stelle Christian Schulz und unseren Gesprächen zu diesem Thema.

https://doi.org/10.1515/9783110730609-016

lich mehr als 300 Millionen User*innen geworden (vgl. Schwär 2020) und die meisten von ihnen, im September 2020 waren es 69 Prozent, sind zwischen 16 und 24 Jahre alt (vgl. Firsching 2020). Denn was bleibt einem während eines Lockdowns auch anderes übrig als spazieren zu gehen, Bananenbrot zu backen und zwischen Isolation und Anxiety lustige TikTok-Videos für seine Freund*innen zu erstellen oder diese auf dem Sofa zu rezipieren?

> Before the coronavirus pandemic, TikTok was predominantly favoured by British teenagers, who posted prank videos or the latest trending dance routine on it. But since the lockdown, TikTok has become a seething leviathan of user-generated content, chewing down our boredom, our fatigue and our fear and spitting them back at us in 15-second chunks, to be digested ad infinitum.
>
> (Kale 2020)

Die hier von Sirin Kale genannten wichtigen Punkte sind von User*innen produzierte Inhalte, das (Mit-)Teilen unserer Gefühlswelten in einem 15-sekündigen Format und die Möglichkeit diese immer wieder, im Loop, zu rezipieren. Audiovisuell und in Clip-Ästhetik ist dieses „plattformtypische Storytelling im Miniformat" (Zeh 2020) längst über sein Dasein oder seinen Ruf als Tanzvideos von und für Jugendliche hinausgewachsen.

In den Feuilletons und auf Instagram bspw. kursiert derzeit ein ganz anderer Eindruck von TikTok und seinen User*innen, nämlich das Narrativ von TikTok-User*innen als „woke", „cancelnde"[2], „social activist kids", die über die Plattform ihre politischen Haltungen sowohl finden als auch vermitteln und deren Einfluss auf Gesellschaften und ihre jeweiligen politischen Diskurse nicht zu unterschätzen sei. Exemplarisch können an dieser Stelle einige Kommentare angeführt werden, die Instagram-User*innen unter einem Post von „Diet Prada"[3] verfassten, der den Unmut vieler TikTok-User*innen über das Erschei-

---

2 Im Verlauf des Beitrags wird auf beide Begriffe näher eingegangen. Holger Schulze hat „wokeness" in seinem Beitrag in diesem Band definiert und eingeordnet.

3 Mit einer Follower*innengemeinde von 2,7 Millionen User*innen wird Diet Prada auch die „inoffizielle Regulierungsbehörde der Modebranche" (vgl. Hammond 2020), die Akteur*innen in diesem Feld regelrecht „zur Rechenschaft zieht", indem sie unter anderem auf Urheberrechtsverletzungen, rassistische Diskriminierung, kulturelle Aneignung und problematische Arbeitsbedingungen aufmerksam macht. Lindsey Schuyler und Tony Liu gründeten mit Diet Prada 2014 den in der Modebranche wohl am meisten gefürchteten Instagram-Account, der seinen Ursprung zunächst darin besaß, Designer*innen zu entlarven, die sich gegenseitig kopierten. Zuletzt fielen sie mit politischen Statements auch zu Themen außerhalb der Modebranche auf, etwa zum gegenwärtig wieder aufgeflammten Nahostkonflikt. Durch ihre oberflächliche Behandlung der Themen vermitteln sie jedoch eher den Eindruck eines performativen Aktivismus, auf den im weiteren Verlauf des Beitrags weiter eingegangen wird.

nen der Fashionbloggerin und Influencerin Danielle Bernstein auf TikTok thematisierte. Diese war bis dahin vor allem dadurch aufgefallen, kleinen Labels Ideen zu stehlen und Designs verschiedener anderer Marken zu kopieren, weshalb sie schon häufiger von Diet Prada zur Rede gestellt wurde.[4] Unter dem Post heißt es u. a.:

> „She picked the WRONG app :D why didn't her team tell her tik tok is just mean social activist kids"
> „Gen Z isn't having ANY of Danielle 💀"
> „she thought she was gonna run to gen-z? no ma'am"
> „Ew no one wants her there ... 2D beings belong in 2D environments"
> „TIKTOK IS WOKE !!!!!"
> „cancel her PLS."

Abb. 1: Diet Prada. Instagram-Post. Zugegriffen am 26. Februar 2021. Screenshot.

---

4 Eine „ausgewogene und unparteiische" Chronik der Instagram-Fehde zwischen Danielle Bernstein und Diet Prada findet sich etwa hier: https://www.themodems.com/fashion/what-happened-between-diet-prada-and-danielle-bernstein. Siehe auch „call-out culture" bspw. im Cambridge Dictionary: „a way of behaving in a society or group in which people are often criticized in public, for example on social media, for their words or actions, or asked to explain them" https://dictionary.cambridge.org/de/worterbuch/englisch/call-out-culture. Zugegriffen am 30. April 2021.

Kommentare wie „Ohhh You Came to the Wrong App" unter dem ersten Video von Danielle Bernstein bei TikTok wiederum suggerieren eine distinkte Positionierung der TikToker*innen gegenüber dem konventionellen, sprich kommerziellen Influencertum und in diesem Fall speziell vor allem gegenüber „white privilege", Urheberrechtsverletzungen und dem Ausbeuten aufstrebender Marken.

Das genannte Beispiel veranschaulicht das Narrativ eines vermeintlich generations- und plattformspezifischen, aufkeimenden aktivistischen Bewusstseins und zeugt von einer von „Wokeness" und Cancel Culture durchzogenen Debattenkultur sowie einer politischen Aufladung der Inhalte und Diskurse auf Plattformen wie TikTok und Instagram, die es im Folgenden zu untersuchen gilt.

2 Audiovisuell und intermedial – „mehr als lustige Tanzvideos"

In Bezugnahme auf die 2017 von der Medien- und Kulturwissenschaftlerin Kathrin Dreckmann organisierten Tagung „Mehr als bebilderte Musik: Medienästhetik und Hybridisierung zwischen Musikvideo und Medienkunst" in der Julia Stoschek Collection Düsseldorf möchte ich den Aspekt „mehr als bebilderte Musik" respektive „mehr als vertonte Bilder" aufgreifen und die These formulieren, dass es sich entgegen der teils noch zirkulierenden Annahme bei vielen TikTok-Videos um „mehr als lustige Tanzvideos" handelt. Hierzu soll zunächst versucht werden, diese innerhalb der audiovisuellen Mediengeschichte einzuordnen und zu kontextualisieren.

„Die meisten TikTok-Videos motivieren eine Textzeile oder ein Melodieschnipsel" (Zeh 2020). Medienhistorisch lässt sich dieses Zusammenspiel, also das gegenseitige Ergänzen und Kommentieren von Bild und Ton, bei den Ursprüngen des Musikvideos sowohl als spezifisches Medium als auch als übergreifenden Genrebegriff verorten.

Seit Jahrhunderten besteht der menschliche Wunsch, das Hörbare zu visualisieren sowie das Sichtbare in Akustisches zu verwandeln. „Der Traum, eine Farbmusik für das Auge zu schaffen, die der tonalen Musik für das Ohr entspricht, datiert mindestens bis zu Pythagoras und Aristoteles zurück [...]." (Bódy und Weibel 1987, S. 17) Obwohl die hörbare Musik aus dieser Zeit fast gänzlich verlorengegangen ist, sind visuelle Darstellungen von Musik überliefert worden, „die grundlegende Elemente von Harmonie und Kontrapunkt, Rhythmus und Melodie enthalten" (ebd.). Ornamentdekor von Musikinstrumenten und „künstlerische Darstellungen von Tanzszenen lassen keinen Zweifel daran, dass der Sinn von Kostümierungen, Aufmärschen und choreographischen Arrangements darin bestand, akustische Darbietungen zu illustrieren" (ebd.). Noch weiter zurück reichen die teilweise abstrakten Cro-Magnon-Gemälde in tiefen, schwer zugänglichen Höhlen, von denen vermutet wird, dass sie audiovisuellen Darstellungen dienten (vgl. ebd., S. 18).

Seitdem hat das Audiovisuelle diverse Formen angenommen und verschiedene Möglichkeiten der Speicherung durchlaufen. Wichtige Vorläufer sind hier etwa das von Thomas Alva Edison 1891 eingeführte „Kinetophone" oder das abstrakte Kino Walter Ruttmanns und Viking Eggelings in den frühen 1920er Jahren, die beide zuerst Maler waren und sich dann dem Film zuwandten (vgl. Weibel 1987, S. 74). Ruttmanns Filme sind die ersten bekannten Beispiele einer optischen Musik, einer „Augenmusik des Films" (ebd., S. 75) und so ist „Lichtspiel Opus I" (1918/19) „ein glänzend ausgeführtes Meisterwerk der visuellen Musik" (ebd., S. 74). Der Titel seines berühmtesten Films „Berlin, die Sinfonie einer Großstadt" (1926/27) lässt sich den synästhetischen Bezug zur Musik anmerken.

Oskar Fischinger, Assistent bei Ruttmanns Filmen („Opus I–IV"), kreierte zwischen 1921 und 1953 ca. 30 visuelle Musikfilme (z. B. „Studien 1–16") (vgl. ebd., S. 78 f.). Laut Peter Weibel „war es vor allem Oskar Fischinger, der die abstrakten Grundlagen für den visuellen Musikfilm und die Musikvideos gelegt hat, insbesondere durch seine Übersiedlung 1936 nach Hollywood, wo er die Künstler der Westküste von den Whitney-Brüdern bis zu Walt Disney mit den Traditionen des abstrakten grafischen Films vertraut machte und dadurch großen Einfluss auf die amerikanische Entwicklung des Musikfilms und -videos ausübte" (ebd.). Fischinger steuerte beispielsweise einen beachtlichen Teil zu Walt Disneys „Fantasia" (1939) bei, womit auch das kommerzielle Kino eine visuelle Musik hervorbrachte, die den Videoclip bereits vorwegnimmt und in jener Form wahrscheinlich von mehr Menschen gesehen wurde als jede andere Produktion zur visuellen Musik.

Diese Hybridität bebilderter Musik, nicht nur bezüglich ihrer Intermedialität, sondern auch bezüglich ihrer Verortung zwischen (Avantgarde-)Kunst und Kommerz, setzt bis heute einen Rahmen, in dem sich alle darauffolgenden audiovisuellen Erfindungen positionieren: von den Soundies der 40er, den Scopitones der 1960er Jahre über diverse Musikangebote im Fernsehen sowie Live-Auftritte bis hin zu Musikvideos und schließlich den heutigen Reels und TikTok-Videos. Gerade letztere rücken das intermediale und intertextuelle Verhältnis von Musikalischem, Akustischem, Sound und Bild/Video erneut in ein prominentes Licht.

Innerhalb von TikTok-Videos finden sich Spuren von Musik, Gesang, Schrift, Tanz, Film, Video, Fotografie, Malerei und weiterer Elemente, die als „Medium" definiert werden könnten – die Formen, die TikTok-Videos annehmen können, sind so vielfältig wie die User*innen der Plattform selbst. Wie in Social Media üblich, entstehen durch die „Prosumer" – zirkulierender Content wird nicht nur rezipiert, sondern durch die User*innen selbst produziert – ständig neue Trends bezüglich des vermittelten Inhalts und der musikalischen Ausgestaltung in Form von verwendeten O-Tönen und akustischen „Snippets":

> Dabei sind es, egal aus welcher Altersgruppe der Amateur-Regisseur und Schauspieler in einem stammt, immer wieder dieselben Kompositionsprinzipien, die einen Musikschnipsel zum musikalischen Meme werden lassen und den TikTok-typischen Sound prägen.
> (Zeh 2020)

Hierbei ist bereits jetzt der Einfluss, den TikTok auf bisherige audiovisuelle Formate und deren Ästhetik hat, zu beobachten. Längst sind andere soziale Plattformen wie Instagram mit „reels" und YouTube mit „shorts" bei den Optionen für das kreative Erstellen von vertikalen Kurzvideos nachgezogen. Die Bezeichnungen „Reels" und „Shorts" weisen bereits terminologisch auf die Nähe zum Film hin und verweisen zugleich auf die Kerneigenschaften der Videos dieser Plattformen: Sie sind im Loop (engl. Reel, dt. Spule) wiedergabefähige, auf eine kurze Zeitspanne begrenzte Videos.

Der Wunsch nach Audiovision und eine eventuelle Anpassung an Sehgewohnheiten im Bewegtbildformat finden sich seit der Einführung von „Canvas" 2019 ebenfalls bei Spotify und schließen damit an Tanja Busses „visuelles Radio" (Busse 1996, S. 74) an. Laut *Spotify for Artists* handelt es sich bei „Canvas" um kurzes „Bildmaterial in Schleife, das du zu jedem deiner Songs auf Spotify hinzufügen kannst. So muss ein Albumcover im Streaming-Zeitalter aussehen." (O. Verf. 2020c) Weil Musik von Jugendlichen in der Gegenwart hauptsächlich über Musik-Streamingdienste rezipiert wird (vgl. Medienpädagogischer Forschungsverbund Südwest 2019), liegt es nahe, dass für aktuelle Albencover das derzeitig mögliche, volle sensorische Potential der digitalen Rezeption in Form von Bewegtbildern in Verbindung mit Akustischem ausgeschöpft wird.[5]

Doch auch auf die Musik selbst nimmt das u. a. bei TikTok und Instagram populäre 15-sekündige Videoformat Einfluss. Textarme oder repetitive Refrains oder mehrdeutige Textzeilen lassen sich in unterschiedliche Szenarien einfügen oder provozieren Wortspiele und stellen besonders beliebte musikalische

---

5 Laut Spotify for Artists generiert Canvas vor allem Aufmerksamkeit: „Ziehe die Aufmerksamkeit der Nutzer*innen auf deinen Song, damit sie ihn abspielen. Wenn Hörer*innen ein Canvas sehen, steigt die Wahrscheinlichkeit, dass sie weiter streamen (durchschn. +5 % verglichen mit einer Kontrollgruppe), den Song teilen (+145 %), ihn zu ihren Playlists hinzufügen (+20 %), ihn speichern (+1,4 %) und deine Profilseite aufrufen (+9 %)." Siehe hierzu o. Verf. 2020d.

Grundlagen für TikTok-Videos dar. Plattform und Künstler*innen haben diese erfolgversprechenden Prinzipien längst erkannt. Sich immer weiter professionalisierende TikTok-Musikproduzierende achten beim Komponieren der Musik für das TikTok-Format auf die „Choreografierbarkeit" der in der App möglichen 15 Sekunden (vgl. Zeh 2020). Natürlich lassen sich Musikproduzierende außerhalb von TikTok nicht die Chance nehmen, dass auch ihre „regulären" Songs zum TikTok-Hit werden und damit eine gute Chartplatzierung erhalten. Wenn sich die aktuelle Musikproduktion nun an den beliebten 15-sekündigen Videoformaten orientieren, lässt sich am Dispositiv TikTok exemplifizieren, welchen Einfluss Mediengeschichte auf Popmusikgeschichte hat:[6]

> [B]ereits heute ist der Einfluss, den die App auf die Musikindustrie hat, sichtbar. Nicht nur prägt TikTok die rezeptive und kreative musikalische Praxis zahlreicher Teens und Prä-Teens auf der ganzen Welt. Auch professionelle Musikproduzenten veröffentlichen immer kürzere Songs. Die durchschnittliche Länge eines Billboard-Top-100-Tracks sank in den letzten fünf Jahren, in letzter Zeit sicher auch wegen TikTok, um 20 Sekunden auf dreieinhalb Minuten. Weit mehr Aufmerksamkeit geht beim Kompositionsprozess außerdem in kürzeste Abschnitte mit loopbarem Beat und memefähiger Textzeile.
>
> (Zeh 2020)

Dass das Musikalische bei TikTok-Videos nicht nur ein wesentlicher Faktor für die Viralität von Videos und dem Entstehen neuer Trends ist, sondern auch außerhalb von TikTok die Musikrezeption bestimmt, ist spätestens seit Lil Nas X' „Old Town Road" bekannt, das seinen Chart-Erfolg TikTok zu verdanken hat (vgl. Stauffacher und Plaga 2019). Auf YouTube und Spotify finden sich Playlists wie „Top TikTok Hits 2020"[7] oder „TikTok songs you can't get out of your head."[8] Dies zeigt, dass TikTok-Hits zu Ohrwürmern werden, die man einfach „nicht mehr aus dem Kopf bekommt" und ihren Weg in den musikalischen Alltag gefunden haben. Das Interessante hierbei ist, dass die Lieder auch bei der Rezeption außerhalb des TikTok-Kontexts mit den dazugehörigen viralen Videos in Verbindung gebracht und bei den einschlägigen Melodien der 15-sekündigen Passagen des Songs, die viral gegangen sind, die entsprechenden Bilder in Erinnerung gerufen werden und eine Rahmung und Kontextualisie-

---

6 Mit Dank an dieser Stelle an Jens Gerrit Papenburg, der im Sommersemester 2018 das Seminar „Popmusikgeschichte als Mediengeschichte (und vice versa)" an der Heinrich-Heine-Universität gab.
7 YouTube-Playlist „Top Tiktok Hits 2020" mit 9.8 Millionen Aufrufen am 27. April 2021 (DGM Music 2021).
8 Spotify-Playlist „TikTok songs you can't get out of your head" mit 934.118 „Gefällt mir"-Angaben am 27. April 2021 (Filtr 2021).

rung erfolgt. So liest sich die Auflistung der bspw. im Jahr 2020 „getrendeten"
Lieder wie ein Jahresrückblick, der die bei TikTok im Audiovisuellen verhandelten Highlights und die Gegenwartskultur reflektierenden Momente des Jahres
vor Augen ruft. Voraussetzung dafür ist natürlich eine gewisse Vertrautheit mit
dem Ton-Bild-Kanon von TikTok. Hier offenbart sich TikTok als Subkultur: Um
sich hier zurechtzufinden und angemessen partizipieren zu können,

> you need to have swum through digital water since childhood, a graceful stroke through
> each platform – Facebook, Vine, Instagram – that is easy and assured. There is no need
> for gatekeepers: the price of admission to this subculture is simply understanding the
> joke. "I show it to my parents and they don't get it" Palmer [Anm. Allekotte: John Palmer,
> ein von Sirin Kale interviewter TikToker) explains. "It's the meme culture of Gen Z. There's
> so much background to memes. You need to have lived through them."
>
> (Kale 2020)

Doch ist es nichts Neues, dass Akustisches und Visuelles in den gegenwärtigen
audiovisuellen Aushandlungen wieder vereint in Erscheinung treten und neue
Wege zueinander finden. Während Carol Vernallis bereits fragt „Wer braucht
schon Musikdokumentationen, wenn es TikTok und Carpool Karaoke gibt?"
(Vernallis 2021) und konventionelle Formate – sowohl inhaltlich hinsichtlich
audiovisueller Phänomene, aber auch in ihrer Form des Zusammenspiels von
Bild und Ton – vielleicht als veraltet erachtet, erinnert uns Jens Schröter an
Friedrich Kittler und ein intermediales Referenzsystem:

> Dies zeigt, daß das, *was* an einem gegebenem Medium *als spezifisch erscheint*, abhängig
> ist von den „umlagernden Bezugspunkten" (Saussure), d.h. den (impliziten) Definitionen
> anderer Medien, die als Kontrast herangezogen werden müssen. Dies ist die zweite Bedeu-
> tung von Kittlers These, demzufolge neue Medien alte nicht obsolet machen, sondern
> ihnen andere Systemplätze zuweisen (1993, 178).
>
> (Schröter 1998, S. 147)

Die Existenz und Wirkungsweise von TikTok-Videos ermöglichen es, das Musikvideo sowohl als Form als auch als Genre neu zu denken. So wird einerseits in
künftigen Musikvideos, als Form, auf TikTok-Inhalte und -Ästhetiken verwiesen
werden. Bei bereits existierenden Musikvideos wiederum wird der Aspekt der
Rekontextualisierung eine Rolle spielen, da vielleicht bereits vergessene (wenn
nicht von allen, aber vielleicht von einer bestimmten Altersgruppe) visuelle und
akustische Zeichen in neue (Be-)Deutungssysteme eingebunden und in neuen
Kontexten verwendet werden, sodass sie eine andere als ihre ursprüngliche Bedeutung erhalten. Ohnehin dürfte das Musikvideo als Genre um eine weitere De-
finitionsmöglichkeit sowie Existenz- und Erscheinungsform erweitert werden.

Für das Musikvideo, das als Form wohl seit den 2010er Jahren hauptsächlich im Internet rezipiert wird (vgl. Allekotte 2021) und dessen Abwandern vom Medium Fernsehen hin zum Internet auch als „music video turn" (Arnold et al. 2017, S. 4) bezeichnet werden kann, ist zu beobachten: „[T]he consumption of ‚music-video' (as an ephemeral compound of image and sound) is now more likely to occur from snippets circulating on social media [...]." (Manghani 2017, S. 23) Die von Sunil Manghani 2017 angesprochenen, auf Social Media zirkulierenden „Snippets" nehmen einerseits bereits etwas wie Spotify Canvas vorweg, verweisen jedoch andererseits auf bereits vor Canvas oder TikTok existierende Clips, inhaltlich und zeitlich in sich abgeschlossen oder als Auszüge aus bestehenden längeren Videoformaten, die bspw. auf Instagram der Bewerbung eines neuen Lieds oder einer neuen Künstler*in dienten.

TikTok-Videos lassen sich also durchaus als Musikvideos oder musikalische Videos (oder visualisierte Musik?) beschreiben. Eine weitere Gemeinsamkeit, die TikTok-Videos unter die weite Kategorie der Musikvideos fallen lässt, ist der Do-It-Yourself-Aspekt. Sunil Manghani spricht hier auch von einer „clean punk aesthetic" (Manghani 2017, S. 38), was natürlich sofort an die „Genialen Dilletanten" [sic] denken lässt (vgl. Teipel 2012; Diederichsen 2015) – künstlerischer Eifer und Kreativität, verbunden mit eigenen Vorstellungen bezüglich Inhalt, Ästhetik und der Möglichkeiten, diese umzusetzen:

> [T]here is no doubt that the wide dissemination and reach of the music video, and the technological advances that have occurred in cameras, videography, digital compression, and the Internet, have changed both how they are made and who can make them, altering forever the way that popular music is actually experienced.
>
> (Arnold et al. 2017, S. 5)

Hier sind es also die Prosumer*innen, die Bild und Ton kreativ und rekontextualisierend zusammenbringen. Jens Schröter beschreibt eine Ursprünglichkeit des audiovisuellen Zusammenspiels, das in TikTok-Videos wieder zu sich selbst findet.

> Vielleicht bedeutet dies alles, anzuerkennen, daß nicht die einzelnen Medien primär sind und sich dann inter-medial aufeinanderzubewegen, sondern daß die Intermedialität ursprünglich ist und die klar voneinander abgegrenzten „Monomedien" das Resultat gezielter und institutionell verankerter Zernierungen, Einschnitte und Ausschlußmechanismen sind: „Most often, perhaps in all cases, medium specifity recommendations turn out to be not defenses of a given medium per se, but briefs in favor of certain styles, genres and artistic movements." (Carroll 1984/85, 147).
>
> (Schröter 1998, S. 149)

Eine ähnliche Einschätzung findet sich auch bei Irina O. Rajewsky Ausführungen zu Intermedialität:

Daß sich mediale Ausdrucksformen und Gattungen aufeinander zu bewegen, sich mischen, gegenseitig durchdringen und aufeinander Bezug nehmen, ist keineswegs eine neue, wohl aber eine immer offenkundiger und allgegenwärtig zutage tretende Tendenz. „Intermedialität ist ‚in‘“, so beginnt Joachim Paech folgerichtig einen 1998 publizierten Beitrag zum Phänomen der Intermedialität (Paech. 1998, S. 14); „out“ hingegen erscheint die Abschottung der einzelnen Medien und ebenso der einzelnen wissenschaftlichen Disziplinen gegenüber anderen medialen Ausdrucksformen. Eine solche Abschottung scheint in Anbetracht einer multimedialen Prägung der Realitätserfahrung und eines zunehmend intermedial operierenden künstlerischen Schaffens obsolet zu werden.

(Rajewsky, 2002, S. 1)

Wenn Rajewsky von einer „multimedialen Prägung der Realitätserfahrung“ und einem „zunehmend intermedial operierenden künstlerischen Schaffen“ spricht, sind ihre Aussagen im Jahr 2021 hinsichtlich digital geprägter Lebenswirklichkeiten und kollektiver Lebenserfahrungen in Pandemiezeiten und ihrer Bedingtheiten aktueller denn je.

Bezugnehmend auf Rajewskys Verortung von Intermedialität wären TikTok-Videos „getanzte Texte“ (Rajewsky, 2002, S. 1) oder „Musik zum Schauen“. Einige Hörer*innen hören jetzt Musik, indem sie sie betrachten. Durch das Hinzufügen dieser Ebene können Künstler*innen neue Nuancen, neue Tiefen und neue Wege hinzufügen, um ihre Botschaften zu vermitteln (Arnold et al. 2017, S. 5).

3 TikTok is like a box of chocolates. You never know what you're gonna get.

Das Spannende gerade an TikTok ist, dass man nie wissen kann, welche „Praline“ einen im nächsten Video erwartet. Ein endloser Feed „füttert“ (um im gewählten Bild zu bleiben) die User*innen mit unterschiedlichen Inhalten, die so vielfältig sind wie ihre Prosumer*innen selbst, die Content produzieren, Trends setzen und Botschaften vermitteln.

The most important thing to understand about TikTok is that it is anarchic: it has no internal logic or guiding principle. Many TikTok videos are absurdist jokes. [...] The platform frequently has the surreal quality of a fever dream: videos riff on arcane internet ephemera or make nonsensical jokes. Non-sequiturs are common. Creativity is paramount. „Surrealism is embedded into the DNA of the internet,“ says Kenneth Goldsmith, author of *Wasting Time on the Internet*. He sees TikTok's popularity as a natural reaction to the oppressive mania of a global lockdown – it is a pressure valve for people cooped up indoors. „The only response to an existential situation is absurdity and humour,“ Goldsmith says. It brings us back to the darker side of surrealism.

(Kale 2020)

TikTok ist natürlich nicht „anarchisch", sondern ein weltweit agierender Konzern, der politisch schwer zu verorten ist, aber ein gutes Design und eine progressive Kampagne präsentiert, die zum Ende dieses Beitrags aufgegriffen wird. Der Unterschied zu Instagram bestehe laut Inam Mahmood (Director Monetisation & Partnerships EMEA bei TikTok) darin, dass es „eine Plattform [sei] für Leute, die nicht mit der Masse mitschwimmen, die anders sein wollen als der Social-Media-Einheitsbrei" (Gillner 2019). Es gebe dort nur echte Menschen sowie echte Videos, und die zirkulierenden Inhalte basierten auf den Interessen der Nutzer*innen, statt „Überschneidungen mit dem sozialen Umfeld seiner Nutzer im realen Leben zu forcieren" (Zeh 2020). Vorlieben werden bei TikTok also nach einem „content graph" antizipiert, statt (wie etwa bei Facebook) auf einem „social graph" (Gerlitz, 2011, S. 102) aufbauend. TikTok vermittelt daher den Anschein, basisdemokratisch zu sein und Teilhabe zu ermöglichen: Zum einen liegt dies an den „content graphs", zum anderen versetzen die von der App vorgegebenen Möglichkeiten zur Videobearbeitung die User*innen in die Lage, relativ schnell und relativ einfach, professionellen Content zu produzieren. Jedes Video hat die Möglichkeit viral zu gehen. Natürlich ist dies einerseits von den jeweiligen persönlichen Vorlieben der User*innen und der daraus resultierenden Interaktion oder Nicht-interaktion mit den angezeigten Videos sowie den Algorithmen[9] abhängig, andererseits davon, ob man der in dem Moment populären Ästhetik oder den Regeln aktueller Trends folgt – oder durch Kreativität und Originalität wieder neue erschafft. Diese einfache Produktion, die schnell zu erlebenden Befriedigungs- und Erfolgserlebnisse durch die Interaktion mit anderen User*innen, aber vor allem TikTok als ein neuer, ungebundene Kreativität versprechender Raum machten die Videoplattform gerade Anfang 2020 so attraktiv. Zum einen durchbrach sie die festgefahrenen, zunehmend kommerzialisierten und vielleicht auch langweiligen Strukturen der bisher etablierten Social Media Plattformen, zum anderen war dies – um weiter nach den Gründen für TikToks Erfolg zu fragen – vielleicht genau das, was die Menschheit nach dem Beginn der Pandemie mit dem Digitalen als dem häufig einzigen sozialen Raum brauchte – ein Gefühl der Gemeinschaft während globaler Isolation:

> On Instagram, we are primped and preening, on Twitter, loudmouthed and strident, but on TikTok, we can just be weird. Which makes it the perfect platform to ride out a pandemic that has nearly one-third of the world's population trapped at home. „It's therapeutic," Goldsmith explains. „If we look at Freud's theorising of the joke, the joke is always about showing humour in the face of death."
>
> (Kale 2020)

---

9 Siehe hierzu bspw. Schulz und Matzner 2020.

Doch wer sich ein wenig auf TikTok bewegt, wird schnell merken, dass es dort nicht nur um Witze, Humor und Tanzvideos geht.

2020 war global ein herausforderndes Jahr, sicherlich für unterschiedliche Menschen in unterschiedlichen Ausmaßen. Die Menschheit musste nicht nur neue Schwierigkeiten überwinden, vielmehr wirkte die Corona-Pandemie wie ein „Brennglas", das bereits bestehende gesellschaftliche Missstände und Ungleichheiten verstärkt. Diese Missstände, coronabedingt entstanden oder durch die Pandemie verschärft, diverse Klimakatastrophen und Rassismus, welcher beispielsweise in Hanau zu einem tödlichen Anschlag führte oder durch die internationale „Black Lives Matter"-Bewegung für viele sichtbarer wurde, sind nur einige Themen, die viele (junge) Menschen auf unterschiedliche Art und Weise auf Social Media-Plattformen verhandelten – sowohl als passive wie auch als aktive Teilhabende. Viele User*innen wandten sich 2020 der Videoplattform TikTok zu, um deterritorial und generational Solidarität zu bekunden oder sich in Bezug auf unterschiedliche Themen zu informieren. Sie fanden in TikTok einen Ort, um ihre politische Identität zu formen, soziale Bewegungen kennenzulernen, Gleichgesinnte zu finden und gemeinsame Inhalte innerhalb der Shortform-Video-Plattform zu erstellen (vgl. Cavill 2020a).

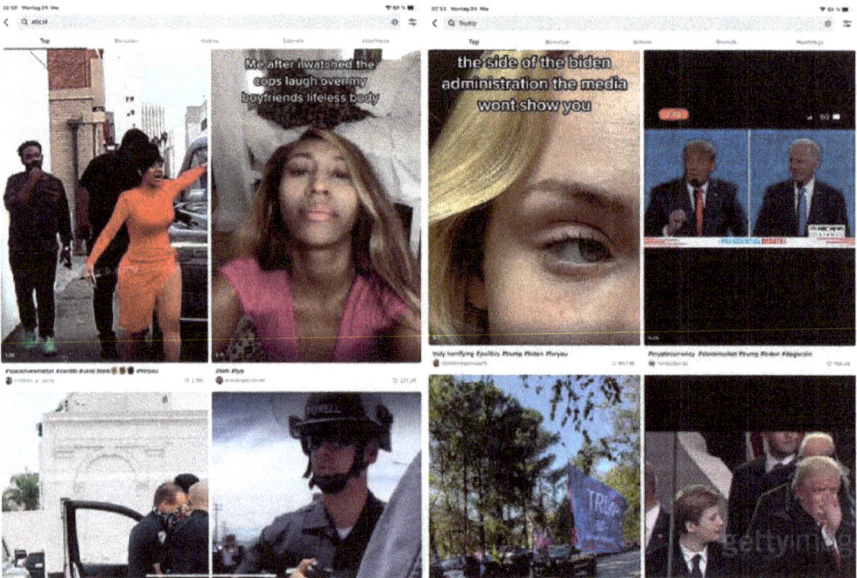

Abb. 2: Ergebnisse zum Hashtag #BLM (links) sowie Ergebnisse zum Hashtag #Trump (rechts). TikTok. Zugegriffen am 30. April 2021. Screenshot.

Im Juni 2020 sind Videos mit dem Hashtag „#blacklivesmatter" auf TikTok auf einen Spitzenplatz gelangt und verzeichneten zu diesem Zeitpunkt mehr als sechs Milliarden Aufrufe (vgl. Allyn 2020). TikTok ist zu einem Ort geworden, an dem viele junge Menschen Nachrichten rezipieren, ihre politische Identität bilden, an Diskursen teilhaben und diese mitgestalten. Für einige junge Menschen ermöglicht TikTok die erste Begegnung mit bestimmten politischen Ansichten oder Gleichgesinnten überhaupt. Laut der Online-Marketing Analytikerin Debra Aho Williamson sind viele TikToker*innen so jung, dass sie zuvor noch in keinem anderen Kontext mit Themen wie etwa Polizeigewalt oder Rassismus konfrontiert wurden und auf der Videoplattform einen ersten Zugang zu diesen Themen finden: „For the first time, they might be exploring how they feel about these issues and being able to do that on TikTok and see other young people who are expressing similar things, I think it's really valid and valuable" (Allyn 2020). Aho Williamson spricht hiermit zwei wichtige Aspekte an: zum einen wie wichtig es ist, Themen wie Rassismus, Ungerechtigkeit oder Privilegien bereits mit jungen Menschen zu besprechen (siehe Abb. 3), und zum anderen die Rolle, die Affekte bei der Rezeption von TikTok-Videos spielen. Dieses Affiziertsein geht mit Interpassivität (vgl. Pfaller 2000), dem Delegieren eigener Erfahrungen und Handlungen an äußere Objekte, hier an Menschen, Tiere oder Dinge im digitalen Raum, einher, dem jedoch hier nicht näher nachgegangen werden kann.

Abb. 3: Blair Imani. Instagram-Post. Zugegriffen am 7. August 2020. Screenshot.

Normalerweise dominieren kurze, unbeschwerte, lustige Videos, die Tiere oder Kochtrends zeigen, den TikTok-Alltag, doch die internationalen Umbrüche aufgrund systemischen Rassismus haben laut Aho Williamson Meinung zu direkteren, „roheren" Emotionen auf der Plattform geführt, die ebenfalls große Resonanz unter den User*innen finden: „Anger, dismay, disgust and unhappiness are all feelings that can be easily transmitted on a video on Tik Tok," sagt Aho Williamson (Allyn 2020). TikTok ist zum Anlaufpunkt für aufkeimenden jugendlichen Aktivismus geworden.

Diese politisierte Jugend bildet und organisiert sich digital, sodass der Begriff der Jugendkultur und deren Partizipation innerhalb des neuen Dispositivs Social Media und speziell hier Instagram und TikTok neu gedacht werden müssen. Im weiteren Verlauf des Beitrags sollen an aktuellen Beispielen erste Überlegungen formuliert werden wie sich TikTok und Instagram auch auf die (analoge) Mainstreamkultur auswirken und (jugendliche) Gegenkultur und Subversion rekonfigurieren.

4 Online-Aktivismus

So sehr Instagram dazu beigetragen hat, antirassistischen Aktivismus zu fördern, gelangt es doch an manchen Stellen an seine Grenzen: „Namely, Instagram has always been a performative platform, and many of the racial justice posts people are sharing won't translate to action to dismantle systemic racism in the US" (Stewart und Ghaffary 2020). Als Beispiel kann hier der „Blackout-Tuesday" (vgl. o. Verf. 2020b) angeführt werden, an dem viele Instagram-Nutzer*innen eine schwarze Kachel hochluden, um ihre Unter-stützung der „Black Lives Matter"-Bewegung zu symbolisieren. Viele Menschen begannen die Kacheln mit dem Hashtag „#BlackLivesMatter" zu teilen, sodass diese letztendlich wertvolle Informationen verdrängten, die sich unter dem Hashtag versammeln und die Aktivist*innen und Organisator*innen für den Austausch mit Demonstrant*innen benötigten. Jenseits der Hashtag-Verwirrung stellten viele den Wert der schwarzen Kachel-Posts in Frage (vgl. Stewart und Ghaffary 2020).

Emily Stewart und Shirin Ghaffary schreiben den schwarzen Kacheln und dem „Blackout-Tuesday" ein performatives Element zu, da eine schwarze Kachel oder ein Meme über Rassismus zu posten nicht die gleichen Auswirkungen haben wie zu spenden, sich mit einem Buch zum Thema weiterzubilden oder an einer Demonstration teilzunehmen. Sie führen aus, dass „performative woke-ness" (Tilakkumar 2020) sogar eher einer Sache schaden statt helfen könne, aber für viele Aktivist*innen einen Weg darstelle, Menschen dort zu erreichen, wo sie sind (vgl. Stewart und Ghaffary 2020). Während „woke" „sich auf jemanden bezieh[t], der selbstständig denkt, der sieht, wie Rassismus, Sexismus und Klassismus unser tägliches Leben beeinflusst" [sic] (Hoeder 2020) und sich zahlreicher Ungerechtigkeiten und unterdrückender Strukturen bewusst ist, beschreibt „performative wokeness" den Akt, „ihr*sein wokesein" zur Eigenwerbung, eigennütziger Positionierung und für Likes auf Social Media zu betreiben. Die Frage nach „performativer wokeness" ist den sozialen Medien immanent, da ja gerade hier die Auflösung der Grenzen zwischen Profilierung, Inszenierung, Selbstdarstellung und „authentischem Ich" und dessen Infragestellung zusammenkommen.

> If an Instagrammed image breaks down the issue, makes it easier to digest, and helps people feel less alienated from the movement, that's good, said Feminista Jones, an author, speaker, and organizer. But to really be effective, people need to go beyond that. „A lot of people share memes and think that's enough, and it's really not," Jones said. „They share it, and it's really performative and them wanting to be a part of something and they see everybody else doing it, and they don't want to be the ones who didn't do it. So that can be problematic, too. But that's every social media platform."
>
> (Vgl. Stewart und Ghaffary 2020)

Abb. 4: muchachafanzine. Instagram-Post. 30. April 2021. Screenshot. Interessant ist hier auch die Bildunterschrift der Verfasser*in, in der von einem bereits vorübergezogenen „performative activism trend" gesprochen wird. Nicht mehr auf dem Bild zu sehen ist der Absatz: „Remember online performative activism for gold stars is not allyship. Being a real ally comes from your actions. At the end of the day, impact matters more than intent."

Es ist wichtig, das Phänomen der performativen Wokeness als solches zu benennen und kritisch in den Blick zu nehmen. Jedoch müsste wissenschaftlich präzise darauf hingewiesen werden, dass jede Form von Wokeness oder politischem Aktivismus performativ ist, da sie Wirklichkeit hervorbringt. So kreiert auch das eigennützige Teilen von Infografiken, der „Als ob"-Aktivismus, eine Form von Wirklichkeit, und auch der „wahre" Aktivismus oder das, was als nicht-performativer Aktivismus bezeichnet würde, ist letztendlich performativ. Letztendlich soll mit der Kategorisierung in „performativer" und „nicht-performativer" Aktivismus vor allem eine Kritik am Scheincharakter der politischen Handlung zum Ausdruck gebracht und (wie in den Erläuterungen zur Abbildung 4 geschehen), daran erinnert werden, dass politischer Aktivismus nicht beim Teilen von Memes endet.[10]

Analoge Auswirkungen von Social-Media-Aktivismus zeigen sich etwa, wenn Follower*innen für konkrete politische Aktionen und Veranstaltungen mobilisiert werden, an Demonstrationen teilnehmen, ehrenamtlich tätig werden, spenden, Petitionen unterschreiben oder Kontakt zu ihren (lokalen) Politiker*innen aufnehmen. Hier finden soziale Netzwerke zu ihrem „sozial" und ihrem „Netzwerk" zurück: „There's a balance between symbolic and instrumental organizing. Just because people are feeling a lot of pressure to do actions other people may feel are symbolic or superficial, that actually is an indication you have power to win instrumental demands", sagt Nicole Carty, Aktivistin and Organisatorin aus New York. „Rather than thinking of it as an either/or, think of it as a both/and. It's really powerful for millions of people to be taking some small action on social media, and there are ways to build off of that power and to transform it into instrumental, real, meaningful change" (vgl. Stewart und Ghaffary 2020).

Wie in Abbildung 4 beschrieben, leisten People of Color einen Großteil der Bildungsarbeit in Social Media, und die durch unbezahlte intellektuelle und emotionale Arbeit. Quantitativ müsste dies weiter erhärtet werden, die Aussage ist jedoch als Axiom und als eine Grundannahme intersektional argumentierender Politik zu verstehen, die erkennt und anerkennt, dass diese Bildungsarbeit relativ großen Einfluss auf Social-Media-Debatten hat. Diversere Zielgruppen werden erreicht und mit Problematiken und Fragen konfrontiert, über die sie sich abseits der Plattform vielleicht nicht informieren oder überhaupt in Kontakt kommen würden. Memes spielen hier als Träger und Vermittler politischer Inhalte eine große Rolle (vgl. Dean 2016 oder Brennan 2015). Gerade der

---

10 An dieser Stelle gilt mein Dank meinen Kolleg*innen Wanja van Suntum sowie Sarah Rüß für unsere anregenden Gespräche zu diesem Thema.

visuelle Fokus bei Instagram macht das Verbreiten und Thematisieren komplexer Inhalte leichter als durch eine reine Textform.

Auch die technischen Dispositionen von Instagram und TikTok begünstigen Online-Aktivismus und den dafür notwendigen Austausch und das Zirkulieren von Inhalten: Seit 2018 ist es z. B. möglich, Posts anderer Accounts in der eigenen Story zu teilen, wodurch Informationen wie auch Emotionen (mit)geteilt werden können. Davor hatte Instagram im Gegensatz zu anderen Social-Media-Plattformen keine einfache, integrierte Option zum Re-Posten von Inhalten. Manche Inhalte benötigen mehr Raum als 15 Sekunden in einer ephemeren, nach 24 Stunden verschwindenden Instagram-Story. Für tiefergehende Gespräche verwenden Aktivist*innen das ebenfalls 2018 eingeführte IGTV-Tool und erschaffen dort wiederkehrende (Sende-)Formate. Eine Strategie, um unterschiedliche Zielgruppen zu erreichen und höhere Reichweiten zu nutzen, ist der Instagram-Takeover. Ein prominentes Beispiel dafür sind die Takeovers von Selena Gomez' Kanal durch Rassismusforscher und Autor Ibram X. Kendi, die ehemalige Gouverneurskandidatin von Georgia, Stacey Abrams, und die Anwältin Kimberlé Crenshaw, die die Theorie der Intersektionalität entwickelte. Diese Form politischer Bildung, die im besten Fall 223 Millionen Abonnent*innen erreicht, wurde bisher nicht mit Instagram assoziiert (vgl. Stewart und Ghaffary 2020).[11]

Jede soziale Plattform bietet ihren Nutzer*innen unterschiedliche Verwendungsmöglichkeiten und jedes Ereignis hat Einfluss darauf, wie Nutzer*innen mit diesen Plattformen und ihren spezifischen Identitäten interagieren. Laut dem „Digital News Report 2020" des *Reuters Institute* wird Instagram immer häufiger als Nachrichtenquelle genutzt (vgl. Newman et al. 2020). Die Antirassismus-Proteste des Jahres 2020 nutzten Instagram als ein wichtiges strukturgebendes, mobilisierendes Werkzeug, da es stets auf die laufenden Diskurse und Aktionen abgestimmt war, die sich aus den Protesten ergaben. Sie stehen „exemplarisch für eine neue Art und Weise, wie sich soziale Bewegungen unter Bedingung der digitalen Medien organisieren" (Mühlhoff, Breljak und Slaby 2019, S. 8). Während Facebooks Nutzer*innenaktivität stagniert und eine alternde Nutzer*innenbasis zu verzeichnen hat, ist Instagram, ebenfalls im Besitz von Face-

---

11 Bei der Kampagne „Share the Mic Now" am 10. Juni 2020 übernahmen 54 Schwarze Frauen die Instagram-Accounts 54 weißer Frauen und erweiterten ihre Reichweite dadurch erheblich: statt insgesamt 6,5 Millionen konnten theoretisch nun 285 Millionen die Stimmen der Schwarzen Frauen hören. Teilgenommen haben etwa die Politologin Zerlina Maxwell, die den Account von Hillary Clinton übernahm, während „Black Lives Matter"-Mitbegründerin, Patrisse Cullors und Bozoma Saint John (Global Chief Marketing Officer von Netflix) die Accounts von Ellen DeGeneres bzw. Kourtney Kardashian übernahmen (vgl. Stewart und Ghaffary 2020).

book, zu dem digitalen Raum geworden, in dem vergleichsweise jüngere Menschen – viele von ihnen Weiße – sich zu „allyship" (vgl. o. Verf. 2020a), Aktivismus und Solidarität weiterbilden (vgl. Stewart und Ghaffary 2020). Nicole Carty erklärt sich dies folgendermaßen: „It's not surprising that Instagram is becoming more political if you think about who's using it. It's generational. The past couple of years, the main people who have been protesting and organizing – millennials and Gen Z – they're on Instagram." (Stewart und Ghaffary 2020)

Nachdem sich der Arabische Frühling Anfang der 2010er Jahre stark auf Twitter stützte, scheint sich nun auch auf Instagram die sonst übliche Stimmung geändert zu haben:

> Intersectionality, a theory that explores how race, class, gender, and other identity markers overlap and factor into discrimination, is as much a topic of conversation as the usual funny memes, skin care routines, and fitness videos. It's a shift that users, creators, and Instagram itself are embracing.
>
> (Stewart und Ghaffary 2020)

Gleichzeitig ist eine gesteigerte Kommerzialisierung von Instagram zu beobachten, und zwar in der Form, dass sich Influencertum und Social Media Marketing bei Instagram etabliert haben und sich die App dahingehend professionalisiert hat. Während Instagrams Rolle bei politischer Bildung und Aufklärung zunimmt, hat sich die App von einer Plattform, auf der man mit Filtern und weiteren Werkzeugen bearbeitete mobile Fotografie mit einer bildbegeisterten Community teilen konnte, zu einer auf kapitalistische Marktökonomien perfekt zugeschnittenen Werbeplattform entwickelt (vgl. Dunker 2020). Diese Wandlung war spätestens dann komplett, nachdem Instagram seine User*innen zunächst auf die Benutzung des „activity tabs" konditioniert hatte, über die man seine Benachrichtigungen einsehen konnte, nur um diesen an gleicher Stelle dann mit dem „shop tab" zu ersetzen, über den sich nun ein Marktlatz öffnet, bei dem den User*innen all jene Waren angezeigt werden, die auf den Accounts, denen man folgt, zum Verkauf stehen:

> The notification button, represented as a heart icon, brings up a screen that indicates the interactions people have had with your Instagram presence – for example, who has liked your posts and comments. It's likely that the notification button was the most frequently clicked tab. When people interact with technology, they form habits. I am probably not the only one clicking the new Shop tab when I mean to click the notification button. It's possible that the company did this simply to ensure that Instagram users encounter the new feature, but there are other ways to accomplish that.
>
> (Andalibi 2020)

Auch wenn es jetzt so scheint, dass viele User*innen aufgrund der werbetechnischen Neuerungen abwandern, würde TikTok nicht ohne Instagram existieren, argumentiert Ryan M. Milner, Dozent am *College of Charleston*:

> „Something unique about TikTok is how much it is centred on the image of the creator and their physical body ... That wouldn't have happened had Instagram not made us much more used to having our face and bodies being on camera." Instagram sandblasted away our self-consciousness: it made us comfortable with being on camera.
>
> (Kale 2020)

Für viele Menschen sind Instagram und TikTok Werkzeuge, um der realen Welt – und ihren politischen Systemen und Mechanismen – zu entkommen und in Reels und in ihrem Feed ihr Leben zu kuratieren und zu teilen. Aber in letzter Zeit hat sich dieses Nutzer*innenverhalten geändert. Einer der größten Unterschiede bei Gen Z ist laut Expert*innen und Angehörigen der Generation die Rolle, die soziale Medien bei der Gestaltung von Überzeugungen spielen (vgl. Taylor 2020). Auf TikTok (und auch bei Instagram) haben sich die unterschiedlichsten Formate entwickelt, in denen auch umfangreichere Themen verständlich und den TikTok-Sehgewohnheiten angemessen aufbereitet und vermittelt werden können. Mittlerweile finden sich auch immer mehr etablierte Nachrichtenportale auf der Kurzvideoplattform – der TikTok-Kanal der *Tagesschau* ist bspw. für den *Grimme Online Award* nominiert, der als wichtigste Auszeichnung für herausragende Online-Publizistik in Deutschland gilt und die großen Themen und Debatten der Gegenwart abbildet (vgl. o. Verf. 2021a).

Neben dem Nutzer*innenverhalten haben sich die App selbst und ihre technischen Dispositionen verändert. Die Coronavirus-Pandemie hat TikTok sicherlich dabei geholfen, „erwachsen" zu werden. Was einst als eine Plattform wahrgenommen wurde (und größtenteils sicherlich immer noch als solche wahrgenommen wird), um sich kreativ und losgelöst von der „realen Welt" auszudrücken, hat ihren Bezug zu dieser spätestens jetzt offengelegt, und zwar mitsamt ihren diversen Möglichkeiten, sie widerzuspiegeln, zu reflektieren und mit realen Auswirkungen auf sie einzuwirken. Der Ernst der momentanen Situation und die Bemühungen um Aufklärung über das Coronavirus finden sich in den Interfaces der Apps wieder. Wie schon bei der US-Präsidentschaftswahl im Herbst 2020 werden nun auch bei Instagram und TikTok Banner zu Posts, die das Coronavirus oder Impfungen thematisieren, hinzugefügt, welche auf seriöse, glaubwürdige Nachrichtenquellen verweisen – zum einen, um über die Pandemie und das Verbreiten des Virus zu informieren und aufzuklären, zum anderen, um FakeNews und Verschwörungsmythen entgegenzuwirken.

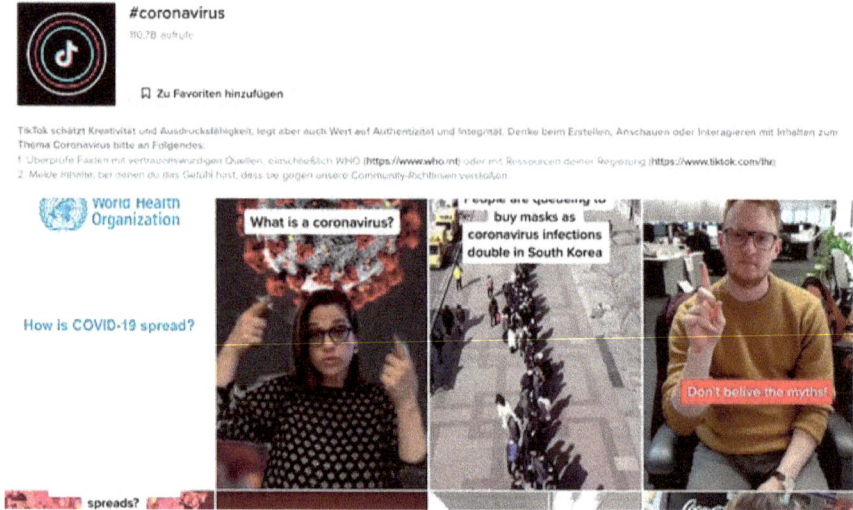

Abb. 5: Bei TikTok wird über den Ergebnissen zum Hashtag #coronavirus ein Banner mit folgendem Text eingeblendet: „TikTok schätzt Kreativität und Ausdrucksfähigkeit, legt aber auch Wert auf Authentizität und Integrität. Denke beim Erstellen, Anschauen oder Interagieren mit Inhalten zum Thema Coronavirus bitte an Folgendes: 1. Überprüfe Fakten mit vertrauenswürdigen Quellen, einschließlich WHO (https://who.int) oder mit Ressourcen deiner Regierung (https://www.tiktok.com/lhr). 2. Melde Inhalte, bei denen du das Gefühl hast, dass sie gegen unsere Community-Richtlinien verstoßen." TikTok. Zugegriffen am 30. April 2021. Screenshot.

Alex George, der als Arzt beim *National Health Service* tätig ist, hofft, dass auf diesem Wege wichtige Informationen übermittelt und verbreitet werden können: „Young people don't engage with traditional media forms, but they might watch my TikTok videos and educate their grandparents about how to wash their hands properly" (Kale 2020).

Nicht nur aufgrund seiner veränderten Inhalte und gesteigerten Verantwortung, diese aufgrund ihrer Reichweite und Durchschlagskraft zu moderieren, ist TikTok erwachsen geworden. Es lässt sich bereits jetzt feststellen, dass immer mehr Menschen, die nicht zur Gen Z, sondern zur Millennial- und Boomer-Generation gehören, bei TikTok aktiv sind. Mit „From TV to TikTok" prognostiziert die App, eine neue Art von Familienzeit miteinander zu verbringen:

Every day, millions of parents, teens, grandparents and in betweens come to TikTok to share snippets of their day-to-day life. Here's what's unique: often, the whole family participates together – even teens don't shy away. It used to be a challenge getting everyone to sit still for a photo; now we see perfectly choreographed dance routines from the whole family, including grandma.

(TikTok For Business, Editorial Team 2021)

Was TikTok hier als idyllische Familienbeschäftigung darstellt, wird dann wirklich interessant, wenn die gesamte Familie Videos gemeinsam rezipiert, die nicht den Normvorstellungen der jeweils beteiligten Generationen entsprechen.

Während Instagram eine einfache Möglichkeit bietet, politische Schlagzeilen zu erzeugen, kann es Nachrichten zu polarisierenden Memes verdichten, die meistens einen einseitigen politischen Standpunkt vertreten und „die andere Seite" häufig verspotten. Posts oder Videos, die starke Emotionen hervorrufen und dadurch zu vielen Reaktionen sowie Interaktionen führen, werden von Algorithmen bevorzugt, da sie mehr Traffic auf der jeweiligen Plattform generieren. Von der Polarisierung und Spaltung der (Netz-) Gesellschaft profitieren also vor allem die Plattformen und deren Betreibende selbst (vgl. Mühlhoff, Breljak und Slaby 2019, S. 9).

5 „TIKTOK IS WOKE !!!!!" – oder doch nicht?

Der eingangs eingeführten Pralinenschachtel-Metapher entsprechend, finden sich auch bei TikTok Inhalte, die nicht den Vorlieben einer*s jeden entsprechen. Bei TikTok geht es nicht immer um politischen Konsens, sondern um gemeinsame symbolische Ressourcen wie TikTok-Tänze, Hashtag-Kampagnen, bestimmte Posen oder Lieder, mit denen ein Gefühl generationaler Solidarität entsteht, „with Gen Z proudly referring to their group identity as a powerful force for the future" (Cavill 2020b).

Auch wenn die Kampagne von TikTok-User*innen und K-Pop-Fans, Donald Trumps Wahlkampf-Kickoff-Event in Tulsa (Oklahoma) zu sabotieren, erfolgreich war (vgl. Lorenz, Browning und Frenkel 2020), ist die Generation Z wie alle Generationen nicht monolithisch (vgl. Warzel 2020). Trotzdem verhalf diese Aktion zwischen Streich und Protestaktion dazu, ein Erzählmuster über eine gewisse Gruppe junger, im digitalen Raum und vor allem bei TikTok aktiver Menschen zu zementieren.

Just as millennials were clumsily dubbed the avocado-toast-loving, industry-killing generation, the Gen Z stereotype is an equally reductive portrait: a sardonic, nihilist, climate-change-conquering group of social media vigilantes, righteously trolling for social justice (and roasting millennials in the process). Gen Z may just save us all, the theory goes – or at least save us from another four years of Donald Trump.

(Warzel 2020)

Die These des eingangs angeführten Kommentars, auf TikTok trieben sich ausschließlich „mean social activist kids" herum, ist leicht widerlegt, da sich auf der Plattform Mitglieder derselben Generation auch als Teil extremistischer Online-Gemeinschaften mit einer Aversion gegenüber politischer Korrektheit finden lassen. TikTok ist definitiv ein Raum, um sich politisch mitzuteilen – jedoch geschieht dies durch Vertreter*innen jeglicher Couleur und so auch z. B. in Form von ungeprüften diskriminierenden Inhalten und rechtsextremen Verschwörungstheorien (vgl. Warzel 2020).

Dies zeigte sich beispielsweise am „Super Straight"-Trend, bei dem User*innen behaupten, sie identifizierten sich mit einer „neuen Sexualität", nämlich „super hetero" zu sein. Sie könnten sich daher nur von Cisgendern, also Menschen, die sich mit ihrem bei der Geburt zugeschriebenen Geschlecht identifizieren, angezogen fühlen und transsexuelle Menschen nicht anerkennen. Dies würde nach ihrer Ansicht den gleichen Respekt erfordern wie gegenüber Menschen mit marginalisierten sexuellen Identitäten. Diese offensichtlich transphobe „Bewegung", die LGBTQ+-Menschen und ihren Aktivismus verspottet, wurde auf TikTok geboren: Der Begriff wurde vermeintlich das erste Mal von einem TikTok-User (vgl. Friedersdorf 2021) in einem am 21. Februar 2021 veröffentlichten und jetzt gelöschten Video verwendet, das im Anschluss auf YouTube hochgeladen und auch auf 4chan populär wurde. 4chan-Benutzer*innen verknüpften das Akronym von „Super Straight" explizit mit der nationalsozialistischen „Schutzstaffel" (SS) (vgl. Sung 2021). Bevor es heruntergenommen wurde, hatte das Video bereits mehr als zwei Millionen Likes gesammelt. Diese „Bewegung", die sich sogar eine eigene Flagge gab (vgl. o. Verf. 2021b), lässt sich deswegen eher als Troll-Kampagne rechtsextremer Agitatoren definieren, um Geschlechtsidentitäten von Trans-Menschen ungültig zu machen und offensichtliche Transphobie zu rechtfertigen.

Es ist wohl deutlich geworden, dass sich Nutzer*innen jeglicher Plattformen nicht homogenisieren lassen. Um der Komplexität gegenwärtiger Jugendkulturen im digitalen Raum als „deterritoriale Vergemeinschaftungsnetzwerke" gerecht zu werden, erscheint es notwendig, *„im Detail und der jeweiligen spezifischen (lokalen) Kontextualisierung* [Anm. Allekotte: Hervorhebung des Verf.] das widerständige, produktive oder auch affirmative Potenzial einer Jugendkultur zu hinterfragen" (Hepp 2006, S. 143).

Instagram oder TikTok als Gemeinschaftsnetzwerke zeichnen sich also dadurch aus, dass sich Sub- oder Jugendkulturen nicht mehr nur lokal, sondern deterritorial und global durch geteilte Interessen und gemeinsame Anliegen bilden, Diskurse prägen und durchaus mit analogen Folgen und Auswirkungen agieren können. Die deterritoriale Vergemeinschaftung wird etwa auch durch die Nutzung von Hashtags ermöglicht und sichtbar, gerade wenn bestimmte Hashtags und die sich darunter konstituierenden und organisierenden Bewegungen den Weg in die Mainstreamkultur oder eine analoge Öffentlichkeit finden:[12]

> Die Spezifik von deterritorialen populärkulturellen Gemeinschaftsnetzwerken wie Jugendkulturen ist also darin zu sehen, dass sie auf vielfältige und in sich widersprüchliche Weisen in Prozesse soziokultureller Auseinandersetzungen eingebunden sind. Sie können keinesfalls über verschiedenste Kontexte hinweg als emanzipatorisch, widerständig oder auch affirmativ begriffen werden.
>
> (Hepp 2006, S.143)

Intersektional informierter Online-Aktivismus gehört also genauso zu TikTok und Instagram (und Social Media generell) wie Diskriminierung, Rechtskonservatismus und Hate Speech:

> Denn es stellt sich heraus, dass es die polarisierenden, reißerischen, potenziell falschen Inhalte sind, die am meisten diskutiert werden und die Interaktionsintensität erhöhen (Owen 15.03.2019). Statistiken zeigen, dass Hasskommentare, Verschwörungstheorien und selbstjustiziale Verfolgungsdebatten auf der Jagd nach „meaningful interaction" und „back-and-forth discussions" am Besten abschneiden (ebd.).
>
> (Mühlhoff, Breljak und Slaby 2019, S. 9)

Sichtbar werden diese unterschiedlichen Ideologien bspw. in Kommentarspalten von Kanälen, die nicht unbedingt eindeutig einem politischen Lager zuzuschreiben sind. Zu beobachten ist dies etwa bei den Social Media-Kanälen der *Tagesschau*, die sich objektive Berichterstattung zum Ziel setzen, bei denen Menschen und Meinungen aufeinandertreffen, die innerhalb ihrer Filterblase („bubble")[13], von der gerne die Rede ist, ansonsten nicht zusammenkommen würden (vgl. McNeil 2020).

Statt bei hieraus resultierenden Debatten aber direkt dem Aufruf „cancel her PLS." zu folgen, sollte man in diese Diskurse und Diskussionen vielmehr bewusst eintauchen und sich an ihnen beteiligen. Anzumerken ist, dass „woke"

---

12 Weiteres hierzu unter dem Stichwort „Hashtag-Aktivismus".

13 Diese Konzepte sind generell zu hinterfragen, da Menschen ihre Nachrichten, Meinungen und Eindrücke ja nicht allein und ausschließlich über Social Media einholen und bilden, sondern durchaus auch auf verschiedene analoge Medien zurückgreifen oder durch zwischenmenschliche Begegnungen im Alltag angeregt werden.

sein auch in den Situationen kritisch betrachtet werden muss, wenn diese Begrifflichkeit erneut zu Polarisierung und Spaltung in „woke" und „nicht-woke" führt sowie in dem Wunsch, sich gegenseitig vom Diskurs auszuschließen. Canceln alleine ist nicht hilfreich, verhindert die Gelegenheit zum Austausch und ist nicht selten durch performativen Aktivismus motiviert: „Wir erleben gerade einen Sieg der Gesinnung über rationale Urteilsfähigkeit. Nicht die besseren Argumente zählen, sondern zunehmend zur Schau gestellte Haltung und richtige Moral", so Milosz Matuschek und Gunnar Kaiser in ihrem „Appell für freie Debattenräume", mit dem sie die „Cancel Culture" canceln wollen (Matuschek und Kaiser 2020). Die derzeitige Debattenkultur scheint sehr von Gefühlen gesteuert und es wird eher moralisiert statt argumentiert, was laut Jagoda Marinić daran liegt, dass viele Debatten online geführt werden, Plattformen in ihrem Aufbau „Erhitzungsplattformen" sind und deshalb andere Debatten hervorriefen, als wenn sie in Präsenz geführt würden (vgl. ttt_titel_thesen_temperamente 2021). Der Mensch sei mehr als die Meinung, die er in Social Media preisgibt, doch im digitalen Raum entstünde ein Destillat, weil man sich neu erfinden und vielleicht auch bezüglich mancher Meinung radikalisieren könne. Marinić erklärt sich die momentane Politisierung mit den gegenwärtigen Krisen und Netzwerkstrukturen, sodass es den Anschein macht, man rede momentan mit jeder und jedem über Politik. Dies schätzt sie als positiv ein, da es das politische System vitalisiere und die Wahlbeteiligung erhöhe.

Eine *Business Insider*-Umfrage aus dem Jahr 2019 unter mehr als 1.800 jungen Menschen im Alter zwischen 13 und 21 ergab, dass sich eine Mehrheit weder als konservativ noch als liberal identifizierte, was entweder auf Unentschlossenheit oder Ernüchterung oder auf beides zurückzuführen war (vgl. Taylor 2020). Nicht alles bei TikTok sei politisch oder aus einem Kampf für „das Gute" motiviert: „There's a lot of different reasons people might do that. Boredom, even just simple chaos, is a motivation" (Warzel 2020). Eine Tatsache ist jedoch, dass Gen Z die vielfältigste Generation in den USA darstellt, wenn deren Mitglieder nach ihrer Race und ihrem Verständnis von Gender gefragt werden. Unabhängig von ihrer tatsächlichen Wahlentscheidung wird ihr Agieren im digitalen Raum einen großen Einfluss auf Kultur und Politik haben.

Doch nicht nur TikToker*innen sind teils nicht so „woke", wie sie wahrgenommen werden – auch TikTok selbst wurde etwa beschuldigt, Schwarze Content Creator durch Algorithmen benachteiligt und die Sichtbarkeit ihrer Videos oder von Videos unter dem Hashtag „#BlackLivesMatter" eingeschränkt zu haben. Später wurde dies behoben, TikTok entschuldigte sich für den „Fehler" und spendete vier Millionen US-Dollar an gemeinnützige Organisationen und antirassistische Projekte (vgl. Kelly 2020). Bereits im Dezember 2019 gab TikTok zu, dass Videos von queeren User*innen, Menschen mit Behinderung oder Menschen, deren Körperbild nicht den auf Social Media verbreiteten Körpernormativen entsprechen, unterdrückt wurden – Stichwort „Shadow banning". Dies sei geschehen, um angreifbare User*innen zu schützen (vgl. Köver und Reuter 2019).

Besucht man heute die Internetseite von TikTok, findet man einen eigenen Reiter „Gemeinschaft", unter dem sich Rich Waterworth (der General Manager von TikTok Europa) für 100 Millionen Nutzer*innen in Europa bedankt. Er proklamiert dort zudem, seit TikTok in Europa aktiv ist, einen lokalen Ansatz zu verfolgen und Teil der Gesellschaft werden zu wollen (vgl. Waterworth 2020). Erwähnt werden TikTok-Videos, die von und für Pflegekräfte zu deren Würdigung gedreht und angeschaut wurden; der Hashtag „#RespectMySize", unter dem über Bodyshaming aufgeklärt wird; 65 Millionen Euro, die TikTok an wohltätige Organisationen, die im Gesundheitswesen arbeitende Pflegekräfte unterstützen, gespendet hat; und dass „[m]an sieht: TikTok ist so viel mehr als nur eine App. Es ist eine Plattform, die Nutzer*innen unterhält und informiert." (Waterworth 2020) Schaut man sich weiter unter dem Reiter „Gemeinschaft" um, lassen sich Artikel und Hashtags zu jedem erdenklichen guten Zweck oder sozialen Anliegen finden: zum Beispiel EarthDay, #LernenMitTikTok, #BlackGermanCulture, #PlantTok, TikTok Förderprogramm für Diversity in Kunst und Kultur und „TikTok tritt der Globalen Koalition zur Beendigung des illegalen Wildtierhandels im Internet bei" (o. Verf. 2021c). TikTok selbst inszeniert sich als Werkzeug, das die Welt zusammenhält und Menschen zusammenbringt. In welchem Ausmaß TikTok nun eine „ehrliche" progressive politische Agenda verfolgt oder bloß eine Form des performativen Aktivismus betreibt, um möglichst viele User*innen (und deren Daten) auf ihrer Plattform unter möglichst vielen unterschiedlichen trendenden Hashtags zu versammeln, die die politisierten Gesellschaften der Gegenwart in der Pandemie und ihre Probleme und Anliegen widerspiegeln, lässt sich allerdings nur mutmaßen.

„Wokeness" ist zwar gerade en vogue, lässt sich aber durchaus auch weiterhin hinterfragen, wenn sie nicht dazu dient, auf problematische Umstände hinzuweisen oder für Aufklärung und Bewusstsein zu sorgen, sondern zum Selbstzweck und aus Eigennutz eingesetzt wird. Mittlerweile wird auch bezüglich Diet Prada gefragt: „Who Will Cancel the Cancelers?" (vgl. Tashjian 2020). Deren als militant und kompromisslos beschriebene Aktivitäten in der Callout-und-Cancel Culture wirkten sich teilweise eher kontraproduktiv auf das Ziel einer kooperativen und systematisch reformierten Modebranche aus und sehen sich ebenfalls mit Tokenism-Vorwürfen konfrontiert (vgl. ebd.). Statt Cancel Culture sollte man auf eine „accountability culture" (dt. Verantwortlichkeit,

Rechenschaft) hinarbeiten, die es Menschen ermöglicht, ihre Fehler einzugestehen, diese zu beheben und sich zu ändern (vgl. ebd.).

Wenn wir eines bei TikTok gelernt haben, dann ist es das Folgende: Trends werden, ebenso wie Apps, genauso schnell wieder durch neue abgelöst, wie sie gekommen sind. Politischer Aktivismus wird weiterhin eine immense Rolle im digitalen Raum spielen, doch werden sich seine Form und die Plattformen verändern, auf denen und über die er betrieben wird.

Medienverzeichnis

Abbildungen

Abb. 1: Diet Prada. 26. Februar 2021. *Instagram*. https://www.instagram.com/p/CLvKA2pHjR2. Zugegriffen am 30. April 2021. Screenshot.

Abb. 2: Ergebnisse zum Hashtag #BLM (links) sowie Ergebnisse zum Hashtag #Trump (rechts). *TikTok*. Zugegriffen am 30. April 2021. Screenshot.

Abb. 3: Blair Imani. 7. August 2020. *Instagram*. https://www.instagram.com/p/CDkexpYHVIw/?hl=de. Zugegriffen am 30. April 2021. Screenshot.

Abb. 4: muchachafanzine. 30. April 2021. *Instagram*. https://www.instagram.com/p/COS 8VTGjAnr. Zugegriffen am 30. April 2021. Screenshot.

Abb. 5: Ergebnisse zum Hashtag #coronavirus über die ein Banner mit Hinweisen zu sicheren Informationsquellen über das Coronavirus und einem Appell an Authentizität und Integrität der User*innen beim Erstellen und Rezipieren der Inhalte zu diesem Hashtag. *TikTok*. Zugegriffen am 30. April 2021. Screenshot.

Literatur

Allekotte, Ann-Kathrin. 2021. „Video with a Message". Gegenkultur und Subversion im zeitgenössischen Musikvideo. In *Musikvideo reloaded. Über historische und aktuelle Bewegtbildästhetiken zwischen Pop, Kommerz und Kunst*, Hrsg. Kathrin Dreckmann, 53–74. Berlin/Boston: De Gruyter/düsseldorf university press.

Allyn, Bobby. 2020. TikTok Pivots From Dance Moves To A Racial Justice Movement. *NPR*. https://www.npr.org/2020/06/07/871065917/tiktok-pivots-from-dance-moves-to-a-racial-justice-movement?t=1619786627038. Zugegriffen am 30. April 2021.

Andalibi, Nazanin. 2020. Instagram's Redesign Shifts toward Shopping – Here's How That Can Be Harmful. *The Conversation*. https://theconversation.com/instagrams-redesign-shifts-toward-shopping-heres-how-that-can-be-harmful-151537. Zugegriffen am 30. April 2021.

Arnold, Gina et al. (Hrsg.). 2017. *Music/Video. Histories, Aesthetics, Media*. London: Bloomsbury Academic.

Bendkowski, Charlotte. 2021. What Happened between Diet Prada and Danielle Bernstein. *The Modems*. https://www.themodems.com/fashion/what-happened-between-diet-prada-and-danielle-bernstein. Zugegriffen am 26. Februar 2021.

Bódy, Veruschka und Peter Weibel. 1987. *Clip, Klapp, Bum. Von der visuellen Musik zum Musikvideo*. Köln: DuMont Buchverlag.

Bowes, Lizzie. 2017. Performative Wokeness Needs to Stop. *Varsity*. https://www.varsity.co.uk/violet/14313. Zugegriffen am 30. April 2021.

Brennan, Kathleen P. J. 2015. MemeLife. In *Making Things International 1: Circuits and Motion*, Hrsg. Mark B. Salter, 243–254. Minneapolis: University of Minnesota Press. Online unter: http://www.jstor.org/stable/10.5749/j.ctt14jxw02.21. Zugegriffen am 30. April 2021.

Brien, Jörn. 2020. Am meisten heruntergeladene Apps: Tiktok schlägt Whatsapp. *t3n*. https://t3n.de/news/meisten-heruntergeladene-apps-1269363/. Zugegriffen am 30. April 2021.

Busse, Tanja. 1996. *Mythos in Musikvideos. Weltbilder und Inhalte von MTV und VIVA*. Münster: LIT Verlag.

Cavill, Sarah. 2020a. Why Is TikTok Marketer Of The Year?. *DMS Insights*. https://insights.digitalmediasolutions.com/articles/tiktok-marketer-of-the-year. Zugegriffen am 30. April 2021.

Cavill, Sarah. 2020b. Younger Generations Are Turning To Instagram And TikTok For Their News. *DMS Insights*. https://insights.digitalmediasolutions.com/articles/instagram-twitter-tiktok-news-gen-z. Zugegriffen am 30. April 2021.

Dean, Aria. 2016. Poor Meme, Rich Meme. *Real Life Mag*. https://reallifemag.com/poor-meme-rich-meme/. Zugegriffen am 30. April 2021.

DGM Music. 2020. Top Tiktok Hits 2020 – Top 30 Song – Best Hits – Best Music Playlist 2020 – Best Music Collection. *YouTube*. https://www.youtube.com/watch?v=e0rrQZGXO68. Zugegriffen am 27. April 2021.

Diederichsen, Diedrich et al. 2015. *Geniale Dilletanten: Subkultur der 1980er-Jahre in Deutschland*. Berlin: Hatje Cantz Verlag.

Dunker, Jessica. 2020. Instagram Devolving into Capitalist Business Venture. *The East Tennessean Online*. https://easttennessean.com/2020/02/19/instagram-devolving-into-capitalist-business-venture. Zugegriffen am 30. April 2021.

Filtr. 2021. TikTok Songs You Can't Get Out of Your Head. 2021 TikTok songs. *Spotify*. https://open.spotify.com/playlist/0JFatPoPq82gNcPa4esOzj. Zugegriffen am 27. April 2021.

Firsching, Jan. 2020. TikTok Statistiken 2020: 100 Mio. Nutzer in Europa & über 800 Mio. weltweit. *Future Biz*. https://www.futurebiz.de/artikel/tiktok-statistiken-2019/. Zugegriffen am 30. April 2021.

Friedersdorf, Conor. 2021. The Sexual Identity That Emerged on TikTok. *The Atlantic*. https://www.theatlantic.com/ideas/archive/2021/04/how-super-straight-started-culture-war-tiktok/618498/. Zugegriffen am 30. April 2021.

Gerlitz, Carolin. 2011. Die Like Economy. Digitaler Raum, Daten und Wertschöpfung. In *Generation Facebook. Über das Leben im Social Net*, Hrsg. Oliver Leistert und Theo Röhle. Bielefeld: Transcript.

Gillner, Susanne. 2019. TikTok: Das Instagram für die Generation Z. *Internet World*. https://www.internetworld.de/social-media-marketing/social-community/tiktok-instagram-generation-z-1756136.html. Zugegriffen am 30. April 2021.

Hammond, Natalie. 2020. Danielle Bernstein: Who Is She and What Are People Saying She's Done Wrong? *GraziaDaily*. https://graziadaily.co.uk/fashion/news/danielle-bernstein-influencer-diet-prada-scandal. Zugegriffen am 30. April 2021.

Hepp, Andreas. 2006. Deterritoriale Vergemeinschaftungsnetzwerke: Jugendkulturforschung und Globalisierung der Medienkommunikation. In *Kulturschutt. Über das Recycling von*

Theorien und Kulturen, Hrsg. Christoph Jacke, Eva Kimminich und Siegfried J. Schmidt, 124–147. Bielefeld: Transcript Verlag.

Hoeder, Ciani-Sophia. 2020. Was bedeutet „woke"? *Rosa Mag.* https://rosa-mag.de/was-bedeutet-woke/. Zugegriffen am 30. April 2021.

Kale, Sirin. 2020. How Coronavirus Helped TikTok Find Its Voice. In *The Guardian.* https://www.theguardian.com/technology/2020/apr/26/how-coronavirus-helped-tiktok-find-its-voice. Zugegriffen am 30. April 2021.

Kelly, Makena. 2020. TikTok Pledges To Promote Black Creators After Accusations of Censorship. *The Verge.* https://www.theverge.com/2020/6/1/21277505/tiktok-black-creators-censorship-algorithm-donation-diversity-council. Zugegriffen am 30. April 2021.

Köver, Chris und Markus Reuter. 2019. TikTok Curbed Reach for People With Disabilities. *Netzpolitik.org.* https://netzpolitik.org/2019/discrimination-tiktok-curbed-reach-for-people-with-disabilities/. Zugegriffen am 30. April 2021.

Lorenz, Taylor und Kellen Browning und Sheera Frenkel. 2020. TikTok Teens and K-Pop Stans Say They Sank Trump Rally. *The New York Times.* https://www.nytimes.com/2020/06/21/style/tiktok-trump-rally-tulsa.html. Zugegriffen am 30. April 2021.

Manghani, Sunil. 2017. The Pleasures of (Music) Video. In *Music/Video. Histories, Aesthetics, Media*, Hrsg. Gina Arnold et al., 21–40. London: Bloomsbury Academic.

Matuschek, Milosz und Gunnar Kaiser. 2020. *Appell für freie Debattenräume.* https://idw-europe.org. Zugegriffen am 30. April 2021.

McNeil, Joanne. 2020. *Lurking: How a Person Became a User.* New York: MCD.

Medienpädagogischer Forschungsverbund Südwest. 2019. *JIM-Studie 2019. Jugend, Information, Medien.* https://www.mpfs.de/fileadmin/files/Studien/JIM/2019/JIM_2019.pdf. Zugegriffen am 30. April 2021.

Mühlhoff, Rainer und Anja Breljak und Jan Slaby (Hrsg.). 2019. *Affekt Macht Netz. Auf dem Weg zu einer Sozialtheorie der Digitalen Gesellschaft.* Bielefeld: Transcript Verlag.

Newman, Nic et al. 2020. Reuters Institute Digital News Report 2020. *Reuters Institute.* https://reutersinstitute.politics.ox.ac.uk/sites/default/files/2020-06/DNR_2020_FINAL.pdf. Zugegriffen am 30. April 2021.

o. Verf. o. J. *Cambridge Dictionary.* https://dictionary.cambridge.org/de/worterbuch/englisch/call-out-culture. Zugegriffen am 30. April 2021.

o. Verf. 2020a. How to Become an Ally: Die goldenen Regeln des Allyship. *HateAid.* https://hateaid.org/allyship. Zugegriffen am 30. April 2021.

o. Verf. 2020b. Wie die Popkultur auf den Tod George Floyds reagiert. Malcolm Ohanwe im Gespräch mit Timo Grampes. *Deutschlandfunk Kultur.* https://www.deutschlandfunkkultur.de/blackouttuesday-wie-die-popkultur-auf-den-tod-george-floyds.2156.de.html?dram:article_id=477827. Zugegriffen am 30. April 2021.

o. Verf. 2020c. Zeige Fans etwas Neues. *Canvas.* https://canvas.spotify.com/de-de. Zugegriffen am 30. April 2021.

o. Verf. 2020d. Spotify for Artists. *Canvas.* https://canvas.spotify.com/de-de. Zugegriffen am 25. April 2021.

o. Verf. 2021a. Erstmals Tiktok-Formate für Grimme Online Award nominiert. *Zeit Online.* https://www.zeit.de/digital/internet/2021-04/medienpreis-grimme-online-award-tiktok?utm_referrer=https%3A%2F%2Fwww.google.com%2F. Zugegriffen am 30. April 2021.

o. Verf. 2021b. Super Straight. *LGBTA Wiki.* https://lgbta.wikia.org/wiki/Super_Straight. Zugegriffen am 30. April 2021.

o. Verf. 2021c. *TikTok Community*. https://newsroom.tiktok.com/de-de/community. Zugegriffen am 30. April 2021.

Owen, Laura Hazard. 2019. One Year In, Facebook's Big Algorithm Change Has Spurred an Angry, Fox News-Dominated-and Very Engaged!-News Feed. *NiemanLab*. www.niemanlab.org/2019/03/one-year-in-facebooks-big-algorithm-change-has-spurred-an-angry-fox-news-dominated-and-very-engaged-news-feed/. Zugegriffen am 30. April. 2021.

Pfaller, Robert (Hrsg.). 2000. *Interpassivität. Studien über delegiertes Genießen*. Berlin: Springer.

Rajewsky, Irina O. 2002. *Intermedialität*. Tübingen/Basel: A. Francke.

Schröter, Jens. 1998. Intermedialität. Facetten und Probleme eines aktuellen medienwissenschaftlichen Begriffes. In *montage AV. Zeitschrift für Theorie und Geschichte audiovisueller Kommunikation*, 7(2): 129–154.

Schulz, Christian und Tobias Matzner. 2020. Feed the Interface. Social-Media-Feeds als Schwellen. In *Navigationen – Zeitschrift für Medien- und Kulturwissenschaften. Filter(n) – Geschichte Ästhetik Praktiken*, 20(2): 147–164.

Schwär, Hannah. 2020. Tiktok bricht sämtliche Download-Rekorde – dank Langeweile in der Corona-Isolation. *Business Insider*. https://www.businessinsider.de/wirtschaft/tiktok-bricht-saemtliche-download-rekorde-dank-langeweile-in-der-corona-isolation/. Zugegriffen am 30. April 2021.

Stauffacher, Reto und Corinne Plaga. 2019. Vom Meme zum Nummer-1-Hit: Wie Tiktok die Pop-Kultur verändert. *Neue Zürcher Zeitung*.https://www.nzz.ch/panorama/old-town-road-der-erste-tiktok-welthit-der-musikgeschichte-ld.1500889?reduced=true. Zugegriffen am 30. April 2021.

Stewart, Emily und Shirin Ghaffary. 2020. It's Not Just Your Feed. Political Content Has Taken Over Instagram. *Vox*. https://www.vox.com/recode/2020/6/24/21300631/instagram-black-lives-matter-politics-blackout-tuesday. Zugegriffen am 30. April 2021.

Sung, Morgan. 2021. The ‚Super Straight' Campaign Taking Over TikTok Is Actually Just Ugly Transphobic Trolling. *Mashable*. https://mashable.com/article/super-straight-tiktok-transphobia/?europe=true. Zugegriffen am 30. April 2021.

Tashjian, Rachel. 2020. In Fashion, Who Will Cancel the Cancelers?. *GQ*. https://www.gq.com/story/diet-prada-kanye. Zugegriffen am 30. April 2021.

Taylor, Kate. 2020. Gen Z Is More Conservative than Many Realize – but the Instagram-fluent Generation Will Revolutionize the Right. *Business Insider*. https://www.businessinsider.com/gen-z-changes-political-divides-2019-7?r=DE&IR=T. Zugegriffen am 30. April 2021.

Teipel, Jürgen. 2012. *Verschwende Deine Jugend: Ein Doku-Roman über den deutschen Punk und New Wave*. Berlin: Suhrkamp Verlag.

TikTok For Business, Editorial Team. 2021. From TV to TikTok: Family Time Has Evolved. *TikTok for Business*. https://www.tiktok.com/business/en/blog/from-tv-to-tiktok-family-time-has-evolved. Zugegriffen am 30. April 2021.

Tilakkumar, Nivetha. 2020. Who Is Your Performative Wokeness For? Why Virtue Signalling Is Problematic. *the release*. https://therelease.co.uk/who-is-your-performative-wokeness-for. Zugegriffen am 30. April 2021.

ttt_titel_thesen_temperamente. 2021. Identitätspolitik. Was an der Debatte so falsch läuft und warum sie trotzdem so wichtig ist. *InstaLive mit Siham El-Maimouni und Jagoda Marinić*. https://www.instagram.com/p/COBHfJ4qawJ/. Zugegriffen am 30. April 2021.

Vernallis, Carol. 2021. Wer braucht schon Musikdokumentationen, wenn es TikTok und Carpool Karaoke gibt? In *Musikvideo reloaded. Über historische und aktuelle Bewegtbildästhetiken zwischen Pop, Kommerz und Kunst*, Hrsg. Kathrin Dreckmann, 205–222. Berlin/Boston: De Gruyter/düsseldorf university press.

Warzel, Charlie. 2020. Gen Z Will Not Save Us. In *The New York Times*. https://www.nytimes.com/ 2020/06/22/opinion/trump-protest-gen-z.html. Zugegriffen am 30. April 2021.

Waterworth, Rich. 2020. Danke für 100 Millionen Nutzer*innen in Europa. *TikTok Newsroom*. https://newsroom.tiktok.com/de-de/danke-fuer-100-millionen-nutzer-in-europa. Zugegriffen am 30. April 2021.

Weibel, Peter. 1987. Von der visuellen Musik zum Musikvideo. In C*lip, Klapp, Bum. Von der visuellen Musik zum Musikvideo*, Hrsg. Veruschka Bódy und Peter Weibel, 53–164. Köln: DuMont Buchverlag.

Zeh, Miriam. 2020. TikTok. In *Pop. Kultur und Kritik,* Heft 16, Frühling: 10–15. https://pop-zeitschrift.de/2020/05/04/tiktokautor von-miriam-zeh-autordatum4-5-2020-datum. Zugegriffen am 30. April 2021.

Teil 5: **Medien/Dispositive**

Sigrun Lehnert

Jazz oder Rock'n'Roll

Musik und Jugend in der Kino-Wochenschau (Ost-West) 1950–1965

Zusammenfassung: In den 1950er und 1960er Jahren bot die Wochenschau im Beiprogramm des Kinos Berichte aus Politik, Wirtschaft, Kultur und Sport und gab Orientierung in der Zeit des Wiederaufbaus. Die Ästhetik der Filmpublizistik in Bildgestaltung, unterlegter Musik, Geräuschen und gesprochenem Kommentar bannte nicht nur die Aufmerksamkeit der Zuschauer*innen, sondern ließ darüber hinaus moralische Deutungen im Hinblick auf gesellschaftliche Entwicklungen zu. Infolge der ideologischen Instrumentalisierung in der „jüngsten Vergangenheit" wurde auf Jugendliche und ihre Freizeitgestaltung in der Phase der Neuorientierung der deutschen Gesellschaft ein besonderes Augenmerk gerichtet. In den Wochenschau-Berichten kommt unter anderem eine Ambivalenz in Bezug auf die Jugendmusikkultur zum Ausdruck. Im Laufe der 1950er-Jahre bis zur Kinokrise[1] ist eine Zweiteilung zu beobachten: Während das „anrüchige" Image des Rock'n'Roll bestehen blieb, erhielt der Jazz offenbar einen intellektuellen „Kenner-Status". Dies gilt sowohl für die westdeutschen Wochenschau-Produktionen wie für die ostdeutsche Wochenschau *Der Augenzeuge*. Der vorliegende Beitrag will die Karrieren beider Musikstile in der Jugend-Berichterstattung untersuchen und danach fragen, welche gesellschaftspolitischen und kulturellen Ansprüche darin zum Ausdruck kommen.

Schlüsselwörter: Wochenschau, Kino, Jazz, Rock'n'Roll, DDR, BRD, 1950er/1960er-Jahre, Jugendkultur

1 Einführung: „Wenn sie der Rhythmus packt"

Die Jugendlichen spielten im Wiederaufbau nach 1945 und im wirtschaftlichen Aufschwung der 1950er und 1960er Jahre eine bedeutende Rolle: als Arbeitskräfte, als konsumorientierte Zielgruppe und als Hoffnungsträger einer fortschrittlichen Zukunft. Die Einflussnahme der Politik auf „die Jugend" war ge-

---

[1] Die Zahl der Besucher*innen sank von 801 Millionen im Jahr 1957 auf 320 Millionen im Jahr 1965 (ARD 1969, S. 110, Tabelle 206).

https://doi.org/10.1515/9783110730609-017

prägt von der Warnung, sich nicht (nochmals) instrumentalisieren zu lassen und im Sinne demokratischer Normen zu handeln – je nach Auffassung und Auslegung von Demokratie in den gegensätzlichen Systemen in West- und Ostdeutschland. Zugleich war es den Jugendlichen wichtig, sich selbst auszudrücken: Mitte der 1950er-Jahre zeigten sie sich in eigenwilliger Kleidung, eigenen Musikvorlieben, Motorrädern (falls sie es sich finanziell leisten konnten) und – entgegen des Versammlungsgesetzes – in Massen. Die Gruppenauftritte endeten regelmäßig in Krawallen, was nicht nur Ordnungskräfte, sondern auch Gesellschaftskritiker*innen auf den Plan rief (wie Helmut Schelsky mit seiner soziologischen Untersuchung der „skeptischen Generation") und zum pauschalen „Halbstarken"-Image beitrug (Mrozek 2019, S. 105–118). Dies kann nicht nur auf westliche Jugendliche bezogen werden – die ostdeutsche Jugend stand der Jugend im anderen Teil Deutschlands in Bezug auf den Wunsch zum (musikalischen) Lebensausdruck nicht nach.

Unter der Voraussetzung von sicherem Lebensunterhalt in Friedenszeiten können sich kulturelle Strukturen in Gesellschaften formieren, die von Medien gespiegelt und gleichzeitig angetrieben werden. Musik spielt in kulturellen Gemeinschaften eine gewichtige Rolle: Sie ermöglicht eine Identifizierung mit Gleichgesinnten und ist Zeichen der Zugehörigkeit zu einer sozialen Gruppe, wie es sich unter anderem in der Gründung von Fanclubs zeigt. Musik dient Gruppen als Identifikationsinstrument, und so sind Musikstile verschiedenen (Jugend-)Subkulturen zuzuordnen. Verschiedene Prozesse zeigen sich in der Musik: Sie kann ein „Indikator" für soziale Veränderungen sein – und ebenso für politische Einstellungen (vgl. Frevel 1997, S. 8).

Bis zur Etablierung des Fernsehens[2] war die Kino-Wochenschau ein maßgebliches Informations-, Unterhaltungs- und Präsentationsmedium. Durch ihre beeindruckende Gestaltungsweise und durch den internationalen Austausch von Filmberichten trug die Wochenschau zur Verbreitung des Images der deutschen Gesellschaft im In- und Ausland bei. In Filmberichten werden musikkulturelle Veränderungen auf zweifache Weise deutlich: erstens durch die dargestellte Musik beziehungsweise die Musikkultur selbst und zweitens durch die Art und Ästhetik der Darstellung durch den Film. Im Filmbericht geschieht dies auf mehreren Ebenen:

1. durch den Sprechertext, der die musikalische Jugendkultur erklärt und kommentiert;

---

2 In Westdeutschland Ende der 1950er Jahre, in Ostdeutschland Anfang der 1960er Jahre.

2. durch die Bildgestaltung, den Filmschnitt, der die Zuschauer*innen zu einer bestimmten Interpretation des Umgangs der Jugendlichen mit der Musik anregt;
3. durch die diegetische oder nicht-diegetische Musikunterlegung (beispielsweise, wenn Musizierende im Bild zu sehen sind oder die Bilder musikalisch begleitet werden).

Besonders im Hinblick auf den Wirkungsaspekt des Filmischen – aufgrund der Kombination von Sound und bewegtem Bild – ist es von Interesse, wie die Jugendkultur und insbesondere die Musikpräferenzen in der ost- und westdeutschen Filmberichterstattung dargestellt wurden.

Die westdeutsche *Neue Deutsche Wochenschau* (NDW), Nr. 590, vom 19. Mai 1961 zeigte als letzten Bericht der Ausgabe den 2. Teil einer Beitragsreihe zum Thema „Unsere Jugend"[3] mit dem Titel „Wenn sie der Rhythmus packt".[4] Zunächst greift der Bericht die Lebens- und Arbeitswelt der Jugendlichen auf und bekräftigt, dass sie trotz des nüchternen Alltags nach „Gefühl" und „Stimmung" verlangten, wie der Sprecher sagt. Auf die Bilder einer Amateur-Jazzband (vgl. Abb. 1) und deren Mitglieder bei der Ausübung ganz gewöhnlicher Berufe, der Teilnahme Jugendlicher an Tanzvergnügen sowie von einer Jazz-Performance folgt eine Dichotomie: die Präsentation von Spielarten des passiven Musikkonsums durch Schallplatten und Konzertbesuche und andererseits des aktiven Musizierens: als Band, als Orchester, als Straßenmusikanten.

---

3 Neben der aktuellen Berichterstattung in einzelnen und thematisch unabhängigen Beiträgen wurden von den Wochenschauen thematisch orientierte Reihen gezeigt.
4 Alle folgenden Zitate beziehen sich auf den Kommentartext der jeweiligen angeführten Wochenschau-Ausgabe.

Titel   Neue Deutsche Wochenschau 580/1961
Quelle Bundesarchiv, Bestand Film: F 011923

Abb. 1: Amateur-Jazz-Band in der Neuen Deutschen Wochenschau 1961. Filmstill.

Ein erheblicher Teil des Berichts widmete sich dem ökonomischen Aspekt der Schallplattenindustrie und den Strategien, wie sie den Geschmack der Jugendlichen bedienen wolle. Das aktive Selbstmusizieren wird am Ende jedoch sehr gelobt, während der Kommentartext die ausgelassene Bewegung und den tosenden Jubel bei Jazz-Konzerten als kindisch abwertet. Daneben wird hervorgehoben, dass Jugendliche durchaus auch einer „stillen" Begeisterung bei Klassik-Konzerten zugeneigt sind. Am Ende scheint nichts gegen oder für den einen oder anderen Musikstil zu sprechen, sondern es geht vielmehr um den als positiv bzw. negativ eingestuften Umgang mit Musik. Bemerkenswert ist, dass der Wochenschau-Kommentar die Umwelt Jugendlicher als „abstrakt" einordnet und die Erwachsenenwelt vor zu großer Strenge warnt, da sich „Kräfte" stets einen Weg suchten. Jugendliche wurden somit nicht nur als Pflichterfüllende betrachtet, sondern ihre kulturellen und sozialen Bedürfnisse scheinen Anfang der 1960er-Jahre als ihrer Entwicklung zuträglich entdeckt worden zu sein.

2 Die Steuerung der Jugendmusikkultur

Im Umgang mit der Nachkriegsjugend stand zunächst im Vordergrund, die bis 1945 in nationalsozialistischen Massenorganisationen wie der „Hitlerjugend" und dem „Bund Deutscher Mädel" ideologisch instrumentalisierten jungen

Menschen aufzufangen. Zudem war die Situation vieler Jugendlicher prekär: Teilweise fehlten die Eltern, oder die älteren Geschwister mussten für die jüngeren sorgen. Der Wohnraum in den zerstörten Städten war knapp und ließ kaum Privatsphäre zu. Nach Ende des Zweiten Weltkriegs gingen die Alliierten zunächst von einer unberechenbaren Gefahr durch die Jugendlichen aus, die nichts Anderes als NS-Indoktrination erfahren hatten. Dies wird in dem Kurzfilm „Your Job in Germany" (1945), in der Regie von Frank Capra und hergestellt im Auftrag des US-Kriegsministeriums, deutlich. Gerade deshalb war es wichtig, Heranwachsende nicht sich selbst zu überlassen, sondern sie durch Freizeitangebote sinnvoll zu beschäftigen. Die britisch-amerikanische Wochenschau-Gemeinschaftsproduktion *Welt im Film* zeigt, wie durch die Amerika-Häuser kulturelle, sportliche Veranstaltungen und der Austausch von Jugendlichen gefördert wurden. Der Kommentar paraphrasiert aus einer Ansprache des Vertreters des amerikanischen Hochkommissars John McCloy, dass ein Hauptteil der Arbeit der Amerika-Häuser der Jugend gewidmet werde (*Welt im Film*, Nr. 272 vom 16. August 1950). Sie boten unter anderem Räume für Bibliotheken, Ausstellungen, Diskussionen, Kinderbetreuung und Musik.[5]

In den Nachkriegsjahren ab 1945 lag die politische Jugendbildung zunächst vor allem in den Händen der US-amerikanischen und britischen Besatzungsbehörden und ging von deren Reeducation-Programm aus. In den Angeboten der „German Youth Activities" (GYA)[6] stand das „Lernen und Einüben von Demokratie" im Vordergrund. Doch schon bald wurden, gefördert durch Lizenzen der Alliierten, eigene Initiativen geschaffen. Die ab Oktober 1949 im Deutschen Bundesjugendring (DBJR) zusammengeschlossenen (parteinahen) Jugendverbände, Einrichtungen kommunaler Jugendpflege und Jugendbildungsstätten staatlicher und freier Träger boten politische Bildung im Sinne traditioneller Erziehungskultur (vgl. Krafeld 1994, S. 133). Mit Bundes- und Landesgeldern, wie im Bundesjugendplan 1950,[7] wurde ein Fonds gegründet, aus dem Stätten zur politischen und kulturellen Bildung von Jugendlichen finanziert werden sollten (vgl. Hafeneger 2015).

In der DDR wurden 1950 und 1964 Jugendgesetze erlassen, die u. a. als Aufforderung zur Mitarbeit zu verstehen waren,[8] wie auch die ostdeutsche Wochen-

---

5 Die Amerikahäuser waren Teil der Reeducation- bzw. Reorientation-Politik der USA. Ihre Aufgabe lautete, demokratisches Gedankengut und ein positives Bild der USA in der westdeutschen Bevölkerung zu vermitteln (vgl. Kreis 2013).
6 US Armed Forces German Youth Activities Program 1945–1955.
7 Ab 1993 „Kinder- und Jugendplan" des Bundes.
8 „Gesetz über die Teilnahme der Jugend am Aufbau der Deutschen Demokratischen Republik und die Förderung der Jugend in Schule und Beruf, bei Sport und Erholung" vom 8. Februar

schau *Der Augenzeuge* in ihrer Ausgabe Nr. 20/1964 berichtete: Die Jugend habe das Gesetz mitgeschaffen und werde es selbst umsetzen. Der Kommentar schweigt sich jedoch über die konkreten Inhalte aus. Zudem hebt die Wochenschau die Verbindung mit Jugendorganisationen anderer sozialistischer Länder sowie den kommunistischen Jugendorganisationen (Komsomol) hervor (*Der Augenzeuge*, Nr. 49/1955). Durch zentrale Organisationen wie die Freie Deutsche Jugend (FDJ)[9] und die Gesellschaft für Sport und Technik (GST)[10] war die Freizeitgestaltung junger Menschen in der DDR unter staatliche Aufsicht gestellt. Zuständige staatliche Organe sorgten in Zusammenarbeit mit der FDJ für die Verbreitung von Tanzmusik und Unterhaltungsprogramme mit künstlerischem Anspruch (vgl. Hille 1996b, S. 315). Neue „sozialistische" Gesellschaftstanzstile mit volkstümlichen Elementen wurden erfunden, wie 1959 der „Lipsi", um dem Rock'n'Roll und dem Twist zu begegnen. Der „Lipsi" fand bei der Jugend jedoch keinen Anklang (vgl. Taubert 2013). Zur Förderung des eigenen Musizierens existierte seit den frühen 1960er Jahren beispielsweise die sogenannte Singebewegung. In den von der FDJ organisierten Singeklubs wurde sozialistisches Liedgut aufgriffen, und die zentrale Sozialistische Einheitspartei Deutschlands (SED) versuchte die Bewegung als Teil der Kulturpolitik zu kanalisieren. 1966 forderte sie eine „strikte pro-sozialistische Ausrichtung" (Jost 2003).

Auch in der Bundesrepublik konnten Jugendliche offenbar die bevorzugten Musikstile nicht völlig frei von Hindernissen konsumieren. Die Hörerforschung des Nordwestdeutschen Rundfunks (NWDR) führte 1954 unter der Leitung von Wolfgang Ernst eine Untersuchung zum Freizeitverhalten Jugendlicher durch, in der auch die Beschäftigung mit Musik erhoben wurde.[11] Insgesamt hörte rund die Hälfte der Jugendlichen nach eigener Einschätzung viel Radio (Hörerfor-

---

1950, aufgehoben durch „Gesetz über die Teilnahme der Jugend der Deutschen Demokratischen Republik am Kampf um den umfassenden Aufbau des Sozialismus und die allseitige Förderung ihrer Initiative bei der Leitung der Volkswirtschaft und des Staates, in Beruf und Schule, bei Kultur und Sport" vom 4. Mai 1964.

9 Die FDJ wurde zu einer Massenorganisation der SED, die deren Führungsanspruch anerkannte, und verstand sich als „Kaderreserve" der SED (Hille 1996, S. 210).

10 Die Massenorganisation wurde 1952 zur vormilitärischen Ausbildung gegründet und stand von Beginn an unter der Weisungsbefugnis der SED bzw. des DDR-Verteidigungsministeriums (vgl. Lapp 1996, S. 250).

11 Repräsentativ-Erhebung im Jahr 1953: Untersuchung am maßstabgetreuen Miniaturmodell. Gesamtheit aller Jugendlichen im Alter von 15 bis 24 Jahren (Jahrgänge 1929–1938) innerhalb des Sendebereichs des NWDR: in Schleswig-Holstein, Hamburg, Niedersachsen und Nordrhein-Westfalen = 3,7 Mio. Jugendliche als Grundgesamtheit – rund 1.000 Jugendliche als verkleinertes Modell hinsichtlich soziologischer Merkmale (Alter, Geschlecht, soziale Schicht, Stadt/Land-Herkunft, regionale Verteilung) (Hörerforschung des NWDR 1954, S. 10 und S. 169).

schung des NWDR 1954, S. 17). Doch nur sechs Prozent der Jugendlichen im Alter von 15 bis 18 Jahren verfügten über ein eigenes Rundfunkgerät. Von den 19- bis 20-Jährigen besaßen nur 14 Prozent ein Gerät, und auch von den jungen Erwachsenen im Alter von 21 bis über 22 Jahren besaßen nur 31 bis 50 Prozent einen Empfänger (unabhängig von der sozialen Stellung). Die meisten (70 Prozent) erfuhren durch die Eltern keine Beschränkungen in der Auswahl von Hörfunksendungen. Falls derartige Einschränkungen bestanden, dann war bei Jazz-Sendungen der Fall: 50 Prozent gaben an, dass Jazz zu Hause nicht eingeschaltet werden dürfe; 13 Prozent würden gerne Jazz hören, dürften aber entsprechende Sendungen nicht auswählen (Hörerforschung des NWDR 1954, S. 19). Die Eltern beschränkten den Zugang zu Jazz (ebenso wie zu Wortsendungen, etwa Hörspiele, Vorträge und politische Magazine) aufgrund des eigenen Geschmacks, eigener Bequemlichkeit oder aufgrund des Wunsches, die Kinder vor anspruchsvollen und langweiligen Sendungen zu „bewahren", wie die Forscher*innen vermuteten (Hörerforschung des NWDR 1954, S. 19f.).[12]

Neben der Musik war der Kinobesuch eine Freizeitbeschäftigung, die die Jugendlichen verband. Vor allem junge Leute besuchten einmal pro Woche ein Lichtspielhaus.[13] Aufgrund der beengten Lebensverhältnisse in den Nachkriegswohnungen suchten die Jugendlichen im Kino einen „Zufluchtsort" (Paech und Paech 2000, S. 174). Hier konnten sie ihren Film- und auch Musikstars „begegnen", denen sie nacheiferten. Die NDW Nr. 583 vom 31. März 1961 zeigte im 1. Teil der oben genannten „Jugend"-Reihe unter dem Titel „Ich möchte ein Typ sein" einen Brigitte-Bardot-Wettbewerb mit Mädchen, die in Kleidung, Frisur und Make-up dem französischen Schauspielstar nacheiferten. Der Sprecher warnte vor der Nachahmung, die als „Uniformierung" verstanden wurde, und forderte dazu auf, einen eigenen Stil zu finden. Das Kino war jedoch nicht nur ein Ort der Suche nach Idolen und Identifikation, sondern auch der Ort des Ausdrucks von kultureller Freiheit. Es wurde nach der Premiere von Rock'n'Roll-Filmen zudem zum Austragungsort von Rock-Krawallen, wie am 2. November 1956 in Hannover und am 11. Januar 1957 in Bielefeld. Den Kinos und dem Film wurde von den Behörden eine „Mitschuld" für die Ausschreitungen zugesprochen (Mrozek 2019, S. 262).

---

12 Es ist davon auszugehen, dass die Jugendlichen das Radio im häuslichen Bereich (Eltern, in Clubs oder bei Freunden) zum Musikkonsum nutzten, da zum Zeitpunkt der Studie das Transistor- oder Kofferradio noch nicht im Handel in Deutschland verfügbar war.
13 41 % gehen wöchentlich einmal oder öfter ins Kino; 25 % alle 14 Tage, 21 % alle 3 Wochen bis einmal im Monat. Zwei Drittel der Jugendlichen gingen mindestens alle 14 Tage einmal ins Kino (NWDR 1954).

3 Die west- und die ostdeutsche Wochenschau

Die West-Alliierten ließen in den Kinos ihrer Besatzungszonen Wochenschauen als Teil der Reeducation-Politik zeigen. Insbesondere die britisch-amerikanische *Welt im Film* hatte diesen Anspruch und beabsichtigte die Botschaften durch die Gestaltung der Wochenschau möglichst gut zu „verkaufen" (Hallig 1983, S. 47). Der anfänglich scharfe Ton der Kommentare schliff sich jedoch schnell ab. Nach Gründung der Bundesrepublik initiierte das Bundespresseamt eine Wochenschau, die unter deutscher Leitung und ohne ausländischen Einfluss die Geschehnisse in Deutschland zeigen sollte. Bei der Neuen Deutschen Wochenschau GmbH in Hamburg wurde die *Neue Deutsche Wochenschau* (NDW) hergestellt. Sie war ab Februar 1950 in den westdeutschen Kinos zu sehen, bevor sie 1963 in Bezug auf das Erscheinungsbild (wie Anfangsmarke, Titelmusik, Zwischentitel und Sprecher-Stimme) modernisiert und in *Die Zeit unter der Lupe* (kurz *Zeitlupe*) umbenannt wurde. Daneben existierten die Wochenschauen der ehemaligen West-Alliierten weiter, nun unter deutscher Federführung.[14]

Während in Westdeutschland mehrere Wochenschauen um das Publikum konkurrierten, wurde in Ostdeutschland ausschließlich *Der Augenzeuge* gezeigt,[15] der ab 1952 beim VEB DEFA-Studio für Wochenschau und Dokumentarfilme hergestellt wurde. Er sollte laut dem ersten Chefredakteur Kurt Maetzig der Erziehung der Bevölkerung dienen[16] und wurde zum aktuellen filmpublizistischen Sprachrohr der SED. Eine besondere Kompetenz des *Augenzeugen* bestand nach Günter Jordan in der Herstellung von „gestalteten politischen Sujets", die die Zusammenhänge zwischen Politik und Alltag im Sozialismus darstellen sollten (Jordan 1990, S. 93). Mit Beginn der 1960er Jahre fällt auf, dass die Berichte der Wochenschau vermehrt mit Jazzmusik unterlegt wurden[17] – durch die universelle Nutzung der Wochenschau für das breite Publikum kann dies als Indiz für eine weitreichende Akzeptanz des Musikstils aufgefasst werden.

---

14 Die *Welt im Film* wurde zur ab 1952 zur *Welt im Bild* und 1956 zu einer „neuen" *Ufa-Wochenschau*. Zudem kehrte die amerikanische *Fox tönende Wochenschau* 1950 auf den westdeutschen Markt zurück. *Blick in die Welt* war die von Frankreich beeinflusste Wochenschau.
15 Zunächst ab 1946 hergestellt bei der DEFA, Abteilung Wochenschau, erfolgte ab 1952 die Umstrukturierung der DEFA in Studios.
16 Kurt Maetzig sagte 1948 zu den Zielen des *Augenzeugen*: Die Wochenschau solle „als ein echter Volkserzieher immer einen Schritt vor dem Volke gehen" (Jordan 1990, S. 102).
17 Musiklisten, in: BArch Berlin, DR 118/9746, 9747, 9748.

Die Wochenschauen, in West wie in Ost, unterschieden sich in der Struktur einer Ausgabe nicht wesentlich. Eine Nummer war etwa zehn Minuten lang und umfasste etwa acht bis 15 informative und unterhaltende Beiträge, die zum großen Teil mit Musik, Geräuschen und Kommentar unterlegt waren. Die Themen waren breit gefächert: Politik, Wirtschaft, Technik, Weltgeschehen, Katastrophen, Mode, Tiere, Messen, mehrere Sportberichte (meist am Ende). Eine Besonderheit der Wochenschau bestand darin, dass die Position (als Aufmacher oder Schlussbericht) und Reihenfolge der Beiträge erkennbar strategisch gewählt wurden. Übergänge durch Musik und/oder Kommentar schufen Assoziationen für die Zuschauer*innen und eine sinnstiftende Einheit. Teilweise trennten Zwischentitel die einzelnen Beiträge voneinander und bereiteten den Zuschauer durch die Schriftgestaltung (zum Beispiel als dramatisch anmutende Pinselstriche) und schlagzeilenartige Wortwahl, wie „Brennpunkt Berlin" auf den kommenden Beitrag vor. Zudem strukturierten Rubriken und Reihen eine Ausgabe. Die Wochenschauen waren weltweit verbreitet und tauschten Filmmaterial aus – auch bei der west- und ost-deutschen Wochenschau bestand darüber eine vertragliche Vereinbarung.

Im Folgenden soll der Fragestellung nachgegangen werden, wie die Wochenschau-Berichte das Verhältnis von Jugend und Musik im Verlauf des Untersuchungszeitraums 1950–1965 darstellten und das Publikum zu einer Meinungs- und Urteilsbildung anregen konnten.[18]

4 Die Filmberichte über Musik-(Performance)

Die westdeutsche Wochenschau beobachtete nicht nur die Jugend in der Bundesrepublik oder DDR, sondern auch die Jugend in osteuropäischen Staaten, wie in der *Ufa-Wochenschau* Nr. 113 vom 24. September 1958 mit einem Bericht über westliche Einflüsse in Clubs für die Jugend Warschaus. Die Musik, zu der die Anwesenden ausgelassen tanzten, habe ihnen „der Westwind erzählt", wie der Kommentar mitteilt, und spielt damit auf das Lied „Der Wind hat mir ein Lied erzählt" an, gesungen von Zarah Leander in dem Film „La Habanera" (1937), der dem Großteil der Angehörigen der verschiedenen Zuschauergenerationen bekannt gewesen sein dürfte. Im selben Bericht wird gezeigt, wie die

18 Recherchen im Online-Bestand der westdeutschen Wochenschauen (www.bundesarchiv.filmothek.de) und im Bestand der ostdeutschen Wochenschau (https://progress.film). Die Auswertung von repräsentativen exemplarischen Wochenschau-Beiträgen wurde (ohne Anspruch auf Vollständigkeit) als hermeneutische Filmanalyse vorgenommen.

Wochenschau-Kameramänner Rainer Starke und Richard Schüler[19] mehrere westdeutsche Fan-Clubs mit jugendlichen Mitgliedern besuchen, wie den Freddy-Quinn-Club. Solche Berichte spiegeln die allgemeine Diskussion um Fan-Clubs jugendlicher Musik- und Filmfreunde. Obwohl die Wochenschaubilder zeigen, dass die Mitglieder der Fan-Clubs offenbar zu gemeinnütziger Arbeit (wie Gartenarbeiten) bereit sind, können die Jugendlichen der Clubs dem Kommentar zufolge „froh" sein, wenn sie von den Erwachsenen wohlwollend akzeptiert werden. So wurde impliziert, dass die Existenz der Clubs vor allem von der Erwachsenenwelt abhing – doch die Clubs waren durchaus nicht ohne eigenen Einfluss. Die Fanorganisationen wurden zwar von den traditionellen Medien zumeist geringgeschätzt, sie waren jedoch bedeutende Instrumente der Etablierung „kultureller Vorlieben" (Mrozek 2019, S. 349). Denn die Mitglieder versuchten ihren Geschmack zu artikulieren, zum Beispiel durch Briefe und Zuschriften an Sendeverantwortliche des Rundfunks. Als „Lobby" setzten sie sich bei öffentlich-rechtlichen Medien so für popkulturelle Inhalte ein (Mrozek 2019, S. 364). Für Ende der 1950er Jahre wird die Zahl der „Film- und Star-Clubs" in Westdeutschland auf 800 geschätzt, die insgesamt 130.000 Mitglieder umfassten (Mrozek 2019, S. 349).[20]

Tanzflächen sind seit dem 20. Jahrhundert nicht nur als Orte des Sehens und Gesehen-Werdens zu verstehen,[21] sondern sind Orte der Skandalisierung von Tänzen – bis hin zum kontrollierenden polizeilichen Eingreifen (vgl. Mrozek 2019, S. 413). Sie wurden in der Wochenschau zu einem Ort der Beobachtung und zu einem Areal einer Art von Voyeurismus: In den Berichten über jugendliche Musik und besonders Tanz sind extreme Untersichten und Nah- und Großaufnahmen typisch (wie in der *Ufa-Wochenschau* Nr. 163 vom 8. September 1959).[22] Für die heitere und leichte Darstellung wurde *Fast motion* verwendet. Der vermeintlich „schrägen" Musik entsprechend, werden schräge Kameraperspektiven eingenommen. Teilweise sind gestellte Szenen auszumachen, und die Filmbilder und Sequenzen über die Jugendkultur wurden mehrfach verwendet – was darauf hindeutet, dass die Bilder der Stereotypisierung dienten und offenbar eine gewisse Beliebigkeit hatten. Beispielsweise kommen wiederholt die gleichen tanzenden Paare (in *Ufa-Wochenschau*,

---

19 Vgl. Angabe der Formaldaten der Ausgabe (vgl. Bundesarchiv 1958).
20 Mrozek weist darauf hin, dass die Zahlen möglicherweise zu hoch gegriffen sind.
21 Wie in Roger Tiltons Dokumentarfilm „Jazz Dance" (1954) als Studie von Tanzclubs als *Direct Cinema*.
22 Der Kameramann Vlasdeck schaute unter die fliegenden Röcke der tanzenden Mädchen und filmte frontal in die Gesichter der Tänzer*innen (Bericht 7: Rock 'n' Roll im Bräukeller).

Nr. 70/1957 und NDW, Nr. 571/1961) und Schattenbilder mit Instrumenten vor (vgl. Abb. 2 und in NDW, Nr. 583/1961).

Durch kleinere und tragbare Geräte zur Tonaufnahme waren den Kameramännern ab Anfang der 1960er Jahre vermehrt O-Ton-Aufnahmen (insbesondere für Interviews) möglich. Weiterhin fällt auf, dass der Kommentar häufig ironisch oder gar sarkastisch klingt (besonders in der *Ufa-Wochenschau*). Das Thema „Jugend und Musik" dient in solchen Fällen offenbar als unterhaltender Teil der Ausgabe. In *Der Augenzeuge* wurden, anders als in der westdeutschen Wochenschau, Aufnahmen aus Jazz-Konzerten meist am Ende der Ausgabe lang ausgespielt (wie in *Der Augenzeuge*, Nr. B 102/1960).

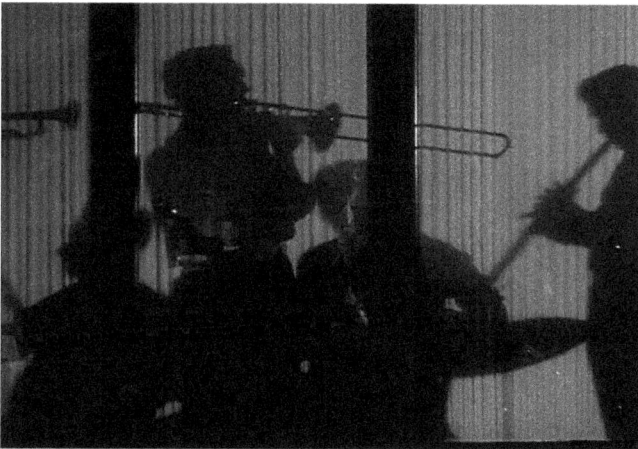

Titel   UFA-Wochenschau 113/1958
Quelle   Bundesarchiv, Bestand Film: F 009418

Abb. 2: Schattenspiele in der Ufa-Wochenschau Nr. 113 vom 24. September 1958. Filmstill.

4.1 Rock'n'Roll für „Halbstarke"

Obwohl die 1950er Jahre als das Jahrzehnt des Rock'n'Rolls gelten, kann daraus jedoch nicht auf eine breite Akzeptanz dieser Musikrichtung geschlossen werden – ganz im Gegenteil. Der Musikstil wurde in den Wochenschauen stark abgewertet. Im Fall von Rock'n'Roll geht es selten ausschließlich um die Musik selbst, sondern um die Verbindung mit beziehungsweise allein um den Tanz. Die schnellen, hektischen und scheinbar unkontrollierten Bewegungen werden als unnötige Verausgabung dargestellt und als „Kinderkrankheit" bezeichnet (wie in NDW Nr. 590 vom 19. Mai 1961). Oftmals ist von „Rausch" die Rede – auch bei Tanz-Wettbewerben, die sogar Rock'n'Roll-Meister kürten –, denn die

Jugendlichen würden sich in besinnungslose Ekstase tanzen. Der Gesang zur Rock'n'Roll-Musik galt als „Geschrei". Eine Anerkennung durch die Wochenschau war offenbar erst erreicht, als der Rhythmus durch den professionellen Tanzsport oder Eistanzsport mit den entsprechenden Stars, wie etwa Hans-Jürgen Bäumler, genutzt wurde (*Ufa-Wochenschau* Nr. 236 vom 31. Januar 1961). In der westdeutschen Wochenschau sind Berichte über Rock'n'Roll-Wettbewerbe bis 1962 nachweisbar.

Das Ende dieser Ära zeichnet sich 1964 ab, es folgte die „Beatle-Manie". Die Musik wie auch die Frisur der Beatles beherrschte die Jugendkultur. Hatte der Rummel um Elvis Presleys bereits Mitte der 1950er Jahre heftige Diskussionen ausgelöst, so erreichte die Debatte über das Fantum mit der „Beatlemania" in der ersten Hälfte der 1960er Jahre einen Höhepunkt (Mrozek 2019, S. 364). Dem Twist wurde dagegen als „Produkt" der 1960er Jahre kaum eine gesellschaftliche Bedeutung beigemessen, sondern galt eher als „belanglose und kommerzielle Massenunterhaltung" (Mrozek 2019, S. 413). In der DDR wurde dieser Modetanz aus dem Westen zeitlich verzögert übernommen und Mitte der 1960er Jahre entsprechende Schlager dazu komponiert, zum Beispiel 1964 Hartmut Eichlers „Augustins Twist" (vgl. Herkendell 1997, S. 73). Twist kommt in der Wochenschau erst 1961 auf – er wird aber nicht originär mit Jugendkultur verbunden, sondern als Tanz diskutiert; 1963 ist er bereits schon „passé", und in der NDW wird vom „guten alten Twist" gesprochen (NDW Nr. 676 vom 11. Januar 1963). Da sich der Rock'n'Roll durch Kinofilme international erfolgreich verbreitet hatte, wurde dies ebenfalls für den Twist versucht („Twist around the Clock", 1961, mit Chubby Checker) – jedoch ohne Erfolg (vgl. Mrozek 2019, S. 423). Die Wochenschau-Berichte über Twist Tanzende kamen in der Regel aus dem Ausland (mit Paris oder London als Schauplätzen).

4.2 Der (internationale) Jazz für Kenner

Die NDW hatte in ihrem Beitrag der „Jugend"-Reihe in Ausgabe Nr. 583 vom 28. März 1961 nach Ansicht eines 20-jährigen Berliners Musikstile durcheinandergebracht, sodass er in seinem Brief an die Redaktion u. a. schrieb: „bezeichnen Sie Krawallabende, bei denen sich hüftenwackelnde Schluckaufcarusos als ‚Sänger' betätigen, nicht als Jazzkonzerte." Man könne, so schreibt er, bei

„R'nR" [sic] nicht von Musik sprechen – dagegen sei Jazz „eine ernst zu neh-
mende Musik".[23]

Jazz-Fans grenzten sich somit offenbar nicht nur von anderen Stilen der Jugendmusikkultur ab, sondern sprachen anderen Stilen sogar die Existenz-
berechtigung ab. Der deutsche Bandleader Kurt Edelhagen (1920–1982) hat mit
seiner Popularität sicher zur Akzeptanz des Jazz beigetragen. Edelhagen leitete
seit 1958 als Professor die erste Jazz-Klasse nach dem Krieg an der staatlichen
Musikhochschule Köln, *die Ufa-Wochenschau* Nr. 130 vom 20. Januar 1959 zeigt
ihn beim Unterricht mit seinen Studenten (vgl. Abb. 3). Weitere Dozierende
internationaler Herkunft werden im Bericht hervorgehoben, um vermutlich den
Austausch von Expertise auf dem Gebiet des Jazz zu betonen.

Titel UFA-Wochenschau 130/1959
Quelle Bundesarchiv, Bestand Film: F 009422

Abb. 3: Kurt Edelhagen beim Unterricht Ende der 1950er Jahre. Filmstill.

Auch in der DDR kam der Jazz an – *Der Augenzeuge* beschreibt den Musikstil als
„ursprünglich" und „echt" – und bildete einen Gegenpol zu Rock'n'Roll und
„Schlagerschnulzen". Nach anfänglicher Popularität in der unmittelbaren
Nachkriegszeit wurden infolge des intensivierten Kalten Krieges die Maßstäbe
des sowjetischen Chefideologen Andrei Alexandrowitsch Schdanow an-

---

[23] Brief von Horst Bandenburg an NDW vom 1. April 1961, Ordner NDW Echo, Film- und Fernsehmuseum Hamburg.

gewandt; Jazz sollte als „amerikanisch-imperialistische Musik" aus der öffentlichen Wahrnehmung verschwinden (Schmidt-Rost 2011, S. 218). Eine Schlüsselfigur für die Durchsetzung dieses Musikstils war der Jazz-Kenner Reginald Rudorf, Mitglied der SED und Absolvent der Gesellschaftswissenschaftlichen Fakultät der Universität Leipzig. Er hatte gelernt, im Sinne des Marxismus-Leninismus zu argumentieren, und verfügte über sehr gute Kontakte innerhalb der Partei, deren Führungsrolle in der Verfassung der DDR festgeschrieben war. Er und seine Mitstreiter*innen argumentierten, dass Jazz die Volksmusik der unterdrückten schwarzen Arbeiterklasse der USA sei. Weiter differenzierten sie zwischen authentischem Jazz und den kommerzialisierten Formen „Swing" und „Bebop", die sie als dekadent ablehnten. Diese Strategie der Differenzierung zwischen „gutem" und „schlechtem" Jazz war erfolgreich, und ab dem 3. September 1954 wurde zweiwöchentlich freitags zur besten Sendezeit (19 bis 19.30 Uhr) die Sendung „Lebensweg einer Musik" ausgestrahlt (konzipiert von Rudorf u. a.), in der „Dixieland" und „Blues" gespielt wurden. Doch schon 1955 kam es wieder zu einem Verbot von Jazzsendungen im Radio, da der SED-Führung der große Erfolg sowie die daraus resultierende Vernetzung der Jazzfans untereinander verdächtig wurden. Jazz wurde daraufhin für drei Jahre weitgehend aus dem Rundfunk „verbannt" (Schmidt-Rost 2011, S. 223). Von 1954 bis 1956 hielt Rudorf Jazzvorträge in fast allen größeren Städten der DDR und trug so zur Verbreitung des Jazz als Kunstform bei. Angeregt durch die Entwicklungen in Polen und Ungarn forderte Rudorf Ende 1956 bei verschiedenen Konzerten und Schallplattenvorträgen politische Veränderungen in der DDR – 1957 wurde er verhaftet (unter dem Vorwurf der „Boykotthetze") und zu zwei Jahren Haft verurteilt (vgl. Schmidt-Rost 2011, S. 228–230). Ab 1958 wiesen die Senderprogramme in der DDR wieder Jazz aus, woran sich eine zunehmende Akzeptanz durch die Regierung zeigt (vgl. ebd., S. 223).

Im Jahr 1959 erschien in *Der Augenzeuge* Nr. B70 ähnlich dem oben erwähnten Bericht der westdeutschen Wochenschau NDW Nr. 590 ein Beitrag mit Porträts „ganz normaler" berufstätiger Jugendlicher, die Jazz musizieren. *Der Augenzeuge* berichtete zudem von Veranstaltungen und Schallplatten, wie „Jazz & Lyrik" von Manfred Krug und der Amateurband „Jazz Optimisten" (*Der Augenzeuge* Nr. 25/1964)[24] – oder von Besuchen westlicher Größen wie Louis Armstrong, der vom 20. bis zum 22. März 1965 im Friedrichstadtpalast in Ost-Berlin gastierte (*Der Augenzeuge* Nr. 15/1965). Der Beitrag über das Louis-Armstrong-

---

24 Der Schauspieler Manfred Krug trat bei der Verbindung von Gedichten und Jazz-Musik in der DDR (Jazz-Lyrik-Prosa) in den 1960er Jahren als Rezitator und Jazz-Musiker mit der Band „Jazz-Optimisten" auf.

Konzert bestand als „krönender Abschluss" am Ende der Ausgabe ausschließlich aus der Performance von „Hello Dolly" und dauerte dreieinhalb Minuten lang. Im selben Jahr war der britische Jazzer Chris Barber zu Gast (*Der Augenzeuge* Nr. 39/1965). Der Kommentar erläuterte dessen musikalische Ausrichtung: Ursprünglich aus dem „New Orleans Jazz" kommend, hatte er sich mit dem „Chicago Stil" auch in Europa und – vor allem – in den USA etabliert. So wurde die Verbindung zu Amerika als Land des ursprünglichen Jazz hervorgehoben.

4.3 Der (nationale) Schlager für alle

Schlager können mit ihren Texten als „Spiegel gesellschaftlicher Verhältnisse" aufgefasst werden (Herkendell 1997, S. 65). In der DDR sollte er einen „Beitrag zur Festigung und Herausbildung sozialistischer Verhaltensweisen und Lebensnormen" leisten, „indem er vorwärtsweisende Antworten auf die Frage nach dem Sinn des Lebens gibt". Als fester Bestandteil „sozialistischer Unterhaltungskunst" sollte der Schlager mit unterhaltenden und niveauvollen Texten die Realität aufzeigen (ebd., S. 72).[25] Trotz der klaren Ausrichtung sollte eine Vielzahl von Schlagern die innerdeutschen Grenzen überschreiten. Darunter fallen Cover-Versionen westlicher Schlager, die in der DDR auf Schallplatte erschienen (ebd., S. 67).[26] Die staatliche Schallplatten-Industrie der DDR veranstaltete für das Label „Amiga" Bühnenshows: Der „Amiga Cocktail" wurde vom Deutschen Fernsehfunk (DFF, Fernsehen der DDR) aus dem Friedrichstadtpalast in Ost-Berlin zweimal im Jahr an einem Sonntagmittag (12 Folgen von 1958 bis 1964) übertragen (vgl. Breitenborn 2003, S. 243), und darüber hinaus wurde in der Wochenschau berichtet. Das Nummernprogramm des „Amiga Cocktails" umfasste Schlager (in den 1960er Jahren auch Twist und Beat) und wurde vom Publikum gut angenommen (vgl. ebd.). Auf der Bühne standen Schlager-Interpret*innen aus der DDR wie Fred Frohberg[27] (*Der Augenzeuge* Nr. 41/1963 zum Ereignis „10 Jahre VEB Deutsche Schallplatte") und ebenso aus Westdeutschland, wie etwa der Hamburger Peter Beil (*Der Augenzeuge* Nr. 32/1961). 1959, 1960 und 1961 wurden Schlager als Lizenzplatten aufgenommen, die im Westen produziert wurden und auf dem Amiga-Label in der DDR erschienen. Im

---

25 Herkendell zitiert „Schlager", in Herkendell 1977, S. 270.

26 Diese Cover-Versionen erschienen bis 1967 und dann wieder ab 1980 (vgl. Herkendell 1997, S. 67).

27 Schauspieler für Musikfilme wie „Eine Handvoll Noten" (1961).

November 1961 wurde die vorerst letzte Übernahme veröffentlicht: Peter Beil mit „Corinna, Corinna" (Herkendell 1997, S. 69). Andere *Augenzeugen*-Berichte beschäftigten sich mit der Produktion von Schallplatten. Damit verbunden wurden die Künstler*innen präsentiert, die dem VEB Deutsche Schallplatte ihre Popularität verdankten, wie der Kommentar in *Der Augenzeuge* Nr. 1963/41 erklärt. In Westdeutschland wurde ab Ende der 1950er Jahre von Deutschen Schlagerfestivals (*Ufa-Wochenschau* Nr. 174 vom 24. November 1959) berichtet und ebenso über die Vergabe von Musikpreisen, wie etwa an Freddy Quinn (*Ufa-Wochenschau* Nr. 365 vom 26. Juli 1963).

5 Weitere Aspekte der Jugendmusikkultur: Kleidung und Frisur

Stars jeglicher Musikrichtungen wurden durch die Übernahme bestimmter Stilmerkmale nachgeahmt (NDW Nr. 510 vom 6. November 1959). Wie sehr Frisuren und Kleidung zur Jugendmusikkultur gehören, wird im 1. Teil der Reihe „Unsere Jugend" vom März 1961 deutlich (NDW Nr. 583 vom 31. März 1961). Die Wochenschau-Zuschauer*innen beobachteten Lederjacken-Träger, Haartollen, toupierte Haare sowie schnelle Tanzschritte und hörten der vermeintlichen Jugendsprache zu. Auf dieses Sujet bezog sich die weitere Kritik des oben bereits zitierten jungen Berliners an die Adresse der Wochenschau. Er fand, dass die Jugend nicht korrekt dargestellt wurde: „sie ist ein Zerrbild von den Jugendlichen, die Sie zeigen wollten." Die NDW antwortete: Man habe bewusst die „Objektive auf jenen Typ der Jugend gerichtet, [...] von dem wir wissen, dass er existiert". Und „[a]uf keinen Fall" habe man behauptet, „dass es sich hierbei um ein repräsentatives Abbild der Jugend von heute handelt."[28]

Doch Massenaufnahmen von Jugendlichen stützen nicht gerade eine Vorurteilsfreiheit der Wochenschau-Redaktion. Die *Ufa-Wochenschau* Nr. 1 vom August 1956 berichtete unter dem Titel „Kraft-Proben", wie der Sender Freies Berlin (SFB) es verstand, die Jugendlichen in einer „fröhlichen Razzia" von Auseinandersetzungen mit der Berliner Polizei abzubringen. Die jungen Leute bekamen die Gelegenheit, sich im Olympiastadion zu treffen, ihre Musik zu hören und sich in ihrem typischen Outfit – mit Jeans, karierten Jacken, Lederjacken, Haartollen und Sonnenbrillen – zu zeigen. In der 3. Folge der Reihe „Un-

---

28 Brief von NDW an Horst Brandenburg vom 11.4.1961, Ordner NDW Echo, Film- und Fernsehmuseum Hamburg.

sere Jugend" in NDW Nr. 607 vom 15. September 1961 geht es um Kleidung, wie beispielsweise um die „Nietenhosen", die von allen Jugendlichen getragen würden – wobei im Beitrag gleichzeitig darauf hingewiesen wird, dass Mädchen wieder vermehrt Kleider nachfragten. Als besondere Kuriosität wurden im Jahr 1964 Beatles-Perücken aufgegriffen – für diejenigen, deren natürliches Haar nicht zu einer Pilzfrisur ausreichte. Die Bilder von der Produktion und dem Tragen der Perücken wurden zudem mehrfach verwendet (*Die Zeitlupe* Nr. 728 und *Ufa-Wochenschau* Nr. 401/1964). Das Beatles-Fieber hatte 1965 offenbar auch die DDR erfasst, denn zumindest sind bei einem Produktionsbesuch des *Augenzeugen* bei der VEB Deutsche Schallplatte in Potsdam-Babelsberg Beatles-Schallplatten zu sehen (*Der Augenzeuge* Nr. 3/1965).

6 Orte der Aufführung und des Konsums

Die Wochenschau zeigte eine Vielzahl von Orten, an denen Musik produziert oder konsumiert wurde. In den eigenen vier Wänden musizierten Amateure in ihrer Freizeit. Jugendliche mit eigenen Radios und Plattenspieler sind zu sehen und Schallplattengeschäfte boten die Möglichkeit, sich Musik vor dem Kauf ausgiebig anzuhören. Offenbar waren die Reporter sehr engagiert, um außergewöhnliche und kuriose Lokalitäten zu zeigen. Hallen mit Bühnen, Bierkeller und Tanz-Arenen oder auch „historisch bedeutsame" Orte, wie der Bürgerbräu-Keller in München,[29] wurden als Orte der Musik präsentiert. Die Jugendbälle in West und Ost vermitteln dem heutigen Empfinden nach einen sehr „braven" Anschein, wie etwa die Jugendlichen beim Jugendball 1964 in Weimar in Kooperation mit britischen Institutionen[30] in *Der Augenzeuge* Nr. 20/1964. Zuvor ging es um das von der Volkskammer beschlossene Jugendgesetz, das mit Umzügen gefeiert wurde. Danach folgte „Neues vom Schallplattenmarkt" mit Klassik-Langspielplatten, aber auch Titeln von Manfred Krug und Louis Armstrong. Das Interesse sei rapide gewachsen und trotz einiger Kritik am Angebot gab der Kommentar zu verstehen, dass es wünschenswert sei, das Angebot aus dem Westen beizubehalten. *Der Augenzeuge* Nr. 25/1964 berichtete über einen Auftritt von Manfred Krug und den „Jazz-Optimisten" in einem Freibad. Beim Tanzvergnügen der „Aktion Jugendschutz" im Winterhuder Fährhaus im November

---

29 Es handelte sich um den zentralen Versammlungsort der NSDAP in München (z. B. als Auftakt zum Marsch auf die Feldherrnhalle und den Putschversuch Hitlers 1923) und den Schauplatz des missglückten Anschlags von Georg Elser auf Hitler 1938.
30 Zu den Verbindungen von DDR und Großbritannien vgl. Hoff 2014.

1957 in Hamburg hätten sich Jugendliche, so der Kommentar in der *Ufa-Wochenschau* Nr. 70 vom 27. November 1957, selbst Schranken auferlegt: keinen Ausschank von Alkohol und ordnungsgemäße Kleidung, d. h. Anzug für die jungen Herren und Kleid oder Rock für die jungen Damen.

7 Zum Schluss: Die Jugend und die Musik sind „besser als ihr Ruf"

Da die Wochenschau nicht nur aktuelle Informationen bot, sondern auch lockere unterhaltende Berichte, sind Texte und Bilder sicherlich zum Teil als Versuch der Vermittlung von ernsten Themen in gefälliger Aufmachung einzuordnen – trotzdem drücken sich darin kulturelle und gesellschaftspolitische Erwartungen an die Jugend aus und ebenso ein Bild der Jugend und der mit ihr verbundenen Jugendkultur. In der Wochenschau wurde insgesamt weitgehend *über* Jugendliche, nicht *für* Jugendliche berichtet, also nicht explizit, um ihren Interessen zu dienen oder sie gezielt anzusprechen.[31] Die westdeutsche Wochenschau spiegelt einen kulturellen Wandel und eine Zäsur, die mit den Jugend-Krawallen Mitte der 1950er Jahre begann (vgl. Mrozek 2019, S. 12 und 15). Aus den Berichten ist die Sorge erkennbar, der Konsum könne die Jugendlichen vereinnahmen und ihre politische Urteilskraft beschränken, sodass sie negative Einflüsse (insbesondere aus dem anderen Teil Deutschlands) nicht erkennen würden. Einzelne Musikrichtungen und Idole wurden als fragwürdig bezeichnet und die Jugend ermahnt, einen eigenen Stil und Lebensweise finden und Tendenzen einer Uniformierung (durch die Nachahmung von Idolen oder durch Jugendorganisationen) abzuwehren.

Insgesamt zeigt sich ein ambivalentes Bild des musikalischen Images der Jugendlichen, das für die Erwachsenen offenbar nicht eindeutig greifbar war – schließlich kam die *Ufa-Wochenschau* Nr. 70 vom 27. November 1957 zu dem Schluss: „Musik, Tanz, Vergnügen und ein harmloses Ventil für junge Leute, von denen wir fanden, dass sie besser sind als ihr Ruf". Trotzdem drückt die Wochenschau aus, dass Spielarten unkontrollierter Bewegung, wie das Tanzen zu Rock'n'Roll-Musik, als Unsitte anzusehen sind – Jazz dagegen könne als Musik gelten, die durch ihre ursprüngliche Art einer übermäßigen Kommerzialisierung trotzt. Falls westliche Musik von Jugendlichen in sozialistischen Ländern konsumiert wurde, stellte die westdeutsche Wochenschau dies als

---

31 Spezielle Jugendformate sind erst durch das Fernsehen berücksichtigt worden.

Erfolg westlicher Kultur dar. Insbesondere das eigene Musizieren und nicht nur passiv-medialer Musikkonsum waren jedoch nachweislich ein akzeptierter Teil beider Jugendkulturen – der westdeutschen wie der ostdeutschen. Im Falle von Berichten über diesen Musikstil wird ein Hauch von Internationalität vermittelt – das gilt für Ost und West. In der Berichterstattung des ostdeutschen *Augenzeugen* waren Jazz-Darbietungen und die Unterlegung mit Jazz-Titeln als ein Zeichen der Lockerung des erzieherischen Kurses der Wochenschau zu betrachten (vgl. Jordan 1996, S. 288). Im Jazz scheinen sich die Ansichten über einen akzeptablen Musikstil getroffen zu haben, trotz unterschiedlicher Ansprüche an die Wochenschau-Vermittlung. Als weitergehende Frage drängt sich auf, ob sich die west- und ostdeutschen Jugendlichen nicht auch austauschten – etwas, das die Wochenschau aus politischen Gründen freilich nicht darstellen konnte.

Medienverzeichnis

Abbildungen

Abb. 1: Amateur-Jazz-Band in Neue Deutsche Wochenschau (NDW) Nr. 590 vom 19. Mai 1961. Filmstill.
Abb. 2: Schattenspiele in Ufa-Wochenschau Nr. 113 vom 24. September 1958. Filmstill.
Abb. 3: Kurt Edelhagen beim Unterricht in Ufa-Wochenschau Nr. 130 vom 20. Januar 1959. Filmstill.

Literatur

Arbeitsgemeinschaft der öffentlich-rechtlichen Rundfunkanstalten der Bundesrepublik Deutschland (ARD). 1969. *Rundfunkanstalten und Tageszeitungen: Eine Materialsammlung: Dokumentation 5 Untersuchungsergebnisse und Empfehlungen.* Mainz: Arbeitsgemeinschaft der öffentlich-rechtlichen Rundfunkanstalten.
Breitenborn, Uwe. 2003. *Wie lachte der Bär? Systematik, Funktionalität und thematische Segmentierung von unterhaltenden nonfiktionalen Programmformen im Deutschen Fernsehfunk bis 1969.* Berlin: Weißensee Verlag.
Frevel, Bernhard. 1997. Musik und Politik – ein ungleiches Paar. In *Musik und Politik. Dimension einer undefinierten Beziehung*, Hrsg. Bernhard Frevel, 7–10. Regensburg: ConBrio.
Hafeneger, Bruno. 2015. *Von den Anfängen bis zur Gegenwart. Dossier „Politische Bildung"*, Hrsg. Bundeszentrale für politische Bildung. http://www.bpb.de/gesellschaft/bildung/politische-bildung/193945/von-den-anfaengen-bis-zur-gegenwart?p=all. Zugegriffen am 13. April 2020.
Hallig, Christian. 1983. Erinnerungen an die Arbeit bei der „Welt im Film". In *Zweimal Deutschland seit 1945 im Film und Fernsehen I: Von der Kinowochenschau zum aktuellen Fernse-*

hen, Hrsg. Karl Friedrich Reimers, Monika Lerch-Stumpf und Rüdiger Steinmetz, 41–58. München: Ölschläger.

Herkendell, Andreas W. 1977. *Unterhaltungskunst A–Z*, 2. Aufl. Berlin: Henschel.

Herkendell, Andreas W. 1997. Schlager und Politik. Vergleich BRD/DDR. In *Musik und Politik. Dimension einer undefinierten Beziehung*, Hrsg. Bernhard Frevel, 65–80. Regensburg: ConBrio.

Hille, Barbara, 1996a. Freie Deutsche Jugend (FDJ). In *Lexikon des DDR-Sozialismus. Das Staats- und Gesellschaftssystem der Deutschen Demokratischen Republik*, Hrsg. Rainer Eppelmann et al., 209–211. Paderborn: Schöningh.

Hille, Barbara. 1996b. Jugend und Jugendpolitik. In *Lexikon des DDR-Sozialismus. Das Staats- und Gesellschaftssystem der Deutschen Demokratischen Republik*, Hrsg. Rainer Eppelmann, Horst Möller, Günter Nooke und Dorothee Wilms, 314–316. Paderborn: Schöningh.

Hoff, Henning. 2014. *Großbritannien und die DDR 1955-1973. Diplomatie auf Umwegen*. Berlin: De Gruyter.

Hörerforschung des NWDR. 1954. *Jugendliche heute. Ergebnisse einer Repräsentativbefragung der Hörerforschung des Nordwestdeutschen Rundfunks*. München: Juventa.

Jordan, Günter. 1990. *DEFA-Wochenschau und Dokumentarfilm 1946-1949: Neuer Deutscher Film in der Nachkriegsgesellschaft zwischen Grundlegung und Wandel von Selbstverständnis, Funktion und Gestalt*. Berlin: Humboldt-Universität (unveröffentlichte Dissertation).

Jordan, Günter. 1996. Der Augenzeuge. In *Schwarzweiß und Farbe. DEFA-Dokumentarfilme 1946-92*, Hrsg. Filmmuseum Potsdam, Günter Jordan und Ralf Schenk (Red.), 271–293. Berlin: Filmmuseum Potsdam & Jovis Verlagsbüro.

Jost, Sarah. 2003. „Unser Lied ist unser Kampf". Das Festival „Politische Lieder zu den X". *Kulturation* 2, http://www.kulturation.de/ki_1_thema.php?id=42. Zugegriffen am 16. Mai 2020.

Krafeld, Franz-Josef. 1984. *Geschichte der Jugendarbeit. Von den Anfängen bis zur Gegenwart*. Weinheim/Basel: Beltz.

Kreis, Reinhild. 2013. Amerikahäuser. In *Historisches Lexikon Bayerns*, https://www.historisches-lexikon-bayerns.de/Lexikon/Amerikahäuser. Zugegriffen am 16. Mai 2020.

Lapp, Peter Joachim. 1996. Gesellschaft für Sport und Technik (GST). In *Lexikon des DDR-Sozialismus. Das Staats- und Gesellschaftssystem der Deutschen Demokratischen Republik*, Hrsg. Rainer Eppelmann et al., 249–251. Paderborn: Schöningh.

Mrozek, Bodo. 2019. *Jugend Pop Kultur. Eine transnationale Geschichte*. Berlin: Suhrkamp.

Paech, Anne und Joachim Paech. 2000. *Menschen im Kino. Film und Literatur erzählen*. Stuttgart: J.B. Metzler.

Schelsky, Helmut. 1957. *Die skeptische Generation. Eine Soziologie der deutschen Jugend*. Frankfurt am Main: Ullstein.

Schmidt-Rost, Christian. 2011. Heiße Rhythmen im Kalten Krieg. Swing und Jazz hören in der SBZ/DDR und der VR Polen (1945–1970). In *Zeithistorische Forschungen/Studies in Contemporary History*, 8(2): 217–238. https://zeithistorische-forschungen.de/2-2011/4685. Zugegriffen am 16. Mai 2020.

Taubert, Klaus. 2013. Tanzen, wie's die SED gefiel. In *Der Spiegel*, 13. Dezember 2013 https://www.spiegel.de/geschichte/der-lipsi-modetanz-made-by-sed-a-951419.html. Zugegriffen am 21. Mai 2020.

Wochenschauen

Bundesarchiv. 1958. UFA-Wochenschau 113/1958. https://www.filmothek.bundesarchiv.de
/video /584303. Zugegriffen am 20. Juni 2020.
Neue Deutsche Wochenschau, produziert 1950–1963 bei der (Neue) Deutsche Wochenschau
GmbH, Hamburg.
Ufa-Wochenschau, produziert 1956–1968 bei der Deutsche Wochenschau GmbH, Hamburg.
Welt im Bild, produziert 1952–1956 bei der (Neue) Deutsche Wochenschau GmbH, Hamburg.
Welt im Film, produziert 1945–1952, als britisch-amerikanische Gemeinschaftsproduktion von
US-Army (USIS) und British Film Section.
Zeit unter der Lupe (*Zeitlupe*), produziert 1963–1969 bei der Deutsche Wochenschau GmbH,
Hamburg.

Kinofilm und Fernsehen

Amiga Cocktail. Fernsehsendung des DFF. DDR: 1958–1964.
Eine Handvoll Noten. Regie: Otto Schneidereit und Helmut Spieß. DDR: 1961.
La Habanera. Regie: Detlef Sierck. DE: 1937.
Twist around the Clock, Regie: Oscar Rudolph. US: 1961.
Your Job in Germany. Regie: Frank Capra. US: 1945.

Hans J. Wulff

Das Kofferradio und seine Verwandten

Die Alltagswelten im westdeutschen und österreichischen
Unterhaltungsfilm der 1950er und frühen 1960er Jahre

Zusammenfassung: Die Geschichte der Mechanisierung der Musikdarbietung
mündet in den 1950er Jahren in die Entwicklung des Phonokoffers und des Kofferradios ein. Nicht nur endet damit eine lange Geschichte zunehmender Privatisierung und Individualisierung der Musikrezeption, es entsteht darüber hinaus ein neuer Musik-Raum außerhalb der Orte der Life-Darbietung und der an
stationäre Geräte gebundenen Wiedergabe von Tonträgern und Rundfunk-
aufzeichnungen – erst jetzt kommt es zu einer Mobilisierung der Musikver-
sorgung, die auch Freizeittätigkeiten wie den Urlaub oder das Autofahren als
musikunterlegte Erlebnisräume neu definiert. Die kommerziellen Interessen, die
mit der Erweiterung der Distribution, des Entstehens neuer Rechtsansprüche
und der Option, die Populärmusik überregional verbreiten zu können, sind
evident. Die technischen Möglichkeiten korrespondieren der Entwicklung eigener Jugendkulturen in den 1950ern, für die Musik und der eigene Zugang zu mit
Jugendlichkeit assoziierten Klangwelten eines der wichtigsten Bestim-
mungselemente gewesen sind.

Schlüsselwörter: Kofferradio, Musikrezeption, Jugendkultur, Mobilisierung,
Musikindustrie

Nicht Technik-Phobie und auch nicht Technophilie: In dem Ensemble von Beispielen, das ich aus dem Korpus der Unterhaltungsfilme der Bundesrepublik
und dem Österreich der 1950er Jahre durchgesehen habe, geht es um die Veränderungen alltäglicher Lebens- und Freizeitwelten, die von den Filmen registriert
und in gewisser Weise gefeiert werden, ohne dass sie je zum expliziten Thema
würden – weil sie Verhaltensoptionen eröffnen, die auf viel tiefere Veränderungen der Sozialwelt hindeuten als nur auf eine neue Technik. Durch die Filme
hindurch eine Alltagswelt sichtbar zu machen, das ist das Anliegen. Sie sollen
zugleich historisiert werden, weil es Veränderungen sind, die durch technische
Innovation verursacht sind und durch deren kommerzielle Auswertung All-

https://doi.org/10.1515/9783110730609-018

tagswelten verändert haben. Es geht um eine Geschichte der alltäglichen Klangwelten.[1]

Wollte man Musik erleben, galt es, sie selbst zu produzieren: meist als Gesang, vielleicht zur Unterstützung der Rhythmen der Arbeit und zur Übertönung der Monotonie der Bewegungen oder auf dem Fest, wenn Kapellen zum Tanz spielten, in der Kirche, wenn Musik zur frommen Ehrerbietung zelebriert wurde. Vielleicht kamen wandernde Musiker*innen zu Besuch, brachten Ständchen oder musizierten einfach so vor sich hin (das legen zumindest die Stereotypen der Vagabunden im Film nahe).

1 Mechanisierung der Musikdarbietung

Der Leierkasten in den Hinterhöfen der großen Städte ist ein anderes Beispiel früher Musiken, die in den Alltag eindrangen, immer nur kurzfristig, bedingt durch die Anwesenheit der Musizierenden. Eine Perfektionierung stellte das Orchestrion dar, das vor allem bei Kirmesfeiern, Kirchmessen und anderen öffentlichen Veranstaltungen eingesetzt wurde, aber es war gebunden an den Eventcharakter des Anlasses. Dass ein reicher amerikanischer Juwelenhändler während einer Europareise ein ausgewachsenes Orchestrion mit sich führt (in „Das Geheimnis der Roten Katze", 1948) – vier Männer müssen ihn in den ersten Stock des Hotels schleppen –, dass er es mit Zehnpfennigstücken immer dann laufen lässt, wenn er im Zimmer ist: Das ist eine Verspottung des Reichtums, den der Millionär demonstriert, aber es zeigt auch, dass er selbst die Präsenz der Musik und der hörbaren Luxuriösität, die er für sich inszeniert, genießt (selbst wenn das Gerät immer wieder seinen Dienst verweigert und durch einen Schlag auf die Seite wieder in Gang gebracht werden muss).

Erst das Grammofon eröffnete Möglichkeiten, um die zunehmende Mechanisierung der Tonerzeugung und -archivierung privaten Nutzern zugänglich zu machen. Der Schalltrichter wurde schnell zum Signet des Apparates und zugleich der Modernisierung. Dass der amerikanische Vertreter der amerikanischen Firma *His Master's Voice* versuchte, in Billy Wilders Komödie „The Emperor Waltz" („Kaiserwalzer", 1948) seinen Apparat am kaiserlichen Hof in Wien an den Kaiser zu verkaufen, deutet auch auf den kulturellen Wert des Apparates hin, den ihm die Amerikaner beimessen – entgegen der Wertschät-

---

1 Erste Überlegungen zum Themenkomplex habe ich bereits formuliert in: Wulff 2016.

zung, die der Amerikaner in Wien erfährt. Tradition steht gegen Modernisierung, möchte man hinzusetzen.

Man könnte die Geschichte der Musikaufzeichnung und -wiedergabe als eine Geschichte der diversen Techniken erzählen, würde dann mechanische Klaviere, Grammofone und Schallplatten, Plattenkoffer und Kofferradios, Tonbandgeräte und ähnliches in einer zusammenhängenden Reihe anordnen (auch wenn die diversen Apparate unabhängig voneinander entstanden sind).[2] Hier soll es aber nicht um Technik- und Produktgeschichte gehen, sondern um das Eindringen der Musik (und vielleicht auch der Nachrichtenmedien) in die alltäglichen Tonsphären, um die Selbstverständlichkeit, mit der sich Unterhaltungspraktiken in Alltagsabläufe einfinden, um Veränderungen vor allem im Freizeitverhalten – und darum, wie sich diese Veränderungen in zeitgenössischen Filmen wiederfinden. In den Filmen der 1950er Jahre insbesondere ist danach zu suchen, die in mancher Hinsicht als Umbruchsjahrzehnt gelten können, in dem Musik eine neue Qualität annahm und die Beziehung zwischen Musik (und Musikindustrie) und Rezipienten sich massiv veränderte.

Die Technik- und auch die Sozialgeschichte der Musikmedien hat versucht, die kulturellen und soziologischen Effekte der Apparate unter einer Reihe von Kategorien – von schlichter „Modernisierung" bis zu einer allgemeinen „Mobilisierung" – zu versammeln, die nicht nur die Erfahrungswelten der Zeitgenossen modifiziert, sondern auch die Praktiken des Umgangs mit der Musik und ihren Reproduktionsapparaturen verändert haben. Ich werde die folgende Darstellung an dieses Kategoriensystem annähern – bei aller Skepsis, die angeraten ist, weil viele Thesen einer empirischen Verifikation harren und manchmal eher einer stereotypen Vorstellung von Gesellschaftsdynamik und jugendlicher Konsum-, Freizeit- und Protestkultur entspringen als genauer Beobachtung. Ich werde immer wieder auf Filme der Zeit verweisen, in der Annahme, dass sie einerseits den Umgangsformen der Zeit mit den Apparaten nahe sind, dass sie andererseits aber den Mythologien der apparatespezifischen Gebrauchsweisen selbst zuarbeiten.

---

2 Dazu liegt mit Weber 2008 eine vorzügliche Überblicksdarstellung vor. Zum besonderen Thema der Kofferradios (vgl. darin Kap. 3: Die Mobilisierung des Radios, 85–159).

2 Modernisierung

Der Genuss mechanisch reproduzierter Musik war spätestens mit dem Radio eine allgemeine Erfahrung (auch wenn der Klang aus dem Äther mit großem Staunen erlebt wurde, man denke an die Radio-Episode aus Edgar Reitz' „Heimat – Eine deutsche Chronik" [Teil 1: Fernweh, 1984]). Ein Element alltäglicher Unterhaltung war der reproduzierte Ton aber schon im Film gewesen (bereits in den 1900er Jahren in Form der Nadeltonfilme Léon Gaumonts [Chronophonograph] und Oskar Messters [Biophon]), seit 1930 als Standardform der Filmdarbietung im Kino (Tonfilm). Auch hier wurde schnell deutlich, dass mit dem Ton neue Beziehungen von Zuschauenden zu den Figuren und Personen des Films entstanden („Singin' in the Rain" [„Du sollst mein Glücksstern sein", 1952] erzählt genau von diesem Übergang). Die Technikgeschichte spricht allgemein von *Modernisierung*, oft unter dem Label einer *Mechanisierung der Musik* bzw. der Musikaufzeichnung.

Manche Filme legen die transportierbare Musik als klares Symbol von *Zivilisiertheit* aus, die sie der die Wildnis der Handlungswelt scharf entgegensetzen. Ein extremes Beispiel ist der Western „Shalako" („Man nennt mich Shalako", 1968), der von einer aus europäischen Adligen bestehenden Jagdgesellschaft erzählt, die verbotenerweise im Reservat der dortigen indigenen Bevölkerung jagen und dazu nicht nur Diener, edles Porzellangeschirr und Silberbesteck mit sich führen, sondern auch eine mechanische Spieluhr, die die Mahlzeiten am gedeckten Tisch mit Musik unterlegt. Eine groteskere Abhebung der Jagdgesellschaft von der Expedition in die Wildnis ist kaum inszenierbar. Noch skurriler ist ein Grammofon mit Schalltrichter, das mit Walzen betrieben wird, in „North to Alaska" („Land der tausend Abenteuer", 1960): Es gehört einem Goldwäscher (Stewart Grange), der in einer einsamen Hütte mit einer eleganten Freundin (Capucine) lebt; er täuscht mithilfe des Grammofons ein Techtelmechtel der beiden vor, wohlwissend, dass sein Freund (John Wayne) in rasende Eifersucht ausbrechen wird. Dass er auf dem Apparat in einer um 1900 spielenden Geschichte mitten in Alaska nicht nur Walzer-, sondern auch Boogie-Woogie-Titel spielt, schlägt jeder Wahrscheinlichkeit ins Gesicht – aber es belegt auch den Bruch von Zivilisiertheit und Wildnis, aus dem es genau den komisch-lächerlichen Widerspruch gewinnt.

3 Ubiquitisierung und Kommerzialisierung

Andere Effekte der Technikentwicklung treten dabei in den Hintergrund, etwa das Verfügbarmachen des Kanons der klassischen und der populären Musik durch die Möglichkeiten von Walze und Schallplatte. Es war eine Entwicklung, die es gestattete, auch außerhalb der Städte und ihrer Theater und Konzerthallen einen Zugang zum musikalischen Bildungsrepertoire zu erlangen – allerdings zeigt sich schnell, dass es lediglich ein oberflächliches bildungspolitisches Argument ist, weil sie von der Präsenz der Platten und Walzen produzierenden Industrie und deren kommerziellen Interessen absieht, die eben nicht auf Popularisierung des Kanons klassischer Musik aus war.[3]

Die skizzierte Entwicklung trieb gleichzeitig die Präsenz populärmusikalischer Klänge voran. Es waren die großen Erfolge von Schlagern, Gassenhauern, Operettenliedern und ähnlichem, die mit der Reproduzierbarkeit der Klänge viel größere Bekanntheit erlangen konnten, über die Live-Auftritte und die diversen Adaptionen (in Form zahlreicher Auszüge und Bearbeitungen) hinaus. Auch hier sind die kommerziellen Interessen deutlich sichtbar, etwa in der Auswertung der Welt der Musikstars: Es ist sicherlich kein Zufall, dass die frühen Messter-Tonbilder zum großen Teil Opern- und Operettenkurzfilme, Lied- und andere Musikdarbietungen waren und Auftritte zahlreicher Musikstars der Zeit aufzeichneten (oder die zumindest so taten, als ob dies so wäre – so agierte der Opernsänger Franz Porten zu Plattenaufnahmen von Enrico Caruso).

4 Individualisierung und Privatisierung

Man mag die viel breitere Distribution musikalischer Aufzeichnungen als *Ubiquitisierung* ansehen, eine radikale Vermehrung der Quellen musikalischer Beschallung unter dem Vorzeichen der Mechanisierung. Allerdings blieb vieles (wie etwa die Geschichte der Musikboxen belegt, die in Kneipen und ähnlichen

---

3 Wie brüchig das Argument der erweiterten musikalischen Bildung ist, zeigt eine kleine Szene aus „Eine hübscher als die andere" (1961): Eine junge Frau bekommt eine Platte von Richard Strauß (die sinfonische Dichtung „Tod und Verklärung") geschenkt und bittet ihren Freund, der als Playboy eingeführt ist, sie bei ihm spielen zu dürfen; er hört gelangweilt zu; sie fragt ihn, ob er viele Sachen von Strauß kenne; er: „ja, Walzer ..."; sie: „Nein, nicht Johann, Richard – ‚Tod und Verklärung' ...". Desinteresse und Interesse am klassischen Kanon gleichzeitig – das Paar verkörpert auch die Unterschiedlichkeit des Interesses an Musik.

Räumen standen[4]) auf die Aufführung in öffentlichen und halböffentlichen Räumen beschränkt. Bereits ab dem Grammofon wurde aber sichtbar, dass die Entwicklung ein gewaltiges Feld der *Privatisierung* der Musikaufführung eröffnete. Das privat genutzte Grammofon ermöglichte es nicht nur, durch selbstgewählte Musik in die Stimmung der Situation einzugreifen, Themen der Interaktion vorzubereiten oder zu untermalen, sondern es galt auch als Statussymbol – angesichts der Kosten von Apparat und Platten ebenso wie des vorgeführten Musikgeschmacks.

Im Film der 1950er Jahre finden sich Grammofone aber nicht als Instrumente privatisierten Musikgenusses, sondern sie werden als Funktionsinstrumente für die Beschallung privater Festivitäten eingesetzt. Ein Beispiel findet sich in „Im Prater blüh'n wieder die Bäume" (1958), einem Film, der im alten, kaiserlichen Wien spielt; dort wird er gleich zu Beginn als Eröffnung einer Partyszene präsentiert (mit Trichter). Erst mit der allgemeinen Verbreitung der Schallplatte wird für den privaten Nutzer eine ganze Bibliothek von Plattenaufnahmen zugänglich. Der Plattenladen wird auch im Film zum Handlungsort – die Titelheldin in „Eva erbt das Paradies" (1951) etwa ist Verkäuferin in einem Plattenladen.

5 Musikboxen

Zugleich wurde auch der öffentliche Raum mit der Verbreitung der Musikboxen weiter musikalisiert und vor allem für die Verbreitung der populären Schlagermusik erschlossen. Besonders in Jugendfilmen der späten 1950er Jahre finden sich zahlreiche Beispiele für die Funktion von Musikboxen als Taktgeber für die Rock'n'Roll-Tänze von Jugendlichen.[5] Ein Beispiel ist eine Szene aus dem Film

---

4 Vgl. den Überblick von Reiß (2003), bes. 248ff. Zu den Nutzungen vgl. außerdem Papenburg (2011 [2012]), bes. Kap. 2: Singles und Jukeboxes. Technisierte Wahrnehmung in der Rock'n'Roll-Kultur.
5 In den Filmen ab 1955 tauchen sie immer wieder auf, meistens als Teil der Requisite und als musikalische Technik im Freizeitbereich. So steht in „Ein Mann muß nicht immer schön sein" (1956) eine Musikbox in einem Café, ähnlich wie in „Es wird alles wieder gut" (1957) in einer Eisdiele; in „Freddy, die Gitarre und das Meer" (1959) steht ein Apparat in der Hafenkneipe „Bei Onkel Max"; in „Die Christel von der Post" (1956) findet sich sogar eine Musikbox auf dem Jahrmarkt, draußen, zwischen den Buden. Thematisch werden Musikboxen etwa in „Ober, zahlen!" (1957) eingesetzt, in dem die Musikbox zur Ausstattung der neuen „Espresso-Bar", einer Art neumodernen Cafés mit Nierentisch-Einrichtung, das auch eine Kaffeemaschine hat, dient; in dem Café nebenan spielt eine Alt-Wiener Kapelle – der Film erzählt von der Konkur-

„Die Halbstarken" (1956), die in einer Art „Milchbar" spielt: Eine erste Phase zeigt einen Rocktanz der anwesenden Jugendlichen; es folgt überraschenderweise ein Marsch, zu dem die Anwesenden Stellung einnehmen und in einem parodistischen Defiliermarsch das Lokal verlassen. Der Ort jugendlicher Freizeit, der Tanz als Ausdrucksform der subkulturellen Geschlossenheit, die Differenz zu anderen Musikstilen, dazu der Spott über die Lebensform, für die jene zweite Musik steht – die Szene blättert die symbolischen Konflikte auf, die die Differenzierungen der gesellschaftlichen Ordnung ausmachten.

Musikboxen wurden – so wird häufig behauptet – vor allem von Jugendlichen benutzt. Die Beschallung öffentlicher Orte wie Bars und Kneipen gehört so zu elementaren Aneignungsweisen dieser Umgebungen durch Jugendliche, die hier zudem Zugang zu Musiktiteln hatten, die vom Rundfunk nicht oder nur selten gespielt wurden. Dass in dem Rock'n'Roll-Jugendfilm „Wenn die Conny mit dem Peter" (1958) die „Groschengräber" (im Film auch: „Groschenorgeln") eine zentrale Rolle spielen, ist nur folgerichtig. Schon der Titel zeigt Conny (Froboess) und Peter (Kraus) an eine Musikbox gelehnt; im Hintergrund sieht man Rock'n'Roll tanzende Jugendliche; die beiden Titelheld*innen bewegen sich langsam weiterhin singend zu anderen Musikboxen, die auf der Bühne herumstehen.

Das Besondere der Musikbox beruht auf der Tatsache, dass die Box ein Programmmedium ist, das den Nutzern die Möglichkeit eröffnet, eigene Vorzugstitel zu einer Nummernfolge zu arrangieren. Das Programm steht unter Kontrolle der Nutzer*innen, nicht unter dem der Medienveranstalter wie beim Radio. Es ist ein selbstbestimmtes Musikbett, das mit den Boxen hergestellt werden kann. Dass die Boxen, die meist 30 bis 50, später sogar über hundert verschiedene Titel bereitstellten, zudem eine Heterogenität der angebotenen Stile verfügbar machten, ist ein weiterer Gesichtspunkt, der das aktive musikalische Wissen und Wollen von Nutzern anspricht. Zudem ist natürlich die Möglichkeit des wiederholenden Abspielens zu erwähnen, die eine Brücke zwischen der öffentlichen Musikrezeption und des privaten Abspielens von Platten bildet. Dass die Musikbox auch eine Erweiterung des kommerzialisierten Musikbetriebes und ein Mittel war, reproduzierte Musik anstelle live gespielter an öffentlichen Orten

---

renz der beiden Lokale als Inkarnationen des Alten und des Modernen. Manchmal dient die Musikbox auch zur „Naturalisierung" der Filmmusik: In „Die süßesten Früchte" (1953) kommt sogar die Musik zu dem von Leila Negra und Peter Alexander vorgetragenen Titellied „Die süßesten Früchte" vor. Eine ähnliche Szene findet sich in „Ein Mann muss nicht immer schön sein" (1956), wenn Alexander zum Klang der Musikbox „Kleines Haus auf der Sierra Nevada" intoniert.

durchzusetzen, passt durchaus zur Kommerzialisierung der Unterhaltungsmusik, die in den 1950er Jahren so große Bedeutung erlangte.[6]

Selbstredend führt die Jukebox aber zu einer anderen Art der Passivität des kleinen, auf den Raum des Abspielens beschränkten Publikums – die Erübrigung der Live-Musik und der Wegfall der Interaktion mit den Musiker*innen. Wiederum in „Wenn die Conny mit dem Peter" schalten die Jugendlichen einmal eine Box aus, um selbst Musik machen zu können. Auch in „Wenn die Musik spielt am Wörthersee" (1962) kann die Musikbox die Nachfolge einer Live-Band antreten, die von der Wirtin des „Erlenhofes" entlassen wurde – die erste Szene danach beginnt mit einer Großaufnahme auf den Apparat, und erst mit der Rückfahrt kommt das tanzende Publikum ins Bild, während man einen Dixieland-Titel hört. Dem Film entstammt ein besonders absurdes Beispiel, weil er nicht nur die Figur eines Musikbox-Vertreters am Wörthersee enthält, der gegen den Willen der Wirtin in einem Gartenlokal einen Apparat aufstellt, sondern auch einen Auftritt Lolitas (in der Rolle der „Theres") zeigt, die gerade als Melkerin arbeitet; im Kuhstall steht eine Musikbox – seitdem gäben die Kühe mehr Milch, heißt es („Melken wird als schön empfunden, ist es mit Musik verbunden!"). Auch diese Szene beginnt mit einer Großaufnahme der Box, gefolgt von einem Seitschwenk auf die Melkerin.[7] Im gleichen Film wird auch einmal eine ganze Serie von nebeneinanderstehenden Automaten angestellt, so dass ein fast kakophones Durcheinander verschiedenster Musiken anhebt (mit einem dominierenden Dixie-Titel).[8]

6 Mobilisierung

Der Apparat, der neben dem tragbaren Radio die Privatbeschallung ermöglichte, war der tragbare Plattenspieler. Er wurde meist „Phonokoffer" (manchmal auch „Kofferplattenspieler") genannt, der mit Philips' Phonokoffer III AG 2113 (1954–1958) große Verbreitung erlangte. Er wurde – wie andere Phonokoffer auch – mit Federwerk betrieben und diente zum Abspiel von 17 cm-Single-

---

6 Vgl. Szendy 2008, bes. 77ff.

7 Eine Musikbox stand übrigens schon im Kuhstall in „Wehe, wenn sie losgelassen" (1958), auf der sogar ein Kalb die Musiktitel anzuwählen schien. Erwähnt sei auch „Die Försterliesel" (1956), in dem eine Kuh mit dem Schild „Milchbar" um den Hals zu besichtigen ist.

8 Der Film behauptet übrigens, dass „juke boxes" an die Gaststätte verkauft und nicht vermietet oder verpachtet würden, was historisch wohl nicht stimmt (vgl. dazu Helms (1972, hier S. 308).

Platten. Mehrere Filmbeispiele deuten darauf hin, dass sie die Grundlage für einen höchst aktiven Umgang der Nutzer (und vor allem Nutzerinnen) mit den Geräten bildeten, insbesondere auf Formen der aktiven Aneignung von Musik, ja sogar deren Überformung. In der Anfangsszene von „Liebe, Tanz und 1000 Schlager" (1955) läuft auf einem Phonokoffer eine Swing-Schallplatte, zu der Caterina Valente, die hier eine Schmiedetochter spielt, rhythmisch einen Form-hammer auf das Eisen auf einem Amboss schlägt, bevor Silvio Francesco den eigentlichen Schmiedehammer niedersausen lässt; dazu singt die junge Frau eine nichtsprachlich artikulierte, jazzartige Melodiestimme. Auch „Bei der blonden Kathrein" (1959) findet sich eine Art Karaoke-Szene: Im Garten spielt eine Platte auf einem Phonokoffer, dazu singt Angelika Meissner „Bella bella chachacha".

Phonokoffer waren älter als die Transistorradios und wurden in den filmi-schen Handlungswelten Ende der 1950er Jahre durch Kofferradios abgelöst. Ein besonders kurioses, offenbar erfundenes Gerät zwischen Phonokoffer und Ra-dio findet sich gegen Ende der zweiten Hälfte von „Die Halbzarte" (1958) – ein Koffergrammofon, das dem Stil der Wurlitzer-Plattenautomaten nachgebildet war. Das Gerät kann umschalten (etwa zwischen Jazz und Klassik) und spielt auf Knopfdruck die passende Musik (vor dem Standesamt etwa den Mendelssohn'schen Hochzeitsmarsch, im Verführungsambiente entsprechend langsamen Bar-Jazz usw.). Allerdings ist der Apparat aber eher ein Kofferradio, weil das Umschalten ohne jede Verzögerung vonstattengeht.

Bereits der von der Stromversorgung unabhängige und handliche Phono-koffer machte die Nutzer*innen mobil: Das Gerät war nicht an die Wohnung gebunden, sondern ließ sich leicht überallhin mitnehmen, wo Beschallung erwünscht war. In „Heidelberger Romanze" (1951) sieht man in einer in den USA spielenden Szene ein am Swimmingpool stehendes Transistorengerät, ein Vor-griff auf die Environments, die später für die Radios selbstverständlich wurden – es sind Freizeitumgebungen und -gelegenheiten, was anhand des Filmkorpus deutlich markiert ist. In eine ähnliche Richtung deutet eine kleine Szene in „An der schönen blauen Donau" (1954), die zwei junge Frauen zeigt, die im Badean-zug in einem Boot ruhen und einem Aufruf im (röhrenbetriebenen portablen) Radio lauschen, mit dem einem König, der in Wien inkognito auf Brautschau sei, nach Möglichkeit zu seinem Glück verhelfen werden sollte.

Der endgültige Durchbruch der Koffergeräte beruht auf der Erfindung der Transistoren (um 1950 in den USA), der Erstpräsentation 1952 auf der Düsseldor-fer Funkausstellung, vertrieben ab 1954 in den USA, ab 1957 auch in der Bun-desrepublik. Verbunden mit der Ausweitung der Sendebänder auf den UKW-Bereich wurde die Möglichkeit des störungsfreien Sendens möglich und in einem Gerät der Firma Graetz erstmals 1957 vorgestellt. Die transistorierten Koffergeräte wurden in allen Industrieländern ein Riesenerfolg; in Frankreich etwa erhöhte sich der Bestand binnen dreier Jahre von 260.000 Stück (1958) auf 2,2 Millionen (1968).[9]

Es wurde nun möglich, nicht nur robuste und leistungsfähige, sondern auch kleine mobile Empfangsgeräte herzustellen – die Bezeichnung „Kofferradio" deutet darauf hin, dass die Tragbarkeit so wichtig war, dass sie sogar den Namen des Geräts begründete. Insbesondere für die Jüngeren wurde es schnell zu einem Symbol für Unabhängigkeit, Freiheit und Auflehnung gegen die musikalische Bevormundung bei der Beschallung öffentlicher Räume. Und das Kofferradio gestattete es, auch mitten in der Natur eine eigene Tonwelt zu etablieren und den synthetischen Sound der Musik überallhin mitzunehmen. Eine Rückkehr zum „Natur-Sound" ist oft nur widerwillig möglich – für die Jungen scheint der synthetische Ton (Musik + Natur) das erstrebenswerte Soundscape zu sein, nicht die pure Klangwelt der Natur. Manchmal wird dieser Anspruch auf das Hervorbringen einer eigenen Ton-Nahwelt sogar inszeniert – in „Immer die Radfahrer" (1958) haben sich die drei Radfahrer, die an einem Waldrand campen wollen, neben zwei jungen Frauen niedergelassen, die ein Kofferradio haben und sich weigern, es auszuschalten).

Gelegentlich wird behauptet, dass die Nutzung von Kofferradios nicht nur der privaten Hörpraxis dient, sondern, dass sie als offene Provokation eingesetzt würde: „Wenn auffällig laut Musik aufgedreht und damit gegen ungeschriebene gesellschaftliche Konventionen verstoßen wurde, dann handelte es sich meist um eine akustische Inbesitznahme eines öffentlichen Raums durch Heranwachsende oder Protestgruppen".[10] Ein Beispiel findet sich in „Der Pauker" (1958): Hier wird ein Kofferradio zur puren Provokation eingesetzt, als der Lehrer (Heinz Rühmann) auf einer Parkbank Zeitung liest und sich von einem Schüler nicht ansprechen lässt; ein anderer, neben ihm sitzender Schüler (Klaus Löwitsch als Verkörperung der Rockerfigur) stellt das Radio zwischen sich und den Lehrer und schaltet es ein – und jener reagiert sofort („... eine Unverschämtheit ist das! Was sich heutzutage die jungen Leute erlauben ...") und

---

9 Die Zahlen finden sich in Maase (1997, S. 255). Nach Heike Weber war 1966 ein Drittel, 1971 über die Hälfte der westdeutschen Haushalte mit Kofferradios versorgt (vgl. Weber 2008 [Anm. 1], S. 127f). Schildt (1998, hier S. 463f), fasst die Ausbreitung der Koffergeräte unter den Rubriken „Miniaturisierung" und „Mobilisierung" zusammen.
10 Weber (2013, hier S. 419) und vgl. Weber (2008, S. 132), die die Funktionen benennt, die als modisches Outfit genutzt werden können.

verlässt die Bank. Danach verfolgen und bedrohen die Schüler der Klasse ihn mit Motorrollern und Mopeds.

Die Überlegung ist deshalb wichtig, weil der Annahme einer durchgehenden Privatisierung des Hörens die gegenläufige Beobachtung, dass sich die Mobilradio-Nutzer*innen auch als solche inszenieren, dass sie sichtbar werden, dass sie den Anspruch auf eine eigene Hörwelt demonstrieren.

Nicht immer ist das Kofferradiohören aber konfliktorientiert – abhängig von den gehörten Musiktiteln und abhängig vom Ort der Nutzung ist es Alltagsrealität. In dem Urlaubsfilm „Im schwarzen Rößl" (1961) etwa zeltet eine Gruppe junger Frauen unmittelbar am Ufer des Wolfgangsees (es sind Dekorateurinnen, die später maßgeblich in die Handlung integriert werden); bei ihrem ersten Auftritt im Film singen sie „Die ganze Welt ist himmelblau" – zu den Klängen eines Kofferradios, das in einem kurzen Insert auch gezeigt wird. Es geht um die Musikalisierung von Urlaubs-Environments ebenso wie die innige Verbindung des Urlaubsgefühls mit der Leichtigkeit der Musik aus dem Radio. Das Zeltlager am See wird zu einer eigenen Erlebniswelt, die als musikalische Enklave aus der Alltagsrealität herausfällt.

In der Sekundärliteratur findet sich die These, dass „Mobilisierung" und „Privatisierung" gegenläufige Trends der Entwicklung der Mediennutzung gewesen seien.[11] Gegen die Annahme sei einige Skepsis angemeldet: Sicherlich ist die Mobilisierung der Nutzung eine konsequente Weiterentwicklung der Privatisierung gewesen, die aber nicht mehr an die Nutzung in der häuslichen Wohnung (dem Ort sogar gesetzlich geschützter Privatheit) gebunden ist. Aber sie weitet zugleich den Raum aus, in dem „Privatheit" angemahnt werden kann. Gerade deshalb ist den Nutzer*innen die Macht verliehen, privatisierte Soundscapes nicht nur mit sich zu tragen, sondern sie auch anderen aufzudrängen. Dass sich damit die Mediennutzung obendrein aus dem familiären Kontrollfeld und den auch dort geführten Kämpfen um die Macht, wer bestimmen darf, was gehört wird, löst und diese Konflikte sich in eine öffentliche Sphäre ausweiten, mag ein Beschreibungsrahmen sein, um zu verstehen, welche Beziehungen hinter den Beobachtungen stehen. Und es zeigt sich schnell, dass mindestens die innergesellschaftliche Differenzierung der Mobilisierung und Privatisierung zur Seite gestellt werden muss – weil es um die Durchsetzung von Geschmackspräferenzen geht (bis zur Entscheidung „synthetischer Ton" vs. „natürliche Stille") ebenso wie um die Entfesselung einer bis dahin kaum bekannten Vielfalt konkurrierender Musikkulturen in den 1950er Jahren.

---

11 Etwa bei Weber 2008, S. 9.

Es ist deswegen nicht primär die Herausbildung einer „Jugendkultur", sondern auch ein Effekt technischer Optionen der Nutzung, eine Synthese von technischer und gesellschaftlicher Entwicklung. Neben der Ausdifferenzierung der musikalischen Stilwelten, der Herausbildung eigener „Orte der Jugendfreizeit" und der Entwicklung eigener Angebotssegmente (etwa im Radio, in der Plattenproduktion, im Veranstaltungswesen) werden sozial-mediale Voraussetzungen greifbar, die in die gesellschaftlichen Differenzierungsbewegungen der 1950er Jahre und der folgenden Dekaden einmünden.[12]

Erwähnt werden muss auch die Prominenz von Sendern wie *Radio Luxemburg* oder der Besatzungstruppen- Sender *AFN* und *BFBS*, die Musik spielten, die auf den neuen Hörerkreis von Jugendlichen zugeschnitten war. So populär die These auch ist, dass der Rock'n'Roll die Musik der rebellischen Jugend der Zeit gewesen sei, und so sehr die Annahme einzuleuchten scheint, dass die Jugendlichen in den Filmen um 1960 herum mit Kofferradios ihre Musikaffinität ausdrückten, so ist doch Skepsis angeraten, von beidem auf die Präsenz der Rockmusik als selbstgewählter und auch noch mobilisierter Tonumwelt zu schließen.

Immerhin ist zu bedenken, dass die öffentlich-rechtlichen Sender in der Bundesrepublik erst 1964 dazu übergingen, eine regelmäßige musikdominierte Sendung für Jugendliche täglich auszustrahlen[13] – die jugendspezifische Beschallung, auf die die vielen Filmszenen hinzudeuten scheinen, muss darum entweder Sendern wie *RTL* und *AFN* zugeschrieben werden oder legt schlicht einen Fehlschluss nahe.

---

12 Vgl. Weber 2008, 135f. Schildt 1998, hier S. 341f., macht darauf aufmerksam, dass sich erst Ende der 1950er der Publikumsgeschmack der jungen und der älteren Zuhörer voneinander abhebt; er verweist zudem auf die jugendsoziologische und -pädagogische Diskussion der Zeit (S. 345f.).

13 Es war die Sendung „Hallo Twen", die der Saarländische Rundfunk am 2. Januar 1964 zum ersten Mal ausstrahlte; der Moderator war Manfred Sexauer; Beatmusik bildete den Schwerpunkt, aber auch Rock'n'Roll-, Rhythm & Blues- und Folk-Titel kamen zu Gehör. Vgl. dazu Fifka 2013, hier S. 405. Vgl. dazu auch Rumpf (2007). Vgl. dazu auch Weber (2008, S. 130), die als weitere Sendung „Teenager-Party! Rhythmus für junge Leute" des Südwestfunks als adressatenspezifische Sendung benennt (seit 1958 ausgestrahlt, jeweils mittwochs, 21–22 Uhr; bereits 1959 wiedereingestellt).

7 Autoradios

Zum Inventar nicht-stationärer Radios gehört sicherlich auch das Autoradio, das bereits in den 1920er Jahren vorgestellt und seit den 30er Jahren zur Ausstattung gehobener Limousinen gehörte. Noch 1950 war es in Musikfilmen als Luxusausstattung benannt (etwa in „Schwarzwaldmädel", 1950). Später wurde es manchmal in Musikfilmen funktional eingesetzt; so kommt in „Wenn die Musik spielt am Wörthersee" (1962) das Titellied aus dem Autoradio; in „Heimatlos" (1958) beobachtet ein Busfahrer ein flirtendes Paar und stellt das Radio an – es läuft eine Mandolinenmusik, passend zum Italienthema, das viel später eine Rolle spielen wird. In eine Groteske verwandelt wird das Radio in „Im singenden Rößl am Königssee" (1963): Auf einer Autofahrt erklingt „Siebentausend Rinder", ein Lied des Schweizer Jodlers und Schlagersängers Peter Hinnen; während noch das Lied erklingt, sieht man Kühe auf der Weide – und einen „bayerischen Cowboy": Es ist der Sänger in Westerntracht. Der Fahrer kommentiert lakonisch: „Das nennt man Dienst am Fremdenverkehr!"

Viel näher an die so enge Konjunktion von Kofferradio und Jugendkultur herangerückt ist ein anderes Beispiel: In „Die große Chance" (1957) hört eine junge Frau an einer Tankstelle im Autoradio Jazz und trällert gedankenverloren die perkussive Musik mit. Aufschlussreich ist der folgende Dialog:

> Der Tankwart: „Können Sie das nicht auch im Takt?"
> Sie: überrascht, dreht sich um.
> Er: „... ich meine das Trällern ..."
> Sie: „Sie sind wohl übergeschnappt!"
> Er: „Aber das war Gene Krupa!"
> Sie: „Gene Krupa? Sie sind wohl einer von diesen Jazz-Fans? [...] Die sind alle verrückt!"
> Er: „Sie sagen das genauso wie meine Tante Emma. Nur ist die 70!"

Nicht selbstgewählte (also auch nicht-distinktive) Musik aus dem Radio; die Kollision von Stil-Präferenzen; Konflikte über die Ungehörigkeit der Kritik; Gegenangriff und Attribuierung des anderen als Angehörige*n einer von außen kommenden, fremden Musikkultur; Reklamation des Jazz als Musik der neuen Generation – all dies sind Sinnbilder eines Konfliktmusters, das auf viel tiefere soziale Differenzierungen verweist.

8 *Soundscaping* – die Gestaltung musikalisierter Tonlandschaft

Alltagsszenerien können jederzeit durch mitgebrachte Musikbeschallung umgeformt und zu Szenen der Tanzaufführung werden. In „Hula-Hopp, Conny"
(1958) etwa steht ein Kofferradio zwecks Musikbeschallung auf dem Hinterhof
der Tankstelle, dazu tanzen und singen die Jugendlichen. Noch extremer fällt
auf, dass die Präsenz des Kofferradios Außenszenen in Filmszenen verwandelt,
indem sie – den Konventionen der Filmmusik folgend – die Beschallung durch
das Kofferradio als eine Art „affektiver Modellierung" der Szene auslegt (oft
auch als klares Signal für das Publikum, die Emotionalität des Geschehens
wahrzunehmen). Wenn also etwa in „Die Post geht ab" (1962) ein Paar am
Strand im Sand liegt, mit einem Kofferradio, aus dem Liebeslieder ertönen,
dann ist klar: Das ist eine Liebesszene! Ähnlich untermalt bereits in „Mandolinen und Mondschein" (1959) das zentrale Paar – beide sind ins Wasser gefallen
und liegen danach am Strand – das am Kopfende der Decke stehende Transis-
torradio die Szene mit sanfter Musik. Das Gerät steht übrigens auch auf dem
Nachttisch im Zimmer des Mannes und begleitet ihn durch seinen Urlaubsall-
tag. Individualisiertes Lauschen zum Klang des Radios ist aber selten; in der
Regel geht es darum, soziale Szenarien der Freizeitgestaltung zu unterlegen. Ein
Beispiel dafür ist eine Szene, die eine Gruppe junger Frauen beim Frühstück
zeigt („Im Schwarzen Rößl", 1961); sie zelten am Wolfgangsee, gehören zu einer
Werbefirma und machen eine Art Betriebsurlaub; mehrfach wird auf ein Koffer-
radio umgeschnitten, das die Szene mit „diegetischer Filmmusik" unterlegt.

Ins Auge fallen auch Strandszenen in Unterhaltungsfilmen der Zeit. In „Isola Bella" (1961) findet sich eine Szene am Badeufer am Lago Maggiore, übersät
mit Hunderten von Badegästen. Viele der Gruppen haben Kofferradios dabei –
und der (durchaus realistische) Ton, der der Szene unterlegt ist, besteht aus
einem undurchdringlichen Durcheinander von Stimmen, Rufen und Schlager-
sounds.

Dass das Kofferradio nicht nur einen Urlaubs-Sound in den Urlaubs-Alltag
einführen kann (also auch in der Tongestaltung, die den Urlaubenden obliegt,
die Differenz zum Alltag markiert), sondern auch in der Lage ist, die Auszeit des
Urlaubs und das im Namen von „Urlaub" verhängte Heraustreten aus dem ge-
wohnten Alltag aufzuheben, wird in einer kleinen Seitenthematik in „Ohne
Krimi geht die Mimi nie ins Bett" (1962) angesprochen: Der Firmenchef sucht
auf einer Adriainsel im Kofferradio den Börsenbericht – ein Brückenschlag zur

kommerziellen Welt der Geschäfte, auch dieses ein Sujet des Radios, mit denen zu beschäftigen ihm eigentlich untersagt ist.

9 Subkulturalisierung

Schon in Darstellungen der „Halbstarken" aus den späten 1950er Jahren wurde das Kofferradio in einer engen Beziehung mit einer spezifischen „Jugendszene" gesehen. Es bildete sich die Redeweise vom „Teenager" heraus, der auch in der Bundesrepublik die Zugehörigkeit zur Altersgruppe durch eine ganze Reihe von Signalen vermittelte, die der amerikanischen Welle der Jugendrebellen-Filme und der Rock'n'Roll-Musik abgelauscht waren (Lederkluft, Jeans, Petticoats, Elvis-Tolle, Milchbars und Eisdielen als Treffpunkte, Tanzen zum Klang von Musikboxen, Motorroller und Mopeds als Bewegungsmittel u. a. m.). Diese Jugendkultur war „medien- und musikbezogen und individualistisch, sie war auf Widerspruch gegen die Erwachsenenwelt ausgelegt [...], wollte konsumieren, genießen, wollte eine andere Welt, als sie die Erwachsenen vorlebten".[14]
Zur Selbstinszenierung gehörte auch das Kofferradio, das zum selbstverständlichen Bestandteil von Freizeit- und Urlaubsumgebungen wurde. Alltagsszenarien können jederzeit durch mitgebrachte Musikbeschallung umgeformt und zu Szenen der Tanzaufführung werden (wie schon das oben erwähnte Beispiel aus „Hula-Hopp, Conny" [1958] belegt). Sogar in der DDR war das Tanzen auf öffentlichen Plätzen zum Klang von Musik aus dem Radio Teil der Praktiken der Ost-Jugendlichen (Beispiele finden sich in dem Film „Berlin – Ecke Schönhauser ..." [1957]). Dass es nicht nur um die Musikalisierung eigener Freizeitaktivitäten ging, sondern oft genug auch um deren demonstrative Aufführung, um Provokation – in der westdeutschen Filmproduktion der Zeit findet sich kaum eine Szene, die die Schärfe und politische Bedeutung der Kofferradios prägnanter darstellte als dieser ob seines Realismus gepriesene DDR-Film.

---

14 Hickethier 2003, hier S. 15. Dass diese Annahmen nicht generalisierbar sind, sondern nur eine Minderheit der Jugendlichen der Jahre seit Mitte der 1950er Jahre bis 1965 betraf, sollte unbedingt beachtet werden; vgl. Maase (1997 [Anm. 8], S. 253), der zudem auf die Kommerzialität der auch identitätsstiftenden Musikstile sowie auf die Schichten-zugehörigkeiten der „rebellierenden Jungen" (S. 257) hinweist. Vgl. aber auch Weber (2008 [Anm. 1], S. 128f), die ausdrücklich betont, dass es nur eine Minderheit der Jugendlichen gewesen sei, die man einer ebenso konsumorientierten wie rebellischen „Jugendkultur" zuordnen könne.

Medienverzeichnis

Literatur

Fifka, Matthias S. 2013. Rock Around the Clock. Die Eroberung Europas durch die Rockmusik. In *Sound des Jahrhunderts. Geräusche, Töne, Stimmen 1989 bis heute*, Hrsg. Gerhard Paul und Ralph Schock, 402–407. Bonn: Bundeszentrale für politische Bildung.

Helms, Sigmund (Hrsg.). 1972. *Schlager in Deutschland. Beiträge zur Analyse der Popularmusik und des Musikmarktes*. Wiesbaden: Breitkopf und Härtel.

Hickethier, Knut. 2003. Protestkultur und alternative Lebensformen. In *Die Kultur der sechziger Jahre*, Hrsg. Werner Faulstich, 11–30. München: Fink.

Maase, Kaspar. 1997. *Grenzenloses Vergnügen. Der Aufstieg der Massenkultur 1950–1970*. Frankfurt: Fischer Taschenbuch Verlag.

Papenburg, Jens Gerrit. 2011. *Hörgeräte. Technisierung der Wahrnehmung durch Rock- und Popmusik*. Diss., Berlin: Humboldt-Universität.

Reiß, Werner. 2003. *Johann Strauß meets Elvis. Musikautomaten aus zwei Jahrhunderten*. Stuttgart: Arnoldsche.

Rumpf, Wolfgang. 2007. *Music in the Air. AFN und die Jugendkultur in Deutschland*. Unveröff. Ms., http://www.wolfgangrumpf.de/1_afn.pdf.

Schildt, Axel. 1998. Von der Not der Jugend zur Teenager-Kultur. Aufwachsen in den 50er Jahren. In *Modernisierung im Wiederaufbau*, 335–348. Bonn: Dietz.

Schildt, Axel. 1998. Hegemon der häuslichen Freizeit. Rundfunk in den 50er Jahren. In *Modernisierung im Wiederaufbau. Die westdeutsche Gesellschaft der 50er Jahre*, 458–476. Bonn: Dietz.

Szendy, Peter. 2008. *Tubes. La philosophie dans le juke-box*. Paris: Éd. de Minuit.

Weber, Heike. 2008. *Das Versprechen mobiler Freiheit. Zur Kultur- und Technikgeschichte von Kofferradio, Walkman und Handy*. Bielefeld: transcript.

Weber, Heike. 2013. Vom Kofferradio zum Walkman. Zu den Klangwelten unserer elektronischen Alltagsbegleiter. In *Sound des Jahrhunderts. Geräusche, Töne, Stimmen 1989 bis heute*, Hrsg. Gerhard Paul und Ralph Schock, 418–423. Bonn: Bundeszentrale für politische Bildung.

Wulff, Hans J. 2016. Medialisierung der Musik und Medienkritik im Schlagerfilm der 1950er Jahre. In *Populäre Musikkulturen im Film: Inter- und transdisziplinäre Perspektiven auf Formen, Inhalte und Rezeptionen des fiktionalen und dokumentarischen Musikfilms*, Hrsg. Carsten Heinze und Laura Niebling, 291–308. Wiesbaden: Springer VS.

Filme

An der schönen blauen Donau. Regie: Hans Schweikart. AT: 1954.

Bei der blonden Kathrein. Regie: Hans Quest. BRD: 1959.

Berlin – Ecke Schönhauser…. Regie: Gerhard Klein. DDR: 1957.

Die Christel von der Post. Regie: Karl Anton. BRD: 1956.

Die süßesten Früchte. Regie: Franz Antel. BRD: 1953.

Eine hübscher als die andere. Regie: Axel von Ambesser. BRD: 1961.

Eva erbt das Paradies. Regie: Franz Antel. AT: 1951.

Freddy, die Gitarre und das Meer. Regie: Wolfgang Schleif. BRD: 1959.

Das Geheimnis der Roten Katze. Regie: Helmut Weiss. DE: 1948.

Die große Chance. Regie: Hans Quest. BRD: 1957.

Die Halbstarken. Regie: Georg Tressler. BRD: 1956.

Die Halbzarte. Regie: Rolf Thiele. AT: 1958.

Heidelberger Romanze. Regie: Paul Verhoeven. BRD: 1951.

Heimat – Eine deutsche Chronik. Teil 1: Fernweh. Regie: Edgar Reitz. BRD: 1984.

Hula-Hopp, Conny. Regie: Heinz Paul. BRD: 1958.

Im Prater blüh'n wieder die Bäume. Regie: Hans Wolff. AT: 1958.

Im schwarzen Rößl. Regie: Franz Antel. AT: 1961.

Im singenden Rößl am Königssee. Regie: Franz Antel. AT: 1963.

Immer die Radfahrer. Regie: Hans Deppe. AT/BRD: 1958.

Isola Bella. Regie: Hans Grimm. BRD: 1961.

Liebe, Tanz und 1000 Schlager. Regie: Paul Martin. BRD: 1955.

Mandolinen und Mondschein. Regie: Hans Deppe. BRD: 1959.

Ein Mann muß nicht immer schön sein. Regie: Hans Quest. BRD: 1956.

North to Alaska. Regie: Henry Hathaway. US: 1960.

Ohne Krimi geht die Mimi nie ins Bett. Regie: Franz Antel. BRD/AT: 1962.

Der Pauker. Regie: Axel von Ambesser. BRD: 1958.

Die Post geht ab. Regie: Hellmuth M. Backhaus. BRD: 1962.

Schwarzwaldmädel. Regie: Hans Deppe. BRD: 1950.

Shalako. Regie: Edward Dmytryk. GB/US/BRD: 1968.

Singin' in the Rain. Regie: Gene Kelly und Stanley Donen. US: 1952.

The Emperor Waltz. Regie: Billy Wilder. US: 1948.

Wenn die Conny mit dem Peter. Regie: Fritz Umgelter. BRD: 1958.

Wenn die Musik spielt am Wörthersee. Regie: Hans Grimm. BRD/AT: 1962.

Carsten Heinze und Dennis Krull

Zwischen Subversion, Klamauk und Anpassung

Pop- und Rockmusik im westdeutschen Fernsehen der 1960er bis 1980er Jahre

Zusammenfassung: Ein Blick in die heutige deutsche Fernsehkultur der öffentlich-rechtlichen Sender zeigt, dass Pop- und Rockmusiksendungen als musikkulturelle Vermittlungsformen aus diesen fast vollständig verschwunden sind. In den Privatsender findet man Castingshows für vermeintliche, aufzubauende Nachwuchstalente oder die Retroshows eines Oliver Geissen für Generationen, die musikalisch mit ihrer Vergangenheit von frontiert werden wollen. Eine Präsentationsplattform für neue Musiker*innen und Bands und damit auch neuen Trends gibt es kaum mehr, sondern wird dem Bereich der viralen Medien überlassen. Geht man in der Fernsehgeschichte in die 1960er bis 1980er Jahre zurück so zeigt sich, dass in diesem Zeitraum wichtige Musikfernsehformate entstanden, die äußerst innovativ in Inszenierung und Auswahl der Musikdarbietungen daherkamen und der Jugend für ihre Musik eine Plattform boten. Vor allen Dingen spielte der Humor als Präsentationsform eine hervorgehobene Rolle. In unserem Vortrag werden wir uns mit Sendungen wie Plattenküche, Bananas, Ronnys Popshow und anderen explorativ auseinandersetzen und dabei den Schwerpunkt vor allem auf die Frage nach dem Einsatz von Humor in Verbindung mit den präsentierten Titeln legen, um herauszufinden, wie sich der Zugang zu Pop- und Rockmusik heutzutage im Vergleich zu dieser Zeit verändert haben mag.

Schlüsselwörter: Musikfernsehen, Videoclip, Fernsehgeschichte, Mediengeschichte, Jugendkultur, Jugendfilm, Popmusik, Musikkultur

1 Musik im Fernsehen: Einleitende Bemerkungen

Im vorliegenden Beitrag wird ein Zeitabschnitt des Musikfernsehens in den Blick genommen, der bislang wenig untersucht worden ist. Ausgehend von der These, dass das Musikfernsehen im vordigitalen Zeitalter und vor Etablierung des Privatfernsehens, in dem die Möglichkeiten des regelmäßigen audiovisuellen Musikkonsums eingeschränkt waren, für die Musiksozialisation von

https://doi.org/10.1515/9783110730609-019

Jugendlichen eine besondere Rolle spielte, wird die Phase zwischen den 1960er und den 1980er Jahren in den Blick genommen. Zu erfahren, was es im Popmusikbereich gerade Neues zu erschließen gab, hing auch wesentlich davon ab, was im Fernsehen gezeigt wurde. Es sind dabei die Besonderheiten des westdeutschen Fernsehens zu berücksichtigen, vor allem, weil es im betrachteten Zeitraum zu wesentlichen inhaltlichen und strukturellen Umbrüchen in der Fernsehlandschaft kam, was die Möglichkeiten der Programmgestaltung wesentlich beeinflusste.

Zugleich wird davon ausgegangen, dass sich die jugendkulturellen Umbrüche vom glamourösen und artifiziell überlebten Rock der 1970er Jahre hin zum spaßorientierten, humorvoll-subversiven Punk, aus dem dann die sogenannte „Neue Deutsche Welle" hervorging, auch auf die Gestaltung des Musikfernsehens dieser Zeit auswirkten. Damit sind neue Sendungsformate und die Art ihrer Präsentation nicht nur aus fernsehhistorischer Sicht zu verstehen, sondern auch aus den kulturellen Kontexten ihrer Zeit. Die „Plattenküche" steht deshalb exemplarisch für eine Musiksendung, in der versucht wurde, unterschiedliche Ansprüche zu vereinen. Diese wollte einerseits ein junges Publikum ansprechen, war andererseits durch die Musikauswahl integrativ ausgerichtet und versuchte den Spagat zwischen Subversion und Klamauk zu zelebrieren, wie es keine Sendung nach ihr tun sollte.

2 Musiksozialisation als Mediensozialisation durch Fernsehen aus gegenwärtiger Perspektive

Musik spielt im Sozialisationsprozess von Jugendlichen, aber auch im Erwachsenenalter eine zentrale Rolle und ist ein wichtiges Element der kulturellen Identitätsbildung. Obwohl sich die Bedingungen der Musikproduktion, -distribution und -rezeption historisch und nicht zuletzt unter mediengeschichtlichen und medientechnischen Bedingungen stark verändert haben, was auch die Ausdifferenzierung von Angebot und Auswahl der Musik betrifft, und auch die Vorstellungen von Jugend und Jugendlichkeit sich von der Moderne zur Postmoderne (vgl. Helsper 1991, S. 11 ff.) historisch stark gewandelt haben, bleibt die Musik als populäre Darbietungsform eine beliebte und kontinuierlich betriebene Freizeitbeschäftigung zunächst von Jugendlichen, dann aber auch von allen Altersgruppen der Gesellschaft.

In dem komplexen Prozess der Musik- und Mediensozialisation kommen verschiedene innere und äußere Einflussfaktoren und Dispositionen zum Tragen, die im Zusammenhang von Popmusik und Musikfernsehen bis in den Bereich der politischen Sozialisation reichen (vgl. Kurp et al. 2002, S. 60 ff.). Musik beeinflusst mit ihren verschiedenen Genres und Vermittlungsformen sowie ihren darüberhinausgehenden habituellen Symbolisierungen die soziokulturellen Subjektivierungsprozesse Heranwachsender (vgl. Kleinen 2008, S. 37 ff.). Nicht nur, aber vor allem im Jugendalter spielt Musik mitsamt ihrer Rezeption und Aneignung eine zentrale Rolle und trägt zur individuellen Persönlichkeitsbildung bei (vgl. Baacke 1998; Heyer et al. 2013). Die sich wandelnde Art und Weise des Musikkonsums, die verschiedenen Möglichkeiten, sich Musik anzueignen – über den Kauf von Schallplatten oder CDs, als Downloads und Streams bis hin zur permanenten Verfügbarkeit von Musik über Walkman, MP3-Player, Handys, Tablets und Laptops – oder sich über Musik inhaltlich zu informieren (über Zeitschriften, Flyer, Fanzines, Film und Fernsehen, im Internet etc.), lassen sich nicht nur auf die ökonomischen Bedingungen der kulturindustriellen Produktion und medialen Verbreitung von Musik reduzieren. Vielmehr ziehen die Möglichkeiten der sich wandelnden Musiktechnologien neue kulturelle Praktiken nach sich oder lassen andere Praktiken (weitgehend) verschwinden, die wiederum die Auseinandersetzung und Aneignung von Musik beeinflussen: So muss der Kauf von Musik-Tonträgern nicht mehr an festen Orten (Schallplattenläden) stattfinden, zeitlich langwierige Kopier- und Überspielformen, etwa von Schallplatte auf Kassette, entfallen, die „Mixtapes" müssen nicht mehr aufwendig gestaltet werden, sondern die Originalcover zu den digitalen Dateien können bequem heruntergeladen werden. Auch ist man nicht mehr der festen Titel-Reihenfolge eines ganzen Albums ausgesetzt, sondern erstellt sich seine eigenen Titellisten (was zu Veränderungen der Musikproduktion und letztlich der Musik führt). Die Musiksozialisation als Mediensozialisation hat somit eine umfassende kulturelle Dimension, in der das Fernsehen als eigene mediale Form der Musikvermittlung und Aneignung sowie als kulturelle Ressource historisch zu betrachten ist (vgl. Fiske 1991).

Musiksozialisation ist bedingt durch Mediensozialisation, da Musik über Medien produziert und rezipiert wird (vgl. Münch 2008, S. 266). Heutzutage ist durch Streaming-Dienste wie Spotify und Videoportale wie YouTube das Internet für Jugendliche die wichtigste Möglichkeit, Musik zu konsumieren (vgl. o. Verf. 2019, S. 53). „Mit dem Aufkommen von Internet und Social Media verlieren die Musikfernsehsender [insbesondere MTV und VIVA] ihre führende Rolle als Präsentatoren von Popmusik und Videoclips" (Klug und Schmidt 2009, S. 175). Das Fernsehen, so könnte man meinen, hat für die junge Generation als

Informationsquelle und audiovisuelle Instanz der Musikvermittlung ausgedient. Allerdings fand sich laut einer entsprechenden JIM-Studie 2018 in nahezu jedem Haushalt mindestens ein Fernseher, etwas mehr als 60 Prozent davon sind Smart TV-Geräte, die allerdings von Jugendlichen kaum genutzt werden, um Internetfernsehangebote zu nutzen (vgl. o. Verf. 2019, S. 34). Was hinsichtlich des jugendlichen Fernsehkonsums auf den ersten Blick erstaunen mag, ist der Umstand, dass 45 Prozent täglich, dazu 31 Prozent mehrmals wöchentlich den „klassischen" Fernseher nutzen und 50 Prozent davon die Sendungen linear zum Ausstrahlungszeitpunkt schauen (vgl. ebd., S. 12).[1] Allerdings finden sich die unter Jugendlichen beliebtesten Sendungsinhalte (Sitcoms, Comedy, Animationsfilme, Krimis, Mystery, Doku-Soaps) meistens bei den Privatsendern. Jugendliche sind dem Fernsehen als Ziel- und Nutzergruppe daher bei weitem noch nicht vollständig verloren gegangen (vgl. ebd., S. 36).

Auch das Musikhören gehört zum alltäglichen Freizeitverhalten Jugendlicher. Mehr als 50 Prozent hören bzw. sehen mehrmals wöchentlich Musik über Videoportale, (Internet-)Radio, Streaming-Dienste, weniger über „alte" Formen bzw. Tonträger wie Schallplatte, Kassette oder CD. Die eigenständige Auswahl und musikalische Selbstsozialisation über Musikvideos finden zunehmend über Videoportale (vorzugsweise YouTube) statt. Das „klassische" Fernsehen und hierbei insbesondere die Privatsender werden hinsichtlich ihrer musikalischen Inhalte von Jugendlichen vorrangig dazu genutzt, um die Nachwuchssuche in Castingshows (z. B. „Deutschland sucht den Superstar") oder Rateshows (z. B. „The Masked Singer") zu verfolgen (dazu auch Schramm 2010, S. 47 ff.). Dort dienen die musikalischen Darbietungen letztendlich nur als Anlässe zur Inszenierung von Reality-Shows und greifen dabei lediglich bereits etablierte Pop-Songs durch Interpretationen bzw. Cover-Versionen auf (vgl. Wolther 2009, S. 149 f.).

Ob durch das Fernsehen oder via Internet, die Faszination für das Zusammenspiel von (Pop-)Musik und (Video-)Bild scheint für Jugendliche weiterhin eine nicht unerhebliche Rolle zu spielen. Dabei beruht das derzeit vorherrschende Fernsehangebot offenbar in der Fokussierung auf Eventisierungen von Musik. Als Plattform für vielversprechende „Newcomer" mit eigener Musik und

---

1 „Der enorme Zuwachs an und die Omnipräsenz von Medien(-inhalten) ha[ben] zur Folge, dass Medien häufig parallel genutzt werden, was es erforderlich macht, ihnen (nur noch) geteilte Aufmerksamkeit entgegen zu bringen (vgl. Kurp et al. 2002, S. 41). Insofern l[assen] sich das Nebenbei-Rezipieren bzw. *Channel-Hopping* heute als ein (bedeutsames) Muster der Medienrezeption und damit auch als ein (erforderlicher) Aspekt von Medienkompetenz verstehen." (Klug und Schmidt 2009, S. 181)

als Informations- und Aufklärungsmedium (wie im Musikjournalismus) „taugt das Fernsehen kaum noch" (ebd., S. 127). Der gegenwärtige Eventisierungstrend von Musikdarbietungen im Fernsehen ist insofern von Relevanz, weil dieser sich bis in die Anfänge des Musikfernsehens für Jugendliche zurückverfolgen lässt, als ab Mitte der 1960er Jahre mit „Beat Club" die erste Musiksendung für Jugendliche ausgestrahlt wurde.

Insbesondere Popmusik und Jugendsendungen sind bis auf wenige Ausnahmen beinahe ganz aus den öffentlich-rechtlichen Sendern verschwunden. Das Fernsehen als Vermittlungsform neuer jugendlicher und pop-musikalischer Tendenzen beschränkt sich auf wenige Sendeformate. Der Schwerpunkt liegt auf klassischer Musik, Volksmusik, Schlager, dem Eurovision Songcontest sowie epochalen Retrokult-Nächten (vgl. ebd., S. 123 ff.; dazu auch Lücke 2010, S. 29 ff.). Bei den privaten Sendern sieht es etwas anders aus, denn dort regieren hinsichtlich der Popmusik die (entstehungsorientierten) Casting-, Rate-, Retro- und Event-Shows, mit denen ein jüngeres Publikum stärker angesprochen werden soll. Entsprechend verzeichnen Musiksendungen im Gesamtprogramm der Privatanbieter einen leichten Anstieg in den letzten Jahren, während es sich bei den öffentlich-rechtlichen Sendern genau umgekehrt verhält (vgl. Wolther 2009, S. 124). Die Bandbreite musikkultureller Vielfalt wird damit jedoch nicht abgedeckt.

Heutige Retro-Shows im Zeichen einer „Retromania"-Kultur (vgl. Reynolds 2011) spielen mit der „Verkultung" früherer Fernsehformate, die sich kulturökonomisch offenbar einträglich verwerten lassen. Davon zeugen nicht zuletzt einige Neueditionen auf DVD von Musiksendungen wie „Disco", „Musikladen" oder „Formel Eins". Jedoch bieten diese kaum die tatsächliche Atmosphäre früherer Sendungen, da diese nicht im Originalablauf der Musikdarbietungen und Sketche, sondern in postmoderner Manier song- und genreorientiert neu zusammengestellt worden sind. Damit geht die Vielfalt und Dynamik, die diese Shows in ihrer damaligen Präsenz auszeichnete, verloren.

Das Fernsehen war lange Zeit eine der einflussreichsten medialen Vermittlungsformen für Information und Unterhaltung, was zeitweilig auch den Popmusikbereich betraf. Christofer Jost sieht im Fernsehen eine „Legitimationsinstanz von populärer Musik", in der Musiker*innen und Bands mit einem „Leitmedium-Status" versehen werden (Jost 2014, S. 141). Einen „Leitmedium-Status" hatten nach der Freigabe für die privaten Sender in Deutschland sicherlich auch die Musikspartenkanäle MTV und VIVA. Der US-amerikanische Sender MTV löste in den 1980er Jahren einen „Musikvideo-Boom" aus und etablierte medienübergreifend die „Clip-Kultur": Die historisch einmalige Verschränkung einer Darstellungsform mit einer Distributionsform verschaffte dem

Musikvideo „einen festen Platz innerhalb der Populären Kultur" (Klug und Schmidt 2009, S. 159). So hielt auch Martin Lilkendey zuletzt fest (Lilkendey 2017, S. 81): „MTV ist also für den quantitativen Boom der Musikkurzfilme Anfang der 80er Jahre mitverantwortlich, indem der Sender die zu der Zeit bedeutendste Plattform für Musikkurzfilme stellte." MTV profitierte von verschiedenen kulturellen und gesellschaftlichen Entwicklungen. Dazu gehörten der gesamtgesellschaftliche Individualisierungsprozess, die Etablierung der vormals widerständigen Rockkultur im Fernsehen der frühen 1980er Jahre sowie die Entwicklung einer neuen, bildaffinen New Wave-Kultur, die ästhetisierte Performances in den Vordergrund rückte (vgl. Klug und Schmidt 2009, S. 161 ff.).

Dünn, so die Beobachtung der fernsehwissenschaftlichen Forschung, ist die wissenschaftliche Auseinandersetzung mit „Musik im Fernsehen" bzw. Musikfernsehen (Münch 2008, S. 274; Moormann 2010, S. 7), die etwa in Knut Hickethiers Standardwerk zur deutschen Fernsehgeschichte (1998) weitgehend fehlt. Andere Forschungsarbeiten beziehen sich eher auf jugendaffine bzw. jugendlich ausgerichtete Sender wie MTV oder VIVA (vgl. Neumann-Braun 1999; Kurp et al. 2002; Kleiner 2017; Lilkendey 2017) oder rücken das Musikvideo als Form der Vermittlung in den Vordergrund (z. B. Keazor und Wübbena 2005). Trotz dieser Fokussierungen gilt für das Fernsehen, dass es Musik in vielfältigen Formen darbietet und integriert (vgl. Maas und Schudack 2008, S. 136 ff.; Faulstich 2008, S. 62 f.).

Im Folgenden geht es vorrangig um moderierte Musiksendungen der 1960er bis 1980er Jahre, die im westdeutschen öffentlich-rechtlichen Fernsehen Playback-Auftritte von nationalen und internationalen Pop- und Rockmusiker*innen präsentierten und sich nicht nur an ein jugendliches Publikum wendeten.

Der „Beat Club", die erste Musiksendung für jugendliche Pop- und Rockmusik mit englischsprachigen Bands und Interpreten, ist bereits zum Bestandteil einer umfangreicheren Untersuchung zur westdeutschen Jugendkultur in den 1960er Jahren (vgl. Siegfried 2017, S. 332 ff.; Siegfried 2018, S. 252 ff.) geworden. Spätere Varianten der Musikvermittlung im Fernsehen wie die „Plattenküche", „Bananas", „P.I.T.", „Vorsicht Musik", „Känguru", „Ronny's Pop Show", „Thommy's Pop Show", „Moskito", „Direkt" u. v. m. sind dagegen mehr oder weniger in den Kellern der Sendeanstalten und aus dem Gedächtnis des öffentlichen medialen Erinnerns verschwunden. Auch in der kultur- und medienwissenschaftlichen Sekundärliteratur ist zu diesen Sendungen wenig zu finden. Diese Sendungen boten jedoch nach dem „Beat Club" in den 1970er und 1980er Jahren eine Mischung aus Popmusik und Unterhaltungsfernsehen an, die über Humor und Klamauk „subversive" Potentiale entfaltete und in einem größeren fernsehgeschichtlichen Entwicklungszusammenhang zu betrachten ist. Sie geben möglicherweise Einblicke in die Veränderung jugend- und medienkultureller Zusammenhänge, die im Rahmen von Musiksozialisation als Mediensozialisation von Interesse sind. Diese Musiksendungsformate stellten seinerzeit auch für Jugendliche ein rituelles, regelmäßig wiederkehrendes und damit alltagsstrukturierendes Fernsehereignis dar und boten die Möglichkeit, eine große pop- und rockmusikalische Bandbreite zu rezipieren.

Die mitunter spärliche wissenschaftliche Quellenlage zu den genannten Sendungen erschwert freilich den Zugang zu diesen Formaten unter der gegebenen Fragestellung. Im Zusammenhang von Jugend und audiovisuellen Musikvermittlungsformen im Mediensozialisationsprozess bieten sie aber eine interessante Diskussionsgrundlage für die Frage, wie Pop- und Rockmusik in einem bestimmten Zeitraum über das Fernsehen dargeboten und auf diese Weise popularisiert und möglicherweise verändert wurde. Unter dieser Annahme entsteht nicht nur die Notwendigkeit, diese Sendungen fernsehgeschichtlich einzuordnen, sondern auch nach den gesellschaftlichen, den sozialen und nicht zuletzt (pop-)kulturellen Bezügen zu fragen, in die sich diese Sendungen gestellt sahen.

3 Vom „Beat Club" zu „Formel Eins": Pop- und Rockmusik im Fernsehen der 1960er bis 1980er Jahre und die Plattenküche als provokantes Integrationsformat

Obwohl es bereits in den 1950er Jahren zu einer Verschmelzung von Jugend und Popkultur gekommen war und die sogenannten „Halbstarken" sich Freiräume und eine eigene Freizeitkultur durch aufsässiges Verhalten erkämpft hatten – medial noch weniger über das Fernsehen als eher über den Film artikuliert (vgl. Mrozek 2019) –, erwarben Jugendliche in den 1960er Jahren ein wachsendes Selbstbewusstsein, das sich nicht nur im kulturellen, sondern auch im politischen Protest äußerte und in die sogenannte „1968er-Generation" mündete (vgl. Frei 2008; Siegfried 2017). In den 1960er Jahren entstand ein neues jugendliches Lebensgefühl, das sich vor allem auch in und über die Musik artikulierte. Diese Musik fand ihre Verbreitung zunächst über den aus den USA kommenden Kinofilm (vgl. James 2016). Während in „The Wild One" (1953) und „Rebel without a Cause" (1955) der Rock'n'Roll noch keine Rolle spielte, auch wenn diese Filme aufgrund der erfolgreichen Vermittlung eines jugendlichen Rock'n'Roll-Habitus und -Ethos wichtig für die Verbreitung der Rock-Kultur waren (vgl. Marcus 1979, S. 379), wurde Bill Haleys „Rock Around the Clock" (1960) durch „Blackboard Jungle" (1955) zu einem internationalen Hit, der weltweit enorme Verkaufszahlen erzielte und zum Sound einer rebellischen Jugendkultur avancierte.

In den 1960er Jahren entstanden dann die großen Konzert- und Festivalfilme als filmische Vermittler der Kultur der Rockmusik, die sogenannten „Rockumentarys", die Tourneen einzelner Musiker*innen, wie in „Don't Look Back" (1967) über eine England-Tour Bob Dylans oder „Gimme Shelter" (1970) über eine Tournee der Rolling Stones, oder aber Festivals wie in „Monterey Pop" (1967) oder „Woodstock: 3 Days of Peace & Music" (1970) filmisch präsentierten. Pop- und Rockmusik hatte damit eine visuelle Dimension zu bedienen, da sich diese nicht nur über die Musik, sondern über den Habitus ihrer Performer*innen entfaltete. Pop und Filme gehören seit den 1950er Jahren untrennbar zusammen (vgl. Kiefer und Stiglegger 2004).

Eine humorvolle und gleichzeitig kommerziell erfolgreiche Vermarktung erfuhren die Beatles mit ihrem ersten Film „A Hard Day's Night" (1964) in Spielfilmlänge, der die Gruppe auf eine Art inszenierte, die folgenreich für die weitere Präsentation von Popmusik in den Medien werden sollte:

> Dabei legten die Medien mit ihren auf Sensation angelegten Bildern und Berichten kulturelle Verhaltensmuster Jugendlicher offen, die eine deutliche Verlagerung von Sinnbedürfnissen und Wertorientierungen auf eine Musik signalisierten, die das durch nichts zu rechtfertigen schien.
>
> (Wicke 2017, S. 27)

Im Namen der Beatles und auf deren Initiative hin erschienen daraufhin in den 1960er Jahren verschiedenste performative, narrative und surreale Filmproduktionen, seien es Live-Mitschnitte, Promotion-Filme, Cartoons oder Experimentalfilme, die u. a. mit den bis dahin üblichen Gestaltungskonventionen von Musikkurzfilmen brachen und neue Formate der visuellen Musikvermittlung etablierten (vgl. Lilkendey 2017, S. 89 ff.). Die „frische und freche" Art und Weise, in der die Beatles inszeniert wurden, verweist auch auf eine Dimension in der Darstellung von Pop- und Rockmusik, die für das spätere Musikfernsehen wichtig werden sollte: also Humor und Klamauk sowie teilweise slapstickartige Formen, die durchaus subversive Züge tragen konnten, indem herrschende gesellschaftliche Konventionen, Moralvorstellungen und Ordnungen über bewusst angemessenes, diszipliniertes Verhalten ironisiert wurden.

Mit dem Fernsehen, das sich als Massenmedium ab den 1950er Jahren durchzusetzen begann, gesellte sich neben den Kinofilm ein weiteres Bewegtbildmedium, das – nun auf eine andere Art und Weise, etwa durch Moderation – Popmusik vermittelte. 1964 wurde in Großbritannien das erfolgreiche Format „Top of the Pops" von der BBC ins Leben gerufen, eine spezifisch an Jugendliche gerichtete Musiksendung, die sich an den Charts der Pop- und Rockmusik orientierte. In Deutschland waren es Jazz-Sendungen, die sich früh an ein jugendliches Publikum wendeten. So entstanden in den 1960er Jahren „Jazz für junge Leute" oder „Jazz Workshop", aber auch Sendungen wie „Talentschuppen", die Nachwuchstalenten vor einer Jury eine Bewährungschance gaben, oder „Swing in", wo bereits internationale Stars auftraten (o. Verf. 2012). Es gab somit Vorläufer von Musiksendungen im westdeutschen Fernsehen, da dieses als kultureller Vermittler auch von anderen Unterhaltungsformen wie Theater, Varieté, Kabarett, Zirkus usw. dienen sollte (vgl. Hickethier 1998, S. 142; dazu auch Wolther 2009, S. 127 ff.). Mit Chris Howland, genannt „Mr. Heinrich Pumpernickel", und seiner Sendung „Musik aus Studio B" bekam die ARD ihr erstes „modernes" Musikformat und ihren ersten Fernseh-Diskjockey, der allerdings vorwiegend Schlager spielte (vgl. Wolther 2009, S. 128).

Als der durch Radio Bremen produzierte „Beat Club" am 25. September 1965 das erste Mal ausgestrahlt wurde, war die Beatmusik bereits eine erfolgreiche, aus England kommende Musikkultur (vgl. Baacke 1968, S. 31 ff.; dazu auch Boyd 2007). Der „Beat Club" stellte die erste Jugendmusiksendung im westdeutschen Fernsehen dar, in der Jugendlichen die neuen englischsprachigen Bands aus England und den USA auf eine bis dahin nicht bekannte Weise präsentiert wurden (vgl. Siegfried 2018, S. 253). Bis dahin gab es im Fernsehen kaum Angebote für junge Leute, schon gar nicht für ihre neuen Musikpräferenzen. Mit dieser Sendung fand der jugendkulturelle Protest, der sich in vielen neuen musikalischen Ausdrucksformen und ihren habituellen Selbstinszenierungen spiegelte, eine breite öffentlichkeitswirksame Plattform.

Der „Beat Club" wurde zwischen 1965 und 1972 einmal pro Monat (30 Minuten) am Samstagnachmittag ausgestrahlt. Michael Leckebusch als verantwortlicher Regisseur holte internationale Bands und Interpreten wie The Who, Rolling Stones und Joe Cocker, aber auch englischsprachige Bands aus Westdeutschland wie die Krautrocker von Amon Düül, Kraftwerk oder Lucifer's Friend ins Studio, um dort ihre Musik einem jugendlichen Publikum ambitioniert und jugendgerecht zu präsentieren:

> Von all seinen Konkurrenzprogrammen hob sich der „Beat Club" ab. Er ist bis heute eine der zentralen Ikonen der Kulturgeschichte der 60er Jahre und gilt als Medium der kulturellen Liberalisierung, als Schnittstelle für die Vermittlung westlicher Popmusik in der Bundesrepublik, die vor allem von den Jugendlichen selbst vorangetrieben wurde.
>
> (Siegfried 2017, S. 335)

Es wurden Tabubrüche inszeniert und Skandale produziert, so etwa aufgrund der „zu kurz geratenen Garderobe von Moderatorin Uschi Nerke" oder wegen der „noch spärlicher bekleideten Go-Go-Girls" (Wolther 2009, S. 132). Aber auch insgesamt stellte die Sendung eine Provokation für Erwachsene dar, da sie einen jugendlichen Lebensstil mit langen Haaren bei Männern, Pop-Art und Beat-Musik propagierte (vgl. Siegfried 2017, S. 333).

Der ersten Sendung wurde eine Art Warnung von Wilhelm Wieben, dem späteren Nachrichtensprecher der „Tagesschau", vorangestellt, die den folgenden berühmten Wortlaut hatte:

> Guten Tag, liebe Beat-Freunde. Nun ist es endlich so weit. In wenigen Sekunden beginnt die erste Show im Deutschen Fernsehen, die nur für euch gemacht ist. Sie aber, meine Damen und Herren, die Beat-Musik nicht mögen, bitten wir um Verständnis: Es ist eine Live-Sendung mit jungen Leuten für junge Leute. Und nun geht es los.
>
> (Wieben zit. in Goege 2015)[2]

Zugleich informierte die Sendung über die neuesten musikalischen und jugendkulturellen Trends. Die Sendung war aufgrund der damaligen Sogkraft des musikalischen Zeitgeistes entstanden, der aus England und den USA auch nach Deutschland hinüberschwappte. Eine Sendung für junge Leute war angesichts des internationalen Erfolges überfällig (vgl. Siegfried 2017, S. 332).

Die Inszenierung der Sendung sollte zunächst einem „Tanzschuppen" gleichen und die „authentische" Atmosphäre eines Jugendclubs vermitteln (ebd., S. 348):

> Viewers of the show were afforded a unique opportunity to closely study a star performing live, a star they would only have known before as a voice on a record or a face in a photograph. The dancing audience on Beat-Club highlighted that what was seen on TV was live, and so the screen became a keyhole view into a lively, throbbing youth club. Watching Beat-Club at home, young people could keep up with the newest hair and latest clothing fashions without having to leave the sofa.
>
> (Siegfried 2018, S. 255)

Diese Inszenierungsform einer medialen, authentisch wirkenden Vergemeinschaftung in einem jugendspezifischen Umfeld wurde später von Michael Leckebusch durch die Reduzierung der im Studio tanzenden Jugendlichen sowie einer zunehmenden visuellen Ästhetisierung der Musikperformances, die Anleihen bei der Psychedelic-Kultur machte und erste musikvideoähnliche

---

2 Siehe auch: The Story of Beat-Club. Vol. 1: 1965–1968 (2015).

Züge trug, modifiziert: Der permanente Geldmangel zog den Versuch nach sich, möglichst innovative Fernsehtechnik mit möglichst wenig finanziellen Mitteln zu bewerkstelligen (vgl. Wolther 2009, S. 132). Dies, und auch der Einsatz von Playback-Auftritten trotz anderslautender Bekundungen, führte zum Verlust der „authentischen" Aura. Die Verfremdungseffekte wurden zwar in der internationalen Fernseh- und Musikwelt als avantgardistisch gelobt, kamen jedoch bei den Jugendlichen nicht gut an. Die Einschaltquoten sanken, woraufhin der „Beat Club" im Dezember 1972 eingestellt wurde. Nur vier Tage nach der Absetzung startete Michael Leckebusch mit dem „Musikladen" eine neue Sendereihe (Siegfried 2017, S. 353 f.).

Medienhistorisch betrachtet, griff das Fernsehen in den 1960er Jahren zutiefst in die Lebensgewohnheiten und medienkulturellen Praktiken der Bevölkerung und damit auch der Jugendlichen ein:

> Das Dispositiv Fernsehen als Wahrnehmung prägende Instanz wurde allgemein und begann – auf eine zunächst unmerkliche Weise – auch die Vorstellungen der Menschen zu verändern. Das Medium wuchs damit strukturell in eine Rolle der Synchronisation von gesellschaftlichen Erfordernissen und individuellem Verhalten hinein, es trug zur Konsumorientierung und zu Verhaltensanpassungen bei.
>
> (Hickethier 1998, S. 198)

Die kulturellen Veränderungen und neuen Zukunftsorientierungen, aber auch Spannungen innerhalb der Gesellschaft und der schwelende Generationenkonflikt wirkten sich auf Inhalte und Struktur der Fernsehsender aus und setzten diese unter Handlungsdruck. Das Fernsehen sollte vor diesem Hintergrund ein „Integrationsmedium" sein (ebd., S. 202 ff.) und als „kulturelles Forum" dienen, das nicht nur Teilgruppen, sondern alle gesellschaftlichen Gruppen auch in ihren konfliktbehafteten Verhältnissen abbildete (ebd., S. 207 f.). Damit wurde das Fernsehen medial zu einem gesamtgesellschaftlichen Reflexionsmedium soziokultureller Entwicklungen, die in den 1960er Jahren deutlich von dem Aufbegehren eines Teils der Jugendlichen und Student*innen geprägt war. Es sollte darüber hinaus „Lebensbewältigungshilfen" und „Verarbeitungsformen" für gesellschaftliche Konflikte, die in den 1960er Jahren vor allem auch im Generationenkonflikt lagen, anbieten, ohne diese immer lösen zu können. Das Fernsehen gab Einblick in verschiedene, vormals abgegrenzte Lebensbereiche und versuchte, diese zu verbinden (ebd., S. 208) und miteinander ins Gespräch zu bringen. Diese Versuche spiegelten sich in einzelnen Sendungen und dokumentarischen Filmen wie beispielsweise in „Herbst der Gammler" (1967), der Münchener Jugendliche mit ihrem alternativen, anti-bürgerlichen Lebensstil in Konflikt mit der hegemonialen bürgerlichen Gesellschaft zeigt, ebenso wie in der Fernsehserie „Sympathy For The Devil: Signale der Auflehnung"

(1972–1977). Diese unternahm einen Versuch, Jugendlichen-Probleme sowie ihre Musik und Kultur exemplarisch darzustellen und im gemeinsamen Studiogespräch mit Jugendlichen zu reflektieren.

In den 1970er Jahren bildeten sich neue Lebensformen und ein sich ausdifferenzierendes linksalternatives Milieu heraus, das von verschiedenen sozialen Bewegungen und kulturellen Praktiken getragen wurde (vgl. Reichardt 2014). Dieses Milieu entwickelte eigene Vorstellungen eines „authentischen Lebens". Musik behielt als Ausdrucksform weiterhin seine Bedeutung, allerdings wurde sie ebenfalls lieber in „authentischen" Darbietungsformen konsumiert (ebd., S. 595 ff.). Es etablierten sich zunehmend „Gegenöffentlichkeiten", die sich von der hegemonialen Berichterstattung des Fernsehens abzusetzen versuchten.

Im Fernsehen standen im „Vorfeld der Kommerzialisierung", die jedoch noch nicht den vorherrschenden Maßstab der Sendungsinhalte bildete, zwischen 1973 und 1983 wesentliche Umstrukturierungen an. Diese drehten sich auch um die Frage, ob die Inhalte sich stärker auf Unterhaltung oder auf Aufklärung und Information konzentrieren sollten, wobei ersteres sich am Ende durchsetzte (vgl. Hickethier 1998, S. 314 f.). Mit alten, gediegenen Fernsehkonzepten wurde gebrochen und die neuen Unterhaltungsshows mit einer gesellschaftskritischen Ausrichtung unterlegt, womit eine grundlegende Erneuerung des Unterhaltungsprogramms angestrebt wurde (vgl. ebd., S. 377). Es entstanden „fernseh-genuine Kunstformen" wie die Nonsens-Show „Klimbim" (ab 1973), die „skurril" und „frech" waren und eine „sprühende Abfolge von Tanz, Bewegung und optischen Gags bot[en]" und damit der nach „Modernisierung drängende[n] Gesellschaft eine angemessene Form" boten (ebd., S. 378).

Klamauk war Trumpf, nicht jedoch ohne einen satirischen Blick auf soziale Ordnungen zu werfen, der auch vor sexistischen – wie auch immer zu verstehenden – Klischees nicht haltmachte. Damit einhergehend wurden neue, junge oder jugendlich wirkende Moderator*innen gesucht, die einen Generationswechsel anzeigten und die „Kunst des hintersinnigen Witzes" und den „ironischen Umgang mit sich selbst" beherrschten (ebd., S. 380) – so beispielsweise Ilja Richter mit der Musiksendung „Disco": „Den Spagat zwischen zunehmender Zielgruppenorientierung einerseits und Integrationsanspruch andererseits schaffte das Fernsehen der 1970er Jahre nicht nur mit Familienprogrammen, die für jüngere Zuschauer attraktiv sein sollten, sondern auch mit Jugendsendungen, die für ein älteres Publikum goutierbar waren. Ein Paradebeispiel für diese Strategie bildete „Disco" (1971–1982)" (vgl. Wolther 2009, S. 131). „Disco", aufbauend auf dem Prinzip des „Tanzschuppens", beruhte auf dem Vorläufer „4-3-2-1: Hot & Sweet", der seit 1966 mit dem damals 15-jährigen Ilja Richter, von der Moderatorin Suzanne Doucet in die Sendung geholt, im ZDF lief. Die Sendung wurde durch selbstgeschriebene Sketche aufgelockert, was dann in „Disco" fortgesetzt wurde (vgl. ebd., S. 133). In diesen Sendungen zeigte sich bereits die Abkehr von der über die Musik artikulierten politischen Protestkultur der Jugendlichen in den 1960er Jahren, die noch in den „Beat Club" Eingang gefunden hatte, hin zu mundgerechten, sich äußerlich unpolitisch gebenden Präsentationsformen von Pop- und Rockmusik für alle Altersstufen. Den Spagat zwischen jugendlicher Musik und bürgerlicher Erwachsenenkultur symbolisierte Ilja Richter, der durch seine formale Kleidung als Showmoderator aus der Gruppe der tanzenden Jugendlichen heraussstach.

Der Punk, der Anfang der 1970er Jahre aus den USA nach England „schwappte", und Mitte der 1970er Jahre in einer britischen Variante sich auch in Westdeutschland verbreitete, warf die bis dahin geltenden Pop- und Rockkonventionen „über den Haufen" und brachte nicht nur eine neue und schrille Radikalität in das Musikgeschäft, sondern würzte seine Darbietungen auch mit einer gehörigen Prise Humor, der sich nicht nur gegen Autoritäten und Verkrustungen der bürgerlichen Gesellschaft richtete, sondern auch gegen sich selbst. Thomas Lau (vgl. Lau 1992) bezeichnet die Punks deshalb auch als „(heilige) Narren". Mit dem Punk entwickelte sich eine Art des postmodernen und selbstreflexiven Humors, der sich auf die Darbietung von Musik im Fernsehen zu übertragen schien.

Als „anarchisches Format"[3] bezeichnete Frank Zander rückblickend die revueartige Musik-Sendung „Plattenküche", welche er zusammen mit Helga Feddersen moderierte. Die „Plattenküche" wurde zwischen 1976 und 1980 zunächst alle zwei Monate, später monatlich erst beim WDR, dann bei der ARD ausgestrahlt. Die 45-minütige Sendung, maßgeblich von Rolf Spinrads kreiert[4] (Redaktion, Buch), vereinte Musikpräsentation und Comedy mit Playback-Auftritten und vorproduzierten Sketchen. Dabei orientierte man sich, ähnlich wie andere Formate der Zeit, am „klassischen Typus der Show" (Münch 1998, S. 390), persiflierte diese aber in ihrer Inszenierung durch moralische Tabubrüche und vielfältige Verstöße gegen Format- bzw. Gestaltungskonventionen, was die Ironisierung der eigenen Produktionsprozesse miteinschloss.

---

3 In der WDR-Dokumentation „Die legendäre Plattenküche: Chaos im Dritten" (2019) von Oliver Schwabe (TC: 00:00:25). Autor Thomas Woitkewitsch beschrieb die „Plattenküche" auch als das „Schrillste, Verbotenste" und „Ekelhafteste", was damals im westdeutschen Fernsehen gesendet wurde (Woitkewitsch in Schwabe 2019, TC: 00:00:40).
4 Die Idee zur „Plattenküche" basierte auf der Musik- und Comedyshow „Van Oekel's Discohoek", die im niederländischen Fernsehen 1974 und 1975 ausgestrahlt wurde (T. Spinrads in Schwabe 2019, TC: 00:08:40).

Die Premiere der „Plattenküche" wies bereits deutlich in die Richtung, wohin die bisweilen „chaotische" Inszenierung zu gehen beabsichtigte. So begann die erste Sendung am 23. Februar 1976 nicht nur für damalige Sehgewohnheiten ungewöhnlich und verwirrend: Man sieht zunächst im Bühnenbild des Fernsehstudios zwei leicht bekleidete Go-Go-Tänzerinnen, die die Titelmusik der Show begleiten, und den ersten Musik-Act (Hank the Knife and the Jets), der sich auf den Auftritt vorbereitet. Nachdem das Intro endet und die letzten Textzeilen der Titelmusik „Helga und Frank" mehrfach ankündigen, aber die Moderatorin und der Moderator nicht erscheinen, hört man aus dem Off(-Screen) scheppernde Geräusche und eine Stimme (Frank Zander), die sich über die Dekoration beklagt. Die Band und die Tänzerinnen schauen sich ratlos an, woraufhin der vermeintliche Regisseur der Sendung („Vincent Spinelli") erscheint, auf seinem Weg zur Kamera stolpert, hinfällt und schließlich den „holprigen" Start der Show entschuldigen will. Bei seiner Ansage wird er aber durch die zu früh einsetzende Musik der Band unterbrochen, und die Band beginnt mit ihrer Playback-Vorstellung. Während der Musikdarbietung erfährt man durch den Einspieler eines Gesprächs zwischen „Spinelli" und Zander, dass der Moderator das Drehbuch verlegt hat. Nach dem Auftritt der Band beginnt Zander mit seiner Moderation, wobei er anscheinend zahlreiche Textprobleme hat und das Mikrofon angeblich defekt ist. Plötzlich sieht man in einer neuen Einstellung eine Ansagerin, die verkündet, dass der Anfang der Show wiederholt wird. Und so beginnt die „Plattenküche" erneut mit der Titelmusik und den gleichen Musikinterpreten, wobei auch beim zweiten Anlauf der Sendung zahlreiche Fehler und Pannen inszeniert werden. Letztendlich vergehen knapp zehn Minuten Sendezeit, bis Helga Feddersen und Frank Zander die Show „ordnungsgemäß" anmoderiert haben und eine Orientierung zum Format der Sendung erfolgt ist.

Ein grundlegender Ansatz der Show bestand darin, dass die Playback-Auftritte der Musiker*innen durch szenische Einspielungen von Sketchen und Slapstick-Gags (teils mehrfach innerhalb eines Stücks) unterbrochen wurden, während der Ton der laufenden Musikdarbietung im *Off* meist mit geringerer Lautstärke weiterlief. Die Sketche und Gags waren in eine Rahmenhandlung eingebettet, bei der die Darsteller eines Comedy-Ensembles feste Rollen eines fiktiven Stabs zur Show übernahmen. So wurden neben Feddersen und Zander verschiedene Nebenfiguren etabliert – wie etwa der Chefredakteur „Dr. Moser" (Benno Swienty), die Sekretärin „Evi Finger" (Wiltrud Fischer), der Kantinenkoch „Karl Toffel" (Karl Dall) oder „Vincent Spinelli" (Rainer Basedow) als Regisseur. Die Sketche spielten sich namensgerecht zum Titel der Sendung in der Küche, am Getränke- und Speisenautomat, in der Kantine oder in der Portiersloge ab. Musik wurde wie Essen zubereitet und „serviert", worin die Kunst des Musikmachens profanisiert wurde.

Mit der Parodie einer selbstreferentiellen Fernseh-Show – als „Fiktion [...] im Modus der Nicht-Fiktion" (Taylor 2012) – bot die sich zwischen Musikdarbietung und Comedy bewegende Sendung auch Motive für Sketche und Gags an, die auf „die Spiegelung einer Rahmen- in einer Binnengeschichte" (Grob 2011, S. 452) verweisen und somit die zumeist „alberne" Ebene einer Mise en abyme präsentieren.[5]

Feddersen und Zander waren in die Spielszenen des Comedy-Ensembles integriert und fungierten gleichzeitig durch ihre Anmoderationen und kurzen Gespräche mit den Interpreten als Bindeglied zur eigentlichen Musikdarbietung. Zudem wurden die Musiker*innen – gewollt oder ungewollt – selbst in Sketche und Gags mit einbezogen. Dazu gehörten insbesondere verschiedenste Eingriffe in die Playback-Auftritte, wodurch die unterschiedlich eingeweihten Musiker*innen bei der Ausübung einer professionellen Darbietung irritiert und sabotiert wurden. Nicht selten wurde dabei etwas in der Studiokulisse manipuliert, sodass während des Auftritts Teile der meist kitschigen Dekoration umfielen, Bühnenelemente defekt waren, jemand hinfallen und einstürzen konnte oder sogar das Bühnenbild zerstört wurde.[6] Die spontanen, „echten" Reaktionen der überraschten Musiker*innen auf diese inszenierten Störungen führten zu einmaligen und skurrilen Momenten in einer Musiksendung und zeigten mitunter auf, wie viel Spaß die Profis aus der Musikbranche auf ihre Kosten vertragen konnten.

Ganz im Sinne des Fernsehens als „Integrationsmedium" (Hickethier 1998, S. 336 f.) – aber ebenso unkonventionell – umfasste das Programm der „Plattenküche" die gesamte Spannweite populärer Musik „von Jürgen Drews bis

---

5 So gibt z. B. der Regisseur „Spinelli" im anfänglichen „Chaos" der Premierenshow bei der Musikdarbietung von Hank the Knife and the Jets aus dem Off wiederholt das Kommando an den Kameramann „mehr Totale", woraufhin sich der dargestellte Handlungsraum des Bühnenbilds bzw. der gezeigte Bildausschnitt durch die zurückfahrende Kamera zunehmend erweitert, bis man den Kameramann rückwärtslaufend in einer neuen Einstellung im Büro von „Dr. Moser" sieht, wo er den kommandierenden „Spinelli" mit seiner Studio-Kamera fast überfährt und der fluchende Regisseur sowie der Chefredakteur diesen Vorgang sowohl vor Ort als auch auf einem Fernseher sehen, der auf einem Tisch im Büro steht („Plattenküche" 1976 (S01 E01), TC: 00:07:50).

6 Beispielsweise bei „Unnahbarer Engel" von Jürgen Drews, der bei seiner Darbietung zunächst von mehreren Bauarbeitern gestört wird, die permanent durch das Bühnenbild laufen oder an der Studio-Kulisse arbeiten. Zum Ende des Auftritts fährt ein Bagger ins Studio und zerstört anschließend mit Abrissarbeiten die Dekoration (vgl. Schwabe 2019, TC: 00:24:01).

Can" (Schaller in Schwabe 2019, TC: 00:38:44), sodass innerhalb einer Sendung Interpret*innen aus den unterschiedlichsten Musikrichtungen präsentiert wurden. Im Prinzip war von Auftritt zu Auftritt alles möglich – von Schlager über Pop, Rock, Country, Dixieland bis Punk oder einem Auftritt der Fischer-Chöre. Die Musikauswahl orientierte sich zum einen an kommerziell erfolgreichen Interpret*innen und zum anderen nicht zuletzt auch am Geschmack des Teams, vor allem an den Vorlieben Rolf Spinrads (vgl. ebd.). So brachte dieser vermehrt auch Solokünstler und Bands aus den Niederlanden und Italien in die Sendung, die in der Bundesrepublik kaum bekannt waren (vgl. Zander und T. Spinrads und Schaller in Schwabe 2019, TC: 00:29:47-0:31:30). Zudem verhalf er befreundeten Hamburger Interpreten und Kölner Musikern zu einem Auftritt, speziell dann, wenn die ursprünglich geplanten Gruppen und Interpreten kurzfristig ausfielen (T. Spinrads in Schwabe 2019, TC: 00:33:20). So gab es u. a. mehrere Auftritte von Lonzo, Udo Lindenberg, Marius Müller-Westernhagen und Can.

Anders als der „Beat Club" richtete sich die „Plattenküche" nicht unmittelbar an Jugendliche und öffnete den Bereich der Pop- und Rockmusik für alle Altersschichten, wobei auch nicht über Trends aus Jugendkulturen berichtet und mit Ausnahme einer kurzen Rubrik („Helgas Plattentip") weitestgehend auf Hintergrundinformationen zu den präsentierten Interpret*innen verzichtet wurde. Die Mischung aus vielfältiger musikalischer Unterhaltung und anarchischer Comedy lockte regelmäßig Zuschauer*innen aus allen Altersgruppen vor den Bildschirm, wobei die „Plattenküche" insbesondere ein junges Publikum ansprach (o. Verf. 2016). Dabei repräsentierten das Produktionsteam, die Darsteller*innen des Comedy-Ensembles sowie Frank Zander und Helga Feddersen[7] durch ihr – nach damaligen Maßstäben – nicht mehr jugendliches Alter keineswegs die Rezipienten, bei denen die Sendung am beliebtesten war.

Die „Plattenküche" verzeichnete hohe Einschaltquoten, 1977 sogar bis zu 30 Prozent (vgl. ebd.; Schwabe 2019, TC: 00:18:17), wodurch die Ausstrahlung der WDR-Produktion aus dem dritten Programm 1978 in den bundesweiten Sendebetrieb der ARD „befördert" wurde. Trotz des Erfolgs wurde die Sendung wegen ihres derben Humors häufig kritisiert, da er als „platt", „geschmacklos" und „sexistisch" galt.[8] Dabei kam es regelmäßig zu Zuschauer*innen-Protesten,

---

7 Helga Feddersen war beim Start der Sendung 46 Jahre alt, während Zander und Spinrads jeweils 34 Jahre alt waren.
8 Die Pointen der Sketche und Gags bestanden vorzugsweise aus simplen Slapstick-Einlagen, trivialen Wortwitzen und zahlreichen Explosionen, welche insbesondere eine Vorliebe des Regisseurs Klaudi („Bum Bum") Fröhlich waren. So gibt Helga Feddersen in einem Sketch mit Udo Lindenberg dessen Hund das Kommando „Platz!", woraufhin eine große Explosion erfolgt und der Hund verschwunden ist (Schwabe 2019, TC: 00:07:00).

wodurch kurzzeitig auch eine endgültige Absetzung der Sendung drohte (vgl. Niggemeier und Reufsteck o.J.; T. Spinrads und Zander in Schwabe 2019, TC: 00:32:03).

Allerdings wurden in der „Plattenküche" herkömmliche bürgerliche Moralvorstellungen auf eine provokative Art und Weise angegriffen,[9] die zu dieser Zeit durchaus fernsehkompatibel war, sodass womöglich die hohen Einschaltquoten und die damit verbundene breite Akzeptanz beim Publikum den Fortbestand der Sendung sicherten – und im Hintergrund einen sozialen Wandel innerhalb der westdeutschen Gesellschaft anzeigten. Die „Plattenküche" verstand es, Unterhaltung mit Fernseh- und Medienkritik zu verbinden, etwa offensichtlich in den Sketchen oder durch die unkonventionelle und mehrdeutige Art einer teils respektlosen Inszenierung. Die Sendung stand für den Versuch, Musikfernsehen integrativ zu etablieren, und verband diesen mit Comedy-Formaten jener Zeit („Klimbim", „Nonstop Nonsens", „Otto-Show"), welche ebenfalls durch provokativen, subversiven Humor und Klamauk die westdeutsche Fernsehlandschaft in den 1970er Jahren prägten.

Mit der Nachfolgesendung „Bananas" (1981–1984) knüpfte Rolf Spinrads konzeptionell an die „Plattenküche" an, verzichtete jedoch dabei auf eine Moderation und eine Rahmenhandlung für Sketche und Gags. Auch wurden die zusammenhangslosen Sketche[10] jetzt nicht mehr in die Musikdarbietungen eingebaut, sondern ausschließlich zwischen den Titeln platziert. Die 45-minütige Sendung wurde zur besten Sendezeit um 20.15 Uhr in der ARD ausgestrahlt und war in ihrem Humor ähnlich anarchisch wie die „Plattenküche". Die Playback-Auftritte wurden in einem Studio oder an einem auswärtigen Drehort produziert und wie Musikvideos inszeniert, wobei das Sketchartige auch hier zum Tragen kam; so spielte etwa der Auftritt der New Wave-Band Depeche Mode in einem Hühnerstall.

Zwischen „Beat Club" und „Formel Eins" öffneten die „Plattenküche" und „Bananas" ein musikkulturelles Fenster, in der sich Pop- und Rockmusik von

---

9 In der zweiten Folge der „Plattenküche" stellte das deutsche „Playboy"-Modell Raphaela Nöcker in der Rubrik „Helgas Plattentip" ihre Single „Gruss und Kuss, Dein Julius" zunächst komplett unbekleidet vor. Nach der wohl teilweise scharfen Kritik an diesem Auftritt inszenierte das Team um Rolf Spinrads für eine darauffolgende Sendung einen Sketch, bei dem Helga Feddersen gefragt wurde, ob sie es nicht empörend fände, dass in der „Plattenküche" immer nur nackte Mädchen gezeigt würden. Bevor Feddersen antworten kann, taucht ein nackter Mann auf, der nach Feuer für seine Zigarette fragt, woraufhin sie antwortet: „Rauchen verboten!" (Schwabe 2019, TC: 00:16:18).
10 Zum Ensemble der Sketch-Darsteller*innen von „Bananas" gehörten: Olivia Pascal, Gerd Leienbach, Hans Herbert, Herbert Fux und Frank Zander.

seinen jugendlichen Zuhörer*innen emanzipierte und über das „Integrationsmedium" (Hickethier 1998, S. 336 f.) Fernsehen sämtliche Altersschichten anzusprechen versuchte. „Plattenküche" und „Bananas" waren ein Gesprächsthema, bei dem jeder mitreden sollte und konnte. Im bunten Potpourri dieser Sendungen war für jede und jeden etwas dabei. Populäre Musik wurde auf eine ungewöhnliche und bisher nicht bekannte Art und Weise dargeboten. Darüber hinaus sind diese Sendungen als Pioniere vieler nachfolgender Musiksendungen[11] einzustufen (vgl. Wolther 2009, S. 134), die sich allerdings im Zeichen der Trennung in öffentlich-rechtliche und private Sender zu differenzieren begannen. In den 1980er Jahren entstand somit in der Bundesrepublik eine Vielzahl von mehr oder weniger erfolgreichen Musiksendungen, von denen im öffentlich-rechtlichen Fernsehen insbesondere die ARD-Sendung „Formel Eins" (1983–1990) große Popularität erlangte. Ausgelöst durch die wirkmächtige Etablierung des Musikkanals MTV orientierten sich die Musiksendungen bei sämtlichen Sendern der 1980er Jahre stärker an der Präsentation von Musikvideos sowie dem Geschmack eines jugendlichen Publikums. Sie waren damit Ausdruck einer sich weiter differenzierenden und individualisierenden Jugend- und Musikkultur, die bis zur Gegenwart zunehmend von der Mode- und Unterhaltungsindustrie kommerziell erschlossen und inzwischen alters- sowie generationsübergreifend in ihrer Zielgruppenorientierung verwertet wurde und wird.

4 Musik im Fernsehen zwischen Subversion, Klamauk und Anpassung

Der Soziologe Friedrich Tenbruck prognostizierte in seiner Auseinandersetzung mit der Jugend bereits Mitte der 1960er Jahre, dass aus ihrer Teilkultur ein „Puerilismus der Gesamtkultur" entspringe: „Umgang, Vergnügen, Lektüre, Freizeit, Moral, Sprache, Sitte der Erwachsenen weisen zunehmend jugendliche Züge auf" (Tenbruck 1965, S. 55 f.). Dies lässt sich an der Frühgeschichte der populären Musik im westdeutschen Fernsehen nachzeichnen und tritt besonders grell beleuchtet in der Klamauk-Zeit von „Plattenküche", „Bananas" und Konsorten zutage.

---

11 Eine besonders skurrile Form der Musiksendung im Zuge von „Plattenküche" und „Bananas" war „Ronny's Pop Show" (ZDF, 1982–1988), bei der zwischen der Präsentation von Musikvideos der Schimpanse Ronny und weitere Affen, denen Otto Waalkes seine Stimme lieh, Sketche aufführten und die Videos anmoderierten.

Während der „Beat Club" noch im Zeichen der aufbegehrenden Jugend der 1960er Jahre stand und den Wandel der Jugend- und Musikkulturen anzeigte, gingen die Sendungen „Plattenküche" und „Bananas" rund zehn Jahre später bereits neue Wege der Musikdarbietung. Diese signalisierten fernsehgeschichtlich einen Umbruch und eine Neuorientierung der Unterhaltung, reagierten andererseits aber ebenso auf die sich verändernden zeithistorischen Kontexte. Wo der „Beat Club" den Schwerpunkt der Sendung auf die Präsentation der Musiker*innen und die jugendliche Zielgruppe legte und diese ästhetisch bediente, pflegte die „Plattenküche" einen ironischen bzw. respektlosen Umgang mit Musiker*innen und Fernsehkonventionen.

Dabei richtete sich der Humor der „Plattenküche" hinsichtlich der Musikpräsentation insbesondere gegen den Pomp, die Starallüren und die um sich greifende Ernsthaftigkeit von saturierten Rock-, Pop- und Schlagergrößen selbst, die durch das schamlose Vorführen in der Sendung – recht ungewohnt für Interpreten und Publikum – *ad absurdum* geführt wurden. Diese Form der Subversion gegen die hegemoniale Fernsehkultur und Musikindustrie konnte vermutlich nur entstehen und gesendet werden, da zu jener Zeit einzelnen Film- und Fernsehschaffenden große Spielräume und Freiheiten in der Art und Weise ihrer Inszenierung eingeräumt wurden.

Die „Plattenküche" und „Bananas" waren innovativ in der Schaffung einer neuen (musikalischen) Fernsehunterhaltung, die sowohl gestalterische Konventionen als auch moralische Tabus ignorierte und persiflierte. Es ging kaum um Information und Aufklärung, sondern um eine humorvolle Präsentation unterschiedlichster Musik, bei der man die bundesdeutsche Gesellschaft, das Musikgeschäft und die Fernsehbranche einschließlich sich selbst zu parodieren verstand.

„Plattenküche" und „Bananas" entstanden zeitgleich mit der Verbreitung des Punks, weshalb man vermutlich auch nachträglich einige performative Aspekte der subversiven Selbstinszenierung, allerdings in noch weitgehend fernsehtauglicher Manier, mit dieser Bewegung in Verbindung bringt. Bekanntlich mündeten Teile des Punk in Deutschland in die sogenannte Neue Deutsche Welle, die nach kurzer Zeit am Zenit ihres nationalen und internationalen Erfolges (nach „Da Da Da", 1982, von Trio und „99 Luftballons", 1983, von Nena) in eine „neue (inhaltsleere) deutsche Fröhlichkeit" abrutschte und die Subversion ihrer mitunter absurden Performanz zu verlieren drohte, indem sie mit dem Schlager eine Liaison einging (vgl. Hollow Skai 2009, S. 164f.).

Die gediegene „ZDF-Hitparade" adaptierte erst verhalten, dann regelmäßig die Erzeugnisse der Neuen Deutschen Welle, der stellenweise ein letzter Hauch des Geistes von „Plattenküche" und „Bananas" in der Performanz der Musikauftritte innewohnte, mit dem Unterschied, dass hier die Initiative für unberechenbare Gags und skurrile (Halb-)Playback-Auftritte nicht von einem Fernsehteam, sondern von den Musiker*innen selbst ausging – man denke beispielsweise an Trio, die Spider Murphy Gang oder Hubert Kah, die bei ihren Darbietungen u. a. mit schrillen, kitschigen Verkleidungen und artfremden Instrumenten bzw. Pseudo-Instrumenten auf verschiedene Weise die ungeschriebene Musikshow-Regel ignorierten, ein Playback vollständig lippen- und/oder instrumentensynchron zu performen.[12] Die Band Trio trat sogar einmal komplett „live" auf und bezog bei ihrem Auftritt zu „Anna – lass mich rein, lass mich raus" in einem improvisierten Teil des Stücks das Publikum mit ein, indem Frontmann Stephan Remmler verschiedenen Zuschauer*innen die Möglichkeit und das Mikrofon gab, einen beliebig gewünschten Namen für die markante und eigentlich anstößige Textzeile einzusetzen.

Die Neue Deutsche Welle mündete dann in Filme wie „Gib Gas ich will Spaß" (1983) mit Nena und Markus, „Richy Guitar" (1985) ebenfalls mit Nena und den Ärzten oder den „Formel Eins Film" (1985), die ein jugendliches Lebensgefühl zu bedienen wussten und stärker angelehnt waren an die neuen Pop- und Rockmusikformate im Fernsehen der 1980er Jahre. Als sich die Neue Deutsche Welle im Mainstream verlor, verschwanden allerdings bis Anfang der 1990er Jahre Musiksendungen für ein jüngeres Publikum fast gänzlich aus dem Programm der westdeutschen öffentlich-rechtlichen Sender. Die Vermittlung von Pop- (und Alternative-)Musik überließ man fortan den privaten Sendern, allen voran den Spartenkanälen MTV und VIVA.

Im Zuge dessen war insbesondere das global operierende Medienunternehmen MTV im Verbund mit ihren Werbekunden und der Musikindustrie dafür verantwortlich, dass die Popmusik weltweit das kommerzielle Fernsehen eroberte (vgl. Klug und Schmidt 2009, S. 160). Zu den erfolgreichen, ökonomisch ausgerichteten Strategien des Senders für eine möglichst umfassende und zielgruppenspezifische Adressierung eines jugendlichen Publikums gehörte auch die Vereinnahmung von subversiven Haltungen bzw. musikalischen Subkulturen (z. B. Metal, Grunge, Techno, Hip-Hop). MTV etablierte sich schnell als

---

12 Zum Beispiel performt beim Auftritt zu „Bum Bum" von Trio der Schlagzeuger Peter Behrens keine einzige Note und animiert stattdessen einen mitgebrachten Schimpansen dazu, an einer markanten Stelle des Stücks auf einer Snare-Drum zu trommeln. Hubert Kah trat bei „Sternenhimmel" stark geschminkt und nur mit einem Nachthemd bekleidet auf und wurde deutlich hörbar von einzelnen Zuschauer*innen mehrfach ausgebuht. Die Spider Murphy Gang bemühte sich bei „Wo bist Du" in bayerischen Trachten um ein synchrones Playback mit Volksmusikinstrumenten – zumindest stellenweise.

Gatekeeper einer internationalen Popmusikkultur […] und trug aufgrund seiner durch
ökonomisches Taktieren (vgl. Banks 1996) erreichten kulturellen Vormachtstellung zu einer Domestizierung, Standardisierung und Kommerzialisierung (vgl. Schmidt 1999, S. 126
ff.) der globalen Pop(musik)kultur bei.

(Ebd., S. 182)

Die Monopolstellung für eine profitable, werbewirksame Vermittlung von Musikvideos im Fernsehen verlor MTV letztendlich zu Beginn des neuen Jahrtausends durch die aufkommenden Videoportale im Internet, mit denen sich völlig
neue, grenzenlose und globale Möglichkeiten eines kostengünstigen bzw. kos-
tenlosen Video-Marketings ergaben. Obwohl MTV inzwischen wieder Musikvideos zeigt, besteht gegenwärtig das meist nicht-musikbezogene Programm – so
wie bei den anderen privaten Sendern – mehrheitlich aus gängigen Unterhal-
tungsformaten wie Reality-Shows, Doku-Soaps, Cartoons und Comedy-
Formaten.

Der Bedeutungsverlust von Popmusik im Fernsehen ist auch nach wie vor
am Programm der öffentlich-rechtlichen Sender abzulesen. So finden sich neben seltenen Aufzeichnungen von Live-Konzerten am ehesten auf Arte regelmäßig im Magazin „Tracks" neben anderen Reportagen aus Kunst und Kultur
auch Beiträge über neue und alte Popmusik bzw. Berichte über internationale
subkulturelle Strömungen. Neben dem linearen Fernsehen bieten die öffentlich-
rechtlichen Sender inzwischen zeitgemäß für ein internet-affines Publikum ein
vielfältiges und kostenloses „AV-Media-on-Demand"-Programm in ihren Media-
theken an, wodurch jüngere Zuschauer*innen einen zumindest ein wenig erweiterten Zugriff auf eventuell relevante Sendungen erhalten, bei denen man
neue Musik hört und sieht.

Der Bedeutungsverlust hinsichtlich der Vermittlung gerade von aktueller
Popmusik und subkulturellen Musiktendenzen im Fernsehen basiert auf einer
Entwicklung vom „Beat Club" bei Radio Bremen über den „Video-Boom" bei
MTV bis zu den grenzenlosen Online-Sendemöglichkeiten von YouTube & Co.
Der Wandel in der Medien- und Musiksozialisation sämtlicher Altersgruppen ist
zum einen durch die wechselseitig verstärkenden Ursachen aus technischen
Innovationen, den daraus resultierenden Produktions- und Distributions-
strukturen sowie aus dem hierdurch veränderten Mediennutzungs- und Kon-
sumverhalten der Rezipient*innen zu erklären (vgl. ebd.). Zum anderen verweist diese Entwicklung nicht zuletzt auf die gesellschaftlich veränderten Rahmenbedingungen einer stark zunehmenden Kommerzialisierung (sämtlicher
Lebensbereiche) und einer allseits gegenwärtigen Kultur des „zitierenden For-
menflimmerns" (Lyotard, zit. in Felix 2011, S. 536). So schaut man heute (nicht
nur) im Fernsehen lieber zurück als nach vorn, und die einstige Anarchie des

Punks oder der subversive Humor der „Plattenküche" sind längst zu etablierten Konventionen einer Unterhaltungsindustrie geworden, die man vorwiegend in zahllosen Retro-Shows und Rückblicken mit den immer wiederkehrenden Bildern, Musikstücken und Klischees als nostalgische Anekdoten inszeniert.

Letztendlich stellt sich aber auch bei den kulturellen Rahmenbedingungen dieser Zeit die Frage, ob gegenwärtige Popmusik und subversive Musikströmungen überhaupt noch diese Bedeutung haben können, sollen oder müssen wie zu früheren Zeiten – und so wählt die wirkmächtige Protestbewegung Fridays-for-Future als Hymne für ihre Bewegung den Queen-Song „Don't Stop Me Now" aus dem Jahre 1978.

Medienverzeichnis

Literatur

Baacke, Dieter. 1968. *Beat – die sprachlose Opposition*. München: Juventa.

Baacke, Dieter (Hrsg.). 1998. *Handbuch Jugend und Musik*. Opladen: Leske + Budrich.

Boyd, Joe. 2007. *White Bicycles – Musik in den 60er Jahren*. München: Antje Kunstmann.

Faulstich, Werner. 2008. *Grundkurs Fernsehanalyse*. Paderborn: Fink.

Felix, Jürgen. 2011. Postmoderne und Kino. In *Reclams Sachlexikon des Films*, Hrsg. Thomas Koebner, 535–537. Stuttgart: Reclam.

Fiske, John. 1991. *Television Culture*. London: Routledge.

Goege, Hartmut. 2015. Der ‚Beat-Club'. Kultsendung im 68er-Zeitgeist. *Deutschlandfunk Kultur*. https://www.deutschlandfunkkultur.de/der-beat-club-kultsendung-im-68er-zeitgeist.932.de.html?dram:article_id=332087. Zugegriffen am 16. Dezember 2020.

Grob, Norbert. 2011. Mise en abyme. In *Reclams Sachlexikon des Films*, Hrsg. Thomas Koebner, 451–452. Stuttgart: Reclam.

Helsper, Werner. 1991. Jugend im Diskurs von Moderne und Postmoderne. In *Jugend zwischen Moderne und Postmoderne*, Hrsg. Werner Helsper, 11–38. Opladen: Leske + Budrich.

Heyer, Robert, Sebastian Wachs und Christian Palentien (Hrsg.). 2013. *Handbuch Jugend – Musik – Sozialisation*. Wiesbaden: Springer VS.

Hickethier, Knut. 1998. *Geschichte des deutschen Fernsehens*. Stuttgart: J. B. Metzler.

Jost, Christofer. 2014. Videoclip und Musik im Fernsehen. In *Populäre Musik: Geschichte – Kontexte – Forschungsperspektiven*, 141–153. Laaber: Laaber-Verlag.

Keazor, Henry und Thorsten Wübbena. 2005. *Video thrills the radio star – Musikvideos: Geschichte, Themen, Analysen*. Bielefeld: transcript.

Kiefer, Bernd und Marcus Stiglegger (Hrsg.). 2004. *Pop & Kino: von Elvis zu Eminem*. Mainz: Bender.

Kleinen, Günter. 2008. Musikalische Sozialisation. In *Musikpsychologie – Das neue Handbuch*, Hrsg. Herbert Bruhn, Reinhard Kopiez und Andreas C. Lehmann, 37–66. Reinbek: Rowohlt.

Kleiner, Marcus S. 2017. Musikfernsehen. In *Handbuch Popkultur*, Hrsg. Thomas Hecken und Marcus S. Kleiner, 169–173. Stuttgart: J. B. Metzler.

Klug, Daniel und Axel Schmidt. 2019. Musikfernsehsender. In *Handbuch Musik und Medien. Interdisziplinärer Überblick über die Mediengeschichte der Musik*, Hrsg. Holger Schramm, 157–186. Wiesbaden: Springer VS.

Kurp, Matthias, Claudia Hauschild und Klemens Wiese. 2002. *Musikfernsehen in Deutschland: Politische, soziologische und medienökonomische Aspekte*. Wiesbaden: Westdeutscher Verlag.

Lau, Thomas. 1992. *Die heiligen Narren – Punk 1976-1986*. Berlin/New York: Walter de Gruyter.

Lilkendey, Martin. 2017. *100 Jahre Musikvideo. Eine Genregeschichte vom frühen Kino bis Youtube*. Bielefeld: transcript.

Lücke, Martin. 2010. Volks- und Schlagermusiksendungen: Ein Quotengarant. In *Musik im Fernsehen: Sendungsformen und Gestaltungsprinzipien*, Hrsg. Peter Moormann, 29–46. Wiesbaden: VS Verlag für Sozialwissenschaften.

Maas, Georg und Achim Schudack. 2008. *Der Musikfilm: ein Handbuch für die pädagogische Praxis*. Mainz/Berlin: Schott.

Moormann, Peter (Hrsg.). 2010. *Musik im Fernsehen: Sendeformen und Gestaltungsprinzipien*. Wiesbaden: VS Verlag für Sozialwissenschaften.

Münch, Thomas. 1998. Jugend, Musik und Medien. In *Handbuch Jugend und Musik,* Hrsg. Dieter Baacke, 383–400. Opladen: Leske + Budrich.

Münch, Thomas. 2008. Musik in den Medien. In *Musikpsychologie – Das neue Handbuch*, Hrsg. Herbert Bruhn, Reinhard Kopiez und Andreas C. Lehmann, 266–289. Reinbek: Rowohlt.

Neumann-Braun, Klaus (Hrsg.). 1999. *Viva MTV!: Popmusik im Fernsehen*. Frankfurt am Main: Suhrkamp.

Niggemeier, Stefan und Michael Reufsteck (o. J.). Plattenküche. In *Das Fernsehlexikon*. http://www.fernsehlexikon.de/1893/plattenkueche/. Zugegriffen am 16. Dezember 2020.

o. Verf. o. J. "Plattenküche". *fernsehserien.de*. https://www.fernsehserien.de/plattenkueche. Zugegriffen am 16. Dezember 2020.

o. Verf. 2012. „Musiksendungen für Jugendliche (BRD)". *bpb: Bundeszentrale für politische Bildung*. https://www.bpb.de/142926/musiksendungen-fuer-jugendliche-brd. Zugegriffen am 14. Dezember 2020.

o. Verf. 2016. „Lachgeschichten: Plattenküche". *programm.ARD.de*. https://programm.ard.de/?sendung=2820517626241584. Zugegriffen am 11. Dezember 2020.

o. Verf. 2019. JIM-Studie 2019. Jugend, Information, Medien. Basisuntersuchung zum Medienumgang 12-19jähriger, Hrsg. *Medienpädagogischer Forschungsverbund Südwest (mpfs)*. https://www.mpfs.de/studien/jim-studie/2019/.

Reichardt, Sven. 2014. *Authentizität und Gemeinschaft: linksalternatives Leben in den siebziger und frühen achtziger Jahren*. Berlin: Suhrkamp.

Reynolds, Simon. 2011. *Retromania: Pop Culture's Addiction to Its Own Past*. New York: Faber and Faber.

Schramm, Holger. 2010. Musikcastingshows. In *Musik im Fernsehen: Sendungsformen und Gestaltungsprinzipien*, Hrsg. Peter Moormann, 47–66. Wiesbaden: VS Verlag für Sozialwissenschaften.

Siegfried, Detlef. 2017. *Time Is On My Side: Konsum und Politik in der westdeutschen Jugendkultur der 60er Jahre*. Göttingen: Wallstein.

Siegfried, Detlef. 2018. Pop on TV: The National and International Success of Radio Bremen's Beat-Club. In *Perspectives on German Popular Music*, Hrsg. Michael Ahlers und Christoph Jacke, 253–258. London/New York: Routledge.

Skai, Hollow. 2009. *Alles nur geträumt – Fluch und Segen der Neuen Deutschen Welle*. Innsbruck: Hannibal.

Taylor, Henry M. 2012. Mockumentary. In *Lexikon der Filmbegriffe*. https://filmlexikon.uni-kiel.de/index.php?action=lexikon&tag=det&id=5125. Zugegriffen am 11. Dezember 2020.

Tenbruck, Friedrich H. 1965. *Jugend und Gesellschaft: soziologische Perspektiven*. Freiburg: Rombach.

Wicke, Peter. 2017. Rock und Pop: *Von Elvis Presley bis Lady Gaga*. München: C. H. Beck.

Wolther, Irving Benoît. 2009. Musikformate im Fernsehen. In *Handbuch Musik und Medien. Interdisziplinärer Überblick über die Mediengeschichte der Musik*, Hrsg. Holger Schramm, 123–156. Wiesbaden: Springer VS.

Film und Fernsehen

A Hard Day's Night. Regie: Richard Lester. UK: 1964.

Blackboard Jungle. Regie: Richard Brooks. US: 1955.

Das war Kult! Das Beste aus Plattenküche. WDR/Das Erste/Sony. DE: 2012.

Das war Kult! Das Beste aus Bananas. WDR/Das Erste/Sony. DE: 2013.

Die legendäre Plattenküche: Chaos im Dritten. Regie: Oliver Schwabe. DE: 2019.

Don't Look Back. Regie: D.A. Pennebaker. US: 1967.

Fomel Eins. ARD. DE: 1983—1990.

Formel Eins Film. Regie: Wolfgang Büld. DE: 1985.

Gib Gas ich will Spaß. Regie: Wolfgang Büld. DE: 1983.

Gimme Shelter. Regie: Albert and David Maysles and Charlotte Zwerin. US: 1970.

Monterey Pop. Regie: D.A. Pennebaker. US: 1968.

Plattenküche. Rolf Spinrads. DE: 1976–1980.

Richy Guitar. Regie: Michael Laux. DE: 1985.

Woodstock – 3 Days of Peace & Music. Regie: Michael Wadleigh. US: 1970.

ZDF-Hitparade. ZDF. DE: 1969—2000.

Christofer Jost
Im Sog der Massenmedien

Professionalisiertes musikfilmisches Handeln von Jugendlichen auf YouTube

Zusammenfassung: Clip-Portale wie YouTube stießen bei nichtprofessionellen Musiker*innen von Anfang an auf große Resonanz. Durch sie konnten Musikbegeisterte auf der ganzen Welt ihre Darbietungen mit minimalem Aufwand einem breiten Publikum zugänglich machen. Eine eigentümliche Do-It-Yourself-Ästhetik nahm Kontur an, die im Wesentlichen auf der Aufzeichnung der Performances in privaten Wohnumgebungen mithilfe von Handy oder Digitalkamera fußte. Seit geraumer Zeit sind im Bereich amateurhafter Musikdarbietung auf YouTube einige signifikante Veränderungen zu beobachten, welche sich auf unterschiedlichen Ebenen offenbaren und insgesamt den Eindruck einer zunehmenden Professionalisierung von kreativem Handeln erwecken. Insbesondere Jugendliche und junge Erwachsene scheinen die treibende Kraft hinter dieser Entwicklung zu sein. Der Beitrag spürt solchen Professionalisierungstendenzen nach – auf ästhetischer wie handlungsorganisatorischer Ebene – und verbindet dies mit der Frage, in welchem Verhältnis Social-Media-Content auf der einen Seite und die Produktionswelten der „klassischen" Massenmedien auf der anderen Seite heutzutage zueinander stehen.

Schlüsselwörter: Musikvideo, populäre Musik, Jugend, Professionalisierung, Onlinemedien, Massenmedien, YouTube, User Generated Content, Medienproduktion

In Heft 38 des Nachrichtenmagazins *Der Spiegel* im Jahr 2019 berichtet der Autor Marc Hujer über das erste Album der erfolgreichen Influencerin Shirin David (vgl. Hujer 2019). Im Inhaltsverzeichnis wird der Beitrag pointiert mit der Frage angekündigt: Kann sie ihre Vergangenheit als YouTuberin hinter sich lassen? Weder aus journalistischer noch aus narratologischer Perspektive erscheint dieses Vorgehen ungewöhnlich. Mit einer Frage einen investigativen Text zu beginnen oder anzukündigen, ist ein probates Stilmittel, das nicht zuletzt der (begrenzten) Aufmerksamkeitsspanne der Lesenden Rechnung zu tragen versucht. Ist der Blickwinkel indes ein medienkulturwissenschaftlicher, ist der Diskussionsbedarf ungleich größer. Insbesondere der Ausdruck „hinter sich lassen" ist bemerkenswert, hat sich doch YouTube in den letzten Jahren zu

https://doi.org/10.1515/9783110730609-020

einem hochfrequentierten Kommunikations- und (Selbst-)Darstellungsumfeld und in der Folge zu einem unverzichtbaren Glied in den Wertschöpfungsketten der Populärkultur entwickelt. Die Bedeutung, die YouTube-Stars gegenwärtig in kulturellen Erfahrungsräumen, vor allem in den gemeinschaftlichen Beziehungskonstellationen von Jugendlichen einnehmen, dürfte spätestens, seitdem sich YouTube-Festivals (und zwischenzeitlich die „VideoDays") zu angesagten Pop-Events entwickelt haben, einer breiten Öffentlichkeit gewahr sein.

In dem Bericht selbst wird diese Entwicklung mit reflektiert, gleichzeitig werden die limitierenden Faktoren des YouTube-Universums angesprochen. Aus dem Wirkungskreis der personalisierten Clips und Follower*innen-Gemeinschaften, so die Argumentationslinie, könne man nicht ohne Weiteres ausbrechen, nicht zuletzt aufgrund der eingeschliffenen Darstellungsweisen (Stichwort: Nahbarkeit). In der Denkfigur des Hinter-sich-Lassens deutet sich demnach eine grundsätzliche Frage an, nämlich jene nach der sozialen Geltung von einzelnen Mediendispositiven oder Mediendiensten. Übertragen auf die Logiken und Mechanismen der Popularisierung lautet diese: In welchen Medien muss eine Person „stattfinden", damit sich um sie ein Star-Narrativ entspinnen kann? In diesem Zusammenhang wäre vertiefend zu fragen, was ein Medium als Handlungs- und Darstellungsfeld eigentlich attraktiv macht. Sind es die durch die involvierten Technologien ermöglichten Gestaltungsoptionen? Ist es die kommunikative Reichweite? Oder ist es schlicht der Status eines Mediums als *Leit*medium?

Ich möchte die Formulierung von Hujer zum Anlass nehmen, das Verhältnis zwischen traditionellen Massenmedien auf der einen Seite und den neueren Onlinemedien auf der anderen Seite in Bezug auf die Inszenierung und Popularisierung von jugendlichen Popmusiker*innen zu beleuchten. Diesem Vorhaben lege ich die These zugrunde, dass seit geraumer Zeit das In-Erscheinung-Treten von Newcomern in den sozialen Medien einer Logik der Professionalisierung folgt, die ihrerseits den Leitcharakter der Massenmedien[1] mit Blick auf die audi-

---

1 Unter Massenmedien verstehe ich soziotechnische Arrangements, die indirekte Kommunikation ermöglichen und eine asymmetrische Kommunikationsstruktur etablieren, also unterschiedliche Handlungsmöglichkeiten unter den involvierten Kommunikationspartner*innen schaffen. Definitionen, die diese Aspekte in den Mittelpunkt stellen, umschließen traditionell systemische Entitäten wie Film, Rundfunk, Fernsehen und Presse sowie materielle Güter wie Tonträger, Wiedergabegeräte oder das Buch. Keine Rolle soll hier der Aspekt der technischen Übertragung spielen, weshalb prinzipiell auch digitale Anwendungen (beispielsweise Online-mediatheken) dem Bereich der Massenmedien zugeordnet werden können. Unberührt bleibt die Definition zudem von der Tatsache, dass Funktionen und Abläufe innerhalb der Massen-

ovisuelle Präsentation und die Vermarktung von Popmusik widerspiegelt. Den Blick auf Professionalisierungstendenzen zu richten, erscheint mir ergiebig, weil dadurch das Verhältnis zwischen „alten" und „neuen" Medien im Sinne einer verschiedene Ebenen einbeziehenden Interferenz von sozialen wie ästhetischen Orientierungsmustern gelesen werden kann.

Besondere Relevanz kommt in diesem Themenkomplex Jugendlichen[2] zu. Einerseits lässt sich allgemein festhalten, dass sich Jugendliche im Vergleich zu anderen gesellschaftlichen Gruppen verstärkt (neuen) Medien zuwenden, da letztere eine für jugendliche Identitätsbildungsprozesse eminent bedeutsame Populärkultur (im doppelten Sinne als Sphäre des Kulturwarenangebots sowie als alltäglicher Selbstinszenierungsraum) speisen (vgl. Jost et al. 2014, S. 341). Mediengebrauch ist entsprechend als Prozess zu interpretieren, „in dem Jugendliche Objekte mit Bedeutung aufladen, um damit in ihren Bezugsgruppen Zustimmung zu erhalten und in ihrem Inneren bestimmte Effekte zu erzielen" (Lange und Xyländer 2008, S. 600). Andererseits konnte im Rahmen einer explorativen Korpusuntersuchung zu Musikpraktiken auf YouTube offengelegt werden, dass die in Rede stehenden Professionalisierungsphänomene im Wesentlichen dem Wirken von Heranwachsenden und jungen Erwachsenen zuzuordnen sind (vgl. Jost 2018; Jost 2017). Im Folgenden soll es also um solche medial-transformativen Prozesse gehen, die sich ohne die Identifikation einer jugendkulturellen Spezifik schlechterdings nicht hinreichend verstehen lassen.

1 Popmusik und Professionalität/ Professionalisierung

In gewisser Weise schwebte Professionalisierung als mögliches Handlungsprogramm über YouTube, seit es online ging. Der erste hochgeladene Clip überhaupt dokumentiert dies in markanter Weise: Vor nunmehr 16 Jahren informierte Jawed Karim, einer der drei Gründer von YouTube, die Öffentlichkeit in einem

---

medien punktuell um Anwendungen aus den sozialen Medien erweitert wurden (z. B. Facebook-Beiträge in Talkshows).

2 Der Begriff der Jugend soll hier auf die in modernen Gesellschaften zu beobachtenden Trends einer Ausweitung und Verselbstständigung der Jugendphase rekurrieren. „Jugend" stellt sich demnach als eigenständige Lebensphase dar, die sich durch das Wirksamwerden spezifischer kulturvermittelter Orientierungen (Szenenkultur, posttraditionale Gemeinschaften, Musik- und Mediengebrauch) auszeichnet und folglich nicht bzw. nicht ausschließlich anhand des biologischen Alters bestimmt werden kann (siehe Hurrelmann 1995).

18 Sekunden langen Clip, vermutlich mit dem Handy gefilmt, über seine Erlebnisse während eines Zoobesuchs. Der profane Inhalt und die schlichte Machart waren wohl kein Zufall, sondern sollten transportieren, was YouTube als eigenes Motto auswies: Broadcast Yourself. YouTube wurde sozusagen als ideelle und auch faktische Heimat des User Generated Content markiert, welcher für den Wert des Selbstgemachten steht und an sehr viel weiter in die Vergangenheit zurückreichende Do-It-Yourself-Kulturen anschließt. Die Diskursivierung von User Generated Content beinhaltet die Abgrenzung zur Sphäre der professionellen Kulturschaffenden und ist an Zuschreibungen gekoppelt, die den vermeintlich originellen, unorthodoxen und authentischen Charakter der entsprechenden Erzeugnisse hervorheben. Vor dem Hintergrund dieses ideellen Bezugshorizonts erscheint es geradezu folgerichtig, dass Produktionsweisen, die sich irgendwie komplexer, avancierter ausnehmen, unter dem begrifflichen Schirm der Professionalisierung diskutiert werden.

Um überhaupt erkennen zu können, an welchen Stellen sich Professionalisierungen in YouTube-Produkten niederschlagen, empfiehlt es sich zunächst – in gebotener Kürze –, den Blick auf definitorische Belange einerseits und grundlegende Aspekte des Zusammenhangs von Popmusik und Professionalität/Professionalisierung andererseits zu richten: Im Zuge der Ausdifferenzierung moderner Gesellschaften werden zentrale Bereiche sozialer und kultureller Selbstvergewisserung mehr und mehr spezialisierten Institutionen mit speziell ausgebildetem und daher in besonderer Weise qualifiziertem Personal übertragen, welches zudem berufsförmig organisiert ist (vgl. Schmidt 2008, S. 835). „Professionalität" ist hiernach als eine „höhere" Stufe der Berufsförmigkeit zu verstehen, höher dahingehend, dass im Konzept der Profession der *universelle* Charakter des gesellschaftlichen Bestrebens nach Stabilisierung sozialer Strukturen durch fachliche Spezialisierungen reflektiert wird (vgl. ebd., S. 842–845). „Professionalisierung" kennzeichnet in der Folge die Ausrichtung von Handlungsformen und Erzeugnissen an solchen Standards, die in professionell organisierten Handlungsfeldern entstehen und die aus diesem Grund als hoch und relativ stabil eingestuft werden. Ist also die Rede von der Professionalisierung eines Tätigkeitsbereichs bzw. -profils, so bezieht sich dies in erster Linie auf eine spezifische Organisiertheit (inter-) personaler Handlungen, jedoch auch – vermittelt über die Auswirkungen dieser Handlungen – auf materielle Güter.

Professionalisierung(en) in dieser Weise zu untersuchen, bedeutet in medienanalytischer Hinsicht, im „Medialen" das Handlungsfeld oder die Handlungsumgebung zu erkennen. Das Agens einzelner Akteur*innen manifestiert sich nach dieser Sichtweise in doppelter Form: erstens als ein regelgeleitetes Hantieren mit Medienapparaten (Medienpraktik) und zweitens als Medien-

kommunikat, d. h. als ein zeichenhaftes In-Erscheinung-Treten in einem technischen Kommunikationskanal.

In Bezug auf die Untersuchung von Popmusik und anderen populären Musikformen erlangen technische Medien besondere Relevanz. Die Herausbildung
eines populären Musiksektors im 19. Jahrhundert und die Entstehung von populären Genres und Gattungen einschließlich spezifischer Stile, Ausdrucksweisen
und Rezeptionshaltungen sind ohne das Zutun moderner Medientechnologien
und Mediensysteme – dies schließt die Schnellpresse und das Druckwesen mit
ein – nicht denkbar (siehe Wicke 2001). Das Begriffspaar Professionali-
tät/Professionalisierung berührt dieses „Zutun" der Medien auf einer grundsätzlichen Ebene. Es geht hierbei um die Frage, wie die medialen Handlungsumge-
bungen organisiert sind, was gleichermaßen auf die Verteilung von Wissen, die
Zusammensetzung des beteiligten Personals, das Vorhandensein technischer
Artefakte respektive finanzieller Mittel sowie schließlich auf die Frage, wie diese
Elemente zusammenwirken, zu beziehen ist. Sinnfällig wird dieses Zusammenwirken anhand der Rollenübernahmen im jeweiligen Handlungsfeld. So kann in
professionellen, institutionalisierten Produktionsbereichen, die einen starken
kommerziellen Fokus aufweisen, von einem hohen Maß an Spezialisierung
ausgegangen werden (vgl. Smudits 2007, S. 125–128). Einer einzelnen Person ist
demnach ein relativ klar umrissener Aufgabenbereich zugeordnet. Zu denken
wäre an die Arbeitsorganisation in einem Tonstudio: Neben den Musiker*innen
einer Band oder der Solokünstler*in sind dort Toningenieur*innen, Produzent*innen, engagierte Studiomusiker*innen sowie mitunter Label-
Manager*innen („A&R") aktiv.[3] Zu den besonderen Herausforderungen in einem solchen Umfeld gehört es, Arbeitsläufe zu etablieren, die es erlauben, dass
die beteiligten Personen trotz ihrer zum Teil sehr unterschiedlichen Befähigun-
gen und Wissenshorizonte möglichst störungsfrei miteinander interagieren.
Derartige Strukturierungsbemühungen verfolgen in letzter Konsequenz das Ziel,
maximale Effizienz in Bezug auf die jeweils zu erfüllende Aufgabe (etwa die
Produktion eines Albums) zu erreichen. Das Konzept der Effizienz impliziert
seinerseits einen nüchtern-pragmatischen Umgang mit materiellen, finanziellen, personellen und zeitlichen Ressourcen.

Auf der anderen Seite erhöht sich die Wahrscheinlichkeit, dass eine flexible
bzw. multiple Rollenübernahme stattfindet, wenn Ressourcen nur in geringem
Maße verfügbar sind. In einem solchen Fall kompensiert gewissermaßen die
Kumulation von Aufgaben im Handlungsprofil einer Person die vorhandenen

---

3 Zu vervollständigen ist, dass eine solche Arbeitsorganisation auch auf nicht populäre Mu-
sikbereiche und primärmediale Produktionsfelder (siehe Opern- und Konzerthäuser) zutrifft.

logistischen Mängel. Die fraglichen Personen sind folglich in vielen Bereichen ihres Tuns „nicht vom Fach", was allerdings nicht per se als limitierender Faktor zu bewerten ist. Denn ein solcher Handlungsrahmen kann Ausgangspunkt neuer Denk- und Gestaltungsweisen sein, wie die Geschichte der Do-It-Yourself-Kulturen eindrücklich belegt (vgl. Bennett und Guerra 2019).

Nichtsdestotrotz: Der alltägliche Konsum von Popmusik basiert nach wie vor in der Hauptsache auf Erzeugnissen, für die Menschen verantwortlich zeichnen, die eine Berufsrolle ausüben und in der Folge Kenntnisse und Fähigkeiten besitzen, die die Wissens- und Erfahrungshorizonte der Hörer*innen überschreiten. Diese Einsicht lässt sich ohne Weiteres auf die öffentliche Wahrnehmung von Popmusik übertragen. Musiknutzende weltweit dürften in der Annahme übereinstimmen, dass ihnen über die Vertriebswege des global vernetzten Musikmarkts in erster Linie solche Songs, Alben oder Musikvideos angeboten werden, an deren Herstellung maßgeblich „Profis" beteiligt waren. In der Rezeption von Popmusik scheint ein Professionalitätsaxiom zum Tragen zu kommen, das allerdings, wie es nachfolgend aufzuzeigen gilt, durch die mannigfachen Aktivitäten in den sozialen Medien neu definiert wird.

2 Popmusik, YouTube und das „Selbstgemachte"

Die sozialen Medien haben ohne Zweifel die ästhetisch-kulturellen Ordnungen des 20. Jahrhunderts durchbrochen – und bis zu einem gewissen Grad hinter sich gelassen. Als zentraler Punkt ist diesbezüglich die Neupositionierung von Nutzer*innen als Kulturproduzent*innen zu nennen (vgl. Bruns 2008). Die entscheidende Voraussetzung hierfür war die Bereitstellung kostenneutraler und leicht zu bedienender Web-Applikationen bei gleichzeitiger Verfeinerung der Vernetzungsoptionen durch offene Programmierschnittstellen (vgl. Neumann-Braun und Autenrieth 2011, S. 9). Denn wir dürfen nicht vergessen: Das Internet existierte bereits, doch waren erstens die Hürden für das Erstellen von Homepages recht hoch, was sowohl technische Kenntnisse als auch finanzielle Ressourcen betrifft, und zweitens waren nur wenige Interaktion ermöglichende Anwendungen verfügbar (in der Hauptsache Mail-Optionen, Chatrooms und themengebundene Foren). Folgerichtig konnten sich kaum jene Dynamiken des Mitmachens und Selbstpräsentierens entfalten, die heutzutage die Erfahrungswelt von Onlinemedien prägen. Aktuell markiert ein In- und Nebeneinander von Informationsaustausch, Beziehungsaufbau und -pflege, Identitätsmanagement und kollaborativer Vernetzung den gesellschaftlichen Standard in Bezug auf Onlinekommunikation.

Dass das modifizierte Internetdispositv verhältnismäßig schnell breite Akzeptanz fand, ist sicherlich ein Verdienst von YouTube. Heute als eine Art Universalmedium gehandelt, in dem sich so ziemlich alles finden lässt, von der Bedienungsanleitung bis zum historischen Filmdokument, ist es seiner ursprünglichen Konzeption nach eine Videoplattform. Das daran gekoppelte Motto „Broadcast Yourself" war und ist von bestechender Einfachheit. Die Nutzer*innen erhalten die Möglichkeit, selbst hergestellte Clips oder Medienfundstücke hochzuladen und diese als persönliches Kommunikat zu präsentieren.[4] Die eigentliche soziale Dynamik von YouTube besteht darin, dass es anderen Nutzer*innen nicht nur möglich ist, diese Kurz-Kommunikate zu rezipieren, sondern ebenso zu kommentieren (sofern die Kommentarfunktion aktiviert ist). Dies geschieht unter der besonderen Bedingung, dass der Kommunikationsfluss nicht kanalisiert wird (etwa durch redaktionelle Entscheidungen). Vielmehr ist ein freies Spiel der Kräfte möglich, innerhalb dessen es dem Einzelnen freigestellt ist, ein Kommunikationsgeschehen zu eröffnen (dies bezieht sich auf das Einstellen eines Clips), auf ein Kommunikat bzw. einen Clip zu reagieren (in Form von schriftlichen Kommentaren oder in Form von Antwort-Clips) sowie bloß als Rezipient*in der Clips oder Clipstrecken aufzutreten (vgl. Schmidt und Neumann-Braun 2008, S. 66). Zwar nutzen auch zunehmend professionelle Anbieter YouTube als öffentlichkeitswirksame Kommunikationsplattform, doch hat diese Entwicklung bislang nicht dazu geführt, dass die Aktivitäten der privaten Nutzer*innen nachgelassen haben oder diese in großer Zahl auf andere Plattformen ausgewichen sind. Bezüglich der Metapher des „freien Spiels der Kräfte" ist sicherlich zu ergänzen, dass über maschinelle Funktionen – die viel zitierten *Algorithmen* – Einfluss auf die Auswahl der Clips genommen wird, die dem Einzelnen im Moment der Nutzung angezeigt werden (konkret in Gestalt der Videovorschläge in der rechten Spalte der Benutzeroberfläche). Insofern handelt es sich um ein „freies Spiel der Kräfte" zwischen menschlichen Aktanten unter der Bedingung maschineller Beobachtung und Kuratierung (siehe Dolata 2021).

Von Anfang an nutzten Popmusiker*innen im Amateurbereich YouTube zur Verbreitung ihrer Darbietungen. Hier lassen sich zwei Phasen unterscheiden. Charakteristisch für die erste ist, dass die Clips meist mithilfe einer Digitalkamera oder eines Mobiltelefons produziert wurden. In den allermeisten Fällen befinden sich die Musikmachenden singend in privater Umgebung und begleiteten sich selbst auf der Gitarre, dem Klavier oder dem Keyboard; rein

---

4 Hierdurch werden in konstitutiver Weise Fragen der Justiziabilität von privatem Mediengebrauch berührt, siehe hierzu Rakebrand 2014.

instrumentale Darbietungen existieren auch, ihre Anzahl fällt aber vergleichsweise niedrig aus, überdies werden sie in geringerem Maße nachgefragt. Im
Zentrum dieser Praxis steht das Nachspielen von Songs (Covern). Eigenkompo-
sitionen werden weit seltener vorgetragen und erzielen in der Regel nicht die
gleichen Popularitätswerte wie Coverversionen.

Ferner fällt auf, dass in den Clips nicht die Schaffung eines durchkompo-
nierten Zusammenspiels von Bild, Text und Ton, wie im „klassischen" Musikvideo, angestrebt wird, handlungsleitend scheint eher das Prinzip des filmischen
Dokumentierens zu sein. Der amateurhafte Hintergrund wird an keiner Stelle
verschleiert, weshalb die Clips nicht nur musikalisches Ausdrucksverhalten zur
Darstellung bringen, sondern auch eine bestimmte Haltung bekunden. Sie
scheinen dem Publikum zu vermitteln: Hier wird in ehrlicher und unverstellter
Weise musiziert. Dies ist sicherlich bis zu einem gewissen Grad den Informali-
tätserwartungen geschuldet, die sich allgemein in den sozialen Medien herausgebildet haben (vgl. Boyd 2010).

Diese Art des (Selbst-)Darstellens unterliegt nun in der zweiten Phase, der
Phase zunehmender Professionalisierung, einigen Veränderungen.[5] Im Vergleich zu den Clips der ersten Phase erscheint in den professionalisierten Clips
jedes Element in seiner Machart hochwertiger und ausgefeilter. Ton, Performance und Bildkomposition orientieren sich merklich an qualitativen Standards und ästhetischen Figurationen, die sich in den professionellen Produktionswelten der Massenmedien herausgebildet haben.[6]

3 Indikatoren der Professionalisierung

Die Überlegungen in den vorangegangenen Abschnitten machen deutlich: Die
Nutzer*innen haben das Internet zu einem Ort der kreativen Selbstentfaltung
werden lassen. Unter jungen onlineaffinen Menschen ist es *common sense*, dass
sich die neuesten und spannendsten Entwicklungen, nicht zuletzt in Bezug auf
Popmusik, in den sozialen Medien vollziehen bzw. dort abgebildet werden.
Auch die Akteur*innen in den traditionellen (massenmedialen) Institutionen

---

5 Zu ergänzen ist, dass auch weiterhin Clips mit Handys produziert werden, weshalb letztlich
von einer Gleichzeitigkeit der Darstellungsweisen auszugehen ist.
6 Dass die Beziehung zwischen Massenmedien („alt") und Onlinemedien („neu") insgesamt
von wechselseitiger Durchdringung geprägt ist, steht außer Frage, soll aber an dieser Stelle
nicht Gegenstand weiterer Überlegungen sein. Siehe hierzu grundlegend Bolter und Grusin
1999.

der Popmusik sind längst eingeweiht. So stellt es inzwischen längst kein Novum mehr dar, wenn Musikmachende online größere Aufmerksamkeit erzielen und sich um sie herum eine breitere Öffentlichkeit bildet, aufgrund derer sie schließlich in den Blickpunkt von Musiklabels geraten und einen Plattenvertrag erhalten.

Wenn nun im Folgenden Indikatoren der Professionalisierung im Schnittfeld „YouTube und Popmusik" benannt werden, soll dies, wie im ersten Abschnitt erläutert, sowohl handlungsorganisatorische Aspekte als auch Objekteigenschaften berühren. Letztere treten in vermittelter Form zutage, nämlich als materielles Ergebnis solcher Handlungen, die an Vorstellungen und Normierungen von professionellem Handeln orientiert sind.

3.1 Musikalische Fertigkeiten

Der erste Indikator betrifft die Ebene der musikalischen Klangerzeugung und konkret Merkmale wie saubere Intonation, klare Artikulation, voller Stimmklang oder nuancierter Ausdruck. Es mag zunächst merkwürdig erscheinen, auf das Vorhandensein dieser Merkmale aufmerksam zu machen. Es stimmen wahrscheinlich viele Menschen in der Auffassung überein, dass ein gewisser Grad an Perfektion Voraussetzung für eine musikalische Darbietung ist. Aber es stellt sich die Frage, warum Menschen dies denken: Was ist das Orientierungsmuster, das in dieser Hinsicht relevant ist? Mit einiger Sicherheit, so eine mögliche Antwort, orientiert man sich an den Performances, die in den berufsmäßig organisierten Bereichen des musikkulturellen Lebens stattfinden. Das Darbieten an sich wird, ob in Bezug auf Musik oder andere Kunstformen, in der gesellschaftlichen Breite als ein *professionelles* Darbieten erfahren, und wesentlichen Anteil daran hatten und haben die Dispositive der Massenkommunikation. Aufgrund ihres Zutuns entstanden Formate und Gattungen – von der (Vinyl-) Single über die Fernseh-Show bis zum Musikvideo –, die produktionsseitig spezielle Arbeitsabläufe und Kompetenzprofile erforderten und auf lange Sicht die kollektiven Erwartungen an die qualitativen Standards und ästhetischen Erlebnisreize musikzentrierter Erzeugnisse prägten.

Aus medienanalytischer Perspektive lässt sich indes ein anderer, potenziell orientierender Bezugshorizont in Anschlag bringen: nämlich die erste Generation von Amateur-Musikclips (siehe oben). Diese Generation ist zuallererst ein Produkt der Kommunikationsmodi, die sich auf der Folie des gewandelten Internetdispositivs (Stichwort: Web 2.0) herausgebildet haben. „Broadcast Yourself", der ursprüngliche YouTube-Slogan, war nicht nur von bestechender Einfachheit, sondern auch von kultureller Strahlkraft: „Sich-Zeigen", „Sich-

Austauschen" und „Kreativ-Sein" waren in der Frühphase des Web 2.0 Leitkonzepte, die kollektive Befindlichkeiten, Interessen und Bedürfnisse aufgriffen und gleichsam kanalisierten. Die eher herkömmlichen Konzepte der Perfektion und der Ausgereiftheit sollten erst nach und nach an Bedeutung gewinnen. Insofern zeigt sich auf der Ebene der musikalischen Fertigkeiten, dass von den Massenmedien so etwas wie eine Sogwirkung ausgeht und sie, während ihre ökonomische Vormachtstellung durch das Aufkommen von Internettechnologien merklich ins Wanken geraten ist, weiterhin normativ wirken, nämlich unter anderem auf der Ebene der an das musizierende Subjekt herangetragenen Befähigungsanforderungen.

3.2 Selbstpräsentation

Der zweite Indikator bezieht sich auf den Bereich der Selbstpräsentation. Hier fällt zuallererst auf, dass die jugendlichen Performer*innen konventionellen Vorstellungen von Schönheit und körperlicher Attraktivität entsprechen. Sie repräsentieren ein Körperbild, das in den Angeboten der globalen Mainstream-Populärkultur transportiert wird und durch die breite Akzeptanz dieser Angebote Legitimation erhält. Es liegt die Vermutung nahe, dass im Bewusstsein performt wird, dem zu entsprechen, was gerade in der breiten Öffentlichkeit gefragt und angesagt ist. Denn es ist äußerst auffällig, dass das Spektrum der physiognomischen Eigenschaften im Segment der professionalisierten Amateur*innen relativ überschaubar ist. Auch die Elemente, die sich manipulieren lassen, wie Kleidung, Frisur und Make-up, erscheinen nicht übermäßig variantenreich. Es scheint also unter den Performer*innen eine durchaus intensive Auseinandersetzung mit dem eigenen körperlichen Erscheinungsbild stattzufinden, dies allerdings in dem relativ engen Rahmen einer akkuraten Nachahmung aktueller Vorbilder.

Im Gegensatz dazu repräsentieren die Clips der ersten Generation in jeder Hinsicht eine größere Vielfalt. Es treten in großer Anzahl Personen jenseits der Zwanzig oder Dreißig in Erscheinung, ebenso korpulente Personen sowie Personen, die ganz offensichtlich nicht modisch gekleidet sind und die auch keine modischen Frisuren haben und nicht aussehen wie globale Pop-, Film- oder Sportstars. Diese Beobachtung stützt die Vermutung, dass die Darbietungen im Amateurbereich einer häuslichen Musizierpraxis entstammen, einer modernen, Pop-informierten Hausmusik, wenn man so will, und damit der filmischen Dokumentation einer nichtprofessionellen Form des Musikmachens.

Die aktuelle Situation steht indes für die Abkehr von den musikalischen Gewohnheiten des privaten Ichs. Die Gründe hierfür sind vielfältig und schließen eine Reihe von Motivationslagen und Anreizkonstellationen ein, die im vorliegenden Beitrag nicht erschöpfend diskutiert werden können. Eine Variable, die es aber in jedem Fall zu berücksichtigen gilt, ist die ökonomische Verwertbarkeit von YouTube-Clips. Seit einiger Zeit bietet YouTube ein eigenes Geschäftsmodell an. Durch das Vorschalten von Werbung vor dem eigentlichen Clip können Einnahmen generiert werden, was freilich erst ab einer gewissen Klickzahl mit robusten Gewinnen verbunden ist (das Modell firmiert unter „YouTube-Partnerprogramm").[7] Entscheidend ist, dass YouTube erst 2011/12 die Hürden für die Teilnahme an diesem Partnerprogramm merklich senkte, sodass auch Nutzer*innen, die nicht eine Millionen Klicks oder mehr generierten, Zugang zu diesem Werkzeug erhielten.[8] Das wiederum deckt sich mit der Beobachtung, dass die Professionalisierung von musikbezogenen YouTube-Clips erst zur Mitte der 2010er Jahre hin zu einem allgemeinen Trend geworden ist. Demnach wurde es erst zu diesem Zeitpunkt „normal", sich in einem ökonomisch determinierten, wettbewerbsartigen Rahmen kreativ zu betätigen. In diesen Trend spielt zweifelsohne auch der Dienst „YouTube Analytics" hinein, durch den der Zugriff auf statistische Daten zu den selbst hochgeladenen Clips ermöglicht wird. Dies umfasst die Anzahl der Klicks im Fortgang der Zeit, die durchschnittliche Wiedergabedauer oder Abonnentenmerkmale, zum Beispiel hinsichtlich Geschlecht oder Alter. Die Kanalbesitzer*innen werden dadurch in die Lage versetzt, Marktforschung in eigener Sache zu betreiben.[9]

---

7 Diese Funktion ist konstitutiv für das Geschäftsmodell von YouTube, denn ein Großteil der Einnahmen des Unternehmens geht auf das Anwerben von Werbekunden zurück. Hinsichtlich der Bewertung von YouTube als Kristallisationspunkt medienkultureller Veränderung ist dies von entscheidender Bedeutung, wie auch Patrick Vonderau (2016) hervorhebt. YouTube dürfe nicht nur, wie von vielen wohlmeinenden bis enthusiastischen Stimmen, auch in der Wissenschaft, artikuliert, als gleichsam natürliche Heimat einer modernen Partizipationskultur begriffen werden. Anhand von internen Firmendokumenten (die im Zuge eines Gerichtsverfahrens der Öffentlichkeit zugänglich gemacht wurden) legt Vonderau offen, dass die Fortentwicklung der Plattform minutiös im Sinne einer kommerziellen Durchdringung ihrer Funktionen geplant wurde.
8 Vgl. Mißfeldt 2012a, und Mißfeldt 2012b.
9 Im Zuge der Recherche zum vorliegenden Beitrag war es nicht möglich, die Einführung dieses Dienstes auf den Tag genau zu bestimmen. Gleichwohl ist Einträgen der Fach-Community das Jahr der Einführung (2011) zu entnehmen; überdies wird mit dem Verweis auf die Vorgängerversion von YouTube Analytics, YouTube Insight, auf eine Kontinuität entsprechender Funktionen angespielt (vgl. DOM Team 2012). Auffällig ist die Häufung von Einträgen der Fach-Community in den Jahren 2012 und 2015 (z. B. Jens [sic] 2012 und Praschma 2015). Ebendiese legen den Schluss nahe, dass YouTube die Funktionen des Dienstes kontinuierlich erweitert hat, im Laufe der Zeit die Statistiken also immer komplexer und differenzierter wurden. Vor allem aber zeigt sich auch hier, dass eine Entwicklung zur Mitte der 2010er Jahre

3.3 Performance-Setting

Der dritte Indikator offenbart sich im Setting, in das die jeweilige Performance eingebettet ist. In der Frühphase des Do-It-Yourself-Clips schenkte man der Umgebung wenig Beachtung. In den meisten Fällen fand die Performance innerhalb der eigenen vier Wände statt. Hat man am Klavier gespielt, musste man eben vor dem Klavier sitzen und den Bereich filmen, in dem sich das Klavier befand. Beim Singen und Gitarre-Spielen war man derweil flexibler.

Die professionalisierten Clips zeigen nun einen Trend zur Schaffung atmosphärischer Qualitäten durch das In-Szene-Setzen der räumlichen Begebenheiten. Ein Setting, welches imstande ist, das aufgenommene Geschehen atmosphärisch zu „imprägnieren", ist das eigene Heimstudio. Es ermöglicht den Performer*innen, sich als ernsthafte, quasi-professionell organisierte Musiker*innen zu präsentieren. Man umgibt sich demnach mit einer Fülle von Gerätschaften, die in ihrer Anordnung (und in der schieren Menge) den Eindruck des Fachmännischen zu erzeugen vermögen.[10] Dabei wird der Mythos Tonstudio aufgerufen – Mythos deshalb, weil das Tonstudio ein nichtöffentlicher Raum ist, in dem erschaffen wurde und wird, was eine massive öffentliche Wirkung entfaltet. Die Heimstudio-Darstellung bezieht ihren Reiz vor allem aus der Insider-Perspektive, die faktisch auch vorliegt, aber letztlich inszenatorisch begründet ist und auf die Herstellung spezieller Wahrnehmungseffekte abzielt. Es ist der vermeintlich exklusive Blick „hinter die Kulissen", der in den entsprechenden Clips zum Tragen kommt. Dies wiederum knüpft an Darstellungsweisen an, die durch den Musikdokumentarfilm etabliert wurden (siehe Heinze 2016), was sich als weiterer Beleg für die Orientierung der musikmachenden Amateur*innen an den Formaten und Gattungen des massenmedialen Zeitalters interpretieren lässt.

Eine weitere Möglichkeit, Stimmungslandschaften abzubilden, ist die Lichtgestaltung. Zu beobachten ist einerseits, dass Tageslicht gezielt eingesetzt wird, indem nämlich für die Performance ein bestimmter Sonnenstand abgepasst wird oder Jalousien verwendet werden.[11] Andererseits wird erkennbar mit künstlichen Lichtquellen gearbeitet, und zwar in einem Spektrum, das von der gewöhnlichen Zimmerlampe bis zur professionellen mobilen Beleuchtung

---

einsetzt, was mit der zeitlichen Verortung der fraglichen Professionalisierungstendenzen weitgehend übereinstimmt (siehe oben).

10 Siehe beispielsweise JJ ROSA 2018.

11 Siehe beispielsweise Daniela Andrade 2012.

reicht.[12] Ziel scheint es stets zu sein, das Performance-Setting stimmungsvoll einzufärben und dabei in irgendeiner Form einen Bezug zum Ausdruckscharakter des vorgetragenen Songs herzustellen. Diese Vorgehensweise ähnelt merklich dem in Fernseh- und Musikvideoproduktionen gängigen Verfahren, situative Arrangements zu entwerfen, die den Textinhalt oder die im Song zur Darstellung gebrachten Emotionen aufgreifen, verstärken, konterkarieren und damit ein – mit Blick auf die ästhetische Wahrnehmung – produktives Spannungsverhältnis hervorrufen. Besonders im Fall des Musikvideos kann die effektvolle Inszenierung von Raum und Situation als gestalterisches Kernelement betrachtet werden, da ein solches Vorgehen das Eintauchen der Betrachtenden in die diegetische Welt des Clips begünstigt, was wiederum der Identifikation mit den gezeigten Musiker*innen (bzw. Stars) zuträglich ist.

3.4 Produktionsstil

Als letzter Indikator der Professionalisierung ist die filmtechnische Umsetzung zu nennen. Auf eine erste, etwas überspitzte Formel gebracht, lässt sich hierzu feststellen: Die professionalisierten YouTube-Clips scheinen in puncto technischem Aufwand und Bildsprache dem „klassischen" Musikvideo nachzueifern.

Der erste Hinweis auf die Avanciertheit der Herstellungs- und Darstellungsweisen findet sich in der Textur des bewegten Bildes. In der überwiegenden Mehrheit der fraglichen Clips kommt offensichtlich HD-Technik zum Einsatz. Ein technologischer Entwicklungsschub auf diesem Gebiet erfolgte im Fahr 2007 mit der Einführung des HDV1-Standards, weitere Optimierungen folgten, sodass die eigentliche Diffusion dieser Technik in die gesellschaftliche Breite in den 2010er Jahren zu verorten ist. Mit HD-Technik produzierte Clips entsprechen im Großen und Ganzen den Anforderungen, die ein populärkulturell geschultes Publikum an audiovisuelle Objekte stellt.

Ferner deuten verschiedene Darstellungselemente darauf hin, dass die Clips eine längere Post-Production-Phase durchlaufen haben. Harte Schnitte, Überblenden, Schnittrhythmus, verschiedene Einstellungsperspektiven – all dies liegt in zahlreichen Clips vor und ist Beleg für die Ausrichtung an Produktionsabläufen und -standards, die sich einst in den berufsförmig organisierten Produktionsfeldern der Massenmedien herausgebildet haben. Das Gleiche gilt für die Klangebene: Die fraglichen Darbietungen wurden nicht mit dem internen Mikrofon einer Kamera oder eines Handys aufgenommen, wie in den Clips

---

12 Siehe beispielsweise Maddi Jane 2011.

der ersten Phase (siehe oben), sondern mit handelsüblichen Gesangsmikrofonen und, im Fall der Instrumente, mithilfe von Verkabelungen (Line-In oder USB/HDMI) oder Emulationen. Allerdings lässt sich nicht mit Sicherheit sagen, ob man stets das hört, was gerade zu sehen ist, oder ob lippensynchron zu einem Playback-Track gesungen wird (letzteres wäre erneut Beleg für eine Orientierung an massenmedialen Inszenierungspraktiken). Unabhängig davon ist evident, dass das finale Klangprodukt auf der Basis von Panning, Equalizing, Klangeffekten und Mehrspur-Abmischung entstanden ist. Mit anderen Worten: Es wird auf konventionelle Verfahren der Klangaufzeichnung und -bearbeitung zurückgegriffen, die ihren Ausgang in den phonographischen Produktionsszenerien des analogen Medienzeitalters nahmen.[13]

In handlungsorganisatorischer Hinsicht fällt schließlich die Konnektivität der digitalen Medien – zu verstehen als die Fähigkeit digitaler Anwendungen, sich zu vernetzen – ins Gewicht. Entscheidend mit Blick auf musikalisches Handeln ist, dass durch eine solche Vernetzung ein übersichtliches Technikarrangement möglich wird, in dem sowohl Aufnahme und Bearbeitung als auch Vertrieb und Vermarktung erfolgen können und das zudem leicht abgebaut und an anderer Stelle wiederaufgebaut werden kann.[14] Prägnant zusammengefasst wird diese Entwicklung in dem viel zitierten Konzept des „bedroom producers", also der oder des Musikproduzierenden in den eigenen vier Wänden, das allerdings angesichts der erwähnten Vernetzung von Produktion, Vertrieb und Vermarktung zu ergänzen wäre. Einer gewissen sprachlichen Logik entspräche es sonach, den „bedroom entrepreneur" als Konzept anzudenken.

Ungeachtet dieser soziotechnischen, im Digitalen begründeten Neuausrichtung zeigt sich, dass produktionsseitige Orientierungsmuster und Formen der Handlungsorganisation relativ stabil sind und durch neue Technologien nicht zwangsläufig suspendiert oder ersetzt werden. So ist bemerkenswert an den fraglichen Clips, dass sie gleichermaßen die durchdringenden Folgen *und* die Grenzen der Professionalisierung dokumentieren. Letztendlich erweisen sich die technischen und logistischen Rahmenbedingungen der Clips als limitiert im Vergleich zu den Gestaltungsoptionen in den audiovisuellen Massenmedien. Nimmt man etwa das Produktionsset eines „klassischen" Musikvideos als Bezugsgröße, so wird deutlich, dass nicht nur Entscheidungen hinsichtlich der Klang- und Bildqualität zu treffen sind. Die Verantwortlichen einer Produktion

---

13 Siehe beispielsweise Moritz Garth 2015.
14 Nicht unwesentlich ist in diesem Zusammenhang die Tatsache, dass die Gerätschaften, die ein qualitativ höherwertiges Produkt ermöglich(t)en, erst in den letzten zehn bis zwanzig Jahren für eine breitere Käuferschaft erschwinglich wurden (vgl. Foster und Ocejo 2015, S. 413).

müssen obendrein festlegen, wer das Script verfasst, wer die geeignete Location ausfindig macht, wer die Beleuchtung übernimmt, wer die Requisite, wer die Maske und so weiter und so fort. Diese Limitierungen scheinen den Akteur*innen im Amateurbereich durchaus bewusst zu sein. Seit einigen Jahren drängen vermehrt kleinere Produktionsfirmen auf den Markt, die sich auf die Inszenierung von Social-Media-Performer*innen spezialisiert haben und damit augenscheinlich einer Nachfrage nach Verfahren und Ressourcen entsprechen, mit deren Hilfe sich produktionstechnische Barrieren überwinden lassen.

Das Orientierungsvermögen der Massenmedien lässt sich desgleichen auf die crossmediale Verflechtung von popmusikbezogenen Industrien übertragen. An den „entdeckten" YouTube-Newcomern (siehe oben) wird dies sinnfällig: Sobald diese aufgrund eines unterzeichneten Plattenvertrags in den Entscheidungsbereich musikökonomischer Akteur*innen gelangen, verläuft der Karriereweg in erstaunlich herkömmlichen Bahnen. Es wird ein Album produziert, in der Folge werden Fernsehauftritte absolviert und Radio-Interviews geführt, es erscheinen Features in Mode- und Lifestylemagazinen, aufwendige Musikvideos werden produziert, eine Tournee wird auf den Weg gebracht und Festivals werden bespielt.[15] Abgedeckt wird damit das crossmediale Feld der popmusikbezogenen Wertschöpfung, das im Großen und Ganzen seit Jahrzehnten in dieser Form besteht. Neu hinzu gekommen ist einzig das Social-Media-Management, das allerdings auch dahingehend einer Professionalisierungstendenz unterliegt, dass die Kanäle aufstrebender Künstler*innen zunehmend von Personen bzw. Firmen mit entsprechender Marketing-Expertise betreut werden (vgl. Anastasiadis 2019, S. 147–151).[16] Die Massenmedien können in diesem Bereich sicherlich nicht schlechthin als Orientierungsgröße angesehen werden. Sie formen dennoch einen Bezugshorizont, da in ihnen die wissensförmigen Grund-

---

15 Ein etwas „älteres" Beispiel hierfür wäre die Karriere von Justin Bieber, stellvertretend für die jüngste Vergangenheit wäre Billie Eilish zu nennen. An letztgenannter Musikerin lassen sich ferner die Professionalisierungstendenzen in den 2010 Jahren veranschaulichen. Siehe hierzu jenen Clip aus dem Jahr 2016, mit dem Eilish – damals 14 Jahre alt – auf YouTube erstmalig größere Aufmerksamkeit erzielen konnte: Billie Eilish 2016. Verantwortlich hierfür zeichnet, in Entsprechung des oben skizzierten Trends, eine eher kleine Produktionsfirma (siehe Thompson o. J.). Ergänzend sei erwähnt, dass Eilish ein Jahr zuvor über ihren SoundCloud-Kanal, also über Audioproduktionen, bekannt wurde.
16 Seit geraumer Zeit existiert das Berufsfeld „Community Management", an welches die Vermarktung von verkaufsträchtigen Erzeugnissen unterschiedlichster Art – vom Videospiel über den Musikstar bis zur Fernsehserie – in den sozialen Netzwerken geknüpft ist. Diverse Hochschulen und Akademien in Deutschland bewerben bereits ihre Medien- und Marketing-Studiengänge mit diesem Ausbildungsprofil.

lagen eines öffentlichkeitswirksamen, wechselnde Modalitäten berücksichtigenden In-Szene-Setzens von prominenten Personen gelegt wurden.

4 Fazit

Der gesellschaftliche Status von Musikprodukten als durch prominente Personen hergestellte und nach außen vertretene Wahrnehmungsangebote ist durch die sozialen Medien um die Dimension des Kommunikationstools, das der Verbreitung privater Selbstinszenierungen dient, erweitert worden. Einher ging damit eine ästhetische Werteordnung, in deren Mittelpunkt das Selbstgemachte, genauer: das von Amateurinnen und Amateuren Selbstgemachte, stand. Dessen Reiz ergab sich einerseits aus der anscheinend spontanen Entstehung der Darbietungen und andererseits aus der eher ungezwungenen Herangehensweise. Die professionalisierten YouTube-Clips stehen für eine gegenläufige Bewegung, nämlich für die Orientierung an den Produktionsstandards der Massenmedien.

Dieser Tatbestand führt zu einer grundlegenden Frage: Was bezeugt man eigentlich, wenn man ein musikalisches Erzeugnis über ein technisches Medium rezipiert? Ohne Zweifel bezeugt man den Vollzug einer Serie von kreativen, (inter-)personalen Handlungen, mit denen die Ausführenden bestimmte Ziele und Absichten (vor allem künstlerische und ökonomische) verbinden. Aber mehr noch: Man bezeugt die Ingebrauchnahme eines Produktionsapparats. Der Darbietung von Musik in den Medien wohnt eine Bedeutungsebene inne, die gleichsam unter den Sphären idiosynkratischer Expressivität, personaler Stilbildung oder klangsymbolischer Referentialität liegt. Es ist eine Bedeutungsebene, die aufgrund der Allgegenwärtigkeit professionell hergestellter Medienprodukte gleichsam verdeckt ist und in der Regel nur vor dem Hintergrund des Imperfekten zum Vorschein kommt.

Angesichts dieser Überlegungen scheint es so zu sein, dass der *Spiegel*-Autor Marc Hujer tatsächlich etwas auf den Punkt bringt, indem er das Wirkungsfeld YouTube als überwindungswürdig kennzeichnet. Die öffentliche Zugänglichmachung von Popmusik ist eingefasst in eine normative Ordnung, deren Orientierungsvermögen durch neue medientechnologische Infrastrukturen nicht ohne Weiteres ins Wanken zu bringen ist. Die Art und Weise, wie sich Prominenz herstellen lässt, mag sich aufgrund des Einflusses der sozialen Medien tiefgreifend gewandelt haben. Es sind jedoch nach wie vor die Formate und Gattungen, die einst in den Dispositiven der Massenkommunikation entstanden sind, die den Grundstein für eine nachhaltige Karriere als (Super-) Star legen.

Als genaue Beobachter*innen des popmusikalischen Geschehens haben Jugendliche diese Einsicht über die Generationen hinweg verinnerlicht. Ins Gewicht fällt hierbei, dass Popmusik im Kern eine Aneignungskultur ist. Das Dasein als Popmusiker*in beginnt, wenn man so will, im Stadium des Fantums, welches vorstellbar ist als biographische Phase, in der das Fansubjekt die begehrten Objekte, Performanzen und Inszenierungen eingehend studiert. Dabei sind die Grenzen zwischen einem rein beobachtenden Modus und einem kreativ-gestaltenden fließend. YouTube figuriert demnach als eine virtuelle Bühne, über die die musikalischen und medialen Kompetenzen, die Jugendliche im Zuge ihrer gewohnheitsmäßigen Beschäftigung mit den Erzeugnissen der Populärkultur erwerben, in die Welt getragen werden können. Dabei kommen gerade die Momente des Fakultativen und des (Sich-) Ausprobierens den jugendlichen Erfahrungswelten entgegen. YouTube fungiert in diesem Sinne als multiples Trainingsfeld der Identitätsarbeit – mit den Schwerpunkten Selbstinszenierung, Selbstvermarktung und künstlerische Selbstverwirklichung. Entscheidend ist dabei, dass das „Trainingsfeld" selbst eine Vielzahl von Anreizen setzt, sich auf eine bestimmte Art zu verhalten. Die Anpassung der eigenen gestalterischen Aktivitäten an ökonomische Verwertungslogiken kann als mehr oder weniger direkte Folge eines solchen Arrangements der Anreize betrachtet werden.

Medienverzeichnis

Literatur

Anastasiadis, Mario. 2019. *Social-Pop-Media. Zur Mediatisierung von Popmusik und digitaler Musikpraxis in sozialen Medien*. Wiesbaden: Springer VS.

Bruns, Axel. 2008. *Blogs, Wikipedia, Second Life, and Beyond: From Production to Produsage*. New York: Lang.

Bennett, Andy und Paula Guerra (Hrsg.). 2019. *DIY Cultures and Underground Music Scenes*. Abingdon: Routledge.

Bolter, Jay David und Richard Grusin. 1999. *Remediation: Understanding New Media*. Cambridge, MA: MIT Press.

Boyd, Danah. 2010. Social Network Sites as Networked Publics: Affordances, Dynamics, and Implications. In *Networked Self: Identity, Community, and Culture on Social Network Sites*, Hrsg. Zizi Papacharissi, 39–58. New York: Routledge.

Dolata, Ulrich. 2021. Die digitale Transformation der Musikindustrie. Von der CD zum Streaming. In *MusikTheorie. Zeitschrift für Musikwissenschaft*, 36(1): 59–73.

DOM Team. 2012. Are You Using YouTube Analytics Yet. *DOM*. https://www.directom.com/youtube-analytics. Zugegriffen am 14. September 2020.

Foster, Pacey C. und Richard E. Ocejo. 2015. Brokerage, Mediation, and Social Networks in the Creative Industries. In *The Oxford Handbook of Creative Industries*, Hrsg. Candaca Jones, Mark Lorenzen und Jonathan Sapsed, 405–420. Oxford: Oxford University Press.

Heinze, Carsten. 2016. Perspektiven des Musikdokumentarfilms. In *Populäre Musikkulturen im Film*, Hrsg. Carsten Heinze und Laura Niebling, 153–187. Wiesbaden: Springer VS.

Hujer, Marc. 2019. Königin der Klicks. In *Der Spiegel,* 73/38: 48–52.

Hurrelmann, Klaus. 1995. *Lebensphase Jugend. Eine Einführung in die sozialwissenschaftliche Jugendforschung.* Weinheim/München: Juventa.

Jens [sic]. 2012. YouTube Analytics Update: Viewer-Zeit, Annotation-Statistiken und Vergleichswerte. *GoogleWatchBlog*. https://www.googlewatchblog.de/2012/10/youtube-analytics-update-viewer. Zugegriffen am 14. September 2020.

Jost, Christofer. 2018. Gedächtnisproduktion als webbasierte Aneignungspraxis. Populäre Songs und ihre Neuinterpretation auf Youtube. In *(Digitale) Medien und soziale Gedächtnisse*, Hrsg. Gerd Sebald und Marie-Kristin Döbler, 83–104. Wiesbaden: Springer VS.

Jost, Christofer. 2017. Professionalism as Style. Music Amateurs on YouTube and the Transformation of Production Techniques. In *Lied und populäre Kultur / Song and Popular Culture*, Hrsg. Knut Holtsträter und Michael Fischer, 55–69. Münster: Waxmann.

Jost, Christofer, Axel Schmidt und Klaus Neumann-Braun. 2014. Innovation und Musik. Zur Transformation musikalischer Praxis im Horizont interaktionsmedialer Kommunikation. In *Handbuch Innovationen. Interdisziplinäre Grundlagen und Anwendungsfelder*, Hrsg. Manfred Mai, 335–354. Wiesbaden: Springer VS.

Lange, Andreas und Margret Xyländer. 2008. Jugend. In *Lehr(er)buch Soziologie. Für die pädagogischen und soziologischen Studiengänge*, Hrsg. Herbert Willems, 593–609. Wiesbaden: Springer VS.

Mißfeldt, Martin. 2012a. youTube-Partner oder nicht? Monetarisierung, Preview-Thumbnails etc. *tagSeoBlog*. https://www.tagseoblog.de/youtube-partner-oder-nicht-monetarisierung-preview-thumbnails-etc. Zugegriffen am 14. September 2020.

Mißfeldt, Martin. 2012b. Youtube-Videos monetarisieren – jetzt offen für alle! So geht's…. *tagSeoBlog*. https://www.tagseoblog.de/youtube-videos-monetarisieren-jetzt-offen-fuer-alle. Zugegriffen am 14. September 2020.

Neumann-Braun, Klaus und Ulla Autenrieth. 2011. Zur Einleitung: Soziale Beziehungen im Web 2.0 und deren Visualisierung. In *Freundschaft und Gemeinschaft im Social Web. Bildbezogenes Handeln und Peergroup-Kommunikation auf Facebook und Co.*, Hrsg. dies., 9–30. Baden-Baden: Nomos.

Praschma, Michael. 2015. YouTube Analytics: Die Filmkritik fürs Videomarketing. *Heise Regio-Concept*. https://www.heise-regioconcept.de/social-media/youtube-analytics. Zugegriffen am 14. September 2020.

Rakebrand, Thomas. 2014. *„Gehört das dann der Welt oder YouTube?" Junge Erwachsene und ihr Verständnis vom Urheberrecht im Web 2.0.* München: kopaed.

Schmidt, Axel. 2008. Profession, Professionalität, Professionalisierung. In *Lehr(er)buch Soziologie. Für die pädagogischen und soziologischen Studiengänge*, Hrsg. Herbert Willems, 835–864. Wiesbaden: Springer VS.

Schmidt, Axel und Klaus Neumann-Braun. 2008. Unterhaltender Hass und aggressiver Humor in Web und Fernsehen. In *Was ist Hass? Phänomenologische, philosophische und sozialwissenschaftliche Studien*, Hrsg. Stephan Uhlig, 57–89. Berlin: Parodos.

Smudits, Alfred. 2007. Wandlungsprozesse der Musikkultur. In *Musiksoziologie* (Handbuch der Systematischen Musikwissenschaft 4), Hrsg. Helga de la Motte-Haber und Hans Neuhoff, 111–145. Laaber: Laaber.

Thompson, Megan. o. J. https://www.meganthompson.com. Zugegriffen am 20. September 2020.

Vonderau, Patrick. 2016. The Video Bubble: Multichannel Networks and The Transformation of YouTube. In *Convergence. The International Journal of Research into New Media Technologies,* 22(4): 361–375.

Wicke, Peter. 2001. Sound-Technologien und Körper-Metamorphosen. Das Populäre in der Musik des 20. Jahrhunderts. In *Rock- und Popmusik* (Handbuch der Musik im 20. Jahrhundert 8), Hrsg. Peter Wicke, 11–60. Laaber: Laaber.

Musikvideos

Daniela Andrade. 2012. Radiohead – Creep (cover) by Daniela Andrade. *YouTube.*
https://www.youtube.com/watch?v=DDjlaN-X8-0. Zugegriffen am 20. September 2020.

Billie Eilish. 2016. Ocean Eyes. *YouTube.*
https://www.youtube.com/watch?v=viimfQi_pUw. Zugegriffen am 20. September 2020.

JJ ROSA. 2018. Everything and Nothing - Live Performance 2018. *YouTube.*
https://www.youtube.com/watch?v=vn9kxGyrnsU. Zugegriffen am 20. September 2020.

Moritz Garth. 2015. Herz Über Kopf – Joris I Beat-Box – Vocal Cover by Moritz Garth feat. Lino Beatbox. *YouTube.*
https://www.youtube.com/watch?v=xaWcIUxmCZ0. Zugegriffen am 20. September 2020.

Maddi Jane. 2011. If This Was a Movie (Taylor Swift). *YouTube.*
https://www.youtube.com/watch?v=o0x0Ipp9tPU. Zugegriffen am 20. September 2020.

Moritz Stock

„Das Leben ist doch jetzt. Mit euch."

Verhandlungen von Jugendlichkeit und Pop-Musik in der Jugendwebserie „DRUCK"

Zusammenfassung: Der Beitrag widmet sich der Funktion von Musik in fiktionalen Jugendserien. Nach einem historischen Rückblick wird mithilfe filmanalytischer Methoden aus der Musik- und Filmwissenschaft und der Filmsoziologie die Verwendung bereits existierender Popmusik in der öffentlich-rechtlichen Jugendwebserie „DRUCK" analysiert. Die Musik dient dem Nachvollzug jugendlicher Gefühlsstrukturen sowie der Untermalung fester Freundschaftsnetzwerke. Das politisch-subversive Potential von Popmusik wird von der Serie kaum genutzt. Gleichzeitig wird auf nostalgische Rahmungen verzichtet und so eine Distanz zur musikalischen Welt der Erwachsenen hergestellt. In die Distribution wird der Streamingdienst Spotify eingebunden, zur Archivierung der verwendeten Musik und angepasst an die aktuellen Medienpräferenzen des jugendlichen Zielpublikums.

Schlüsselwörter: Teen TV, Webserie, Jugendfernsehen, Musik, Populärkultur, Jugendkultur, Jugendfilm, deutsche Fernsehserie

Der Beitrag diskutiert das Spannungsfeld von Jugend, Musik und Serie anhand des Fallbeispiels „DRUCK" (2018–) und beschäftigt sich mit der Funktion von bereits existierender Popmusik in fiktionalen Jugendserien. Als mediale Transformationen des Jugendfilms bauen Jugendserien auf den generischen Strukturprinzipien des Jugend- und Coming-of-Age-Films auf und überführen diese in die fragmentierte, zeitlich expansive Form seriellen Erzählens. Dabei ist der Einsatz bereits vorhandener Popmusik sowohl im klassischen Jugendfilm als auch im seriellen Teenager-Fernsehen ein zentrales, genrekonstituierendes Element (vgl. Driscoll 2011, S. 65; Moseley 2015, S. 40).

Die seit 2018 von „Funk" (dem gemeinsamen digitalen Medienangebot von ARD und ZDF für Jugendliche und junge Erwachsene) und vom ZDF beauftragte transmediale Webserie „DRUCK" wird im öffentlichen Diskurs ein hohes Innovationspotential zugeschrieben (vgl. Voit 2019). Sie gehört zu den erfolgreichsten Formaten des öffentlich-rechtlichen Content-Netzwerks und ist die deutsche Adaption der norwegischen Web- und Fernsehserie „SKAM" (2015–2017) (vgl. Mikos und Hartmann 2020). Im Mittelpunkt steht eine Clique von Berliner Ju-

https://doi.org/10.1515/9783110730609-021

gendlichen, die sich kurz vor dem Abitur mit verschiedenen Alltagsproblemen auseinandersetzen und langsam erwachsen werden. Jede Staffel fokussiert auf eine andere Hauptfigur. In der fünften Staffel wurde eine neue Jugendclique eingeführt. Erzählt wird in vermeintlicher „Echtzeit": Szenen und Sequenzen sind als kurze Clips auf YouTube genau dann zu sehen, wenn sie in der fiktionalen Handlungszeit stattfinden. Social-Media-Aktivitäten und Posts der Figuren setzen sich auf sozialen Plattformen wie Instagram und WhatsApp fort, wo die zentralen Protagonist*innen fiktive Profile besitzen. Durch diese können neben den jeweiligen Hauptfiguren weitere Charaktere vertieft und Figurenperspektiven der vergangenen Staffeln fortgeführt werden. Auf Spotify findet sich eine offizielle, von Produktionsbeteiligten zusammengestellte Playlist, welche die verwendete Musik enthält. Die musikalische Gestaltung ist so nicht nur für die einzelnen Episodenfragmente bedeutsam, sondern auch für den „digitalen Außenraum der Serie" (Peltzer 2020, S. 240).

In den existierenden Forschungsarbeiten zur norwegischen Originalserie „SKAM" und zur deutschen Adaption „DRUCK" sind Besonderheiten der musikalischen Gestaltung bislang aber kaum oder nur randständig diskutiert worden. Markus Kuhn und Maria Malzew (vgl. Kuhn und Malzew 2018) gehen in ihrer Analyse von „SKAM" kurz auf die Besonderheiten der musikalischen Gestaltung ein. Sie vergleichen die Gestaltung der kurzen Clips mit Musikvideos und zeigen, dass die Schnitte an die verwendeten norwegischen und internationalen Popsongs angepasst sind (vgl. ebd., S. 74). Der schwedische und translokal agierende Streaming-Anbieter Spotify wird hier nur in einer Fußnote erwähnt, ohne die Implikationen der Nutzung dieses Anbieters weiter zu reflektieren.

Weitere jüngere Forschungsarbeiten zu „SKAM" beschäftigen sich mit den transmedialen Strategien, den speziellen Produktionsbedingungen und Werbestrategien (vgl. Sundet 2020), der Rolle des öffentlich-rechtlichen Fernsehens (vgl. Andersen und Sundet 2019), den fankulturellen Praktiken (vgl. Petersen und Sundet 2019) und dem medienpädagogischen Potential (vgl. Krüger und Rastad 2019). In all diesen Studien spielt die musikalische Gestaltung keine Rolle. Auch in den Arbeiten zur deutschen Adaption „DRUCK" wird die Funktion von Musik nicht weiter diskutiert: Anja Peltzer (vgl. Peltzer 2020) setzt sich aus fernsehsoziologischer Perspektive mit den Repräsentationsstrategien und Rezeptionsweisen, aber nicht mit der Musik auseinander. Christine Hartmann und Lothar Mikos (vgl. Hartmann und Mikos 2020) konzentrieren sich in ihrer Analyse des Adaptionsprozesses von „DRUCK" auf das Casting, die Narration und visuelle Entscheidungen. Sie thematisieren aber nicht die grundlegende Veränderung und kulturelle Anpassung der Musikauswahl. In der aktuellen

„SKAM"- und „DRUCK"-Forschung fehlt also eine separate Beschäftigung mit der musikalischen Gestaltung.

Diese Perspektive wird nun im vorliegenden Beitrag eingenommen. Dafür wird die Webserie zunächst in einen historischen Genrekontext eingeordnet: Im zweiten Abschnitt wird überblicksartig die Bedeutung und Funktion von Musik im US-amerikanischen Teenager-Fernsehen diskutiert und dafür auch kurz der fiktional-narrative Spielfilm thematisiert. Im dritten Abschnitt werden die musikalischen Verwendungsstrategien der Webserie „DRUCK" anhand ausgewählter, als Echtzeit-Clips distribuierter Szenen und Folgen analysiert. Außerdem wird hier auf die transmediale Distribution eingegangen. Dafür wird auf musik- und filmwissenschaftliche sowie filmsoziologische Analysemethoden zurückgegriffen.

Methodisch verbindet der Beitrag drei sich gegenseitig ergänzende Zugänge: zunächst einen filmanalytischen Zugang zur Musik im Film nach Oliver Keutzer et al. (vgl. Keutzer et al. 2014) und ihrer narrativen Funktion, welche die verwendete präexistente Musik einbezieht. Weitere Geräusche, wie die Sprache oder Stimme, bleiben also außen vor. Vor allem wird diskutiert, auf welche Weise die verwendete Musik die Bildinhalte illustriert, wie sie Grundstimmungen erzeugt und Emotionen steuert (vgl. ebd., S. 124). Dieser klassisch filmanalytische, ästhetisch ausgerichtete Zugang wird ergänzt durch die Perspektive der soziologischen Film- und Fernsehanalyse nach Anja Peltzer und Angela Keppler (2016). Sie gehen in ihrem wissenssoziologisch fundierten Ansatz davon aus, dass mediale Produkte – entweder faktuale oder fiktionale – Reaktionen auf das jeweilige gesellschaftliche Umfeld darstellen. Durch die thematisierten sozialen Phänomene und die filmischen Interpretationen sozialer Lebenswelten werden wirkmächtige gesellschaftliche Vorstellungen über soziale Phänomene wie die Jugend und das Erwachsenwerden hervorgebracht und geformt (vgl. Peltzer und Keppler 2016, S. 12). Diesem Ansatz folgend, wird die Funktion von Musik in „DRUCK" nicht nur auf innerfilmischer Ebene beschrieben, sondern auch reflektiert, inwiefern diese eine bestimmte kulturelle Idee von Jugend mitkonstruiert (vgl. Scholz 2014). Durch den transmedialen Ansatz sind Musik und der Umgang mit Musikkultur aber nicht nur für die einzelnen Clips und Folgen bedeutsam, sondern auch für die äußeren Rahmen der Serie. Deshalb werden im vierten Abschnitt des Beitrages auch die Funktion der Distributionsplattform YouTube und die Nutzung von Spotify erläutert. Hier wird an die Idee einer pragmatischen Poetik angeknüpft, die neben ästhetischen Aspekten auch ökonomische Aspekte wie Synergien von Musik- und Filmindustrie berücksichtigt (vgl. Siewert 2016).

Zusammengenommen beruht die folgende Analyse auf einem multidimensionalen Ansatz: Es geht nicht nur um die intradiegetische Einbindung der Musik, sondern auch darum, welche Rolle Musik bei der Distribution und der Adressierung eines jungen Publikums spielt.

1 Jugend – Musik – Serie: Der Einsatz von Musik im Teen TV

Mit dem dominanten Einsatz populärer, präexistenter Musik steht „DRUCK" in der Tradition des US-amerikanischen Jugendfilms, welche der Etablierung des Teenager-Fernsehens historisch vorausging. Bereits die ersten, heute als „klassisch" geltenden Vertreter*innen dieses Genres machten jugendliches Erleben über den Einsatz präexistenter Pop- und Rockmusik sicht- und erfahrbar. Ein prototypisches Beispiel ist der *juvenilie delinquency*-Film „Blackboard Jungle" (1955), der durch die Verwendung des Titelsongs „Rock Around the Clock" (Bill Haley 1954) dem Rock'n'Roll in den USA zum Durchbruch verhalf (vgl. Heinze 2019, S. 11). Auch das Phänomen Elvis Presley wäre ohne seine filmische Präsenz, zum Beispiel in „Jailhouse Rock" (1957) oder in „Live a Little, Love a Little" (1968), nicht denkbar gewesen (vgl. Maas und Maas 2016, S. 48f.).

Die Etablierung von Jugend- und Musikkulturen ist also eng mit fiktionalen Spielfilmen verwoben, die als kulturelle Speichermedien den Wandel jugendlicher Musikkulturen mitbegleiten (vgl. Maas und Maas 2016, S. 48–49). Viele US-amerikanische Jugendfilme erreichten gerade wegen der verwendeten Popmusik Kultstatus: Exemplarisch zu nennen sind „The Graduate" (1967), das New-Hollywood-Adoleszenzdrama mit dem Soundtrack von Simon and Garfunkel; „Harold and Maude" (1971), die ungewöhnliche Liebesgeschichte um einen lebensverdrossenen Schüler und eine ältere Frau mit der Musik von Cat Stevens; oder „The Breakfast Club" (1985) mit dem ikonischen Song „Don't You Forget About Me" von den Simple Minds (1985).

Besonders in Jugend-Tanzfilmen[1] spielte die Musik eine zentrale Rolle für die Narrativierung jugendlichen Heranwachsens. Ein besonders bekanntes Beispiel dafür ist „Dirty Dancing" (1985): Sowohl in den USA als auch in Deutschland und vielen anderen Ländern avancierte dieser Film zu einem großen kommerziellen Erfolg und popkulturellen Phänomen. Jan Kedves hob in seiner Analyse des Soundtracks hervor, dass dieser durch die gleichzeitige Ver-

---

1 Siehe hierzu vertiefend der Beitrag von Dagmar Hoffmann in diesem Band.

wendung von klassischen und zeitgenössischen Songs ein Nostalgie-Kontinuum erzeuge. So bestehe der Soundtrack zu einem Drittel aus Songs, welche in den 1980er Jahren für den Film geschrieben wurden. Ergänzt werde dies durch Stücke, die zwar aus den 1960er Jahren stammten, aber zum Zeitpunkt ihres Entstehens keine weitflächige Popularisierung erlebten und erst durch „Dirty Dancing" wiederentdeckt worden seien (vgl. Kedves 2012, S. 163). „Dirty Dancing" entwickele gerade über den Soundtrack, ganz besonders durch den Song „(I've Had) The Time of My Life" von Bill Medley und Jennifer Warnes (1987) ein Gefühl für die Zeitlichkeit der Jugend, die im Moment des gegenwärtigen Erlebens bereits zu vergehen beginne, in der Erinnerung aber fortbestehen werde (vgl. Kedves 2012, S. 167). Neben der nostalgischen Rahmung erfüllten die unterschiedlichen Songs und musikalischen Stilrichtungen in „Dirty Dancing" auch die Funktion, die variierenden sozialstrukturellen Verordnungen der Figuren zu betonen. Im Laufe der Handlung treffen in einer Feriensiedlung unterschiedliche soziale Schichten aufeinander. So geht es um Fragen sozialer Zugehörigkeit und um soziale Mobilität. Filmisch sichtbar werde dies einerseits durch unterschiedliche Räume, wie etwa der Ferienanlage, in der Gruppentanzstunden stattfinden, oder dem Schuppen, in dem die Servicekräfte sich jeden Abend zum Tanz treffen. Die Musik in den jeweiligen Settings unterscheide sich laut Kedves: So tanzt das Bildungsbürgertum den Mambo und Merengue und fühlt sich dadurch im Urlaub entspannt, überschreitet aber auch nicht die Grenze zum Anrüchigen oder gar Subversiven. Im Kontrast dazu tanzen die Servicekräfte zu derberem Rhythm & Blues. Der Schwellenübertritt der ökonomisch privilegiert aufgewachsenen Protagonistin in die eigentlich verbotene Sphäre der Arbeiter*innenklasse werde über den Musikeinsatz verdeutlicht: Zunächst hört sie mit ihrer Schwester harmlosen „Clean Teen Pop", wird aber später vom Tanzlehrer Johnny in die Welt des Rhythm & Blues und Rock'n'Roll eingeführt und taucht dadurch in eine für sie unbekannte Jugendmusikkultur ein (vgl. Kedves 2012, S. 164). Die Filmmusik strukturiert damit einerseits Erinnerungen, betont andererseits aber auch soziale Zugehörigkeiten.

Auch nach der zweiten Hochzeit des Jugendfilms in den 1980er Jahren war die filmische Sichtbarwerdung jugendlichen Heranwachsens weiterhin verbunden mit der Integration präexistenter Musik. Dies betraf auch deutsche Jugendfilme wie die Literaturadaption „Crazy" (2000) mit Songs der damals erfolgreichen deutschsprachigen Boyband Echt. Auch im gegenwärtigen Jugendfilm finden sich mal implizit, mal expliziter Verweise auf zeitgenössische Popmusik und Jugendmusikkulturen. In der deutschen Coming-of-Age-Komödie „Das schönste Mädchen der Welt" (2018) ist beispielsweise Battle-Rap ein tragendes

Handlungselement, mit dem genretypisch von jugendlicher Sinnsuche und dem Erwachsenwerden erzählt wird.

Der Jugendfilm ist ein Genre, das trotz vielfältiger Modifikationen und Transformationen bis in die Gegenwart auf präexistente Popmusik und weniger auf einen eigens für den Film komponierten Score setzt. Dadurch werden sowohl zeitgenössische Pop-Phänomene aufgegriffen, durch die Verwendung klassischer Songs aber auch nostalgische Rahmungen konstruiert.

Seriell organisierte Erzählmuster über den Alltag von Heranwachsenden und Problemen des Erwachsenwerdens etablierten sich im US-amerikanischen Fernsehen in den 1990er Jahren. Maßgeblich zur Konstituierung des Teenager-Fernsehens beigetragen hat die Teen-Seifenoper „Beverly Hills 90210" (1990–2000). Über die Laufzeit von insgesamt zehn Staffeln wurde nicht nur in jeder Folge klassische und zeitgenössische Popmusik über die einzelnen Szenen gelegt, sondern auch musikalische Gaststars wie die Flaming Lips, Christina Aguilera und Maroon 5 in den Handlungsbogen einzelner Folgen integriert. Vereinzelt drehten sich auch ganze Folgen um beim jungen Zielpublikum populäre Musiker*innen: So stellen die jugendlichen Hauptfiguren in der zweiten Staffel (S2E26) der heute weitgehend vergessenen Boyband Color Me Badd nach, die auf diese Weise bekannter gemacht werden sollte (vgl. Sepinwall 2004, S. 75).

In der kurzlebigen, aber heute Kultstatus genießenden Teen-Dramaserie „My So-Called Life" (1994) konnten die Rezipierenden über die teilweise extradiegetische und zum Teil intradiegetisch eingespielte Musik die ambivalenten, immer wieder umschlagenden Gefühle der pubertierenden Protagonistin Angela Chase nachempfinden (vgl. Dickinson 2004, S. 101–102). Kay Dickinson verweist aber auch darauf, dass den musikkulturellen Vorlieben des jugendlichen Publikums nicht immer auf Augenhöhe begegnet wurde: So hörten die Teenager*innen immer wieder obskure Musik aus vorherigen Jahrzehnten, welche mehr zu den Musikvorlieben der erwachsenen Produzierenden und weniger zu denen der portraitierten Teenager*innen der 1990er Jahre passten. Aus der Handlung heraus konnte nicht plausibilisiert werden, wieso sich die Teenager*innen für einen Song wie „Blister in the Sun" (1983) von den Violent Femmes begeisterten. Die erwachsenen Produzent*innen projizierten dadurch die musikalischen Präferenzen ihrer eigenen Jugend auf den dargestellten jugendlichen Alltag. Dadurch verliert die verwendete Musik auch einen Teil ihres widerständigen Potentials, ging es doch gerade bei der Musik der 1950er und 1960er Jahre um eine Abgrenzung zur Elterngeneration.

Neben „Beverly Hills 90210" und „My So-Called Life" haben besonders das Kleinstadt-Teendrama „Dawson's Creek" (1998–2003) und das Mystery-Coming-of-Age-Drama „Buffy the Vampire Slayer" (1997–2003) die 1990er Jahre geprägt. Wie in vielen Teenager-Serien ist Musik in „Dawson's Creek" omnipräsent: Mindestens sechs verschiedene Songs wurden pro Folge eingesetzt (vgl. Dickinson 2004, S. 103). Am häufigsten wurde auf die Genres Indierock und Folk zurückgegriffen. Nur selten sind Songs afroamerikanischer Künstler*innen zu hören. Über diese spezifischen musikalischen Entscheidungen sollte vornehmliches ein weißes, christlich sozialisiertes Publikum angesprochen werden, weshalb die ausgewählte Musik (zu der auch immer wieder explizit christlicher Rock und Pop gehört) kaum widerständige Konnotationen aufweist. Die Musik erzeuge so keine Reibungsfläche, lege keine intergenrationalen Konflikte offen, sondern erfülle vielmehr eine moralisch-sozial integrative Funktion (vgl. Dickinson 2004, S. 106). Auch hier wurde eng mit der Musikindustrie zusammengearbeitet. Unter anderem wurde ein Link zum Kauf der Musik in die transmedialen Erweiterungen integriert (vgl. Grampp 2020, S. 56).

„Buffy the Vampire Slayer" setzte Popmusik anders ein. Der feministische Ansatz in der Repräsentation wurde durch die musikalische Gestaltung verstärkt. Die Serie spielte mit musikalischen, aber auch modisch-ästhetischen Elementen einer männlich dominierten Rockgeschichte und setzte diese in Verbindung mit der anfangs 16-jährigen jugendlichen Heldin, die so als „transgressive woman warrior" (Howell 2004, S. 407) inszeniert wurde. Auch wurden romantische Songs vornehmlich weiblicher Interpreten nicht ausschließlich in Szenen verwendet, in denen partnerschaftliche Themen behandelt wurden, sondern auch in jenen Momenten, in denen es um die Stabilität der Freundschaftsnetzwerke geht. So werde die Hauptfigur Buffy durch die Auswahl der einzelnen Songs in einem erweiterten sozialen Kontext verortet, in dem es nicht bloß um romantisch-partnerschaftliche Themen geht (vgl. Howell 2004, S. 413–414).

„Buffy the Vampire Slayer" weist in diesem Zusammenhang eine hohe popkulturelle Referentialität auf: Die männlichen Figuren orientieren sich an Ikonen des amerikanischen Jugend- und Musikfilms wie James Dean, Marlon Brando und Elvis Presley; die Vampirfigur Spike übernimmt in Rückblenden die Mode-Ästhetik von Billy Idol. Spike wird auch als Musikfan inszeniert, unter anderem von der Punkband Ramones (vgl. Howell 2004, S. 409–412). So ist auch diese Teenager-Serie von musikkulturellen Fragmenten vergangener Jahrzehnte durchzogen und setzt zugleich auf das musikkulturelle Wissen einer älteren Generation. Folglich befördert der Soundtrack ein nostalgisches Gefühl für vergangene Pop-Jahrzehnte, besonders für einstige, potentiell subversive Punk- und Rockmusik. Durch die Etablierung des städtischen Musikclubs „Bronze" als wiederkehrender Handlungsraum traten innerhalb der Diegese regelmäßig unbekanntere, tatsächlich existierende Bands auf, die dadurch ihre Musik bekannter machen konnten (vgl. Howell 2004, S. 412). Dadurch fand auch zeitgenössische Musik in der Serie statt.

Noch präsenter war präexistente Popmusik in der Jugend-Soap „The O.C." (2003–2007). Anders als bei „My So-Called Life" und „Dawson's Creek" wurde hier der Versuch unternommen, den musikkulturellen Vorlieben des jugendlichen Publikums mehr auf Augenhöhe zu begegnen. Dafür wurden einige Produktionsteilnehmer*innen aus der Musikindustrie rekrutiert und das Produktionsteam mit vergleichsweise jungen Drehbuchautor*innen besetzt. Anders als bei „Dawson's Creek" bediente sich die Produktion nicht ausschließlich aus dem Katalog des eigenen Produktionsstudios (in diesem Fall Warner), sondern akquirierte auch externe Songs, die in das übergeordnete Serienkonzept passten (vgl. Sepinwall 2004, S. 75–77). Intradiegetisch wurden die Protagonisten, allen voran die Figur Seth Cohen, als Musikfans inszeniert. Dies eröffnete die Möglichkeit eines wiederholten Sprechens über Musik. In einer Szene nimmt Seth auch eine jugendkulturelle Selbstverortung vor, in dem er sich als „Emo-Geek" bezeichnet: Viele der eingesetzten Songs lassen sich auch der Emo-Kultur zuordnen.

Auch hier besuchten die handlungsleitenden Figuren regelmäßig Konzerte. Der Musikclub war wie schon bei „Buffy" ein zentraler filmischer Raum, um Konflikte und Begegnungen der Protagonisten zu inszenieren. Bei „The O.C." nehmen die Bands eine noch gewichtigere narrative Funktion ein: Sie sind also nicht nur im Hintergrund auf Konzerten zu sehen, sondern stehen im Mittelpunkt der jeweiligen Folgen und fungieren als narrativer Katalysator. In einer Folge (S1E15) besuchen die Protagonist*innen ein Konzert der kalifornischen Indierock-Band Rooney. Ihr Name wird im Laufe der 42 Minuten mehrfach genannt (was bei „Buffy" selten geschah), und es wurden auch vier Songs der Band gespielt, unter anderem in der Klimax der Folge. Nach der Erstausstrahlung nahm die Popularität der Band signifikant zu. Auch die britische Indie-Formation The Subways wurde durch einen Auftritt (S3E7) in den USA und etwas später auch in Deutschland bekannt. In dieser Folge trat die dreiköpfige Band im lokalen Musikclub auf, und analog zur Rooney-Episode (S1E15) wurden auch hier Lieder der Band über Schlüsselszenen gelegt. Auch Songpremieren fanden in einzelnen Folgen statt. Ein Beispiel ist die Single „Ch-Check It Out" der Beastie Boys, welche erstmals bei „The O.C." gespielt wurde (vgl. Sepinwall 2004, S. 78). Für das jugendliche Zielpublikum fungierte „The O.C." Anfang der 2000er Jahre als musikalischer „taste maker" (Sepinwall 2004, S. 77) und etablierte musikalische Verwendungsstrategien, welche bis in die Gegenwart von verschiedenen Teen-TV-Produktionen übernommen werden.

Die crossmediale Vermarktung von Musik wurde von der Highschool-Musicalserie „Glee" (2009–2015) weiter verstärkt. Inhaltlich ging es hier um die Erlebnisse eines amerikanischen Schulchors, dementsprechend war Musik das dominante Thema. Ein großer Hit wurde die „Glee"-Version des Journey-Klassikers „Don't Stop Believin'" (1981), welcher auch in die deutschen Charts einstieg. Bereits während der Ausstrahlung der ersten Staffel wurden drei Soundtrack-Kompilationen veröffentlicht und im Laufe der nächsten Jahre folgten zahlreiche weitere Alben: mal thematisch zu einzelnen Motto-Folgen, mal anlässlich von Feiertagen. Sehr erfolgreich war die Neuauflage von Klassikern der Rock- und Popgeschichte, welche einem jüngeren Publikum auf neue Weise zugänglich gemacht wurden. Die thematische Bandbreite reichte dabei von den Beatles über Queen, Madonna und Britney Spears bis zu Katy Perry und Lady Gaga.

Die weiterhin produzierte Jugenddramaserie „Riverdale" (2017–) vereint verschiedene etablierte musikalische Verwendungsstrategien. Präexistente Songs sind hier vor allem durch intradiegetische Musikperformances anwesend. Mehrere der Hauptfiguren versuchen sich als Musiker*innen, weshalb wie bei „Glee" auch Coversongs eingespielt werden. Diese werden in den Handlungsverlauf integriert: Eine Gruppe von Cheerleaderinnen singt beispielsweise während eines Gefängnisausbruches den „Jailhouse Rock" (1957) von Elvis Presley (S3E2). Seit der zweiten Staffel gibt es jedes Jahr auch eine Musical-Folge. In der zweiten Staffel wird eine Musical-Version des Coming-of-Age-Horrorromans (1974) und -Films „Carrie" (1976) aufgeführt (S2E18). In der dritten Staffel dreht sich eine Folge (S3E16) um die Planung und Umsetzung einer Musical-Version der schwarzhumorigen 80er-Jahre-Highschool-Komödie „Heathers" (1988), und in der vierten Staffel nimmt sich die Serie das Musical „Hedwig and the Angry Inch" vor (S4E17). In diesen Musicalfolgen finden sich auch viele Originalsongs. „Glee", aber noch stärker „Riverdale" zeigen aktive, juvenile Auseinandersetzungen und Aneignungen vergangener Pop-Jahrzehnte. Dadurch entsteht eine Mischung aus nostalgischer Rückbesinnung und jugendlicher Neuschöpfung.

Der Soundtrack der 2017 angelaufenen und 2020 beendeten Teendrama-Serie „13 Reasons Why" (2017–2020) bietet eine Mischung aus klassischen und zeitgenössischen Songs. Vertreten sind hier sowohl aktuelle Songs des ehemaligen Disney-Stars Selena Gomez (welche auch als Produzentin fungiert) und des Teenager-Idols Billie Eilish sowie klassische *Teenage-Angst*-Lieder wie „Love Will Tear Us Apart" (1980) von Joy Division oder „Fascination Street" (1989) von The Cure. Anders als bei „Buffy" oder „Riverdale" zeigt sich hier keine hohe popkulturelle Selbstbezüglichkeit. Die verwendete Musik verstärkt vielmehr den emotional-realistischen Grundton. Beispielhaft dafür steht der Song „The Night

We Met" (2015) von Lord Huron, der dem tragischen Beziehungsverlauf zwischen den Hauptfiguren Hannah und Clay eine musikalische Entsprechung gibt. Der Song stammt aus dem Jahr 2015, stieg aber erst zwei Jahre später, nach Verwendung in der Serie, in mehreren Ländern in die Charts ein. Die Tragik der über 13 Folgen entwickelten Liebesgeschichte materialisierte sich in diesem Song und wurde bei Fans zu einem musikalisch-emotionalen Bezugspunkt. Dies zeigt sich an den vielen, auf YouTube veröffentlichen Fanvideos, die über diesen Song den Beziehungsverlauf rekonstruieren.

Zusammenfassend wird im fiktionalen Teenager-Fernsehen über die Verwendung präexistenter Popmusik zunächst das jugendliche Gefühlsleben erfahrbar. Die verwendete Musik setzt die Tonalität und stellt Nähe zu den handlungsleitenden Figuren her. Mit dieser Nähe wird gebrochen, wenn sich in die fiktional-seriellen Jugendwelten die musikalischen Präferenzen der Erwachsenenkultur ungebrochen einschreiben. Die musikalische Gestaltung von „Dawson's Creek" entbehrt so beispielsweise jeglicher subversiver Abgründigkeit. Auch bei der insgesamt durchaus progressiven Teendrama-Serie „My So-Called Life" wachsen die 1990er-Jahre-Teenager*innen mit der Musik ihrer Eltern auf. So sind sie musikalisch nur bedingt eigenständig und können sich schwerer eigene musikkulturelle Räume schaffen.

Jugendserien sind häufig auch Nostalgieobjekte. Die Art und Weise der Nostalgieinszenierung befindet sich aber in einem steten Wandel: In den Teenager-Serien der 2000er und besonders der 2010er Jahre finden sich ebenfalls viele nostalgische Schleifen; diese sind aber selbstreflexiver. Materialisierten sich in „My So-Called Life" noch bruchlos Originalsongs vergangener Dekaden, werden diese in Serien wie „Glee" oder „Riverdale" gecovert oder neu arrangiert, sodass ein Gegenwartsbezug hergestellt wird. Die jugendlichen Protagonist*innen eignen sich die Musikgeschichte damit selbständig an, nehmen einen überlieferten musikalischen Kanon so gleichzeitig an und grenzen sich von diesem ab. Über die in die Serienhandlung integrierten Coversongs werden zudem musikkulturelle Identifikationsprozesse verhandelt. So ist für die Schüler*innen in „Glee" ein Song wie „Don't Stop Believin'" alltagsweltlich bedeutsam und mit akuten Entwicklungsproblemen verknüpft.

In „The O.C." wiederum steht der leidenschaftliche Musikfan, in Gestalt des Protagonisten Seth Cohen, im Zentrum der Serienhandlung. Durch ihn erscheint Popmusik als bedeutsam für die jugendliche Identitätsentwicklung und die Ausbildung einer distinkten personalen Identität. Das in „The O.C." omnipräsente Sprechen über aktuelle Bands und Künstler*innen findet sich in anschließenden Serien weniger. Es wird zwar Musik gehört und auch selbst musiziert (siehe zum Beispiel „Riverdale"), doch scheinen das durch popkulturelle Texte wie „High Fidelity" (2000) popularisierte Musik-Nerdtum und die intensive Identifikation mit spezifischen Jugendmusikkulturen nun eher der Vergangenheit anzugehören.

Neben der intradiegetischen Thematisierung von Musik zeichnen sich US-amerikanische Jugendserien auch durch crossmediale Distributionsstrategien aus und nehmen in jugendlichen Medienwelten so auch eine „tastemaker"-Position ein. Wie an den bisherigen Beispielen exemplarisch gezeigt wurde, haben Jugendserien nicht nur immer wieder einzelne Songs, sondern auch verschiedene Künstler*innen und Bands bekannt gemacht. Dadurch trug dieses Genre zu der sich seit den 1980er Jahren verstärkenden Kommerzialisierung von Popmusik bei (vgl. Ferchhoff 2013, S. 58).

Die Jugendwebserie „DRUCK" steht in der Tradition dieser historischen, US-amerikanischen Vorbilder, auch deshalb, weil sich in Deutschland bisher keine eigene Jugendserien-Tradition herausgebildet hat (vgl. Krauß 2020). Anknüpfend an die erfolgte historische Rekonstruktion geht es nun darum herauszuarbeiten, wie in „DRUCK" mit präexistenten Pop-Songs umgegangen und welches Jugendbild durch die Musik verfestigt wird.

2 Jugendliches Erleben in der unmittelbaren Gegenwart: Die narrative Funktion zeitgenössischer Popmusik in der Jugendwebserie „DRUCK"

In „DRUCK" ist Popmusik zunächst eng mit den filmischen Sozialräumen verknüpft, die die Handlungssituationen vorstrukturieren. In allen Staffeln tauchen verschiedene Partysettings auf, in denen die porträtierten Jugendlichen in verschiedenen Konstellationen aufeinandertreffen. Der narrative Fluchtpunkt der ersten Staffel ist eine Abiparty (analog zum US-amerikanischen *Prom*), ein musikkultureller Raum, wo sich die vorher etablieren Konflikte zuspitzen und schließlich entladen. Dies erinnert an Serien wie „The O.C." und „Buffy the Vampire Slayer". Musik wird im Hintergrund gespielt und besitzt keine hervorgehobene narrative Funktion. Auch in der zweiten Staffel sind es jene Partykontexte, in denen es zu erzählerischen Höhepunkten und Konfrontationen kommt. Gezeigt wird hier ein gleichermaßen individuelles wie kollektives rauschhaftes Erleben. Dadurch wird Jugend weniger als soziales Konstrukt, sondern eher als Gefühlszustand und Erfahrung inszeniert. Diese Partyszenen spielen sich aber nicht nur in großstädtischen Bars und Clubs ab, sondern ab der zweiten Staffel auch in der Wohngemeinschaft einiger Hauptfiguren. Weitere wiederkehrende, musikkulturelle Umgebungen sind die Dreharbeiten für ein Musikvideo sowie verschiedene Konzerte.

Diese mit Musik aufgeladenen Räume fungieren als affektive Erfahrungsräume. Während bei „Dirty Dancing" die einzelnen Räume, die dort gespielte Musik und der dazugehörige Tanz noch klar zu trennenden gesellschaftlichen Milieus zuzuordnen waren, tritt die Musik hier in keinen Dialog mit der sozialstrukturellen Verortung. Die Musik verstärkt situative Erfahrungen und Gefühlszustände und wird zur juvenilen Aneignung der Sozialräume, aber auch zur Herstellung eines gemeinschaftlich geteilten Erlebnis- und Erfahrungsraumes genutzt (vgl. Reißmann und Hoffmann 2012, S. 9).

Wichtig ist die Musik in „DRUCK" auch für die Figurenkonstellationen und -dynamiken. Die Zuschauer*innen können immer jene Musik hören, welche auch von den Protagonist*innen intradiegetisch gehört wird und sind so Teil der intimen und personalisierten Musiknutzung. Die Musik ist integrativer Teil des narrativen Konzepts und wurde im Produktionsprozess auf die Hauptfigur der einzelnen Staffeln zugeschnitten. Dies gestaltet sich ähnlich wie bei den von Senta Siewert analysierten Jugend-Entgrenzungsfilmen: Auch dort spielten präexistente Lieder bei der Drehbuchentwicklung eine Rolle (vgl. Siewert 2016, S. 269). Der jeweils ausgewählte Song unterstreicht die situativen Empfindungen und dient damit dem „Mood Management" (vgl. Reißmann und Hoffmann 2012, S. 7). Das Innenleben der Figuren wird so über die Musik veräußerlicht und nicht, wie noch in vielen früheren Jugendfilmen und -serien, über eine übergeordnete Erzähler*innenstimme versprachlicht.

In einer Szene ist die Protagonistin Mia beispielsweise beim Bügeln und Zusammenlegen der Wäsche zu sehen (S2E4). Sie ist in diesem Moment ganz bei sich; die klassische Instrumentalmusik unterstreicht ihren momentanen emotionalen Zustand. Eine ähnliche Szene findet sich im Finale der zweiten Staffel (S2E10), wenn Mia ganz allein Musik hört, nachdenkt und realisiert, wie sehr sie ihren Freund Alex vermisst. Wie in vielen anderen Momenten der Serie „DRUCK", befindet sich auch hier eine jugendliche Hauptfigur allein in ihren Gedankenwelten. Die Kamera geht ganz nah und intim an Mias Gesicht heran, bis sie schließlich abrupt die Wohnung verlässt. Nur über die Musik lassen sich die Gedanken der Figur in diesem Moment nachvollziehen.

In der dritten Staffel findet sich ein etwas anders gelagerter und durch die Musik ausgedrückter Rückzug in intime Gedankenwelten (S3E3). Matteo, die Hauptfigur dieser Staffel, erlebt sein Coming-out, als er sich in den TransJungen David verliebt. Unfähig, seine romantischen Gefühle für David einzuordnen, und überfordert, sich seinen Freund*innen anzuvertrauen, zieht er sich auf einer WG-Party in sein Zimmer zurück. Dort setzt er seine geräuschunterdrückenden Kopfhörer auf, um der Partymusik (in diesem Fall einer Mischung aus Hip-Hop und Elektro) und der damit verbundenen Geselligkeit zu entkommen. Die Kamera begleitet Matteo in sein Zimmer, rückt ganz nah an sein Gesicht heran und zeigt ihm beim Hören des ruhigen und atmosphärischen Songs „The Water" (2019) von Ry X, einem von Pearl Jam und Jeff Buckley inspirierten Singer-Songwriter. Auch die Zuschauer*innen hören nun nicht mehr die Partygeräusche, sondern schotten sich gemeinsam mit Matteo ab: Der ruhige und atmosphärische Song überlagert die laute Partymusik. Hier wird nicht nur durch die Kamera Nähe erzeugt, sondern auch durch den intimen Zugang zu Matteos Musik. Die Zuschauer*innen werden folglich Teil der verwirrenden Gefühlswelten des Heranwachsenden, seiner beginnenden Entfremdung von seiner Clique und seiner in diesem Moment empfundenen Einsamkeit. Musikhören ist damit ein individueller Akt der Abschottung und Abgrenzung.

Eine Szene in der fünften Staffel (S5E4) erinnert an diese Intimisierung auf der auditiven Ebene: Die jugendliche Hauptfigur Nora ringt sich dazu durch, ihrer alkoholkranken Mutter zu einer erneuten Therapie zu raten. Zunächst synchronisiert sich der Inhalt der Szene mit dem ausgewählten Song: Es wird „Sober" (2020) von Aquilo eingespielt. Nach dem Gespräch liegt Nora erschöpft auf dem Boden, die Kamera bleibt länger an ihr haften, fängt ihren regungslosen Zustand ohne die zusätzliche Verwendung von Musik ein. Um sich aus dem Zustand der Apathie zu befreien, stellt Nora schließlich auch einen Song des australischen Künstlers Ry X an und beginnt sich selbstverloren zu bewegen und schließlich zu tanzen. Wie in der Partyszene mit Matteo, ist auch hier die Protagonistin allein mit ihren Gefühlen, wobei diese durch die Musik verstärkt werden. Liedtext und Tonalität des Songs tragen den emotionalen Zustand nach außen und machen diesen so für die Rezipierenden spür- und fühlbar.

Die introspektive Funktion der Musik wird am deutlichsten in dieser fünften Staffel, in der die Hauptfigur Nora an einer psychischen Erkrankung leidet. Was die Serie anhand von Gefühlen und Empfindungen zeigt, ist die Gefangenheit im eigenen Körper und die Unfähigkeit, sich aus der individuellen psychischen Verfasstheit zu befreien. Nora wacht in einer Folge (S5E6) um sieben Uhr morgens auf: Sie befindet sich im Halbschlaf, die Kamera steht auf dem Kopf. Schnell setzt bei Nora ein tauber, benommener Zustand ein: Sie kann mit der äußeren sozialen Realität keine Verbindung mehr herstellen. Der atmosphärische Elektro-Instrumental-Song „Overheim" vom Singer-Songwriter A. G. Cook transportiert jenen Zustand. Durch nahe Kameraeinstellungen und das Sounddesign wird also nachvollziehbar, was Nora in dieser Situation empfindet und was sie nicht verbalisieren kann. Während ihr soziales Umfeld rätselt, was mit Nora los ist, ist das Publikum über die Musik schon längst Teil von Noras Innenleben und kann ihren psychotischen Zustand nachempfinden. So wird eine intime, fast vertrauensvolle Beziehung zwischen Zuschauer*in und Protagonistin hergestellt.

Die Musik in „DRUCK" erfüllt neben einer solchen Intimisierung auch soziale Funktionen. In der ersten Staffel nähern sich die Figuren Hannah und Mia durch eine geteilte musikalische Erfahrung in der Schule langsam an (S1E8). Die beiden Schülerinnen tauschen sich über ihren Musikgeschmack und ihre aktuellen Probleme aus. Zur Aufmunterung rezipieren sie schließlich ironisch den Song „Geiles Leben" (2015) von Glasperlenspiel über einen geteilten Kopfhörer. Das gemeinsame mobile Musikhören (hier über die Streaming-Plattform Spotify) bringt die Figuren so einander näher.

Über Musik entstehen in „DRUCK" damit auch Resonanzbeziehungen: In der vierten Staffel nähern sich die Hauptfiguren Amira und Mohammed über den Messenger-Dienst WhatsApp an (S4E4). Mohammed hat Probleme, seine Gefühle zu artikulieren, und schickt Amira einen seiner Lieblingssongs: „Verliebt" (2017) von Jean-Cyrille. Es ist ein im Kontext der Serie verhältnismäßig alter Song und insofern eine Ausnahme und ein Stück migrantisch-deutschen Hip-Hops. Wie Mohammed ist der zu hörende Künstler aufgrund eines Bürgerkriegs nach Deutschland geflohen. Mohammed verweist über das Teilen des Songs auch auf seine migrantische Identität und beginnt, seine Sprachlosigkeit zu überwinden und eine Beziehung zu Amira aufzubauen. Der Song ersetzt damit auch eine längere Dialogsequenz. Es wird deutlich, wie Jugendliche Musik für schwer zu verbalisierende Identitätsdarstellungen nutzen.

Dadurch erfüllt die Musik auch verschiedene soziale-integrative, gemeinschaftsbildende Funktionen. Musik steht so primär in Verbindung mit individuellen Introspektionen oder zwischenmenschlichen Interaktionen auf der Mikroebene. Eine dezidiert politisch-widerständische Haltung wird aber nicht über die Musik transportiert. Damit knüpft die Serie weniger an die Tradition amerikanischer Jugendfilmklassiker der 1950er und 1960er Jahre oder Jugendfilmproduktionen des neuen deutschen Kinos der 1970er Jahre an, bei denen die Musik noch stärker auf widerständiges und rebellisches juveniles Verhalten verwies.

Einige Protagonist*innen setzen sich zwar für Geflüchtete ein oder beteiligen sich an Demonstrationen der Klimaschutz-Bewegung Fridays-for-Future, doch ihr politisches Engagement spiegelt sich nicht in den verwendeten Songs. Die Musik ist in der Serie also kein Ventil, um auf repressive gesellschaftliche Machtstrukturen aufmerksam zu machen, sondern dient vielmehr der Untermalung des zwischenmenschlichen Beziehungsgefüges. Bei der Thematisierung feministischer Diskurse wird die Musik ebenfalls selten als Mittel eingesetzt, um die von den Protagonistinnen verbalisierte Wut über patriarchalische Strukturen weiter zu betonen. Auch die in der Serienhandlung musizierenden Figuren bleiben weitestgehend unpolitisch, wie eine Szene in der zweiten Staffel illustriert: Die Protagonist*innen besuchen ein Konzert eines befreundeten Rappers, doch liefert sein Auftritt allein die Hintergrundkulisse für die währenddessen behandelten interpersonalen Verstrickungen (S2E5). Auch in den immer nur kurz eingespielten Songfragmenten geht es in erster Linie um situative Empfindungen statt um Politik: „Manchmal bin ich down, manchmal bin ich high. Manchmal läuft es gut, manchmal habe ich keine Zeit", heißt es beispielsweise in einem Stück. In einer anderen Szene tritt Jonas, eine der männlichen Hauptfiguren, mit seiner Gitarre bei den Abiturfeierlichkeiten auf (S3E10). Der Jonas-Darsteller Anselm Bresgott ist selbst als Singer-Songwriter tätig und präsentiert so einen neuen Song, dessen Text sich um die gemeinsame Bekämpfung individueller Ängste dreht. Erzählerisch fungiert der Song als Geste der Rehabilitation, mit der eine eigentlich bereits beendete Beziehung wieder aufgenommen werden kann.

Die Musik trägt also nur bedingt zur Bildung juveniler Subkulturen bei, die Midia Majouno und Waldemar Vogelgesang als „eigenständige Lebenswelten und widerständige Lebensformen" verstehen, „die sich als soziale, kulturelle (manchmal auch politische und ökonomische) Alternativen zu der sie umgebenden Gesellschaft begreifen und deren normativen und kulturellen Ausdrucksformen dezidiert entgegentreten" (Majouno und Vogelgesang 2015, S. 227). Zwar sind die Jugendlichen in „DRUCK" für aktuelle gesellschaftspolitische Themen sensibilisiert und engagieren sich temporär, doch diese Handlungen werden weder durch dramaturgische Entscheidungen noch durch die ausgewählte Musik dezidiert in den Vordergrund gerückt.

Zu fragen ist, wie „DRUCK" mit aktuellen Ergebnissen der Jugendkulturforschung in Verbindung steht. Diese hat wiederholt auf die Überholtheit des Subkultur-Begriffes verwiesen (u. a. Mey und Pfaff 2015; Reißmann 2016, S. 6). Jugendkulturen lassen sich nicht mehr aus der sozialen Position oder Klassenlage erklären, sondern mehr aus einer individuellen Interessenorientierung heraus (vgl. Majouno und Vogelgesang, S. 232). Passender für die Analyse von „DRUCK" ist deshalb der Begriff der Jugendszene, welcher ein thematisch fokussiertes kulturelles Netzwerk meint, das sich durch kollektive Selbststilisierung, szenespezifische Orte und die Nutzung spezieller Medien auszeichnet (vgl. Mey und Pfaff 2015, S. 260). Jugendszenen haben so einen teilzeitlichen Charakter, sind fluide, labil, konstruiert und temporär (vgl. Hitzer et al. 2009, S. 9–13).

Die intradiegetisch rezipierte Musik in „DRUCK" ist aber weder Ausgangspunkt noch Initialzünder für die Konstituierung jugendlicher Szenen. Die Musik
dient den Serienfiguren vielmehr dazu, sich zu vergemeinschaften, sich gegenseitiger Loyalität zu versichern und den Wunsch nach Nähe und langfristiger
emotionaler Verbundenheit auszudrücken. Letzteres geschieht wiederholt in
den tranceartig inszenierten Partyszenen. Diese stehen aber nicht für sich
selbst, sondern sind Ausdruck des festen Gemeinschaftsgefüges, welches auch
nach den Partynächten aufrechterhalten wird. Diese Suche nach Nähe und
festen gemeinschaftlichen Strukturen ist ein zentrales Thema der Serie. Durch
den stetigen Wechsel von musikalisch untermalten introspektiv-intimen und
gemeinschaftsfördernden Momenten wird über die Musik auch der Schmerz des
spätmodernen Menschen ausgedrückt, der sich zur Selbstverwirklichung bekennt (vgl. auch Reckwitz 2019), sich dabei aber gleichzeitig nach emotionaler
Verbundenheit sehnt (vgl. Henning 2006, S. 15, nach Gertenbach et al. 2010,
S. 57).

Was außerdem auffällt, ist die Omnipräsenz und Varianz der Musik in der
Serie: Nicht selten werden zwölf Songs in einer 25- oder 30-minütigen Folge
angespielt. Keiner der porträtierten Jugendlichen lässt sich einem einzelnen
musikalischen Stil zuordnen. Die jeweilige Hauptfigur verfügt über ein eigenes
musikalisches Profil, es gibt aber immer wieder Überschneidungen. Die
Liedauswahl verstärkt die beschriebene Konzentration auf situative Stimmungen und Gefühlslagen. In der Tradition US-amerikanischer Jugendserien (vgl.
Moseley 2015, S. 40) ist auch hier der melancholische Indiepop sehr präsent.
Wiederholt zu hören sind Stücke des australischen Singer-Songwriter-Duos
Angus and Julia Stone, des walisischen Indiefolk-Interpreten Novo Amor, des
britischen Indiefolk-Künstler Tom Rosenthal, der Folk-Rockband Mumford and
Sons und des US-amerikanischen Popkünstlers Lauv. Dessen erstes Album trägt
den für die Webserie passenden Titel „How I'm Feeling". Wiederholt sind auch
Songs aus dem Dubstep-Bereich zu hören, beispielsweise von James Blake.
Gerade die Mischung aus klassischem Indiefolk und elektronischer Musik bildet
einen Schwerpunkt. Beispielhaft dafür steht der isländische Singer-Songwriter
Ásgeir. Mit Abstand am häufigsten werden Songs des Popstars Billie Eilish verwendet. In den bisher veröffentlichten sechs Staffeln finden sich elf unterschiedliche Songs der US-Amerikanerin, welche vor den Augen einer globalen
Medienöffentlichkeit selbst noch dabei ist, erwachsen zu werden. Ihre melancholisch getragene Popmusik bewegt sich zwischen „Teenagerleiden und Welt-
schmerz" (vgl. Kawelke 2018). In ihren Texten und in Interviews spricht die
Sängerin auch offen über ihre psychische Verfassung. In dieser Hinsicht passen
die Popkünstlerin und ihre Songs zu der Serie „DRUCK", die um ähnliche The-

menkomplexe kreist. Sie steht damit prototypisch für die musikalische Gestaltung dieser Webserie, der es um die Gefühlszustände einer großstädtischen Mittelschichtjugend geht.

Die lokale Verortung und kulturelle Anpassung zeigen sich in der eingesetzten deutschsprachigen Musik. Mehrfach vertreten sind Lieder der deutschen Rapperin Juju und der Kölner Band Annenmaykantereit, von letzterer unter anderem der Song „Weiße Wand" (2018), der die Privilegien einer weißen Mehrheitsgesellschaft zum Thema hat und so als dezidiert politisches Stück verstanden werden kann. Eingesetzt wird „Weiße Wand" aber in einer Szene, in der sich die Protagonistinnen Mia und Amira erst über die Frage religiöser Identität und schließlich über Beziehungsprobleme unterhalten. Die Liedtexte passen also nur bedingt zu der Szene und werden kaum dazu genutzt, die dargestellten, verhältnismäßig privilegierten und sozioökonomisch abgesicherten juvenilen Mittelschichtswelten zu hinterfragen.

Interessant ist in diesem Zusammenhang auch, welche deutschsprachigen, politisch aktiven Bands und Künstler*innen trotz Popularität und Gegenwartsbezug in „DRUCK" nicht auftauchen. Die gerade in den letzten Jahren sehr erfolgreiche Band Feine Sahne Fischfilet, deren Songs regelmäßig auf linken Demonstrationen gespielt werden, ist im Soundtrack genauso wenig vertreten wie die deutsche Punkformation Turbostaat oder die Hip-Hop-Acts K.I.Z oder Antilopen-Gang. Aladin El-Mafaalani (El-Mafaalani 2020, S. 142–143) vertritt die These, dass Punkmusik, welche sich durch eine gesellschafts- und konsumkritische Haltung auszeichnet, vor allem bei hiesigen Mittelschichtsjugendlichen populär ist. Gangsta-Rap sei hingegen eher für „Unterschichtskinder" anziehend. Jugendliche Mittelschichtsangehörige seien gesellschaftlich etabliert und gefestigt und verfügten so über Kapazitäten, für andere Formen gesellschaftlichen Zusammenlebens einzutreten. Im Kontrast dazu wollten Jugendliche der Unter- und Arbeiterschicht keine neue oder andere Gesellschaft, sondern zunächst einen besseren Platz in der bestehenden (vgl. ebd., S. 143). Dieser Traum vom gesellschaftlichen Aufstieg materialisiert sich vor allem im deutschsprachigen Gangsta-Rap. Diese von El-Mafaalani beschriebene und diskussionswürdige Verbindung von sozialstruktureller Positionierung und musikkultureller Zuordnung wird bei „DRUCK" nicht näher thematisiert. Bestimmte musikalische Stilrichtungen werden ausgeklammert. Die in einer Münchener Plattenbausiedlung angesiedelte deutsche Jugendwebserie „Stichtag" (2020) verfährt da anders: Gerade deutschsprachige Ausprägungen des Gangsta-Raps sind auf der Tonspur omnipräsent und spielen in den repräsentierten prekären jugendlichen Lebenswelten eine wichtige Rolle. „DRUCK" greift dagegen nahezu nur auf

Musik zurück, die sich einer sozialstrukturellen Verortung oder politischen Zuordnung entzieht.

Durch die fast ausschließliche Verwendung von Neuerscheinungen verzichtet die Serie aber auch darauf, Nostalgie zu inszenieren beziehungsweise sich mit vergangenen Musikkulturen auseinanderzusetzen. Dies ist im Hinblick auf Entwicklungen des zeitgenössischen Teenager-Fernsehens ungewöhnlich: Die Verwendung präexistenter Popmusik ruft hier häufig Erinnerungen an das eigene Jungsein hervor (vgl. Siewert 2016, S. 284). Lesley Speed (vgl. Speed 1998, S. 29) betont, dass viele Jugendfilme auf Nostalgie setzen und damit nicht an eine jugendliche Zielgruppe gerichtet sind, sondern an eine bereits ältere, welche sich sehnsuchtsvoll an die eigene Jugend zurückerinnert (vgl. dazu auch Greiner 2014). Filmische Jugendnarrationen sind damit häufig ein „Produkt der Erwachsenenwelt über Jugend" (Heinze 2019, S. 6). Mit fast ausschließlich zeitgenössischer Musik umgeht „DRUCK" hingegen bewusst eine nostalgische Rahmung und stellt eine Distanz zur erwachsenen Musikkultur her. In dieser Hinsicht unterscheidet sich die Serie dann auch von den erwähnten amerikanischen Jugendserien, die auf unterschiedliche Weise auf die Popmusikgeschichte zurückgreifen. Die musikalische Gestaltung unterstreicht damit die primäre Fokussierung auf die Auseinandersetzung mit jugendlichem Erleben und Heranwachsen in der unmittelbaren Gegenwart.

3 Erzählen in (Musik-)Clips: Die transmediale Distribution von „DRUCK"

Musik ist aber nicht nur in den einzelnen Clips und Folgen zu hören, sondern ebenso die transmedialen Erweiterungen und verwendeten Distributionsstrategien haben einen Bezug zu sich stetig wandelnden Musikkulturen. Gesammelt und gespeichert wird die verwendete Musik in einer Spotify-Playlist. Diese ersetzt damit die in den 1990er und 2000er Jahren noch üblichen Tonträger. Während jene bei früheren populären Jugendserien wie „Dawson's Creek" und „The O.C." eine weitere kommerzielle Vermarktungsoption darstellten, ist dies bei „DRUCK" nicht gleichermaßen notwendig und möglich – einerseits wegen des öffentlich-rechtlichen Hintergrunds und andererseits wegen eines veränderten Medienumfelds und der aktuellen Vermarktung von Musik als Streaming-Angebot. Bei dieser gegenwärtigen, transmedialen Serie geht es primär um die Sichtbarkeit auf verschiedenen Plattformen und darum, eine weiterführende, über die Rezeption einzelner Folgen hinausgehende Beschäftigung mit der fiktiven Serienwelt zu initiieren. Der Musikstreaming-Dienst Spotify hat für Jugendliche im Alltag eine große Bedeutung: Die JIM-Studie 2020 des Medienverbunds Südwest zeigt, dass 41 Prozent der befragten 12- bis 19-Jährigen die Plattform täglich zum Musikhören nutzen; dahinter liegt die Video-Plattform YouTube, auf der 27 Prozent noch täglich Musik hören. Insgesamt wird Musikstreaming von 79 Prozent der Jugendlichen regelmäßig genutzt. Im Vergleich dazu hören nur noch 6 Prozent der Befragten Musik über CDs und Schallplatten (vgl. Medienverbund Südwest 2020). Vor diesem Hintergrund stellt die Musikdistribution via Spotify im Fall von „DRUCK" eine pragmatische Strategie dar. Im Zusammenhang mit der transmedialen Erzählwelt trägt die Spotify-Präsenz zur Konstruktion von Authentizität bei: Die Serie ist auf einer Plattform präsent, die die porträtierten Jugendlichen selbst nutzen. Dadurch kann die weiterführende Integration der Musik erleichtert werden: Auf dem YouTube-Kanal findet sich ein Bedienfeld für Spotify, über den die Rezipierenden die Lieder hören können. Dazu fügen die Produktionsteilnehmer*innen die Playlist in den Kommentarbereich der jeweiligen Folge ein. So kann nachvollzogen werden, welche Songs an welcher Stelle eingesetzt wurden. Zusätzlich kann in den Kommentaren auch über die musikalische Gestaltung diskutiert werden. Die Praktikabilität und die schnelle Verknüpfung einzelner medialer Plattformen werden hier also höher gewichtet als etwaige Datenschutzbedenken oder die Bewerbung eines kommerziellen Streaming-Anbieters.

Die Nutzung von YouTube als zentraler Distributionsort hat Konsequenzen für die äußere Form: Die einzelnen, in „Echtzeit" auf YouTube veröffentlichten Clips haben die Länge von Musikvideos mit einer Länge von drei bis vier Minuten. Die jugendliche Zielgruppe nutzt YouTube häufig für die Rezeption von ähnlich langen Musikvideos, aber auch andere populäre YouTube-Genres weisen vergleichsweise kurze Laufzeiten auf. Die Form und der Erzählrhythmus passen sich damit auch den Bedingungen der Distributionsplattform YouTube an, die die „musikalisch-affektive Strukturierung" (Siewert 2016, S. 11) der seriellen Erzählung maßgeblich mitbestimmt.

Durch diese Omnipräsenz zeitgenössischer Musik wird „DRUCK" so auch zu einer Art netzbasiertem Musikfernsehen. In der historischen Kontextualisierung wurde gezeigt, dass fiktionale Jugendserien schon seit der Etablierung im amerikanischen Fernsehen Anteil an der Sichtbarkeit und Popularisierung von Musik hatten. In den 1990er Jahren stand es aber noch in direkterer Konkurrenz zum klassischen Musikfernsehen von MTV und in Deutschland von VIVA (vgl. Grampp 2020, S. 13). Durch das Verschwinden des klassischen Musikfernsehens sowie regelmäßiger, jugendorientierter Musikshows (die deutsche Version der britischen Musikshow „Top of The Pops" lief zwischen 1998 und 2006 auf RTL, und von 1997 bis 2012 lief die Musikshow „The Dome" noch viermal im Jahr auf RTL II und VIVA) werden Jugendserien als Option, Songs und Künstler*innen bei der jungen Zielgruppe populär zu machen, wichtiger. Eine transmediale Webserie, welche gezielt Spotify und YouTube in die Distribution einbindet, sorgt dafür, dass die jugendlichen Rezipierenden neue Musik entdecken können. Nicht nur über die Verwendung zeitgenössischer, beim jugendlichen Zielpublikum potentiell populärer Songs, sondern auch durch die Platzierung der Serie in jenen medialen Umgebungen, die Jugendliche häufig nutzen, wurde ein Jugendformat entwickelt, das sich den gerade aktuellen Mediennutzungspraktiken des jugendlichen Zielpublikums anpasst.

4 Abschließende Bemerkungen

Der vorliegende Beitrag beschäftigte sich mit den Wechselbeziehungen zwischen Musik, Jugend und fiktionalen Serien. Jugendserien in ihren unterschiedlichen medialen Ausprägungen sind nicht zu unterschätzende mediale Formate, in denen das soziale Phänomen Jugend mit hoher Sichtbarkeit filmisch verhandelt wird (vgl. Heinze 2019, S. 2). Durch spezifische formalästhetische und narrative Entscheidungen werden dort Leitbilder, Auffassungen und Anschauungen (vgl. Engell 2012, S. 12) gegenwärtigen jugendlichen Erlebens und Heranwachsens sichtbar. Transportiert werden diese „ideas about adolescence" (Driscoll 2011, S. 5) zu einem gewichtigen Teil über den Einsatz präexistenter Popmusik. Filmische Jugendnarrationen unterliegen einer starken Entgrenzung. War es in den 1950er und 1960er Jahren der klassische Spielfilm, in dem vom jugendlichen Heranwachsen mittels Musik erzählt wurde, wurden fiktionale Jugendserien seit den 1990er Jahren immer populärer. Auch hier ist Musik ein omnipräsentes Gestaltungsmittel gewesen. Zuletzt ließ sich eine weitere Entgrenzung filmischer Jugendnarrationen beobachten: Fiktionale Geschichten über jugendliches Heranwachsen finden nun auch auf verschiedenen sozialen Plattformen statt. Die Analyse von „DRUCK" hat gezeigt, dass durch weitere Entgrenzungen und transmediale Ausdehnungen der Einsatz von Musik nicht an Bedeutung verliert. Eher tritt ein gegenteiliger Effekt ein, werden doch vielmehr noch mehr Liedtitel als bei vergleichbaren früheren Jugendserien eingesetzt. Musik hat so weiterhin einen bedeutenden Anteil an der Konstruktion von filmisch vermittelten Ideen über die Lebensphase der Jugend und das Erwachsenwerden im 21. Jahrhundert.

Bei „DRUCK" wird durch die intradiegetische und extradiegetische Musik und die Einbindung der Musik in die transmedialen Distributionsstrategien das

Bild einer gegenwartsorientierten Jugend gezeichnet. Dadurch gerät das Verständnis von Jugend als eine erst noch einzutretende Zukunft (vgl. Savage 2008, S. 11) in den Hintergrund. Aktive jugendliche Widerstandsformen werden über die Musik kaum transportiert. Die in „DRUCK" sichtbare Idee von Jugend unterscheidet sich dadurch grundlegend von Klassikern des Jugendfilms aus den 1950er Jahren, aber auch von Werken des New Hollywood, in denen junge Protagonist*innen sich auf die Reise und die Suche nach einer anderen, weniger einengenden Form des künftigen gesellschaftlichen Zusammenlebens begaben (vgl. Weber 2015, S. 41). Selten abstrahiert die Serie diese Themen aber weg von der individualistischen Perspektive und rückt sie in einen größeren gesellschaftspolitischen Kontext. So wird auch Popmusik hier selten „als etwas erlebt, das einen Einfluss auf den öffentlichen Raum haben könnte" (Fisher 2013, S. 34).

Verstärkt wird dieser primäre Fokus auf individuelle Empfindungen durch die vielen Nahaufnahmen, welche vor allem Gefühlsregungen im Bild sichtbar machen. Die Beschaffenheit der äußeren sozialen Realität, die Eingebundenheit in gesellschaftliche Strukturen geraten dadurch aus dem Blick. Aktuelle gesellschaftliche, wirtschaftliche und ökologische Krisen werden zwar in kurzen Dialogen angesprochen, aber durch die audiovisuelle Gestaltung wird eine Beschäftigung mit diesen Themen nicht weiter verstärkt. In der fünften Staffel sind die fiktiven Figuren von der Corona-Krise eingeholt worden, aber auch hier geht es weniger um Existenzsorgen, die ungewisse eigene berufliche Zukunft oder eine, angesichts der Pandemie nervöse und weiter polarisierte Gesellschaft. Die fünfte Staffel konzentriert sich vielmehr auf den emotionalen Nachvollzug einer psychischen Krankheit. Über die Musik wird ein Klangteppich konstruiert, der plastisch macht, wie es sich im Körper einer psychisch kranken Person anfühlt. Diskutiert wird diese Krankheit aber nicht als eine soziale Pathologie (vgl. u. a. Ehrenberg 1998; Reckwitz 2019).

Was durch die Wahl der Musik erfahrbar gemacht wird, ist ein Erwachsenwerden in situativen, zersplitterten Fragmenten. Die Bearbeitung ganz alltäglicher, situativer Anforderungen nimmt so viel Raum ein, dass für die konkrete Ausgestaltung einer individuellen wie auch gesellschaftlichen Zukunft die Kraft fehlt. Der Sozialpsychologe Heiner Keupp beschrieb das Erwachsenwerden in westlichen, spätmodernen Gesellschaften als „ein Projekt, das in eine Welt hineinführt, die zunehmend unlesbar geworden ist" (Keupp 2007, S. 4). So bleibt auch der Blick in die Zukunft unklar, die Musik verweist auf keine Zukunft, für die man sich aktiv einsetzen könnte. Damit steht die Webserie im Kontrast zu Debatten der sozialwissenschaftlichen Jugendforschung, welche die aktuelle Generation als eine politischere (vgl. Albert, Hurrelmann und Quenzel

2019) beschreibt. Damit unterscheidet sie sich in ihrer entwickelten Idee von Jugend aber auch von einem Jugendfilmklassiker wie „Dirty Dancing", der über Tanz und Musik die Utopie einer klassenlosen Gesellschaft entwickelt.

So unklar die Verbindung von Jugend und Zukunft in „DRUCK" bleiben, so abwesend sind die Verbindungen von Jugend und Vergangenheit. Die historische Kontextualisierung zeigte, dass filmische Jugendnarrationen häufig als Nostalgiemedien funktionieren. Auf unterschiedliche Weise sind fiktionale Jugendserien so immer wieder geisterhaft durchdrungen von der popkulturellen Vergangenheit (vgl. Fisher 2012). Von sehr wenigen Ausnahmen abgesehen, verzichtet „DRUCK" auf die Verwendung vergangener Popmusik. Auch in den Dialogen beschäftigen sich die Figuren nicht mit Musik von einst. So wird zumindest indirekt eine Distanz zur Welt der Erwachsenen hergestellt, bleibt doch die Musiksozialisation vergangener Generationen ausgeblendet. Die Echtzeit-Distribution verstärkt diesen Gegenwartsbezug. Der Erzählrhythmus ist eng verknüpft mit der Musikauswahl, aber auch mit den Distributionsplattformen. Die einzelnen Clips werden auf der Plattform YouTube veröffentlicht und sind in ihrer knappen, mehrfach an Musikvideos erinnernden Form YouTube-kompatibel. Die Serie „DRUCK" passt sich auf diese Weise Mediennutzungspraktiken und Musikpräferenzen der jungen Zielgruppe an und nimmt keine Rücksicht auf etwaige Vorlieben eines älteren Publikumssegments.

In den letzten Szenen der dritten Staffel verbringt die Figur Matteo einen Abend mit seinen Freunden und wird nach seinen Zukunftsplänen gefragt. Er überlegt kurz und antwortet dann: „Das Leben ist doch jetzt. Mit euch." Das grundlegende Prinzip der Webserie zeigt sich sehr plastisch in dieser kurzen Dialogsequenz. Einerseits geht es um jugendliches Erleben in der momenthaften Gegenwart: Musik wird zur Bearbeitung ganz alltäglicher Entwicklungskonflikte, aber auch zur Konstituierung und Verfestigung freundschaftlicher Beziehungen genutzt. Die Serie bietet damit keine abstrakt-gesellschaftliche, aber doch eine gemeinschaftliche Utopie an. Sie ist eine von Musik durchdrungene Collage einzelner situativer Empfindungen (die finale Folge der fünften Staffel trägt den passenden Titel „Fühlen"), drückt dadurch aber auch eine Sehnsucht nach Gemeinschaft aus, welche auf Stabilität und Langfristigkeit angelegt ist. Der über die Musik in verschiedenen Partykontexten erzeugte Rausch stabilisiert immer wieder die Gemeinschaftsverbünde und entwirft so schlussendlich das Bild einer Jugend, bei der den gesellschaftlichen Selbstverwirklichungs- und Flexibilisierungsaufforderungen „solidarische Dauerbeziehungen in Form von Freundschaftsnetzwerken" (Reckwitz 2019, S. 234) entgegengestellt werden.

Medienverzeichnis

Literatur

Albert, Mathias, Klaus Hurrelmann, Gudrun Quenzel et al. 2019. *Jugend 2019: Eine Generation meldet sich zu Wort*. Weinheim/Basel: Beltz.

Dickinson, Kay. 2004. ,My Generation': Popular Music, Age and Influence in Teen Drama of the 1990s. In *Teen TV: Genre, Consumption and Identity*, Hrsg. Glyn Davis und Kay Dickinson, 71–86. London: BFI.

Driscoll, Catherine. 2011. *Teen Film. A Critical Introduction*. Oxford/New York: Berg.

Ehrenberg, Alain. 2015. *Das erschöpfte Selbst: Depression und Gesellschaft in der Gegenwart*. Frankfurt am Main: Campus.

El-Mafaalani, Aladin. 2020. *Mythos Bildung: Die ungerechte Gesellschaft, ihr Bildungssystem und seine Zukunft*. Köln: Kiepenheuer & Witsch.

Engell, Lorenz. 2010. *Playtime: Münchener Film-Vorlesungen*. Konstanz: UVK Verlagsgesellschaft.

Ferchhoff, Wilfried. 2013. Musikalische Jugendkulturen in den letzten 65 Jahren: 1945–2010. In *Handbuch Jugend-Musik-Sozialisation*, Hrsg. Robert Heyer, Sebastian Wachs, Christian Palentien, 19–126. Wiesbaden: Springer VS.

Fisher, Mark. 2012. What is Hauntology? In *Film Quarterly*, 66(1): 16–24.

Fisher, Mark. 2013. *Kapitalistischer Realismus ohne Alternative?* Hamburg: VSA Verlag.

Gertenbach, Lars, Henning Laux, Hartmut Rosa und David Strecker. 2010. *Theorien der Gemeinschaft zur Einführung*. Hamburg: Junius.

Grampp, Sven. 2020. Drawing Teens Together. Über die allmähliche Verfestigung des Teen TV im Network Television. In *Teen TV: Repräsentationen, Lesarten und Produktionen aktueller Jugendserien*, Hrsg. Florian Krauß und Moritz Stock, 219–253. Wiesbaden: Springer VS.

Greiner, Rasmus. 2014. Donnie Darkos verlorene Jugend – Berührungspunkte zwischen Jungsein und Zeiterfahrung im filmischen Tangentenuniversum von Richard Kellys Donnie Darko. In *Die Zeitreise – Ein Motiv in Literatur und Film für Kinder und Jugendliche*, Hrsg. Sabine Planka, 223–242. Würzburg: Königshausen & Neumann Verlag.

Hartmann, Christine und Lothar Mikos. 2020. Der Adaptionsprozess von DRUCK. In *Teen TV: Repräsentationen, Lesarten und Produktionen aktueller Jugendserien*, Hrsg. Florian Krauß und Moritz Stock, 255–269. Wiesbaden: Springer VS.

Heinze, Carsten. 2019. Jugend und/im Film: Jugendfilme. In *Handbuch Filmsoziologie*, Hrsg. Alexander Geimer, Carsten Heinze und Rainer Winter, 1–26. Wiesbaden: Springer VS.

Hennig, Marina. 2006. *Individuen und ihre sozialen Bezie*hungen. Wiesbaden: Springer VS.

Howell, Amanda. 2010. ,If we hear any inspirational power chords ...': Rock Music, Rock Culture on Buffy the Vampire Slayer. In *Continuum: Journal of Media & Cultural Studies*, 18(3): 406–422.

Kawelke, Jan. 2018. Oh, happy Pubertät! *ZEIT Online*. https://www.zeit.de/kultur/musik/2018-12/billie-eilish-songwriterin-saengerin-pubertaet-social-media. Zugegriffen am 31. März 2021.

Kedves, Jan. 2012. Ah, Shake It Up, Shake It (Work, Work). Zu Kontext und Bedeutung des „Dirty Dancing"-Soundtracks. In *Ich hatte die Zeit meines Lebens: Über den Film Dirty Dancing und seine Bedeutung*, Hrsg. Hannah Pilarczyk, 161–174. Berlin: Verbrecher Verlag.

Keupp, Heiner, 2007. Von der (Un-)Möglichkeit, erwachsen zu werden – Identitätsarbeit in der pluralisierten Gesellschaft. *Vortrag bei der Tagung „Kirchlicher Unterricht in pluralisierter Gesellschaft"* am 9. November 2007 in Zürich.

Keutzer, Oliver, Sebastian Lauritz, Claudia Mehlinger und Peter Moormann. 2014. *Filmanalyse.* Wiesbaden: Springer VS.

Krauß, Florian. 2020. Teen und Quality TV: Deutschland 83 und Transformationen der deutschen Fernsehserie. In *Teen TV: Repräsentationen, Lesarten und Produktionen aktueller Jugendserien*, Hrsg. Florian Krauß und Moritz Stock, 163–183. Wiesbaden: Springer VS.

Krüger, Steffen und Gry C. Rustad. 2019. Coping with Shame in a Media-saturated Society: Norwegian Web-series Skam as Transitional Object. In *Television & New Media*, 20(1): 72–95.

Kuhn, Markus und Maria Malzew. 2017. Zwischen medialer Transformation, kultureller Aneignung und lokaler Authentizität: Die norwegische Webserie „Skam" als Beispiel für die audiovisuelle Vielfalt der Medienkultur der Gegenwart. *Bewegte Welt: Bewegtbilder im kunst- und medienpädagogischen Kontext*: 53–91.

Maas, Georg und Susanne Maas. 2016. Zwischen Zeitdokument, Erinnerungskultur und Utopie – Jugend und populäre Musik im Spiegel des Spielfilms. In *Populäre Musikkulturen im Film*, Hrsg. Carsten Heinze und Laura Niebling, 47–76. Wiesbaden: Springer VS.

Majouno, Midia und Waldemar Vogelgesang. 2015. Jugend-, Sub- und Fankulturen. In *Handbuch Cultural Studies und Medienanalyse*, Hrsg. Andreas Hepp, Friedrich Krotz, Swantje Lingenberg und Jeffrey Wimmer, 227–236. Wiesbaden: Springer VS.

Medienpädagogischer Forschungsverbund Südwest. 2020. *JIM-Studie 2020: Jugend, Information, Medien. Basisuntersuchung zum Medienumgang 12- bis 19-Jähriger.* https://www.mpfs.de/studien/jim-studie/2018/. Zugegriffen am 31. März 2021.

Mey, Günter und Nicole Pfaff. 2015. Perspektiven der Jugendkulturforschung. In *Diskurs – Zeitschrift für Kindheits- und Jugendforschung*, 10: 259–263.

Moseley, Rachel. 2015. Teen Drama. In *The Television Genre Book*, Hrsg. Glen Creeber, 38–41. Basingstoke: Palgrave Macmillan.

Møller, Mads Andersen und Vilde Schanke Sundet. 2019. Producing Online Youth Fiction in a Nordic Public Service Context. In *VIEW Journal of European Television History and Culture.*

Peltzer, Anja und Angela Keppler. 2015. *Die soziologische Film- und Fernsehanalyse: Eine Einführung.* Berlin/Boston: De Gruyter.

Peltzer, Anja. 2020. „Echt jetzt?!" Repräsentation und Rezeption mediatisierter Lebenswelten von Jugendlichen in der Serie DRUCK. In *Repräsentationen, Rezeptionen und Produktionen des Teen TV*, Hrsg. Florian Krauß und Moritz Stock, 219–253. Wiesbaden: Springer VS.

Petersen, Line Nybro und Vilde Schanke Sundet. 2019. Play Moods across The Life Course In SKAM Fandom. In *The Journal of Fandom Studies*, 7(2): 113–131.

Reckwitz, Andreas. 2019. *Das Ende der Illusionen: Politik, Ökonomie und Kultur in der Spätmoderne.* Frankfurt am Main: Suhrkamp.

Reißmann, Wolfgang und Dagmar Hoffmann. 2012. Knopf im Ohr. Geschichte und Gegenwart mobiler Musik im Jugendalter. In *Kinder- und Jugendliteratur & Musik. kjl&m-forschung.schule.bibliothek 12. extra: Blechtrommeln*, Hrsg. Caroline Roeder, 29–40. München: kopaed.

Reißmann, Wolfgang. 2016. Digitale Jugendkultur(en). In *Handbuch Soziale Praktiken und Digitale Alltagswelten*, Hrsg. Heidrun Friese et al., 1–11. Wiesbaden: Springer VS.

Savage, Jon. 2008. *Teenage: Die Erfindung der Jugend (1875-1945).* Frankfurt am Main: Campus.

Scholz, Sylka, Michel Kusche, Nicole Scherber et al. 2014. Das Potential von Filmanalyse für die (Familien-)Soziologie. Eine methodische Betrachtung und das Beispiel der Verfilmungen zu „Das doppelte Lottchen". In *Forum Qualitative Sozialforschung*, 15(1): Art. 15.

Sepinwall, Alan. 2004. *Stop Being a Hater and Love the O.C.* Berlin: Chamberlain Bros.

Siewert, Senta. 2013. *Entgrenzungsfilme. Jugend, Musik, Affekt, Gedächtnis: eine pragmatische Poetik zeitgenössischer europäischer Filme*. Marburg: Schüren Verlag.

Speed, Lesley. 1998. Tuesday's Gone: The Nostalgic Teen Film. In *Journal of Popular Film and Television,* 26(1): 24–32.

Sundet, Vilde Schanke. 2020. From 'Secret' Online Teen Drama to International Cult Phenomenon: The Global Expansion of SKAM and its Public Service Mission. In *Critical Studies in Television: The International Journal of Television Studies,* 15(1): 69–90.

Voit, Nora. 2019. Maximal verpeilt, radikal zeitgenössisch. *ZEIT Online.* https://www.zeit.de/kultur/film/2019-03/druck-jugendserie-webserie-funk-zdf-fancommunity. Zugegriffen am 31. März 2021.

Weber, Christian. 2014. *Gus Van Sant: Looking for a Place Like Home.* Berlin: Bertz + Fischer.

Filme und Serien

13 Reasons Why. Idee: Brian Yorkey. US: 2017–2020.

Beverly Hills, 90210. Idee: Darren Star. US: 1990–2000.

Blackboard Jungle. Regie: Richard Brooks. US: 1955.

Buffy the Vampire Slayer. Idee: Joss Whedon. US: 1997–2003.

Carrie. Regie: Brian De Palma. US: 1976.

Crazy. Regie: Hans-Christian Schmid. DE: 2000.

Das schönste Mädchen der Welt. Regie. Aron Lehmann. DE: 2018.

Dawson's Creek. Idee: Kevin Williamson. US: 1998–2003.

Dirty Dancing. Regie: Emilie Ardolino. US: 1987.

DRUCK. Regie: Pola Beck. DE: 2018–.

Glee. Idee: Ryan Murphy, Brad Falchuck und Ian Brennan. US: 2009–2015.

Harold and Maude. Regie: Hal Ashby. US: 1971.

Heathers. Regie: Michael Lehmann. US: 1989.

High Fidelity. Regie: Stephen Frears. US: 2000.

Jailhouse Rock. Regie: Richard Thorpe. US: 1957.

Live a Little, Love a Little. Regie: Norman Taurog. US: 1968.

My So-Called Life. Idee: Winnie Holzman. US: 1994.

Riverdale. Idee: Roberto Aguirre-Sacasa. US: 2007–.

SKAM. Idee: Julie Andem. NO: 2015–2017.

Stichtag. Regie: Christof Pilsl. DE: 2020-.

The Breakfast Club. Regie: John Hughes. US: 1985.

The Dome. DE: 1997–2012.

The Graduate. Regie: Mike Nichols. US: 1967.

The O.C. Idee: Josh Schwartz. US: 2003–2007.

Top of The Pops. Idee: Johnnie Stewart. DE: 1998–2006.

Teil 6: **Medien und Materialitäten**

Jens Gerrit Papenburg

Jukebox-Hören im Film

Strategien, Praktiken, Lokalitäten

Zusammenfassung: Die Jukebox war in den 1950er Jahren in den USA aber auch in Westdeutschland eines der wichtigsten Geräte über das populäre Musik gehört wurde. Noch weniger als die Ökonomie, Funktionsweise und der Sound der Box wurde bisher das Jukebox-Hören von einer medien- und kulturwissenschaftlich ambitionierten Musikforschung untersucht. Diesem Desiderat nimmt sich der Beitrag an, indem er ausgehend von einschlägigen Szenen aus Filmen und Serien unterschiedliche Strategien, Praktiken und Lokalitäten eines Jukebox-Hörens analytisch in den Blick zu nehmen versucht. So sollen vor allem Aspekte einer Hörkultur der 1950er Jahre sondiert werden, welche die in jener Dekade präsenten Jugendkulturen geprägt haben: Musikhören wurde mit Delinquenz und dem Unheimlichen, mit Formen großstädtischer Einsamkeit aber auch mit Versuchen neuer Kontaktaufnahmen verbunden. Die Jukebox fungiert dabei als Zeitgeber und als nostalgische Referenz, als wärmendes Lagerfeuer und als Ausweis einer chromglänzenden Moderne. Die vergangenen Hörpraktiken und kulturellen Bedeutungen der Jukebox haben allerdings auch in der durch Soundfiles, Apps und „mobile devices" geprägte Hörkultur der Gegenwart ihre Spuren hinterlassen – und nicht nur in Filmen über die Jugendkulturen der 1950er Jahre.

Schlüsselwörter: Jukebox, Musikhören, Hörkultur, Sound, Rock'n'Roll, 1950er Jahre, Nostalgie und Gegenwärtigkeit

Als Münzgeräte stehen Jukeboxen in einer Reihe von Profanitäten bzw. „Groschengräbern" des Alltags wie Kaugummi-, Zigaretten- und Spielautomaten. Jukeboxen weisen eine hohe Zeitspezifik auf und bergen entsprechend nostalgisches Potential. Als der spätere Nobelpreisträger Peter Handke ausgerechnet in dem an Ereignissen so reichen Jahr 1989, welches ironischerweise auch als mögliches 100. Jubiläumsjahr der Jukebox gelten kann (vgl. Segrave 2002, S. 277), im winterlichen Nordspanien seinen *Versuch über die Jukebox* schrieb, überkamen ihn immer wieder Zweifel angesichts seines „so weltfremden Gegenstand[s]", diesem „bloßen Spielzeug" (Handke 1990, S. 27). Die hastige Modernität, die die Jukebox nach dem Zweiten Weltkrieg in Europa verkörperte, sollte auch zu einer Bedingung der heute hoffnungslos anachronistischen Wirkung dieses Geräts werden. Der bundesrepublikanischen Kulturkritik der 1960er und

https://doi.org/10.1515/9783110730609-022

1970er Jahre galt die Box als Insigne einer ungezügelten Kommerzialisierung von Musik: So hätte sie (wie Hanns-Werner Heister, einer der wenigen Musikwissenschaftler, die sich überhaupt mit der Jukebox auseinandergesetzt haben) für die „Eingliederung der BRD in den ‚internationalen' – d. h. hier englischsprachigen – Schlagermarkt" (Heister 1974, S. 12) bzw. die „rigorose Ausbreitung der Profitökonomie" (ebd., S. 29) gestanden. Gegenüber den gegenwärtigen Miniaturisierungstendenzen, derer sich die aktuelle Audiotechnologieentwicklung mit ihren Smartphones und Earbuds – bis auf wenige Ausnahmen in Form etwa von Overear-Kopfhörern – verschrieben hat, sehen die aufgeblasenen Jukeboxes wie Spielzeugriesen aus. Klingend und blinkend scheinen sie ein Loblied auf von keinerlei Funktion gebändigten ornamentalen Oberflächenglamour und auf maximal aufgepumpte Formen (gerade ohne eigentliche Funktion) anzustimmen. In Deutschland erscheint die Jukebox immer wieder als Ikone der 1950er Jahre, in denen auch die meisten heutigen Jukebox-Sammlerinnen und -Sammler ihre Jugendtage erlebt haben und noch für „zwei Groschen" Musik auswählen bzw. – um im Jargon zu bleiben – „drücken" konnten.

Ungeachtet dieses nostalgischen Potentials, auf welches eine Auseinandersetzung mit der Jukebox immer wieder stößt, finden sich im Jukebox-Hören jedoch einige Elemente, die auch kennzeichnend für die populäre Hörkultur der Gegenwart sind, wie sie im Zusammenspiel von mobilen Geräten, Streaming-Services und Kopfhörern Konturen gewinnt (vgl. Papenburg 2020). So können Hörerinnen und Hörer sowohl durch die Jukebox als auch durch die „listening app" aus einem Bestand an Musiktiteln wählen. Zudem wird das Gehörte in Auseinandersetzung mit beiden Hörtechnologien (Jukebox und Smartphone) häufig in Form von Playlisten angeordnet. In beiden Technologien ist, wenn man so will, die Single nicht „single", also nicht allein, sondern häufig Bestandteil einer Serie. Schließlich sind in beiden Technologien die Musikstücke nicht direkt zur Hand, sondern der Zugriff auf sie ist technisch vermittelt – durch einen Auswahlmechanismus (Jukebox-Hören) bzw. durch das Interface der App (Soundfile-Hören). Auch eine Dialektik aus Vergrößerung der Auswahlmöglichkeiten und gleichzeitiger Verknappung ist für beide Hörtechnologien charakteristisch.[1]

Die Jukebox ist eine Hörtechnologie populärer Musik zur Serialisierung und Wiederholung von Single-Schallplatten. An ihr haben Hörerin und Hörer die automatisierte und präselektierte Wahl. Jukebox-Hören ist bisher vergleichsweise wenig zum Thema medien- und musikwissenschaftlicher, aber auch jour-

---

1 Vgl. hierzu für das Soundfile-Hören: Drott 2018.

nalistischer Diskurse geworden. Angesichts der massenhaften Verbreitung sowie der kulturellen Relevanz der Jukebox mag dies überraschen. So liefen in den 1950er Jahren in den USA fast eine halbe Million und am Ende der Dekade in Westdeutschland immerhin 50.000 dieser Geräte, die eine „Amerikanisierung von unten" (vgl. Maase 1996) bzw. auch die Rock'n'Roll-Kultur symbolisierten. Die Bedeutung der Jukebox für die Entwicklung der populären Musik ist wohl kaum zu überschätzen. Ein Medienverbund aus Jukebox, 7-inch-Single und Independent-Labels prägte die Rock'n'Roll-Kultur in den USA der 1950er Jahre maßgeblich. Vor allem in den USA konnte die Jukebox auch die massenhafte Gründung von Independent-Labels nach dem Zweiten Weltkrieg begünstigen, gerade auch weil sie eine Alternative zum Radio bot. Eine Ökonomie der Jukebox kann durch Auswertung der entsprechenden Branchenmagazine (etwa *Billboard* in den USA oder *Der Automatenmarkt* in Westdeutschland) recht gut rekonstruiert werden. Ebenso gut erhellen lassen sich die Funktionsweise und die Materialität der Box, aber auch ihr bassbetonter Sound respektive „Bauchklang" (Handke 1990, S. 83) sowie auch zum Teil die Listen der in der Box eingesetzten Single-Schallplatten.[2]

Die vergangenen Hörpraktiken und kulturellen Artikulationen, die sich in der Beschäftigung mit der Jukebox herausbildeten und die sich zum Teil in ihr manifestierten, sind allerdings schwerer greifbar. Filme bieten hier eine vielversprechende Quelle, um Praktiken des Jukebox-Hörens analytisch in den Blick zu bekommen. In meinem Beitrag versuche ich in Auseinandersetzung mit ausgewählten Filmszenen unterschiedliche Strategien, Praktiken und Lokalitäten eines Jukebox-Hörens und, allerdings eher am Rande, einige Aspekte eines Jukebox-Sounds vor allem in den 1950er Jahren in Westdeutschland und in den USA zu systematisieren.

In einschlägigen Jukebox-Foren finden sich zum Teil recht umfangreiche Überblicke über Jukeboxen in Filmen.[3] Zudem konnten mir Dutzende von Kolleginnen und Kollegen über die Mailing-Liste der *International Association for the Study of Popular Music* (IASPM) zahlreiche Hinweise auf den Einsatz von Jukeboxen in Filmen und Serien zur Untersuchung von zentralen Aspekten einer Hörkultur der 1950er bzw. eines Jukebox-Hörens geben. So konnte ich eine Vielzahl von Filmszenen des Jukebox-Hörens sichten, die sich zum Teil auch im Rahmen der in den 1950er Jahren präsenten Jugendkulturen vollziehen.

---

2 Diese Einleitung übernimmt zum Teil ergänzte, zum Teil kondensierte Passagen aus Papenburg 2012, S. 200–249.

3 Vor allem die Internetseiten http://www.jukebox-world.de und https://www.listal.com/list/junkebox sind hier hilfreich.

1 Delinquenz

Die Jukebox hat in diversen Rock'n'Roll- und Halbstarken-Filmen der 1950er Jahre zahlreiche prominente Auftritte, deren Analyse wiederum aufschlussreich für die Untersuchung eines Jukebox-Hörens ist. Im Musikfilm „Loving You" (1957) singt Elvis Presley etwa zum diegetisch eingebundenen Sound einer Seeburg-Jukebox den Song „Mean Woman Blues" (siehe Abb. 1).

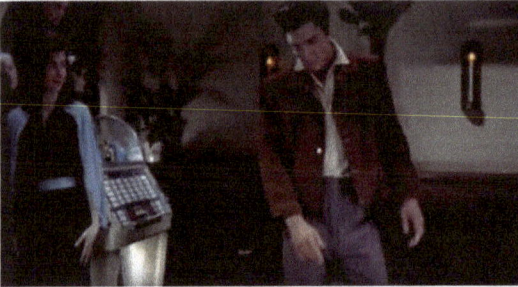

Abb. 1: *Loving You*. Regie: Hal Kanter. US: 1957. Filmstill.

Im Film „G.I. Blues" (1960) sorgt die Wahl an der Box in einer Szene für einen sich in einer munteren Schlägerei entladenen Konflikt: Ein GI hat mit den Worten „I wanna hear the Original!" an der Jukebox die Platte „Blue Suede Shoes" (1960) von Elvis Presley ausgewählt und unterbricht damit rüde den auf einer Bühne in derselben Bar gerade als GI Tulsa McLean auftretenden Elvis Presley (siehe Abb. 2). Dieser wiederum will sich das nicht bieten lassen (siehe Abb. 3).

Abb. 2: *G. I. Blues*. Regie: Norman Taurog. US: 1960. Filmstill.

Abb. 3: *G. I. Blues.* Regie: Norman Taurog. US: 1960. Filmstill.

Im Film „The Wild One" (1953) drückt Marlon Brando als Rocker-Boss Johnny in einer Bar-Szene einen Titel an der Box, um damit einen adäquaten klanglichen Hintergrund für eine ziemlich übergriffige Annäherung an die Bedienung zu schaffen (siehe Abb. 4 und 5).

Abb. 4: *The Wild One.* Regie: László Benedek. US: 1953. Filmstill.

Abb. 5: *The Wild One.* Regie: László Benedek. US: 1953. Filmstill.

Auch im Film „Die Halbstarken" (1956) mit Horst Buchholz und Karin Baal ist in dem von der Halbstarken-Clique frequentierten Café eine Jukebox platziert, die dort dann allerdings den Sound für eine der Rock'n'Roll-Tanzszenen liefert (siehe Abb. 6).

Abb. 6: *Die Halbstarken*. Regie: Georg Tressler. BRD: 1956. Filmstill.

Teil der Handlung von Frank Tashlins „The Girl Can't Help It" (1956) mit Jane Mansfield ist die prominente Nebenrolle eines mafiösen „slot machine king" Marty „Fats" Murdoch, der im Jukebox-Geschäft tätig ist. In Tashlins Film wird der von den Körpern der Musizierenden befreite Jukebox-Klang weder nur durch das Blinken der Box und durch wirkungsvolle Zurschaustellung des Plattenwechsels noch, wie in vielen anderen Filmen wie etwa „Die Halbstarken", durch expressiv tanzende Körper, sondern durch Imagination einer ja abwesenden Sängerin verkörpert („The Girl Can't Help It") (siehe Abb. 7 und 8).

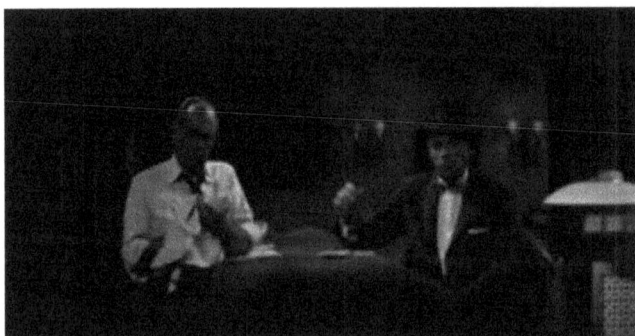

Abb. 7: *The Girl Can't Help It*. Regie: Frank Tashlin. US: 1956. Filmstill.

Abb. 8: *The Girl Can't Help It*. Regie: Frank Tashlin. US: 1956. Filmstill.

2 Das Unheimliche

Eine eventuell gar unheimliche Dimension erlangt die Box in einer Szene der Serie „The Twilight Zone" (1959–1964, 5 Staffeln, 156 Folgen). In dieser Szene tönen aus einer in einem menschenleeren Café platzierten, völlig statisch wirkenden Jukebox intensive, körperlich affizierende Swing-Tanzrhythmen. Das bringt den Protagonisten erst einmal dazu, die Box leiser zu drehen (siehe Abb. 9).

Abb. 9: *The Twilight Zone*, Staffel 1, Folge 1: „Where is everybody?". Regie: Robert Stevens. US: 1959. Filmstill.

Die Verbindung der Jukebox mit Einsamkeit und dem Abwesenden, eventuell gar Unheimlichen und Toten findet sich auch bei dem 2019 verstorbenen Fotografen Robert Frank. Franks Buch *The Americans* (1958) enthält zahlreiche Fotos von Jukeboxen. Im Vorwort der ersten Ausgabe des legendären Fotobandes schrieb Jack Kerouac: „After seeing these pictures you end up finally not knowing any more whether a jukebox is sadder than a coffin. That's because he's [Robert Frank] always taking pictures of jukeboxes and coffins" (Frank 2008 [1958], o. S. [1]).

3 Einsamkeit

Klassischer als die Verbindung der Jukebox mit dem Unheimlichen oder gar mit dem Tod ist sicherlich ihre Verbindung zur großstädtischen Einsamkeit, und hier vor allem eine Form von Einsamkeit, wie sie an Bars erlebt werden kann. Und es ist überraschend: Peter Handke bemerkte das bereits in seinem *Versuch über die Jukebox*, dass die an einer Bar-Theke im kühlen Neonlicht platzierten Nachtgestalten bzw. Nachtschwärmer wohl auf Edward Hoppers berühmtem Gemälde „Nighthawks" (1942) (siehe Abb. 10) nicht Jukebox hören (Handke 1990, 32f.). Vielleicht tun sie das, aber zu sehen ist auf jeden Fall keine.

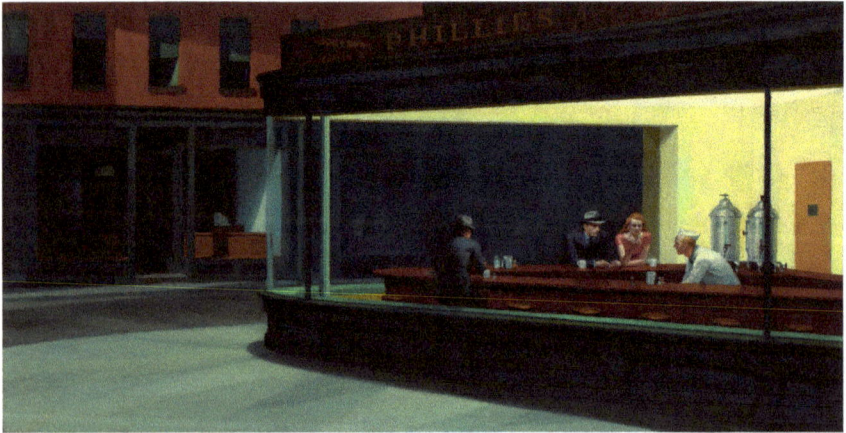

Abb. 10: *Nighthawks.* Edward Hopper. 1942. Öl auf Leinwand, 84.1 x 152.4 cm, The Art Institute of Chicago, Chicago, USA.

Auch in Filmen liefert die Jukebox immer wieder diegetisch den Sound zu einem einsam an einer Theke sitzenden, tief in sein Glas schauenden, meist männlichen Großstadtbewohner (siehe Abb. 11).

Abb. 11: *Mad Men*. Staffel 1, Folge 10: „Long Weekend". Regie: Tim Hunter. US: 2007. Filmstill.

Ein solches, wenn man so will, „Abhängen" zum Jukebox-Sound findet sich bei Jugendlichen auf den Fotos von Robert Frank, hier allerdings nicht allein, sondern in der Gruppe (siehe Abb. 12).

Abb. 12: *Candy Store, New York City*. Robert Frank. 1955/1956. Silbergelatineabzug, 20.8 x 31.6 cm, The Museum of Fine Arts, Houston, USA.

4 Kontaktaufnahmen

Im Film kann die Box aber auch neue Kontakte vermitteln und alte Bekannt-schaften wiederherstellen – sei es, weil einer jungen Frau die „nickles" ausge-gangen sind und ein alter Mann mit verhaltenem Hintersinn bereit ist auszuhel-fen („The Asphalt Jungle", 1950, siehe Abb. 13), sei es weil der gewählte Titel als Aufforderung zum Tanz verstanden werden kann (wie etwa in „Mad Men", 2007–2015, 92 Episoden in 7 Staffeln, siehe Abb. 14) oder weil mit der Wahl eines Titels an der Box – oder möglicherweise an einer auf einem der Diner-Tische platzierten Jukebox-Fernbedienung – gezielt Kontakt zu einer anwesen-den Person gesucht wird, wie es in „Baby It's You" von John Sayles (1983, siehe Abb. 15) geschieht. Die Jukebox spielt also sowohl mit großstädtischer Einsam-keit als auch mit der Aussicht auf neue Kontakte.

Abb. 13: *The Asphalt Jungle.* Regie: John Huston. US: 1950. Filmstill.

Abb. 14: *Mad Men.* S1F8: „The Hobo Code". Regie: Phil Abraham. US: 2007. Filmstill.

Abb. 15: *Baby It's You*. Regie: John Sayles. US: 1983. Filmstill.

5 Illegitime Nutzungsweisen

Zudem werden auch ungewöhnliche, zum Teil gar illegitime Nutzungsweisen der Jukebox in Filmen präsentiert. So weiß der ebenso gockelhaft-autoritäre wie viril-vitale Lederjackenträger „Fonzie" in der vor allem in den 1950er Jahren spielenden Sitcom „Happy Days" (1974–1984, 11 Staffeln, 255 Folgen) nicht nur ziemlich lächerlich Frauen mit Fingerschnipsen zurecht- und anzuweisen, sondern auch die Jukebox im „Arnold's Drive-In" durch einen präzisen Schlag – dieser wurde dann als „Fonz Touch" oder auch „Fonzie Bang" bekannt – und eben gerade unter Umgehung des Münzeinwurfs zum Laufen zu bringen (siehe Abb. 16).

Abb. 16: *Happy Days*. S10E10: „All I Want for Christmas". Regie: Jerry Paris. US: 1982. Filmstill.

Eine ganz andere Form der eher ungewöhnlichen Jukebox-Nutzung findet sich im Musikfilm „My Dream is Yours" (1949). Doris Day arbeitet hier in einer Art Jukebox-Fabrik,[4] die an eine Bar angeschlossen ist (siehe Abb. 17).

Abb. 17: *My Dream is Yours*. Regie: Michael Curtiz und Friz Freleng. US: 1949. Filmstill.

Diese erinnert lose an die Phonographensalons („phonograph parlor"), die im ausgehenden 19. Jahrhundert eröffnet wurden und in denen mehrere münzbetriebene Phonographen mit Stethoskopen standen. Die Phonographen konnten dort durch Münzeinwurf in Gang gesetzt werden und erlaubten eine verschärfte Bewirtschaftung des Hörens, für die Theodor Adorno 1927 trocken diagnostizierte: „[W]er nichts zahlt, hört nichts [...]" (Adorno 1984 [1928], S. 528). Nun hören in „My Dream is Yours" nicht nur diejenigen, die zahlen, sondern alle Anwesenden, und zwar das, was der Zahlende ausgewählt hat. Die Jukebox in „My Dream is Yours" enthält jedoch keinen automatischen Wechselmechanismus, sondern eine angestellte Plattenauflegerin – die von Doris Day gespielte Martha Gibson. In einer Filmszene will ein Bar-Besucher eine bestimmte Schallplatte hören, die Doris Day dann aber nicht nur abspielt, sondern als instrumentalen *backing track* für ihren eigenen, aus der Jukebox präsentierten Gesang einsetzt. An der Jukebox entstehen demnach sowohl vom Her- als auch vom Aufsteller nicht beabsichtigte Nutzungsweisen und Hörpraktiken.

---

4 Mein Dank für diesen Hinweis geht an François Ribac (Dijon).

6 Zeitgeber

In Filmen dienen die Jukebox bzw. die in ihr eingesetzten Single-Schallplatten auch immer wieder als Zeitgeber und Zeitmaß. Im bereits erwähnten „Asphalt Jungle" stellt der Protagonist fest, nachdem ein Polizist ihn in Kenntnis gesetzt hat, dass er ihn drei Minuten lang in einer Bar mit Jukebox beobachtet hätte („See, as long as it takes to play a phonograph record"), um sich daraufhin dann für eine Zigarettenlänge zu verabschieden (siehe Abb. 13). Was kann alles geschehen, während eine Schallplatte in der Jukebox läuft? Der englische Kulturwissenschaftler Paul Willis hat in seiner klassischen Studie *Profane Culture* (vgl. Willis 1981 [1978]) auch die Hörrituale eines englischen Motorradclubs untersucht. Diese entwickelten sich in Auseinandersetzung mit einer vor allem mit Rock'n'Roll-Singles bestückten Jukebox, die in dem von Clubmitgliedern besuchten Café aufgestellt war. Willis beschreibt ein ebenso einfaches wie bizarres Ritual: Die Clubmitglieder wählen an der Box einen Song aus und versuchen, vor dem Ende dieses Songs eine vorher bestimmte Rennstrecke per Motorrad zurückzulegen. Das Ziel ist es also, vor dem Ende des Songs wieder an der Jukebox angekommen zu sein (vgl. ebd., S. 60). Auch das kann passieren, während eine Single-Schallplatte in der Jukebox läuft. Hier, wie auch bei „Asphalt Jungle", fungierte die Jukebox als eigentümlicher Zeitgeber.

7 Referenzen: 1950er Jahre und US-amerikanische Popkultur

Aber zurück zum Film: In Filmen und TV-Serien gehört die Jukebox wohl zu einer der nahe liegenden Requisiten, wenn Teile der Handlung in einem Café oder Diner in den USA der 1950er Jahre – wie bei „A Bronx Tale" (1993), „Zurück in die Zukunft" (1985) (siehe Abb. 18) oder „Pleasantville" (1998, siehe Abb. 19) – oder in eine Milchbar oder einen Rock'n'Roll-Schuppen in Westdeutschland derselben Dekade verlegt werden sollen („Ku'damm 56", 2016, siehe Abb. 20 und 21).

Abb. 18: *Zurück in die Zukunft*. Regie: Robert Zemeckis. US: 1985. Filmstill.

Abb. 19: *Pleasantville*. Regie: Gary Ross. US: 1998. Filmstill.

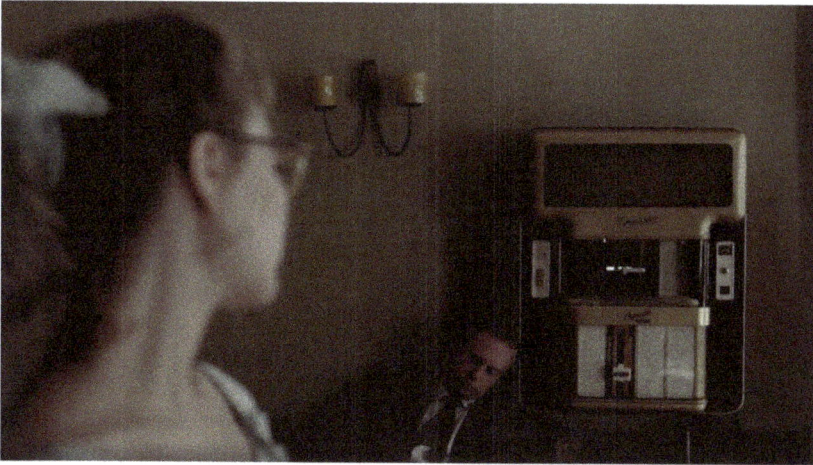

Abb. 20: *Ku'damm 56.* Regie: Sven Bohse. DE: 2016. Filmstill.

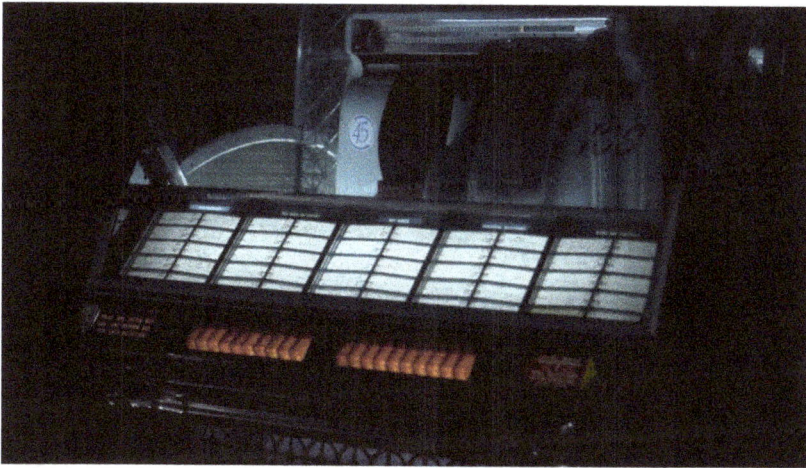

Abb. 21: *Ku'damm 56.* Regie: Sven Bohse. DE: 2016. Filmstill.

In diversen europäischen Filmen werden bis in die Gegenwart durch Jukebox-Einsatz Anknüpfungspunkte zur US-amerikanischen Popkultur gesucht: etwa vom finnischen Regisseurs Aki Kaurismäki mit „The Man Without a Past" (2002, siehe Abb. 22) und „The Match Factory Girl" (1990) oder auch von Wim Wenders.

Abb. 22: Poster von *The Man Without a Past*. Regie: Aki Kaurismäki. Poster. FI: 2002.

Letzterer integriert im Roadmovie „Alice in den Städten" (1974) eine Café-Jukebox-Szene (siehe Abb. 23), in der ein an die Box gelehntes Kind den Bluesrock-Song „On the Road Again" der Westcoast- und Hippie-Band Canned Heat mitsingt.

Abb. 23: *Alice in den Städten*. Regie: Wim Wenders. BRD: 1974. Filmstill.

Auch in zahlreichen Nouvelle Vague-Filmen haben Jukeboxen ihren Auftritt, etwa in „Hiroshima Mon Amour" (1959) oder in „Cléo de cent a sept" (1961). In Jean-Luc Godards „Vivre sa vie" (1962) (siehe Abb. 24) gibt es eine Szene, in der die zur Prostitution genötigte Protagonistin in einer ausschließlich von Männern besuchten Billard-Kneipe einen Swing-Titel an der Jukebox drückt, dann durch die Kneipe zu tanzen beginnt, dabei jedoch von den träge und selbstgenügsam vor sich hin brütenden männlichen Kneipenbesuchern allenfalls beiläufig und verstohlen registriert zu werden scheint.

Abb. 24: *Vivre Sa Vie*. Regie: Jean-Luc Godard. FR: 1962. Filmstill.

8 Wärmendes Lagerfeuer und chromglänzende Moderne

Auch wenn die Jukebox der 1950er Jahre in vielen europäischen Filmen verstärkt US-amerikanisch codiert ist, dann muss jedoch ergänzt werden, dass es auch zahlreiche Auftritte der Jukebox in westdeutschen Filmen gab,[5] in denen das Gerät aus seinem US-amerikanischen Ursprungskontext herausgelöst wurde. Das Jukebox-Modell „Wiegand Musikautomat 1954" (Made in West Germany), welches in einer Kneipe im Film „Auf der Reeperbahn nachts um halb eins" (1956, siehe Abb. 25) mit Hans Albers zu sehen ist, ist weitgehend von jugendkulturellen Pop-Bezügen entkleidet.

---

5 Dank an Hans Jürgen Wulff (Westerkappeln) für entsprechende Hinweise.

Abb. 25: *Auf der Reeperbahn nachts um halb eins.* Regie: Wolfgang Liebeneiner.

Und selbst im dreiteiligen deutschen Fernsehfilm „Ku'damm 56" (2016), in dem eine familieneigene Tanzschule zentraler Schauplatz der Handlung ist, erklingt aus der für die Tanzschule neu angeschafften Jukebox – es handelt sich um eine „Wiegand Tonmaster" (siehe Abb. 20) – gerade kein Rock'n'Roll, sondern die Musik der Elterngeneration. Im Film bedeutet die Anschaffung der Jukebox durch die Tanzschule das Ende des Engagements der aus Rock'n'Roll-Enthusiasten bestehenden Tanzmusikband, die die Tanzschule allerdings zurückhaltend mit gepflegter Tanzmusik zu versorgen hatte. In „Ku'damm 56" wird die Jukebox also auch zum Symbol der Rationalisierung: Menschliche Arbeit wird durch den Automaten ersetzt. Im Rock'n'Roll-Schuppen „Mutter Brause", den der Fernsehfilm als Ort einer Rock'n'Roll-begeisterten Jugendkultur vorstellt, steht jedoch auch eine Jukebox, allerdings keine hölzerne Wiegand, sondern ein chromglänzendes und sich durch ebenso buntes wie hartes Leuchtstoffröhrenlicht auszeichnendes Modell des in dieser Dekade führenden US-amerikanischen Herstellers von Jukeboxen – der Seeburg Company (siehe Abb. 21).

9 Jukebox ohne Ende

Bereits in den 1960er Jahren verlor die Jukebox dann an Bedeutung. In den 1970er Jahren stellte der Hersteller Wurlitzer die Produktion der Boxen ein, und sein Vizepräsident, Ago Koerv, wurde zum Kulturkritiker: „Niemand hat mehr

Zeit, und in den modernen Abfütterungsplätzen wird keiner zum Bleiben ermuntert. Unser ganzer Lebensstil ändert sich" (o. Verf. 1974). Die vergangenen Hörpraktiken und kulturellen Bedeutungen der Box haben allerdings auch in der Gegenwart ihre Spuren hinterlassen – und sicherlich nicht nur in Filmen über die Jugendkulturen der 1950er Jahre.

Medienverzeichnis

Abbildungen

Abb. 1: *Loving You*. Regie: Hal Kanter. US: 1957. Filmstill.
Abb. 2: *G. I. Blues*. Regie: Norman Taurog. US: 1960. Filmstill.
Abb. 3: *G. I. Blues*. Regie: Norman Taurog. US: 1960. Filmstill.
Abb. 4: *The Wild One*. Regie: László Benedek. US: 1953. Filmstill.
Abb. 5: *The Wild One*. Regie: László Benedek. US: 1953. Filmstill.
Abb. 6: *Die Halbstarken*. Regie: Georg Tressler. BRD: 1956. Filmstill.
Abb. 7: *The Girl Can't Help It* . Regie: Frank Tashlin. US: 1956. Filmstill.
Abb. 8: *The Girl Can't Help It*. Regie: Frank Tashlin. US: 1956. Filmstill.
Abb. 9: *The Twilight Zone*, Staffel 1, Folge 1: „Where is everybody?". Regie: Robert Stevens. US: 1959. Filmstill.
Abb. 10: *Nighthawks*. Edward Hopper. 1942. Öl auf Leinwand, 84.1 x 152.4 cm, The Art Institute of Chicago, Chicago, USA.
Abb. 11: *Mad Men*. Staffel 1, Folge 10: „Long Weekend". Regie: Tim Hunter. US: 2007. Filmstill.
Abb. 12: *Candy Store, New York City*. Robert Frank. 1955/1956. Silbergelatineabzug, 20.8 x 31.6 cm, The Museum of Fine Arts, Houston, USA.
Abb. 13: *The Asphalt Jungle*. Regie: John Huston. US: 1950. Filmstill.
Abb. 14: *Mad Men*. S1F8: „The Hobo Code". Regie: Phil Abraham. US: 2007. Filmstill.
Abb. 15: *Baby It's You*. Regie: John Sayles. US: 1983. Filmstill.
Abb. 16: *Happy Days*. S10F10: „All I Want for Christmas". Regie: Jerry Paris. US: 1982. Filmstill.
Abb. 17: *My Dream is Yours*. Regie: Michael Curtiz und Friz Freleng. US: 1949. Filmstill.
Abb. 18: *Zurück in die Zukunft*. Regie: Robert Zemeckis. US: 1985. Filmstill.
Abb. 19: *Pleasantville*. Regie: Gary Ross. US: 1998. Filmstill.
Abb. 20: *Ku'damm 56*. Regie: Sven Bohse. DE: 2016. Filmstill.
Abb. 21: *Ku'damm 56*. Regie: Sven Bohse. DE: 2016. Filmstill.
Abb. 22: *The Man Without a Past*. Regie: Aki Kaurismäki. Poster. FI: 2002.
Abb. 23: *Alice in den Städten*. Regie: Wim Wenders. BRD: 1974. Filmstill.
Abb. 24: *Vivre Sa Vie*. Regie: Jean-Luc Godard. FR: 1962. Filmstill.
Abb. 25: *Auf der Reeperbahn nachts um halb eins*. Regie: Wolfgang Liebeneiner. BRD: 1954. Filmstill.

Literatur

Adorno, Theodor W. 1984 [1928]. Nadelkurven. In *Musikalische Schriften VI. Gesammelte Schriften*. Bd. 19, Hrsg. Theodor W. Adorno, 525–529. Frankfurt am Main: Suhrkamp.

Drott, Eric. 2018. Why the Next Song Matters: Streaming, Recommendation, Scarcity. In *Twentieth-Century Music*, 15(3): 325–357. DOI: https://doi.org/10.1017/S1478572218000245.

Frank, Robert. 1958. *The Americans*. Göttingen: Steidl.

Handke, Peter. 1990. *Versuch über die Jukebox*. Frankfurt am Main: Suhrkamp.

Heister, Hanns-Werner. 1974. Die Musikbox. Studie zur Ökonomie, Sozialpsychologie und Ästhetik eines musikalischen Massenmediums. In *Segmente der Unterhaltungsindustrie*, Hrsg. ders., Jürgen Alberts und Karl Michael Balzer, 11–65. Frankfurt am Main: Suhrkamp.

Maase, Kaspar. 1996. Amerikanisierung von unten. Demonstrative Vulgarität und kulturelle Hegemonie in der Bundesrepublik der 1950er Jahre. In *Amerikanisierung: Traum und Alptraum im Deutschland des 20. Jahrhunderts*, Hrsg. Alf Lüdtke, Inge Marssolek und Adelheid von Saldern, 291–314. Stuttgart: Franz Steiner.

o. Verf. 1974. Unterhaltung: Die Jukebox verstummt. In *Der Spiegel* 1974 (14): 132.

Papenburg, Jens Gerrit. 2012. *Hörgeräte. Technisierung der Wahrnehmung durch Rock- und Popmusik*. Dissertation. Humboldt-Universität zu Berlin.

Papenburg, Jens Gerrit. 2020. The File. Listening in Digital Sound Cultures. In *The Bloomsbury Handbook of the Anthropology of Sound*, Hrsg. Holger Schulze, 43–57. New York: Bloomsbury.

Segrave, Kerry. 2002. *Jukeboxes. An American Social History*. Jefferson, NC/London: McFarland & Company.

Willis, Paul E. 1981 [1978]. *Profane Culture. Rocker, Hippies: Subversive Stile der Jugendkultur*. Frankfurt am Main: Syndikat.

Filme und Serien

A Bronx Tale. Regie: Robert De Niro. US: 1993.

Alice in den Städten. Regie: Wim Wenders. BRD: 1974.

Auf der Reeperbahn nachts um halb eins. Regie: Wolfgang Liebeneiner. BRD: 1954.

Baby It's You. Regie: John Sayles. US: 1983.

Cléo de cent a sept. Regie: Agnès Varda. FR: 1962.

Die Halbstarken. Regie: Georg Tressler. BRD: 1956.

G.I. Blues. Regie: Norman Taurog. US: 1960.

Happy Days. Garry Marshall. US: 1974–1984.

Hiroshima Mon Amour. Regie: Alain Resnais. FR: 1959.

Ku'damm 56. Regie: Sven Bohse. DE: 2016.

Loving You. Regie: Hal Kanter. US: 1957.

Mad Men. Matthew Weiner. US: 2007–2015.

My Dream is Yours. Regie: Michael Curtiz und Friz Freleng. US: 1949.

Pleasantville. Regie: Gary Ross. US: 1998.

The Asphalt Jungle. Regie: John Huston. US: 1950.

The Girl Can't Help It. Regie: Frank Tashlin. US: 1956.

The Man Without a Past. Regie: Aki Kaurismäki. FI: 2002.

The Match Factory Girl. Regie: Aki Kaurismäki. FI: 1990.
The Twilight Zone. Rod Serling. US: 1959–1964.
The Wild One. Regie: László Benedek. US: 1953.
Vivre Sa Vie. Regie: Jean-Luc Godard. FR: 1962.
Zurück in die Zukunft. Regie: Robert Zemeckis. US: 1985.

Marcus Stiglegger

Metal to the Head

Extreme Metal als Passageritus in „Coming-of-(R)Age"-Filmen

Zusammenfassung: Mit den extremen Spielarten des Heavy Metal – Death Metal, Black Metal, Thrash Metal etc. – sind nicht nur in den realen Subkulturen mitunter drastische Ideologien und Ästhetiken verbunden, die bis zu Brandstiftung und Mord reichen, sondern auch im internationalen Kino taucht diese Musik immer wieder als ein Signum für innere Krisen, Konflikte und Revolte auf. An drei internationalen Beispielen von den 1980er Jahren bis heute wird deutlich, wie Extreme Metal mit Elementes eines pubertären und adoleszenten Passage-Ritus' verbunden wird, der nicht selten mit jenen katastrophischen Ereignissen der Realität verknüpft wird, die in der Diskussion ohnehin dessen Wahrnehmung prägen. Diskutiert werden die Filme „River's Edge" („Das Messer am Ufer") (1987), „Málmhaus" („Metalhead") (2013) und „Lords of Chaos" (2018) mit Blick auf die Theorie des Passage-Ritus von Arnold van Gennep.

Schlüsselwörter: Extreme Metal, Gegenkultur, Subkultur, Passageritus, Arnold van Gennep, Death Metal, Thrash Metal, Black Metal, Coming-of-Age, Adoleszenz

Für Nadine

When night falls
She cloaks the world in impenetrable darkness
A chill rises from the soil and contaminates the air
Suddenly, life has a new meaning.
(Burzum. 1996. *Darkness.*)

1 Passagen

Waren die 1960er Jahre die Ära der Gegenkultur, sind die 1980er Jahre zweifellos die große Zeit der musikalischen Subkulturen: formiert aus den späten 1970er Jahren mit Punk, Oi! und Industrial entstanden nach und nach Wave, Gothic und die Spielarten der Metal-Szene. Dazu kamen Rap und Hip-Hop sowie die Varianten des Elektropop. Das lieferte einem Pubertierenden jener Jahre eine enorme Spielwiese der Identitäten, Moden und Rituale. Und es dauerte

https://doi.org/10.1515/9783110730609-023

nicht lange, bis diese Subkulturen auch ihre filmische Reflexion fanden. Und umso spannender wurde es für einen Post-Punk wie mich als 16-Jährigen, wenn diese Filme zudem die eigene Situation spiegelten. Filme über Jugendliche gab es, klar, aber nicht jeder mochte sich in „Pretty in Pink" (1984) von Howard Deutch oder „Footloose" (1984) von Herbert Ross wiederfinden. Ich sehnte mich nach Filmen, die authentische Einblicke in die spannenden Subkulturen jener Jahre boten, Filme wie „Sid & Nancy" (1987) von Alex Cox, „Suburbia" (1985) von Penelope Spheeris, „Made in the USA" (1987) von Ken Friedman – und „River's Edge" (1987) von Tim Hunter. Als Crispin Glover mit seinem Vehikel bei Keanu Reeves vorfuhr, die Metal-Musik laut aufgedreht, war ich diesem Film verfallen. „River's Edge" – das war dröhnender Metal, Sex im Park und jugendliche Todessehnsucht. Aus meiner damaligen Sicht war ich selbst dieser Film. Irgendwie. Wenn auch nicht in letzter Konsequenz.

In den 1980er Jahren befand ich mich in einer Übergangsphase, die man in westlichen Kulturen als Pubertät bezeichnet: die Zeit der körperlichen Reifung, des sexuellen Erwachens, der Ausprägung einer sozialen Identität. In vielen Kulturen wird diese Zeit zwischen dem 12. und 18. Lebensjahr als eine gefährliche und risikoreiche Phase betrachtet, denn der junge Mensch gilt in dieser Lebensphase noch als nicht komplett integriert und handlungsfähig. Es verwundert kaum, dass in vielen Ländern diese Jugendlichen zu effektiven Soldat*innen gemacht werden. Aufgrund dieser unsoliden Disposition haben viele Kulturen Rituale entwickelt, um diesen Übergang zu markieren und symbolisch aufzuarbeiten. Der französische Ethnologe Arnold van Gennep definierte diese Riten 1909 in seinem gleichnamigen Buch als *rites de passage*, als Übergangs- oder Passageriten. Der Übergang von einem Lebensstadium (Kindheit, Jugend) in das nächste (Erwachsensein) verändert zugleich den Lebens- und Sozialstatus. In nicht-industriellen Gesellschaften kommt diesem Übergang eine besondere Bedeutung zu, der Ritus ist fester Bestandteil des Sociallebens. Die Körpertechniken und symbolischen Handlungen, die mit dem Übergangsritus verbunden sind, bezeichnet van Gennep als „rite de passage". Der Zwischenzustand während des Ritus gilt als „ungeschützter Zustand", denn er ist undefinierbar. Laut van Gennep verläuft der Ritus in drei Phasen (van Gennep 2005, S. 13–25):

1. Ablösungsphase (séparation) – der Schritt aus der Gemeinschaft
2. Zwischenphase (Liminalität) – hier ist der Jugendliche für den Einfluss übelwollender Kräfte besonders anfällig.
3. Integrationsphase – die neue Identität wird angenommen.

Diese Phasen korrespondieren bei ihm mit drei verschiedenen Kategorien von Riten (ebd., S. 21):

1. Trennungsriten (rites de séparation)
2. Schwellen- oder Umwandlungsriten (rites de marges)
3. Angliederungsriten (rites d'agrégation).

Der britische Ethnologe Victor Turner entwickelte van Genneps Theorie im Rahmen der symbolischen Anthropologie weiter (Turner 2005). Jüngst hat Byung-Chul Han die Passageriten als „verschwindende Riten" (2019) diagnostiziert:

> Die Übergangsriten [...] strukturieren das Leben wie Jahreszeiten. Wer eine Schwelle überschreitet, hat eine Lebensphase abgeschlossen und tritt in eine neue ein. Schwellen als Übergänge rhythmisieren, artikulieren, ja erzählen Raum und Zeit. Sie machen eine tiefe Ordnungserfahrung möglich. Schwellen sind zeitintensive Übergänge. Sie werden heute eingerissen zugunsten beschleunigter, bruchloser Kommunikation und Produktion.
>
> (Han 2019, S. 45–46)

Wie Begriffe aus der Ethnologie der Weltanschauung grundsätzlich lässt sich auch diese Theorie fruchtbar bei der Analyse von Filminszenierungen anwenden, vor allem im Kontext des Coming-of-Age-Dramas, das sich ohnehin auf jene Phase des Übergangs zwischen Jugend und Erwachsensein bezieht. Zudem ist die Sprache filmischer Inszenierung eine höchst rituell und zyklisch angelegte Symbolsprache, die mit Elementen des mythischen und animistischen Denkens assoziativ spielt.

2 Die Jugend und der Tod

„River's Edge" (Abb. 1) wurde am 10. September 1986 beim Toronto International Film Festival uraufgeführt. Produzentin Midge Sanford erinnerte sich an diese Vorführung lebhaft, weil der Film das Publikum spaltete. Am Ende wurde er von Island Pictures zum Vertrieb erworben. Die Geschichte knüpft an einen realen US-amerikanischen Kriminalfall an: Ein High-School-Schüler ermordete seine Freundin und ließ ihren Körper am Tatort liegen. In den folgenden Tagen brachte er einige seiner Freund*innen dazu, ihren Körper zu betrachten, und nach und nach verbreitete sich die Kunde des Verbrechens in seinem Freundeskreis. Lange Zeit hatte niemand die Polizei verständigt. Als diese Umstände bekannt wurden, entwickelte sich eine öffentliche Diskussion über die Empathielosigkeit der jugendlichen Generation jener Jahre, die wie so oft auf Medienkonsum (Metal-Musik, Filme) zurückgeführt wurde. Doch war dies damals keine hinreichende Erklärung und wäre es auch heute nicht. Das Ereignis rührt an eine tiefere Ebene der kapitalistischen westlichen Gesellschaft, gewährt gar einen Blick in verdrängte Abgründe, denen sich der Film auf eine fast jugendlich-sorglose Weise annähert.

Anders als die zahlreichen Artikel, die angesichts dieses Ereignisses einen moralischen Zusammenbruch der Gesellschaft diagnostizierten, bietet „River's Edge" als Film keine befriedigende Erklärung für die präsentierten Ereignisse. Das Verhalten der Jugendlichen bleibt so indifferent und unberechenbar wie in der Realität, als sie die Leiche am Ufer anstarrten. Diese exponierte Leere macht den Film umso radikaler und intensiver, denn er lässt uns mit diesen Beobachtungen allein.

„River's Edge", das heißt in diesem Fall auch Thrash Metal: Hallows Eve mit „Lethal Tendencies", Slayer mit den Songs „Die By The Sword", „Captor Of Sin", „Evil Has No Boundaries" und „Tormentor", dazu die Punkband Wipers mit „Let me Know" und Agent Orange mit „Fire In The Rain". Das ist der Soundtrack einer Teenager-Angst, die sich mit der Neugier auf das „Innere des anderen" paart, wie ich das in *Ritual & Verführung* (2006) nannte. Die wesentliche Frage, während im Auto diegetisch die Metal-Riffs dröhnen, lautet: „Willst Du eine echte Leiche sehen?"

Der Film zeigt etwas, das erst der Netflix-Film „Super Dark Times" (2017) programmatisch benennen sollte: Die 1980er Jahre waren genau das, eine finstere Zeit zwischen atomarer Aufrüstung und Friedensbewegung, zwischen MTV und Teenie-Slasher-Filmen. Auf den frühen Black Metal von Venom folgte der knüppelnde Thrash Metal, auf den Punkrock der Gothicrock. Tim Hunters Film beginnt wie die episodische Momentaufnahme der suburbanen 1980er Jahre in Nordkalifornien. In den ersten Einstellungen wirft ein heranwachsender Junge, Tim (Joshua John Miller), eine Puppe in einen Fluss, als wolle er sich symbolisch von seiner Kindheit verabschieden. Erst später wird klar, dass er die Lieblingspuppe seiner kleinen Schwester entsorgt. Am anderen Ufer sieht er den Teenager Samson (Daniel Roebuck) eine Zigarette rauchen; neben ihm liegt die nackte Leiche seiner Freundin Jamie (Danyi Deats).

Abb. 1: Samson, Matt und Layne. *River's Edge*. Regie: Tim Hunter. US: 1986. Filmstill.

Später in einem Supermarkt trifft Tim auf Samson, der sich mit dem Verkäufer über den Kauf von Bier streitet. Tim kehrt nach Hause zurück, wo sein Bruder Matt (Keanu Reeves) und seine Mutter nach der Puppe seiner kleinen Schwester suchen. Layne (Crispin Glover) kommt in seinem modifizierten Auto, umtost von dröhnendem Thrash Metal, an und holt Matt ab. Die beiden fahren zu Feck (Dennis Hopper), einem neurotischen Ex-Biker und Drogendealer, um Marihuana zu kaufen. Während der Autofahrt erzählt Layne von einer Party in der Nacht zuvor, wo John und Jamie stritten. Hier kommt einiges zusammen: Metal-Szene und Drogen, junge Bratpack-Generation und Veteranen des New Hollywood und der Hippie-Ära. Doch wie die 1960er Jahre spätestens mit Manson und Altamont ihre Unschuld verloren hatten, so beklemmend nihilistisch ist die Welt der Teenager hier inszeniert.

In der Schule stehen Layne und Matt mit ihren Freund*innen Clarissa (Ione Skye), Maggie (Roxana Zal) und Tony (Josh Richman) zusammen und rauchen. Samson kommt an und erwähnt, dass er Jamie getötet hat. Clarissa und Maggie denken, er habe einen Scherz gemacht, und gehen zum Unterricht. Diese Indifferenz ist es, die den Film einst so provokativ erscheinen ließ. Der Tod wird in seiner Fatalität nicht begriffen oder scheinbar negiert. Neugierig wird die Leiche betrachtet und bald kommt die Idee auf, den Leichnam zu entsorgen und die Tat zu verschleiern – eine Idee, die auch „Super Dark Times" aufgreift. Matt ist beunruhigt, während Layne sich darauf konzentriert, das Verbrechen zu verschleiern. Es ist diese falsch verstandene Loyalität, die Laynes Verhalten zunehmend neurotisch erscheinen lässt. Er versucht zu vertuschen, was nicht sein darf, und entsorgt die Leiche selbst im Fluss. Gerade Layne ist die Figur, die sich mit ihrem Autoradio den Soundtrack zur Desorientierung selbst gestaltet.

„River's Edge" bleibt bei all diesen Ereignissen verstörend distanziert und beobachtend. Hunter beschönigt nichts und wendet den Blick niemals ab. So sehen wir die nackte Leiche immer wieder und werden Zeuge der zynischen Demütigung des mental verwirrten Feck durch den Täter Samson. Die 1980er Jahre sind als „Super Dark Times" die Ära des „True Crime"-Kultes, und „River's Edge" fällt als realitätsbasiertes Teenage-Angst-Movie genau in diesen Kontext. Das Drehbuch kombiniert unterschiedliche reale Ereignisse und Fälle: Am 3. November 1981 wurde Marcy Renee Conrad von Anthony Jacques Broussard in Milpitas (Kalifornien) vergewaltigt und erdrosselt – in der Folge zeigte der Täter die Leiche mehr als 13 Bekannten; auch die Ermordung von Gary Lauwers durch seinen Freund Ricky Kasso (1984) wurde im Zusammenhang gesehen (Jim van Bebber verfilmte den Fall später als „My Sweet Satan", 1994, ein Kurzfilm, der ebenfalls mit extremer Metal-Musik unterlegt ist). In all diesen Fällen geht es nicht nur um buchstäblich unfassbare Verbrechen, die auf den ersten Blick keinem rationalen Muster folgen, sondern auch um das Umfeld von Täter und Opfer sowie deren beängstigende dialektische Verbindung. „River's Edge" zeigt, dass alle Beteiligten derselben Welt, dem gleichen Milieu entstammen. Sie teilen die ökonomischen Nöte, die Langeweile der Vororte, die Träume und Leidenschaften, Musik und Sex. Und doch sind sie Täter und Opfer, wie der existenzialistische Philosoph Albert Camus in *Der Mensch in der Revolte* betonte: „Die Gemeinschaft der Opfer ist die gleiche, die das Opfer mit dem Henker verbindet. Aber der Henker weiß es nicht." (Camus 1969, S. 16) Samson ist der personifizierte Abgrund, der in seinem ganzen Freundeskreis lauert, und von dem Bands wie Slayer singen. Die Musik ist hier nicht nur der diegetische Soundtrack, sondern auch ein popkultureller Kommentar. Von dort kommen auch die verstörende Apathie und der blinde Aktionismus von Layne – als ahnten letztlich alle, was sie persönlich mit dem Mörder verbindet. Letztlich hatte die tote Jamie niemand von ihnen wirklich geschätzt, und so wird sie auch nicht wirklich vermisst. Der Kult um die „wahren Verbrechen" jener Jahre mag ein weiterer Spiegel einer konsumistischen Gesellschaft der sozialen Kälte sein, in der jeder austauschbar und bedeutungslos erscheint. Und so ist es der romantische Doppelmörder Feck, der gegen dieses System der Willkür und Leere aufbegehrt, denn sonst „gibt es keine Hoffnung". In einem späten Schatten aus „Easy Rider" (1969) ist Feck/Hopper noch einmal der Mensch in der Revolte und stellt die Balance wieder her. So mutet zumindest seine Tötung des Mörders an. Die Teenager jedoch tragen diese Saat der Revolte nur noch diffus in sich: als eine latente Wut, die jederzeit ausbrechen kann.

„River's Edge" passt in jene Galerie der Underdog-Filme der 1980er Jahre: „Made in USA" (1987) von Ken Friedman, „Near Dark" (1987) von Kathryn

Bigelow, „Reckless" (1984) von James Foley – allesamt Filme, die den Aufbruch
der jugendlichen Revolte wie ihr Scheitern und den begleitenden Tod feiern;
eine vergehende Schönheit, untermalt von impulsiver Rockmusik jener Jahre,
als Ausdruck jener Melancholie, dem Bewusstsein, die Zeit würde alles zerstö-
ren. Diese Filme zeigen eine ruhelose Generation von Teenagern, die ohne
Übergangsriten aufwächst und allein gelassen wird mit ihrer Desorientierung,
was folglich den Abgrund wachsen lässt und in Mord und Depression mündet.
Sie alle treten aus der Gemeinschaft heraus, der sie sich nicht zugehörig fühlen.
Die subkulturellen Codes und Akkorde verleihen dem eine ästhetische Form. In
der liminalen Zwischenphase kultivieren sie den Einfluss abgründiger Tendenzen: Drogen, Promiskuität, Mord und emotionale Kälte. In der Begegnung mit
dem soziopathisch agierenden Samson könnte diese Gemeinschaft wachsen
und sich neu formieren. Layne ist es, der diesen Zusammenhalt predigt, ohne
eine wirkliche Richtung vorgeben zu können, als ahnte er zumindest, dass ein
dritter Schritt zur Integration nötig wäre. Doch weder die ästhetische Form des
Thrash Metal noch die subkulturelle Gemeinschaft der Ausgestoßenen bringt
effektive Umwandlungs- oder Integrationsriten hervor. Es bleibt der sonderbaren Logik des Wahnsinnigen Feck überlassen, eine Konsequenz zu ziehen, die
allerdings Samson das Leben kostet. „River's Edge" beschreibt eine Welt am
Abgrund, der die Mechanismen der Gemeinschaft abhandengekommen sind
und deren Soundtrack umso kälter in der Feier des Abgrundes anmutet. Wie die
Leiche nicht verschwinden möchte, sind die Protagonist*innen dazu verurteilt,
an der Grenze („edge") zu wandeln, also die Passage zu meistern.

3 Die Geburt des Black Metal aus dem Geiste der Verzweiflung

Eine der extremsten Formen der Metal-Musik ist der norwegische Blackmetal.
Inspiriert von Black Sabbath, Venom und den Thrash- und Death-Metal-Bands
der 1980er Jahre formierte sich aus Teenager-Angst und „Teenage Rage" eine
Untergrundkultur, die auch vor Mord und Brandstiftung nicht zurückschreckte.
Neben einigen aufschlussreichen Musikdokumentationen befassen sich vor
allem zwei prägnante Spielfilme mit dieser Zeit und Bewegung: der isländische
„Málmhaus/Metalhead" (2013) von Ragnar Baragson und der amerikanisch-
norwegische „Lords of Chaos" (2018) von Jonas Åkerlund.

„Málmhaus" ist ein prototypisches Coming-of-Age-Drama: Als die Band
Black Sabbath 1970 ihr erstes Album aufnimmt, wird in einem tristen Dorf auf

dem isländischen Land die kleine Hera geboren. Als Zwölfjährige muss sie mit ansehen, wie ihr älterer Bruder Baldur durch einen tragischen Unfall buchstäblich aus dem Leben gerissen wird. Von dem traumatischen Erlebnis schockiert, übernimmt sie seine Persona samt Lederjacke, seinem ikonischen Motörhead-T-Shirt und der E-Gitarre. Doch irgendwann reicht dieser Akt der Revolte gegen die christlich-spießige Gemeinschaft nicht mehr, und die pubertierende Hera (Thora Bjorg Helga) geht immer drastischere Wege. Sie sieht im Fernsehen einen Bericht über die Kirchenbrände in Norwegen und zündet schließlich die Kirche des Dorfes an. Alleine wandert sie in die Isolation der vereisten Berge (Abb. 2) oder probt im Viehstall brutale Gitarrenriffs, zu denen sie selbst singt. Das Demotape schickt sie nach Norwegen. Ihre Form des isolationistischen, finsteren Black Metal wird zur authentischen Stimme ihres unbewältigten Traumas, ihrer Einsamkeit und ihrer ungestillten Leidenschaft. Als drei Musiker aus Norwegen kommen, um die Urheberin des Demotapes kennenzulernen, verwirklicht sich ihr Traum.

Abb. 2: Hera in Corpsepaint. *Málmhaus*. Regie: Ragnar Bragason. IS: 2013. Filmstill.

Im Gemeindehaus betritt Hera mit ihrer neuen Band, in Corpsepaint und Lederjacken, die Holzbühne. Sie beginnen mit dem brachialen Black Metal-Song „Svarthamar", der vom Publikum abgebrochen wird. Dann covern sie die genrebildende Southern Rock-Band Lynyrd Skynyrd, was vom Publikum goutiert wird, doch die Band bricht ihrerseits frustriert ab. Spontan schaltet Hera die Verzerrung aus und spielt eine Akustik-Version des Black Metal-Songs, mit dem sie schließlich auch die Dorfbewohner*innen erreicht und bewegt. Dieser zarte Höhepunkt des Films ist eine Antithese zur manischen Destruktivität von „River's Edge" und „Lords of Chaos". Die Musik wird – reduziert auf ihren Kern – zu einem Katalysator der Kommunikation zwischen Milieus und Generationen.

Für Momente ist es Hera, die diese Verbindung knüpft und vermeintlich extreme Musik zu einer Stimme der Harmonie werden lässt. In einem Epilog sehen wir Hera in ihrem Zimmer – sie hört den Megadeth-Song „Symphony Of Destruction". Ihre Eltern kommen hinzu, und alle drei beginnen ausgelassen zu den harten Riffs zu tanzen.

Der Soundtrack von Málmhaus verbindet den eher klassischen Heavy Metal von Judas Priest („Victim of Changes") mit dem Thrash von Megadeath und den atmosphärischeren Klängen der Post-Black-Metal-Band Solstafir. Wie der Film ein komplexes Bild der isländischen Mikrogesellschaft bietet und seine Protagonistin sorgsam charakterisiert, bleibt auch der Soundtrack ambivalent und erschöpft sich nicht in einem wütenden Aufschrei wie noch in „River's Edge". Er beweist, dass man nicht nur Surfrock erhält, wenn man Black Metal-Songs unverzerrt einspielt, sondern veritable Singer-Songwriter-Kunst. Im Herz der Gewalt (und des Films) ruht ein fragiler Geist, der Revolte und Sehnsucht vereint.

„Málmhaus" ist ein fast klassisch konstruiertes Coming-of-Age-Drama. Wir erleben Heras unbeschwertes Kinderleben auf dem Land, das im Unfalltod des Bruders eine Erschütterung erfährt. Um dieses Trauma zu verarbeiten, unternimmt Hera den Schritt aus der Gemeinschaft: Sie wird zum Medium ihres Bruders, trägt seine Kleidung und spielt seine Gitarre. In der Zwischenphase wendet sie sich Handlungsweisen des Destruktiven und Bösen zu (von sexueller Hyperaktivität bis zur Amokfahrt mit dem Traktor und zur Kirchenbrandstiftung). All das wird von der christlichen Gemeinschaft, von Eltern und Nachbar*innen erduldet. Schließlich entdeckt sie die Metal-Musik als ästhetische Ausdrucksform und bringt sie auf die Bühne, als Kommunikation mit der sozialen Gemeinschaft. Das Konzert und der Epilog können als Integrationsphase betrachtet werden, in der Hera eine neue Identität anstrebt und sich letztlich mit dem Tod des Bruders arrangiert hat. Der symbolische Schritt der Umwandlung durch Überaffirmation und Ausagieren des Abgrundes, angelegt in dem von ihr quasi im Alleingang entwickelten Black Metal, erweist sich als ein effektiver performativer Ritus.

4 Das Ende der (Un)schuld

Nach Jahren der Gerüchte und Vorbereitungen verfilmte der ehemalige Schlagzeuger der bahnbrechenden Black Metal-Band Bathory und heutige Filmemacher Jonas Åkerlund ein populäres Sachbuch von Didrik Søderlind und Michael Moynihan unter dem gleichlautenden Titel „Lords of Chaos" (2019). Noch umstrittener als das mitunter distanzlose Buch wurde der Film von Metal-Fans und realen Beteiligten gleichermaßen für seine künstlerischen Freiheiten kritisiert, woraus eine unfruchtbare Diskussion über die Authentizität der Inszenierung entstand. Als Film betrachtet, fällt vor allem auf, dass Åkerlund von Beginn an einen deutlich ironischen Blick auf die bürgerliche norwegische Gesellschaft wirft – erheblich amüsanter als in „Málmhaus", wie die einleitende Collage von Momentaufnahmen aus der norwegischen Kultur zeigt. Wir erleben das Geschehen aus der Sicht und durch die Off-Kommentare von Oystein Arseth (Rory Culkin), der sich später Euronymus nannte und in einer Vorstadtidylle von Oslo Mitte der 1980er Jahre im Keller seiner Eltern mit seiner Metal-Band Mayhem probt. Als die jüngere Schwester die Probe unterbricht, ruft er gar seine Mutter zu Hilfe.

Der Film begleitet die Entstehung der Band bis zum Tod ihres Gründers. Mayhem erregt erstmals Aufsehen, als sie mit dem neuen Sänger Dead aus Schweden und dem Drummer Hellhammer auf Tour gehen. Was in den vorangehenden Filmen im sozialen Kontext angedeutet wurde, wird von Mayhem auf der Bühne vorgeführt: Selbststigmatisierung, Autoaggression, Gewaltaufrufe, satanistische Selbsterhöhung und Totenkult. Dead fetischisiert die Verwesung und haust mit Oystein in einem abgelegenen, verfallenden Haus, wo er sich u. a. mit Tierkadavern umgibt. Der Film deutet sowohl in der Freundschaft von Euronymous und Dead wie auch später im Verhältnis zu Kristian Varg Vikernes (Emory Cohen) ein latentes und unerfülltes homosexuelles Begehren an, das jeweils zu katastrophischer Eskalation führt. Was dem Extreme-Metal-Fan als künstlerische Verschlüsselung genügen mag, wird in „Lords of Chaos" mehr noch als in den Filmen zuvor blutige Realität. In einem Moment der Isolation tötet sich Dead auf blutige Weise. Seine Passage führt nicht zurück in eine Gemeinschaft, sondern über die letzte Grenze hinaus, wodurch Dead gleichwohl selbst zu einem Mythos wird: zum Blutzeugen der Black-Metal-Gemeinschaft. Aus Schädelfragmenten fertigt Euronymus kleine Anhänger für die Band.

Abb. 3: Brandstiftung als Ritual. *Lords of Chaos*. Regie: Jonas Åkerlund. GB/SE/US: 2018. Filmstill.

Mit Varg Vikernes kommt ein etwas unbeholfener Fan in das Umfeld von Euronymus, auf den die anderen herabblicken. In dessen Schallplattenladen Helvete in Oslo treffen sich die Musiker und Fans, die sich im inneren Kreis als „Black Circle" bezeichnen. Zu ihnen gehören auch Fenriz von Darkthrone und Faust von Emperor. Um seinen Status in diesem Kreis zu steigern, legt Varg in einer Kirche Feuer, woraus eine ganze Welle von Kirchenbrandstiftungen hervorgeht, an der sich im Film auch Euronymus und Faust beteiligen (Abb. 3). Faust tötet zudem einen homosexuellen Mann, der ihn anspricht. Der Teufelskreis aus Feuer und Blut verbindet den „Black Circle" und macht die Öffentlichkeit auf die an sich kleine Subkultur aufmerksam. Varg geht so weit, sich in einem Zeitungsinterview selbst als Drahtzieher darzustellen, was aber nicht bewiesen werden kann. Als Euronymus, der um seinen Status als „Gründer des True Norwegian Black Metal" fürchtet, Todesdrohungen gegen Varg ausspricht, lässt sich dieser nach Oslo fahren, wo er den vermeintlichen Freund brutal ersticht. Er macht Euronymus zu einem weiteren Blutzeugen, der den Kultstatus von Mayhem bis heute sichert, und sich selbst zur Ikone des Bösen, die als ästhetische Form einen festen Platz in der Szene hat (vgl. Patterson 2017, S. 169–193).

Nicht alle Musiker*innen waren von Åkerlunds Projekt angetan. Vor allem Burzum (vgl. Dath 2000) und Darkthrone gaben keine Musik für den Soundtrack frei. Von Mayhem dagegen hört man hier klassische Black Metal-Songs wie „Deathcrush", „Freezing Moon" oder „Pure Fucking Armageddon". Auch Åkerlunds frühere Band Bathory ist mit „Born for Burning", „The Return of Darkness and Evil" und „Sacrifice" präsent. Dazu kommen andere Genres und Bands wie Accept, Tormentor, Cathedral, Myrkur und Wardruna. Wie in „Málmhaus" ist der Anteil atmosphärischer Klänge hoch. Hier sind das vor allem Stücke der ätherischen Band Sigur Rós oder „The Host of Seraphim" von Dead Can Dance, das zu hören ist, bevor Varg Euronymus tötet.

„Lords of Chaos" kehrt zur Grundproblematik von „River's Edge" zurück. In einer Gesellschaft ohne effektive Passageriten ist nicht nur der Abgrund ungebrochen verführerisch, auch der Impuls, Tabus und die letzte Grenze (den Tod) erst ästhetisch und schließlich real zu überschreiten, erscheint in dieser Binnenlogik nachvollziehbar. Während der subkulturelle Jugendliche in seiner Ablösungsphase einen symbolischen Schritt aus der „Gemeinschaft der Gleichen" tut, indem er sich als „anders" stigmatisiert, tritt Varg hier aus der subkulturellen Gemeinschaft aus. Die Zwischenphase, in der sich der Jugendliche ästhetisch und symbolisch mit dem Abgrund auseinandersetzt, wird zur existenzbestimmenden Größe, der sich Varg hingibt. Statt aus der Isolation in die Gemeinschaft zurückzukehren (Integrationsphase), erhebt Varg den Status des

„einsamen Wolfes" zum Prinzip. In der Realität wissen wir, dass Varg Vikernes noch heute als *persona non grata* in Frankreich lebt. Wie in „River's Edge" treten die Kategorien von Riten hier nur noch in pervertierter Form auf. Statt eine integrative Funktion zu fördern (Umwandlung, Eingliederung), vertiefen sie den Konflikt mit tödlichen Folgen. Es mutet umso irritierender an, dass sich Varg Vikernes auf seiner Internetseite, in seinen YouTube-Clips und in Buchpublikationen immer wieder über die Notwendigkeit von Mythen und Ritualen äußert. „Lords of Chaos" dagegen zeigt, dass es hierbei weniger um Integration als vielmehr um endgültige Separation geht – eine Passage, die nur im Chaos enden kann. In diesem Sinne ist Black Metal eine symbolisch-ästhetische Form des Chaos, deren integrative Funktion als Ritus des Übergangs nur in „Málmhaus" zu funktionieren scheint, unlösbar verbunden mit einem verzweifelten Willen zur Nähe und zur Überwindung des Todes. „Málmhaus" ist daher eine Antithese zu „River's Edge" und „Lords of Chaos", die sich im Überschreiten der letzten Grenze erschöpfen. Ihre Opfer haben keine rituelle Funktion. Ihre Hohepriester sind Verlorene einer Gesellschaft, die den Kontakt zur Passage weitgehend verloren hat.

Medienverzeichnis

Abbildungen

Abb. 1: *River's Edge*. Regie: Tim Hunter. US: 1986. Filmstill.
Abb. 2: *Málmhaus*. Regie: Ragnar Bragason. IS: 2013. Filmstill.
Abb. 3: *Lords of Chaos*. Regie: Jonas Åkerlund. GB/SE/US: 2018. Filmstill.

Literatur

Camus, Albert. 2006 [1953]. *Der Mensch in der Revolte*. Reinbek: Rowohlt.
Dath, Dietmar. 2000. Das mächtigste Feuer – Die Kriegsfantasie als Nukleus von Moderne und Gegenmoderne in Pop oder/und Avantgarde. 3: Wehrsportgruppe BURZUM: Heavy-Metal-Soldaten in Odins Rassenkrieg. In *testcard #9: Pop und Krieg*, Hrsg. Roger Behrens et al., 70–73. Mainz: Ventil Verlag.
Dornbusch, Christian und Hans-Peter Killguss. 2007. *Unheilige Allianzen – Black Metal zwischen Satanismus, Heidentum und Neonazismus*. Münster: Unrast Verlag.
Han, Byung-Chul. 2019. *Vom Verschwinden der Rituale. Eine Topologie der Gegenwart*. Berlin: Ullstein.
Moynihan, Michael und Didrik Søderlind. 2005. *Lords of Chaos – Satanischer Metal: Der blutige Aufstieg aus dem Untergrund*. Zeltingen-Rachtig: Index Verlag/ProMedia.
Patterson, Dayal. 2017. *Black Metal. Evolution of a Cult*. Wittlich: Index Verlag.

Stiglegger, Marcus. 2006. *Ritual & Verführung. Schaulust, Spektakel und Sinnlichkeit im Film.* Berlin: Bertz + Fischer.

Turner, Victor Witter. 2005. *Das Ritual. Struktur und Anti-Struktur.* Frankfurt/New York: Campus.

van Gennep, Arnold. 2005. *Übergangsriten.* Frankfurt/New York: Campus.

Filme

Lords of Chaos. Regie: Jonas Åkerlund. GB/SE/US: 2018.

Málmhaus. Regie: Ragnar Bragason. IS: 2013.

River's Edge. Regie: Tim Hunter. US: 1986.

Super Dark Times. Regie: Kevin Phillips. US: 2017.

Songs

Burzum. 1996. *Darkness.*

Florian Krauß
Coming-of-Age in Narration und Produktion

Der populärkulturelle Quality TV-Versuch „Deutschland 83"

Zusammenfassung: Der Beitrag diskutiert ein Coming-of-Age einerseits in der Narration der Fernsehserie „Deutschland" (2015–2020) und andererseits in ihrem Produktionskontext. „Deutschland" ist von der Expansion der hiesigen Fernsehindustrie geprägt. Seit der ersten Staffel Deutschland 83 hat sich die Serie von einem national ausgerichteten Quality-TV-Projekt, für den deutschsprachigen Markt und den Privatsender RTL, zunehmend zu einer transnational vertriebenen und finanzierten Produktion, für verschiedene Plattformen und Auftraggebende, gewandelt. Grundzüge der Coming-of-Age-Narration und populärkulturelle, einschließlich populärmusikalischer Referenzen trugen dazu bei, den historischen Event-Mehrteiler, der für die deutsche Fernsehfiktion prägend ist, hin zur Quality-TV-Serie zu reformieren und auch im angelsächsischen Ausland anschlussfähig zu machen. Das gewählte Fallbeispiel repräsentiert insofern einen grundsätzlichen Transnationalisierungs- und Reifungsprozess der deutschen Fernsehserie. Die Analyse baut auf unterschiedlichen Methoden auf: Einerseits wird der Serientext selbst, insbesondere die erste Staffel „Deutschland 83", mit besonderem Augenmerk auf Coming-of-Age und Populärkultur untersucht. Andererseits werden Expert*innen-Interviews mit Produktionsbeteiligten und teilnehmende Beobachtungen bei serienspezifischen Branchenworkshops herangezogen.

Schlüsselwörter: Deutsche Fernsehserie, Deutsches Fernsehen, Quality TV, Qualitätsserie, Jugendserie, Jugendfernsehen, Teen TV, Media Industry Studies, „Deutschland 83", UFA

Die Fernsehlandschaft in Deutschland hat sich in den vergangenen Jahren erheblich ausgeweitet und transnationalisiert. Bei Fernsehserien tritt dies besonders deutlich zutage: Neben dem kleinen Kreis an öffentlich-rechtlichen und werbefinanzierten „Vollprogrammanbietern" – in primärer Gestalt von ARD und ZDF, inklusive den Dritten Programmen, RTL, ProSieben und Sat.1 – beauftragen längst auch transnationale Streaming- und Pay-TV-Anbieter (wie Netflix oder Sky) und Online-Plattformen der etablierten Sender (speziell Joyn, TVNOW und Funk) deutschsprachige Serienfiktion. Viele der stark horizontal erzählten, in hohem Maße online distribuierten Programme sind als deutsche „Qualitäts"- und „High-End-Serien" diskutiert worden (vgl. Krauß 2018a). Mitunter weisen

https://doi.org/10.1515/9783110730609-024

die vermeintlich „neue[n] deutsche[n] Serien" (Staun 2014) zudem verbindende Elemente zum *Teen TV* auf, indem sie von Jugend und Jugendlichen in unterschiedlichen Facetten mit erzählen und jugendliche Zielgruppen mit ansprechen (vgl. Krauß und Stock 2020, S. 6–8, 15–17).

Mein Beitrag konzentriert sich auf eine historische Serie, die Jugend, Musik und Populärkultur retrospektiv in den 1980er Jahren, zwischen BRD und DDR, behandelt: „Deutschland 83" (2015) und die Fortsetzungen „Deutschland 86", „Deutschland 89" (2018–2020), die alle als „Deutschland" firmieren. Mit Elementen der Coming-of-Age-Narration als auch des Familienmelodrams sowie der postadoleszenten Hauptfigur Martin Rauch (Jonas Nay) ist die horizontal erzählte Serie um einen DDR-Agenten in der westdeutschen Bundeswehr ein Grenzfall des jugendspezifischen, seriellen *Teen TV*. Ein Coming-of-Age lässt sich nicht nur in der Narration, sondern ebenso auf der Produktionsseite diskutieren: „Deutschland" hat sich von einer vorrangig auf den deutschen Markt und einen nationalen Sender ausgerichteten Produktion zu einer transnational vertriebenen und finanzierten gewandelt (vgl. Krauß 2020, S. 7). Speziell die erste Staffel trug zur verstärkten Wahrnehmung deutscher Serien im angelsächsischen Ausland, womöglich gar zu einer *„German TV Renaissance"* bei (vgl. Hughes 2016), wie der Guardian konstatierte.

Im Folgenden wird das „Coming-of-Age" der deutschen Fernsehbranche und ihrer Serien an „Deutschland" nachgezeichnet. Dieses Beispiel steht insbesondere für Hinwendungen zum sogenannten Quality TV (vgl. z. B. McCabe und Akass 2007). Im zweiten Schritt wird speziell die erste Staffel „Deutschland 83" daraufhin untersucht, wie sie von einem Coming-of-Age und, damit verknüpft, von Populärkultur einschließlich Populärmusik handelt. Populärkulturelle Ingredienzen, so soll sichtbar werden, halfen dabei, den historischen Event-Mehrteiler zu reformieren und die Serie für Zuschauer*innen im Ausland anschlussfähig zu machen. Die Referenzen trugen gewissermaßen nicht nur zum Coming-of-Age in der Narration, sondern auch zum Coming-of-Age der deutschen Fernsehserie bei.

Die Analyse baut auf unterschiedlichen Methoden auf: Einerseits wird der Serientext selbst erforscht – im Hinblick auf Inhalte, Dramaturgie und ästhetische Mittel und mit besonderem Augenmerk auf Coming-of-Age und Populärkultur. Dabei wird auch auf Rezensionen zur Serie zurückgegriffen, um unterschiedliche Lesarten einfließen zu lassen. Andererseits werden Expert*innen-Interviews mit Produktionsbeteiligten und teilnehmende Beobachtungen bei serienspezifischen Branchenworkshops herangezogen, bei denen die Serie als

„Best-Practice"-Beispiel verhandelt wurde.[1] Mit diesem Zugang fließen Perspektiven der *Media Industry Studies* ein, jenes auch im deutschsprachigen Raum zunehmend berücksichtigten Forschungsfelds (vgl. Krauß und Loist 2018), in dem unterschiedliche Facetten von Medienindustrien mit kritischem Impetus analysiert werden (vgl. z. B. McDonald 2013; Havens und Lotz und Tinic 2009).

1 „Deutschland 83" und das Coming-of-Age der deutschen „Qualitätsserie"

2015 gestartet, steht „Deutschland 83" am Anfang der gegenwärtigen Transformation und Expansion der hiesigen Fernsehserienindustrie. Hinzugekommene Distributionswege betreffen im Besonderen ein *Teen TV*, sind es doch gerade die 14- bis 29-Jährigen, die Serien stark online über die transnationalen Streamingportale Netflix und Amazon Prime Video rezipieren (vgl. Zubayr und Gerhard 2019, S. 91f.). Besonders Netflix setzt bei seinen Auftragsproduktionen umfassend auf Serien mit jugendlichen Hauptfiguren und Coming-of-Age-Themen (vgl. Krauß und Stock 2020, S. 7–19), so exemplarisch in der deutschen Dramedy *How to Sell Drugs Online (Fast)* (2019–) (vgl. Krauß und Kinghorst 2020, S. 45–47). Die Erfolgsformate *Stranger Things* (2016–) und *13 Reasons Why* (2017–2020) erwiesen sich in dieser Hinsicht als zukunftsweisend. Für die Entstehung und Vermarktung von *Deutschland 83* waren allerdings weniger jene jugendspezifischen *Teen-TV*-Serien ausschlaggebend, die 2015 noch ausstanden, als vielmehr das sogenannte Quality TV. Der Diskurs zu jenem vor allem mit US-amerikanischen Serien assoziierten „Qualitätsfernsehen" fand seit den 2010er Jahren nicht nur in der deutschsprachigen Medienwissenschaft (vgl. z. B. Schlütz 2016; Blanchet 2011; Weber 2019) und im Feuilleton statt (vgl. Koepsel 2015), sondern auch verstärkt in der Fernsehbranche (vgl. Krauß 2018a). Der Terminus Quality TV kann – trotz seiner mangelnden Präzision und der berechtigten Kritik an Ahistorizität und seinem elitären, distinguierend-wertenden Anspruch (vgl. z. B. Dasgupta 2012) – diesen öffentlichen und branchenimmanenten Qualitätsdiskurs überschreiben und auf veränderte Geschäftsmodelle

---

1 Erhebungen im Rahmen des DFG-Projekts „‚Qualitätsserie' als Diskurs und Praxis: Selbst-Theoretisierungen in der deutschen Serienbranche". Teilnehmende Beobachtungen insbesondere bei mehrtägigen serienspezifischen Workshops des Erich Pommer Instituts: der „Winterclass Serial Writing and Producing" an der Filmuniversität KONRAD WOLF Potsdam (2015–2019) und dem „European TV Drama Series Lab" (2015, 2016).

der Fernsehserien-Industrie in Deutschland verweisen: „[D]ie Budgets sind [...] höher. Die Stückzahl [...] niedriger. Und [...] durch die Streaming-Plattformen sind auch die Auftraggeber mehr geworden", fasste Joachim Kosack, Geschäftsführer der UFA-Gruppe, den von ihm als „High End" titulierten Serienproduktionsbereich in einem Interview zusammen, der auf der Tradition des Event-Mehrteilers aufbaut (vgl. Krauß 2019b; vgl. auch Krauß 2019a).

Im Jahr 2015 sollte „Deutschland 83" – initiiert von dem 2013 neu strukturierten Produktionsunternehmen UFA und dem Privatsender RTL – das vermeintliche Fehlen einer deutschen „Qualitätsserie" beseitigen (vgl. Krauß 2017). Bereits zuvor hatte es vereinzelte Versuche gegeben, Anschluss an die ausgemachte „Qualitätssteigerung" in der seriellen Fernsehfiktion aus den USA und Skandinavien zu gewinnen – siehe insbesondere „Im Angesicht des Verbrechens" (2010; vgl. Sievert 2010), „KDD – Kriminaldauerdienst" (2007–2009; vgl. Rothemund 2011) oder „Blackout – Die Erinnerung ist tödlich" (2006, Sat.1; vgl. Schawinski 2008, S. 96–119). Doch die mediale Diskussion darüber, ob „Deutschland" kein Quality TV „könne" (vgl. Diez und Hüetlin 2013), hielt an. Anja Käumle, heute Leiterin der deutschen Netflix-Pressestelle und bis 2020 „Head of PR" bei der UFA, betonte in einem Vortrag bei einem Branchenworkshop des Erich Pommer Instituts, dass dieses Thema gezielt für die Öffentlichkeitsarbeit genutzt werden sollte (vgl. Käumle 2015). Der Autor-Produzent und zentrale „creator" Jörg Winger schrieb dem Auftraggeber RTL zu, sich explizit eine Qualitätsserie gewünscht zu haben (Krauß 2017). Laut der betreuenden RTL-Redakteurin Ulrike Leibfried (vgl. Krauß 2016), die heute zur Geschäftsführung der UFA zählt, konzipierte der Sender „Deutschland 83" als Imageprogramm – durchaus mit ökonomischem Kalkül, können Werbekunden doch ein attraktives Programmumfeld honorieren. Eine geringere Quote als im Sendeschnitt war insofern eingeplant, wenngleich, so Leibfrieds Feststellung, „Deutschland 83" zugleich auf Massenkompatibilität und Popularität ausgerichtet gewesen sei (vgl. Krauß 2016).

Die Serie wurde dieser Mainstream-Orientierung auf RTL aber kaum gerecht. Zunächst ging bis zur Ausstrahlung viel Zeit ins Land, da „Deutschland 83" nicht in bestehende Programmfenster passte und Marktforschungen keinen Erfolg versprachen. Die Quoten lagen schließlich unter dem Senderdurchschnitt; in den Medien war von einem Flop die Rede (vgl. z. B. Rogers 2018). Menschen, die in der Regel kein RTL rezipieren, fanden anscheinend nicht ausreichend den Weg zu jenem Event-Programm, und die Wand zwischen dem werbefinanzierten Privatfernsehen und dem öffentlich-rechtlichen erwies sich als überraschend hoch: So lauteten die rückblickenden Erklärungsversuche von Projektbeteiligten (vgl. Krauß 2019b; Krauß 2016). Der Versuch, deutsches

Mainstream-Fernsehen mit Quality TV und in Ansätzen *Teen TV* zu vereinen, war insgesamt gescheitert.

Dass „Deutschland 83" trotzdem eine Fortsetzung erlebte, hängt mit persönlichen Netzwerken (vgl. z. B. Krauß 2019b; Krauß 2017), aber vor allem mit der erwähnten Ausweitung der deutschen Serienlandschaft zusammen. Zentraler Auftraggeber und Lizenznehmer für die weiteren zwei Staffeln „Deutschland 86" und „Deutschland 89" war Amazon Prime Video. Als minoritäre Geldgeber kamen SundanceTV und Hulu aus den USA, Canal+ aus Frankreich, Sky Italy und der britische Channel 4 hinzu, also die aus der ersten Staffel etablierten ausländischen Distributoren (vgl. Krauß 2018c). Ein relevanter Teil des Budgets stammte nun also aus dem Auslandsgeschäft (vgl. Krauß 2019b). „Deutschland" steht in diesem Zusammenhang für eine Abkehr von der bis heute oft noch prägenden Einhundert-Prozent-Finanzierung durch einen Sender und das verknüpfte *Total-Buyout*-Modell, nach dem alle Rechte an jenen finanzierenden Auftraggeber gehen (vgl. z. B. Fröhlich 2010, S. 123). In dieser und anderer Hinsicht kann das Beispiel auf ein Coming-of-Age der deutschen Serienindustrie verweisen: Was als Imageprogramm im nationalen Kontext begonnen hatte, hatte sich zu einem transnationalen Projekt entwickelt.

Zunächst war für diese Entwicklung die Ausstrahlung bei einem US-amerikanischen Sender entscheidend. „Deutschland 83" lief als erste deutsche Serie im US-Fernsehen, zwar nur auf dem Nischen-Kanal SundanceTV mit einer überschaubaren Zuschauerschaft, aber vor dem deutschen Start, der bislang als Grundlage für den möglichen Export gegolten hatte (vgl. Thielen und Kosack 2015). In der Ausstrahlung auf dem britischen Channel 4 war die Produktion das „highest-rating subtitled drama in television history" (vgl. Oltermann 2016), und viele englischsprachige Kritiken fielen äußerst wohlwollend aus (vgl. z. B. Genzlinger 2016). Die PR-Abteilung der Produktionsfirma UFA Fiction wusste diesen Achtungserfolg geschickt zu nutzen, indem sie ihn mit dem erwähnten Rückgriff auf das Diskussionsthema „Quality TV aus Deutschland" verknüpfte.

„Deutschland" näherte sich auch in puncto Produktionsweise dem an, was oft unter dem Stichwort Quality TV zirkuliert. Schließlich fanden sich doch Ansätze zum Showrunner, dem zentralen „creator" mit schreibender und produzierender Funktion und zu dem von ihm*ihr geleiteten *Writers' Room* (vgl. Phalen und Osellame 2012; Krauß 2017; Krauß 2018c; Krauß 2016). Jenes Autor*innen-Kollektiv wurde allerdings, wie aus mehreren Interviews hervorgeht (vgl. z. B. Krauß 2018d, Krauß 2016), größtenteils nur in der rudimentären Form einzelner Treffen praktiziert, wie sie in der deutschen Fernsehbranche vorherrschen (vgl. Krauß 2018b). Ein umfassender, über einen längeren Zeitraum stattfindender und durch einen tatsächlichen gemeinsamen Arbeitsort geprägter

Writers' Room scheitert in Deutschland – jenseits der „industriell" hergestellten Daily Soap – oft an der Finanzierung (vgl. ebd., S. 105f.). In dem hier diskutierten Serienbeispiel deutet sich zumindest eine allmähliche Gewichtsverschiebung an – hin zur kollaborativeren Drehbucharbeit und hin zu Autor*innen, die in Ansätzen Produzentenaufgaben übernehmen.

Im führenden Personal ist zudem eine voranschreitende Transnationalisierung auszumachen: Jörg Winger, der jahrelang „SOKO Leipzig" (2001–) produziert hatte, hat mit dem Projekt „Deutschland" mehr und mehr Autorentätigkeiten neben seiner ursprünglichen Profession als Produzent übernommen. Im Anschluss an „Deutschland 83" verantwortete er die deutsch-rumänische Koproduktion „Hackerville" (2018) für HBO Europe und TNT Serie und baute, innerhalb des UFA-Konzerns, das Tochterunternehmen Big Window Productions für „Qualitätsserien" mit transnationaler Ausrichtung auf. „Deutschland 89" ist dessen erste Produktion. Seine Frau Anna Winger, Headautorin von „Deutschland 83" und „86", leitet mittlerweile das Produktions-Start-Up Studio Airlift, aus dem die Emmy-prämierte Miniserie „Unorthodox" (2020) stammt: eine englischsprachige, zum Teil in New York spielende, aber zugleich in der deutschen Fernsehindustrie verankerte Bestsellerverfilmung. Anna Winger übernimmt somit, dem Showrunner-Prinzip entsprechend und Forderungen nach mehr Mitspracherechten von Autor*innen folgend (vgl. Gangloff 2018), auch produzent*innen-ähnliche Tätigkeiten.

Bei allen Neuerungen, die von „Deutschland 83" ausgingen und die sich als eine Art Coming-of-Age der Branche diskutieren lassen, knüpfte die Serie zugleich an Traditionen an. Dies zeigt die folgende Diskussion zur Genrezugehörigkeit, bei der erneut das sogenannte Quality TV eine wichtige Rolle spielt.

2 Zwischen Event-Mehrteiler, *Quality* und *Teen TV*: „Deutschland 83" als Genremix

In Versuchen, das Quality TV zu umreißen, findet sich immer wieder das Kriterium des Genremixes. Durch diesen lösten sich Serien von Konventionen und tendierten zur Selbstreflexivität (vgl. Blanchet 2011, S. 58–62; Thompson 1996, S. 13–16). Es ist aber auch zu neuen Formalisierungen gekommen, die gerade bei Quality TV-Versuchen aus Deutschland mit männlichen, „gebrochenen" Antihelden" (vgl. z. B. „Blochin – Die Lebenden und die Toten", 2015) oder vergleichsweise expliziten Darstellungen von Sexualität, Nacktheit und physischer Gewalt (vgl. „Parfum" 2019) ins Auge fallen.

In „Deutschland 83" und seinen Fortsetzungen sind ebenso vermeintliche Ingredienzen des Quality TV anzutreffen: beispielsweise die horizontale Narration mit verschiedenen Handlungssträngen oder die stark auf Ambivalenz ausgerichtete Protagonistin Lenora Rauch (Maria Schrader), die als Kulturattaché in der westdeutschen DDR-Botschaft maßgeblich daran mitwirkt, ihren Neffen Martin Rauch in die Bundeswehr einzuschleusen. Vermischungen unterschiedlicher Genres sind ebenfalls festzustellen: Mit dem verdeckt operierenden Kolibri alias Martin rekurriert die Serie auf das Agenten- und Spionage-Thriller-Drama und dessen besondere Ausprägung in Narrationen zum Kalten Krieg und zur DDR. Mehrere Kritiker*innen (z. B. Brennan 2015) arbeiteten speziell Parallelen zu der Serie „The Americans" (2013–2018) heraus, in der zwei KGB-Agent*innen sich während der 1980er Jahre als US-amerikanisches Vorstadt-Paar ausgeben. Actionszenen – wie Martins plötzlicher Kampf mit einer asiatischen Agentin (S1E2) – mögen im Sender RTL und seinem Serien-Sendeplatz am Donnerstag begründet sein, der unter anderem durch „Alarm für Cobra 11 – Die Autobahnpolizei" (1996–) geprägt ist (vgl. z. B. Kirzynowskion 2015). Die Elemente des Familienmelodrams lassen sich ebenfalls auf die Zielsetzung der Massenkompatibilität zurückführen und zeigen sich besonders in Nebensträngen um Martins schwerkranke Mutter Ingrid Rauch (Carina Wiese), die lange nicht weiß, wo ihr Sohn steckt.

Am offensichtlichsten gehört die Serie mit dem 80er-Jahre-Setting jedoch dem *period* und *costume drama* bzw. dessen deutscher Variante des mehrteiligen „historisch-politische[n] Eventfilm[s]" (vgl. Dörner 2012) an. Auch in anderen deutschen Qualitätsserien-Aspirationen mit historischen Sujets und adoleszenten Protagonist*innen, wie beispielsweise „Ku'damm 56" (2016) und „Ku'damm 59" (2018), lassen sich solche Traditionen ausmachen. Die für „Deutschland 83" verantwortliche Produktionsfirma UFA Fiction und die in ihr aufgegangene teamWorx haben historische Event-Mehrteiler, wie exemplarisch „Die Flucht" (2007) oder „Dresden" (2006), entscheidend mitgeprägt (vgl. Cooke 2016) und damit bereits in der Vergangenheit Märkte jenseits des deutschen erreicht. Für die Behandlung des Nationalsozialismus mittels einer konventionellen Spielfilmdramaturgie und für die Perspektivenverschiebung hin zu „normalen Deutschen" zogen viele dieser Hybride aus Fernsehfilm und -serie jedoch erhebliche Kritik auf sich (vgl. z. B. Ebbrecht-Hartmann 2011; Saryusz-Wolska und Piorun 2014). Mehrere an der „Deutschland"-Produktion Beteiligte (vgl. Krauß 2018c; Krauß 2019b) thematisierten die Anknüpfung an den historischen Event-Mehrteiler selbst, indem sie speziell die umstrittene Produktion „Unsere Mütter, unsere Väter" (2013) als wichtigen Einfluss nannten. Jenes Werk deutete, trotz des alles andere als neuen Rückgriffs auf den „deutschen

Opfermythos" (Saryusz-Wolska und Piorun 2014, S. 115), auf Wandlungsprozesse des Event-Mehrteilers hin: Cast und Figuren waren verjüngt worden, und das Erzähltempo durch fünf parallele, miteinander verwobene Handlungsstränge verlief schneller.

Die Serie „Deutschland 83" führte dies weiter, spielt sie doch, im Gegensatz zu früheren teamWorx-Produktionen, nicht mehr zur Zeit des Nationalsozialismus. Mit der Schwerpunktsetzung auf den Kalten Krieg und die 1980er Jahre zwischen Ost- und Westdeutschland verweist die Serie auf eine thematische Ausweitung. Die DDR und die Wendejahre sind zuletzt freilich häufiger Gegenstand deutscher Fernsehfiktion gewesen (vgl. z. B. „Weissensee", 2010–2018; „Preis der Freiheit", 2019 und „Wendezeit", 2019).

Deutlicher als andere historische Event-Mehrteiler ist „Deutschland" auf Serialität und Fortsetzbarkeit hin ausgerichtet, wonach – so Kosacks Hinweis bei einem Branchenworkshop – gerade die Streaminganbieter verlangten (Kosack 2017; vgl. auch Krauß 2019b). In der öffentlich-rechtlichen Fernsehfiktion spielt hingegen traditionell der Fernsehfilm, auch in seiner hybriden Form als Mehrteiler oder Reihe, eine wichtige Rolle, was einigen Branchenvertreter*innen als deutscher, international wenig anschlussfähiger Sonderweg gilt (vgl. exemplarisch Krauß 2018d; Krauß 2018a, S. 51f.). Selbst in „Deutschland 83" zeigten sich indirekt Tendenzen zum Fernsehfilm, strahlte RTL jene erste Staffel doch in Doppelfolgen aus. Durch diese Distribution, wie sie ähnlich bei anderen deutschen Quality-TV-Versuchen (z. B. „Die Stadt und die Macht" 2016, oder Teile von „Weissensee") angewandt worden ist, wurde die horizontale, um transnationalen Anschluss bemühte Fernsehserie wieder ein Stück weit an den historischen Event-Mehrteiler aus einigen wenigen 90-minütigen Folgen angepasst. Eine Differenz zu diesem ist jedoch in den populärkulturellen Ingredienzen festzustellen.

3 Musik und Populärkultur in „Deutschland 83"

Die Modernisierung des historischen Event-Mehrteilers erfolgte in „Deutschland" insbesondere über populärkulturelle Referenzen. Sie trugen zum vergnüglich-ironischen Ton bei, den Andreas Kilb in der *Frankfurter Allgemeinen Zeitung* als „flapsiges, unbedingt agentenstorytaugliches Idiom" umschrieb, „aus dem jede ideologische Luft abgelassen ist" (2020). Jörg Winger zufolge waren „Burn After Reading" (2008), die Komödie der Coen-Brüder, sowie DDR-Modemagazine wichtige Vorlagen für den Stil der Serie (2018). Während Produktionen wie „Unsere Mütter, unsere Väter" und ihre Paratexte noch die „Authentizität" des Gezeigten (vgl. Saryusz-Wolska und Piorun 2014, S. 120–122) akzentuierten, gesellten sich in „Deutschland 83" zu Querverweisen auf (vorwiegend männliche) Politiker*innen der 1980er Jahre und historische Ereignisse zahlreiche Bezüge auf Populär-, Jugend- und Konsumkultur.

In den Westen eingeschleust, lernt Martin diese Kultur kennen: beispielsweise wenn er erstmals Fast Food verspeist, von seinen ostdeutschen Auftraggebern mit westlicher Freizeitkleidung versorgt wird, darunter dem heute wieder populären Adidas-Schuh Stan Smith (S1E1), oder auf die neue Technologie des Walkmans stößt. Begeistert hört er auf diesem Duran Durans „Hungry Like a Wolf". Der Song entwickelt sich im Laufe der dritten Folge „Atlantic Lion" zum Lied von Martin und der Sekretärin Linda (Nikola Kastner), mit der er zu Spionagezwecken eine Affäre beginnt. In einem Ablenkungsmanöver bittet er sie, den Text zu tippen, und das Transkript findet seinen Weg zur Hauptverwaltung Aufklärung (HVA) des Ministeriums für Staatssicherheit (S1E3).

Entsprechend dient die 80er-Jahre-Musik nicht nur der zeitlichen Verortung und atmosphärischen Begleitung, sondern ist immer wieder in die Diegese eingewoben. Hierin ähnelt „Deutschland 83" expliziteren Vertretern des *Teen TV* und ihrem Spiel mit populärkulturellen Referenzen als auch spezifischeren Musikserien (z. B. „The Get Down", 2016–17) die zum Ausstrahlungszeitraum 2015, infolge des großen Erfolgs von „Glee" (2009–2015), als zentrale Produktionstendenz galten (vgl. Pickard 2016). Das Musikhören und -wahrnehmen wird insbesondere anhand des Protagonisten Martin thematisiert, zum Beispiel indem er in der Pilotfolge mehrfach „99 Luftballons" begegnet, einem der wenigen ursprünglich deutschen Popsongs, die auch im angelsächsischen Raum bekannt sind. Wenn Nena ihren vage auf den Kalten Krieg bezugnehmenden Neue-Deutsche-Welle-Hit aus dem Jahr 1983 singt und junge DDR-Bürger*innen im Wohnzimmer vor dem Fernsehbildschirm tanzen, wird nebenbei auch die Rezeption des Westfernsehens im Privaten der DDR-Gesellschaft geschildert. Im Kontrast dazu läuft, vielleicht bezeichnenderweise im einhörbaren Garten von Martins Mutter, offiziöser DDR-Rock in Gestalt des Lieds „Am Fenster" der DDR-Band City, der (aus dem Jahr 1977 stammend) auch die Musik der Älteren repräsentiert. An anderer Stelle kommentieren die Lyrics ironisch: Zum Beispiel singen Ideal vom „Der Mann aus Übersee / Die Amis kommen / Beschützer aus der USA" (Song „Keine Heimat", S1E1), während Martin zum verdeckten Ausspionieren der Westmächte angeleitet wird. Wenn er erstmals einen knallbunten westdeutschen Supermarkt betritt, wirkt er „völlig losgelöst" wie das von Peter Schilling in „Major Tom" besungene Raumschiff (S1E1). Später ist die englische Version des Neue-Deutsche-Welle-Hits mit David-Bowie-Referenz, „Major Tom (Coming Home)", der Titelsong und verweist so auf die frühe Supermarkt-Szene.

„Deutschland 83" schließt mit 80er-Jahre-Sound und -Setting an zahlreiche jüngere Filme und Serien an, die jene Zeit (mit)behandeln – wie etwa der Science-Fiction-Thriller „Super 8" (USA 2011) oder die erst später entstandenen Netflix-Serien „Stranger Things" und „Dark" (2017–2020). Der nostalgische Teenagerfilm und seine seriellen Pendants im Fernsehen einschließlich Video-on-Demand (vgl. Armbruster 2016, S. 85) erzählen Lesley Speed (1998) zufolge durch den teilweise ausdrücklichen Rückblick auch von einer erwachsenen, zurückschauenden Perspektive. Die Definition von *Teen TV* anhand adoleszenter Protagonist*innen und Zielgruppen gerät so an ihre Grenzen. Die nostalgischen 80er-Jahre-Reminiszenzen in „Deutschland 83" lassen sich weniger als jugendspezifisch, sondern eher als Ausrichtung auf die von den 1980er Jahren und von Populärkultur geprägten „Babyboomer" interpretieren (vgl. Laaf 2015). Machen die populärkulturellen Verweise aus „Deutschland 83" also noch kein *Teen TV*, sind zumindest Grundzüge von diesem in der Coming-of-Age-Narration festzustellen, die teilweise auch in Marketingtexten betont wurde: Channel 4 bewarb die erste Staffel als „stylish coming-of-age story, framed within a suspenseful Cold War thriller" (Channel 4 2019).

4 Coming-of-Age und Postadoleszenz in „Deutschland 83"

„Deutschland 83" erzählt in dem horizontalen Strang der ersten Staffel nicht nur von Martins Mission, Pershing-II-Raketen und weitere Pläne von Bundeswehr und NATO aufzudecken, sondern auch von seinem Coming-of-Age im Westen. Für einen herkömmlichen Protagonisten des *Teen TV* ist dieser Serienheld mit Anfang 20 zu alt und als Oberfeldwebel bereits zu weit aufgestiegen. Aber er kann durchaus noch der „emerging adulthood" (Arnett 2000) bzw. Postadoleszenz (z. B. King 2013, S. 33) zugeordnet werden, um die sich die ohnehin schwer auf einen Nenner zu bringende Jugend (vgl. Hoffmann und Mansel 2010, S. 165) und ihre filmischen Repräsentationen (vgl. Heinze 2019, S. 17) hin erweitert haben. Verdichtet verkörpert Martin gar die Zwischen- und Nachjugend-Phase, wenn jene als eine solche verstanden werden kann, in der Wandel und Suche prägend sind und partiell auch eine temporäre Loslösung von normativen, sozialen Rollen möglich wird (vgl. Arnett 2000, S. 469). Martin unterliegt einerseits zwar drastischen Restriktionen, wird er doch wider Willen in den Westen geschafft und immer wieder daran gehindert, zu seiner Mutter (Carina Wiese) und seiner Freundin Annett Schneider (Sonja Gerhardt) zurückzukehren. Andererseits erlaubt und zwingt ihn die Ankunft in Westdeutschland aber zugleich, sich gänzlich neu zu orientieren. Das Eintauchen in eine neue Welt, die Veränderung der Hauptfigur und deren Reifungsprozess bilden grundlegende Charakteristika der westlichen, konventionellen Spielfilmdramaturgie (vgl. z. B. Keutzer et al. 2014, S. 199–202) und sind in dem Handlungsstrang um Martin besonders sichtbar.

Verschiedene Motive des Coming-of-Age kristallisieren sich hier heraus: wie etwa der Zusammenbruch autoritärer Strukturen, der laut Jon Lewis (vgl. Lewis 1992) unterschiedliche Teenagerfilme eint. Martin beginnt das politische System der DDR nach und nach zu hinterfragen. Die Beziehung zu seiner zunehmend linientreuen Freundin erweist sich als wenig stabil. Mit dem Militär wird ein Kontext bespielt, der in vielen Gesellschaften für die Postadoleszenz junger Männer prägend (gewesen) ist, meistens noch vor der weiteren Berufsbiographie oder etwaigen Familiengründung steht und Geschlechterdifferenzen besonders in der Berufswelt mitkonstruiert (vgl. Ahrens, Apelt und Bender 2005). „Deutschland 83" leuchtet allerdings Sozialisationsprozesse bei der NVA und Bundeswehr nicht näher aus. Allgemeiner besteht der Schwerpunkt der Serie kaum darin, Besonderheiten des Heranwachsens in der DDR zu ergründen.

Immerhin berührt die Staffel drei, „Deutschland 89", Jugendbewegungen und die Subkultur der Wendezeit kurz, wenn Martin zu Spionagezwecken ein alternatives Wohnprojekt in Ost-Berlin besucht. Staffel eins dreht sich eher noch um (post-)adoleszente Bewegungen in der Bundesrepublik, wie die in den 1980ern populären (Neo-)Sannyasins, denen sich die Tochter von Generalmajor Wolfgang Edel (Ulrich Noethen), Martins Vorgesetztem bei der Bundeswehr, zuwendet oder die Friedensbewegung, bei der sich Alex Edel (Ludwig Trepte), Sohn des Majors und Martins Mitsoldat, engagiert. Im Zuge der AIDS-Krise wird Alex sich als junger Schwuler schließlich auch für die Bewegung der an AIDS Erkrankten einsetzen.

Mittels dieser schwulen Nebenfigur und dem Protagonisten Martin werden verschiedene Männlichkeiten gegenübergestellt. Die Ausformung der geschlechtlichen Identität, die gemeinhin als zentrale Entwicklungsaufgabe der Adoleszenz gilt (vgl. z. B. Meuser 2018, S. 366), lässt sich besonders an Alex nachvollziehen, der einen Coming-out-Prozess und eine Ablösung von seinem Vater durchläuft, ohne dass sich daraus Spannungen in der Freundschaft mit Martin ergeben. Dieser macht keine vergleichbare Entwicklung durch. Seine zunehmende Promiskuität geht eher mit der Spionagegeschichte einher. Martins heterosexuelle Männlichkeit wird als gegeben vorausgesetzt, nicht als etwas, das erst zu finden oder zu konstruieren ist. Sein Darsteller Jonas Nay, bekannt geworden durch seine Hauptrolle im Cybermobbing-Jugenddrama „Homevideo" (2011), verkörpert mit eher schmächtiger Statur eine „normale" und junge Männlichkeit. Immer wieder kennzeichnen Naivität und Spitzbübigkeit seine Figur, so etwa in der angerissenen Walkman-Szene: Als Duran Durans „Hungry Like a Wolf" aus dem Kopfhörer dringt, huscht, angesichts der neuen Technologie, ein Lächeln über sein Gesicht. Die hier sichtbare fröhliche Offenheit und sein unbedarftes, jungenhaftes Wesen bewahren die Figur des Martin vor einer zu machohaften Männlichkeit, die sich bei der Geschichte um einen Spion mit Affären durchaus angeboten hätte. An dem inhaltlich verwandten, ebenfalls von UFA Fiction produzierten ZDF-Dreiteiler „Der gleiche Himmel" (2017) um einen ostdeutschen „Romeo-Spion" in West-Berlin, der eine Liebesbeziehung zu einer weiblichen Zielperson einzugehen hat, bemängelten Kritiker*innen jedenfalls ein „krudes Frauenbild" (Sankowitz 2017). Neben der als ambivalent und „tough" gezeichneten weiblichen Protagonistin Lenora Rauch bewahrt die Juvenilität des Helden in „Deutschland 83" vor dem entsprechenden Eindruck „rückständiger" Genderrepräsentationen.

Hinsichtlich der Zuschauer*innen-Resonanz mag „Deutschland 83" aber durchaus ein „Gender-Problem" gehabt haben. Spionage und Kalter Krieg seien eher männlich besetzte Themen und die Serie habe ein eher männliches Publikum erreicht, interpretierte rückblickend die ehemalige Redakteurin Ulrike Leibfried. Sie plädierte im 2016 geführten Interview allgemein dafür, bei Serien „soapige" Elemente zu integrieren und „frauenaffiner" zu erzählen, und nannte „mittelalte" Frauen ab 35 als potentiell besonders treue Gruppe (vgl. Krauß 2016). So rekurrierte sie auf Gender-Stereotype, die in der Zielgruppen-Politik des Fernsehens und in Versuchen, das Publikum zu konzipieren (vgl. Ang 2001), eine wichtige Rolle spielen.

Für ein adoleszentes Publikum bleibt die Coming-of-Age-Narration in „Deutschland 83" wohl zu randständig. Ein Reifungsprozess im Zuge von Martins Westtransfer wird nicht weiter ausgelotet, sondern in eine Abenteuergeschichte mit vielen Handlungsumschwüngen integriert, die der Serie stellenweise auch den Vorwurf einbrachte, kolportagehaft zu erzählen (vgl. z. B. Kirzynowskion 2018). Neben der Diagnose, dass sie eher „plot"- als „characterdriven" sei (vgl. Kirzynowskion 2015), findet sich in einzelnen Rezensionen die Kritik, dass es speziell der postadoleszenten Figur Martin an Schärfe mangele (vgl. z. B. Klode 2018, 2020).

In der zweiten und der dritten, finalen Staffel steht sein Coming-of-Age nicht mehr im Mittelpunkt. Der Reifungsprozess ist anscheinend an sein Ende gekommen. „Deutschland 86" deutet adoleszente Schwellenübertritte durch Martins Aufenthalt in Angola und anderen Ländern sowie die Loslösung von der Familie und dem SED-Staat nur an, verhandelt diese aufgrund der Aussparung von drei Jahren Handlungszeit aber kaum. Auch Martins Wunsch, sein mögliches Kind aus der Ex-Beziehung mit Annett Schneider zu sehen („Deutschland 86") und diesem ein guter Vater zu sein („Deutschland 89"), bleibt zu randständig erzählt, als dass daraus eine weitere Narration des Coming-of-Age entstehen könnte.

In „Deutschland 89" finden sich Ansätze dazu, eine „negative Reifung" zu schildern. Martin – der Agent zwischen verschiedenen Geheimdiensten, der mittlerweile mehrere Menschenleben auf dem Gewissen hat – schreibt sich selbst zu, ein schlechter Mensch geworden zu sein und gibt dafür seiner Tante Lenora Rauch die Schuld (S3E6). Sein *breaking bad* lässt Einflüsse des US-amerikanischen Quality TV (bzw. der mit diesem assoziierten ambivalenten Held*innen) erahnen, aber eine tiefergehende psychologische Entwicklung des Protagonisten Martin bleibt aus. Dieser bleibt trotz dramatischer Handlungsumbrüche vergnügt bzw. „kann kein Moll, er ist reinster Dur-Klang", wie es Claudia Tieschky (Tieschky 2020) in der *Süddeutschen Zeitung* formulierte. Weitgehend treibe die Handlung von außen Martin an, anstatt dass er aus sich heraus agiere, monierte die Serienkritikerin Ulrike Klode (vgl. 2020).

Speziell in der zweiten Staffel „Deutschland 86" waren mit den hinzugekommenen Schauplätzen Angola und Südafrika, mit schwarzen und weiteren weiblichen Figuren sowie mit der lesbischen Beziehung Lenora Rauchs zur ANC-Agentin Rose Seithathi (Florence Kasumba) Bemühungen um „Diversität" auszumachen, wie sie die hiesige Fernsehbranche aktuell zumindest in Außendarstellungen intensiv thematisiert (vgl. z. B. Zarges 2020; DWDL.de 2020). Auch in dieser Hinsicht lässt sich ein Coming-of-Age der deutschen Fernsehserie oder zumindest ein Versuch dazu konstatieren. Die zunehmende Anzahl von englischsprachigen Dialogen und Charakteren in „Deutschland 86" und „Deutschland 89" ist freilich eher auf die angesprochene Transnationalisierung zurückzuführen, die die Serie im Laufe ihrer Weiterentwicklung erfahren hat.

Coming-of-Age-Narration und populärkulturelle Zutaten sind vor allem vor diesem Hintergrund zu begreifen: Sie haben den Event-Mehrteiler verjüngt, reformiert und zur Quality TV-Serie transformiert, ohne dass das Resultat zwingend eine qualitative besonders hochwertige Fernsehproduktion ist. Speziell zur zweiten und dritten Staffel fielen zahlreiche Rezensionen in Deutschland eher verhalten aus (vgl. z. B. Kilb 2020; Klode 2018, 2020).

In Richtung *Teen TV* weist „Deutschland" nur bedingt. Andere zeitgenössische Serien erzählen deutlicher über Jugend, für Jugendliche und integrieren dabei auch Populärmusik und -kultur, wie der abschließende Blick auf verschiedene aktuelle Produktionen aus Deutschland zeigt.

5 Ausblick: Jugend und Populärkultur in Serien aus Deutschland

In der veränderten Fernsehserienlandschaft in Deutschland sind etliche weitere Quality TV-Projekte mit populärkulturellen Zutaten und partiellen Darstellungen von Jugend und Musik zu verzeichnen. Beispielsweise vermengt die jenseits etablierter Serien-Sendeplätze ausgestrahlte ARD-Produktion „Das Verschwinden" (2017) Jugend- und Familiendrama mit dem in der deutschen Fernsehfiktion omnipräsenten Krimigenre. Während die bayerische Independent-Band The Notwist mit dem elegischen Soundtrack die Gefühle der Figuren betonte und zur melancholischen Tonalität in dem bayerisch-tschechischen Grenzsetting beitrug, ist Musik in anderen deutschen Dramaserien mit Ansätzen zum *Teen TV* auffälliger und unmittelbar in die Handlung integriert: In der Mafiaserie „4 Blocks" (2017–2019) etwa sind es auch die Figuren selbst, die den omnipräsenten deutschen Hip-Hop hören. Durch den Hauptdarsteller Veysel Gelin, einen bekannten Rapper, ist Hip-Hop zudem im Cast zugegen. Das Netflix-Drama „Skylines" (2019) spielt direkt in der Frankfurter Hip-Hop-Szene, in die der angehende Produzent Jinn (Edin Hasanović) – eine gerade noch postadoleszent zu nennende Hauptfigur – eintaucht.

Netflix führt bei anderen deutschen Produktionen seine länderübergreifende Strategie, einen entscheidenden Schwerpunkt auf *Teen TV* zu setzen (vgl. Krauß und Stock 2020, S. 17–19), noch deutlicher fort. „How to Sell Drugs Online (Fast)" (2019–) und „Wir sind die Welle" (2019) sind deutliche Indizien dafür. Die letztere Serie knüpft an verschiedene mediale Darstellungen des „Third Wave"-Sozialexperiments im April 1967 an, als der Geschichtslehrer Ron Jones Schüler*innen die Verführungskraft einer faschistoiden Bewegung vermitteln wollte. Anders als in jenem Ursprungsstoff, den zum Beispiel der deutsche Spielfilm „Die Welle" (2008) behandelt, geht es nun allerdings um diffus linke Teenager, die sich, angeführt von einem neuen Mitschüler, radikalisieren. Die Darstellungen ihrer Protestaktionen sind oft von aktueller Populärmusik unterlegt. Wenn sie beispielsweise in Plastikmüll verkleidet einen Supermarkt stürmen, ertönt Jan Delays Song „Plastik" (S1E2): „Ja, die Menschen ohne Seele / Kaufen Dinge ohne Seele / Kaufen Plastik" – eine „anarchisch[e] Sponti-Rebellion der Generation Greta", spöttelte Oliver Jungen (Jungen 2019) in der *Frankfurter Allgemeinen Zeitung*. Die immense Kritik, der sich „Wir sind die Welle" ausgesetzt sah, war vermutlich gewollt: Handlungselemente und Paratexte, wie das Product Placement beim bekannten YouTuber LeFloid, waren – so die Diagnose bei einem serienspezifischen Workshop des Erich Pommer Instituts (vgl. Zarges 2019) – klar auf Diskussionen in sozialen Netzwerken hin ausgerichtet.

„How to Sell Drugs Online (Fast)" (2019–) lässt bereits im Titel eine Orientierung an der digitalen Verbreitung erkennen. Dem Titel entsprechend dreht sich die Dramedy darum, wie der Schüler Moritz einen Online-Drogenhandel betreibt. Mit dem Internet als zentralem Handlungselement und dem „Nerd"-Protagonisten scheint die Serie für jene Kernzielgruppe konzipiert, die Branchendiskursen zufolge Netflix-Verantwortliche anfangs für den deutschen Markt anstrebten: technikaffine junge Männer „am Rechner" die durch „herkömmliche" Fernsehfiktion besonders schwer zu erreichen seien (vgl. Kosack 2017).

Bei den Figuren rekurriert „How to Sell Drugs Online (Fast)" auf ein bekanntes Arsenal des Teenagerfilms, wie dem sportlichen Schönling mit Waschbrettbauch oder dem schmächtigen, intelligenten Nerd (vgl. Krauß und Kinghorst 2020, S. 45f.). Stellenweise nutzen diese Figuren Populärmusik, um ihre eigene Stimmung zu unterstreichen oder ihre Gefühle zu vermitteln. So legt Lisa, Moritz' Mitschülerin und große Liebe, ihr Smartphone an das Schulmikrofon, sodass dieses das Indiepop-Stück „17" der Sängerin Ilgen-Nur überträgt (S1E3): „I wanted to be / And now that I am who I wanted to be / I start to see things differently". Die Lyrics passen zu Lisas Grundstimmung, blickt sie nach einem Auslandsaufenthalt doch anders auf ihren Alltag in der fiktiven Stadt Rinseln.

„DRUCK" (2018–), die deutsche Adaption des vielbeachteten norwegischen Transmedia-Dramas „SKAM" (2015–2017), setzt zeitgenössische Popmusik noch häufiger und konsequenter ein, um die Gefühle der jugendlichen Figuren zu vermitteln und zu betonen (vgl. ausführlich auch den Beitrag von Moritz Stock im vorliegenden Band). Videoclip-ähnliche Szenen sind hier auch mit der Distribution auf YouTube und verschiedenen sozialen Medien verwoben. Diese Repräsentation von Jugend und Musik weitet sich transmedial, über verschiedene Plattformen aus.

„Deutschland 83" und seine Fortsetzungen „Deutschland 86" und „89" sind weit davon entfernt, Jugend und Populärkultur in solch einer Ausführlichkeit darzustellen. Die vergleichsweise randständige Coming-of-Age-Narration und die populärkulturellen, einschließlich der populärmusikalischen Referenzen trugen hier dazu bei, den historischen Event-Mehrteiler hin zur Quality TV-Serie zu verändern und auch im angelsächsischen Ausland anschlussfähig zu machen. Mit der transnationalisierten und ausgeweiteten Fernsehproduktionslandschaft ist seit der RTL-Premiere von „Deutschland 83" ein potentieller Rahmen für nochmals zielgruppenspezifischere Serien entstanden, die nuancierter von Jugend und Populärkultur erzählen können.

Medienverzeichnis

Literatur

Ahrens, Jens-Rainer, Maja Apelt und Christiane Bender (Hrsg). 2005. *Frauen im Militär: Empirische Befunde und Perspektiven zur Integration von Frauen in die Streitkräfte*. Wiesbaden: VS Verlag für Sozialwissenschaften.

Ang, Ien. 2001. Zuschauer, verzweifelt gesucht. In *Grundlagentexte zur Fernsehwissenschaft: Theorie, Geschichte, Analyse*, Hrsg. Ralf Adelmann et al., 454–483. Konstanz: UVK.

Armbruster, Stefanie. 2016. *Watching Nostalgia: An Analysis of Nostalgic Television Fiction and its Reception*. Bielefeld: transcript.

Arnett, Jeffrey J. 2000. Emerging Adulthood: A Theory of Development from the Late Teens through the Twenties. In *American Psychologist*, 55(5): 469–480.

Blanchet, Robert. 2011. Quality TV: Eine kurze Einführung in die Geschichte und Ästhetik neuer amerikanischer TV-Serien. In *Serielle Formen: Von den frühen Film-Serials zu aktuellen Quality-TV- und Onlineserien*, Hrsg. Robert Blanchet, 37–70. Marburg: Schüren.

Brennan, Matt. 2015. 'Deutschland 83', 'The Americans', and the End of an Era in TV Drama. *IndieWire*. https://www.indiewire.com/2015/06/deutschland-83-the-americans-and-the-end-of-an-era-in-tv-drama-trailer-186944/. Zugegriffen am 16. April 2019.

Channel 4. 2019. *Deutschland 83*. https://www.channel4.com/programmes/deutschland-83/on-demand/63264-001. Zugegriffen am 27. Juni 2019.

Cooke, Paul. 2016. Heritage, Heimat, and the German Historical "Event Television": Nico Hoffmann's teamWorx. In *German Television: Historical and Theoretical Approaches*, Hrsg. Larson Powell und Robert R. Shandley, 175–192. New York: Berghahn.

Dasgupta, Sudeep. 2012. Policing the People: Television Studies and the Problem of 'Quality'. *NECSUS, European Journal of Media Studies*. http://www.necsus-ejms.org/policing-the-people-television-studies-and-the-problem-of-quality-by-sudeep-dasgupta/. Zugegriffen am 10. August 2016.

Diez, Georg und Thomas Hüetlin. 2013. Im Zauderland. In *Der Spiegel*. http://www.spiegel.de/spiegel/print/d-90750511.html. Zugegriffen am 8. April 2015.

Dörner, Andreas. 2012. Geschichtsfernsehen und der historisch-politische Eventfilm in Deutschland. In *Unterhaltungsrepublik Deutschland: Medien, Politik und Entertainment*, Hrsg. Andreas Dörner und Ludgera Vogt, 82–95. Bonn: Bundeszentrale für politische Bildung.

DWDL.de Redaktion. 2020. *Deutsches Fernsehen: So vielfältig wie sein Publikum?* Diversity Gipfel 2020 am 23. März in Köln. *DWDL.de*. https://www.dwdl.de/intern/75883/deutsches_fernsehen_so_vielfaeltig_wie_sein_publikum. Zugegriffen am 12. Oktober 2020.

Ebbrecht-Hartmann, Tobias. 2011. *Geschichtsbilder im medialen Gedächtnis: Filmische Narrationen des Holocaust (Film)*. Bielefeld: transcript.

Fröhlich, Kerstin. 2010. Die Innovationslogik der deutschen TV-Unterhaltungsproduktion. In *Handbuch Unterhaltungsproduktion: Beschaffung und Produktion von Fernsehunterhaltung*, Hrsg. Katja Lantzsch et al., 117–134. Wiesbaden: VS Verlag für Sozialwissenschaften.

Gangloff, Tilmann P. 2018. Das letzte Wort: Die Film- und Fernsehbranche diskutiert über Kontrakt 18. In *TV Diskurs*, 22(4): 94–97.

Genzlinger, Neil. 2016. Review: 'Deutschland 83' Focuses on a Reluctant Cold War Spy. In *The New York Times/nytimes.com*. https://www.nytimes.com/2015/06/16/arts/television/review-deutschland-83-focuses-on-a-reluctant-cold-war-spy.html. Zugegriffen am 26. Juni 2019.

Havens, Timothy, Amanda D. Lotz und Serra Tinic. 2009. Critical Media Industry Studies: A Research Approach. In Communication, *Culture and Critique*, 2(2): 234–253.

Heinze, Carsten. 2019. *Jugend und/im Film*. In *Handbuch Filmsoziologie*, Hrsg. Alexander Geimer et al., 1–26. Wiesbaden: Springer VS.

Hoffmann, Dagmar und Jürgen Mansel. 2010. Jugendsoziologie. In *Handbuch spezielle Soziologien*, Hrsg. Georg Kneer und Markus Schroer, 163–178. Wiesbaden: Springer VS.

Hughes, Sarah. 2016. Deutschland 83 Opens the Floodgate for a German TV Renaissance. In *The Guardian*. https://www.theguardian.com/tv-and-radio/tvandradioblog/2016/feb/23/deutschland-83-opens-the-floodgate-for-a-german-tv-renaissance. Zugegriffen am 10. Oktober 2020.

Keutzer, Oliver, Sebastian Lauritz, Claudia Mehlinger und Peter Moormann. 2014. *Filmanalyse*. Wiesbaden: Springer VS.

Kilb, Andreas. 2020. Wer schoss auf Helmut Kohl? In *Frankfurter Allgemeine Zeitung*. https://www.faz.net/aktuell/feuilleton/medien/deutschland-89-auf-amazon-die-dritte-staffel-faellt-ab-16969279.html. Zugegriffen am 12. Oktober 2020.

King, Vera. 2013. *Die Entstehung des Neuen in der Adoleszenz: Individuation, Generativität und Geschlecht in modernisierten Gesellschaften*. Wiesbaden: Springer VS.

Kirzynowskion, Marcus. 2015. Kalter Krieg à la RTL: „Deutschland 83". *Fortsetzung.tv*. https://fortsetzung.tv/2015/11/26/kalter-krieg-a-la-rtl-deutschland-83/. Zugegriffen am 16. April 2019.

Kirzynowskion, Marcus. 2018. TV-Kritik „Deutschland 86": Martin Rauch wird zum hektischen James Bond. *fernsehserien.de*. https://www.fernsehserien.de/news/tvkritik/deutschland-86-martin-rauch-wird-zum-hektischen-james-bond. Zugegriffen am 6. November 2019.

Klode, Ulrike. 2018. „Deutschland 86" vernachlässigt seine starken Figuren. *DWDL.de*. https://www.dwdl.de/wocheinserie/69401/deutschland_86_vernachlaessigt_seine_starken_figuren/. Zugegriffen am 24. April 2019.

Klode, Ulrike. 2020. „Deutschland 89"? Hm. *DWDL.de*. https://www.dwdl.de/wocheinserie/79647/deutschland_89_hm_/. Zugegriffen am 12. Oktober 2020.

Koepsel, Meta-Kristin. 2015. Das deutsche Feuilleton und sein „Quality TV". *popzeitschrift.de*. http://www.pop-zeitschrift.de/2015/01/24/das-deutsche-feuilleton-und-sein-quality-tvvon-meta-kristin-koepsel24-1-2015/. Zugegriffen am 12. Oktober 2020.

Krauß, Florian. 2018a. 'Quality Series' and Their Production Cultures: Transnational Discourses within the German Television Industry. In *Series – International Journal of TV Serial Narratives*, 4(2): 47–59.

Krauß, Florian. 2018b. Showrunner und Writers' Room: Produktionspraktiken der deutschen Serienindustrie. In *montage AV*, 27(2): 95–109.

Krauß, Florian. 2019a. „All Is Changing": Interview with Joachim Kosack on Deutschland 83 and Transformation of the German TV Series Industry. In *Series – International Journal of TV Serial Narratives*, 5(1): 69–74.

Krauß, Florian. 2020. When German Series Go Global: Industry Discourse on the Period Drama Deutschland and its Transnational Circulation. In *VIEW Journal of European Television His-*

tory and Culture, 9(17): 1–12. https://www.viewjournal.eu/articles/ 10.18146/view.212/. Zugegriffen am 14. Oktober 2020.

Krauß, Florian und Julian Kinghorst. 2020. Digitale Jugendnarrative in der deutschen Fernsehfiktion. In *medien + erziehung*, 54(4): 41–48.

Krauß, Florian und Skadi Loist. 2018. Medienindustrieforschung im deutschsprachigen Raum: Einleitung. In *Navigationen*, 18(2): 7–25.

Krauß, Florian und Moritz Stock. 2020. Repräsentationen, Rezeptionen und Produktionen des Teen TV: Einleitung. In *Teen TV: Repräsentationen, Lesarten und Produktionsweisen aktueller Jugendserien*, Hrsg. Florian Krauß und Moritz Stock, 3–32. Wiesbaden: Springer VS.

Laaf, Meike. 2015. In der Arschnitze der Geschichte: RTL-Serie „Deutschland 83". *die tageszeitung*. http://www.taz.de/!5232450. Zugegriffen am 14. Oktober 2020.

Lewis, Jon. 1992. *The Road to Romance and Ruin: Teen Films and Youth Culture*. London: Routledge.

McCabe, Janet und Kim Akass. (Hrsg.). 2007. *Quality TV: Contemporary American Television and Beyond*. London/New York: I.B. Tauris.

McDonald, Paul. 2013. Introduction: In Focus – Media Industry Studies. In *Cinema Journal*, 52(3): 145–149.

Meuser, Michael. 2018. Jungen und Männlichkeit. In *Handbuch Kindheits- und Jugendsoziologie*, Hrsg. Andreas Lange et al., 365–378. Wiesbaden: Springer VS.

Oltermann, Philip. 2016. Deutschland 83 Has Wowed the World – Pity the Germans Don't Like It. In *The Guardian*. https://www.theguardian.com/commentisfree/2016/feb/17/deutschland-83-wowed-world-germans-dont-like-it. Zugegriffen am 14. Oktober 2020.

Phalen, Patricia und Julia Osellame. 2012. Writing Hollywood: Rooms With a Point of View. In *Journal of Broadcasting und Electronic Media*, 56(1): 3–20.

Rogers, Thomas. 2018. 'Deutschland 83' Was a Hit Abroad but a Flop at Home. What About 'Deutschland 86'? *The New York Times*. https://www.nytimes.com/2018/10/30/arts/television/deutschland-86-germany.html. Zugegriffen am 10. August 2020.

Rothemund, Kathrin. 2011. KDD-Kriminaldauerdienst: Das Brüchige im Krimigenre. In *Die Lust am Genre: Verbrechergeschichten aus Deutschland*, Hrsg. Rainer Rother und Julia Pattis, 197–206. Berlin: Bertz + Fischer.

Sankowitz, Sven. 2017. Nur ein paar Knöpfe drücken: ZDF-Dreiteiler „Der gleiche Himmel". In *die tageszeitung*. http://www.taz.de/!5392254/. Zugegriffen am 24. August 2019.

Saryusz-Wolska, Magdalena und Carolin Piorun. 2014. Verpasste Debatte: Unsere Mütter, unsere Väter in Deutschland und Polen. In *Osteuropa*, 64(11–12): 115–132.

Schawinski, Roger. 2008. *Die TV-Falle: Vom Sendungsbewusstsein zum Fernsehgeschäft*. Reinbek bei Hamburg: Rowohlt.

Schlütz, Daniela. 2016. *Quality-TV als Unterhaltungsphänomen: Entwicklung, Charakteristika, Nutzung und Rezeption von Fernsehserien wie The Sopranos, The Wire oder Breaking Bad*. Wiesbaden: Springer VS.

Sievert, Johannes F. (Hrsg.). 2010. *Im Angesicht des Verbrechens: Fernseharbeit am Beispiel einer Serie*. Berlin: Alexander.

Speed, Lesley. 1998. Tuesday's Gone: The Nostalgic Teen Film. In *Journal of Popular Film and Television*, 26(1): 24–32.

Staun, Harald. 2014. Neue deutsche Serien: Morgen fangen sie an. In *Frankfurter Allgemeine Zeitung*. http://www.faz.net/aktuell/feuilleton/medien/neue-deutsche-serien-morgenfangen-sie-an-13306261.html?printPagedArticle=true#pageIndex_2. Zugegriffen am 23. Juli 2015.

Thompson, Robert J. 1996. *Television's Second Golden Age: From Hill Street Blues to ER*. New York: Continuum.

Tieschky, Claudia. 2020. Superman fliegt wieder. In *Süddeutsche Zeitung*, https://www.sueddeutsche.de/medien/deutschland-89-amazon-serien-1.5045490 Zugegriffen am 13. Oktober 2020.

Weber, Tanja. 2019. Post Quality TV oder warum es sich doch lohnt (anders) über Qualität im Fernsehen nachzudenken. In *MEDIENwissenschaft*, 3: 230–248.

Zarges, Torsten. 2020. Serien als Erzähler von Diversität: „Schwarze sieht man als Drogendealer oder Prostituierte", *DWDL.de*. https://www.dwdl.de/magazin/76535/schwarze_sieht_man_als_drogendealer_oder_pro stituierte. Zugegriffen am 14. Oktober 2020.

Zubayr, Camille und Heinz Gerhard. 2019. Tendenzen im Zuschauerverhalten: Fernsehgewohnheiten und Fernsehreichweiten im Jahr 2018. In *Media Perspektiven*, 49(3): 90–106.

Interviews

Krauß, Florian. 2016. Interview mit Ulrike Leibfried. Berlin, 16. Juni 2016.

Krauß, Florian. 2017. Interview mit Jörg Winger. Berlin, 15. Mai 2017.

Krauß, Florian. 2018c. Interview mit Florian Cossen. Berlin, 30. Oktober 2018.

Krauß, Florian. 2018d. Interview mit Edward Berger. Berlin/Skype, 26. November 2018.

Krauß, Florian. 2019b. Interview mit Joachim Kosack. Potsdam, 29. Januar 2019.

Branchenvorträge (Teil der teilnehmenden Beobachtungen)

Käumle, Anja. 2015. Internationale und nationale Serienvermarktung, Case Study DEUTSCHLAND 83. Vortrag bei dem Branchenworkshop Winterclass Serial Writing and Producing. Filmuniversität Babelsberg Konrad Wolf, Potsdam, 20. November 2015.

Kosack, Joachim. 2017. Serienproduzieren in Deutschland – Marktcheck mit Ideen der Teilnehmenden. Vortrag bei dem Branchenworkshop Winterclass Serial Writing and Producing. Filmuniversität Babelsberg Konrad Wolf, Potsdam, 11. November 2017.

Pickard, Michael. 2016. Latest Trends in Drama Series Storytelling. Vortrag bei dem Branchenworkshop European TV Drama Series Lab. Erich Pommer Institut, Berlin, 4. Mai 2016.

Thielen, Barbara und Joachim Kosack. 2015. Serien-Producing in Deutschland (Status Quo und Tendenzen). Vortrag bei dem Branchenworkshop Winterclass Serial Writing and Producing. Filmuniversität Babelsberg Konrad Wolf, Potsdam, 19. November 2015.

Winger, Jörg. 2018. High End Drama in Deutschland produzieren: Case Studies DEUTSCHLAND 83/86, HACKERVILLE. Vortrag bei dem Branchenworkshop Winterclass Serial Writing and Producing. Filmuniversität Babelsberg Konrad Wolf, Potsdam, 15. November 2018.

Zarges, Torsten. 2019. High End Drama in Deutschland und Europa: Überblick und Tendenzen. Vortrag bei dem Branchenworkshop Winterclass Serial Writing and Producing. Filmuniversität Babelsberg Konrad Wolf, Potsdam, 14. November 2019.

Filme und Serien

4 Blocks. Hanno Hackfort, Bob Konrad und Richard Kropf. DE: 2017–2019.
13 Reasons Why. Brian Yorkey. US: 2017–2020.
Alarm für Cobra 11 – Die Autobahnpolizei. Claude Cueni. DE: 1996–.
The Americans. Joe Weisberg. US: 2013–2018.
Blackout – Die Erinnerung ist tödlich. Norbert Eberlein. DE: 2006.
Blochin – Die Lebenden und die Toten. Matthias Glasner. DE: 2015.
Burn After Reading. Regie: Ethan Coen und Joel Coen. US: 2008.
Dark. Baran bo Odar und Jantje Friese. DE: 2017–2020.
Deutschland. Anna Winger. DE: 2015–2020.
Die Flucht. Regie: Kai Wessel. DE: 2007.
The Get Down. Stephen Adly Guirgis und Baz Luhrmann. US: 2016–2017.
Glee. Ian Brennan, Brad Falchuk und Ryan Murphy. US: 2009–2015.
Der gleiche Himmel. Regie: Oliver Hirschbiegel. DE: 2017.
Dresden. Regie: Roland Suso Richter. DE: 2006.
DRUCK. Julie Andem. DE: 2018–.
Hackerville. Ralph Martin und Jörg Winger. DE/RO: 2018.
Homevideo. Regie: Kilian Riedhof. DE: 2011.
How to Sell Drugs Online (Fast). Philipp Käßbohrer und Matthias Murmann. DE: 2019–.
Im Angesicht des Verbrechens. Regie: Dominik Graf. DE: 2010.
KDD – Kriminaldauerdienst. Orkun Ertener und Kathrin Breininger. DE: 2007–2010.
Ku'damm 56. Annette Hess. DE: 2016.
Ku'damm 59. Annette Hess. DE: 2018.
Parfum. Regie: Philipp Kadelbach. DE: 2019.
Preis der Freiheit. Regie: Michael Krummenacher. DE: 2019.
SKAM. Julie Andem. NO: 2015–2017.
Skylines. Dennis Schanz. DE: 2019.
SOKO Leipzig. ZDF. DE: 2001–.
Die Stadt und die Macht. Regie: Friedemann Fromm. DE: 2016.
Stranger Things. Matt Duffer und Ross Duffer. US: 2016–.
Super 8. Regie: J. J. Abrams. US: 2011.
Unorthodox. Anna Winger. DE: 2020.
Unsere Mütter, unsere Väter. Regie: Philipp Kadelbach. DE: 2013.
Das Verschwinden. Regie: Hans-Christian Schmid. DE/CZ: 2017.
Weissensee. Annette Hess. DE: 2010–2018.
Die Welle. Regie: Dennis Gansel. DE: 2008.
Wendezeit. Regie: Sven Bohse. DE: 2019.
Wir sind die Welle. Jan Berger, Dennis Gansel und Peter Thorwarth. DE: 2019.

Anke Steinborn
Rebellion auf Rollen

„This Ain't California" – eine Generation und ihre Dissonanzen

Zusammenfassung: Eine Gruppe Jugendlicher rollt auf ihren zum Teil selbstgebauten „Rollbrettern" durch die Straßen. Gefolgt von irritierten Blicken der
Passant*innen durchkreuzen sie das innerstädtische, vor allem aber das gesellschaftspolitische System der DDR. Anhand des fiktionalen Dokumentarfilms
„This Ain't California" (2012) diskutiert der Artikel die Jugend- und Erinnerungskultur einer Generation, die in der DDR aufgewachsen ist und mit der
Wende nicht nur die Zeit, sondern auch den Ort, die „Heimat" ihrer Jugend
verlor. Wie lassen sich Erinnerungen und Gefühle einer unvergesslichen Zeit
konservieren und Anderen kommunizieren, wie Identität und Gemeinschaft
produzieren? Erinnerungen sind subjektive und fragmentarische Momentaufnahmen, die sich meist aufgrund besonderer Eindrücke und Emotionen
einprägen. Diese Eindrücke einzufangen und ihre Charakteristik zu beleuchten,
versucht der Regisseur in seiner Collage aus Archivmaterial, neu inszeniertem
Super-8-Material, grafischen Visualisierungen und vor allem einem musikalischen Klangteppich, der die Erinnerung und das Lebensgefühl einer – nicht nur
ostdeutschen – Generation von Skater*innen trägt und (wieder)-belebt. Ausgehend von diesem audiovisuellen Erfahrungsraum wird das emotionale Erleben
der multisensorischen Inszenierung von Erinnerung und Identifizierung anhand der Überlegungen Nicolas Bourriauds und Gernot Böhmes nachgezeichnet
und medienästhetisch wie -philosophisch analysiert und reflektiert.

Schlüsselwörter: Skaten, DDR, Erinnerung, Do-It-Yourself, Stadtaneignung,
Rebellion, Super-8-Film, fiktionaler Dokumentarfilm, urbaner Raum,
Grenzüberschreitung

„Das Reisen, das darf man den Leuten nicht nehmen" – heißt es etwa in der
Mitte des 2012 erschienenen Films „This Ain't California", der uns – wie der
Titel schon verrät – eben nicht nach Kalifornien führt, sondern – wie das Zitat
vermuten lässt – in die ehemalige DDR. Bekanntlich war es hier nicht zuletzt die
stark eingeschränkte Reisefreiheit, die zu erheblichem Unmut in der Bevölkerung führte und zum Symbol der eingeschränkten Freiheit im Allgemeinen
wurde.

   Schon seit Jahrhunderten gilt das Reisen von einem Ort zum anderen – und
in der Moderne auch immer mehr die gedankliche Reise an Ort und Stelle – als

https://doi.org/10.1515/9783110730609-025

eine Möglichkeit der Flucht und als Methode des Auf- und Ausbruchs. Auf- und ausbrechen aus den Konventionen des DDR-Alltags möchten auch die drei Heranwachsenden Denis, Dirk und Nico, die Anfang der 1980er Jahre das Skaten als ihre Form des „Reisens" und der Grenzüberschreitung entdecken. In „This Ain't California" begibt sich das Publikum mit ihnen auf eine Art Zeitreise in ihre Kindheit und Jugendtage. Der Einstieg in diese vergangene Zeit erfolgt über unscharfe, vage, in Bewegung versetzte Bildstrukturen, aufgenommen auf Super-8-Filmmaterial, zu Beginn des Films.

Die aufgrund der Bewegungsunschärfe und des groben Filmkorns im Werden begriffene und somit unvollendet wirkende Ästhetik macht die Aufnahmen zu Bildern des Übergangs. Man entschwindet in ebenso unbekanntes wie ungewisses Terrain und weiß nicht, wohin die Reise geht: in eine andere Zeit, an einen anderen Ort, in einen anderen Bewusstseinszustand?

Aus den unscharfen Strukturen zeichnet sich der Asphalt einer Straße ab, die – wie kurze Zeit später ersichtlich – von einem Skater auf seinem Board befahren wird (TC: 00:01:02). Diesen prozesshaften Nahaufnahmen des Rollens folgen zunächst verschiedene Alltagsszenen einer vergangenen Kindheit (ab TC: 00:01:21), dann symbolträchtige Bilder von Feierlichkeiten der Kinder-, Jugend- und Sportorganisationen der DDR (ab TC: 00:01:53) bis hin zu Paraden der Nationalen Volksarmee (ab TC: 00:02:36).

Die Archivaufnahmen, die die Einheit und Konformität der Masse repräsentieren, werden durchbrochen von Super-8-Passagen, in denen der Skater, gezogen von einer Schwalbe,[1] eine vorstädtische Plattenbausiedlung durchkreuzt. Über die Gegensätzlichkeit der Bilder – die konditionierte Massenbewegung einerseits und das ebenso individuelle wie unkonventionelle Durchkreuzen andererseits – sowie mittels der wechselseitigen Unterbrechung des jeweiligen Bilderflusses wird in der einleitenden Montage die Dissonanz formuliert, die für die Vorwende-Generationen, die ihre Kindheit, Jugend und ggf. ihr junges Erwachsenenalter in der DDR verbrachten, prägend sein sollte. Es war eine Dissonanz zwischen einem ideologisch geprägten Außenbild und den Nischen, die sie sich im privaten Umfeld suchten, um sich dem politischen System der DDR zu entziehen oder es zu unterlaufen. Und diese Nischen gab es durchaus – begonnen mit dem Verfolgen westlicher Musikkulturen über die Radiosender der Bundesrepublik, die Installation von Antennen, die den Empfang von Westfern-

---

[1] Die Schwalbe ist ein zwischen 1964 und 1986 in Suhl produziertes Kleinkraftrad des Herstellers Simson. Es handelt sich hier um das Modell KR 51/1 (Kleinroller mit 50 cm³), einem Folgemodell des zwischen 1958 und 1964 produzierten KR 50.

sehen ermöglichten, bis hin zur Herausbildung subversiver Jugendkulturen wie Punk, Gothic oder eben die Skater-Szene.

Jene Jugendkulturen führten aber auch bei Heranwachsenden in der westdeutschen Gesellschaft zu deutlichen Dissonanzen, sodass der Film – entgegen der Motive der einleitenden Montage – eben nicht nur eine Kindheit und Jugend in der DDR beleuchtet, sondern auch grenzüberschreitend wirkt.

Vor diesem Hintergrund greifen Analysen und Kritiken, die in „This Ain't California" ein Zeitzeugnis eines von der ideologischen Enge gezeichneten Alltags in der DDR erblicken, zu kurz. Ebenso wenig ist „This Ain't California" eine „nostalgisch gefärbte Version der DDR", sondern – wie die *Spiegel*-Autor*innen Hannah Pilarczyk und Peter Wensierski in ihrem Artikel „Auf der schiefen Bahn" feststellten – „eine nostalgisch gefärbte Version von jugendlichen Subkulturen", in der „der Glaube an das subversive Potential des Pop wieder auf[lebt]. [...]. Skater sind hier wieder die Outlaws, die sich nach dem ‚Endless Summer' sehnen, sie sind wieder die legendären Z-Boys, die im Kalifornien der siebziger Jahre dem Skaten neue Regeln gaben." (Pilarczyk und Wensierski 2012)

Neuen Regeln hat sich auch der Regisseur Marten Persiel verschrieben. Auf der Berlinale 2012 als Dokumentarfilm gefeiert, wurde erst später und zögerlich Kritik laut, die dem Film *das Dokumentarische* absprach. Persiel selbst bezeichnet seinen Film als „dokumentarische Erzählung": „Wir wollen dem Kinozuschauer ein Gefühlserlebnis vermitteln. Der Film soll über den Bauch funktionieren, nicht über den Kopf." (Pilz 2013) Und in einem weiteren Interview: „[W]ir erzählen von einem bestimmten Lebensgefühl einiger Jugendlicher in der DDR. Das wollte ich nicht mit Fakten und Daten vermitteln, sondern mit Emotionen." (Persiel 2012)

Es geht also nicht darum, etwas zu dokumentieren, sondern die Zuschauenden emotional zu erfassen, eigene Jugenderinnerungen wiederzubeleben und über die Verknüpfung kollektiver und individueller Erinnerungen eine offene bzw. multiperspektivische Erinnerungskultur zu entwickeln.

Im Kern ist „This Ain't California" die Geschichte einer Freundschaft, die sich – wie so vieles – im Zuge der Wende entzweite. Die Basis dieser Freundschaft bildet die gemeinsame Kindheit in der DDR. Von den Super-8-S/W-Aufnahmen aus glücklichen gemeinsamen Kindheitstagen erfolgt ein Wechsel zu Farbaufnahmen von Denis' Beerdigung. Nachdem sich die Freunde nach der Wende aus den Augen verloren hatten, schloss sich Denis der Bundeswehr an und kämpfte in Afghanistan, wo er 2011 erschossen wurde. Von der Frage getrieben, warum ausgerechnet Denis, der Regeln über alles hasste, Soldat wurde, treffen sich im Anschluss an die Beerdigung die alten Skater*innen vom Berliner Alexanderplatz im ruinösen Innenhof einer alten Wäscherei wieder. Von hier aus brechen die aus verschiedenen Teilen Deutschlands Angereisten zu einer Zeitreise in ihre Kinder- und Jugendtage auf, bei der die DDR-Vergangenheit zu einer gesamtdeutschen Geschichte verschmilzt. Ihr Reisegepäck ist ein DDR-Koffer, der alte Ton- und Bildträger enthält, wodurch das Motiv der Reise über physisch präsente Medien bzw. Objekte mit dem Prozess des Erinnerns an die vergangene gemeinsame Zeit mit Denis verbunden wird (TC: 00:10:15). Die nun folgende Reflexion dieser Zeit unterteilt sich in sieben Kapitel und einen abschließenden Epilog:

1. Legende
2. Eure Träume
3. Hier ist nicht Kalifornien
4. Panik
5. Derweil drüben
6. Überall auf der ganzen Welt
7. Wir sind jetzt da

1 Konformität

Der Einstieg erfolgt durch die Einführung und Charakterisierung von Denis als Legende. In religiösen Kontexten versteht man unter einer Legende eine Erzählung über das Leben Heiliger und deren – meist einem Martyrium folgenden – Tod. Säkularisiert handelt es sich um eine legendenumwobene prominente Person, deren Geschichte zu einem Mythos stilisiert und so die Person selbst im Barthes'schen Sinne auf eine bedeutende Form oder ein Zeichen reduziert wird. Eine solche Mythifizierung zeichnet sich auch bei Denis ab, dem Rebell, der sich zuerst gegen seinen Vater – den „autoritären Knochen" („This Ain't California" 2012) –, der ihn zum Olympiakader im Schwimmen konditionieren wollte, auflehnte, um dann zunehmend gegen die auf Konformität und Gemeinschaft beruhenden Konventionen der DDR-Ideologie im Allgemeinen zu rebellieren.

Metaphorisiert und formuliert wird diese Gemeinschaft nicht nur über das in der Einstiegsmontage zu sehende Massenornament aus sich synchron bewegenden, einheitlich gekleideten Menschenmengen, sondern auch in der funktionalen und egalisierten Architektur der Plattenbauten. Die synchronen Blöcke diktieren den Rhythmus der Gemeinschaft und den Platz bzw. die Funktion, die der Einzelne darin einzunehmen bzw. zu erfüllen hat.

In einer solchen Plattenbausiedlung – nämlich (Neu-)Olvenstedt, einem Anfang der 1980er Jahre erbauten Stadtteil im Nordosten Magdeburgs[2] – wachsen die drei Freunde Denis, Dirk und Nico auf. Hier beginnt auch die Legende. In einer im Stil von S/W-Graphic Novels illustrierten Animation wird ein überzeichnetes Bild von Magdeburg-Olvenstedt präsentiert. Das eigentlich überwiegend mit fünfgeschossigen Gebäuden bebaute Wohngebiet ragt hier so weit in die Höhe, dass der Himmel kaum zu sehen ist und die Bilder klaustrophobisch anmuten (TC: 00:04:14–00:05:06).[3]

Die überzogen dargestellte Enge spiegelt auch das erdrückende Verhältnis von Denis zu seinem Vater wider, die fehlenden Freiräume und den ständigen Leistungsdruck, dem er seitens des Vaters ausgesetzt ist. Auditiv unterlegt sind Visualisierungen der Plattenbauten mit Vogelgezwitscher und dem Geräusch eines rollenden Skateboards, womit nicht nur Denis' Drang nach Freiheit formuliert, sondern auch die bevorstehende Befreiung angekündigt wird. Um der Enge zu entfliehen, springt Denis – als er wie so oft Hausarrest hat – aus dem Fenster im fünften Stock. In einer Baumkrone landend, kann er – so die Legende – seinem Gefängnis entkommen. Nachdem er zunächst durch das stark überzeichnete Labyrinth der ihn umschließenden Plattenbauten irrt, gelangt er schließlich zu einem für diese Art Siedlungen typischen Garagenkomplex (TC: 00:05:07–00:05:39). Erst hier offenbart sich ein Freiraum, und die strengen Raster der Plattenbaufassaden rücken in den Hintergrund. Denis trifft zum ersten Mal auf Nico und Dirk, die sich auf selbst gebauten Rollbrettern ausprobieren.[4]

Den Garagenkomplexen kam in der DDR eine große Bedeutung zu. Eine Garage war heiß begehrt, und sie war ebenso schwer zu bekommen wie ein Auto. Wie jede*r ehemalige DDR-Bürger*in weiß, wurde in der Garage nicht nur das lang ersehnte Auto sicher verwahrt: Die Garage fungierte vielmehr als Werkstatt, in der in der Regel der Mann einen Großteil seiner Freizeit verbrachte, in der man miteinander schraubte, trank und untereinander knappe Bedarfsgüter

---

2 Die Grundsteinlegung für die neue Siedlung im Magdeburger Stadtteil Olvenstedt erfolgte am 31. Januar 1981 und schon Ende des Jahres 1981 konnten die ersten 166 Wohnungen von den Mietern bezogen werden. Siehe auch: Papritz 2019.
3 Siehe hierzu im Vergleich ein Luftbild von Magdeburg Olvenstedt aus dem Jahre 2005, unter: Euroluftbild.de/Grahn (2005).
4 Das Skaten wird für Denis zur befreienden Gegenbewegung zum wettkampforientierten Schwimmtraining bei seinem Vater. Zu dem hier thematisierten und bis heute diskutierten Antagonismus zwischen Skateboarding und olympischem Wettkampf erschien im Jahre 2018 ein Sammelband, der diese Unvereinbarkeit anhand verschiedenster Aspekte beleuchtet: Schwier und Kilberth 2018.

austauschte. Hier wurden aus Garagennachbarn Freunde, hier floss das erste Bier auf die Geburt der Kinder, die wiederum – sobald sie laufen konnten – hier spielten. Die Garage war der Ort der freien Entfaltung, ein Ort des Werdens und somit der Gegenort zur standardisierten Wohnung in der konformen Plattenbauwohnung. In „This Ain't California" ist die Garage der Geburtsort des ersten selbst gebauten Skateboards.

2 (Auf-)Bruch

„Du hast 'ne andere Beziehung zu den Sachen, wenn du dafür arbeiten musst und die du selber gebaut hast, selbst dagestanden hast, gesägt und geschliffen ..." („This Ain't California" 2012) – heißt es im Film.

Es ist die Arbeit am und mit dem Material, das Erleben des Prozesses des Werdens, das Spüren des Materials, das im Herstellungsprozess erfahrbar wird. Das Wort Material hat seinen Ursprung im lateinischen Substantiv *materia*, was sich mit Holz bzw. Bauholz übersetzen lässt – das Holz, aus dem auch das Skateboard gefertigt ist.

Bei ihrem Wiedersehen kramen die Skater*innen aus einer Kiste jenes erste selbst gebaute Skateboard hervor (TC: 00:11:08). Nach dreißig Jahren ist es zwar zerbrochen, lässt aber – genau wie beim Herstellungsprozess – über die offene Oberfläche bzw. die aufgebrochene Form die Atmosphäre des Materials hervortreten (vgl. Böhme 1995, S. 21ff.). Auf diese Weise eröffnet sich ein multisensorischer Erfahrungsraum, der der Mehrdimensionalität und Multiperspektivität der Erinnerungen an die vergangene Zeit gerecht werden kann.

Genau wie bei der aufgefaserten Holzoberfläche des selbstgebauten Skateboards tritt auch bei den Super-8-Aufnahmen, in denen der Prozess des „Werkelns" in der Garage festgehalten ist, das grobe Korn des Filmmaterials hervor (TC: 00:13:12–00:13:43). Beides unterstützt und steht für eine sogenannte Do-It-Yourself-Ästhetik, die – wie der Regisseur sagt – bewusst eingesetzt wurde, um ein bestimmtes Lebensgefühl auszudrücken.[5] Ein Lebensgefühl, das nicht nur für die DDR typisch war und hier nicht allein auf die partielle Mangelwirtschaft zurückzuführen ist.[6] Auch in Westdeutschland entwickelte sich eine florierende

---

5 „Die originalen Super-8-Aufnahmen kommen von zwei Hobbyfilmern aus der DDR, an die ich meine inszenierten Szenen stilistisch angeglichen habe. Es sollte alles diese Do-it-Yourself-Ästhetik haben, die auch Ausdruck eines Lebensgefühls ist." (Vgl. Persiel 2012)

6 Mit handwerklichen Fähigkeiten konnten in der DDR Dinge produziert werden, die für andere nicht erreichbar waren. Bau-, Näh- und Strickanleitungen aus dem Westen halfen dabei,

Do-It-Yourself-Kultur. Vor dem traditionellen Hintergrund des Selbermachens als disziplinierende Erziehungsmaßnahme für Knaben[7] vollzieht sich mit der Fokussierung des Heimwerkens in den 1960er Jahren – so Jonathan Voges – „die ‚Verbürgerlichung' des Selbermachens" (Voges 2017, S. 35ff.). Diese – führt der Autor fort – war geprägt von drei Akteursgruppen: 1. den Medien, z.B. eine „massiv wachsende Heimwerkerpublizistik in Form von Anleitungsbüchern und Zeitschriften", 2. den Hersteller*innen von „Elektrowerkzeugen und Heimwerkermaterialien" sowie „Groß- und Einzelhändler[n] im baunahen Handel" und 3. der „Freizeitpädagogik in ihrem unermüdlichen Bemühen um ‚sinnvolle Freizeitaktivitäten'" (ebd., S. 38). Seit den 1970er Jahren schließlich erlebte das Do-It-Yourself eine „dissidente Kaperung" durch alternative Milieus, „um es so in den eigenen, betont ‚antibürgerlichen' Lebensstil zu integrieren" (ebd., S. 55, Bezug nehmend auf Engels 2010, S. 413). Do-It-Yourself wurde zu einer Protestbewegung gegen etabliertes Mainstreamdesign, gegen den „Zweckrationalismus der modernen funktionalistischen Gestaltung" (Schneider 2005, S. 138) und die Rolle des Designers als „Handlanger der Industrie" (Hauffe 2002, S. 140). Als Konsequenz wurden gegen

> die Übermacht kapitalistischer Machtstrukturen [...] bewusst einfache Materialien und „Do-it-yourself-Strategien" gesetzt, gegen die anonymen und glatten Oberflächen standardisierter Formen die Patina des Gebrauchs, gegen die Anonymität des Industriedesigns die gestalterische Kreativität des Individuums, gegen die Ideenlosigkeit des Systemdesigns die spontanen Improvisationen des Alltags.
>
> (Vgl. Eisele 2006)

Do-It-Yourself ist Selbstverwirklichung, Kreativität und Individualität. Es setzt „auf ein spontanes Machen und Experimentieren [...]; ein Designverständnis, bei dem ‚Selbermachen' als zentrales politisches Instrument verstanden wurde, um sich gegen das elitäre Design einer ‚In-Group' abzugrenzen" (ebd.) und von Märkten unabhängig zu machen.

Neben der Konsumkritik beförderte auch ein wachsendes Bewusstsein für die Grenzen und Folgen der Industriegesellschaft, wie etwa Rohstoffknappheit

---

westliche Produkte nachzuahmen, um der schillernden Welt jenseits der Grenze ein Stück näherzukommen. Die unüberwindbare Grenze schien sich so ein wenig aufzulösen. „Durchsichtig war DIE Lieblingsfarbe im Osten" („This Ain't California" 2012). Sie suggeriert eine Grenzenlosigkeit, die aufgrund der eingeschränkten Reisefreiheit nicht erfahrbar war.

7 Siehe hierzu die Beobachtungen von Reinhild Kreis (vgl. Kreis 2017, S. 17–34), worin die Autorin u.a. die Rolle des 1886 gegründeten Deutschen Vereins für Knabenhandarbeit beleuchtet, in dem anhand der handwerklichen Befähigung die Freizeit der Jungen kontrolliert und mit sinnstiftender Tätigkeit gefüllt werden sollte (vgl. ebd., S. 22).

und Umweltverschmutzung, die Do-It-Yourself-Bewegung. Auf der Suche nach alternativen Wegen gründeten Angehörige der Offenbacher Gestaltungshochschule 1974 die Gruppe „Des-in" (Kürzel für „Design-Initiative"), um aus entsorgten Objekten ein Recycling-Design zu kreieren, wie z.B. ein Sofa aus Autoreifen.[8]

Aus der gesellschaftskritischen Do-It-Yourself-Bewegung ging in den späten 1970er und 1980er Jahren eine anarchistisch geprägte Punkbewegung hervor. Ihr unkonventionelles Äußeres, das sich durch selbst gestaltete Kleidung mit eingerissenen Öffnungen und auf diese Weise sichtbarer offener Materialität auszeichnete, sowie die andersartige nonkonforme Musik des Punkrocks wurden zum Ausdruck des Bruchs mit Konventionen.[9]

Dieser Bruch zeigt sich auch im Film „This Ain't California" als Nico und Denis nach der Ausreise von Nicos Mutter nach West-Berlin ihre eigene Wohngemeinschaft in Ost-Berlin gründen. Die *Form* der bürgerlichen Wohnung sprengend, genießen sie ein Leben ohne Vorschriften und Regeln (TC: 00:50:48). Das Motiv des sich im Chaos der Bewegung auflösenden Raumes wird an späterer Stelle des Films nochmals aufgegriffen, als sich die ostdeutschen Skater mit ihren amerikanischen und westdeutschen Pendants in einem Restaurant in Prag treffen, wo sie anlässlich der Skater Convention „Euroskate 88"[10] angereist sind. Das traditionelle Ritual des Abendessens wird hier durch eine wilde Schlacht aufgebrochen. Das Material – Essen wie Geschirr – ist in Bewegung, im Werden, es verliert – wie das rituelle Abendessen – seine Form, wird nonkonform. Es ist ein Nonkonformismus, der für die Befreiung, das Selbstbewusstsein und die Courage der Protagonisten steht und in der Auflösung des Bildraums über die Fragmentierung der Grafiken in abstrakte S/W-Strukturen vor dem musikalischen Hintergrund einer Metall-Kulisse eine ästhetische Entsprechung findet (TC: 00:57:36–00:58:00).

Die im Film mit dem Bau des Skateboards eingeführte Do-It-Yourself-Kultur ist über die Bereitschaft zum Selbermachen hinausgewachsen und hat sich in Anlehnung an die Do-It-Yourself-Protestbewegung der 1970er/1980er Jahre zu einem Lebensstil entwickelt, der geprägt ist von antiautoritärer Selbermächtigung, Eigeninitiative, Grenzüberschreitung und Improvisation. Damit

---

8 Abbildung unter: https://jochen-gros.de/A/Des-In.html. Zugegriffen am 10. April 2021.

9 Do-It-Yourself wurde nicht nur durch Anarchopunk, Hardcore, Indie, Straight Edge und ähnliche Musikstile geprägt, die unter dem Synonym Alternative zusammengefasst werden. Auch Techno, Goa Trance und viele andere Musikrichtungen und Jugendkulturen sind mehr oder weniger von diesem Konzept durchdrungen.

10 „Euroskate 88" ist der Name für die vom 14. bis 16. Oktober 1988 in Prag stattgefundene Europameisterschaft im Skaten, die bis heute der wohl größte Skateboard-Wettbewerb ist.

übernehmen die Protagonist*innen in „This Ain't California" die Do-It-Yourself-Praxis des Punk, die besonders von der Überwindung der klassischen Grenzen zwischen materieller Kulturproduktion und -konsumption geprägt ist (vgl. Daniel 2018, S. 203–228).

Der in diesem Zuge ausgelöste Aktivierungsprozess lässt sich anhand der Überlegungen von Walter Benjamin zum *Autor als Produzent* (1966) sehr gut nachvollziehen. Benjamin proklamiert, dass es im Gegensatz zur Konsumption im Sinne der Produktion sei,

> andere Produzenten erstens zur Produktion anzuleiten, zweitens einen verbesserten Apparat [...] zur Verfügung zu stellen [..., der] um so besser [sei], je mehr er Konsumenten der Produktion zuführt, kurz aus Lesern oder aus Zuschauern Mitwirkende zu machen imstande ist.
>
> (Benjamin 2012, S. 244)

Genau darin liegt auch die Besonderheit der Do-It-Yourself-Kultur im Punk, die weniger über Inhalte als vielmehr in Form neuer Weisen der Kulturproduktion rebelliert. Oberflächen werden zerschnitten, zerrissen, fragmentiert, Materialien, Dinge deplatziert, neu kontextualisiert und z. B. in Kleidung umfunktioniert. Gleiches zeichnet sich in der Musikproduktion ab: Instrumente und Töne werden nicht in klassischer Manier beherrscht, sondern zu Produktionsmitteln einer neuen Kulturtechnik, die sich über einen lauten, wütenden und von Dissonanzen geprägten Musikstil Gehör verschafft. Die Kunst besteht darin, sich selbst und andere zu aktivieren, die Rolle des passiven Rezipienten einer traditionell geprägten Kultur aufzugeben und selbst zum „Kulturschaffenden" zu werden.

Analog zur alternativen, unabhängig organisierten Do-It-Yourself-Szene organisieren sich auch die Skater*innen vom Ost-Berliner Alexanderplatz als Alternative zu den institutionalisierten Sportkaderschmieden in der DDR. Mit dem Skateboard unter den Füßen wird die eigene Kraft zur Triebfeder für Veränderungen.

Doch dann entwickelte sich das von staatlicher Seite als Virus bezeichnete Skateboarden, das – so die DDR-Medien – „Unmoral und einzelgängerischen Individualismus" („This Ain't California" 2012). verbreite, in der DDR zu einer Art Volkssport. Immer mehr Kinder begannen zu skaten, eine „neue Skatergeneration" (This Ain't California" 2012) wuchs heran (Abb. 12, links), was die SED-Funktionäre veranlasste, das Skaten als organisierte Sportart zu fördern. Mit dem ersten in Ostdeutschland produzierten Skateboard „Germina Speeder" und der Ausbildung spezieller Trainer*innen sowie der Aufstellung strenger Trainingseinheiten für den Rollsport versuchte man „Rollbrettathleten der Zukunft"[11] zu erziehen und auf diese Weise das Skateboardfahren in die Konformität zu überführen (TC: 00:44:43–00:45:25).

Auch Denis wurde als Trainer angeheuert und versprach sich davon – nun, da Skateboardfahren als offizielle Sportart galt – die so lang ersehnte Anerkennung von seinem Vater. Dazu sollte es jedoch nicht kommen. Die ihm auferlegten Konventionen und Regeln führten zunehmend zu Konflikten und lösten Stress bei Denis aus, weshalb er von nun an „Panik" genannt wurde. „Panik" produzierte Chaos, rebellierte gegen das System und kehrt letztlich wieder in das Umfeld des „unorganisierten Rollsports" („This Ain't California" 2012) – wie die Staatssicherheit die rebellischen Skater*innen nannte – zurück.

Im Gegensatz zum organisierten Rollsport, bei dem basierend auf den Prinzipien des Leistungssports eine kriteriengeleitete, objektivierbare Leistung angestrebt wird, geht es den „unorganisierten" Skater*innen weniger um das Ergebnis als um das Erlebnis (vgl. Schäfer und Alkemeyer 2018, S. 108, Bezug nehmend auf Alkemeyer und Schmidt 2003, S. 77–102). „[D]ie oft riskanten Bewegungen des Rollens, Gleitens, Springens, Schwebens […] zielen offensichtlich und zugespitzt auf die Intensität des körperlichen Erlebens" (ebd.) ab, auf ein Gefühl von Freiheit und fast unbegrenzten Möglichkeiten, bei denen das Selbst und das „Körpererleben [nicht …] disziplinär formatiert" (Schäfer und Alkemeyer 2018, S. 108) werden, sondern sich frei entfalten können.

3 Viatorisierung

Jahre später erfahren die Freunde, dass Denis nach der Wende zur Bundeswehr ging – eine Entscheidung, die viele Fragen aufwirft. Immer bemüht, sich gegen Grenzen und Konventionen aufzulehnen, tritt nun die Zerrissenheit Denis' zwischen der Suche nach Anerkennung von seinem systemtreuen autoritären Vater, also seiner Wurzeln, einerseits und seinem unbeugsamen Drang auszubrechen, Grenzen zu überschreiten, andererseits deutlich zutage.

Denis ist und bleibt auf der Suche nach sich selbst. Wie das von Nicolas Bourriaud beschriebene Subjekt existiert er „nur in der dynamischen Form seines [radikanten] Umherschweifens" (Bourriaud 2009, S. 56). Wie dieses Subjekt ist er ohne stabile, gefestigte Identität: „[D]er Begriff der Identität [verschwindet] zugunsten ‚performierter' Handlungen und Selbstdarstellungen, die eine permanente Bewegung von Seiten des ‚Subjekts' beinhalten" (ebd., S. 36, siehe

---

11 Zitat aus dem Werbefilm für das Germina Speeda Rollbrett in „This Ain't California" (2012).

auch Butler 1997). Bourriauds Radikant liegt „eine nomadische Grundentschei-
dung [zugrunde], deren erstes Merkmal das Bewohnen bestehender Strukturen
wäre: die Akzeptanz, sich in vorhandene Formen einzumieten, auch wenn sie
dadurch mehr oder weniger stark verändert werden" (Bourriaud 2009, S. 57f).

Genau das taten die Skater*innen vom Alexanderplatz. Sie suchten und
fanden „Obstacles", also alles, was sich in der Architektur dazu eignet, darauf
zu rollen, um sich das (urbane) System untertan zu machen, es zu unterlaufen
und über das Umherschweifen eigene Wege darin zu ergründen. Ob die Schrägen der Fernsehturmbasis oder die Rampen in Parkhäusern, die Stadt wird zum
„‚Land der unbegrenzten Möglichkeiten'; sie bildet die grenzenlose Spielwiese
des Street-Skatens" (Peters 2018, S. 190). Beim Umherschweifen werden „innerstädtische Räume (öffentliche Plätze, Transiträume, Gehwege, Einkaufsstraßen,
Parkplätze, Hinterhöfe, Stadtparks) auf ihre Skatebarkeit [‚gescannt' und] geeignete Flächen temporär [annektiert]" (Schwier 2018, S. 20). Die Soziologin
Martina Löw bezeichnet diesen Aneignungsprozess als „Inszenierungsarbeit"
(Löw 2001, S. 208), bei der die Stadt „zu einem Schauplatz jugendlicher Selbstermächtigung [wird, indem die ...] dort befindliche[n] Objekte (Geländer, Kant-
steine, Treppen, Blumenkübel) durch widerständiges Handeln umgedeutet
werden" (Schwier 2018, S. 20). Dabei verorten sich die Skater*innen „mit ihrer
antiautoritären Grundhaltung am Rande der städtischen bzw. kommunalen
Ordnung" (Schwier und Kilberth 2018, S. 8, Bezug nehmend auf Bradley 2010,
S. 288–323 und Németh 2006, S. 297–318). Sie revoltieren gegen gesellschaftliche Regeln, fallen auf – und vor allem werden sie gesehen. So stellen die Skater*innen in „This Ain't California" fest: „Die Straßen waren nicht zum Spielen
da, das was wir taten war [für die Leute] sinnlos, aber spannend, das hat den
Leuten gefallen." („This Ain't California" 2012) In der Skater*innen-Community
gilt das Street-Skaten „als das unangepasste, unkonventionelle, nicht festgeleg-
te, ‚wahre' Skaten. [...] Es nutzt die Stadt als Bühne, auf der die Street-
Skater*innen ihre performative Bewegungskunst zur Aufführung bringen"
(Peters 2018, S. 190f).[12] Und weiter: „Auf der Ebene der sozialen Signifikanz" –
schreibt Christian Peters – „werden dem Street-Skaten Emotionen des Abenteu-
erlichen, Ungezügelten und Wilden sowie eine Aura des Rebellischen zugeschrieben. Dabei ist es – ähnlich wie in der Street Art-Szene – auch im Skateboarding so, dass das illegale Sprayen bzw. Skaten in der Stadt höher
angesehen ist als das legale" (ebd.).

---

12 Als Pionier des Street-Skatens gilt Mark Andrew Gonzales, auf den auch im Film „This Ain't
California" Bezug genommen wird, als die Skater im Restaurant in Prag auf ihn treffen und mit
ihm das gediegene Abendessen auffliegen lassen.

Mit den in „This Ain't California" dominierenden Street-Skate-Szenen wird nicht nur der Wandel vom traditionellen Do-It-Yourself-Verständnis (Wir bauen in der Garage ein Skateboard) zur antibürgerlichen Do-It-Yourself-Kultur der 1970er und 1980er Jahre, die u.a. im Punk ihre Entsprechung fand, thematisiert, sondern auch die Distanzierung vom sogenannten Do-It-Yourself-Skaten. Im Gegensatz zum Street-Skaten ereignet sich dieses an versteckten und vergessenen Orten der Stadt, „die die Skater/-innen sich illegal aneignen, um sie mit selbst beschafften, häufig in der Nähe ‚verfügbaren' Baumaterialien (Beton, Eisen, Füllmaterial etc.) und Werkzeugen (Schalbretter, Reiben etc.) zu selbst entworfenen Betonlandschaften zu modellieren" (ebd., S. 199). Statt sich – wie in ihrer Kindheit – Rampen zu bauen, machen die Skater*innen vom Alexanderplatz mit ihrem Umzug nach Ost-Berlin das Zentrum der Hauptstadt der DDR zu ihrem Spielplatz, ihrer Bühne. Unabhängig von der ideologischen Bedeutung eines Gebäudes wird nach geeigneten Oberflächen gesucht, wobei „das Meer der Gebäude" und die „Betonwellen" wie die Wellen für die kalifornischen Surfer „als ebenso unveränderlich wahr- und hingenommen" (Schweer 2014, S. 36) werden.

Die Verbindung von Surfen und Skateboarding führt in die 1960er Jahre zurück, als in Los Angeles die kulturelle Praxis des Surfens am Venice Beach in die des Skatens im urbanen Umfeld der kalifornischen Metropole transferiert wurde (vgl. Butz 2012, S 66).[13] Mit den Z-Boys entwickelte sich in den 1970er und 1980er Jahren das von der „aktiven und intensiven Auseinandersetzung mit den Materialitäten, Formen und sozialen Beschaffenheiten des urbanen Raumes" (Peters 2018, S. 189) geprägte Street-Skateboarding.[14] Aus der Arbeit mit dem Material – ob natürlich (Welle) oder gebaut (Architektur) – resultiert eine gewisse Authentizität, da sich die Akteur*innen in den gegebenen Raum einschreiben und so (wie Ian Borden festgestellt hat) die Stadt von den Skater*innen buchstäblich geschrieben wird.[15]

---

13 „In 1963, Larry Stevenson, Venice Beach lifeguard and publisher of the California based Surf Guide magazine, established Makaha Skateboards [...] after he realized that ‚with the Surf Guide I had a unique capability to promote [the skateboard]'" (Butz 2012, S. 60).
14 In den 1970er Jahren entdeckten die Z-Boys die trockengelegten Swimmingpools in den Vorstädten für sich und nutzten sie zum Skaten (um). „The fact that they take their rebelliousness to suburban swimming pools not only provides another parallel to early surfing and is importation to Southern California, but also emphasizes the counter-cultural character of skateboarding." (Butz 2012, S. 66)
15 „Skateboarders and others who inscribe on the city are literally writing the city" (Borden 2001, S. 211).

Mit diesem Gedanken knüpft Borden an Michel de Certeau an, der in der Praktik des Gehens bzw. Umherschweifens im urbanen Raum eine widerständige Form der Raumproduktion sieht (vgl. de Certeau 1988, S. 179ff.), indem die auf Ordnung und Kontrolle abzielende geplante Stadt von den Akteur*innen unterwandert und dabei zu eigenen Zwecken umgedeutet wird: „Für Rollbrett fahrende Akteure ist der städtische Raum eben ‚ein Ort, mit dem man etwas macht'" (Schwier 2018, S. 20f, Zitat im Zitat: de Certeau 1988, S. 218). Im Prozess des Skatens werden „Platz- und Identitätszuschreibungen sowie architektonische[] Nutzungsimperative[]" (Schweer 2014, S. 16) temporär aufgehoben. Überhaupt scheinen Unschärfen und das Nicht-Eindeutige das Skaten zu kennzeichnen (vgl. ebd.). Skateboarding – so Ian Borden – „threatens nontheless because it is neither explicit protest nor quiet conformism, game nor sport, public nor private activity, adult nor childish and, above all, precisely because it is a spatially and temporally diffused and dispersed activity" (Borden 2001, S. 255). An die Verrückung bzw. Aufhebung von Zuweisungen beim und bezüglich des Skaten(s) anknüpfend verortet Sebastian Schweer die Praxis des Skateboarding „im Zustand des inter-esse, was sowohl ‚teilnehmend' als auch aus dem lateinischen wörtlich übersetzt ‚dazwischen sein' bedeuten kann" (Schweer 2014, S. 15).

Das dem inter-esse inhärente Vage und Agile charakterisiert nicht nur das Skaten, sondern ebenso den Protagonisten Denis in „This Ain't California" und den Radikanten von Nicolas Bourriaud. Letzterer spricht sogar von einer gegenwärtigen „Kultur des ‚In-Bewegung-Versetzens' (Viatorisierung)", bei der „die Übersetzung [etwa von Kräften in Bewegung; Anm. A.S.] als [...] bevorzugte Operation" (Bourriaud 2009, S. 142) gilt. Dabei müssten – so Bourriaud – Bewegungen erfunden werden, „die unserer Epoche entsprechen" (ebd., S. 81), das heißt radikante – unterwandernde, deplatzierende und Leerstellen produzierende – Bewegungen.

Diese von Bourriaud und zuvor von De Certeau beobachteten Bewegungen sind im Sinne von Roland Barthes als poetisch zu bezeichnen. Auch Denis' „Art, mit dem Skateboard umzugehen, war poetisch" („This Ain't California" 2012) – wie in „This Ain't California" verkündet wird. „Poesie" – schreibt Barthes – „meint für uns gewöhnlich ‚Diffuses', ‚Unsagbares', meint ‚Sinnliches', die Poesie ist die Klasse der nicht klassifizierbaren Eindrücke[]. Man spricht von ‚konzentriertem Gefühl', von der ‚wahrhaften Aufzeichnung eines ausgezeichneten Augenblicks'" (Barthes 1981, S. 97). Jene „ausgezeichneten Augenblicke" sind für Skater*innen die auf ihrem rollenden Brett: „Du machst einfach. In dem Moment, wo du skatest – und so war's auch in der DDR – hast Du Freiheit für dich gehabt." („This Ain't California" 2012) Hier gibt es keine Reglementierung, keine Grenzen. In der Bewegung des

Skaten und der Liebe dazu verschmelzen Ost und West zu einer transnationalen Stil-Gemeinschaft, „die sich in einer geteilten sozialen Motorik und einem korrespondierenden ‚Spirit' konstituier[t]" (Schäfer und Alkemeyer 2018, S. 108, Bezug nehmend auf Gebauer et al. 2004). Dieser Spirit wird in „This Ain't California" maßgeblich über eine (pop-)musikalische Collage erfahrbar, in der Ost- und Westsongs zu einer grenzüberschreitenden und eine Generation vereinenden Akustik verschmelzen. Eine Akustik, die auch aufzeigt, wie das Skateboarden von einer „innige[n] Beziehung zu ganz bestimmten popmusikalischen Stilen" (Schäfer und Alkemeyer 2018, S. 108) getragen wird und sich darin die Kategorisierung des Skatens als sogenannter Pop-Sport begründet. So wie man bei Popmusik „wissen will, wie der Sänger aussieht" (Diederichsen 2014, S. 80), ist Pop-Sport „derjenige Sport, bei dem man wissen will, welche Musik die Praktizierenden hören" (Schäfer und Alkemeyer 2018, S. 108).

Über die Verknüpfung von Skaten und (Pop-)Musik werden Gemeinsamkeiten entdeckt und manifestiert sowie im Sinne Nicolas Bourriauds „neue interkulturelle Weichenstellungen ermöglich[t]. [...] An die Stelle der Frage nach der Herkunft gilt es, die Frage der Destination zu stellen. ‚Wohin?' Das ist die moderne Frage schlechthin" (Bourriaud 2009, S. 39). Eine Frage, die sich Denis nach der Wende und mit dem Verlust seiner Skaterfreunde nicht mehr beantworten konnte. Er hat das Brett unter den Füßen verloren, ist zum Ollie aufgebrochen, ohne zur Bodenhaftung zurückzufinden. Er ist Teil einer „frenetisch[], in der Luft schwebende[n] Gesellschaft" (ebd., S. 31).

4 Erinnerung

[W]ir verlieren den „Boden" unter den Füßen, wir müssen weiter mit unseren Riten, unserer Kultur und unserer Geschichte klarkommen, die heute von standardisierten städtischen Kontexten umgeben sind, welche uns kein Bild zurücksenden, außer an dafür reservierten Orten: Museen, Denkmäler, historische Stadtviertel.

(Ebd.)

Nicolas Bourriaud beschreibt die westliche Kultur der Gegenwart als entwurzelt und fragil, ihr Kern – führt er fort – beruhe auf dem, „was von einem Ort zum anderen getragen werden kann" (ebd., S. 32): also Kleidung, Alltagsrituale usw., die u.a. festgehalten auf (audio)visuellen Bild- und Tonträgern als erfahrbare Kultur fortleben. Über jene „transportablen Praktiken" (ebd.) können Erinnerungen, Emotionen und Geschichten erfahrbar bzw. wiederbelebt werden. So ist „die Kultur heute im Wesentlichen eine mobile Gegebenheit, vom Boden losgelöst" (ebd.), führt aber – wie nach dem Sprung beim Skaten – immer wieder auf den Boden und zu den Wurzeln zurück. Gemeinsame Wurzeln verbinden, sie offerieren Anknüpfungspunkte, von denen ausgehend sich die eigenen individuellen Geschichten entfalten. Wie zum Beispiel die Geschichte einer intensiven Kinder- und Jugendfreundschaft vor der Kulisse einer teilweise bis ins Klischeehafte nachgezeichneten DDR, in der sich jedoch viele der dort Aufgewachsenen wiederfinden. Über kollektive, als gemeinsame Ankerpunkte fungierende Bilder – wie die Aufnahmen von Veranstaltungen der Kinder- und Jugendorganisationen der DDR, von Ost-Berlin, der populären Kinder-Fernsehserie „Luzie, der Schrecken der Straße",[16] dem Spielen in Garagenanlagen und dem Wohnen in Plattenbausiedlungen –, die eingebettet sind in ein offenes, individuelle Stimmungen erzeugendes Netz aus Atmosphären, wird die erzählte Geschichte zur eigenen Geschichte und so eine gleichermaßen kollektive wie individuelle Erinnerung kultiviert.

Skateboard fahren – heißt es am Ende von „This Ain't California" –

> das war für uns wie das Graue, Langweilige um uns rum umzuinterpretieren, einen Spielplatz draus zu machen. Das war unser schöner, geheimnisvoller, hässlicher Betonspielplatz DDR. Skaten ist kein Protest gegen irgendwas. Skaten ist ein Weg, was Kindliches zu behalten […] Wenn ich an meine Kindheit denke, meine Jugend, dann denk ich nicht an DDR oder so, ich denk an meinen kleinen bescheuerten Bruder Denis, an meine Freunde von damals.
>
> („This Ain't California" 2012)

Im Anschluss an die abschließenden Worte folgt eine Coverversion des Songs „Wenn ein Mensch lebt".[17] Der Originaltitel von den Puhdys wurde als Titelmusik zum Filmklassiker „Die Legende von Paul und Paula", einer DEFA-Produktion aus dem Jahr 1973, komponiert, wo er als eine Art Ouvertüre den Vorspann begleitet. Dabei „werden [im Bild] wesentliche Elemente des Filmes antizipiert" (vgl. Tischer 2011/13). Auch wenn in „This Ain't California" die Coverversion des Songs das Filmende und den Übergang zum Abspann markiert, fungiert er – wie in „Die Legende von Paul und Paula" – als „Quintessenz […] des Filmes" (ebd.). Der Songtext basiert auf dem Buch *Kohelet*, das als Teil der Lutherbibel (Kapitel 3, Verse 1 bis 8) vor allem Weisheitssprüche und Rat-

---

16 *Original: „Lucie, postrach ulice"* ist eine tschechisch-deutsche Fernsehserie aus dem Jahre 1980, die in Ost- und Westdeutschland gleichermaßen populär war und die Protagonist*innen in „This Ain't California" zum Skaten inspirierte.

17 Songwriter: Ulrich Plenzdorf / Peter Gotthard, Songtext von *Wenn ein Mensch lebt* © GEMA, S.I.A.E. Direzione Generale.

schläge zur Lebensführung enthält.[18] Die von den *Puhdys* auditiv verarbeitete
DDR-Liebesgeschichte von Paul und Paula wird in „This Ain't California" auf
die Geschichte einer Freundschaft zwischen Heranwachsenden in der DDR
übertragen. Gesungen von der Sängerin Anne Khan erinnert die Stimme in die-
ser Version an die eines etwa zwölfjährigen Jungen, also das Alter, in dem die
Freunde – wie sie sagen – ihre besten gemeinsamen Jahre verbrachten. Der
Freundschaft der Jungen entsprechend wurde die Originaltextzeile „Meine
Freundin ist schön" verändert zu: „Mein Freund ist schön".

Neben dem Aspekt der Freundschaft kommen vor allem in der folgenden,
dicht an der Luther-Bibel orientierten Strophe die an früherer Stelle in diesem
Beitrag angestellten Beobachtungen zum radikanten Werden zum Tragen. Mit
den Worten „Jegliches hat seine Zeit, Steine sammeln, Steine zerstreu'n, Bäume
pflanzen, Bäume abhau'n, Leben und Sterben und Streit" werden sowohl die
radikante „Ästhetik der Expedition" und die Verschränkung der vier Dimensionen Raum, Zeit, Vergangenheit und Zukunft (vgl. Bourriaud 2009, S. 121) formuliert als auch das Wesen des Radikanten beschrieben, das zwischen freiheitli-
cher, unkonventioneller Bewegung und partieller Verwurzelung oszilliert. Das
Modell des Radikanten ist ein Spiegel des Lebens als solchem, das auf dem
Prinzip der Bewegung, des Reisens basiert, wobei einzelne Momentaufnahmen
durch (Fort-)Bewegung verbunden und ergänzt werden.

---

18 (1) Alles hat seine Stunde. Für jedes Geschehen unter dem Himmel gibt es eine bestimmte
Zeit: (2) eine Zeit zum Gebären und eine Zeit zum Sterben, eine Zeit zum Pflanzen und eine Zeit
zum Ausreißen der Pflanzen, (3) eine Zeit zum Töten und eine Zeit zum Heilen, eine Zeit zum
Niederreißen und eine Zeit zum Bauen, (4) eine Zeit zum Weinen und eine Zeit zum Lachen,
eine Zeit für die Klage und eine Zeit für den Tanz; (5) eine Zeit zum Steinewerfen und eine Zeit
zum Steinesammeln, eine Zeit zum Umarmen und eine Zeit, die Umarmung zu lösen, (6) eine
Zeit zum Suchen und eine Zeit zum Verlieren, eine Zeit zum Behalten/ und eine Zeit zum Weg-
werfen, (7) eine Zeit zum Zerreißen/ und eine Zeit zum Zusammennähen, eine Zeit zum
Schweigen und eine Zeit zum Reden, (8) eine Zeit zum Lieben und eine Zeit zum Hassen, eine
Zeit für den Krieg und eine Zeit für den Frieden. (9) Wenn jemand etwas tut – welchen Vorteil
hat er davon, dass er sich anstrengt? (10) Ich sah mir das Geschäft an, für das jeder Mensch
durch Gottes Auftrag sich abmüht. (11) Das alles hat er schön gemacht zu seiner Zeit. Überdies
hat er die Ewigkeit in ihr Herz hineingelegt, doch ohne dass der Mensch das Tun, das Gott
getan hat, von seinem Anfang bis zu seinem Ende wiederfinden könnte. (12) Ich hatte erkannt:
Es gibt kein in allem Tun gründendes Glück, es sei denn, ein jeder freut sich und so verschafft
er sich Glück, während er noch lebt, (13) wobei zugleich immer, wenn ein Mensch isst und
trinkt und durch seinen ganzen Besitz das Glück kennenlernt, das ein Geschenk Gottes ist. (14)
Jetzt erkannte ich: Alles, was Gott tut, geschieht in Ewigkeit. Man kann nichts hinzufügen und
nichts abschneiden und Gott hat bewirkt, dass die Menschen ihn fürchten. (15) Was auch
immer geschehen ist, war schon vorher da, und was geschehen soll, ist schon geschehen und
Gott wird das Verjagte wieder suchen. (*BibleServer* 2016)

So wie der abschließende Song eine Kombination aus Bibelpassagen, neuen Texten und der musikalischen Neuinterpretation eines ostdeutschen Rockklassikers ist, lässt sich „This Ain't California" insgesamt als eine Art Sampling oder Bricolage – bestehend aus einzelnen, subjektiv ausgewählten Stichproben (Eindrücken) – verstehen.

Ähnlich verhält es sich mit Erinnerungen. Diese sind subjektive und fragmentarische Momentaufnahmen, die sich meist aufgrund besonderer Eindrücke und Emotionen einprägen, im Kontext vergangener Erfahrungen und hinzukommender Eindrücke aber verfälscht werden. Mit seiner Collage aus Archivmaterial, neu inszeniertem Super-8-Material, grafischen Visualisierungen und vor allem einem musikalischen Klangteppich verschiedenster Genres, der die Erinnerung und das Lebensgefühl dieser Generation trägt und (wieder)belebt, gelingt es dem Regisseur Marten Persiel, dieses Spezifikum von Erinnerungen in eine audiovisuelle Praktik zu übersetzen. Die Coverversion von „Wenn ein Mensch lebt" und der damit verbundene Brückenschlag zum legendären Filmklassiker leistet hier einen ganz eigenen Beitrag, denn

> [w]ie kein anderer Film stellt ‚Die Legende von Paul und Paula' mit der Musik der *Puhdys* für viele ehemalige DDR-Bürger einen Quell positiven Erinnerns an den verschwundenen Staat dar – gerade an eine Zeit der Staatsgeschichte, in der nach dem Führungswechsel von Ulbricht zu Honecker große Hoffnungen an den ehemaligen FDJ-Chef geknüpft wurden.
>
> (Tischer 2011/13)[19]

Die kollektiven und individuellen Momentaufnahmen verbinden sich in „This Ain't California" zu einem offenen, variablen Netz, das sich ähnlich einem Kaleidoskop mit jeder Bewegung verändert. So werden nicht nur von verschiedenen Rezipierenden unterschiedliche Aspekte wahrgenommen und interpretiert, auch die Sichtweise ein- und derselben Person ist und bleibt bei dieser Form der Inszenierung variabel:

> [D]ie Gedächtnisforschung der letzten Jahre [hat] die Alltagserfahrung untermauert, daß unser Gedächtnis in vielerlei Hinsicht „unzuverlässig" ist. Es funktioniert nicht wie ein Speicher, der die auf ihm deponierten Versatzstücke der Vergangenheit getreu aufbewahrt, sondern konstruiert je nach Situation und Kontext das Vergangene neu und anders

---

19 Diesen Hoffnungen wurde Erich Honecker gerade „im Falle des Filmes ‚*Die Legende von Paul und Paula*' auch durchaus gerecht [...], indem er den Film entgegen der Bedenken von Harry Tisch – der SED-Chef des Bezirks Rostock hatte den Film wegen moralischer Fragwürdigkeit untersagt – freigab" (vgl. Tischer 2011/13).

[...,] es vermag sogar lebhafte, aber unzutreffende Erinnerungen an Ereignisse hervorzu-
bringen, die sich niemals zugetragen haben.

(Fischer-Lichte 2004, S. 178; vgl. auch Schacter 1999)

Im Kontext dieser Erkenntnis ist es nur konsequent, eine Erinnerungs-
„Dokumentation" wie „This Ain't California" mit grafischen und nachgestellten
Super-8-Aufnahmen anzureichern, um die Suggestion einer „authentischen"
Erinnerung zu „dokumentieren". So wie wir bei unseren eigenen Erinnerungen
nicht mehr sicher sagen können, was tatsächlich geschehen und was ergänzt
worden ist, bleibt es auch in „This Ain't California" ein Geheimnis, welche Aufnahmen original und welche nachgedreht sind, denn – so der Regisseur:
„‚[E]chte‘ Bilder sind keine Versicherung für [...] Wahrhaftigkeit. Du kannst aus
den gleichen Bildern hundert verschiedene Filme machen, die alle etwas anderes aussagen" (Persiel 2012). Dem schließt sich der Produzent Michael Schoebel
an, als er auf ein Zitat des sowjetischen Filmemachers Sergej Eisenstein von
1925 zurückgreift, der sagte: „Für mich ist es egal, mit welchen Mitteln ein Film
arbeitet, ob er ein Schauspielerfilm ist mit inszenierten Bildern oder ein Dokumentarfilm. In guten Filmen geht es um die Wahrheit, nicht um die Wirklichkeit" (Pilarczyk und Wensierski 2012).

Und diese Wahrheit kann nicht objektiv dokumentiert, sondern lediglich
subjektiv empfunden werden. Der Bewegung des Skatens folgend, rollt der
Rezipierende mit den Protagonist*innen durch eine Vergangenheit, die über
eine empfundene Wahrheit wahrhaft wird. So wie Freestyle das Skaten für Publikum ist, offeriert Persiel mit seiner von Kritiker*innen als „Freestyle-
Dokumentation" (Pilz 2013) bezeichneten Verfilmung eine zeitgemäße dokumentarische Form. Eine Form, die Nicolas Bourriaud als „radikante Subjektivität" bezeichnet, „die man als neue Weise der Repräsentation der Welt definieren könnte: ein fragmentarischer Raum, in dem das Virtuelle und das Reale sich
vermischen" (Bourriaud 2009, S. 135). Das Skateboarden wird somit zum bewegten und bewegenden Bild des „Zwischen-Sein[s]: zwischen den Identitäten,
zwischen den Welten" (Schweer 2014, S. 15, Bezug nehmend auf Rancière 2002,
S. 146–147), aber auch zum Sinnbild der leiblichen Erfahrung beim Sport ebenso wie bei der Rezeption populärer Musik. Beides fährt in die Glieder und thematisiert den Leib als phänomenologischen Ausgangspunkt des Erfahrens und
somit auch des Erinnerns.

Vor diesem Hintergrund verbirgt sich hinter der augenscheinlich von den
Protagonist*innen exerzierten Rebellion auf Rollen vielmehr die über die Auswahl und Zusammenstellung des Materials, die Filmrollen, praktizierte Rebellion des Regisseurs gegen die konventionelle Auffassung vom Dokumentarischen, zugunsten einer sich an Erinnerungsprozesse anlehnenden

Inszenierung, die „This Ain't California" letztlich zu einem zeitlosen und multiperspektivischen Zeit-„Dokument" macht.

Medienverzeichnis

Literatur

Alkemeyer, Thomas und Robert Schmidt. 2003. Habitus und Selbst. Zur Irritation der körperlichen Hexis in der populären Kultur. In *Aufs Spiel gesetzte Körper. Aufführungen des Sozialen in Sport und populärer Kultur*, Hrsg. dies., Bernhard Boschert und Gunter Gebauer, 77–102. Konstanz: UVK.

Barthes, Roland. 1981. *Das Reich der Zeichen*. Frankfurt am Main: Suhrkamp.

Benjamin, Walter. 2012. Der Autor als Produzent. In *Der Autor als Produzent*, Hrsg. ders. Stuttgart: Reclam.

BibleServer. 2016. https://www.bibleserver.com/ text/EU/Prediger3. Zugegriffen am 3. April 2021.

Borden, Ian. 2001. *Skateboarding, Space and the City. Architecture and the Body*. Oxford/New York: Berg.

Bourriaud, Nicolas. 2009. *Radikant*. Berlin: Merve.

Bradley, Graham L. 2010. Skate Parks as a Context for Adolescent Development. In *Journal of Adolescent Development,* 25(1): 288–323.

Butler, Judith. 1997. *Körper von Gewicht. Die diskursiven Grenzen des Geschlechts*. Frankfurt am Main: Suhrkamp.

Butz, Konstantin. 2012. *Grinding California. Culture and Corporeality in American Skate Punk*. Bielefeld: transcript.

de Certeau, Michel. 1988. *Kunst des Handelns*. Berlin: Merve.

Daniel, Anna. 2018. Die Do-It-Yourself-Kultur im Punk. Subkultur, Counterculture oder alternative Ökonomie? In *Kultur – Interdisziplinäre Zugänge*, Hrsg. Hubertus Busche et al., 203–228. Wiesbaden: Springer VS.

Diederichsen, Diedrich. 2014. *Über Pop-Musik*. Köln: Kiepenheuer & Witsch.

Eisele, Petra. 2006. Do-it-yourself-Design. Die IKEA-Regale IVAR und BILLY. In *Zeithistorische Forschungen/Studies in Contemporary History,* Druckausgabe: 439–448. Online-Ausgabe: 3/2006. https://zeithistorische-forschungen.de/3-2006/4458. Zugegriffen am 10. November 2019.

Engels, Jens-Ivo. 2010. Umweltschutz in der Bundesrepublik. Von der Unwahrscheinlichkeit einer Alternativbewegung. In *Das Alternative Milieu. Antibürgerlicher Lebensstil und linke Politik in der Bundesrepublik Deutschland und in Europa 1968-1983*, Hrsg. Sven Reichardt und Detlef Siegfried, 405–422. Göttingen: Wallstein.

Euroluftbild.de/Robert Grahn. 2005. Luftbild 49294. Olvenstedt. Magdeburg 14. Mai 2005. *Euroluftbild.de.* https://www.luftbildsuche.de/info/luftbilder/olvenstedt-49294.html. Zugegriffen am 3. April 2021.

Fischer-Lichte, Erika. 2004. *Ästhetik des Performativen*. Frankfurt am Main: Suhrkamp.

Gebauer, Gunter, Thomas Alkmeyer, Uwe Flick, Bernhard Boschert und Robert Schmidt. 2004. *Treue zum Stil: Die aufgeführte Gesellschaft*. Bielefeld: transcript.

Gros, Jochen. o. J. *DES-IN. Entwürfe und Vorrichtungen 1974-77*. https://jochen-gros.de/A/Des-In.html. Zugegriffen am 3. April 2021.

Hauffe, Thomas. 2002. *Design Schnellkurs*. Köln: DuMont.

Kreis, Reinhild. 2017. Anleitung zum Selbermachen. Do it yourself, Normen und soziale Ordnungsvorstellungen in der Industriemoderne. In *Selbermachen. Diskurse und Praktiken des „Do it yourself"*, Hrsg. Nikola Langreiter und Klara Löffler, 17–34. Bielefeld: transcript.

Löw, Martina. 2001. *Raumsoziologie*. Frankfurt am Main: Suhrkamp.

Németh, Jeremy. 2006. Conflict, Exclusion, Relocation: Skateboarding and Public Space. In *Journal of Urban Design*, 11(3): 297–318.

Papritz, Marco. 2019. Neu-Olvenstedt in Magdeburg zur DDR-Zeit. *Volksstimme*. https://www.volksstimme.de/lokal/magdeburg/plattenbau-neu-olvenstedt-in-magdeburg-zur-ddr-zeit. Zugegriffen am 3. April 2021.

Persiel, Marten. 2012. Die Wahrheit der Bilder. In *Zitty-Magazin*. https://www.zitty.de/die-wahrheit-der-bilder/. Zugegriffen am 10. November 2019.

Peters, Christian. 2018. Raumfahrt ins Urbane. Skateboarding als Stadt-Praxis. In *Skateboarding zwischen Subkultur und Olympia. Eine jugendliche Bewegungskultur im Spannungsfeld von Kommerzialisierung und Versportlichung*, Hrsg. Jürgen Schwier und Veith Kilberth, 187–204. Bielefeld: transcript.

Pilarczyk, Hannah und Peter Wensierski. 2012. Auf der schiefen Bahn. In *Der Spiegel*. https://www.spiegel.de/kultur/kino/skaterfilm-this-ain-t-california-alles-echte-ddr-oder-doch-fake-a-850003.html. Zugegriffen am 10. November 2019.

Pilz, Michael. 2013. Der Skater, den es nie gab. In *Die Welt*. https://www.welt.de/print/welt_kompakt/vermischtes/article120358706/Der-Skater-den-es-nie-gab.html. Zugegriffen am 10. November 2019.

Rancière, Jacques. 2002. *Das Unvernehmen. Politik und Philosophie*. Frankfurt am Main: Suhrkamp.

Reichardt, Sven und Detlef Siegfried. 2010. Das Alternative Milieu. Konturen einer Lebensform. In *Das Alternative Milieu. Antibürgerlicher Lebensstil und linke Politik in der Bundesrepublik Deutschland und in Europa 1968-1983*, Hrsg. dies., 9–26. Göttingen: Wallstein.

Schacter, Daniel L. 1999. *Wir sind Erinnerung. Gedächtnis und Persönlichkeit*. Reinbek bei Hamburg: Rowohlt.

Schäfer, Eckehart Velten und Thomas Alkemeyer. 2018. Skateboarding und die Pop-Werdung des Sportsubjekts. In *Kultur – Interdisziplinäre Zugänge*, Hrsg. Hubertus Busche, Thomas Heinze, Frank Hillebrandt und Franka Schäfer, 107–126. Wiesbaden: Springer VS.

Schneider, Beat. 2005. *Design – eine Einführung*. Basel/Boston/Berlin: Birkhäuser.

Schweer, Sebastian. 2014. *Skateboarding: Zwischen urbaner Rebellion und neoliberalem Selbstentwurf*. Bielefeld: transcript.

Schwier, Jürgen. 2018. Skateboarding zwischen Subkultur und Olympischen Spielen. In *Skateboarding zwischen Subkultur und Olympia. Eine jugendliche Bewegungskultur im Spannungsfeld von Kommerzialisierung und Versportlichung*, Hrsg. Jürgen Schwier und Veith Kilberth, 15–36. Bielefeld: transcript.

Schwier, Jürgen und Veith Kilberth. 2018. Quo vadis Skateboarding? In *Skateboarding zwischen Subkultur und Olympia. Eine jugendliche Bewegungskultur im Spannungsfeld von Kommerzialisierung und Versportlichung*, Hrsg. Jürgen Schwier und Veith Kilberth, 7–14. Bielefeld: transcript.

Tischer, Matthias. 2011/13. Wenn ein Mensch lebt (Die Puhdys). In *Songlexikon. Encyclopedia of Songs*, Hrsg. Michael Fischer, Fernand Hörner und Christofer Jost. http://www.songlexikon.de/songs/wenneinmensch. Zugegriffen am 10. November 2019.

Voges, Jonathan. 2017. Die Axt im Haus. Heimwerken – die ‚Verbürgerlichung' des Selbermachens in den 1960er Jahren. In *Selbermachen. Diskurse und Praktiken des „Do it yourself"*, Hrsg. Nikola Langreiter und Klara Löffler, 35–56. Bielefeld: transcript.

Filme

This Ain't California. Regie: Marten Persiel. DE: 2012.

Andreas Wagenknecht

„Wäre ich 17, wäre das mit Sicherheit meine favorisierte Band."

Zur Thematisierung von Jugend und Musik in Interviewauszügen in Musikdokumentationen

Zusammenfassung: Der Artikel beschäftigt sich mit dem Altern von Rock- und Popmusiker*innen und dem damit verbundenen Altern ganzer Musikszenen und -kulturen sowie deren Protagonist*innen und Fans. Im Detail geht es darum, wie Musiker*innen und Fans in dokumentarischen Filmen über Musikkulturen und Musiker*innen ihre eigene Jugend thematisieren und wie sie diese zu ihrer Musiksozialisation in Beziehung setzen. Die Aussagen der Protagonist*innen in den betrachteten Filmen zeigen zweierlei. Erstens erfolgt die Thematisierung von Jugend und Musik in unter-schiedlichen Kontexten und Zusammenhängen. Zweitens wird allein an dem Alter der in den Musikdokumentationen zu Wort kommenden Musiker*innen und Fans deutlich, dass Musikkulturen altern, aber viele der sie mitbegründeten Protagonist*innen – Musiker*innen wie Fans – noch immer in ihnen aktiv sind. Die meisten Musikkulturen befinden sich – wie ihre Protagonist*innen – nicht mehr in ihrer Jugend. Dennoch ist die Jugend verbunden mit der stil-prägenden Musik der Anfangsphase einer sich etablierenden Musikkultur als ein zeitlicher Fixpunkt omnipräsent. Interessant ist dabei grundsätzlich, dass – wie die Ausführungen in dem Artikel veranschaulichen – die Äußerungen von prominenten Musiker*innen und Protagonist*innen in den Musikdokumentationen mit den Aussagen von Fans vergleichbar sind und so zum größten Teil auch durch Befunde der Fanforschung gestützt werden.

Schlüsselwörter: Jugend, Alter, Musikkultur, Musikdokumentation, Zeitzeug*in, Musiksozialisation, Interview, Erinnern, Historisierung

1 Forever young

„Für immer jung" singt der 70-jährige Peter Maffay in dem gleichnamigen, 2019 veröffentlichten Song. Für immer jung zu sein, bedeutet für ihn die Erinnerung an die eigene Vergangenheit, denn das Lied besteht im Wesentlichen aus einer

https://doi.org/10.1515/9783110730609-026

Aneinanderreihung von Songtiteln und Textzeilen aus seiner mittlerweile 50 Jahre dauernden Karriere. Sich die Jugend zu erhalten, wird hier also durch ein Erinnern an Vergangenes ermöglicht, das bis in das Hier und Jetzt wirkt und zu der Reflektion motiviert, nicht nachzulassen – eben, nicht alt zu werden. „Forever Young" singt 1984 auch die Band Alphaville. Doch hier geht es der Synthiepop-Band nicht um das Erinnern an Vergangenes, sondern um das Bewahren der eigenen Jugend, ausgehend von einer Momentaufnahme und hinaus in die Zukunft, um die Jugend gar nicht erst zur Vergangenheit werden zu lassen. Notfalls durch einen frühen Tod: „Let us die young or let us live forever" – einem Slogan, dessen erster Teil die populäre Musik begleitet wie kein zweiter. Der Sänger von Alphaville, Marian Gold, scheint das „ewige" Leben gewählt zu haben, denn er tritt noch heute mit dem Song auf und zehrt damit letztlich von seiner eigenen Vergangenheit und Jugend. Dass das Überleben entgegen aller Künstler*innen-Klischees, die einen frühen Tod idealisieren, ein legitimer Weg zu sein scheint, beweist ebenfalls Iggy Pop. In einem Interview revidierte er die Parole „Live fast – die young" einmal entsprechend seines Alters treffend in – „Live fast – die old" – und beweist damit: „(Proto-)Punk is not dead."

Diese unterschiedlichen Spielarten des Umgangs mit dem nicht nur in der populären Musik allgegenwärtigen Wunsch, stets jung und energiegeladen zu bleiben (oder zu sein), sowie dessen Thematisierung verweisen auf ein Phänomen, welches im Mittelpunkt dieses Beitrages steht: Das Altern von Rock- und Popmusiker*innen und das damit verbundene Altern ganzer Musikszenen und -kulturen sowie deren Protagonist*innen und Fans. Konkret geht es darum, wie Musiker*innen und Fans in dokumentarischen Filmen über Musikkulturen und Musiker*innen[1] ihre eigene Jugend thematisieren und wie sie diese zu ihrer Musiksozialisation in Beziehung setzen.

2 Alternde Musikkulturen für die Jugend von heute

Ein Blick in einen Club während eines Konzerts reicht aus, um festzustellen, dass Musikkulturen heute keine reinen Jugendkulturen mehr sind, sondern

---

1 Um nachfolgend keine Begriffs- und Genredefinition (hier sei unter anderem auf Niebling [Niebling 2018] verwiesen) zu provozieren, verwende ich – ohne die einzelnen Filme näher zu kategorisieren – die verallgemeinernden Bezeichnungen dokumentarische Musikfilme und Musikdokumentationen.

Kulturen für Menschen unterschiedlichen Alters, die das Interesse und die Passion an einer bestimmten Musikrichtung eint. Dies hat damit zu tun, dass Musiker*innen wie Fans in Szenen alt werden, aber auch Szenen als solche altern.[2] So existieren beispielsweise Heavy Metal und Punk (Protoformen eingeschlossen) bereits seit den späten 1960er-Jahren, um nur zwei Musikgenres und daraus entstandene musikzentrierte Szenen exemplarisch anzuführen: „Ein typisches Kennzeichen heutiger Jugendkulturen scheint also, dass sie alt sind" (Farin 2010, S. 5). Zahlreiche aktuelle Jugendkulturen existieren somit zumeist schon Jahrzehnte, ihre Protagonist*innen sind aber nicht mehr ausschließlich jung – im Gegenteil. Alte und junge Menschen sind heute gleichzeitig Teil von Musikkulturen, die ihre Wurzeln zwar in Jugendkulturen haben, deren treibender Motor aber nicht mehr allein die Jugend als Lebensphase ist: „Der Begriff ‚Jugend' bezeichnet heute immer weniger eine zeitlich relativ fest umrissene Stufe der menschlichen Entwicklung, sondern vielmehr eine bestimmte Haltung" (Chaker 2014, S. 60). Aber diese Haltung scheint nichtsdestotrotz ebenfalls auf das Momentum jugendlicher Rebellion, Widerständigkeit und (Selbst-) Findung zu referieren, welches nicht zuletzt in der wissenschaftlichen Reflektion mit der Phase der Jugend verbunden wird. So beschreibt die Psychologie (vgl. beispielsweise Benesch 1994) Jugend als die Neuorientierung des Ichs, der Werte, der Interessen und sozialen Beziehungen. Die Soziologie (vgl. beispielsweise Schäfer 1994) versteht hingegen unter Jugend eine eigenständige Lebensphase mit zugestandenen Spielräumen des Handelns, unter anderem durch Abgrenzung zur Welt der Erwachsenen bzw. Alten.

Jugend als Lebensphase gilt als ein rebellischer Lebensabschnitt, in dem für viele Musik auch ein Mittel der Rebellion und Abgrenzung ist und der erste – meist musikalisch prägende – Kontakt zu Musikkulturen und Szenen erfolgt. So verweist beispielsweise Otte explizit auf „generationale Prägungen des Musikgeschmacks" (Otte 2010, S. 92).

Rebellion, Widerständigkeit und Offenheit für Neues sind Kennzeichen der Jugend als Lebensphase, die heute – neben dem Duktus des Jung-gebliebenseins – gesellschaftlich idealisiert werden. Dies erhebt Jugendlichkeit als eine Lebenseinstellung unabhängig vom tatsächlichen Lebensalter zu einem glorifizierten Kulturgut, was nicht zuletzt an der „Durchsetzung von Jugendlichkeit als gesellschaftlicher Norm" (Maase 2003, S. 45) liegt. Hitzler und Niederbacher (vgl. Hitzler und Niederbacher 2010) sprechen vor dem Hintergrund dieser Ent-

---

2 Im weiteren Verlauf des Textes verwende ich Musikkulturen und Szenen ungeachtet gängiger Definitionen und Begriffsdiskussionen synonym im Verständnis musikzentrierter Formen der Vergemeinschaftung.

wicklung von Szenen als Formen juveniler Vergemeinschaftung. Für die meisten musikzentrierten Kulturen spielt der Aspekt des Lebensalters Jugend tatsächlich keine ausschlaggebende Rolle mehr. Vielmehr scheint in diesen Formen der Vergemeinschaftung das gleiche Verhältnis zwischen Jugendlichen und Erwachsenen bzw. zwischen Jung und Alt zu herrschen wie in anderen Bereichen der Gesellschaft auch. So existiert in einigen Punkten zwischen den Protagonist*innen innerhalb von Musikkulturen, zum Beispiel in Bezug auf die Akzeptanz und Verehrung bestimmter Bands, ein Konsens zwischen Alt und Jung. Aber es gibt auch Dissens – etwa in Bezug auf Bands, die von den Älteren eher abgelehnt werden, während die Jungen sie hofieren.[3] Das Rebellieren der Jugend findet nun quasi (auch) innerhalb von bestehenden Musikkulturen statt und nicht mehr ausschließlich durch die Initiierung und Etablierung neuer Kulturen in bewusster Abgrenzung zu bereits existierenden (alten). Es scheint heute somit vielmehr ein Kampf um Aus- und Binnendifferenzierung von Musikkulturen, um Hybridisierung und Aufmerksamkeit zu herrschen, bei dem sich Neues stets zu bereits Existentem verhalten muss. Die Anfänge oder – wenn man so will – die „Jugend" als Frühphase der Musikkulturen und der sie etablierenden Musiker*innen und Protagonist*innen, aber auch der Fans sind stets präsent und relevant. Zu ihr muss sich innerhalb der Szene verhalten werden. Somit ist sie als Momentum omnipräsent und bewahrt bzw. befördert gleichzeitig dauerhaft Rebellion, Widerständigkeit und Findungsprozesse aller Art als Geisteshaltung bei Jung und Alt.

Besonders deutlich zeigt sich dies in dokumentarischen Filmen über Musikkulturen und Musiker*innen:

> Das Bewusstsein des Alterns und der Historizität von Jugend- und Musikkulturen hat auch erhebliche Auswirkungen auf die Produktion jugend- und musikkultureller Filme, die diesen Nostalgisierungsprozess teilweise begleiten und durch entsprechende Filmproduktionen unterstützen.
>
> (Heinze 2016, S. 8)

Nostalgisierung erwächst in diesen Filmen häufig aus Erinnerungen und Anekdoten, die von Zeitzeug*innen (Musiker*innen, Fans etc.) in Original-Tönen wie Interviews wiedergegeben werden. O-Töne stehen filmisch für Emotionen, Authentizität, Atmosphäre und Lebendigkeit: „Einen wirklichen Originalton, so heißt es, hört man nicht ohne Anteilnahme. Er schlägt seine Zuhörer in Bann. In diesem Augenblick, in dem er spricht und da ist, gibt es nichts mehr, was die Aufmerksamkeit von ihm ablenkt" (Wegmann 2007, S. 19f.).

---

3 Siehe hierzu die Ausführungen in Kapitel 3.4 in diesem Beitrag anhand der Band Limp Bizkit.

Verstärkt wird diese Kraft der Präsenz in dokumentarischen Filmen durch die visuelle Ebene: „Zum akustischen Medium Originalton zähl[en], wie diese Referenz-Erzählung klarstellt, auch Gestik und Mimik. Die Körperrhetorik ist ein Verstärker, der aus einer bloßen Stimme einen Originalton macht" (ebd., S. 19). Was damit gemeint ist, wird am Beispiel von Szenen aus den Filmen „Lemmy" (2010) und „Punk: Attitude" (2005) deutlich, in denen sich die amerikanische Punk- und Hardcore-Ikone Henry Rollins äußert. Die körperliche Präsenz sowie die Mimik und Gestik von Rollins unterstreichen die Vehemenz seiner Äußerungen, welche an filmische Dokumente der durchschlagkräftigen Auftritte aus seinen Zeiten als Sänger bei den Bands Black Flag oder der Rollins Band erinnern. Auch wenn seine Haare grauer geworden sind, die Energie der Worte und des Körpers sind (optisch) präsent wie eh und je.

An der Person von Rollins und seinen häufigen Auftritten in Musikdokumentationen wird aber auch deutlich,

> dass der Zeitzeuge besonders dann, wenn er schon mehrfach seine Zeitzeugenschaft erzählt hat, in der Regel dazu neigt, seinem Zeitzeugenbericht eine Erzähldramaturgie zu geben, die dann immer mehr ein Moment der Erzählung ist und nicht mehr seiner Erinnerung.
>
> (Lersch und Viehoff 2007, S. 187)

Dass dies bei Musiker*innen, die es gewohnt sind zu performen und nicht zuletzt mit ihren Liedern, Konzerten und öffentlichen Auftritten Geschichten erzählen und verkaufen, besonders ausgeprägt ist, liegt auf der Hand:

> Häufig erinnert sich der Zeitzeuge sehr subjektiv, was zur Folge hat, dass seine Erinnerungen nicht mit Informationen aus anderen, gesicherten Quellen übereinstimmen. Zudem spricht der Zeitzeuge in einer bestimmten Äußerungssituation (vor einer Kamera), die notwendig seine Aussagen färbt und überlagert.
>
> (Ebd., S. 186f.)

Der Wahrheitsgehalt ist somit nicht überprüfbar, ebenso wie das beispielsweise bei qualitativen Interviews im wissenschaftlichen Kontext nicht der Fall ist. Denn neben der allgegenwärtigen filmischen Konstruktion sind die Qualität der Rekonstruktion und die der Verbalisierung nicht zu verifizieren. Es handelt sich beim dokumentarischen Film wie bei wissenschaftlichen Interviews um ein auf- und herausgefordertes Erinnern auf der Grundlage von Fragen, die diese Erinnerungen zutage fördern. Erinnern ist, wie Günther (vgl. Günther 2002) den Forschungsstand zusammenfasst, immer eine Rekonstruktion, die aus dem Bezugs- und Sinnrahmen der Gegenwart heraus geschieht. Es wird folglich nur das erinnert, was in den Sinnrahmen der Gegenwart eingefügt werden kann oder – wie im vorliegenden Fall einer Musikdokumentation – in den Interviews erinnert wird und filmisch konstruierend integriert werden kann.

3 Thematisierungen des Verhältnisses von Jugend und Musik

Die für dokumentarische Filme nahezu unmögliche Wahrheitsprüfung soll jedoch nachfolgend nicht das Thema sein, vielmehr stehen Formen der Thematisierung von Jugend und musikalischer Sozialisation in Interviewauszügen aus dokumentarischen Filmen über Musikkulturen und Musiker*innen im Mittelpunkt.

Dazu wurden in einem ersten Schritt, nach einer selektiven inhaltlichen und thematischen Sichtung, acht Filme ausgewählt, in denen Musiker*innen oder Fans der Genres Punk, Heavy Metal und Synthiepop in Auszügen aus Interviews über ihre Jugend und damit verbundene Musikerfahrungen berichten. Da sich Musikkulturen aber nicht nur über Musikschaffende, sondern unter anderem auch über deren Fans definieren, wurden beide Perspektiven einbezogen. Anschließend erfolgte die Auswahl der Filmszenen, in denen die Protagonist*innen über die eigene Jugend als Lebensphase oder die Jugend, verstanden als Entstehungszeit einer Musikkultur, sprechen. Diese Szenen wurden mithilfe der Methode des „konzeptionellen Ordnens" (vgl. Glaser und Strauss 1998) inhaltlich sortiert. Die so abstrahierten Formen der Thematisierung des Zusammenhangs von Jugend und Musik werden im weiteren Verlauf des Beitrags anhand „exemplarischer Ankerbeispiele" (vgl. Mayring 2003) vorgestellt und diskutiert.

Aus den Ausführungen ergibt sich allerdings keinerlei Anspruch auf Vollständigkeit, Verallgemeinerbarkeit oder Übertragbarkeit auf hier nicht berücksichtigte Musikgenres. Die Darstellungen stellen vielmehr einen ersten Einblick in die, durch die dem vorliegenden Band zugrundeliegende Tagung „Jugend, Musik und Film" angeregte Beschäftigung mit der thematischen Rekonstruktion von Jugend und Musik in Interviews dar. Die Schlagworte der Tagung, Jugend, Musik und – in diesem Fall – im Film, wurden hierfür analyseleitend nahezu plakativ zusammengeführt.

3.1 Gekommen, um zu bleiben: Musik(kulturen) der Jugend

Dass Musiker*innen häufig von anderen Musiker*innen beeinflusst sind, verdeutlichen Aussagen, die das Hören und Erleben von Musik – zumeist von neuen Bands – als ein einschneidendes Erlebnis schildern. Nicht selten werden dabei konkrete, in der Jugend liegende Momente erinnert, die als alles verändernd eingestuft werden. So sagt beispielsweise Lemmy Kilmister, Mastermind der Band Motörhead in „Lemmy" (2010), während eines Interviews in einem Radiostudio: „Es ist egal, ob du so alt bist wie ich oder 20. Das erste, was dich umhaut, dabei bleibst du. Danach kommt nichts Besseres mehr." Daher ist es nicht weiter verwunderlich, dass Lemmy, der 1945 geboren wurde, die Beatles als für ihn besonders einflussreich beschreibt, etablierten und prägten diese doch in seiner Jugend den Rock'n'Roll als das Genre, in dessen Tradition er sich zeitlebens sah. So eröffnete er jedes Konzert von Motörhead mit den Worten: „We are Motörhead and we play Rock'n'Roll."

Aber nicht nur Personen, die selbst Musiker*innen sind oder dies durch Musikerfahrungen in der Jugend geworden sind, beschreiben das Erleben von Musik im jugendlichen Alter als einflussreich und häufig auch als Beginn eines dauerhaften Fan-Daseins. Forschungen zu Fans zeigen, wie Otte (Otte 2010, S. 93) zusammenträgt, „dass Präferenzen für volkstümliche und populäre Musikgenres, für die man sich im Jugend- und frühen Erwachsenenalter begeistert, im Lebenslauf tendenziell beibehalten werden."

So formuliert Thilo Schmied, ein Depeche-Mode-Fan der ersten Stunde, in der Musikdokumentation „Depeche Mode und die DDR" (2018) anschaulich: „Das ist so klar meine Jugend. Seitdem begleitet mich das natürlich und hat es – ja, tut es bis heute". Diese Aussage bringt exemplarisch auf den Punkt, was zahlreiche Studien (vgl. Otte 2010) beschreiben und was sich auch in vielen Interviewauszügen in dokumentarischen Filmen über Musikkulturen zeigt: „Die Befunde zur langfristigen Prägung des Musikgeschmacks unterstreichen die sozialisatorische Bedeutung der Lebensphase Jugend" (ebd., S. 95).

3.2 Musik der Jugend als Auslöser, selbst Musik zu machen

Eng verbunden mit der den Musikgeschmack dauerhaft formenden Rezeption im Jugendalter ist, wie bereits angeklungen, die durch den beeindruckenden Musikkonsum beförderte Motivation, selbst Musik zu machen. So sagt Joe Strummer, der Sänger und Hauptsongwriter von The Clash, in „Joe Strummer. The future is unwritten" (2007): „Es klang so anders als das, was wir in unserem Alltag erlebten. Wie der Klang aus einer anderen Welt. Damals beschloss ich, mich ganz der Musik zu widmen. Das war mein Ziel." Das Erleben von überwältigender Musik wird hier als eine Erfahrung beschrieben, die das Leben verändert und diesem gleichzeitig eine neue Richtung gibt. Ähnlich formuliert es auch Danny B. Harvey, der Gründer der Band Head Cat, in „Lemmy" (2010); „Head Cat ist die Musik, die wir als Teenager gehört haben und wegen der wir selbst angefangen haben zu spielen." Direkter als in diesem Zitat kann der Zusammenhang zwischen dem Hören und Verehren von Musik und Musiker*innen in der eigenen Jugend und dem Schritt, selbst zu musizieren, nicht formuliert werden.

3.3 Jugendliche Musikerfahrung als Orientierungshilfe und Vergemeinschaftung

Das oben genannte Zitat von Joe Strummer verweist aber noch auf etwas Anderes, nämlich darauf, dass Musikerfahrung in der Jugend als ein Aufbruch zu etwas Neuem gesehen werden und den Weg einer wie auch immer gearteten möglichen persönlichen Entwicklung aufzeigen kann – und das nicht nur für Musiker*innen selbst, sondern auch vor allem für (jugendliche) Fans, denen Musik in einer (pubertären) persönlichen oder gesellschaftlichen Krisen geholfen hat. So schildert der Fan und Musiker Bernd Stracke, zurückblickend auf seine Jugend als Punk vor und während der Wende, in „Ostpunk! Too Much Future" (2007): „Aber wir haben unser Individuum damals überhaupt nicht versteckt. Wir haben unsere Gesichter gezeigt, sind mit unseren Namen eingestanden, mit unserer Musik und haben dafür gezahlt." Punk hat ihm geholfen, seine Persönlichkeit und Individualität auszudrücken und für seine Überzeugungen einzutreten – auch im Angesicht staatlicher Repression. Weiterhin zeigt sich in diesem Zitat das starke Gemeinschaftsgefühl der jugendlichen Szenezugehörigkeit, da Stracke von „wir" spricht, womit er – wie an vielen Stellen des Films deutlich wird – auf die starke Verbundenheit untereinander im Punk-Underground der DDR verweist (vgl. u. a. Wagenknecht 2016). Die Kraft der Vergemeinschaftung und der Zusammenhalt unter den Fans, der die Ablehnung von Kleidung und Habitus der Jugendlichen durch den Großteil der (erwachsenen) Gesellschaft erträglich macht, werden auch in der Aussage eines Depeche Mode-Fans in „Depeche Mode und die DDR" (2018) deutlich. In einem Gespräch zwischen Fans der Synthiepop-Band, die sich seit ihrer gemeinsamen Jugendzeit in der DDR kennen, stets in Kontakt gestanden haben und gemeinsam Konzerte von Depeche Mode besuchen, äußert er: „Und das verbinde ich immer wieder mit der Musik und mit unserer Jugend, die wir gemeinsam erlebt haben." („Depeche Mode und die DDR" 2018) Mit dem „und das" erfolgt ein Verweis auf den im Vorfeld der Gesprächsrunde sowie in der gesamten Dokumentation hervorgehobenen Zusammenhalt der Anhänger*innen der Band, der seinen Anfang in der gemeinsamen (musikalischen) Jugend und Sozialisation genommen hat.

3.4 Retrospektive Einordnung musikalischer Jugenderfahrungen

In den betrachteten Musikdokumentationen schildern Protagonist*innen häufig ihre überwältigende oder positiv irritierende erste Erfahrung mit neuen Bands und deren Musik. Besonders die frühzeitige Rezeption von im Nachhinein Genre-definierenden, aber damals nicht eindeutig zuordnungsfähigen Bands wird unter Verweis auf die jugendliche Unerfahrenheit nachträglich interpretiert. So schätzt Hans Joachim Irmler, Musiker der deutschen Krautrock-Band Faust, sein erstes Hören der Band The Monks in den 1960er Jahren in dem Film „Monks – The Transatlantic Feedback" (2007) wie folgt ein: „Damals wusste ich noch nicht, dass man das auch unter Minimalismus einreihen sollte." In der Rückschau mehr als 40 Jahre später kann die jugendliche musikalische Überwältigung, im Angesicht der Tatsache, dass The Monks heute als Proto-Punk rubriziert werden, also mit gesichertem Wissen eingeschätzt und kategorisiert werden.

Dass frühe Rezeptionseindrücke aus der eigenen Jugend jedoch retrospektiv auch relativiert werden können, zeigen die folgenden Ausführungen des Mitarbeiters eines Heavy Metal-Labels in „Metal – A Headbanger's Journey" (2005). In Bezug auf den Erstkontakt mit der Band Venom, die zu den Begründern des Black Metal zählen und durch ihr satanisches Image und die Härte und Simplizität ihrer Musik in den frühen 1980er Jahren für Aufsehen sorgten (vgl. Wagenknecht 2011), schätzt er deren damals angsteinflößende Performance rückblickend als lächerlich ein.

> Ich weiß noch, dass *Venom* mir zuerst eine Scheiß-Angst einjagte. Ich habe die Platte nicht gekauft, da ich Angst hatte, etwas Böses zu tun. Es war extrem. Heute weiß jeder, der das Video sieht und weiß, dass ich Angst davor hatte, dass ich mich vor Lachen bepisse. Aber damals in meiner Jugend war das was Neues. Das Zeug war sehr beunruhigend.
>
> („Metal – A Headbanger's Journey" 2005)

Neben der Erkenntnis, dass Beeindruckendes aus der Jugend im Nachhinein an Durchschlagskraft verlieren kann, verdeutlicht der Auszug auch, dass zur Jugend eine gewisse Vehemenz im Vertreten der eigenen Einschätzungen gehört, teilweise verbunden mit hoher Begeisterungsfähigkeit und Naivität. Diese Naivität, die aber förderlich dabei sein kann, eigene Wege unvoreingenommen zu verfolgen und sich etwas völlig hinzugeben, beschreibt beispielsweise Henry Rollins in „Punk: Attitude" (2005): „Wäre ich 17, wäre das mit Sicherheit meine favorisierte Band." Diese Aussage bezieht sich auf Limp Bizkit, eine Band, die Ende der 1990er-Jahre und Anfang der 2000er-Jahre mit einem Crossover-Stil aus Metal und Hip-Hop sehr erfolgreich war. Limp Bizkit und ihre auch als Nu Metal bezeichnete Musik war in den frühen 2000er Jahren bei Jugendlichen und Teenagern sehr beliebt, während sie von älteren Fans der Genres Metal und Punk, aber auch von Musikmagazinen und Musiker*innen anderer Bands zumeist Ablehnung erfuhr.

Henry Rollins schlägt sich, trotz der Tatsache, dass er als bedeutender Vertreter des amerikanischen Punks und Hardcore gilt, verständnisvoll auf die Seite der jugendlichen Fans. Ausgehend von einer detaillierten Beschreibung des geschickten musikalischen Aufbaus der Songs von Limp Bizkit, könne man sich seiner Meinung nach deren Laut-Leise-Schema und dem Einsetzen der alles zerfetzenden E-Gitarre nicht entziehen. Die Formulierung „Wäre ich 17" verweist gleichzeitig darauf, dass diese Einschätzung bloß eine hypothetische ist und seine Empfindung aus seiner persönlichen und gegenwärtigen Perspektive eine reflektiertere wäre, da er die Musik augenblicklich anders einordnen würde. Man könnte sagen, dass die in erster Linie physische Rezeption und Körperlichkeit der Jugend nun der offenen, reflektierten (geistigen) Aneignung gewichen sind, die sich allerdings noch immer zugänglich für Neues zeigt. Jugend als Haltung ist anscheinend nicht deckungsgleich mit der Jugend als Lebensphase.

Die Intensität der Musikerfahrung in der Jugend wird noch unterstützt, wenn eine später stilprägende Band bereits zu Beginn ihre Karriere gesehen und gehört wurde. Äußerungen wie „ich kannte die Band schon, als sie noch keiner kannte" sind wahrscheinlich jeder Person bekannt, die sich nur halbwegs innerhalb von Musikkulturen bewegt. Solche angeblichen frühen Erstkontakte scheinen unter Fans in besonderem Maße populäres kulturelles Kapital (vgl. Fiske 1997) zu erzeugen.

Auch in dokumentarischen Filmen über Musikkulturen tauchen solche Schilderungen im Zusammenhang mit Erzählungen über die eigene Jugend immer wieder auf. So beschreibt der Regisseur Jim Jarmusch in „Punk: Attitude" (2005), wie beeindruckt er in jungen Jahren von der Band Television war und wie er sie im legendären New Yorker Club „CBGBs" live gesehen hat. Beiläufig erwähnt Jarmusch: „Ich sah sie – ich denke – bei einer ihrer ersten Shows." Das jugendliche Rezeptionserlebnis wird hier in der Rückschau nahezu überhöht und mystifiziert. Darauf, dass sich Jugendkulturen – was auch auf Musikkulturen übertragbar scheint – nahezu verklärend auf ihre Anfänge beziehen, verweist auch Kaspar Maase: „[N]ur am Beginn neuer Trends ist es kleinen Avantgardegruppen kurzzeitig möglich, relativ unabhängig von Vermarktungs-absichten einen Stil zu kreieren" (Maase 2003, S. 40).

Eher resignativ ist dagegen die Aussage von Steve Fisk in „Hype" (1996), der das Kennen zahlreicher Bands in der Jugend – in diesem Fall Grunge-Bands – historisierend relativiert: „Niemand kennt diese Bands. Das ist alte Geschich-te." Für ihn waren diese Bands einmal wichtig, doch nun sind sie unbekannt – aber er kannte sie, was seine Musikerfahrung in der Jugend besonders macht. Gleichzeitig blickt er damit auf seine eigene Jugend zurück – ein Phänomen, auf das auch die Fanforschung verweist: „Dass Fantum in dieser Zeit besonders intensiv ausgelegt wird, belegen Daten zur Musiksozialisation" (Otte 2010, S. 95).

3.5 Musik der Jugend im Spiegel der Gegenwart

Zum Erinnern an die eigene musikalische Jugend scheint häufig eine Bezug-nahme auf die Gegenwart zu gehören – so jedenfalls in den betrachteten Mu-sikdokumentationen. Die eigene Jugend wird im Vergleich zur gegenwärtigen Jugend bewertet, oder die gegenwärtige wird vor dem Hintergrund der eigenen eingeschätzt. Ebenso werden Abgleiche zwischen eigenen jugendlichen Erfah-rungen und Geisteshaltungen zu gegenwärtigen persönlichen Standpunkten und Verhaltensweisen vorgenommen.

Während Bernd Stracke in „Ostpunk! Too Much Future" (2007) rückbli-ckend auf seine rebellische Zeit als Punk und Musiker in der DDR resümiert – „Ich bin heute ein angepasster Freund der Demokratie [...] Also ich bin nicht mehr der große Revoluzzer" – und sich damit ein Stück weit altersmilde[4] gibt, bleibt Henry Rollins konfrontativ. Dementsprechend führt er in „Punk: Attitu-de" (2005) aus: „Ich bin 43 und sage immer noch fuck you." Dabei verweist er direkt auf sein Alter und betont, dass er sich allerdings die Jugendlichkeit als Haltung erhalten hat und seiner Umwelt weiterhin gern den Mittelfinger entge-genstreckt. Im selben Film sympathisiert er wohlwollend mit der gegenwärtigen Jugend und macht sich mit ihr gemein, indem er Verständnis für diese zeigt. Hierzu sei auch noch einmal auf das bereits erwähnte Statement „Wäre ich 17, wäre das mit Sicherheit meine favorisierte Band" von Rollins in „Punk: Attitu-

---

4 Zu einer ähnlichen Einschätzung kommt auch Otte: „Erwartungsgemäß lassen Intensität und öffentliche Inszenierung von Fanaktivität im Lebensverlauf also nach" (Otte 2010, S. 96).

de" (2005) bezüglich der Musik und des kommerziellen Erfolgs von Limp Bizkit verwiesen – eine Band, die ansonsten gerade von gestandenen Hardcore- und Punk-Anhänger*innen Anfang der 2000er-Jahre eher kritisch gesehen wurde. So beispielsweise auch von Roger Miret, dem Sänger der Hardcore-Veteranen Agnostic Front, der gegenwärtige Bands *per se* unter Pauschalverdacht stellt. So sagt er ebenfalls in „Punk: Attitude" (2005): „Es scheint, also wollten die Bands heute Teil des Systems sein." Mit der Formulierung „heute" vergleicht er aber auch seine Jugend mit der gegenwärtigen junger Musiker*innen und unterstellt diesen, anders zu sein. Das ist aber auch ein Hinweis darauf, dass die Anfänge oder anders formuliert die Jugend von Musikkulturen – in diesem Fall die der amerikanischen Hardcore-Szene – häufig nachträglich überhöht werden.

4 Resümee: Midlife-Crisis als Dauerzustand

Die Aussagen der Protagonist*innen in den betrachteten Filmen zeigen zweierlei. Erstens erfolgt die Thematisierung von Jugend und Musik in unterschiedlichen Kontexten und Zusammenhängen. Konkrete Formen der Problematisierung sind das Schildern von Rezeptionserfahrungen in der Jugend, welche die musikalischen Vorlieben zeitlebens beeinflussen. Diese Erfahrungen können auch dazu führen, selbst Musik zu machen. Jugendliche Musikerfahrungen werden aber auch als dauerhaft vergemeinschaftend und als der Krisenbewältigung zuträglich beschrieben. Retrospektiv betrachtet, erfolgt durch die Protagonist*innen entweder eine Relativierung der eigenen jugendlichen Überwältigung durch Musik oder deren nachträgliche Überhöhung, wobei stets die jugendliche Vehemenz des musikalischen Schaffens oder der Fanaktivität betont wird. Diese kann mit zunehmendem Alter erhalten bleiben oder eben nachlassen. Auffallend ist die Idealisierung der eigenen jugendlichen Musikerfahrung, und zwar besonders, wenn diese mit der Entstehungszeit einer neuen Musikkultur oder -szene in eins fällt. So werden der erste Kontakt zu prägenden Bands in deren Frühphase aus Fanperspektive betont oder die aktuelle Entwicklung der Szene durch Musiker*innen, die schon seit den Anfangstagen dabei sind, kritisch betrachtet. Daneben äußern die Szeneprotagonist*innen stellenweise auch Verständnis für die gegenwärtige Jugend und können deren musikalische Vorlieben nachvollziehen, auch wenn es nicht die ihren sind.

Interessant ist dabei grundsätzlich, dass – wie stellenweise bereits im Vorfeld durch Verweise auf den Forschungsstand zum Thema Jugend und Musik angedeutet – die Äußerungen von prominenten Musiker*innen und Protagonist*innen in den Musikdokumentationen mit den Aussagen von Fans vergleichbar sind und so zum größten Teil auch durch Befunde aus dem Bereich der Fanforschung gestützt werden.

Zweitens wird allein an dem Alter der in den Musikdokumentationen zu Wort kommenden Musiker*innen und Fans deutlich, dass Musikkulturen altern, aber viele der sie mitbegründenden Protagonist*innen – Musiker*innen wie Fans – noch immer in ihnen aktiv sind. Die meisten Musikkulturen befinden sich – wie ihre Protagonist*innen – nicht mehr in ihrer Jugend. Dennoch ist die Jugend, verbunden mit der stilprägenden Musik der Anfangsphase einer sich etablierenden Musikkultur, als ein zeitlicher Fixpunkt omnipräsent. Es ist eine Entität, zu der sich Fans und Musiker*innen gleichermaßen verhalten müssen – zumindest können sie sich ihr nicht entziehen.

Ohne vom nahenden Ende der Musikkulturen sprechen zu wollen, scheinen sich diese in einer Art dauerhaften Midlife-Crisis zu befinden. „Midlife-Crisis ist eine krisenhafte, mit verstärkten Identitätsproblemen verbundene Phase in der Lebensmitte eines Individuums, in der die bisherige Lebenshälfte kritisch überdacht, bilanziert und gefühlsmäßig in Frage gestellt wird" (Hillmann 1994, S. 552).

Tauscht man „eines Individuums" durch „einer Musikkultur" aus, dann ist damit recht treffend der Zustand aktueller Musikkulturen beschrieben, in denen Jugend keine Lebensphase mehr ist, sondern allenthalben noch eine Geisteshaltung, an der sich Junggebliebene, Alte und Jugendliche gleichermaßen reiben und abarbeiten. Bei diesem Prozess leisten nicht zuletzt auch dokumentarische Filme über Musikkulturen und Musiker*innen ihren Beitrag. Sie lassen Fans und Musikschaffende als Zeitzeug*innen über die Musik ihrer Jugend sprechen. Dieser Musik und der damit verbundenen Zeit fühlen sie sich noch immer verbunden, da die Musik der Jugend Geschichte(n) geschrieben hat, die zeitlos zu sein scheinen – eben: „forever young".

Im Gegensatz zur Erforschung jugendlicher Musiksozialisation und deren lebenslanger Nachwirkung steckt die wissenschaftliche Beschäftigung mit dem Phänomen alternder Musikkulturen erst in den Kinderschuhen. „Try walking in my shoes", wie Depeche Mode in dem Stück „Walking in my shoes" (1993) singen, kann hier abschließend als eine Metapher für die Zustandsbeschreibung und die sich gleichzeitig stellende Forschungsfrage gelesen werden – gerade was das Verhältnis zwischen alten und jungen Fans und Musiker*innen innerhalb von Musikkulturen betrifft.

Medienverzeichnis

Literatur

Benesch, Hellmuth. 1994. *dtv-Atlas zur Psychologie*. Bd. 2. München: dtv.

Chaker, Sarah. 2014. *Schwarzmetall und Todesblei. Über den Umgang mit Musik in den Black- und Death-Metal-Szenen Deutschlands*. Berlin: Archiv der Jugendkulturen Verlag.

Farin, Klaus. 2010. Jugendkulturen heute. In *Aus Politik und Zeitgeschichte*, 27: 3–8.

Fiske, John. 1997. Die kulturelle Ökonomie des Fantums. In *Kursbuch Jugend Kultur: Stile, Szenen und Identitäten vor der Jahrtausendwende*, Hrsg. SPOKK, 54–69. Mannheim: Bollmann.

Glaser, Barney G. und Anselm Strauss. 1998. *Grounded Theory. Strategien qualitativer Forschung*. Bern: Hans Huber.

Günther, Cordula. 2002. Erinnerung. In *Metzler Lexikon Medientheorie Medienwissenschaft. Ansätze – Personen – Grundbegriffe*, Hrsg. Helmut Schanze, 79–80. Stuttgart: J. B. Metzler.

Heinze, Carsten. 2016. Populäre Jugend- und Musikkulturen im Film. Konzeptionen und Perspektiven. In *Populäre Musikkulturen im Film. Inter- und transdisziplinäre Perspektiven*, Hrsg. Carsten Heinze und Laura Niebling, 3–28. Wiesbaden: Springer VS.

Hillmann, Karl-Heinz. 1994. Midlife-Crisis. In *Wörterbuch der Soziologie*, Hrsg. Karl-Heinz Hillmann, 552. Stuttgart: Kröner.

Hitzler, Ronald und Arne Niederbacher. 2010. *Leben in Szenen. Formen juveniler Vergemeinschaftung heute*. Wiesbaden: VS Verlag.

Lersch, Edgar und Reinhold Viehoff. 2007. *Geschichte im Fernsehen. Eine Untersuchung zur Entwicklung des Genres und der Gattungsästhetik geschichtlicher Darstellungen im Fernsehen 1995 bis 2003*. Berlin: VISTAS.

Maase, Kapar. 2003. Jugendkultur. In *Handbuch Populärer Kultur*, Hrsg. Hans-Otto Hügel, 40–45. Stuttgart: J. B. Metzler.

Mayring, Philipp. 2003. *Qualitative Inhaltsanalyse. Grundlagen und Techniken*. Weinheim: Beltz.

Niebling, Laura. 2018. *Rockumentary. Theorie, Geschichte und Industrie*. Marburg: Schüren.

Otte, Gunnar. 2010. Fans und Sozialstruktur. In *Fans. Soziologische Perspektiven*, Hrsg. Jochen Roose, Mike S. Schäfer und Thomas Schmidt-Lux, 69–107. Wiesbaden: VS Verlag.

Schäfer, Bernd. 1994. Jugend. In *Wörterbuch der Soziologie*, Hrsg. Karl-Heinz Hillmann, 396–397. Stuttgart: Kröner.

Wagenknecht, Andreas. 2016. Die Suche bleibt. Die ostdeutsche Punk- und Independent-Szene vor und nach der Wende in den Rockumentaries „flüstern & SCHREIEN" (DDR 1988) und „flüstern & SCHREIEN – 2. Teil" (BRD 1994). In *Populäre Musikkulturen im Film. Inter- und transdisziplinäre Perspektiven*, Hrsg. Carsten Heinze und Laura Niebling, 353–369. Wiesbaden: Springer VS.

Wagenknecht, Andreas. 2011. Das Böse mit Humor nehmen. Die Ernsthaftigkeit des Black Metal und deren ironisierende Aneignung am Beispiel von Fanclips auf Youtube. In *Metal Matters. Heavy Metal als Kultur und Welt*, Hrsg. Rolf F. Nohr und Herbert Schwab, 153–164. Münster: LIT.

Wegmann, Nikolaus. 2007. Der Original-Ton. Eine Medienerzählung. In *Original / Ton. Zur Mediengeschichte des O-Tons*, Hrsg. Harun Maye, Cornelius Reiber und Nikolaus Wegmann, 15–24. Konstanz: UVK.

Filme

Depeche Mode und die DDR. Regie: Heike Sittner. DE: 2018.
Hype! Regie: Doug Pray. US: 1996.
Joe Strummer – The Future Is Unwritten. Regie: Julien Temple. GB/IE: 2007.
Lemmy. Regie: Wes Orshoski und Greg Olliver. US: 2010.
Metal – A Headbanger's Journey. Regie: Sam Dunn. CA: 2005.
Monks – The Transatlantic Feedback. Regie: Dietmar Post und Lucía Palacios. DE/US/ES: 2007.
Ostpunk! Too Much Future. Regie: Michael Boehlke und Carsten Fiebeler. DE: 2007.

Anna Schürmer
Vom Starman zum Blackstar

Jugend und Alter, Tod und Wiedergeburt bei David Bowie

Zusammenfassung: Musik und Film gelten als Medien der Jugendkultur – implizieren aber zugleich immer ihr eigenes Altern, indem sie mit ihren Fans und Idolen reifen und schließlich welken. Dieses generationale „Coming-of-Age" verkörpert David Bowie wie kaum ein anderer: Durch seine fortgesetzten Rollenspiele inszenierte das „Chamäleon des Pop" die popkulturelle Evolution selbst und unterlief sie zugleich, indem er sich mit seinen Alter Egos immer wieder neu erfand und damit dem Alterungsprozess entzog. Diese Rollenspiele zeichnen Bowie als „Trickster" aus – eine widersprüchliche „Figur des Dritten", die spielerisch zwischen Pop und Avantgarde, Camp und Posertum, (Wieder)- Geburt und Tod flaniert. Dabei werden seine Kunstfiguren, von Ziggy Stardust bis zum Blackstar, von einem Motiv überstrahlt: Sternen, die jenseits vom „Stardom" der Celebrity Studies bislang kaum Beachtung in der medienkultur- wissenschaftlichen Forschung gefunden haben.

Schlüsselwörter: David Bowie, Stardom, Trickster, Rollenspiele, Tod, Figur des Dritten, Sterne, Avantgarde, Afrofuturismus, Audiovisionen, Camp, Posertum

Musik, Film und Jugend scheinen eine vitale Trias zu bilden – und doch kommen auch die vermeintlich jugendkulturellen Medien in die Jahre: Musik/Film und Altern ist also kein paradoxaler Widerspruch – auch wenn Liedzeilen wie Pete Townshends „I hope I die before I get old" („My Generation") oder Alphavilles „Forever Young" die Geschichte des Pop durchziehen. Vielmehr: Fans altern mit ihren Stars, und jede Jugendbewegung geht folgerichtig in ihrer Adoleszenz, dem Alter und schließlich dem Tod auf – wenn sich auch der Generationenvertrag des Pop mit dem Archiv „Internet" verschoben hat, das Jugendlichen den digitalen Griff in die Plattenkiste und damit auch ein wenig in die Lebenswelt der (Groß-)Eltern erlaubt.

Über solche sozio-demographischen Überlegungen hinausgehend, ist Pop in der Lage, Kindheit und Jugend ebenso wie das Altern und selbst den Tod ästhetisch zu inszenieren. Paradigmatisch dafür steht das Pop-Chamäleon David Bowie, dessen Karriere „Vom Starman zum Black Star" als eine regelrechte Serie verschiedener Coming-of-Age-Geschichten erzählt werden kann – indem er immer wieder in neue Rollen schlüpfte. Nun teilt sich diese figurenreiche Geschichte nicht nur auditiv, sondern auch visuell mit: Vom „Rock'n'Roll Suici-

https://doi.org/10.1515/9783110730609-027

de" seines Alter Ego „Ziggy Stardust" 1972 über seine diversen Neuerfindungen mittels neuer Rollenspiele bis zum realen Tod des Künstlers am 10. Januar 2016 ziehen sich durch Bowies Lebenswerk nicht nur Sound, sondern auch Visionen: Videos und Musikfilme fungieren als audiovisueller Ort der generationalen Identifikation und lebensaltersspezifischen Selbstfindung – vom glamourösen Außenseiter „Ziggy Stardust", mit dem Bowie die Hippie-Bewegung glamourös ablöste und Geschlechterordnungen unterwanderte, bis zu seinem Vermächtnis „Blackstar", mit dem sich der „Trickstar" selbst einen Raum post-mortalen Erinnerns schuf.

Sterne mit ihrer ausstrahlungsstarken Symbolik und Metaphorik weisen den Weg bei der diskursiven Navigation durch Bowies audiovisuelles Lebenswerk: eine prismatisch ausfächernde popmusikalische Coming-of-Age-Geschichte, die Bowie zeitlebens und darüber hinaus mit Rollenspielen betrieb, die ihn als gestaltenwandelnden Wiedergänger auszeichnen – und für den sich die theoretische „Figur des Dritten" anbietet: Als „Trickst(e/a)r" irritierte der Star David Bowie die Grenzen von Jugend, Altern und Tod.

Abb. 1: *Stardust*: Pegasus setzte David Bowie ein Graffiti-Epitaph, ©: Maggie Sully / Alamy Stock Foto: FBY811.

1 STARMAN: Sterne | Avantgarde | (Afro)futurismus

David Bowie darf als Star gelten – mit seiner ausgeprägten Vorliebe für Stern-Metaphorik bietet sich über diese für den Bereich der „Celebrity Studies" so wichtige Metapher hinaus ein sozio- und medienkulturelles Verständnis von Sternen als Denkfigur an: Denn Bowie hatte nicht nur während seines gesamten Lebens beträchtliche Ausstrahlung; auch *post mortem* besitzt er eine ausgeprägte Leuchtkraft. Kosmische Sternkonstellationen dienen Reisenden als ewige Orientierungspunkte und auch Bowie lässt sich auf der Ebene von Identifikationsprozessen eine Navigationsfunktion zusprechen. Sterne mögen statisch und allgegenwärtig erscheinen, aber sie verändern sich ständig: sie altern, leben und sterben – genauso wie der Mensch und Star David Bowie (vgl. Mendes 2019).

Nicht von ungefähr spielen interstellare Figurationen eine wegweisende Rolle im Œuvre des Pop-Avantgardisten: Seinen Durchbruch hatte er 1969 als Major Tom mit „Space Oddity" – inspiriert von Stanley Kubricks „2001: Odyssee im Weltraum" und genau zehn Tage vor der realen Mondlandung. Bevor Major Tom rund zehn Jahre später in „Ashes to Ashes" (1980) noch einmal auftrat und den Weltraumausflug als völlig losgelösten Drogentrip inszenierte, durchlief Bowie in den 70er Jahren eine ganze Reihe kosmischer Stationen („Station to Station"): Auf „Life on Mars" 1971 folgte 1972 „Ziggy Stardust", der schon 1973 wieder seinen „Rock'n'Roll Suicide" starb – um kurz darauf als „Aladdin Sane" aufzuerstehen. Das Album „The Rise and Fall of Ziggy Stardust" wurde bekanntlich auch als Musikfilm produziert und enthält weitere Stern-symboliken: angefangen von der queeren „Lady Stardust" bis zu dem von Judy Garlands „Over the Rainbow" inspirierten Song „Starman". 1976 trat Bowie als „The Man Who Fell To Earth" filmisch als Alien in Erscheinung, und auch für sein audiovisuelles Epitaph, das zwei Tage vor seinem Tod an seinem 69. Geburtstag am 8. Januar 2016 erschienen, wählte Bowie eine kosmische Figuration: den „Blackstar".

Bei solchen Überlegungen fällt auf, dass Sterne eine Leerstelle in der Medien- und Kulturgeschichte darstellen. Dies mag am esoterischen Beigeschmack astrologischer „Forschung" liegen, während die Berechnungen der Astrophysik in kulturtheoretischer Hinsicht kaum zu verwerten sind – was die Ausstrahlung von Sternen als Unbegreifbares und Unerreichbares geprägt haben mag. Freilich gibt es in den Reihen der „Celebrity Studies" reichlich Auseinandersetzungen mit „Stardom" (vgl. Redmont 2007) – sinnbildlich stehen dafür die Sterne auf Hollywoods „Walk of Fame", auf dem sich 1979 auch Bowie verewigte. In kulturwissenschaftlicher Hinsicht bietet der von Walter Benjamin geprägte Diskurs zur Aura Anknüpfungspunkte in puncto Ausstrahlung; nicht zuletzt hängt der moderne Starkult mit der technischen Reproduzierbarkeit der Massenmedien unmittelbar zusammen. Und doch ist der medienkulturwissenschaftliche Fokus auf Sterne in einem weiteren als diesem metaphorischen Sinn ein Desiderat. Eine Ausnahme im Bereich der popkulturellen Soundforschung machte 2017 Diedrich Diederichsen mit seinem Essay „Sirius Is Serious: Sun Ra und Stockhausen", in dem der Autor den experimentellen Sound der Nachkriegszeit in den interstellaren Kontext von Science-Fiction-Ideen, technologischem Fortschrittsglauben und (afro)futuris-tischen Utopismus setzte – den der amerikanische Visionär am Saturn, der deutsche Avantgardist am Sirius festmachten (vgl. Diederichsen 2017).

Die interstellaren Bezugspunkte und Anklänge bei Stockhausen und Sun Ra können gleichermaßen als Ausdruck und Angebot generationaler Selbstfindungs- und Identifikationsprozesse gelesen werden: Stockhausen begründete als junger Komponist in Hörweite der Vernichtungserfahrung und kulturellen Gleichschaltung durch den Nationalsozialismus eine neue Kunst mit – die Neue Musik –, die Innovationen als Imperativ setzte, um in der Zukunft(smusik) das Heil zu suchen. Medium seiner Musik für eine Neue Welt (vgl. Busé 2009) waren nicht zuletzt die technologischen Fortschritte der Elektroakustik, in die sich zunehmend spirituelle Überzeugungen mischten – angeregt durch The Urantia Book, einer Art kosmischer Bibel, die wiederum auch Sun Ra inspirierte. Diesem und der afrofuturistischen Bewegung im Allgemeinen symbolisiert der audiovisuelle Blick in die Sterne die Vision eines besseren Morgen: Die Imagination ferner Welten und Zukünfte durch eine Neuschreibung der Vergangenheit außerhalb der dominanten kulturellen Erzählung – Space is the Place (Ra 1974; vgl. Dery 1994; Diederichsen 1998; Eshun 1999; Nelson 2002; Womack 2013; Kilgore 2014; Avanessian 2018).

Und auch David Bowie kann in diesem Kontext verortet werden – indem seine kosmischen und stellaren Bezugspunkte als Ausdruck und Anklang jeweils lebensaltersspezifischer Identifikations- und Vergemeinschaftungsprozesse gedeutet werden: von Jugend über Adoleszenz bis hin zu Alter und Tod. Mit Bezug auf das afrofuturistisch geprägte Konzept der „Alienation" – der Entfremdung der afroamerikanischen Sklaven als „Aliens" in einem fremden Land und beraubt ihrer Geschichte (vgl. Meyer 2000) – springt einer von Bowies Songs aus dem Jahr 1984 ins Auge und Ohr: „Loving The Alien", in dem Bowie motivisch das transhistorische Verschmelzen von Vergangenheit, Gegenwart und Zukunft besingt: „Thinking of a different time [...] Watching them come and go | Tomorrows and the yesterdays [...] Believing the strangest things, loving the alien." Mittels der Konfrontation mit dem Fremden und mithilfe seiner kosmischen Kunstfiguren dekonstruierte Bowie bürgerliche Vorstellungen und ließ diverse Lebensformen denkbar werden – und das nicht nur mit Klang, sondern eben auch in (bewegten) Bildern.

Nun heißt ein weiterer berühmter Song Bowies nicht zufällig „Sound & Vision": Mit Fokus auf das Thema dieses Bandes – Musik und Film – bleibt festzuhalten, dass sich David Bowies Werk transmedial über viele Kunstsparten erstreckt und sein kreatives Schaffen über Musik hinaus auch Texte, Video, darstellende Kunst, Literatur, Theater, Film, Fernsehen, Internet, Ausstellungen, Installationen, Design und Mode umfasst. Während er also in ständiger Bewegung und Veränderung viele Medien genutzt und durchquert hat, kann er auch selbst als Medium interpretiert werden, das zwischen Avantgarde und Pop, Jugend und Alter, Tod und Wiedergeburt, Musik und Film vermittelt (vgl. Mendes 2020).

Beim Versuch, den Star David Bowie als Leitstern nicht nur jugendlicher Identifikationsprozesse, sondern auch im Kontext des Alterns zu fassen, konzentrieren sich die folgenden Ausführungen auf Anfang und Ende seiner Karriere: beginnend mit seiner Kunstfigur „Ziggy Stardust", die als Figuration der promiskuitiven Selbstfindung interpretiert wird, und endend mit seinem letzten Album „Blackstar" mit dem sich Bowie selbst einen hauntologischen Raum der Erinnerung schuf. Verbunden sind diese Enden durch das Motiv des Stars/Sterns sowie diversen Narrationen von (Wieder-)Geburt und Tod, Auferstehung und Unsterblichkeit. Eine entscheidende Rolle spielen dabei die unzähligen Wandlungen („Changes") und Transformationen („Transformer"), die David Bowie als gestaltenwandelnden Wiedergänger und damit als eine „Figur des Dritten" auszeichnen.

2 ZIGGY STARDUST (1972): Posen | Post-Culture | Camp

Das Album „Ziggy Stardust and the Spiders from Mars" sowie der von D. A. Pennebaker inszenierte Musik-Film erzählen die Geschichte eines überirdischen Rockstars, dessen Botschaft – die Verkündung von Liebe und Frieden – letztlich an seinem ausschweifenden Lebensstil scheitert. Parallelen zu Bowies von „Sex, Drugs & Rock'n'Roll" geprägtem Lebensstil in den 1970er Jahren sowie zum Archetyp des verdammten Messias – nicht von ungefähr singt Ziggy die Zeilen

„Like a leper messiah" – sind naheliegend. Bowie selbst schilderte die Kreation seiner Kunstfigur in einem Interview wie folgt – und weist damit sein Rollenspiel innerhalb einer generationsspezifischen Evolution aus, die Jugend als soziale Gruppe und Pop als kulturellen Lebensstil und Medium der Identifikation umfasst:

> Die Idee einer überlebensgroßen Rockfigur kam mir gegen Ende 1970. [...] Zu diesem Zeitpunkt schien der Rock sich in eine Art Jeanshöhle verirrt zu haben. Angesagt waren lange Haare, aus den Sechzigern übrig gebliebene Perlen, und, Gott bewahre, auch Schlaghosen waren noch zu sehen. [...] Im Grunde handelte es sich um ein ödes Posertum, dem die feurigen Ideale der Sechziger abgingen.
>
> (Bowie 2007)

Bowie gibt hier selbst das Stichwort zur analytischen Reflexion von Alterungsprozessen innerhalb popkultureller Jugendbewegungen: „Posertum", das Robin Curtis in ihrem Aufsatz *Erstarrung: Die Pose und das Altern* in einen entwicklungsästhetischen Kontext gestellt hat. Die zwischen Performativität und Expressivität vermittelnde und sowohl Ironie als auch Authentizität versprechende Körperlichkeit mache die Pose zum „Inbegriff der Lebendigkeit, indem die Intentionalität hier regelrecht zur Schau gestellt wird" (Curtis 2015, S. 79). Das Paradox nun liegt darin, dass die Pose zugleich ein Moment der Verfestigung von Ausdrucksweisen bezeichnet – eben „Erstarrung". In diesem Sinne ist auch Diedrich Diederichsen zu verstehen, der die Pose in seinem Opus Magnum als Schlüsseleinheit des Pop-Dispositivs beschrieben hat: „Die Pose ist nicht eine einzige konkrete körperliche Haltung, aber eine bestimmte Menge möglicher Haltungen, die für einen Künstler oder eine Gruppe infrage kommen. Sie ist die Menge an körperlichen Haltungen, die zur Verfügung steht, die anderen Haltungen zu bestätigen, die sich in Texten, Covern, Musik und aufgezeichneter Körperlichkeit äußern" (Diederichsen 2014, S. 138).

Auch etymologisch gesehen assoziiert die Pose eher das Altern als die Jugend. Dass dabei Momente der Identifikation eine Rolle spielen, zeigt der Bezug zum anglo-normannischen *poser* als einer „Positionierung im Raum". Dazu kommen terminologische Anschlüsse an das lateinische Verb *pausare*, das nicht nur auf Schlafen, sondern auch auf das Totsein verweist: Die sich verfestigenden Gesten jugendlicher Vitalität münden also in Erstarrung und Stillstand – damit kann die Pose als historisches Phänomen und eine Art juveniler Maskerade alternder Ausdrucksweisen begriffen werden (vgl. Curtis 2015, S. 79). In diese Richtung deutet auch Kathrin Dreckmann in ihrem Aufsatz „Punk und Pose", der die paradoxe Binnensemantik des Pop zwischen Subversion und Tradition sowie in Anlehnung an Aby Warburgs Begriff der Pathosformel konturiert (vgl. Dreckmann 2019). Wenn Dreckmann im Medienverbund von Bild,

Text und Performance auf die Ästhetik der Pose zurückgreift, so können ihre Überlegungen zur ambivalenten Positionierung des Pop gleichermaßen für Film und/mit Musik – also Audio-Visionen – fruchtbar gemacht werden: Jede Gegenkultur unterliegt einem Prozess der Historisierung und wird durch die (massen)kulturelle Vereinnahmung marktförmig; der rebellische Duktus endet in jenem Moment, wo sein Ausdruck zur Pose gerät.

Genau dies hat David Bowie verstanden und konterte den Prozess des Alterns und der Erstarrung mit Rollenspielen: Indem seine Kunstfiguren im Moment ihrer Etablierung immer wieder einen medienästhetisch inszenierten „Rock'n'Roll Suicide" starben, versprach und verkörperte er gewissermaßen ewige Jugend jenseits imitierender Posen – angefangen mit der Geburt von Ziggy Stardust aus dem Geist der popkulturellen Erstarrung der Hippie-Bewegung, die er also ganz im Sinne medienkulturwissenschaftlicher Theoriebildung als „Posertum" bezeichnete. Gezielt positionierte er Ziggy jenseits der alternden Flower-Power-Posen und generierte mit seiner ebenso glamourösen wie promiskuitiven Kunstfigur eine neue und vitale Pop-Ordnung, die den Geist der 70er Jahre in rock-psychedelischen Utopien verströmte – mit dem Griff nach den Sternen:

> Für mich und einige meiner Freunde waren die Siebziger der Anfang des 21. Jahrhunderts. Das lag allein an Kubrick. Mit dem Erscheinen von zwei großartigen Filmen, *2001* und *A Clockwork Orange* [...] knüpfte er alle vage vorhandenen losen Fäden der letzten fünf Jahre zu einem Aufbruch, der nicht aufzuhalten war.
>
> (Bowie 2007)

Dieser Aufbruch also wurde symbolisiert von Sci-Fi-Imaginationen, die neben der Neuen Musik eines Stockhausen und Sun Ras Afrofuturismus auch David Bowie in Vertretung der Pop-Avantgarde medienästhetisch belebten. Mentalitätsgeschichtlich grundiert war dieser Utopismus mit einem Gefühl der Zukunftslosigkeit, das Bowie in jenem Interview thematisierte:

> Autoren wie George Steiner verbreiteten den sexy Begriff Post-Culture, und es schien uns eine famose Idee zu sein, ihn auf den Rock auszuweiten. Es herrschte das allgemeine Gefühl, dass es keine „Wahrheit" mehr gäbe und dass die Zukunft nicht so klar umrissen sei, wie man gedacht hatte. Die Vergangenheit übrigens auch nicht [...]. Die Plattform dafür – mal abgesehen von den Schuhen – sollte lauten „We Are The Future, Now", und die einzige Art, das zu feiern, bestand darin, die Zukunft mit den Mitteln zu gestalten, die uns zur Verfügung standen. Mit einer Rock'n'Roll-Band natürlich.
>
> (Bowie 2007)

George Steiner entwickelte seinen kulturkritischen Begriff der „Post-Culture"
1971 mit Blick auf die Transmutationen der mechanisierten Welt und als Abge-
sang auf die klassische Kultur nach 1945 aus der Perspektive der Jugend:

> For the great majority of thinking beings, certainly for the young, the image of Western
> culture as self-evidently superior [...] is either a racially tinged absurdity or a museum
> piece. [...] It is not certain, moreover, that one can devise a model of culture, a heuristic
> program for further advance, without a utopian core. [...] "Close the door of the future" –
> that is, relinquish the ontological axiom of historical progress – and "all knowledge" is
> made inert.
>
> (Steiner 1971, S. 63)

Insbesondere der zukunftspessimistische und nostalgische Blick seiner Überlegungen scheint heute von seltsamer Aktualität, da solche „post-kulturellen"
Reflexionen in Begriffen wie Post-Digitalität, Post-Kolonialismus oder Post-
Humanismus wiederkehren. Gemeinsam sind diesen Ambivalenzen zwischen
einer nostalgischen Ästhetik und utopistischen Motiven, die in der Popkultur
der 1970er Jahre Gestalt annahmen. Anstelle der „No Future"-Pose des Punks
betonte Bowie jedoch ein futuristisches Lebensgefühl („We Are The Future"),
gemeinsam waren dem Punk und Bowies Glam-Rock der 1970er Jahre die Ablehnung und Ablösung der alternden Hippie-Kultur: Noch einige Monate vor
Woodstock, also dem Höhe- und Wendepunkt der Hippie-Bewegung, nahm
Bowie in Gestalt seines isolierten Astronauten Major Tom das Ende der Flower-
Power-Ära vorweg. Ihm folgte „Ziggy Stardust" als Herold und Symbol des de-
kadenten Wandels („Changes"): „Zig entstand im Entstehen, wenn Sie wissen
was ich meine" (Bowie 2007), betonte Bowie – und tatsächlich ist die visuelle
Ausgestaltung seiner berühmtesten Kunstfigur noch nicht auf dem Cover des
gleichnamigen Albums zu sehen, sondern wurde erst auf der langen Welttour-
nee von Januar 1972 bis Juli 1973 dramaturgisch entwickelt, die D. A. Pennebaker in seinem Konzertfilm verewigte. Auf der Bühne und begleitet von einer
Formation, die sich angelehnt an Ziggys fiktive Begleitband „Spiders from
Mars" nannte, schlüpfte Bowie in die Rolle seines überirdischen Alter Ego.

Androgyn geschminkt und mit homoerotischen Sprach-Posen
(„with god given ass") spielte Bowie/Ziggy – dekadent bis futuristisch bekleidet
und mit rot gefärbten Haaren – ein sozioästhetisch wirksames Verwirrspiel
sexueller Differenz, das als eine Ausformung von „Camp" interpretiert werden
kann: jene ironisch überpointierte, am Künstlichen und an Retro-Aspekten
orientierte Ästhetik der Populärkultur, die zur Pose erstarrte Versatzstücke vergangener Jugendkulturen neu besetzt und die Susan Sontag 1964 in ihrem ein-
flussreichen Essay *Notes on Camp* in einen Zusammenhang mit queerer Subversion gestellt hat (vgl. Sontag 1964). Und tatsächlich unterwanderte Bowie mit

Ziggy Stardust die patriarchale Geschlechterordnung und konnte so als figurativer Ort alternativer Selbstfindung wirksam werden. Identitätstheoretisch könnte man hier von einer Navigationsfunktion des Stars und Mediums David Bowie sprechen, der seinen überwiegend jugendlichen Fans so einen Möglichkeitsraum zur phantasievollen Auseinandersetzung mit normativen Erwartungshaltungen und sozialer Zugehörigkeit sowie eine kontrahegemoniale Alternative zu den gängigen Identitätsnormen öffnete.

Der glamouröse „Ziggy Stardust" sprengte in diesem Sinne die erstarrten Posen der vorangegangenen Hippie-Bewegung mit seiner retro-futuristischen Androgynität; bald allerdings wurde Bowies Kunstfigur selbst so dominant, dass sie zur Pose zu verkommen drohte. In Analogie zum Untertitel des Albums – „Rise and Fall", der sich nicht von ungefähr auf Brechts und Weills „Aufstieg und Fall der Stadt Mahagonny" bezieht und auf die freizügige Dekadenz in der Berliner Bohème der 1920er Jahre anspielt – inszenierte er 1973 im letzten Konzert der Tournee im Londoner Hammersmith Odeon das Ende von „Ziggy Stardust" als „Rock'n'Roll Suicide" – und eröffnete damit den Möglichkeitsraum für dessen „Transfiguration" und also Auferstehung als „Aladdin Sane" (1973): eine Art amerikanische, dunklere Variante und schizophrener Wiedergänger von Ziggy – in-Sane – der 1974 auf „Diamond Dogs" als „Halloween Jack" mit Augenklappe eine weitere Transformation erlebte. Hier haben wir also die dialektisch verknüpften Komponenten von Aufstieg und Fall, Tod und Wiedergeburt, mit denen Bowie seine Kunstfiguren belegte und sie damit jeglicher Erstarrung und damit letztlich dem Altern entzog. Denn Ziggy war nur die erste einer ganzen Ahnengalerie von Alter Egos, die die Karriere des „Pop-Chamäleons" säumen und dabei ganz unterschiedliche Identifikationsangebote machten – nicht zuletzt die Kontingenz von Deutungen selbst.

Paradoxerweise geistern Figurationen von David Bowies wandlungsfähiger Kunstfigur *Ziggy Stardust/Aladdin Sane/Halloween Jack* trotz oder gerade wegen ihrer beständigen Transformation als popkulturelle Wiedergänger und ikonische Objekte bis heute durch diverse Retro-Kulturen und transportieren so Versatzstücke einer zwischen sub- und hochkulturell changierenden Erinnerungskultur an die 1970er Jahre – und wurden darin zugleich szene- und marktförmig: So schmückt etwa Aladdin Sanes ikonische Blitz-Zeichnung Barbie-Puppen und Lego-Figuren genauso, wie sie als posierende Maskerade auf Partys und Instagram-Profilen eingesetzt wird. Freilich posierte Bowie selbst in bester Manier eines „Trickst(e/a)r" immer wieder in einer Form von „Auto-Mimikry" und legte damit den prozesshaften und fluiden Charakter seiner narrativen Identität offen. Dazu zählt auch sein Flirt mit faschistischen Ideen als „Thin White Duke" – bevor der „Starman" am Ende seiner Karriere als „Blackstar ★" erstrahlte und damit Altern, Tod und Auferstehung selbst audiovisuell inszenierte.

3 BLACK STAR (2016): Requiem | Transmedien | Remediation

Zwischen „Ziggy Stardust" und „Blackstar", dem 5. und dem 25. Studioalbum David Bowies, liegen knapp 45 Jahre und mit der Zeitspanne zwischen 1972 und 2016 nicht nur ein Künstlerleben, sondern eine ganze Ära, in der sich auch die Koordinaten von Jugend, Musik und Film verschoben haben. Wenn „Blackstar" strenggenommen auch kein Musikfilm ist, so erreichen der titelgebende Song und das dazugehörige Video mit für popmusikalische Verhältnisse außergewöhnlichen zehn Minuten doch fast filmische Ausmaße, in denen Bowie letztlich seinen Tod selbst audiovisuell inszeniert und zugleich einen Raum postmortalen Erinnerns kreiert hat.

Dabei weisen wiederum Sterne den motivischen Weg zu einer Deutung: War die stellare Symbolik in „Ziggy Stardust" eine popmusikalische Veräußerung in Zeiten des „Space Race" – dem Wettlauf der Groß- und Supermächte in den Weltraum – sowie (etwa in „Ashes to Ashes") ein Flirt mit dem Tod, der zugleich die Wiedergeburten Bowies in jeweils neuer Gestalt ikonisch illustrierte, steht der ★ im Zeichen des realen Todes und ist konkretes Symbol für die unheilbare Krebserkrankung des gealterten „Starman". Zugleich aber gilt für das hier verwendete Pentagramm, dass man es in einem Zug zeichnen kann und also am Schluss wieder zum Anfang gelangt – womit es wiederum als Zeichen für den Lebenskreislauf gedeutet werden kann. Auch hier steckt also das Motiv von Geburt, Tod und Auferstehung. Der titelgebende Song kann mehr noch als prämortale Definition der postmortalen Ausstrahlung David Bowies als „Blackstar" interpretiert werden – schließlich erleuchten tote Sterne noch Tausende Jahre lang die Erde als Supernova:

> I don't know why: I'm a Blackstar – I'm not a gangster, I'm not a flam star, I'm a star star, I'm not a white star, I'm not a pornstar, I'm not a wandering star, I'm not a filmstar, I'm not a popstar, I'm not a marvel star – I'm a Blackstar.

Was aber ist ein „Blackstar"? Auf Erden sind schwarze Sterne ein Zeichen der Anarchie; in der Astronomie sind sie Gegenstand hypothetischer Spekulation, die eine metaphorische Ausstrahlung entwickeln kann: Gravasterne kollabieren bei ihrem „Tod" nicht zu einem schwarzen Loch, sondern mutieren als „Quasi

Black Hole Objects" zu einer punktförmigen Singularität ohne räumliche Ausdehnung, aber mit einer hochenergetischen Strahlung (vgl. Naica-Loebell 2002). Es ist demnach eine postmortale Transformation, die dem sterbenden Bowie Trost gespendet haben mag und sich zugleich auf fast unheimliche Art und Weise in die interstellaren Rollenspiele aus seiner frühen Karrierephase einfügt – und die einen Bogen um sein Werk schließt, anstatt einen Endpunkt zu markieren.

Noch deutlicher verhandelt wird das Motiv von Tod und Wiedergeburt im Song „Lazarus", der zugleich Titel des Musicals ist, das Bowie 2015 am Broadway realisierte: eine analog-performative Variante des Genres Musik-Film und Adaption seiner filmischen Verkörperung des unsterblichen „Man Who Fell To Earth" (1976), den die Sehnsucht nach den Sternen peinigt. Der titelgebende Song, Bowies letzte zu Lebzeiten veröffentlichte Single, beschwört nicht von ungefähr die biblische Figur des von den Toten Erweckten. Das dazugehörige Video, das drei Tage vor Bowies Tod am 10. Januar 2016 veröffentlicht wurde, ist nichts weniger als ein Selbst-Epitaph, in dem er als blinder Seher seine letzte Figuration gewählt hat: Auf einer Matratzengruft schwebend, exorziert Bowie den eigenen Tod – „Look up here, I'm in heaven" – und halluziniert wie in einer Zeitschmelze sein jüngeres Ich: „By the time I got to New York / I was living like a king / There I'd used up all my money / I was looking for your ass", bevor er endet: „Oh, I'll be free". Das Video beginnt damit, wie Bowie aus einem dunklen Kleiderschrank hervorkommt – und endet mit seinem Rückzug in denselben: Geburt und Tod als zwei Seiten des Lebens, das dennoch keinen Anfang und Ende kennt, sondern einen Kreislauf darstellt. Darauf weist der diagonal gestreifte Anzug hin, in dem Bowie im „Lazarus"-Video fieberhaft Symbole in einem Notizbuch skizziert: Teile einer chemischen Formel, die verschiedene Stadien der Kernfusion darstellt, die zur Bildung einer Sonne führt – oder vielleicht zu einem schwarzen Stern (vgl. Frank 2016). Derselbe Anzug findet sich auf der Rückseite des Albums „Station to Station" (1976): Auf dem ikonischen Bild von Steve Schapiro auf der Vorderseite der Plattenhülle zeichnet der junge Bowie auf dem Boden den kabbalistischen Lebensbaum: Das mythische Symbol verbindet die drei Sphären Himmel, Erde und Unterwelt; seine zehn Emanationen symbolisieren in ihrer Gesamtheit den himmlischen Menschen (vgl. Dan 2012).

Waren die permanenten Neuerfindungen und Wiedergeburten ein hervorstechendes Merkmal und Antrieb während David Bowies Karriere zu Lebzeiten, sind es am Ende seines Coming-of-Age der Tod und die Auferstehung in die pop-kulturelle Unsterblichkeit: „Everybody knows me now". „Blackstar" ist in diesem Sinne ein ganz besonderes Konzeptalbum – gewissermaßen die postmortale Fortsetzung seiner als lebender Künstler praktizierten Transfigurationen beziehungsweise seine Vorbereitung auf ein Fortleben nach dem Tod.

Auf einer kulturtheoretischen Ebene kann hier der „spektrale" Blickwinkel weiterhelfen: weniger im Sinne des Lichtspektrums von Sternen denn im Sinne einer „Geisterwissenschaft", die Spukgespinste und Transmedien, das Dezentrale und Flüchtige, kurz: das Spektrale als analytisches und methodisches Werkzeug in die Geisteswissenschaften eingebracht hat (vgl. Del Pilar Blanco 2013). Indem hier die Unbestimmbarkeit von Räumen und Orten, die An- und Abwesenheiten von Erinnerung und Geschichte in den Fokus rücken, kann Bowies audiovisuelles Vermächtnis – der ★ – als medien-ästhetische Strategie und konzeptionelles Werkzeug gelten. Text und Gesten, Sound und Vision, Klangfarben und Bilder werden zu einem Medium im Wortsinn: der Kommunikation zwischen dem Dies- und dem Jenseits. Bowies letzte Musikvideos werden so nicht nur zu Epitaphen seiner selbst, sondern auch zu einer Laterna Magica der spekulativen Vernunft, in der jene künstlerischen Motive lautbar werden, die auch Sun Ras Afrofuturismus und den spirituellen Avantgardismus Karlheinz Stockhausens beseelten: die audiovisuelle Imagination einer neuen Welt und im Falle Bowies einer höchst individuellen Autopoiesis – einem Prozess künstlerischer Selbsterschaffung und -erhaltung auch nach dem Tod.

Versteht man nun Sound und Visionen des „Blackstar" als ein solches Trancemedium der disjunktiven Kommunikation zwischen Vergangenheit und Gegenwart, Dies- und Jenseits, Jugend und Alter, erscheint auch das medientheoretische Konzept der „Re-mediation" aufschlussreich: eine Form medialer Umgestaltung in technischen, narrativen und ästhetischen Prozessen der Inkorporation (vgl. Bolter 1999; Erll 2009). Das geschieht bei Bowie wiederum in einer autopoietischen Form der medialen Bezugnahme auf seine eigenen Figurationen und Motive, wobei er die spezifische Medientechnik des Musik-Videos nutzt, um existentielle Seins- und Affektzustände sowie Grenz- und Schwellenerfahrungen – Geburt, Tod und Auferstehung – darzustellen; ebenso, wie er in der Frühphase seiner Karriere mittels seiner durch Audio-Visionen vermittelten transfigurativen Rollenspiele immer wieder neue Deutungs- und Identifikationsangebote jenseits von Posen popmusikalisch zelebrierte.

Bowie fungiert auf seinem letzten Album und den dazugehörigen Videos sozusagen als Agent seines zukünftigen Gedächtnisses, indem er sein Sterben audiovisuell imaginierte – und die künftige Erinnerung an sein posthumanes Selbst lenkte. Als „Blackstar" wechselt der „Starman" sozusagen das Universum: Er überwindet sein körperliches Dasein und wird zum popkulturellen Wiedergänger, der im Zuge einer nicht statischen, sondern sich beständig entwickelnden und jeweils zeitgenössischen Erinnerungskultur immer wieder neu re-konfiguriert werden kann. Gerade darin liegt der Faktor der ewigen „Jugend" im Lebenswerk Bowies – diesem popkulturellen „Trickstar".

4 TRICKSTAR

Der sterbende Bowie sang: "I'm not a gangster, I'm not a flam star, I'm a star star, I'm not a white star, I'm not a pornstar, I'm not a wandering star, I'm not a filmstar, I'm not a popstar, I'm not a marvel star – I'm a Blackstar". Mit kulturtheoretischem Blickwinkel möchte man hinzufügen: Bowie war ein „Trickstar"! – angelehnt an eine „Figur des Dritten": Dem „Trickster", den Erhard Schüttpelz als eine medientheoretische Figur konturiert hat, die „den Konsens unterbricht und widersprüchliche Bedeutungen hervorruft" (Schüttpelz 2010, S. 208). Mit exemplarischem Blick auf den Gestaltenwandler David Bowie erhalten seine Ausführungen weitere Prägnanz:

> [Der Trickster] ist nicht nur eine Figur der Streitlust, des Handels und der Händel, sondern auch der unbändigen sexuellen Potenz (aber nicht der Fruchtbarkeit), der erotischen Träume und Wünsche und Unersättlichkeit jeder Art, er ist das verwöhnte greise Kind, der Älteste und Jüngste, der Trotzige und Aufdringliche, der, auf den man weder warten noch vor dem man fliehen kann.
>
> (Schüttpelz, S. 211)

„Sex, Drugs and Rock'n'Roll" also und der „Rock'n'Roll Suicide" als Mittel zu ewiger Jugend – dem Altern zum Trotz. David Bowie verkörpert auf popkultureller Ebene eine ebensolche Mittlerposition zwischen „Struktur" und „Antistruktur" – Jugend und Alter, Pop und Avantgarde, Mann und Frau, Tod und Wiedergeburt, Audio und Vision. Der Verwandlungskünstler repräsentiert eben jenes prozesshafte Dazwischen, das Schüttpelz dem Trickster zugeschrieben hat:

> Solange Menschen leben, werden sie Übergänge gestalten müssen: die jahreszeitlichen Übergänge und die biographischen – von Geburt, Geschlechtsreife, Heirat, Trennung und Tod – und diejenigen von Jahreswechsel, Wachstum, Ernte und Regeneration [...]. Die Tricksterfiguren erweisen sich in einer solchen Lesart als eine unwiderstehliche Kondensation der Übergänglichkeit – der „Liminalität". Sie treiben einige der angesprochenen Merkmale ins Extrem: ziellose Reise, Fluktuation und Turbulenz; Statusumkehrungen; Travestie und Spott; Verwandlungsfähigkeit und Unterbestimmtheit; Geschlechtswechsel.
>
> (Schüttpelz, S. 221)

Wandel („Changes") und Transformationen („Transformer") strukturieren das Leben und Werk des „Trickstars" David Bowie – der als geradezu idealtypischer

Repräsentant einer popkulturellen „Triadologie" gelten kann, in der Albrecht Koschorke „überhaupt das Betriebsgeheimnis von Gesellschaften" (Koschorke 2010, S. 9) vermutet hat: In einer ständigen Bewegung der De/Figuration widerstrebte Bowie mit seinen Rollenspielen jeder posierenden Erstarrung oder linearen Erzählung – und kann gerade deshalb auch *post mortem* identitätsstiftend wirksam werden.

Medien machen Stars: und nicht nur die Massenmedien, sondern auch und gerade die audiovisuellen Medien, die irdische Sterne erzeugen. Denn ohne den Einsatz von Musik und Film – also dem Medienverbund Musikvideo, das Bowies klingenden Imaginationen eine optische Verkörperung ermöglichte – wären seine ausgeprägten Rollenspiele kaum möglich gewesen. Nicht von ungefähr nehmen Medien einen prominenten Platz in der Figurenlehre des Dritten ein, indem sie ihren Charakter der Mittlerschaft, der Produktion ebenso wie der Subversion und ihre Stellung als Doppelagenten im Zeichenspiel von Sein und Schein ausbilden. Dieses Spiel beherrschte das „Pop-Chamäleon" David Bowie wie kaum ein anderer: Indem David Bowie beständig „Rise and Fall" und symbolisch Geburt und Tod seiner Figuren als Kreislauf zelebrierte, schuf der Gestaltenwandler erst Raum für neue Figurationen – die mit dem ★ eine letzte Dependance gefunden haben, der den Bogen zum jungen „Starman" schließt und damit die zirkulierende Bewegung popkultureller Referenzen aufrechterhält. Es ist ein Hinweis auf den selbstinvolutiven Charakter von Triaden, der eine kreisförmige Bestimmung des jeweiligen Anfangs erzwingt und damit ebenso Jugend und Altern, Tod und Wiedergeburt umschließt.

Medienverzeichnis

Abbildungen

Abb. 1: Maggie Sully / Alamy Stock Foto: FBY811.

Literatur

Avanessian, Armen und Mahan Moalemi. 2018. *Ethnofuturismen*. Leipzig: Merve.
Del Pilar, Blanco, Maria Peeren und Esther Peeren (Hrsg.). 2013. *The Spectralities Reader: Ghosts and Haunting in Contemporary Cultural Theory*. London: Bloomsbury.
Bolter, David und Richard Grusin. 1999. *Remediation. Understanding New Media*. Cambridge, MA: The MIT Press.

Bowie, David. 2007. Wie ich Ziggy Stardust erfand. In *Die Welt*.
https://www.welt.de/kultur/article706848/David-Bowie-Wie-ich-Ziggy-Stardust-erfand.html. Zugegriffen am 18. Januar 2021.

Curtis, Robin. 2015. Erstarrung. Die Pose und das Altern. In *POP. Kultur und Kritik*, 4(1): 78–82.

Dan, Joseph. 2012. *Die Kabbala. Eine kleine Einführung*. Stuttgart: Reclam.

Dery, Mark. 1994. Black to the future. In *Flame Wars. The Discourse of Cyberculture*, Hrsg. ders., 179–222. Durham/London: Duke University Press.

Diederichsen, Diedrich. 2017. Sirius is Serious: Sun Ra und Stockhausen. In *POP. Kultur und Kritik*, 6(2): 106–123.

Diederichsen, Diedrich. 2014. *Über Pop-Musik*. Köln: Kiepenheuer & Witsch.

Diederichsen, Diedrich. 1998. *Loving the Alien. Science Fiction, Diaspora, Multikultur*. Berlin: ID-Verlag.

Dreckmann, Kathrin. 2019. Punk und Pose – zur Medienästhetik zwischen Bild, Text und Performance. In *Stilbildungen und Zugehörigkeit*, Hrsg. Tim Böder, Paul Eisewicht, Günter Mey und Nicolle Paff, 67–91. Wiesbaden: Springer.

Erll, Astrid. 2009. *Mediation, Remediation, and the Dynamics of Cultural Memory*. Berlin: De Gruyter.

Eshun, Kodwo. 1999. *Heller als die Sonne. Abenteuer in der Sonic Fiction*. Berlin: ID-Verlag.

Frank, Priscilla. 2016. Never Before Published Photos Reveal Clues Bowie Left Before His Death. *HuffPost*. https://www.huffpost.com/entry/never-before-published-photos-reveal-the-clues-david-bowie-left-before-his-death_n_570bea59e4b0836057a1d8fc. Zugegriffen am 18. Januar 2021.

Kilgore, De Witt Douglas. 2014. Afrofuturism. In *Oxford Handbook of Science Fiction*, Hrsg. Rob Latham, 561–572. Oxford: Oxford University Press.

Koschorke, Albrecht. 2010. Ein neues Paradigma der Kulturwissenschaften. In *Die Figur des Dritten. Ein kulturwissenschaftliches Paradigma*, Hrsg. Eva Eßlinger, Tobias Schlechtriemen, Doris Schweitzer und Alexander Zons, 9–31. Berlin: Suhrkamp.

Mendes, Ana Cristina und Lisa Perrott. 2020. *David Bowie and Transmedia Stardom*. New York: Routledge.

Mendes, Ana Cristina und Lisa Perrott. 2019. Navigating with the Blackstar: The Mediality of David Bowie. In *Celebrity Studies*, 10(1): 4–13.

Myer, Ruth. 2000. Africa as an Alien Future. The Middle Passage, Afrofuturism and Postcolonial Waterworlds. In *Amerikastudien / American Studies*, 45(4): 555–566.

Naica-Loebell, Andrea. 2002. Gravasterne als Alternative zu Schwarzen Löchern? In *Telepolis*. https://www.heise.de/tp/features/Schwarzer-Stern-3423517.html. Zugegriffen am 18. Januar 2021.

Nelson, Alondra. 2002. Afrofoturism. In *Social Text*, 71(20/2): 97–113.

Redmond, Sean und Su Holmes. 2007. *Stardom and Celebrity*. Los Angeles/London: SAGE Publications.

Schüttpelz, Erhard. 2010. Der Trickster. In *Die Figur des Dritten. Ein kulturwissenschaftliches Paradigma*, Hrsg. Eva Eßlinger, Eva Eßlinger, Tobias Schlechtriemen, Doris Schweitzer und Alexander Zons, 208–224. Berlin: Suhrkamp.

Sontag, Susan. 1964. Notes on Camp. In *Partisan Review*, 31(4): 515–530.

Steiner, George. 1971. In a Post-Culture. In *Bluebird's Castle. Some Notes Towards the Redefinition of Culture*, Hrsg. ders., 57–94. New Haven: Yale University Press.

Womack, Ytasha L. 2013. *Afrofuturism. The World of Black Sci-Fi and Fantasy Culture*. Chicago: Chicago Review Press.

Musikvideos

David Bowie. 2016. Blackstar. *YouTube*. https://www.youtube.com/watch?v=kszLwBaC4Sw. Zugegriffen am 18. Januar 2021.
David Bowie. 2016. Lazarus. *YouTube*. https://www.youtube.com/watch?v=y-JqH1M4Ya8. Zugegriffen am 18. Januar 2021.

Filme

Space Is The Place. Regie: Sun Ra und Joshua Smith. US: 1974.
Stockhausen – Musik für eine Neue Welt. Regie: Nobert Busé. DE: 2009.
Ziggy Stardust and the Spiders from Mars. Regie: D.A. Pennebaker. GB: 1973.

Teil 7: **Remix & Coda**

Kathrin Dreckmann und Carsten Heinze

Praxisgespräch mit Angela Christlieb, Ralph Schulze und Oliver Schwabe

Carsten Heinze: Die Idee dieses Praxisgespräches ist es, dass wir aus der praktischen Perspektive des Musikfilm- bzw. des Musikdokumentarfilm- bzw. des Musikvideomachens Einsichten und Einblicke bekommen, und ich freue mich sehr, dass wir zwei wirklich renommierte Filmemacher*innen zu Besuch haben, die mit uns das Gespräch führen werden: Angela Christlieb und Oliver Schwabe.

Kathrin Dreckmann: Ich finde es sinnvoll, mit einer Frage anzufangen, die in eine medienpraktische Richtung einerseits und in die kuratorische Richtung andererseits zielt, weil dies für das Thema unserer Tagung relevant ist. Wir möchten über den Begriff der Dokumentation sprechen. Ich weiß, dass dieser Begriff für Angela Christlieb eine besondere Bedeutung hat und du mit diesem Genre oder dieser Gattung sehr kreativ umgehst. Deswegen möchte ich Angela Christlieb zum Einstieg fragen, was der Begriff Dokumentation eigentlich für deine Arbeit bedeutet?

Angela Christlieb: Das ist eine ganz tolle Frage. Darüber denke ich nach, seitdem ich Filme mache, denn ich komme eigentlich von einer Kunsthochschule und habe gelernt, mit Bildern, vor allem zwischen den Bildern und mit Metaebenen zu denken. Eigentlich bin ich durch Zufall zum Dokumentarfilm gekommen, als ich in New York war und dann viel über Kinosüchtige gemacht habe. Als ich zurück in Berlin war, wurde ich in die Doku-Schublade gesteckt. Ich habe mich aber immer geweigert, Dokumentarfilm als abbildende Darstellung zu betrachten, also gewissermaßen die Wahrheit abdecken zu wollen. Ich wollte immer mit der Wahrheit spielen. Für mich ist Dokumentarfilm auch Spiel mit der Realität. Das kann man selbst beim Musikfilm machen. Das habe ich in meinem vorletzten Film („Superunknown", 2019) auch so gemacht. Der Film spielt mit Wahrheit, Phantasie und Imagination. Das ist in Deutschland schwer zu vertreten. In Österreich ist das anders, da vermischen sich die Genres eher und deswegen lebe ich auch dort. Es gibt da ein großes Experimentierfeld, was aber nicht heißt, dass ich nicht auch relativ konventionelle Dokus machen könnte, aber ich mag mehr das Experimentelle.

Carsten Heinze: Oliver, wie sieht es bei dir mit dem Begriff der Dokumentation aus? Ich hatte dich als jemanden vorgestellt, der wirklich viel mit Archivmateri-

https://doi.org/10.1515/9783110730609-028

al arbeitet. Man kann bei dir starke Bezüge zu dem erkennen, was man Found-Footage-Filme oder Kompilationsfilm nennt. Vor allem mit Blick auf die Musik, wie verhält es sich da bei dir? Was verbindest du mit diesem Begriff oder ist für dich wichtig, wenn es um Dokumentationen oder auch um einen dokumentarfilmischen Blick auf Musik geht?

Oliver Schwabe: Erst einmal ist die Verbindung zu Angela Christlieb interessant, weil ich auch von einer Kunsthochschule komme, und ich bin dort auch irgendwie in den Dokumentarfilm gerutscht. Angela Christlieb und ich kennen uns nicht. Aber irgendwie scheint die Basis Kunsthochschule ein akzeptabler Weg zu sein. Bei mir verhält es sich so, dass mich Musik immer sehr fasziniert hat und ich früher ein sehr schlechter Bassist in einer Punk-Band war, die noch nicht einmal einen Namen hatte. Ich glaube, dass ich diese Lust an der Musik heute über den Film ausleben kann. Das ist ein Grund, warum ich das Thema Musik immer in meinen Filmen behandelt habe, weshalb ich das schon seit einigen Jahren mache. Ich versuche aber auch, keine Angst vor Trash oder auch vor eigenen Vorurteilen zu haben, die ich natürlich wie alle in mir trage. Ich mache auch Musikfilme mit Protagonisten wie Heino oder Hasselhoff, wo andere vielleicht sagen würden: „Da gehe ich jetzt lieber nicht hin". Aber gerade das finde ich spannend. Dort reinzugucken und zu sehen, was hinter dem Image oder der Fassade steckt. Du hast das Archiv angesprochen: Das war für mich auch der Anfang, mich mit dem Thema Musik auseinanderzusetzen und in Material einzutauchen. Ich suche darin nach Zeichen und seismographischen Tendenzen, die mir etwas über Jugendkulturen aus einer ganz anderen Zeit erzählen, in der ich selber noch gar nicht da war. Das ist höchst spannend, gerade für meine Filme. Ich versuche dabei immer, eine Brücke in die Gegenwart zu machen. Es fiel eben der Begriff des „Historisierens". Ich weiß jetzt nicht, ob ich zu weit aushole, aber ganz praktisch ist es so: Weil ich eine Familie habe, muss ich mit dem Filmemachen auch Geld verdienen. Das heißt, wenn ich dem Fernsehen meine Projekte anbiete und einen Film über Yung Hurn machen will und keiner den kennt, ist das problematisch. Wenn ich aber sage, ich mache einen Film über Tokio Hotel, dann ist diese Band bekannt und das funktioniert. Da muss ich immer schauen, wie ich das hinkriege. Oder ich schlage einen Film über den „Rockpalast" vor: Da habe ich die Band Die Nerven eingebaut, die mir sehr am Herzen liegt. Beim Fernsehen hätte ich diese Band aber nie allein durchgekriegt. Diese Bedingungen gelten aber nur für das Fernsehen. Für das Kino ist es anders, da kann ich eben Themen bzw. Personen wie Tobias Gruben, den wenige kennen, oder Jürgen Zeltinger, den viele vielleicht nicht kennen wollen, durchsetzen.

Kathrin Dreckmann: Eine Frage an Ralf: Es findet jetzt das 13. „UNERHÖRT! Musikfilmfestival" statt. Was sind die Kriterien deiner kuratorischen Praxis und allgemein: Wie kommt das Programm zustande? Nach welchen Fragestellungen und unter welchen Voraussetzungen stellst du die Filme zusammen? Man könnte auch fragen: Warum sind diese zwei Filmemacher*innen, die mit auf dem Podium sitzen, hier vor Ort?

Ralf Schulze: Anfang der 2000er Jahre war es so, dass im Fernsehen Musikfilme und alles, was sich visuell mit Musik beschäftigt hat, als Quotengift galt. Man bekam diese nicht finanziert. Ihr als Filmemacher*innen werdet das genauso wissen und leidvoll erfahren haben und da habe ich irgendwann Mal eine Idee gehabt, ohne ein theoretisches Konzept zu haben. Ich bin Pragmatiker und berate einen guten Filmproduzenten und mache Filmmusikberatung. Ich habe einfach Filmmusik umgedreht und bin zum Musikfilm gekommen. Zu dieser Zeit hatte dieses Genre noch nicht einmal eine richtige Bezeichnung. Es gab Musikfilme, und wenn man dann einsteigt, wie du, Carsten, es auch gemacht hast, gibt es eine lange Geschichte zu entdecken. Ich überlegte dann: Was kann man für dieses Genre machen und hatte die Idee des Festivals. Hinzu kam – und da bin ich dann auch sehr dankbar – mein alter Freund Stefan Pethke, der eine Ausbildung an der Deutschen Film- und Fernsehakademie Berlin (DFFB) hinter sich hatte. Er hat mit mir das programmatische Feld abgedeckt. Wir fingen an, Filme zu zeigen, die formell frei waren von konventionellen Darstellungen. Das heißt, wir zeigten sowohl Langfilme – wir haben auch den Drei-Stunden-Film „My Generation" (2006) von Olli gezeigt – als auch Kurzfilme, insgesamt viele Experimentalfilme. Was wir selten zeigen, sind Biopics und fiktionale Filme. Das ist aber der normativen Kraft des Faktischen geschuldet, weil wir uns solche großen Filme bei diesem Festival einfach oftmals nicht leisten können. Der dokumentarische Film ist günstiger zu haben.

Carsten Heinze: Die Tagung trägt den Titel „Jugend, Musik und Film". Ich möchte Angela fragen, wie du aus deiner Sicht diese drei Begriffe zueinander bekommst? Welche Rolle spielt Jugend im Zusammenhang mit Musik in deiner Filmarbeit. Oder vielmehr, spielt es überhaupt eine Rolle? Man könnte diese Frage auch doppelt verstehen, also zum einen Jugend im Film, aber vielleicht auch, wie es in der Runde schon ein bisschen angeklungen ist: Man ist zum anderen selbst auch mit einer bestimmten Musikrichtung sozialisiert worden, und vielleicht findet man seine eigene Jugend darin wieder. Man ist versucht, diese noch einmal aufzuarbeiten. Spielt das eine Rolle?

Angela Christlieb: Auf jeden Fall. Die erste Idee für meinen Film war so, dass ich einen Film über einen Raum, über einen Ort mache, weil ich mich auch mit Gentrifizierung beschäftige und mich der Raum so fasziniert hat. Der Raum, um den es im Film geht, ist mitten in Wien im siebten Bezirk. Er ist riesengroß und ein Ort der Subkultur. Er wurde eigentlich von den zwei Künstlern gegründet und jetzt sind dort Band-Studios. Ein Bruder von dem, der da wohnte, hat Bands mitgebracht und musste sie finanzieren. Was ich daran spannend fand, ist, dass dieser Ort in den 1990er Jahren von Punks besetzt war und die beiden Brüder ungefähr so alt wie ich jetzt waren, als sie dort eingezogen sind. Heute macht sich dort eine Subkultur der ganz jungen Wiener Szene breit. Es lag auch daran, dass der Assistent von Chris Janker, dem Protagonisten, der so um die zwanzig Jahre alt ist und die ganzen Bands reingeholt hat, das performativ lebt. Das fand ich sehr interessant, dieses Zusammenspiel von den beiden Brüdern, die eigentlich Mitte 40 oder Anfang 50 sind. Dorthin kommen diese Kids, die aus der Gender- und Lesbenszene und von der politischen Basis stammen und auch auf Donnerstagsdemos spielen. Falls das niemand kennt: Jeden Donnerstag gibt es in Wien eine Demo, und die Kids sind dabei sehr aktiv. Ich fand dieses Zusammenspiel wahnsinnig spannend, weil ich darüber wenig wusste. Ich wollte eigentlich diesen Film über den Keller machen, aber daraus ist dann ein Musikfilm entstanden. Ich lernte die Bands während der Filmarbeit ein bisschen kennen. Das war sehr spannend, wie ich eingetaucht bin in dieses neue Bild einer Wiener Subkultur, von jungen Leuten, die jetzt um die 20 Jahre alt sind.

Carsten Heinze: Ich möchte diese Frage genauso an Oliver weitergeben. Das bietet sich an, weil bei dir das Historische stark im Fokus steht. Du hast eben schon gesagt, dass sich bei dir auch aktuelle Bezüge ergeben. In deinen Themen tauchen immer wieder (junge) Musiker*innen auf. Im Film über Tobias Gruben kommen sogar junge Musiker*innen und Bands vor, die Stücke von Tobias Gruben nachspielen und vertonen. Welche Rolle spielt oder, aus deiner Sicht eben, welchen Zusammenhang gibt es zwischen „Jugend, Musik und Film" bei deiner Arbeit?

Oliver Schwabe: Das hat sicherlich mit der eigenen Sozialisation zu tun. Wenn man zum Beispiel in den 1980er Jahren groß geworden ist, sprechen wir von einer Zeit, in der ich mich gefreut habe, wenn Peter Sempel, ein Hamburger Filmemacher, der sich viel mit dem musikalischen Underground beschäftigt hat und selbst Underground-Filmemacher geblieben ist, um die Ecke kam und eine Form von Musik gezeigt hat, die ich ansonsten ja nie sehen konnte. Das war über 20 Jahre vor YouTube, vor dieser kollektiven Erinnerungsmaschine; Bewegtbilder gab es damals natürlich nicht zu finden. Ich habe mich gefreut, wenn ich Bilder dieser Menschen zu sehen bekam, und ich habe mich dann während meines Studiums an der Kunsthochschule bei Jürgen Klauke – der eigentlich ein Ur-Punk ist und es schon war, noch bevor es das Wort überhaupt gab – viel über solche Künstler*innen ausgetauscht. Im Anschluss an diese Erfahrung habe ich damals in New York [eine Parallele zu Angela Christlieb] während eines Austauschsemesters zum ersten Mal in Personalunion mit DAT-Recorder und High-8-Kamera den New Yorker Underground dokumentiert. Es war früher im East Village so, dass dort viele Szenegrößen unterwegs waren und die auch zugänglich waren, man konnte mit allen reden. Daraus entstand ein Film über Jon Spencer, Sonic Youth, Kid Congo Powers und anderen. Das hat sich ein bisschen verselbständigt und ich merkte, dass gerade in diesem Genre des Musikfilms eine große Experimentierfreude vorhanden ist und ein Film nicht so aussehen muss, wie meine Filme vielleicht heute für das Fernsehen aussehen müssen. Das heißt, ich habe gemerkt, dass ich darin „freier" arbeiten kann, und ich knüpfte daran an. Den Film, den Carsten angesprochen hat, also „My Generation" (2006), das sind drei Stunden, in denen ich versucht habe, wirklich in den Archiven zu schauen, wie es überhaupt visuell aussieht mit der Dokumentation der musikalischen Sozialisation, mit der Verbindung zwischen jugendlicher Rebellion und Rockmusik. Es trieb mich dabei die Frage an, was es darin für Fundstücke zu entdecken gibt, und so habe ich mich immer mehr hineingearbeitet. So tat sich nach und nach etwas ganz Tolles auf. In diesem Material fische ich heute noch herum.

Ralf Schulze: Ich möchte dazu etwas ergänzen: Deswegen haben wir Olivers Filme von Anfang an gerne gezeigt und zeigen sie auch heute noch gerne. Nicht jedes Jahr, aber bestimmt ungefähr zehn Mal haben wir das gemacht. Bei Olli ist es immer so, dass er den Bezug zur Gegenwart zeigt, also die aktuelle Relevanz der damaligen Themen und Entwicklungen. Das ist wahrscheinlich auch für euch beide, Kathrin und Carsten, ein Thema, die Historisierung der damals relevanten Strömungen, was da früher so passiert ist. Oliver zeigt es mit Archivmaterial auf und schafft es trotzdem immer wieder, die Brücke zur Gegenwart zu schlagen. Welche Relevanz die damaligen Ideale hatten, die dahinterstanden oder wie diese Ideen heute noch auf junge Bands oder junge Musiker*innen wirken.

Oliver Schwabe: Wenn ich jetzt sage, dass die Filme heute manchmal anders aussehen, als sie vielleicht damals am Anfang ausgesehen haben, als ich noch freier arbeiten konnte, ist das zwar richtig, aber die Filme, die ich jetzt so mache, mag ich natürlich auch. Es gibt natürlich bestimmte Verabredungen mit Fernsehsendern, ich muss mich an ein Format halten und dann eben anders arbeiten. Obwohl ich es immer noch schaffe, den Off-Kommentar in meinen Filmen meistens wegzulassen, um diese Vorgabe eben nicht bedienen zu müssen. Aber das sind Absprachen mit den Redaktionen. Ich finde es wichtig, dass es auch die Filme gibt, und es macht mir großen Spaß, sie zu machen. Deswegen gehe ich solche Deals gerne ein.

Kathrin Dreckmann: Wo es jetzt schon zur Sprache kommt, würde mich besonders die materielle Sortierung und Materialität einer Zeit, einer Musikrichtung, einer Szene interessieren. Erstens, wie wird das sortiert, und zweitens, wie wird das dann erzählt, wie kommt man zu einer filmischen Erzählung?

Angela Christlieb: In meinem Film geht es wirklich um Chris Junker. Er hat nicht nur drei Bands, sondern er ist auch Künstler. Der macht Klangobjekte im erweiterten Sinne, ist gleichzeitig ein Analog-Freak und hat alle möglichen analogen Bandmaschinen aus den 1970ern. Der ganze Raum sieht aus wie ein 1970er Jahre-Labor. Man kommt dort rein und denkt, es sei eine Zeitmaschine. Ich hatte dazu die Idee, weil er so ein Analog-Freak ist, dass ich den ganzen Film analog drehe, am liebsten auf Super-8. Allerdings war dies bei meinem Budget, das wirklich sehr klein war, unbezahlbar. Ich habe deshalb nur ganz wenig mit Super-8 gedreht. Es war einfach nicht zu finanzieren. Weil der ganze Raum ein Sammelsurium ist, die Musik und die Bands, habe ich mich entschlossen, das Material zu mischen, und zwar in einer musikalischen Form. Das hat mir einen riesigen Spaß gemacht: aus dem alten Sammelsurium von der Materialität her etwas komplett anderes zu erschaffen. Ich drehte mit Super-8, aber auch mit einer besseren Handykamera, und das Material habe ich dann in der Form des Raumes zusammengebracht. Das funktioniert in diesem Film. Der musste so ein bisschen grungy sein, denn er durfte nicht clean aussehen. In anderen Filmen ist das ganz anders. Mein neuer Film wird das komplette Gegenteil: mit Drohnen gefilmt.

Kathrin Dreckmann: Mit Elektronik.

Angela Christlieb: Ja, da geht es auch um Musik, aber nicht nur. Da geht es auch um Film und Architektur, das wird das komplette Gegenteil, aber diesen Film wollte ich wirklich so machen.

Kathrin Dreckmann: Was ist das dann für eine Entscheidung? Heißt das, ich als Filmemacher*in versuche einem potentiellen Rezipienten zu vermitteln, er würde noch einmal in diese Zeit kommen? Oder bekommt man durch die verschiedenen Kameraeinstellungen oder Medienmaterialitäten, die verwendet werden, vielleicht auch ein feineres Gefühl für die Szene und den Raum? Wird das bewusst eingesetzt? Ist das eine ästhetische Entscheidung?

Angela Christlieb: Das ist eine ästhetische Entscheidung. Ich habe ganz viel gedreht, und für mich ist der Schnitt immer wie eine Komposition. Ich mische. Und ich mische auch Farbe und Schwarz-Weiß, und auch das ist eine ästhetische Entscheidung. Ich wollte, dass es nicht nur aussieht wie in den 1970er Jahren. Ich habe gar nicht richtig darüber nachgedacht, wie das dann so funktioniert; das war eine rein kompositorische Entscheidung. Das Witzige war, als ich den Film gezeigt habe, saßen ein paar verrückte Russen im Publikum. Sie haben die ganze Zeit mitgesungen und haben wirklich geglaubt, das ist Archivmaterial aus den siebziger Jahren, obwohl es mit dem Handy gedreht ist. Die haben mich dann gefragt, wo ich das Material herbekommen hätte, und ich erklärte, das wären meine Freunde, mit denen habe ich gedreht. Es hat also offenbar funktioniert.

Kathrin Dreckmann: Die Erzählung und Erzählbarkeit rührt dann – das war meine zweite Frage – von der Materialität, ist das tatsächlich aus dem ästhetischen Kompositionsprozess entstanden?

Angela Christlieb: Ja, ich wollte eigentlich einen ganz anderen Film machen, das ist das Interessante. Ich wollte wirklich einen Film über diesen Ort machen, über diesen Raum und diesen fühlbar und hörbar machen. Meine Grundidee war, so eine Art Höhlenforscher-Projekt zu machen. Mit Super-8 gedreht und dann diese Band hineinschalten, surreale Momente schaffen. Dann hatte ich aber die ganzen Videos, die Philipp gedreht hat, der Assistent von Chris. Diese habe ich eingemischt in meine Grundidee von diesem Höhlenfilm, woraus ein Musikfilm der ganz anderen Art entstanden ist. Ich habe das alles so zusammengemischt und nachgedreht. Es ist wirklich in der Komposition entstanden, gar nicht mal so sehr in einer Erzählstruktur. Die einzige Erzählstruktur war, dass ich ein bisschen politischen Hintergrund hineinbringen wollte. Dass dieser Raum verschwindet und Gentrifizierung auftaucht, das war von mir konzipiert, aber alles andere war Flow.

Kathrin Dreckmann: Ist das bei dir genauso, Oliver?

Oliver Schwabe: Ähnlich. Da ich meistens bestimmte Themen habe. Wenn ich einen Film über Tobias Gruben mache, der tot ist, weiß ich erst einmal, dass es ihn nicht mehr gibt. Es gibt kaum Material, und wo kriege ich das überhaupt her? Ich muss mich erst einmal auf die Suche begeben. Letztens war ich in einer anderen Runde, in der ich sagte: „Ich weiß, was ich erzählen will." Das fand jemand komisch, bei einem Dokumentarfilm – zu wissen, was man erzählen will. Natürlich weiß ich, was ich erzählen will. Ich will das Leben dieses Menschen zeigen und deswegen weiß ich auch, wo ich hinwill: welche Peaks, welche interessanten biographischen Punkte es gibt. Natürlich habe ich heute mehr Erfahrung mit dem Filmemachen als früher. Das ist das Interessante am Dokumentarfilm: Er wird immer ein bisschen anders, als ich am Anfang dachte. Die Suche im Archiv ist eigentlich das Wichtigste. Wenn alles gedreht ist und Archivmaterial vorhanden und gesichtet ist, dann fange ich komplett von vorne an, weil ich herausfinden muss, wie sich das zusammenfügt. Ich schaue mir das Material genau an, zum Beispiel, wenn ich eine Archivsequenz habe: Was kommt danach? Welcher O-Ton passt dazu? Was kommt danach? Kommt ein Bild aus der Gegenwart? Dann fange ich an, wirklich zu komponieren, was für mich eigentlich das Schönste daran ist. Ich bin kein Insel-Schneider, also jemand, der verschiedene Themenkomplexe sortiert. Ich bin ein Flow-Schneider. Das bedeutet, ich fange vorne an und höre hinten auf und gehe dann noch einmal durch den Film. Dabei denke ich jedoch nicht an die Rezipient*innen, sondern ich schaue eher danach, was mich da jetzt in diesem Moment anmacht: Wo will ich hin, und was finde ich schön? Das ist – so glaube ich – genau das, was die Filme, selbst wenn sie in der Verabredung mit dem Fernsehen und seinen Formaten entstehen, immer ein bisschen anders macht. So gehe ich ja auch mit Interviews um. Ich führe sehr ausführliche Interviews, was Menschen wie David Hasselhoff oder Tokio Hotel häufig irritiert, wenn ich nicht nur die typischen Zehn-Minuten-Interviews im Hotel führe, sondern mit Hasselhoff dann auch mal fünf Stunden oder länger spreche. Aber nur so komme ich an den Kern der Personen. Gerade bei so einem Superstar, in dem ich vielleicht eine Wahrheit finden kann. Da muss ich natürlich berücksichtigen, wie ich die Interviews einsetze, aber da ich keinen Kommentartext benutze, kann es sein, dass ein letzter Halbsatz die ganze Geschichte, die ich gerade erzählen wollte, wieder woanders hinführt. Dann muss ich einen Umweg machen, bis ich wieder dahin komme, wo ich eigentlich entlang wollte. So schlägt ein Film oft Haken, die ich selber nicht vorhersehen kann, und das ist das Spannende.

Ralf Schulze: Das ist auch das Zeitintensive. Du brauchst deshalb immer sehr lange. Also nicht länger als andere, aber im Vergleich zum Gesamtprozess sehr lange.

Carsten Heinze: Ralf, ihr macht das Festival seit zwölf Jahren und es schleicht sich auch bei dem Thema der Tagung – „Jugend, Musik und Film" – die Frage ein: Was ist eigentlich Jugend, und wird diese nicht ein Stück weit durch die Filme historisiert? Wie kann man das Verhältnis dieser Begriffe aus eurer Perspektive in Bezug auf die zwölf Jahre, seit denen es das Festival gibt, beschreiben? Ist es vielleicht möglich zu beschreiben, inwieweit gegenwärtige, vielleicht im Entstehen befindliche Jugendkulturen oder Szenen filmisch dargestellt wurden? Waren Gegenwartsprognosen dabei? Oder gibt es eine Tendenz zu dem, was am Samstag noch ein Thema sein wird und Simon Reynolds mit „Retromania" gemeint hat. Dieser hat bekanntlich die These aufgestellt, dass gerade die Musikdokumentationen seit den 2000er Jahre eine Retromaschinerie in der Pop-Kultur in Gang gesetzt hätten. Wie ist das so nach eurem Eindruck in der zeitlichen Ausrichtung? Ist das ausgewogen, oder gibt es Tendenzen?

Ralf Schulze: Wir haben in 13 Ausgaben ungefähr 300 Filme gezeigt und es ist ganz klar – es ist aber auch dem Medium Film geschuldet –, dass es immer historisierend ist. Zunächst geht man immer von Protagonist*innen oder Szenen aus, die etwas zurückliegen, und wenn man Glück hat, gibt es irgendwo Found Footage-Material oder Zeitzeug*innen. Oder die Protagonist*innen waren so schlau, dass sie irgendwo visuelle Instrumente dabei hatten, also mitgefilmt oder fotografiert haben. Dieses Material kann man komponieren, aber es ist eigentlich nicht so. Vielleicht ist das in der heutigen, neuen Dance World anders, sodass man konzeptionell schon ganz anders herangeht und weiß: „Ich mache jetzt Musik auf Bilder." Aber solche Filme haben wir noch nicht gehabt. Den Trend des letzten Jahres können wir auf einem Festival kaum abbilden, also Musiktrends, die es sowieso in dieser Form gar nicht mehr gibt. Mein Mitorganisator Stefan möchte dazu – glaube ich – etwas sagen.

Stefan Pethke: Ich glaube, ein ganz wichtiger Aspekt dabei ist, wie diese Musikdokumentationen zusammengestellt werden. Da gibt es natürlich ein handfestes, kommerzielles Interesse, dabei geht es darum, einen Katalog auszuwählen in einer hochproblematischen ökonomischen Phase. Film und Musik begegnen sich sozusagen in der Situation, dass sie die beiden kulturindustriellen Sektoren sind, die besonders stark vom digitalen Wandel betroffen sind. Wie vermarkte ich das dann? Musikindustrielle Vermarktung und Film geben sich

da die Hand. Eine weitere Hürde ist: Es trägt manchmal Züge von einer Hofberichterstattung. Das heißt, da werden natürlich auch über den Film Images
gebaut. Ein Film, der sich mit einer Musik oder speziellen Künstler*innen kritisch auseinandersetzen will, hat unglaublich viele rechtliche, auch urheberrechtliche, Hürden zu nehmen, und deshalb gibt es sozusagen eine Art Standardform, was die Musikdokumentationen angeht, die relativ handfeste
ökonomische Interessen verfolgt. Dessen muss man sich bei der Beurteilung
bewusst sein. Wir suchen natürlich beim „UNERHÖRT! Musikfilmfestival" nach
den Ausnahmen oder denen, die es schaffen, das anders umzusetzen. Aber
gleichzeitig wollen wir immer auch abbilden, was es für gewöhnlich so gibt. So
stellen wir unser Programm zusammen.

Ralf Schulze: Ergänzend dazu ist natürlich auch in diesem Jahr wieder festzustellen, anhand der Vorbestellungssituation durch die Zuschauer*innen, dass
vor allem die „Big Names" das große Interesse erzeugen, dagegen filmische
Fragen, wie etwa an ein bestimmtes Thema ästhetisch herangegangen wurde,
nicht so relevant sind. Immer wenn du große Namen hast, so behaupte ich,
egal, aus welcher musikkulturellen Epoche, kommen die Fans und wollen sich
das anschauen. So banal und einfach ist es. „Amazing Grace" mit Aretha
Franklin ist natürlich – glaube ich – jetzt schon ausverkauft, weil der Name
eben Aretha Franklin ist. Der Film über Miles Davis ist auch fast ausverkauft,
aber der Film über den Wiener Underground ist noch nicht ausverkauft, weil...

Angela Christlieb: Das kann sich noch ändern.

Ralf Schulze: Das kann sich natürlich noch ändern. Aber wir haben auch noch
ein paar Filme, die wir heute Abend zeigen. Und zwar den von Jeremy Deller mit
dem Titel „Everybody in the place – an incomplete history of Britain 1984–
1992", da ist eine zeitliche Phase genau mit abgebildet. Obwohl Jeremy Deller
schon wieder ein bekannter Name ist.

Carsten Heinze: Ich würde gerne wissen, ob es Fragen, Anmerkungen oder
Kommentare vom Podium oder von den Zuhörer*innen gibt?

Ralf Schulze: Vielleicht kann man das Gespräch dialogisch aufbauen. Ich höre
mir gerne an, was andere zu dem Thema zu sagen haben. Eventuell haben sich
die Zuhörer*innen das Programm angeschaut und möchten konkrete Fragen
stellen? Wie kommt das an, wie bilden wir eine Epoche filmisch ab? In unserer
Formatvielfalt, in unserem filmischen Sammelsurium haben wir natürlich kein

formales Konzept. Wir gehen nicht da ran und sagen: „In der dreizehnten Edition zeigen wir nur Filme aus dem Underground, vom Wiener Underground, und dann über verschiedene Weltregionen", sondern wir müssen selbstverständlich – das ist es, was Stefan gesagt hat – das jeweilige Angebot des Jahres berücksichtigen. Was so in den Kanälen verfügbar ist. Ich bin kein Filmemacher, sondern wir sind ja nur ein Kanal, der dafür da ist, euch einen Resonanzraum zu verschaffen. Insofern können wir immer nur darauf reagieren, was momentan verfügbar ist.

Carsten Heinze: Ich wollte noch etwas fragen, was die Produktionsbedingungen bei Oliver betrifft. Es klang schon an, dass Musik – obwohl sie eigentlich unser Leben sehr stark beeinflusst und teilweise auch dominiert – universal und allgegenwärtig ist und dennoch ein schwieriges Filmgenre darstellt, zumindest mit Blick auf den Dokumentarfilm. Spielfilm ist natürlich immer ein bisschen anders, wenn man zum Beispiel einen Spielfilm über Freddy Mercury oder Elton John macht. Wie sieht das aus, wenn man ein wenig über die Hintergrundbedingungen erfahren möchte? Über die Produktionsbedingungen, die letztlich Einfluss darauf nehmen, was am Ende dabei herauskommt? Ihr habt es im Prinzip schon angedeutet, die Formatierung oder ähnliches. Was hat man zu beachten? Auf welche Widerstände stößt man?

Oliver Schwabe: Wenn man als Filmemacher anfängt, will man Filme machen. Möglichst viele, weil auch viele Ideen für Filme da sind. Es ist so, dass ich schon genau überlegen muss, wen ich mit welchem Thema anspreche. Wenn ich einen Film über Tobias Gruben mache, kann ich natürlich beim NDR einmal anklopfen, weil Gruben in Hamburg gelebt hat, aber das hat eigentlich keinen Sinn, weil ein solcher Musiker keine Quote bringen wird. So einen Film kann ich nur mit Filmfördergeldern realisieren. Genauso wie es tatsächlich bei „Asi mit Niwoh – Die Jürgen Zeltinger Geschichte" war, der zum Beispiel vom WDR nicht unterstützt wurde, obwohl Zeltinger ein Kölner Urgestein ist. Das liegt vielleicht daran, dass er keinen PC-Charakter[1] hatte, aber genau weiß ich es auch nicht und möchte auch nicht weiter über derartige Ablehnungen mutmaßen. Wenn ich aber Filme für das Fernsehen machen will und Filmstoffe angenommen werden sollen, dann muss ich schauen, wie alt z. B. der Redakteur ist oder was er in seiner Jugend vielleicht musikkulturell gesehen oder selbst erlebt hat: Das sind Anknüpfungspunkte. Oder welcher Sender hat interessantes Archivmaterial? Wenn ich mir vornehme, ich möchte einen Film über die „Rockpalast"-

---

1 PC ist die Abkürzung für „political correctness" (im Deutschen: politische Korrektheit).

Nächte machen: Da war ich selber 14, 15, 16 Jahre alt und fand das als Erfahrung toll. Das hatte etwas mit medialer Anarchie zu tun, mit inhaltlich-konzeptionell nicht ausgefüllter Sendezeit. In den Rocknächten war teilweise auch zwischendurch einmal eine halbe Stunde nichts los im Fernsehen oder nur probehalber „Check One, Check Two..." zu hören. Darüber möchte ich dann einen Film machen und frage mich dann: Wie haben die das gemacht? Wie haben die Künstler das empfunden? Hat Patti Smith mit ihrer Flöte Johnny Winter tatsächlich gestört? Da sind viele interessante Sachen passiert, die es tatsächlich im öffentlich-rechtlichen Fernsehen gab. Diese Geschichten grabe ich aus und erzähle sie, weil ich es zunächst aus der eigenen Perspektive heraus spannend finde. Ich saß eben selbst mit so einem kleinen, weißen Knopf im Ohr abends vor dem Fernseher, weil ich „Rockpalast" gucken durfte, und auf der anderen Seite mache ich das auch, um dem Fernsehen einen Spiegel vorzuhalten und zu sagen: „Schaut mal, das war früher möglich bei euch." So etwas geht heute nämlich nicht mehr, da durch das Aufkommen der Privaten die Quote zählt. Da muss ich selbst eben überlegen, wie man die Themen generiert. Ich kenne durch meinen Sohn auch Cloud-Rap, das finde ich super und ich würde gerne etwas darüber machen. Aber man findet niemanden, der das finanziert. Vielleicht auch deshalb, weil die Cloud-Rapper selbst alle im Netz herumhängen und ihre Millionen Klicks haben und damit dieses alte Medium Fernsehen nicht brauchen. Das schaut von den Leuten, die dort unterwegs sind, sowieso keiner mehr. Du kannst nur Filme über Bewegungen machen, die über die Jahre gezeigt haben, dass sie relevant sind. Dann geht das, aber man kann eben nichts darüber machen, was neu ist, wie Ralf es schon gesagt hat: Was letztes Jahr en vogue war, findest du heute nicht im Fernsehen.

Ralf Schulze: So schnell ist das Medium dann doch nicht.

Oliver Schwabe: Das war früher besser. Ich habe zum Beispiel auch einen Film über den „Ratinger Hof" in Düsseldorf gemacht. Davon gibt es natürlich auch keine Aufnahmen, als es dort zu Anfang interessant war. Das Fernsehen tauchte erst 1982 auf, da war der „Ratinger Hof" schon eine „Neue Deutsche Welle"-Bastion. Aber immerhin war das Fernsehen da, wenn auch etwas zu spät! Ich habe dann Super-8-Aufnahmen über Wire gefunden. Und ich überlege immer genau, wie ich bei diesen Archivfilmen den Bezug zur Gegenwart herstelle. Ich nehme dann einfach die zeitgenössischen Bands, über die ich eigentlich auch gerne Filme machen möchte und die Bezüge zum Thema in sich tragen, mit hinein.

Ralf Schulze: Aber darin steckt auch ein Werturteil von dir. Das ist deshalb aufschlussreich, denn du persönlich findest eben den „Ratinger Hof" zwischen 1977 und 1980 interessant, andere aber finden eventuell die Jahre danach interessant. Es ist eine Sache der persönlichen Erfahrung und Sozialisation.

Oliver Schwabe: Das stimmt, aber ich bin eben auch kein investigativer Journalist. Ich bin Filmemacher und mache natürlich Filme über die Dinge, die mich interessieren. Das ist subjektiv. Ich glaube, mit diesem Vorgehen kann ich meinen Blick auf eine bestimmte Zeit oder eine Szene gut darstellen und auch von einer kollektiven Erinnerung erzählen, ohne den Anspruch zu haben, Vollständigkeit liefern zu müssen.

Angela Christlieb: Es gibt beim Filmemachen immer einen persönlichen Blick. Ich arbeite gerade als dramaturgische Beratung für einen deutschen Filmemacher, der auch in Köln lebt. Der stellt einen Film über die Wiener Musikszene her, weil er davon so begeistert ist, also ein leidenschaftlicher Fan. Das wird eine deutsch-österreichische Co-Produktion. So etwas geht auch in Deutschland. Ich denke, das wird weitergehen, weil er so begeistert ist und ich ihn dort wieder hinbringe, sodass er seinen persönlichen Blick einfangen kann. Das finde ich interessant, diesen Unterschied zu dem zu zeigen, was Stefan angeführt hat: diese Auftragsproduktionsfilmerei unter den übergroßen Namen. Ein Freund von mir, mit dem ich meinen ersten Film gemacht habe, der macht nur noch so etwas. Der lebt in Los Angeles, dreht nur mit übergroßen Namen aus der Musik. Der hat einen Film über die Rolling Stones gemacht und so weiter. Andererseits, persönliche Filme in der Art wie du, Oliver, sie machst: aus der eigenen Jugend; Dinge, die man porträtieren muss, weil es einen so beschäftigt hat. Das sind schon zwei ganz unterschiedliche Dinge.

Oliver Schwabe: David Hasselhoff muss ich noch einmal erwähnen, weil der Begriff „Hofberichterstattung" fiel. Natürlich wird das zu einem Problem, auch bei dem Tokio-Hotel-Film wird man damit konfrontiert, obwohl ich der Meinung bin, dass meine Filme natürlich keine Hofberichterstattung sind, wenn man genauer hinschaut. Da ist viel zu sehen und herauszulesen und mehr über die Leute zu erfahren als die Dinge, die vielleicht in Bunte oder der BILD zu lesen sind. Und die Aussage des Films kann natürlich nicht sein, David Hasselhoff ist „doof", weil er dann die Veröffentlichung des Filmes verhindern kann. Das ist klar und das muss man geschickt angehen.

Angela Christlieb: Ich bin der Überzeugung, es sind immer genau die Filme am interessantesten, in die das eigene Herzblut hineinfließt. Wenn man beispielsweise an diesen Film über Klaus Nomi denkt. Dieser Film hat mich zum Musikfilm gebracht. Ich mache nicht nur Musikfilme, dieser war eigentlich mein erster, aber er hat mich dazu gebracht, „musikalisch" zu denken. Dieser Film musste eben mit jedem Frame so akkurat auf Takt geschnitten werden. Wir haben in diesen 1980er Jahre-Denkformen experimentiert, und deswegen war der Film dann auch so gut. Es sind eben zehn Jahre Arbeit an einem absoluten Idol gewesen, und entsprechend viel Lieblingsherzblut ist da hineingeflossen. Ich nehme an, die persönliche Leidenschaft ist ein Unterschied zu den großen Namensfilmen.

Oliver Schwabe: Noch einmal zu Hasselhoff. Es ist so, dass ich natürlich auch versuche, den Menschen hinter dem Image zu erkennen. Ich führe niemanden vor. So habe ich auch Tokio Hotel nicht vorgeführt, weil mich wirklich interessierte, was das für Leute sind. Wie denken die? Tokio Hotel sind 15 Jahre durch die Welt gejettet, und das bereits im Alter von 15 Jahren. Wie denken die? Wie leben sie? Was machen sie? Das Gleiche gilt für David Hasselhoff, der eigentlich immer nur das Video vorgespielt bekommt, in dem er besoffen einen Hamburger isst. Darüber rede ich dann mit ihm und frage, wie er das empfindet. Was war denn da los? Warum ist das so? Und dann kann ich mit den Leuten auch anders reden. Ich führe sie nie vor, sondern habe immer ein echtes, nicht vorgetäuschtes Interesse an ihnen. Sonst könnte ich mich auch nicht über ein oder zwei Jahre mit diesen Leuten auseinandersetzen. Ich hätte keine Lust dazu. Es betrifft schließlich auch meine Lebenszeit.

Kathrin Dreckmann: Da geht es dann um die Frage der „Authentizität"?

Oliver Schwabe: Ja, auf jeden Fall.

Kathrin Dreckmann: Die Vorstellung von „Authentizität" und „Echtheit" ist im popkulturellen Ensemble eigentlich eine Art Fiktion und hängt eng mit der Frage des Narrativs und der Erzählbarkeit oder Erzählung des Materials zusammen. Das ist eine spannende Konstellation, wenn es tatsächlich darum geht, den Menschen hinter dem Star zu zeigen.

Oliver Schwabe: Na ja, die öffentliche Seite ist ja bekannt. Das kenne ich und brauche ich nicht. Das wäre dann „Hofberichterstattung" und würde mich nicht interessieren. Mir geht es um einen neuen Blick auf Stars.

Simon Reynolds and Christoph Jacke

Forward & Rewind: Retromania in Music Documentary

A talk between Simon Reynolds and Christoph Jacke at *Jugend, Musik und Film*, 7–9 November 2019, Hamburg.

Abstract: We are living through a boom period for music documentaries and rock biopics. It's part of a culture-wide trend for retrospection that includes reissues, reenactments, revivals, reunion tours, museum exhibitions, oral histories, memoirs, and numerous other manifestations of a ravenous fascination for pop culture's past – what has been called our contemporary condition of "archive fever." In this transcript of a discussion,[1] Simon Reynolds (author of *Retromania: Warum Pop nicht von seiner Vergangenheit lassen kann*) and Christoph Jacke (professor at the Popular Music and Media department of Paderborn University) discuss nostalgia and myth-making in relation to rock movies and rock docs past and present. Why, out of all the popular arts, does youth music have such a powerful compulsion to fold back reflexively on its own "youth," to fetishize lost golden ages and cherish mythic origin narratives? Bruce Springsteen once sang self-mockingly about "boring stories of glory days." But he – and we – seem addicted to telling them and hearing them – over and over, again and again.

Keywords: Authenticity, Biopics, Nostalgia, Pop, Pop Culture, Retromania, Rock Documentary, Rockumentary, Youth, Youth Music

1 From Dylanology to Stonesology: Same old stories between rock book and rock documentary industries and overloads?

Simon Reynolds: I am giving a short kind of improvised lecture first, I'm going to speak about rock documentaries and rock biopics. I've written a lot about

---

1 Special credits go to Justine Zapolski and Diana Pfeifle for supporting us with very helpful transcriptions and proofreading.

https://doi.org/10.1515/9783110730609-029

nostalgia and the overload of the past, crowding out our brains. I've been complaining about this for quite a while, long before I wrote the book *Retromania*, which was published in 2011. Twenty years ago, 1999 it was, I wrote a piece for a magazine called *The Village Voice* about the rock book overload. Basically, arguing that there were too many books about rock and I mentioned that I'd contributed a few myself. So any time I went into a book store there would be an insane amount of biographies about rock bands as well as general history and other forms of documentary work about rock music, guides to genres and so forth. One of the points I made was that famous artists had multiple books about them, so you could talk about disciplines or genres of study dedicated to a single artist: "Beatlesology", "Dylanology", "Hendrixology", "Rolling Stonesology". In a few cases, literally hundreds of books exist on this group or artist, covering every single aspect to do with them. But equally, there seemed to be no band that was so obscure or so negligible that it didn't have its own biography. And that was 1999, you can imagine how much more intense the coverage is now. We have publishers who specialize in monographs on single albums of iconic significance, and even books dedicated to a single song.

In the UK in recent years, there has been a phenomenon where magazines, including some that I have written for like *Mojo* and *Uncut*, put out special editions of the magazine in parallel with their normal monthly editions – these are somewhere between a magazine and a book, and they'll be dedicated entirely to a group like Pink Floyd or the Rolling Stones or a figure like David Bowie or Joni Mitchell. These special issues go through all their albums, retelling those stories that we've already heard many times before, in greater detail. And there's a whole span of publications that is entirely archival in focus, dedicated to prog rock, or the early days of synth pop.

Back in 1999, I wrote about the rock book overload, and now we could talk about a rock doc overload. Whenever my wife and I can't figure out anything to watch, we start flicking through the streaming services we have. My wife is a TV critic so we have an unusually large number of streaming services. It's part of her job, so we have Netflix, Hulu, Amazon, and we are just always amazed how many rock documentaries there are. And partly it is because just like a music streaming service like Spotify, the TV streamers have extensive back catalogues: they're atemporal, you don't have to watch only the latest series or releases. There is this large archive of stuff. That said, most of the stuff that the algorithms push into our attention are fairly recently made rock documentaries. Things that came out in the last year or so. And there are *so many* of them!

When I was preparing this talk I scanned the streamers that we have and it was similar with the rock books that I noticed in the past where there is a lot of retelling of already well-told stories about famous artists that you think you already know everything about. Or they are finding new, odd, unusual angles on a superstar. Like Madonna. There is a documentary on a tiny moment in Madonna's life before she was famous. When she was in a band called The Breakfast Club in which she was actually the drummer, not the singer. So there is a whole documentary just about this one not very significant moment in Madonna's career, her prehistory really. Another phenomenon is the documentary on the less famous members of very famous bands. There is one called "The Quiet One" about Bill Wyman from the Rolling Stones. I once read and reviewed Bill Wyman's autobiography, *Stone Alone*, for a newspaper. This is in the early 1990s. Having read that book, I don't think they should have called their documentary "The Quiet One" but *"The Boring One"*. There is another one of these documentaries called "The Other One" – about Bob Weir from the Grateful Dead. And again they use the word "one" because this is not the one you are expecting. It's not Mick Jagger or Keith Richards, it's the bassist Bill Wyman. It's not Jerry Garcia, the lead guitarist and obviously iconic member of the Grateful Dead, it's Bob Weir, the other guitarist and singer, which is not an element of the Grateful Dead that is particularly notable or even enjoyable, the singing! I haven't looked but I expect there are several Jerry Garcia documentaries and there's naturally a Keith Richards doc that came out recently called "Under the Influence". And I doubt very much that it is the first documentary about Keith Richards. I was actually scared to look if there have been earlier ones. In the movie theaters in America there is a film called "The Sound of My Voice". It is a portrait of Linda Ronstadt, looking at her career as a singer, but also her struggle with Parkinson's disease and how she could no longer sing. She can make sounds but can't sing to her own very high standards of what her singing should be. That could be an interesting, sad portrait, but then again, I wouldn't count on it.

The baby boomers are further catered for with a new documentary called "Echo in the Canyon", which is about Laurel Canyon, the area in Los Angeles famous for singer-songwriters, groups like the Byrds, Neil Young, the country rock scene, the Eagles. That whole scene that Linda Ronstadt was connected to. There is also one specific documentary about David Crosby from Crosby, Stills & Nash called "Remember my Name".

Bruce Springsteen once mocked middle-aged folk who tell the same stories from their life over and over again when they are drunk, in his wonderful "Born in the USA" song "Glory Days". The chorus goes "boring stories of glory days". In *his* old age Martin Scorsese is retelling tales of the glory days that he has already told once before. In 2005 he did a documentary that was a world event.

"No Direction Home", about Bob Dylan. Now he has got a new one out called "Rolling Thunder Review – A Bob Dylan Story", and that's described intriguingly as a "pseudo-documentary". I don't quite know what that is, I guess I will have to watch it and see. He also has a documentary coming out very soon on the Band – the group who backed up Dylan in the sixties – and that doc is called "Once We Were Brothers". Marty seems to be in some kind of personal purgatory of being stuck forever in this nostalgic fixation on the late sixties / early seventies. It's like he has never recovered from the trauma of punk and new wave coming along. He already did a very famous documentary / concert movie called "The Last Waltz" about the Band, doing their farewell concert and featuring all their friends and collaborators like Bob Dylan, Van Morrison, Joni Mitchell, Neil Young. It came out in 1978 and it captured the sense of an era coming to an end – the old wave, represented by all the acts performing, was giving way to the new wave. But the new wave of course is its own sort of old wave now – it's ancient history. And new wave, punk, post-punk, they too are being documented to death. In great, microscopic detail. There is a documentary on a band called Jaw Breaker. I have never heard of them, and I'm a professional music journalist who's been doing this for three and a half decades! So, it feels almost like the rock documentary makers are running out of subjects. Increasingly you are getting docs now made about non-musicians, people connected to rock but working in the industry. There is one on Clive Davis, "The Soundtrack of our Lives", about this famous record industry mogul who founded Arista Records and signed Barry Manilow and Patti Smith in the same year, which is quite a combination. There is "Shocks", a documentary about the rock photographer Mick Rock – the first example of a rock photographer doc I've come across. "Danny Says" is about the legendary rock publicist Danny Fields, who was associated with the Stooges and MC5. The way things are going, pretty soon there'll be a documentary about the rock documentary maker Julian Temple. He's actually quite an interesting figure – he directed the Sex Pistols movie "The Great Rock 'n' Roll Swindle", and then later, guilty about its focus on Malcolm McLaren (the manager of the group), he made "The Filth and the Fury", a documentary that focused on the band and almost wrote McLaren out of history. But he made some good, clever documentaries: "Oil City Confidential", about Dr. Feelgood and the pub rock scene in Britain, this proto-punk moment in the UK in the mid-seventies; his Joe Strummer documentary "The Future Is Unwritten" was also well done.

The next boom era of British music for documentaries will probably be the rave era. Recently shown at this associated film festival was the Jeremy Deller documentary "Everybody in the Place". The subtitle is "An Incomplete History of Rave" which is very apt because this is a whole documentary on techno and rave that does not mention drugs or ecstasy once. Still it's interesting in other ways, and Deller, who is an acclaimed artist who made his name doing reenactments of historical events as artworks, also did a very good documentary called "Our Hobby is Depeche Mode", focusing on the band's fans and how they are such a huge force in pop music in Central and Eastern Europe.

For years now, BBC Four in the UK has been building a library of rock history. These are well-made and inventively done documentaries. Here in Germany you have ARTE doing quality stuff. You might have seen me in a few of their documentaries. I am kind of a minor figure in the documentary industry as a freelance opinion supplier, what they call a "talking head". I regularly appear as someone providing context in documentaries. That really started for me about twelve years ago. I was the main non-musician in a BBC Four documentary called "Synth Britannia" about electronic pop music in the late seventies and early eighties. This is part of a series that included "Blues Britannia", "Folk Britannia", "Prog Britannia", all well done and very informative. "Synth Britannia" has now been shown on UK television about 15 times and what is annoying to me is that I never asked them for any money. My only payment has been a few amusing tweets. The first time it was shown someone tweeted mocking me and saying I was pretending to be authoritative talking about the Human League when I would not even have been born when they were on the charts. Well actually I was 18 in 1981, but it is always nice when somebody thinks you are younger than you actually are. Another person on Twitter said that I was cute, but then she immediately added another tweet in which she said I look like I smelled of books – maybe being an author or something! Actually, the clip of me was filmed on the top floor of a bookshop in London called Waterstones, so maybe that's why she thought I would smell of books. Anyway, "Synth Britannia" has been shown 15 times and I have not received a euro for my contributions to the content. You can be sure I haven't made that mistake again.

One of the reasons music documentaries are popular with TV channels is they are relatively cheap to make, especially if you can fool journalists into thinking it is good exposure for them to be on them. They don't need to be paid like the camera guy or the one with the overhead mic. But the music docs are very repeatable, channels can use them over and over again and fill up dead time in schedules. I think viewers like them because they generally are pretty relaxing things to watch. They are not too demanding. If you don't want to commit yourself to a very arty film or one of these drama series that are now almost traumatic to watch, you can go for a doc – it's a nice mix of nostalgia and being mildly educational, or at least informative. They are almost ambient to watch. You can even start watching a rock documentary in the middle and fairly easily pick up the story. And if you are feeling really lazy and tired you might even just watch a documentary you have already watched before.

2 The past is interesting: Retromania in popular music docs and biopics

As the author of this book *Retromania*, being in these docs, am I not being complicit in this retrospective culture that I have critiqued? Yes and no. I don't think history-telling in itself is "retro". Trying to understand the past and trying to provide narrative and context about how people felt at the time something first happened in popular culture, what the music signified to the makers and the fans in real time – that is perfectly valid. I write histories of things like post-punk and glam rock and rave culture, so in that sense I'm in the same game as people who make documentaries. The past is interesting: great music deserves to be celebrated and explained. Music history usually is about things that were new in their own time. They were radical, unusual in some sense, breaking with tradition. Most things we think of now as classic were actually innovative in their time.

That said, I don't think that most documentaries do these things particularly well: telling the history. They actually tend to be quite poor on music itself. As do biopics, which I think are connected to this rock documentary overload. Biopics and the kind of documentaries that become successful do so because they are entertaining. And they usually do this by avoiding the music or the creative process. Because it is very hard to deal with, it is mysterious and internal to the artist. Or it is rather boring. Jamming, struggling with constructing a song, how to get from the chorus to the bridge. The long-drawn-out processes of recording and mixing. So instead rock docs almost invariably focus on what is dramatic. That would be conflict in the band, drug problems, exploitative managers or record companies, the kinds of problems caused by fame. That's why "Amy", the Amy Winehouse documentary, is compelling. It is about her magnetism as a person and her problems. It is not really much about her as a singer or a musician. In fact some of the best – in the sense of the most watchable, the most entertaining – music documentaries are not about great music in any sense. One of the big successes recently was the documentary "Anvil: The Story of Anvil", which is about a metal band, who were mediocre within their own field, and it follows their long and undistinguished career. But it is compelling.

It is about relationships within the band, the story of rock as a brotherhood and a quest. The band had a dream and they pursued it and it became true – Anvil briefly tasted success in their field and then it all rapidly fell apart. Another example about an actually successful and hugely important metal band that is compelling without really having much to do with their music is Metallica's "Some Kind of Monster". It is about interpersonal dysfunction within the band – the band as a quasi-family. They literally go to family therapy together. They hire a band therapist and all these repressed emotions are released and conflicts are brought to the surface. James Hatfield, the singer, cries and hugs everyone. An album is being made, but you don't really get an insight into them as a musical entity. The record is just a backdrop to the psychoanalysis. Another very celebrated documentary of the last year or so is "Bros: After the Screaming Stops". This is about the Goss Brothers, they were a huge teen sensation in the UK. So, it's literally a family drama, or psychodrama. The brothers have a very troubled relationship now and they didn't adjust well to fame. They are not a very interesting group musically and the documentary doesn't say anything about the music at all, but it is still compelling because it is about this relationship between these brothers. Another one is this documentary "Dig!", which is about two, in my opinion, utterly musically negligible bands, the Brian Jonestown Massacre and the Dandy Warhols. It follows their parallel career paths and in particular focuses on the leader of Brian Jonestown Massacre, Anton Newcombe, who has this delusion that he is a genius and is a control freak. He thinks he is Brian Wilson basically.

So you can see why documentarians go for the drama approach because the alternative is the informative, educational approach and that tends to mean mixing archival footage with the talking head shots: someone like me, a journalist, along with members of the band and the band's associates like the manager or record company personnel. This material tends to be static, expository and often slightly depressing because you have the middle-aged pop stars or cult figures in their living room or in their kitchen talking about the more exciting times in their life from which we don't have any footage. And you can see the wear and tear of the years and most likely some fast living in terms of drinking and drugs on their faces. But basically, they're sitting looking a bit overweight and wrinkled at their kitchen table or on a sofa.

You can get around this problem of the talking head. Julian Temple uses a lot of TV or film clips or old TV commercials to make sense of the historical context and giving the proceedings a humorous, nostalgic quality. But ultimately, using talking heads is a flat approach for these kinds of historical documentaries. Especially the ones that are almost industrially produced, churned out quickly and in great number.

Beyond the question of whether a documentary is good or not, there is a larger sense which does relate to *Retromania*, which is just the sheer accumulation of all these documentaries, all these biopics and in magazines, so many oral histories, the commemorative issues of magazines dedicated to an anniversary of some event or some year, the box sets and repackagings of individual iconic albums in super-deluxe editions full of alternate takes and unreleased songs. What all of this adds up to is a swamp of the past, in which you feel like you are drowning.

One of my theories I came up with when I talk about the allure of retro is that the vitality of a music genre bears an inverse ratio to the amount of historical knowledge built up around it. The more exciting a musical moment or movement is... well, it's precisely at that point when there are no books yet, no documentaries yet. Everything is happening so fast. The classic example would be the sixties. During the sixties, as history is happening, there are no books, there is nothing. The first books come out in 1969, four or five major books come out. Summing up how we got to that point. It is the sign that sixties momentum is slowing down and people are starting to look back at what they have been through – making sense of it, feeling wistful about the early days. They start to look back at the early days of rock 'n' roll, Beatlemania, the Stones, and all that. In fact, a rock 'n' roll revival happens at the end of the sixties and continues into the early seventies. There is a sense that when the history starts to be written, that is the point that things are slowing down. The same thing happened with rave culture in the nineties. The first books about techno and rave, including my own, "Energy Flash", came out in 1997, 1998, just as the headlong hurtle and manic rush of rave culture was reaching a standstill. People were trying to make sense of these intense experiences they'd had, this journey they'd been on.

And it's the same thing with documentaries or biopics. There really weren't any during the sixties. There were exploitation films that were made quickly and cheaply to capitalize on the success of a group like the Beatles, they had several films made involving them. Even a lesser band like the Dave Clarke Five had a film in which they starred, called "Catch Us if You Can" – which some people think is actually rather good. But these exploitation films aren't telling the story of the band, it is more a case of fairly trivial entertainment aimed to get the fans to come into a movie theater. What we would now call extending the brand into other media, to create another revenue stream.

Right now we are going through a huge boom for proper biographical music movies, partly because of the two big smash hits: the Queen film "Bohemian

Rhapsody" and the Elton John film "Rocketman", both of which I actually watched on the plane coming over here. They are both about these very large outsized personalities, loosely connected to the glam era that I wrote about in my book "Shock and Awe". They connect to a received sense of the 1970s as a peak moment in rock – in terms of its cultural dominance, its mythic grandeur, its flash and its excess. In both films, there are drugs, there's drama, there are emotional ups and downs, there is sexuality that is hidden at first but then triumphantly breaks free and goes public. All the ingredients for a standard narrative of fame and the problems it brings with it. These don't really have much to do with rock per se. They belong much more to a tradition of Hollywood and show biz and its own tradition of self-mythology and self-reflexivity. This is the "A Star is Born" narrative which non-coincidentally we have just seen the fourth version of, this time starring Lady Gaga. I watched that on the plane as well.

In the case of "Rocketman", we get a bit more on the music side of Elton John than we do from the Queen movie. But music is presented as a force of nature – something that just pours out of Elton from the age of nine. We don't get a sense of what he is inspired by. The focus of the story is about this emotional drama. A child not getting enough love, with this cold mother and cold father. He is searching for love, looking in the wrong places, using drugs to feel great about himself. But finally, he finds happiness. Music is a backdrop. It is the reason he gets into that position of superstardom and all that it brings. But it is not explained in any way, it is not contextualized in terms of what actually makes Elton John good as an artist, or why he succeeded. Music just pours out of him like an unstoppable river. Following "Bohemian Rhapsody" and "Rocketman", there are currently rock biopics being developed on the pre-fame early days of Bowie. There's one on the Sex Pistols, or rather on Malcolm McLaren. A film on the Clash. A biopic about Creation Records and Oasis.

Intellectual property, IP, is very much in demand at the moment. One of the reasons is that these stories are fame dramas, but also it's due to the fact that there are so many streaming channels. New ones are being launched. Apple is launching one. They just need content and stories. I had someone approach me who wanted to turn my post-punk book into a TV series. I assumed they meant a documentary and I said the rights have already been sold. But he wanted to make an episodic drama series for TV. In all honesty, my book does not seem like it is the basis for a "Game of Thrones" type of smash. It is about a couple of hundred very pretentious people in the Lower East Side of New York, in Camden and Ladbroke Grove in London, in the bohemian areas of West Berlin, and other similar places in America and Europe. People living in squats, making horrible noises, taking amphetamines and staying up all night discussing Marxism, situationism, art theory. It does not sound like a potentially big TV series.

The real reason I'm doubtful about this approach is that my book has a very large cast of characters – it is a scene, a network – it is not focused on one person. It is about ideas and ideology. I don't see that this would lend itself to a successful TV drama. The biopics work because usually they are about a single, central individual. The Queen film is really the Freddy Mercury story. I think also with rock documentaries, they don't tend to work that well with large genres, scenes, with movements. They tend to be focused. They structurally need to make out the artist as exceptional rather than part of something larger.

3 Two kinds of documentary types: Retelling stories vs. exercises in "unforgetting"

There are two historical documentary types. Some are the ones retelling the stories that have already been well told: the Stones, Bowie, Punk, Britpop. They are shoring up the established canon of rock history. They confirm fans in the rightness of their fanhood. They flatter the viewer with the feeling of having participated in history, being in the right place at the right time. Either that or they make younger viewers jealous and wistful about not having been born in time to be there.

The goal of the other kind of documentary is to correct marginalization, it is an exercise in "unforgetting". A good example is the documentary "Wild Combination" about the avant-garde disco figure Arthur Russell.

The first kind of documentary is a bit like when a band that has already had their stuff reissued in box sets, then does a new remastered box set with 5.1 surround sound and loads of extra discs of unreleased material. The kind of thing Pink Floyd do repeatedly to appeal to their existing fans. The second kind of documentary is rather like those reissues of really obscure works done by reissue labels as very nice limited vinyl editions that are quite expensive. Interestingly, once when I interviewed a reissue label, they said that one of the things they needed to do a reissue was a story. They needed a story because that was the only way magazines would cover it, with some kind of narrative. But fans, too. Fans need a story to be involved enough to buy something that they have never heard of. Often rock documentaries have a heroic narrative of perseverance, integrity or maybe there is an arc of redemption. It is much the same with biopics.

One thing that interests me is that there is a micro genre of the rock documentary that is fictional: a fake documentary about a non-existent band. There may not be that many examples of this, but there are two really great ones that make it feel like it's a genre. There is "The Rutles: All You Need Is Cash", a film which is a parody of the Beatles going through the various stages of their career, the early days as the lovable mop tops, the embrace of LSD and cultural fads like Eastern spirituality. Every stage of the Beatles' music is lovingly recreated by this comedy musician Neil Innes, who is very skilled at parody and pastiche. He simulates the sounds and textures and melodic traits of each phase of the Beatles' music. The film also has fun with their clothes and hair and their opinions because the Beatles move so fast through the sixties adventure. Another fake rock doc is "This Is Spinal Tap". Although that's mostly set in the present, in the twilight of a band's career and its struggle as they tour America disastrously. There are these flashbacks to the earlier stages of Spinal Tap when they actually have a different name and sound for each phase of British music history, going from the early sixties through psychedelia and beyond. First, they're like a bluesy beat group like the Pretty Things and then they are a flower power band into love and peace, eventually becoming a heavy rock band along the lines of Uriah Heep. It's making fun of these different stages of pop history and there is some expert craft in evidence in catching the period sounds and even the styles of vocalization.

One of the things that "All You Need Is Cash" and "This Is Spinal Tap" capture, not even intending to do so particularly, is the way that the music moves fast and bands adapt to each trend quite nimbly. This is actually one of reasons rock culture is so susceptible to nostalgia. I don't think there is any other area of popular culture that has such a weakness for nostalgia; maybe fashion has that, but it's more of an inbuilt cycle of repeating itself and recycling its own ideas. But with fashion I don't think there's the same element of nostalgic yearning. But in rock culture there's a true sense of aching nostalgia, and this is a byproduct of how fast rock culture moves – or how it used to move during the sixties and seventies and even eighties. The fast-forward speed and the rewind-nostalgia are totally linked: it's because it is surging into the future, leaving behind styles that only exist for a few years before becoming passé, that it also encourages these phases of looking back.

If you think of all the different jumps in style and sound across the sixties – the difference between what a guitar sounded like in 1961 and what it sounded like in 1969, how it was used – this is a giant leap. How people were singing, what they were singing about as subject matter, the approach to lyrics... everything is just jumping forward. And that continues slightly slower in the seventies, with elements of nostalgia like glam. And then speeds up again with punk, new wave and post-punk, followed by industrial, goth, synth pop. A whole era that I wrote about in my post-punk book. In both the sixties and late seventies/early eighties, you see bands jumping with the changes. You can track a band like the Psychedelic Furs that starts guitar oriented but then by the early eighties they switch to synthesizer sound. Partly because they want to be successful but also they're just following where the music is going. Maybe they genuinely like the way the music is going, maybe they need to pay their mortgages. Even the Rolling Stones did it, going funk and disco in the seventies, using eighties club music sounds later on. They want hits, they want the young audience. They could easily have just lived very well as a nostalgia act.

So this speed of movement in pop culture is what lays down the archive of pop styles that can be revisited by later artists who do pastiche (but not for laughs, like Neil Innes), and can also inspire rock books and rock docs and many other kinds of commemoration or historicization.

When I was researching retro and nostalgia revivals I came across some really strange example of this from the sixties. In 1967 the group the Move – which if you think about it is a great sixties name, connotative of speed and motion – put out a very up-to-date 1967-sounding song called "I Can Hear the Grass Grow". They were following the lead of the Beatles, tuning into the psychedelic, flower power moment. But on the B-side of the single, the Move recorded a song called "Wave Your Flag and Stop the Train", and that is a loving replica of how the Beatles sounded only two years earlier. It's very close to the song "Day Tripper". Actually, less than two years earlier, as that was released in December 1965. But a year ago could seem like a long time ago in the rush of the sixties – things were moving so fast, the recent past became a distant age. It could already stir a twinge of nostalgia.

4 Retro-Mania: Instant nostalgia and nowness – always getting older

I've noticed that myself through my own involvement in rave culture in the 1990s. That's another period where things were moving very fast. Even the names changed: one year the music was called hardcore, the next year people called it darkside or darkcore, then it became known as jungle, and then a year after people started saying drum 'n' bass. The music was changing so fast they had to keep renaming it. But one thing I noticed was that you had people throwing what they called "old school parties", or on the pirate radio stations, you'd have a show dedicated to old school. So in 1994 some DJs would do a show or they'd have a special club night for the sounds of 1991–1992. It was based on the feeling that certain moods in the music like innocence or happiness had disappeared. But it was also an effect of how fast the music was moving, such that was creating this sort of instant nostalgia. Which is also particularly odd because although I personally was older than most people involved in that culture, people who were 20 years old were already feeling nostalgia for where the music had been at when they were seventeen or eighteen.

So I think this has something to do with why there are so many rock documentaries. It's about trying to capture these moments in the youth – the ephemerality of music and its attendant aspects like fashion and slang. It has to do with a particular quality of popular music, a heightened sense of temporality, a nowness – which is also an impatience to get to the future. But this inevitably collapses in on itself, and the nowness becomes a then-ness – an obsession with the specificity of the past, how you felt then. The two things are not just connected but inseparable: the movement, the speed, inevitably brings down upon itself this stasis of retrospection, this slowing down to try to recapture the fast past.

Christoph Jacke: What I was wondering is that it may sound trivial, but it is not I think, it's very complex. First, what is the special thing about rock music? I think it's because it's from the fifties. I'm not sure but I think the same will happen to rave culture and to hip-hop. I have seen that looking at music schools, for example, if they relate to popular music especially in a wider sense, not as a genre, but as a crucial part of media cultures and societies, which is still very rare in Germany or German speaking countries. This is cultural change in academia as well. It has been the jazz professors who now seem to be mainly old and male, and the rock professors, and now it's changing to something like electronic music or hip-hop professors. It's happening right now and not in the eighties and nineties when these genres and scenes became famous and global. Maybe this is an ordinary development, first the movements, then people do biopics, then film and popular music studies focus on it etc. The second aspect I want to stress here is that in media culture societies, like the ones we're living in and talking about here, I find it quite ordinary that you need content – the more platforms you have, the more content you need, as simple as that. We, you and me, are popular music and culture natives, we were born into this field of popular music culture. We shape this culture, and at the same time, we are influenced by it. This is the game of culture. Of course and therefore culturally, we start historicizing these aspects of our everyday cultures like media and pop cultures. To sum it up, one of my crucial questions is: What is the "mania" in "Retromania"?

Simon Reynolds: The mania is a double-edged sword. A maniac could be a fool, someone insane, or it could be excitement, an extreme passion. A lot of the phenomena that are under the term "Retromania", they're going back some way, they can be traced back in some cases to the seventies. The maniac quality I think happens with the internet and digital culture. Things like streaming of music and streaming of TV, which are part of the digital culture essentially. There's a sense of an enormous explosion of the archives and it's something people can access very easily, instantly, and at no financial cost. So you can get completely lost in the past. You could live there full-time culturally if you wanted to. But if you're simultaneously keeping up with the present's output and trying to explore all these archival resources, there's this feeling of too-muchness. A lot of my thoughts in *Retromania* are based on my own feelings of anxiety and being overwhelmed. These online and streaming mechanisms are very addictive but I feel the more I use them the further I get from what originally drew me to popular music. For instance Spotify: I often make enormous Spotify playlists that I never listen to. It's a weird neurotic attempt to manage this overload. Especially if you allow YouTube to guide you, you can just drown in it. Hours go by. It might be that for people who are growing up in this world, like my children for instance, they navigate through it in a different way – it's much more living in the present, in the way I did as a kid listening to the radio and seeing pop shows on TV. But for me as someone with an extensive personal history with pop music as well as curiosity about stuff I missed or from before my own lifetime, the temptations to drown in the past or get lost in it are massively amplified. There's an excitement to it, for sure – exploring the archive, and you find all these strange old things on YouTube or on fan sites.

Another effect is that there is so much knowledge that I think there's some dimension of mystery or mystique or intrigue that's gone with music. Now you can find what the actual meaning of a song is very easily, where it was possibly better when you could just remake it in your head. Often, everything gets tied to biographical stories.

Christoph Jacke: I see the point of more and more people collecting instead of listening to music, which doesn't mean it's better or worse, it's just a fact. There are studies and there is research going on about collecting or accumulating instead of reading or listening. Isn't that the feeling of loss you are describing? But this is you, your kind of perspective. I think younger people, why can't they discover "their" Patti Smith or Iggy Pop? Even if it's not Patti Smith or Iggy Pop but the three hundredth cover version of whatever. Isn't that the problem of the one that is observing and who's writing about popular music? It seems to be very emotionally connected and therefore her or his music, and her or his feeling of getting older, and feeling something has changed? We talked about this at this conference already: (a), that maybe scholars or authors have got a problem, a personal "problem" with the very quick and challenging developments of media, technology, and popular music; and (b), the question of, as you are calling it, nowness. Even today we heard that there is a big difference between the presentations of younger people, presentations given on popular music, popular culture or the internet and those of the older ones... It's always developing, the researchers or research areas, academia is very self-reflexive nowadays and especially in popular music and film studies it has to cope with the fact of these changing topics and techniques. I think we think a lot about ourselves in the methods, and methodologies, and theories especially in cultural analyses. This is your advantage as a journalist and essayist writing and talking about popular culture: At least, you do not have to be the professional academic, just institutionalized. I think this journalistic perspective is its own – and very important – kind of approach to reach and analyze popular music and culture like film.

One point I was wondering about was what people were talking about here: Which role the point of view, the personal perspective is playing when talking about for example popular music and film? Because there seems to be a lot of your own experiences with popular music in your books of course.

Simon Reynolds: I think it might be a generational feeling. People who grew up in an analogue world defined by scarcity, delay, and distance, they have a different libidinal relationship with music. We didn't have the capacity to document and film or record everything with a phone. We had to pay for music, apart from listening to the radio; you had to either buy or tape someone else's copy of the record. You had to go looking for a record and you had to save up your money. You couldn't have everything instantly. You couldn't find out the information about things, there were vast areas of non-knowledge.

A good example which connects to the biopics is the band Joy Division. At the time nobody except for a few people around Factory Records knew about Ian Curtis' marriage break-up, his affair, his epilepsy, the drugs he was taking to control his epilepsy. Through Joy Division's music we knew he was depressed

596 —— Simon Reynolds and Christoph Jacke

and had a dark view on the world, but nobody knew the specifics of his life. It was not common knowledge. The band hardly did interviews and barely spoke in the few they did do. Now all of Ian Curtis' personal troubles are the story of Joy Division and the meaning of the music because of the books that came out, in particular his wife Deborah Curtis' memoir, and also two films, "24 Hour Party People" and "Control". I think I even heard there was a third film that's going to be made at some point from the band's point of view. Something in the mystery of Joy Division's music is diminished by everything being tied down to these biographical facts. The idea that the more knowledge or more factual details you have, the better – this seems naive to me. Or at least you gain things, but you also lose things. It's amazing that Joy Division's music still has this incredible power, but in a restrictive way it has now been nailed down to a specific biographical narrative – as if this was somehow the truth of their music.

5 Concepts of authenticity and self-reflexivity

Christoph Jacke: The truth is a good key word here because I would add the following: Here at the conference, all three days, very often I heard the "magic" word called "authenticity". I don't see any problem with this word itself. It just seems compelling that it has been used very often and therefore seems very crucial for many presentations and even for many of the research areas, phenomena, objects, and subjects around popular music cultures. Authenticity is a concept within the studies of popular music, life and culture; to me, there is no such "thing" as authenticity, but you need it as a concept for popular music. It seems to be a constant of popular music, film and media history. To me, it just means credibility and fit – not an ontological truth.

Simon Reynolds: I think it's an indispensable illusion. I don't know what flavor it has in German, but in English it's a really boring word. In the eighties, someone like Springsteen would have been sold as authentic. It seems like a very boring word, dry, dead. But as an actual force in people's lives, I think people crave authenticity. In our society, people often feel as if someone else is leading a more real life, a more urgent life, there's a certain feeling of lack – I guess amongst white middle-class people, this sense of a hollowness to life, and that other people who have a tougher life in some respects are also connected to the "real". Perhaps this is a romanticization, but it's a very common one, and indicative of something that is worth taking seriously.

Christoph Jacke: I don't know why, but maybe this is happening due to media developments. There seems to be a massive amount of need of authenticity and realness, whatever you exactly mean by it. Because of all the media stages, all the masquerades, all the platforms, many people seem to be in need of knowledge and trust. Maybe popular culture like music, film etc. is a kind of seismographic area for this. Even within an area that obviously is (media) staged and managed so much, people are looking for credibility and trust.

Simon Reynolds: Hip-hop is absolutely dependent on authenticity. I just did an interview with a guy who's involved in the trap scene. I was asking about how trap records used to be much more about selling drugs and now they're more about partying, fun, and the rewards of being famous as a rapper. He stated that it's because hip-hop is obsessed with authenticity and these are the lives these rappers are leading now, they're not involved in the drug trade so much. They are going to parties in hotel suites while on tour, and to poolside parties and all the things you see in their video, that is their real life. It seems fantastical and absurd to normal people, or for some people perhaps it is an ideal life they strive to achieve. But this guy amusingly said that they are being authentic by rapping about their expensive Patek watches, and their cars with the suicide doors, and all the drugs and fine liquor.

Christoph Jacke: Authenticity as a concept is complex. Larry Grossberg once wrote this article about authentic inauthenticity explaining the credibility of being not authentic or anti-authentic in certain genres like new wave, post-punk etc. This kind of game can go on forever in popular culture and music. But at least people seem to be looking for credibility even within genres and movements which are stressing out the inauthentic.

One more question: You said that especially rock culture has got something like an inbuilt syndrome of self-reflexivity and nostalgia. So what is special here, what makes it different from fashion or other pop cultural areas?

Simon Reynolds: There is this kind of purity to fashion. Fashion is like a machine or a system where the clothes have to change every season. You have avant-garde fashion, but what you can do with a wearable, affordable garment – the range isn't that great. So very quickly fashion started returning to quite recent eras. I spoke to a fashion scholar and she told me that the first eighties revivals in fashion happened in 1990. As soon as the eighties were over, fashion started recycling it. And fashion has recycled the eighties and the sixties many, many times. The fashion system is like a machine, but it is done in a way where

I don't really feel like it's nostalgia. The "algia" part of nostalgia means ache or pain. There's no pain in fashion, no sense of longing or wanting to go back to the sixties. It's like: "This year we'll rework the sixties' ideas, but next season we'll rework grunge, or nineties heroin chic will come back". It's just a function of how fashion works. Whereas with music, there is more of an ache, more of a wish, "wouldn't it be great to go back to this time", or "I miss it". I personally miss the early nineties rave jungle scene, but I also miss post-punk. I've lived long enough to have multiple nostalgias going on simultaneously. I think there is more of a feeling of longing and ache with musical nostalgia. But I'm not sure why.

Christoph Jacke: Maybe it depends on something like personality which is easier to find when you look at celebrities and stars of popular music – or simply at musicians and bands. In fashion, of course, there are models, designers etc. But still, within the presentation at least fashion itself seems to be the star. In music, music itself is very closely connected to personality, and the personality depends on music, fashion, performance, rhetoric, media etc. I always try to be on the look-out with the students for new music which always seems to be connected to looking for new people making music. But the sadness in fashion – I don't see that much (although, I think, there seems to be "sad fashion" or fashion that makes sad) because me personally, I don't interconnect fashion with people or persons that closely.

In music – we, here at the conference, talked about it – aging in popular music is quite different than it is within other areas (like fashion?), especially for female musicians. I talked to one of Nick Cave's former musicians and colleagues, Hugo Race, most recently, and we talked about all the heroine, dead friends who passed away over the last 20 years. This is an aspect where popular music and aging become sad because the rock 'n' roll business is killing people. But we did not talk about the fashion they have been wearing.

Simon Reynolds: I think maybe in fashion people think "These boots are cool" or "That coat is really cool", but with music it does involve slightly more emotions; and then there is what you're doing in your life at that time, it seems to be attached more to the songs you were loving at that time than to fashion. Maybe some people think of the things they were doing while they were wearing a certain pair of boots [laughs]. Perhaps it's because music engages our emotions more than shoes and trousers and dresses do? People get excited by clothes and they feel great wearing certain things, but these feelings are not really the deepest emotions. I might think fondly of an old t-shirt I once had in the early eighties. But it's not like how hearing a Smiths' song can flash me back to the pain and loneliness of my adolescence, or what the Smiths seemed to represent then in terms of a dissidence against Thatcherism and the Yuppie culture.

In a weird way, the parody thing I mentioned is part of this self-reflexivity inherent to rock music and the way it becomes the soundtrack to an era and all these non-musical associations become attached to it, in a very potent and plangent and poignant way. This flavor of zeitgeist. My last book was on glam rock and one of the most interesting groups in it is Roxy Music. A lot of what they did was kind of a parody of earlier modes of rock history and they would combine these different eras of the past into composites. For instance their fantastic song "In Every Dream Home a Heartache" on the second Roxy Music album "For Your Pleasure". It's 1972 and on the track they do this psychedelia-era thing called the fade, where the track fades out and then comes back. Hendrix did that on certain songs, the Beatles also did it – the fade and the return. So, when Roxy Music did that, it was only five years or so since this trick was first done as a very startling effect. Roxy Music are lovingly parodying and bringing it back as this peculiar act of nostalgia for the recent past. And sonically it works on two levels, it's actually mind-blowing, it has the same power as psychedelia, what with Phil Manzanera being this amazing guitarist. You listen to it and it's also ironic – it's "mind-blowing" in air quotes as well as actually *mindblowing*. So they are identifying a mannerism of psychedelia only five or six years after psychedelia. Then in other songs, Bryan Ferry would sing in a 1930s Noel Coward voice, or a rock 'n' roll 1950s voice. They had one song "Remake Remodel" where each member of the band quotes a famous riff. The saxophonist Andy Mackay does a kind of double quote when he plays the fanfare from Wagner's "Ride of the Valkyries" but he does it in the style of King Curtis, the fifties rock 'n' roll saxophonist. Roxy Music are unusually intelligent and arty people operating within rock, but this thing of lovingly parodying the recent past of rock is a thing that goes all the way through. XTC had a whole separate band they started in the eighties called the Dukes of Stratosphere, it was like a sixties psychedelic band. They did whacky videos like the promo film Pink Floyd did for "Arnold Layne". So it's a weird sort of self-reflexivity. There are parodies in other artistic forms, there are film parodies. But it's much more of a syndrome in pop and rock, this impulse to comment on rock's recent past.

6 Discussion with the audience

Audience member #1: I find this discussion really interesting, fascinating actually because I can see a contrast here and we've spoken about the generational aspect somehow of this nostalgia. I can see another aspect here which is cultural and geographical. You say, we have too many rock books. I think you're trivializing this because the research is important. You were speaking from the perspective of the culture industries in the UK and in the US, which are our cultural powers and they are producing this. But I don't see that proportion of this. You could say that Germany is equally saturated with reflections about pop culture. It's interesting, you have so much that you can say it's almost too much and here, from my point of view, I think we're still starving for that. One thing I see in the German speaking world or even in the Spanish speaking world – Spain, Latin America, this big continent where so much is happening, but the notion that you can take your ache for a certain time, for a certain culture seriously, so that you don't only speak about it but you write about it and you pay for it to get published. This consciousness is not there. So we're speaking about a really strong difference in terms of production of knowledge about pop culture between the English speaking world – and I mean actually the UK and the US – and the rest of the world. It doesn't only have to do with the institutions, it has to do with people and how they relate to these aches as you said. Because when you go to Wikipedia in English you can find every single mini-episode of pop culture being revised and commented on. You won't find that in the German Wikipedia and you won't find it in the Spanish Wikipedia. There's another element there, that's my impression. I'm very impressed, I have only been to two or three events like this congress, but it's fascinating to see what reflections are happening about such apparently small subjects like mashups. But do these things really go out of academia? Are these things being turned into series, or web series, or mini-series? No, they're not. Why not? Why are we not taking this ache seriously in Germany for instance?

Christoph Jacke: Just as an addition, it's going out, there is a better transfer between academia and the rest of society as academia is part of society and not separated from it. We're working on this and still establishing popular music, media, and culture studies. I think especially the younger scholars are really good in transferring and developing applied research. Most of them are also journalists, or musicians, or promoters, or label owners, or film makers. I know exactly what you mean and we could get better but we're on our way, even and especially in German and Spanish speaking countries. By the way, thank you very much for your very precise observations on discourses of popular music and cultural reflections worldwide. I think this is true. It has got to do with aspects like the Anglo-American popular culture world being quite different to Austria, Switzerland, and Germany (I cannot judge Spain properly, I am afraid) which, of course, are historically very dependent on and influenced by it.

Audience member #1: I don't know if it also has to do with English being perceived as the natural language of pop? I don't know if that plays a role or not. I mean in our relationship to our aches again.

Christoph Jacke: I think this depends where you go and where you come from. I've just been to the worldwide biggest biennial academia conference on pop music held by the International Association for the Study of Popular Music (IASPM). It was in Canberra, Australia, yes, but loads of the scholars there came from Asia of course, not only from the UK, USA, or Australia/New Zealand. Within this academia society for example, there are very powerful chapters/branches of Latin America, German speaking countries, or Scandinavia. So there's a lot going on in popular music studies. The biggest branch in this worldwide network at the moment and as far as I know is the Latin American branch by the way.

Simon Reynolds: You're probably right [to the man in the audience]. I wasn't actually thinking of academic books, I was thinking more like these sort of factual fan books about every band that exists. And then every tiny aspect of a major band will have a book about it. For instance, someone did a whole book not on the Beatles' label Apple Records but on Zapple Records, which is a tiny imprint of Apple Records that was dedicated to electronic experimental releases. They only put out four records [laughs]. Obviously, the Beatles are world historical figures, deserving serious attention. But I still romantically think of popular culture as the force of "now". The force of newness. And to see it become such an archival, museum-oriented thing, it's sort of weird. I went to a museum display of club culture, which was very good and interesting, but there is something strange about seeing dance floors literally recreated in glass cases, or things from Tresor club in Berlin with a glass case around it, presented as a museum exhibit. It's sort of disconcerting. Especially if you have actually participated, I never managed to go to Tresor, but I was a participant in that techno rave culture. Yet I've written a book about the history of rave, so I'm a part of that historicization process. I'm ambivalent.

Christoph Jacke: But like I said before, there is something really important about the perspective. This is why I said I'm talking here as a researcher, because if I talk as a private person the talk would change. Or as a journalist, as Simon and me, we are both journalists and started with writing for fanzines and then emotion comes into the game. But as a researcher I do research on German Schlager music, and Modern Talking, and Ballermann and all the stuff that is fascinating for a lot of people. Academia should not concentrate on the so-called complex or avant-garde popular music but on all music that is moving the people. Moreover, of course, we, as scholars of popular studies, are taking part in the institutionalization and historicization process, too. But I do not find this weird, I find it fascinating and important to save something like the pop cultural heritage.

Simon Reynolds: It's two things. There are so many stories untold in music history and I have a wish list of stories I'd like to do, but I just can't find publications. I have like 45 things, mostly from the past, like obscure little tales that I'd love to write about and the problem is trying to find someone who would publish it. But then there is the retelling of the stories that are really told so many times. That's the thing I find wearing. And I also associate some of these rock documentaries with my own feeling of weakness, my succumbing to nostalgia. And I'm like, alright, I'll watch that new thing about the Sex Pistols, even though I've seen many things about the Sex Pistols, I was alive and aware when it happened, I've read books about it, have written not entirely about the Sex Pistols but about aspects of that era. Many times, in fact. How often can we keep going over these same stories?

Christoph Jacke: But what you can always do is write books on your "own kind of music" – as you do. Like the US journalist, musician and popular music scholar Elijah Wald, you know him of course, has written this fascinating book on the unseen histories and herstories of popular music. So we're working on that, too.

7 The construction of youth

Audience member #2: What do you think, which meaning does youth have in music culture? Because we talked a lot about youth and I think youth is very important for music documentaries because the bands or the scenes began when they were young and had no proper names. I think this plays an important role in music documentary: youth.

Simon Reynolds: I think most rock documentaries usually are about the youth of a band or the youth movement. It's usually the start of something, the emergence of something. There are not many that are about the late years – the less distinguished years – of a band. Insofar as youth is a subject of popular music, then it's bound to be part of what is discussed. I think a lot of the popular music books and documentaries that I was talking about are aimed at people who want to relive something that mattered to them once. One of the things I noticed with my own books is that the one on post-punk, "Rip It Up and Start Again", is by far the book I've done that is most loved. And that's because it is affirming to people – it tells them they lived through something that mattered. In a lot of cases, they had kind of forgotten. Some of the readers are young people who didn't know the whole story and were fascinated to discover that music. But a lot of the readership of the book had lived through the era and kind of forgotten about it. And then it's presented to them as "these were interesting times", and it's affirming. Either it reminds them of something they'd forgotten or it confirms their own feelings of something important they lived through. I think that's what a lot of these rock documentaries do, too – it's like, if something is worthy of having a documentary made about it, then it affirms the value of what you lived through as a young person and what matters to you. You lived through interesting times. What do you think?

Christoph Jacke: We talked about it here I think. I'm not interested in youth culture but I'm interested in popular culture. I'm interested in popular culture and as popular culture becomes older, it is very expectable that one of the big topics in popular music studies at the moment is aging in a wider sense. Popular culture and therefore especially music and films about it have kind of grown up and become an intergenerational culture, whereas it started, of course, as a kind of rebellious youth culture 'against' conservative grownups, established people, the power block etc. It's becoming historic like every other cultural and media phenomenon – which does not mean boring. That's what I meant originally when I said that of course there are museums, of course there are exhibitions, you don't have to like this, you can say that this is a way of fixing or institutionalizing it, of course there's popular music in universities, academia, etc. Because this is the cultural development. And I really like it because it's my job. But then again, I know what we are looking for here at the conference – if we look at film or music and youth and the construction of youth, or youth as people who watch films or music or are part or protagonists of these areas. Of course, this is in the wider sense coming from there, but it's no longer 'just' a youth culture.

Audience member #2: And is there a narrative for musicians to get older because the code is to stay young, I think.

Christoph Jacke: I don't think so. I mean there are many examples of pop musicians who became older in music and even in film itself, e.g. Johnny Cash or Patti Smith. I think role models are building up, there are good books, research on men and women getting older and cooler on the one side, or suffering and getting poor and ill on the other side. The narratives – as in books, docs, biopics – seem to adopt this, so there are narratives to every kind of career or development in popular music.

Simon Reynolds: For instance, the idea of youth, whether it's a good thing or a bad thing to be young, has probably changed. In the sixties, young people had a lot of disposable income and they felt really confident, and they really thought that their desires would change the world. But now I think the concept of youth is not as positive: it seems like a lot more young people are taking anti-depressants, anti-anxiety medications. Their sense of the future is more precarious. A lot of them do a lot of unpaid internships after graduating and then necessarily work in service jobs after graduation. Where the future is not so bright and there are always other worries, about the environment and politics and whatever. The category of youth as a sort of magical time, which is the key concept in the fifties and sixties – youth as a magical, powerful, confident, world-shaking, world-changing idea was very strong. There was this idea of youth as a transnational classless force. And that idea, the dream of youth is not as strong now. The associations of being a young person aren't as romantic as they once were. Youth as a subject has only ever been one component of what pop songs have been about. They've been about all kinds of things – dancing, or sex, or any number of topics. There used to be more songs about being young and free. My youngest child is into a band called Twenty One Pilots, kind of emo, and their big hit was called "Stressed Out". It's a nostalgic song, it's written for people who are teenagers or in their early twenties. The theme of the song is all about being nostalgic for when you were a small child, when things felt secure. It's a very anxious view on what being young is today. This is a massive radio hit in America. This band will fill up stadiums of 20 thousand people, singing along to every line of every song, and the atmosphere of these shows is joyous. But the actual lyrics put across a depressive, anxious view of being young.

Christoph Jacke: But wasn't it the same with Nirvana and so many other bands and musicians before? The dark side of youth.... Plus, I find it very interesting, as I say I'm not specialized in the study of youth culture, but to see youth as a construction of a group of consumers, as simple as that, advertising industries et cetera like Jon Savage once described it? This is very interesting. And this is why it's interconnected within popular music because this used to be kind of a youth music, especially in Germany after World War II. And then it became not only a kind of a generational and later intergenerational form of culture and arts but as well of consumer culture and economics, which, I think, is very important to understand the ambivalence, the "Janus face" of pop music.

Simon Reynolds: I think it's also been a problem that old people, middle-aged people are not moving out of the area of popular youth music, really. They might not like trap but they liked earlier hip-hop. They may say Future or Migos are not as good as Public Enemy, or De La Soul, or Jay-Z. But it's still the same kind of music. I have friends that go to rock festivals with their daughters and their friends, and the parents of their daughter's friends come too – and all the parents stay in one tent, and the kids stay in another tent next to it. It's kind of weird that the generation gap has disappeared to some extent. The idea of youth music as a distinct thing, the property of the young, has been weakened a little bit.

Audience member #3: We have the resources and the time to go to concerts and everything, maybe that's another topic, or just an idea, maybe you can share your opinion?

Simon Reynolds: In some ways, you can participate in music without spending any money today. Maybe not going to concerts, which are expensive. All you need is a connection to the internet.

Audience member #3: I meant more like, isn't it a privilege to have the time to be young, or to have the youth instead of a child becoming an adult. Isn't there also a privilege? Because you're protected by your parents, it's a phase of your life where you are still protected.

Simon Reynolds: Well, not for all young people, but for many it seems, anecdotally, that the young people I know, including my own children, don't seem to have quite as carefree or irresponsible time as I had. They seem to worry earlier about their careers, they spend a lot of their time doing activities to look good in terms of getting a career. I spent a lot of time just messing around when I was young. What do you think?

Audience member #3: I think so yes, but it is a privilege because....

Simon Reynolds: But who are the unprivileged? Who are you saying is unprivileged?

Audience member #3: People that don't have parents that have the money so that the kids can mess around because the kids have to work, or people in countries or in places where they have war for example.

Simon Reynolds: If you look historically, the idea of youth is a fairly relatively recent invention. If you go back not that far in history, you'll find that most children were working as soon as they were able to work in factories, or on farms. So, it's only with the invention of public education for everyone then you had an extended period of time when kids were neither small children nor adults. And then in some sense, it expanded to where you have people who live in a prolonged adolescence. They carry on being interested in teenage things, well some of them still are in their thirties. In some parts of the world, or maybe in some parts of our own societies, there are children who don't get to have that experience of relatively carefree youth. But I think even for the privileged, youth doesn't seem to be as much fun – maybe just from the young people I've seen. They seem more worried, they seem more anxious about the future – both the future as a whole for everyone and also their own personal future. They don't seem to have as much irresponsibility or free time just to mess around.

Christoph Jacke: A colleague of mine who is an ethnomusicologist did a brilliant study and wrote a book on popular music cultures in Beirut during the war. So it plays a role who your parents are and where and how you are situated, for example in a big city. I know what you mean by privileged or unprivileged but popular music always plays a role to a certain degree in one or another way – so it still seems to work as a form of culture, identification, exclusion, inclusion etc. Of course, the privileged have got their own or their parent's studios and the extra cellar in Beirut where it does not matter that much if there is any bombing, which is privileged compared to people who don't have the studio and the cellar of course. But it plays a role I think, and that's where it's coming from, I think. Maybe this is kind of an often felt attitude that nowadays popular music is no longer progressive. I mean Diedrich Diederichsen, his definition of pop music is always kind of avant-garde and progressive, so that's kind of a bias within this term of popular music. That's what I meant, not privately but as a researcher, me, I want to look at the big mass phenomena as well and not only at the cool subcultures. This is why my definition is a wider one and more inclusive than Diedrich's, which I do understand, by the way. And this is changing within the fields of studies at the moment.

8 Narrow (youth) sociology

Christoph Jacke: But if Simon writes a book on one of the popular music cultures he was into – I totally understand that his book about glam, or rave culture, or post-punk is of course kind of getting emotions from there and putting something back. It's not the kind of a scientific research study, empirical study on post-punk, or, at least, it does not have to be, or it is its own kind of approach as I said before, right?

Simon Reynolds: There's an element where I'm trying to find out what actually happened and what the structures are. Actually, with the book on glam, I did a lot of research and found a lot of factual things about how music worked in that time I didn't know about. Glam rock was… I discovered that it was disco music, you know before "disco" meant what we call disco or people danced to in discos, it was glam rock with a very strong beat. I didn't realize that by the early seventies in the UK every town had a local discotheque, whereas in the sixties you may have had a local band that played the top forty hits. But that was gradually replaced by a DJ culture. Before disco meant what we today think is disco, primarily Black music, before that it actually meant groups like the Sweet, and Gary Glitter, and Mud, and Suzi Quatro – the records had a stomping beat and a very strong drum sound. I'm always trying to find out the truth of how something works, but there's a personal investment. There are certain groups that I feel really strongly about and that passion colors my coverage of them. But I'm also trying to find out what disco once was at the time. I read a lot of what journalists said, or fans said, at the time – so it's an attempt to map out the discourse around music as a social fact. I included quotes from the readers' letters sent into the music papers. So, it's a bit of both, I'm not trying to be completely objective, but I am trying to map the youth culture or pop culture landscape.

Christoph Jacke: Plus these pop music journalists have an immense influence on academia. In the Anglo-American world anyway (look at Simon), but as well in Germany, or the German speaking worlds: Diedrich Diederichsen, Clara Drechsler, the Grether sisters, Martin Büsser, Thomas Venker, Sonja Eismann, Hans Nieswandt, are some of them. I used to call this approach "advanced, intellectual pop music journalism".

Audience member #4: I want to go back to the fact that you were talking about the documentaries, there being too many of them. And I was wondering if we are kind of watching from a youth perspective and documentaries being there for youth to live and experience and understand what was happening. No offense but not you being the target group. How is your take on seeing documentaries more as a tool for younger people to understand what was going on? And kind of keeping that alive and actually reliving that nostalgia, just not for you or whoever experienced the real thing.

Simon Reynolds: It could be. They're probably trying to appeal to both. I think a lot of them have a genuine sort of fairly blatant nostalgia appeal to them. Part of that target audience is the people who were into that music of that time at the original time of its happening. I'm sure there is a double appeal with a lot of these products, they aim for the people who lived through it, and the younger people who are intrigued, or interested in that period and want to find out more about it. I know my own kids…. My older son is now interested in the past and wants to find out more about stuff, but I don't think I've ever seen him watch a rock documentary. But that's not sociology. I did actually write a piece about my children's use of YouTube and I invented this term "narrow sociology" where I said I wasn't gonna do any research outside my own house. I actually intended to discuss my own use, and my wife's use, and then my two children. But in the end, I only had space for the children. I don't know, you could be right. I guess with each documentary maker they probably have a different idea who it's aimed for.

Audience member #4: I don't necessarily want to see it from the perspective of having a target group but more about what's actually happening once the product is out there. Because I watched documentaries about stuff I was never looking for and then I was like "that seems interesting" and then I ended up learning something about an era I was never interested in, for instance. I think it's actually a nice tool to keep the thoughts alive and obviously it gives you perspectives that are maybe more interesting for me and about taking out the mystery you were talking about earlier. I don't need the mystery about it, I want to get the facts because I'm in an environment where everyone shows everything, so I'm used to the idea of getting the whole picture. It's not the whole picture obviously but that's where I'm coming from.

Audience member #1: I don't know if I've read about it in your book *Retromania*, but I was interested in asking both of you: Can you recognize easily when this nostalgia is either state induced or industry induced, that it's not really coming from a need of the ordinary people but that has other interests in mind like financing films, or music, or music videos that together take you back to an era that you don't have to represent excluded groups of the population. You can be as much white as you want because you are representing a time when blacks were not so present in the urban scene. Is it easy for you to recognize when it's spontaneous, and when it's not – when it's phony?

Simon Reynolds: What do you mean when you say "state"?

Audience member #1: When the state has the power to finance the making of films, it can maybe tend to finance films that represent a better time of Britain for instance, "Oh, let's go back to the Britain of the 1950s", or you create an atmosphere that is en vogue. Because it allows you somehow to hide the tensions that are taking place; I don't know, the thing with the minor strikes in Britain, wasn't it simultaneously with the time we had the glamor of the workers and strikes for instance?

Simon Reynolds: I haven't noticed that myself. The BBC is an official state broadcaster, but I think it's a fairly independent body. And I think BBC Four within the BBC does its own thing. I'm not sure how – looking at its documentaries – I don't see how it would be putting across that. I think they did as well as "Synth Britannia", "Prog Britannia", and "Folk Britannia"; there was a "Reggae Britannia", which was about the Caribbean musical contributions to British music life. I think they did a "Soul Britannia" actually. I don't know if I see that going on. I think that most of these documentaries are made by commercial entities and I suppose driven by the market to some extent. What will sell, what will find viewers, what people think will be watched. Or whether someone can create a good story out of something obscure and unknown like.... There's a documentary that's all about a guy that was completely obscure in America, but was like a singing sensation in South Africa.

Audience member #1: You mean the musician Sixto Rodriguez and the film (according to the song) "Sugarman"?

Simon Reynolds: Yes, there's no fan base in America or anywhere really for that doc because apart from his cult following in South Africa, "Sugarman" was unsuccessful. But it's a great story and it has this narrative arc of redemption, or some kind of happy ending. Amazingly, this guy's music did find its audience – it's just a completely different country. Whoever presented that pitch managed to persuade a production company or investors to provide the money for it and then it did become a big success. I can't really think of any examples of what you are talking about.

Christoph Jacke: I think one should look – within a case study – at it from the production side of the culture, it's a black box still. Especially in the music and film industries. Now it's developing as we had film makers here at the festival and at the conference but it's still very hard to analyze productions (not products) within film and music. I would even say, concerning youth, pop, and music and the topics we had here at the conference and at this talk, I would be more interested in what the people do with these kinds of cultures. Do they feel nostalgic or do they have different approaches like we heard, do they want to have facts about Queen or do they want to have a nice evening with popcorn watching crap? And who are *they*?

Audience member #1: Not the intention with which it was made, but how are the reactions to it really, after it's out there?

Christoph Jacke: Exactly. Of course, you can do research on the production and distribution as well, but here it seems like we are focusing on the reception and post-processing.

9 Outro – coming closer to the presence

Christoph Jacke: What's going to be your next book apart from the fact of "narrow sociology"?

Simon Reynolds: I don't know but I have several ideas, I haven't really settled on one. I did actually think of writing a book about the voice. I'm very interested in extreme uses of the human voice and the way that technology modulates and mutates them.

If I was to write *Retromania* again, I should have written a sort of positive or hopeful chapter in the end. I should have gotten out and found people trying to do interesting things because there are always people trying to do interesting things, new things. But I should also have written about what has become a real phenomenon of the 2010s – but wasn't yet apparent when I finished *Retromania* in 2010 – and that is how the voice has become the site of strangeness and ex-perimentation, usually involving technology. I wrote a piece about a year ago on Auto-Tune, which is this thing that almost felt like a fad, a novelty when it first emerged, when Cher did that song "Believe". Everyone was like "Oh, that's a gimmick, we're done with this", but people caught on to using it and turned it into a real form of artistic expression. It actually became the source of really interesting sounds, particularly in urban music, which is a term used in America to describe Black music basically... with trap music. So globally it's almost like the more street a sound is – like dancehall music, Afrobeats, Latin America – they are refusing Western projections of authenticity, it's like "No, we're gonna use the most artificial and up-to-date digital sound possible." But they push it to the limit. It's the same thing with North African music, they are doing extreme things with Auto-Tune and it has had some really interesting effects in rap. But I'm not only interested in these sorts of popular street music of the world or of Black America. I'm also interested in people who are overly avant-garde exper-imentalist, like Holly Herndon, Katie Gately, all these electronic artists. A lot of them are women actually, and they do strange things with their voice using either technology or "extended vocal technique". And it has a big history, going back to *musique concrète* or singers like Yoko Ono, Joan La Barbara, Diamanda Galas. It's such a large topic, I could get really lost there. But it's particularly in the last ten years, one of the things that has *not* been retro is this stuff with the voice. It's almost like it's a trans-genre modality, or zone, but it's not the proper-ty of any single genre because it's a property of technology. And there is not just Auto-Tune, there's this software called "Melodyne", there's various digital forms of vocal processing – usually software, sometimes hardware, too. You can edit vocal performances and do all kinds of structural or textual things with them. If you listen to a Top 40 record really closely you can hear all these strange structures of harmony, and doubling, or tripling of the voice. Taking a vocal performance and they have this thing called a harmony engine where they build this sort of architecture of vocals. Because it often sounds very melodic, and ultra-sweet, like an artificial sweetener – you kind of feel like you've eaten a whole box of cookies in one go, you're kind of getting a sugar rush. But the actual strangeness or complexity of it, you can miss, because it's so pop. Someone like Billie Eilish, who's very big in America – it's pop music but she's doing really interesting things with her voice, she does a lot of whispering, there's some technology involved, but it's also just her mode of singing. It seems like the voice is this zone where interesting things are going on, it's not so much beats. It almost feels like in the nineties – everything that could be done with a beat was done. And there hasn't been much more. There have been some developments but it's really the voice that has taken over as the field of action, in terms of aesthetic experiment and things that sound new.

Christoph Jacke: So, finally, we're getting closer to the present. Although again it's this sort of history, as soon as the samplers were invented, people discovered that you put the sample on a keyboard, you could play a riff using the voice, or you could make the voice into drum beat, percussion, and it would sound sort of weird. If people were doing that from the eighties on, it's getting more complex and more interesting.

Talking about the future, the big conference I already mentioned, in Canberra, Australia, there were two big topics on popular music cultures by the way: No one will be surprised; one is artificial intelligence, talking about Holly Herndon, and the second of course climate change in popular music, kind of the dark side of popular music industries. I don't know how it relates to youth, music, and film but I see that there's going to be connections anyway.

Autor*innenverzeichnis

Ann-Kathrin Allekotte, M.A., ist wissenschaftliche Mitarbeiterin am Institut für Medien- und Kulturwissenschaft der Heinrich-Heine-Universität in Düsseldorf. Sie studierte Medien- und Kulturwissenschaft sowie Medienkulturanalyse in Düsseldorf sowie an der University of California Davis (USA) und an der Universiteit Utrecht. In ihrem Dissertationsprojekt beschäftigt sie sich mit dem Musikvideo als Möglichkeitsraum für alternative, subversive Narrative und mit Politisierungsprozessen sowie Verhandlungen des Politischen in Social Media.

Angela Christlieb, M.A., studierte Medienkunst und Experimentalfilm u.a. bei Valie Export und beendete ihr Studium als Meisterschülerin von Heinz Emigholz. Seit 2002 arbeitet sie als Regisseurin, Kamerafrau, Filmeditorin und Videokünstlerin. 2019 erhielt sie unter anderem den ersten Preis beim Bideodromo Festival in Bilbao und den Jurypreis für die beste Musikdokumentation beim „UNERHÖRT! Musikfilmfestival" in Hamburg. Ihre letzten Filme sind „Into an Alien Land" (2017), „Superunknown" (2019) und „Under the Underground" (2019).

Diedrich Diederichsen war in den 1980er Jahren Redakteur und Herausgeber von Musikzeitschriften, in den 1990er Jahren Hochschullehrer u.a. in Frankfurt am Main, Pasadena, Gießen, Weimar, Wien, St. Louis, Köln, Los Angeles und Gainesville. 1998–2006 war er Professor für Ästhetische Theorie/Kulturwissenschaften an der Merz-Akademie, Stuttgart. Seit 2006 ist Diederichsen Professor für Theorie, Praxis und Vermittlung von Gegenwartskunst am Institut für Kunst- und Kulturwissenschaften der Akademie der Bildenden Künste, Wien.

Dr. Kathrin Dreckmann ist akademische Studienrätin am Institut für Medien- und Kulturwissenschaft der Heinrich-Heine-Universität Düsseldorf. Ihre Dissertation mit dem Titel „Speichern und Übertragen. Mediale Ordnungen des akustischen Diskurses. 1900–1945" ist 2017 im Fink-Verlag erschienen. Ihre Forschungsschwerpunkte sind – neben den Acoustic Studies – Popkultur und Popgeschichte zwischen Medienkunst und Musikvideo.

Dr. Paul Eisewicht ist Leiter des Forschungsgebiets „Modernisierung als Handlungsproblem" an der Fakultät 17 (Sozialwissenschaften) der Technischen Universität Dortmund. Seine Forschungsschwerpunkte sind kultur- und wissenssoziologische Fragestellungen zu modernen Zugehörigkeiten und Gesellungen und der Rolle von Konsum und Digitalisierung hierbei. Methodisch greift er dabei vor allem auf explorativ-interpretative Verfahren zurück.

Klaus Farin lebt seit 1980 in Berlin-Neukölln. Nach Tätigkeiten als Konzertveranstalter, Security, Buchhändler und Journalist arbeitet er als freier Autor und Lektor, Aktivist und Vortragsreisender. Bis heute hat Farin 29 Bücher verfasst und weitere herausgegeben, zuletzt – gemeinsam mit Rafik Schami – „Flucht aus Syrien – neue Heimat Deutschland?" und mit Eberhard Seidel, „Wendejugend". Von 1998 bis 2011 war Klaus Farin Leiter des auch von ihm ins Leben gerufenen *Archivs der Jugendkulturen* in Berlin. Heute ist er Vorsitzender der Stiftung *Respekt!* und ehrenamtlicher Geschäftsführer des Hirnkost Verlags.

Karin Fleck, M.A., ist wissenschaftliche Mitarbeiterin am Graduiertenkolleg „Konfigurationen des Films" an der Goethe-Universität Frankfurt. Sie absolvierte bis 2015 dort ihr Bachelorstudium der Theater-, Film- und Medienwissenschaft und schloss 2017 erfolgreich ihr internationales Masterstudium in „Audiovisual and Cinema Studies" (IMACS) an der Goethe-Universität, der Universiteit van Amsterdam und dem Birkbeck College London ab. Seit März 2017 ist sie Mitglied eines internationalen Nostalgie-Netzwerks, das am Deutschen Historischen Institut London gegründet wurde. Zu ihren Forschungsschwerpunkten zählen Nostalgietrends im Kino und der Popmusik, Rezeptionstheorien sowie die Geschichte analoger Medien.

Dr. Carsten Heinze ist Lehrkraft für besondere Aufgaben im Fachgebiet Soziologie an der Universität Hamburg, Fachbereich Sozialökonomie. Er ist Organisator der AG Filmsoziologie (mit Alexander Geimer und Rainer Winter) in der Medien- und Kommunikationssoziologie der Deutschen Gesellschaft für Soziologie (DGS) sowie Reihenherausgeber (mit Alexander Geimer und Rainer Winter) im Springer VS Verlag („Film und Bewegtbild in Kultur und Gesellschaft"). Seine Forschungsschwerpunkte sind Medien- und Filmsoziologie, Jugendsoziologie, Kultursoziologie und Popkultur.

Dr. Dagmar Hoffmann ist Soziologin und Professorin für Medien und Kommunikation/Gender Media Studies an der Universität Siegen. Sie ist zusammen mit Rainer Winter Herausgeberin des Einführungswerkes „Mediensoziologie. Handbuch für Wissenschaft und Studium" (2018) und des Sammelbandes „Mediatisierung und Mediensozialisation. Prozesse - Räume – Praktiken" (2017) (zus. mit Friedrich Krotz und Wolfgang Reißmann). Arbeitsschwerpunkte: Jugend-, Körper- und Mediensoziologie, Mediensozialisations- und Partizipationsforschung, Social Media, Medien- und Datenpraktiken.

Dr. Maximilian Jablonowski ist wissenschaftlicher Mitarbeiter am Lehrstuhl Populäre Literaturen und Medien des Instituts für Sozialanthropologie und Empirische Kulturwissenschaft der Universität Zürich. Seine Forschungsschwerpunkte umfassen Schnittfelder von Technik, Medien und Kunst, insbesondere Drohnenaufnahmen, und Pop und Popkultur, insbesondere Musikvideos.

Dr. Christoph Jacke ist Professor für Theorie, Ästhetik und Geschichte der Populären Musik und Studiengangsleiter „Populäre Musik und Medien BA/MA/Promotion" am Fachbereich Musik der Universität Paderborn, Erster Vorsitzender des deutschsprachigen Branchs der „International Association for The Study of Popular Music" (IASPM D-A-CH) sowie Stellvertretender Sprecher des Instituts für Kunst – Musik – Textil der Universität Paderborn. Zudem arbeitet er als freier Journalist. Seine Forschungsschwerpunkte sind Popmusik- und Medienkulturen, Popmusikindustrien, Starkult und Prominenz, Musikjournalismus, Pop und Gedächtnis/Erinnerung sowie Institutionalisierungen von Pop.

Dr. Christofer Jost ist Oberkonservator am Zentrum für Populäre Kultur und Musik sowie Privatdozent am Institut für Medienkulturwissenschaft der Universität Freiburg. 2013 vertrat er den Lehrstuhl für Medien- und Kommunikationswissenschaft an der Universität Mannheim. Derzeit ist er Leiter des BMBF-Verbundprojekts „Musikobjekte der populären Kultur" (Förderperiode: 2018–2021). Seine Schwerpunkte in Forschung und Lehre sind: Populäre Musik, digitale Medien und Musik, audiovisuelle Medienkulturen, Performance Studies sowie Musik und Bildung.

Dr. Florian Krauß ist wissenschaftlicher Mitarbeiter am Medienwissenschaftlichen Seminar der Universität Siegen und leitet das DFG-Projekt „‚Qualitätsserie' als Diskurs und Praxis". Zuvor unterrichtete er in Siegen als Lecturer Medienpädagogik, -geschichte und -ästhetik. Seine Arbeitsschwerpunkte sind unter anderem Media Industry und Production Studies, Fernsehwissenschaft, Drehbuchforschung, Filmbildung sowie Gender und audiovisuelle Medien.

Dennis Krull studierte Film- und Medienwissenschaften an den Universitäten Mainz und Hamburg. Er ist als Mediengestalter (Bild und Ton) und Musiker tätig.

Dr. Sigrun Lehnert ist Medienwissenschaftlerin in Hamburg. Sie studierte Medienmanagement (M.A.) in Hannover und promovierte an der Universität Hamburg im Fach Medienwissenschaft mit einer Arbeit zu „Wochenschau und Tagesschau in den 1950er Jahren" (erschienen 2013, UVK-Verlag). Ihre Forschungsschwerpunkte sind audiovisuelle Vermittlungsstrategien in Film und Fernsehen, Wochenschauen, Dokumentarfilm, Fernsehdokumentarismus und Filmerbe.

Dr. Dirk Matejovski ist Professor am Institut für Medien- und Kulturwissenschaft an der Heinrich-Heine-Universität in Düsseldorf. Seine Forschungsschwerpunkte sind Acoustic Studies, Geschichte und Theorie der Medien, Kultur- und Medientechniken der Serialität sowie Fragen der Technologie- und Wissenschaftspolitik.

Dr. Jens Gerrit Papenburg ist Professor für Musikwissenschaft/Sound Studies an der Rheinischen Friedrich-Wilhelms-Universität Bonn. Seine Forschungsschwerpunkte sind Musik und technische Medien seit ca. 1800; Instrumente des (Musik-)Hörens: Geschichte, Kultur, Bewirtschaftung; Sound Design und „produzierte" Musik in Geschichte und Gegenwart; Konzeptualisierung von Klang in, an der Grenze und außerhalb der Musik.

Dr. des. Cristina Pileggi ist wissenschaftliche Mitarbeiterin am Institute for Music Research der Zürcher Hochschule der Künste. Davor war sie wissenschaftliche Assistentin am Seminar für Medienwissenschaften der Universität Basel mit Schwerpunkt „Kommunikation, Populärkultur, Musik", wo sie 2021 mit der Aktualisierung und Kontextualisierung des Mashup-Diskurses promoviert hat. 2013–2017 evaluierte sie als Forschungsmitarbeiterin Schweizer TV-Privatsender im Auftrag vom Schweizer Bundesamt für Kommunikation und die Brancheninitiative für den Jugendmedienschutz im Auftrag des Schweizer Telekommuni-kationsvereins.

Simon Reynolds ist der Autor von *Retromania* und Co-Autor (mit Joy Press) von *The Sex Revolts: Gender, Rock und Rebellion*, das 2020 erstmals im Ventil Verlag in deutscher Sprache veröffentlicht wurde. Zu seinen weiteren Büchern gehören *Rip It Up and Start Again: Schmeiß alles hin und fang neu an (Postpunk 1978–1984)*, *Energy Flash: A Journey Through Rave Music and Dance Culture* und *Glam: Glitter Rock und Art Pop von den Siebzigern bis ins 21. Jahrhundert*. Er schreibt Beiträge für *The Wire*, *Pitchfork* und *The Guardian* und betreibt eine Reihe von Blogs, die auf seinem „Blissblog" zu finden sind.

Dr. Olaf Sanders hat die Professur für Erziehungswissenschaft, insbesondere Bildungs- und Erziehungstheorien sowie philosophische Grundlagen an der Helmut-Schmidt-Universität/Universität der Bundeswehr Hamburg inne. Seine Forschungsschwerpunkte sind

Theorie und Philosophie der Bildung, populärer Kultur und der Medien, vor allem des Films und von Fernsehserien sowie kritische Erziehungswissenschaft im Kontext von Globalisierung, Anthropozän, Posthumanismus und Big Data.

Dr. Holger Schulze ist Professor für Musikwissenschaft an der Universität Kopenhagen und leitet dort das Sound Studies Lab. Er arbeitet zur Kulturgeschichte der Sinne, zum Klang in der Popkultur sowie zur Anthropologie der Medien. Letzte Veröffentlichungen u.a.: *The Bloomsbury Handbook of the Anthropology of Sound* (2021), *Sonic Fiction* (2020), *The Sonic Persona* (2018).

Dr. Ralf Schulze ist Mitbegründer und Leiter des Musikfilm-Festivals „UNERHÖRT!", das seit 2007 in Hamburg stattfindet. Neben dieser Tätigkeit führt er den Musikverlag und das Label amboss Film+Musik; zudem ist er im Bereich Film tätig.

Dr. Anna Schürmer ist Medienkulturwissenschaftlerin mit Interessenschwerpunkten im Bereich Sound Studies sowie Musikjournalistin mit Fokus auf Neue und elektronische Musik. Promoviert wurde sie mit ihrer Arbeit zum Thema *Klingende Eklats. Skandal und Neue Musik* (Transcript 2018). An einer kulturwissenschaftlich definierten Schnittstelle von Musik und Medien liegen auch ihre Forschungen zu den Störpotentialen des Akustischen (Glitches, Noise/Rauschen).

Oliver Schwabe studierte an der Kunsthochschule für Medien in Köln unter anderem bei Jürgen Klauke. Neben einigen Spielfilmen (u.a. mit Tom Schilling und Robert Stadlober in den Hauptrollen) widmete er sich in den letzten Jahren insbesondere der Arbeit an Musikdokumentationen im Bereich der Popkultur (u.a. „Keine Atempause – Düsseldorf, der Ratinger Hof und die neue Musik"; „Tokio Hotel – Hinter die Welt"; „Asi mit Niwoh – Die Jürgen Zeltinger Geschichte"; „Die Liebe Frisst das Leben"). Bei der Mockumentary „Fraktus" (2012) übernahm er die Kamera für den Regisseur Lars Jessen. Seine Filme wurden mit zahlreichen Preisen ausgezeichnet.

Dr. Clemens Schwender studierte Germanistik, Philosophie, Psychologie und Medienwissenschaft. Er promovierte an der TU Berlin über die Geschichte der Technischen Dokumentation und habilitierte sich über Medien und Emotionen. Er hatte eine Professur für Kommunikationswissenschaft am Jacobs Center on Lifelong Learning an der Jacobs University Bremen inne. Er ist Mitgründer des Feldpost-Archivs Berlin und wurde 2011 Professor für Medienpsychologie an der SRH Hochschule der populären Künste in Berlin. Weitere Interessengebiete sind die emotionale Aufbereitung und Wirkung von Medieninhalten sowie die Mediengeschichte der Individual- und Massenmedien, speziell Film, Comics, Karikatur und Technische Dokumentation.

Johannes Springer, M.A., unterrichtet unter anderem am Institut für Musik der Hochschule Osnabrück. Seine Forschungsschwerpunkte liegen bei Fragen von Raum und Pop, Stadt und Film, Diskursen des Alter(n)s, Produktionskulturen und der Promenadologie.

Dr. Anke Steinborn ist Kultur- und Medienwissenschaftlerin, sie lehrt und forscht an verschiedenen Instituten und Universitäten, u.a. der Europa-Universität Viadrina in Frankfurt/Oder und der BTU Cottbus-Senftenberg. Ihre Forschungsschwerpunkte sind filmische Ästhetik und kinematographische Semantik, Design- und Medientheorie.

Dr. Marcus Stiglegger lehrt Filmwissenschaft an Universitäten in Mainz, Ludwigsburg, Regensburg, Klagenfurt und Berlin. Studium der Ethnologie, Film- und Theaterwissenschaft in Mainz; Seine Dissertation verfasste er zum Thema Geschichte, Film und Mythos (erschienen als: *SadicoNazista. Geschichte – Film – Mythos*, Hagen: Eisenhut 2014, 3. Auflage); seine Habilitation über eine Seduktionstheorie des Films erschienen unter dem Titel, „Ritual & Verführung" (2006).

Moritz Stock, M.A., ist wissenschaftlicher Mitarbeiter an der Universität Siegen im Arbeitsbereich „Medien und Kommunikation". Er beschäftigt sich in seinem Dissertationsprojekt mit filmischen Coming-of-Age-Narrationen.

Dr. Andreas Wagenknecht ist Akademischer Oberrat am Institut für Medien- und Kommunikationswissenschaft der Universität Mannheim und neben Forschung und Lehre in der Geschäftsführung des Instituts tätig. Seine Forschungsschwerpunkte liegen in den Bereichen Musik und Film in der Populärkultur, Film- und Medientheorie sowie qualitative Methoden der Medien- und Sozialforschung.

Dr. Thomas Wilke ist Professor für Kulturelle Bildung im Institut für Kunst, Musik und Sport an der Pädagogischen Hochschule Ludwigsburg. Seine Forschungs- und Lehrinteressen liegen in der außerschulischen ästhetischen und Kulturellen Bildung im Kontext von Pop und populären Medienkulturen, medien- und kulturhistorischen Fragestellungen sowie theoretischer Begriffsarbeit (etwa Mashups, Medienbildung, Performativität, Dispositiv).

Dr. Hans J. Wulff ist Professor für Medienwissenschaft an der Christian-Albrechts-Universität Kiel (bis 2016). Er hat eine Ausbildung als Linguist, Pädagoge und Philosoph. Langjährig war er tätig in der kommunalen Kino- und Videoarbeit. Zahlreiche Publikationen erschienen zu semiotischen, filmtheoretischen und fernsehwissenschaftlichen Fragen, darunter diverse bibliographische Arbeiten. Er ist Mitherausgeber der Zeitschrift *Montage/AV*; Verantwortlicher Redakteur eines Online-Sachlexikons des Films (2002ff.); Initiator eines Portals zur Filmmusikforschung. Bücher: „Zur Textsemiotik des Titels" (1978); „Die Erzählung der Gewalt" (1985); „Psychiatrie im Film" (1995); „Darstellen und Mitteilen" (1999).

Index

https://doi.org/10.1515/9783110730609-031